JN410660

東洋古典譯註叢書 49-2

譯註 唐宋八大家文抄

歐陽脩 6

책임번역 李相夏
공동번역 邊球鎰 李承炫

傳統文化硏究會

東洋古典譯註叢書를 발간하면서

우리의 古典國譯事業은 민족문화 진흥의 기초사업으로 1960년대부터 政府 支援으로 古文獻 現代化 작업을 추진하여 많은 成果를 거두었다. 당시 이 사업 추진의 先行課題로 東洋古典이라 일컬어지는 중국의 基本古典을 먼저 飜譯하여야 한다는 學界의 주장이 있었음에도 불구하고 우리 고전이 아니라는 일부의 偏狹한 視角과 財政 事情 등으로 인하여 배제되어 왔다.

전통적으로 중국의 기본고전은 우리 歷史와 함께 숨쉬며 각종 교육기관의 教科書로 활용됨은 물론이고 지식인들의 必讀書가 되어 왔으며, 우리 文化의 基底에 자리잡고 거의 모든 방면의 體系와 根幹을 형성하여 왔다. 그래서 학문연구의 기본서 역할을 해왔을 뿐만 아니라 오늘날에도 우리의 國學徒 및 東洋學 硏究者들에게 같은 역할을 하고 있음은 주지의 사실이다. 그럼에도 불구하고 中國古典은 우리 것이 아니라 하여 專門機關의 飜譯對象에 포함하지 않음으로써, 대부분 原典에서의 직접 번역이 아닌 重譯이나 拔萃譯의 방식이 주를 이루면서 教養水準으로 出版되어 왔다.

오늘날 東洋 三國 중에서 우리의 東洋學 연구가 가장 부진한 이유는, 東洋基本古典에 대한 폭넓은 이해의 부족과 漢文古典 讀解力의 저하에 기인함을 우리는 솔직히 인정하여야 한다. 따라서 이들 중국고전에 대한 신뢰할 만한 國譯이 이루어지는 것이 한국학 연구를 촉진시키는 시급한 先行課題라 할 수 있다.

이에 韓國學 및 東洋學의 연구와 古典現代化의 基盤構築을 위해서는, 전문기관으로 하여금 동양고전을 단기간에 각 분야의 專門 硏究者와 漢學者가 상호 협동하여 연구번역하여 飜譯의 傳統性과 效率性, 硏究의 專門性을 높일 수 있도록 政策的 配慮가 있어야 한다.

이에 本會에서는 元老 및 中堅 漢學者와 斯界의 專攻者로 하여금 協同硏究飜譯하여 공부하는 사람들이 믿고 引用하거나 깊이 있는 註釋 등을 활용할 수 있게 하고, 知識

人들의 敎養을 증진시켜 줄 수 있는 東洋古典의 國譯書 간행을 지속적으로 추진해 왔다. 근래에 다행히 이 사업에 대하여 각계 지도층의 폭넓은 이해와 지원에 힘입어 2001년도부터 國庫補助를 받아 東洋古典譯註叢書를 간행하게 되었다. 이를 계기로 우리 先學의 註釋과 見解를 반영하는 등 국역사업의 內實을 기하게 되었음을 이 자리를 빌려 衷心으로 감사드리며, 아울러 國譯에 參與하신 관계자 여러분의 勞苦에 깊은 謝意를 표한다.

끝으로 우리의 이러한 작업은 오랜 역사 위에 축적된 先賢들의 業績과 現代學問을 이어주는 튼튼한 架橋와 礎石이 되어 진정한 韓國學과 東洋學 발전에 기여할 것을 굳게 믿으며, 21세기를 우리 文化의 世紀로 열어 가는 밑거름이 되도록 우리의 力量을 本 事業에 경주하고자 한다. 江湖諸賢의 부단한 관심과 지원을 기대해 마지않는다.

社團法人 傳統文化硏究會 會長 李啓晃

凡 例

1. 本書는 東洋古典譯註叢書 ≪唐宋八大家文抄≫ 歐陽脩의 제6책이다.
2. 본서는 戊申字本 ≪唐宋八大家文抄≫(서울대 奎章閣 所藏本, 刊年未詳)를 저본으로 하고, ≪新五代史≫를 참고하였다.
3. 본서는 원전의 傳統性과 번역의 現代性을 구현하기 위해 노력하였다.
4. 原文에는 우리나라 전통방식의 懸吐를 하였다.
5. 飜譯은 原義에 충실하게 하되, 이해가 어려운 부분은 意譯 또는 補充譯을 하였다.
6. 飜譯文은 한글과 漢字를 混用하였으며, 맞춤법과 띄어쓰기는 한글 맞춤법과 표준어 규정을 따르는 것을 원칙으로 하였다.
7. 譯註는 校勘, 異說, 인용문의 出典, 故事, 역사적 사건, 전문용어, 難解語, 人物, 制度, 官職 등에 관한 사항을 밝혔다.
8. 校勘은 원문의 誤字, 脫字, 衍字, 倒文 등을 대상으로 하였다.
9. 각 篇마다 간략한 題下註를 달아 독자의 이해를 돕고자 하였다.
10. 본서의 校勘에 사용된 符號는 다음과 같다.
    ( )〔 〕: (저본의 誤字)〔교감한 正字〕
    〔 〕: 저본의 脫字 보충
    ( ): 저본의 衍字
11. 본서에 사용된 주요 符號는 다음과 같다.
    " ": 對話, 각종 引用
    ' ': " " 안에서 再引用, 强調
    「 」: ' ' 안에서 再引用, 强調
    ( ): 원문에서는 讀音이 특수한 글자나 僻字의 音

번역문에서는 간단한 譯註

〔 〕: 번역문과 뜻은 같으나 音이 다른 漢字나 句節, 譯註에서 인용한 原文

≪ ≫: 書名이나 典據

〈 〉: 篇章名, 作品名, 補充譯

參考書目

◇ 底本 관련

- ≪唐宋八大家文抄≫(戊申字本), 茅坤 撰, 國會圖書館 所藏本.
- ≪唐宋八大家文鈔≫, 茅坤 撰, 文淵閣四庫全書, 臺灣商務印書館.
- ≪唐宋八大家文鈔 校注集評≫, 高海夫 主編, 三秦出版社, 1998.
- ≪文忠集≫, 歐陽脩 撰, 文淵閣四庫全書, 臺灣商務印書館.
- ≪歐陽脩全集≫, 歐陽脩 撰, 中華書局, 2001.
- ≪漢文大系≫, 新文豊出版有限公司, 臺北, 1978.

◇ 經部

- ≪經典釋文≫, 陸德明 撰, 文淵閣四庫全書, 臺灣商務印書館.
- ≪論語集註大全≫, 朱熹 集註, 胡廣 等編, 朝鮮 內閣本, 성균관대 대동문화연구원.
- ≪大戴禮記≫, 戴德 撰, 盧辯 注, 中華書局, 1985.
- ≪孟子集註大全≫, 朱熹 集註, 胡廣 等編, 朝鮮 內閣本, 성균관대 대동문화연구원.
- ≪書傳大全≫, 蔡沈 集傳, 胡廣 等編, 朝鮮 內閣本, 학민문화사.
- ≪詩傳大全≫, 朱熹 集傳, 胡廣 等編, 朝鮮 內閣本, 학민문화사.
- ≪禮記集說大全≫, 陣澔 集說, 胡廣 等編, 朝鮮 內閣本, 성균관대 대동문화연구원.
- ≪儀禮注疏≫, 阮元 校刻, 十三經注疏(淸 嘉慶刊本), 中華書局, 2009.
- ≪周禮注疏≫, 阮元 校刻, 十三經注疏(淸 嘉慶刊本), 中華書局, 2009.
- ≪周易傳義大全≫, 程頤 傳, 朱熹 本義, 胡廣 等編, 朝鮮 內閣本, 학민문화사.
- ≪中庸章句大全≫, 朱熹 章句, 胡廣 等編, 朝鮮 內閣本, 성균관대 대동문화연구원.
- ≪春秋經傳集解≫, 左丘明 傳, 杜預 註, 林堯叟・朱申 附註, 朝鮮 金屬活字本(戊申字), 影印本, 保景文化社.
- ≪春秋穀梁傳注疏≫, 阮元 校刻, 十三經注疏(淸 嘉慶刊本), 中華書局, 2009.

- ≪春秋公羊傳注疏≫, 阮元 校刻, 十三經注疏(淸 嘉慶刊本), 中華書局, 2009.
- ≪韓詩外傳≫, 韓嬰 撰, 文淵閣四庫全書, 臺灣商務印書館.
- ≪孝經大義≫, 朝鮮 內閣本, 보경문화사, 1987.

◇ 史部

- ≪舊五代史≫, 薛居正 等撰, 文淵閣四庫全書, 臺灣商務印書館.
- ≪舊五代史考異≫, 邵晉涵 撰, 續修四庫全書, 上海古籍出版社.
- ≪國語≫, 左丘明 撰, 朝鮮 鐵鑄字本, 학민문화사.
- ≪南史≫, 李延壽 撰, 標點校勘本, 中華書局, 1975.
- ≪東觀漢記≫, 文淵閣四庫全書, 臺灣商務印書館.
- ≪北史≫, 李延壽 撰, 中華書局, 1997.
- ≪北齊書≫, 李百藥 撰, 標點校勘本, 中華書局, 1972.
- ≪史記≫, 司馬遷 撰, 裴駰 集解, 司馬貞 索隱, 張守節 正義, 標點校勘本, 中華書局, 1959.
- ≪三國志≫, 陳壽 撰, 裴松之 注, 標點校勘本, 中華書局, 1971.
- ≪宋史≫, 脫脫 等修, 국립중앙도서관 소장본, 1739.
- ≪宋史翼≫, 陸心源 輯, 續修四庫全書, 上海古籍出版社, 1995.
- ≪宋書≫, 沈約 撰, 文淵閣四庫全書, 臺灣商務印書館.
- ≪隋書≫, 魏徵 等 撰, 標點校勘本, 中華書局, 1973.
- ≪新唐書≫, 歐陽脩・宋祁 撰, 標點校勘本, 中華書局, 1975.
- ≪新五代史≫, 歐陽脩 撰, 文淵閣四庫全書, 臺灣商務印書館.
- ≪歷代職官表≫, 文淵閣四庫全書, 臺灣商務印書館.
- ≪五代史記注≫, 彭元瑞 等撰, 續修四庫全書, 上海古籍出版社.
- ≪五代史記纂誤補≫, 吳蘭庭 撰, 續修四庫全書, 上海古籍出版社.
- ≪五代史記纂誤補續≫, 周壽昌 撰, 續修四庫全書, 上海古籍出版社.
- ≪五代史纂誤≫, 吳縝 撰, 文淵閣四庫全書, 臺灣商務印書館.
- ≪五代會要≫, 王溥 撰, 文淵閣四庫全書, 臺灣商務印書館.
- ≪二十二史箚記≫, 趙翼 撰, 商務印書館, 1985.
- ≪廿二史考異≫, 錢大昕 撰, 上海古籍出版社, 2004.

- ≪資治通鑑≫, 司馬光 撰, 胡三省 音註, 標點校勘本, 中華書局, 1956.
- ≪資治通鑑綱目≫, 朱熹 撰, 保京文化社, 1987.
- ≪資治通鑑考異≫, 司馬光 撰, 文淵閣四庫全書, 臺灣商務印書館.
- ≪戰國策≫, 劉向 編, 高誘 注, 姚宏 續注, 文淵閣四庫全書, 臺灣商務印書館.
- ≪竹書紀年≫, 沈約 撰, 文淵閣四庫全書, 臺灣商務印書館.
- ≪晉書≫, 房玄齡 等 撰, 標點校勘本, 中華書局, 1974.
- ≪集古錄≫, 歐陽脩 撰, 文淵閣四庫全書, 臺灣商務印書館.
- ≪漢書≫, 班固 撰, 標點校勘本, 中華書局, 1962.
- ≪後漢書≫ 范曄 撰, 標點校勘本, 中華書局, 1965.

◇ 子部

- ≪鶡冠子彙校集注≫, 黃懷信 撰, 中華書局, 2004.
- ≪管子≫, 管仲 撰, 文淵閣四庫全書, 臺灣商務印書館.
- ≪老子道德經≫, 王弼 注, 文淵閣四庫全書, 臺灣商務印書館.
- ≪洞冥記≫, 郭憲 撰, 文淵閣四庫全書, 臺灣商務印書館.
- ≪穆天子傳≫, 郭璞 註, 文淵閣四庫全書, 臺灣商務印書館.
- ≪西京雜記≫, 劉歆 撰, 葛洪 輯, 文淵閣四庫全書, 臺灣商務印書館.
- ≪世說新語≫, 劉義慶 撰, 文淵閣四庫全書, 臺灣商務印書館.
- ≪荀子≫, 荀況 撰, 楊倞 註, 文淵閣四庫全書, 臺灣商務印書館.
- ≪拾遺記≫ 王嘉 撰, 文淵閣四庫全書, 臺灣商務印書館.
- ≪新書≫, 賈誼 撰, 文淵閣四庫全書, 臺灣商務印書館.
- ≪揚子法言≫, 揚雄 撰, 李軌・柳宗元 註, 宋咸・吳祕・司馬光 重添註, 文淵閣四庫全書, 臺灣商務印書館.
- ≪呂氏春秋≫, 呂不韋 編, 高誘 注, 文淵閣四庫全書, 臺灣商務印書館.
- ≪永樂大全≫, 解縉 等撰, 北京圖書館出版社, 2002.
- ≪藝文類聚≫, 歐陽詢 撰, 文淵閣四庫全書, 臺灣商務印書館.
- ≪莊子集釋≫, 莊周 撰, 郭象 注, 陸德明 釋文, 成玄英 疏, 郭慶藩 輯, 王孝魚 點校, 中華書局, 1961.
- ≪冊府元龜≫, 王欽若 撰, 文淵閣四庫全書, 臺灣商務印書館.

- ≪抱朴子≫, 葛洪 撰, 文淵閣四庫全書, 臺灣商務印書館.
- ≪韓非子≫, 韓非 撰, 文淵閣四庫全書, 臺灣商務印書館.
- ≪淮南子≫, 劉安 著, 高誘 注, 上海書店, 1986.

◇ 集部

- ≪古文眞寶後集≫, 黃堅 等編, 朝鮮 內閣本, 학민문화사.
- ≪農巖集≫, 金昌協 撰, 韓國文集叢刊, 民族文化推進會.
- ≪文選注≫, 蕭統 編, 李善 注, 文淵閣四庫全書, 臺灣商務印書館.
- ≪詩品集注≫, 鍾嶸 撰, 曹旭 集注, 上海古籍出版社, 1994.
- ≪研經齋全集≫, 成海應, 韓國文集叢刊, 民族文化推進會.
- ≪青泉集≫, 申維翰 撰, 韓國文集叢刊, 民族文化推進會.
- ≪楚辭集注≫, 朱熹 集注, 朝鮮 木版本, 규장각 소장.
- ≪韓愈文集彙校箋注≫, 韓愈 撰, 劉眞倫・岳珍 校注, 中華書局, 2010.
- ≪弘齋全書≫, 正祖, 韓國文集叢刊, 民族文化推進會.

◇ 논문 및 연구서

- 郭魯鳳, 〈歐陽脩 散文研究〉, ≪中國學研究≫ 제3집, 1988.
- ───, 〈歐陽脩 經學研究〉, ≪中國學研究≫ 제5집, 1990.
- 郭正忠, ≪歐陽脩評傳≫, 黃一權 번역, 學古房, 2009.
- 黃一權, 〈韓國에서의 歐陽脩 산문 전파와 평가에 관한 연구〉, ≪中國語文學≫ 제53집, 2009.

目 次

歐陽文忠公五代史抄 卷14

歐陽文忠公五代史抄 卷15

歐陽文忠公五代史抄 卷16

歐陽文忠公五代史抄 卷10

歸安 鹿門 茅坤 批評
孫男 闇叔 茅著 重訂

01. 一行傳* 한 가지 德行이 드러났던 인물의 傳記

* 〈一行傳〉은 혼란이 극에 달하고 人倫과 綱常이 무너졌던 五代 시기에 한 가지 德行이 특출했던 이들에 대한 列傳이다. 歐陽脩는 小序에서 "예로부터 忠臣과 義士들은 난세에 많이 배출되었거늘, 괴이하게도 당시에는 언급할 만한 사람이 어찌하여 적은 것인가? 어찌 정말로 그러한 사람이 없었으랴. 비록 전란이 일어나고 학교가 폐해져 예의가 쇠퇴하고 풍속이 무너진 것이 이 같은 지경에 이르렀으나, 예로부터 천하에 이러한 사람이 없었던 적은 없었다.……재능을 자부하고 節義를 닦으면서 낮은 곳에 침체된 채 자취가 사라져 알려지지 않은 이들이 있었을 것이다."라고 밝히면서 세상에 널리 알려진 忠烈과 功業은 아니라 할지라도 泯沒시켜서는 안 되는 德行君子들의 행적을 찾아내어 〈일행전〉에 立傳하였다.

구양수는 〈일행전〉에 총 다섯 사람을 입전하였다. 세상에 나아가지 않고 山林에 몸을 맡겨 자유롭고 유유자적하게 노닐었던 鄭遨와 張薦明은 道敎의 道士들이고, 관직에 나가서도 세상과 영합하지 않고 의리에 따라 행동했던 石昻과 구차하게 자신을 변명하지 않고 직분대로 행하다가 죽음을 맞이한 程福贇은 官人이고, 六世가 함께 동거하며 집안에서 孝悌의 행실로 천하에 널리 알려진 李自倫은 일반 백성이다. 이들은 모두 당대에 높은 관직에 오르거나 난세를 울릴 공업을 세우지는 않았으나 모두 깨끗하고 확고한 德行으로 一身을 온전히 한 인물이다.

宋나라 때 章如愚가 편찬한 ≪群書考索≫ 卷15 〈五代史類〉에서는 〈일행전〉을 두고 "고상한 자들이다.〔高尙者也〕"라고 하였다. 〈일행전〉 역시 亂世의 역사를 기술하면서 도덕과 명분을 드러내 밝혀 善惡에 대한 褒貶을 분명히 하고자 했던 구양수의 편찬 의식을 드러내준다. 〈일행전〉의 서두에 붙은 구양수의 史論은 ≪歐陽文忠公文鈔≫ 권16 〈史論〉에도 따로 실려 있는데, 茅坤은 이를 두고 "이 일단의 의론은 ≪史記≫와 ≪漢書≫ 이래로 누구도 이르지 못한 것이다.〔此一段議論 史漢以來所不到者〕"라고 하였다.

〈일행전〉은 ≪新五代史≫ 卷34에 해당한다. ≪舊五代史≫에서는 鄭遨는 卷93 〈晉書 第19 列傳8〉, 程福贇은 卷95 〈晉書 第21 列傳10〉에 열전이 있으며 張薦明과 石昂은 따로 열전이 없다.

歐陽公於五代史에 **作一行傳**하니 **語所謂風雨晦冥雞鳴不已也**[1]라 **而其言文**하고 **其旨遠**일새 **予故錄而出之**하노라

歐陽公이 ≪五代史≫에 〈一行傳〉을 지었으니, 전하는 말에 이른바 "비바람이 몰아쳐 어둑어둑한 때에 닭 울음소리 그치지 않는도다."라는 것이다. 〈일행전〉은 그 말이 文雅하고 그 뜻이 심원하다. 내가 그러므로 수록하여 드러낸다.

1) 語所謂風雨晦冥雞鳴不已也 : ≪詩經≫ 〈鄭風 風雨〉에 "비바람 몰아쳐 어둑한 때에, 닭 울음소리 그치지 않는도다. 이미 군자를 만났으니, 어찌 기쁘지 않으리오.〔風雨如晦 雞鳴不已 旣見君子 云胡不喜〕"라고 하였다. 이 시는 亂世에 절조를 지키는 군자를 그리워한 시이다.

嗚呼라 **五代之亂極矣**하니 **傳所謂天地閉賢人隱之時歟**[1]인저 **當此之時**하야 **臣弑其君**하고 **子弑其父**어늘 **而搢紳之士**가 **安其祿而立其朝**하야 **充然無復廉恥之色者**가 **皆是也**라 **吾以謂自古忠臣義士**가 **多出於亂世**어늘 **而怪當時可道者何少也**오하노니 **豈果無其人哉**아 **雖曰干戈興**하고 **學校廢**하야 **而禮義衰**하고 **風俗隳**(휴)**壞**가 **至於如此**나 **然自古天下**에 **未嘗無人也**라 **吾意必有潔身自負之士**가 **嫉世遠去而不可見者**로라 **自古材賢**이 **有韞**(온)**于中而不見于外**하야 **或窮居陋巷**하야 **委身草莽**하니 **雖顔子之行**이라도 **不遇仲尼**면 **而名不彰**이어든 **況世變多故**하야 **而君子道消之時乎**아 **吾又以謂必有負材能修節義而沈淪于下**하야 **泯沒而無聞者**라하야 **求之傳記**호되 **而亂世崩**

離하고 文字殘缺하야 不可復得이라 然僅得者四五人而已니 處乎山林而群麋鹿은 雖不足以爲中道나 然與其食人之祿하야 俛首而包羞론 孰若無愧於心하야 放身而自得가 吾得二人焉하니 曰鄭遨張薦明이라 勢利不屈其心하고 去就不違其義는 吾得一人焉하니 曰石昻이라 苟利於君이면 以忠獲罪하니 何必自明이리오 有至死而不言者하니 此古之義士也라 吾得一人焉하니 曰程福贇이라 五代之亂에 君不君하며 臣不臣하며 父不父하며 子不子하고 至於兄弟夫婦人倫之際하야도 無不大壞而天理幾乎其滅하니 於此之時에 能以孝悌自修於一鄕하야 而風行於天下者는 猶或有之라 然其事迹不著而無可紀次하니 獨其名氏或因見於書者를 吾亦不敢沒이라 而其略可錄者를 吾得一人焉하니 曰李自倫이라 作一行傳하노라

아아! 五代 시절의 혼란이 극에 달하였으니, 옛글에 이른바 "천지가 閉塞하면 賢人이 숨는다"는 시절일 것이다. 이러한 때를 당하여 신하는 그 임금을 시해하고 자식은 그 아비를 시해하거늘, 搢紳 사대부는 그 祿을 편안히 받으면서 조정에 서서 만족스러운 모습으로 다시는 廉恥의 기색이 없는 경우가 전부였다.

나는 생각건대 예로부터 忠臣과 義士들은 난세에 많이 배출되었거늘, 괴이하게도 당시에는 언급할 만한 사람이 어찌하여 적은 것인가? 어찌 정말로 그러한 사람이 없었으랴. 비록 전란이 일어나고 학교가 폐해져 예의가 쇠퇴하고 풍속이 무너진 것이 이 같은 지경에 이르렀으나, 예로부터 천하에 이러한 사람이 없었던 적은 없었다.

나는 생각건대 자신을 정결히 하여 자부심을 지닌 선비로서 세상을 싫어하여 멀리 떠나가 볼 수 없는 자가 반드시 있었을 것이다. 예로부터 재주와 어진 덕을 가슴속에 감추고 겉으로 드러내지 않고서 혹 누추한 거리에 곤궁하게 살며 초야에 몸을 의탁한 이들이 있었으니, 顔子처럼 행실이 돈독한 사람조차도 仲尼를 만나지 못했다면 그 이름이 드러나지 못했을 것이다. 하물며 세상에 변고가 많아 군자의 도가 사라지는 시기에 있어서랴.

나는 또 생각건대 재능을 자부하고 節義를 닦으면서 낮은 곳에 침체된 채 자취가 사라져 알려지지 않은 이들이 있었을 것이다. 그리하여 傳記에서 구해보았으나 난리통에 문헌이 逸失되어 다시 찾을 수가 없었다. 그렇게 해서 겨우 찾아낸 사람이

네다섯일 따름이다. 山林에 살면서 사슴과 무리지어 사는 것은 비록 中道라 하기에 부족하지만, 남의 祿을 받아먹으면서 머리를 조아리고 수치심을 품기보다는 마음에 부끄러움 없이 자유롭고 한가하게 몸을 풀어놓고서 유유자적하는 편이 낫지 않겠는가. 내가 이러한 사람을 둘 얻었으니, 鄭遨와 張薦明이다. 권세와 이익이 그 마음을 굽히지 못하고 벼슬에 나아가고 떠남에 의리를 어기지 않는 이를 나는 한 사람 얻었으니, 石昻이다. 진실로 임금에게 이로우면 충성으로 죄를 얻기도 하는 것이니 무엇하러 구태여 스스로 변명하겠는가. 죽음에 이르러서도 말하지 않는 이가 있으니 이런 사람은 옛날의 義士이다. 내가 이러한 사람을 하나 얻었으니 程福贇이다. 오대의 난세에 임금은 임금답지 못하고 신하는 신하답지 못하고 아비는 아비답지 못하고 자식은 자식답지 못하며 형제와 부부의 人倫에 이르러서도 그 도리가 크게 무너져 天理가 거의 泯滅되지 않은 것이 없었다. 이러한 때에 한 고을에서 孝悌로 스스로 행실을 닦아 천하에 그 風度가 펼쳐진 자는 그래도 혹 있었다. 그러나 그 사적이 드러나지 않아 기술할 수 없으니, 오직 그 이름과 성씨만이라도 혹 서적에 드러난 이들을 내가 또한 감히 泯沒시킬 수 없었다. 그 대략을 기록할 만한 이를 내가 한 사람 얻었으니 李自倫이다. 〈一行傳〉을 짓노라.

1) 傳所謂天地閉賢人隱之時歟 : ≪周易≫ 〈坤卦〉에 "천지가 변화하면 초목이 무성하고 천지가 폐색하면 현인이 은둔한다.〔天地變化草木蕃 天地閉賢人隱〕"라고 하였다.

鄭遨는 字雲叟니 滑州白馬人也라 唐明宗祖廟諱遨[1]라 故世行其字라 遨少好學하고 敏於文辭라 唐昭宗時에 擧進士不中이러니 見天下已亂하고 有拂衣遠去之意하야 欲攜其妻子하야 與俱隱이어늘 其妻不從이라 遨乃入少室山爲道士하니 其妻數(삭)以書勸遨還家어늘 輒投之於火라 後聞其妻子卒하고 一慟而止하다 遨與李振[2]故善한대 振後事梁貴顯하야 欲以祿遨어늘 遨不顧라 後振得罪南竄하니 遨徒步千里往視之라 由是로 聞者益高其行이러라 其後遨聞華山有五粒松[3]脂淪入地하야 千歲化爲藥하야 能去三尸[4]하고 因徙居華陰하야 欲求之라 與道士李道殷羅隱之友善하니 世目以爲三高士하다 遨種田하고 隱之賣藥以自給하고 道殷有釣魚術하야 鉤而不餌하고 又能

化石爲金한대 **遨嘗驗其信然而不之求也**라 **節度使劉遂凝數以寶貨遺之**로대 **遨一不受**하다 **唐明宗時**에 **以左拾遺**하고 **晉高祖時**에 **以諫議大夫召之**로대 **皆不起**하니 **卽賜號爲逍遙先生**하다 **天福**[5]**四年卒**하니 **年七十四**라

鄭遨는 字는 雲叟니 滑州 白馬 사람이다. 唐 明宗의 祖廟의 諱가 遨였으므로 당시에는 그의 字를 불렀다. 정오는 어려서부터 학문을 좋아하고 文辭에 재능이 있었다. 唐 昭宗 때에 進士試에 응시하여 합격하지 못했는데, 천하가 이미 어지러운 것을 보고 옷깃을 떨치고 멀리 떠나갈 뜻을 지니고서 그 처자를 이끌고 함께 은거하고자 하였으나, 그 아내가 따르지 않았다. 정오는 이에 少室山으로 들어가 도사가 되니, 그의 아내가 자주 서신을 보내 집으로 돌아오라고 정오에게 권하였는데 그때마다 서신을 불속에 던져 넣었다. 그 후 처자가 죽었다는 소식을 듣고서는 한차례 통곡할 따름이었다.

정오는 李振과 예전부터 사이가 좋았는데, 이진이 뒤에 梁에서 벼슬하여 부귀하고 顯達해져서 爵祿으로 정오를 부르고자 하였으나 정오는 돌아보지 않았다. 뒤에 이진이 죄를 얻어 남방으로 쫓겨나자 정오가 천 리 길을 걸어가서 안부를 물었다. 이로 말미암아 이 사실을 듣는 사람들이 그의 행실을 더욱 높이 여겼다.

그 뒤에 정오는 華山의 五粒松의 기름이 땅속으로 흘러 들어가 천 년 세월이 지나면 변화하여 仙藥이 되어 三尸를 제거할 수 있다는 말을 듣고는 華陰으로 거처를 옮겨 그 약을 찾고자 하였다. 도사 李道殷, 羅隱之와 우의가 있었으니 세상에서는 이들을 지목하여 三高士라고 하였다. 정오는 농사를 짓고 나은지는 약을 팔아 자급자족하였다. 이도은은 낚시하는 기술이 있어 낚시를 던져 넣을 때에 미끼를 달지 않았고, 또 돌을 금으로 변화시킬 수 있었는데 정오가 정말로 그렇다는 것을 證驗하였으나 그것을 구하지는 않았다.

절도사 劉遂凝이 자주 寶貨를 보내었으나 정오는 하나도 받지 않았다. 당 명종 때에 左拾遺로 부르고 晉 高祖 때에 諫議大夫로 불렀으나 모두 나아가지 않으니, 곧 賜號하여 逍遙先生이라 하였다. 天福 4년(939)에 졸하니, 향년 74세였다.

1) 唐明宗祖廟諱遨 : ≪新五代史≫ 〈卷三十四考證〉에 "唐 明宗의 祖廟의 휘가 遨였으므로 세상에서는 그의 字가 통행되었다.……〈明宗紀〉에 '증조부 휘 敖는

諡號는 孝質이고 廟號는 毅祖이다.'라고 하였으니 '遨'는 마땅히 '敖'가 되어야 한다.〔唐明宗祖廟諱遨 故世行其字……曾祖敖 諡曰孝質 廟號毅祖 則遨當作敖〕"라고 하였다.

2) 李振 : ?~923. 字는 興緒이고 西州 사람이다. 後梁을 세운 朱全忠이 唐나라 대신들을 滑州 白馬驛에서 대거 살해한 白馬之禍를 일으키는 데 일조하였으며 주전충의 깊은 신임을 받았다. 후량이 멸망하고 後唐이 들어서자 일족이 도륙 당하였다.

3) 五粒松 : 소나무의 일종으로, 한 떨기에 쌀알처럼 길쭉한 비녀 모양의 잎이 다섯 개가 나므로 붙여진 이름이다.

4) 三尸 : 道敎에서 사람의 몸 안에 있으면서 수명·질병·욕망 따위를 좌우한다고 하는 세 神으로, 三彭이라고도 한다. 庚申日 밤에 사람이 잠을 자면 삼시가 몸 밖으로 나와 하늘로 올라가서 天帝에게 그 사람의 잘못을 고한다 하여 '섣달 경신일에는 잠을 자지 않고 밤을 지켜야 복을 얻는다.'는 풍속이 생겼다.

5) 天福 : 後晉 高祖 石敬瑭의 연호로, 2대 황제인 出帝 石重貴도 연용하였다. 936~944년에 해당한다.

遨之節高矣라 **遭亂世**하야 **不汚於榮利**하야 **至棄妻子**하고 **不顧而去**하니 **豈非與世相絕而篤愛其身者歟**아 **然遨好飮酒弈棋**하고 **時時爲詩章**[1]하야 **落人間**하니 **人間多寫以縑素**하야 **相贈遺以爲寶**라 **至或圖寫其形**하야 **翫于屋壁**하니 **其迹雖遠而其名逾彰**하야 **與乎石門荷蓧之徒**[2]**異矣**라

정오의 절조가 드높은지라 난세를 만나 영예와 이익에 물들지 않고서 처자를 버리고 돌아보지도 않고 떠나기까지 하였으니, 어찌 세상과 단절하고 一身만 몹시도 아낀 자가 아니겠는가. 그러나 정오는 음주와 바둑을 좋아하였고 때때로 詩文을 지어 그 시문이 인간 세상에 남아 있으니 사람들이 그 글을 흰 명주 비단에 많이 베껴 서로 선물하면서 보배로 여겼다. 어떤 사람은 그 형상을 그림으로 그려 집 벽에다 걸어두고 완상하기까지 하였으니 그의 자취는 비록 멀어졌어도 그 이름은 더욱 드러나 石門의 문지기나 荷蓧丈人의 무리와는 달랐다.

1) 時時爲詩章 : ≪唐詩紀事≫ 卷71 〈鄭雲叟〉에 "鄭徵君(정오)의 시는 모두 음탕

하고 浮華함을 제거하였고 시끌벅적한 세속의 기운을 아주 끊어버렸다.〔鄭徵君爲詩 皆袪淫靡 逈絶囂塵〕"라고 하였다.

2) 石門荷蓧之徒 : 세상을 피해 자취를 감추고 숨어사는 賢者를 가리킨다. ≪論語≫ 〈憲問〉에, 子路가 魯나라의 城의 外門인 石門에서 유숙하고 다음날 城門으로 들어서자 석문을 지키는 문지기가 어디서 오는 길이냐고 물었고, 자로가 공자의 문하 제자라고 말하자 문지기가 "그 사람은 안 되는 줄 알면서도 하려고 하는 사람이 아닌가."라고 한 내용이 있다. 또 ≪논어≫ 〈微子〉에, 자로가 공자를 따르다가 뒤떨어졌을 때 삼태기를 멘〔荷蓧〕 노인을 보고 우리 선생님을 보았느냐고 묻자 노인이 "四肢를 부려먹지도 않고 五穀을 분간하지도 못하는데, 누가 선생인가."라고 하면서 지팡이를 꽂아놓고 김만 맨 내용이 있다.

與遨同時有張薦明하니 燕人也라 少以儒學遊河朔이러니 後去爲道士하야 通老子莊周之說이라 高祖[1]召見하야 問 道家可以治國乎아하니 對曰 道也者는 妙萬物而爲言[2]이라 得其極者는 尸居衽席之間하야 可以治天地也라하다 高祖大其言하야 延入內殿하야 講道德經하고 拜以爲師라 薦明聞宮中奏時鼓하고 曰 陛下聞鼓乎아 其聲一而已니 五音十二律이 鼓無焉이나 然和之者鼓也라 夫一은 萬事之本也니 能守一者는 可以治天下라하니 高祖善之하야 賜號通玄先生[3]하다 後不知其所終이라

鄭遨와 같은 시대에 張薦明이 있었으니 燕 사람이다. 소싯적에는 儒學을 배우며 河朔 지방을 遊歷하였는데 뒤에는 속세를 떠나 道士가 되어 老子와 莊周의 학설에 통달하였다. 〈後晉의〉 高祖가 불러 보고서 묻기를 "道家가 나라를 다스릴 수 있는가?"라고 하니, 대답하기를 "道라는 것은 만물을 묘하게 하는 것을 두고 말한 것입니다. 그 극도의 경지를 얻은 자는 이부자리에서 편안히 하는 일 없이 있으면서도 천하를 다스릴 수 있습니다."라고 하였다. 고조가 그 말을 훌륭하게 여겨 그를 內殿으로 맞아 들여 ≪道德經≫을 강의하게 하고서 절하고 스승으로 삼았다.

장천명이 궁중에서 시각을 알리는 북소리를 듣고는 말하기를 "폐하께서는 북소리를 들으셨습니까? 북소리는 한 가지일 따름이니, 五音과 十二律이 북에는 없으나, 오음과 십이율을 조화하는 것은 북입니다. 대저 하나라는 것은 萬事의 근본이니, 하

나를 잘 지키는 자는 천하를 다스릴 수 있습니다."라고 하니, 고조가 그 말을 훌륭하게 여겨 通玄先生이라는 號를 내렸다. 그 뒤 그가 어디서 죽었는지는 알지 못한다.

1) 高祖 : 後晉 건국자인 石敬瑭(892~942)을 가리킨다.
2) 道也者 妙萬物而爲言 : ≪周易≫ 〈說卦傳〉에 "신이란 것은 만물을 묘하게 하는 것을 두고 말한 것이다.〔神也者 妙萬物而爲言者也〕"라고 한 말이 보이는데, 이는 만물을 생성하고 운용하는 이치가 神임을 뜻한다. 여기서는 神을 道로 치환하여 말한 것이다.
3) 賜號通玄先生 : ≪冊府元龜≫ 卷54에는 天福 5년(940) 11월에 이 일이 있었던 것으로 기록되어 있다.

石昂은 **青州臨淄人也**라 **家有書數千卷**하고 **喜延四方之士**하니 **士無遠近**히 **皆就昂學問**한대 **食其門下者或累歲**라도 **昂未嘗有怠色**이러라 **而昂不求仕進**이러니 **節度使符習**이 **高其行**하야 **召以爲臨淄令**하다 **習入朝京師**한대 **監軍楊彦朗知留後事**라 **昂以公事至府上謁**하니 **贊者以彦朗諱石**야 **更其姓曰右**라 **昂趨于庭**하야 **仰責彦朗曰 內侍奈何以私害公**가 **昂姓石**이요 **非右也**라하다 **彦朗大怒**하야 **拂衣起去**라 **昂卽趨出**하야 **解官還于家**하야 **語其子曰 吾本不欲仕亂世**러니 **果爲刑人所辱**이로다 **子孫其以我爲戒**어다하다

石昂은 青州 臨淄 사람이다. 집에 수천 권의 서적을 두고 사방의 선비를 부르기를 좋아하니, 선비들이 멀고 가까움을 따지지 않고 모두 석앙에게 와서 배우고 물었는데, 그 문하에서 여러 해 동안 식객으로 있어도 석앙은 소홀히 여기는 기색을 보인 적이 없었다. 석앙은 벼슬을 구하지 않았는데, 節度使 符習이 그의 행실을 높게 여겨 불러서 臨淄令으로 삼았다.

부습이 京師에 入朝하러 갔는데 監軍 楊彦朗이 절도사의 직무를 대행하고 있었다. 석앙이 公事로 官府에 가서 알현하니, 인도하는 사람이 양언랑의 이름이 石이었으므로 석앙의 성씨를 "右"로 바꾸었다. 석앙이 종종걸음으로 府庭으로 나와 양언랑을 올려다보며 꾸짖기를 "內侍가 어찌하여 私로 公을 해치는 것입니까. 昂의 성은 石이지 右가 아닙니다."라고 하였다. 그러자 양언랑이 크게 노하여 옷깃을 떨치고 일어나 가버렸다.

석앙은 즉시 종종걸음으로 나와 관직을 벗어던지고 집으로 돌아와 자식에게 말하기를 "내가 본래 난세에 벼슬하고 싶지 않았는데 과연 宦官에게 욕을 당하는구나. 자손들은 나를 경계로 삼을지어다."라고 하였다.

昻父亦好學하고 **平生不喜佛說**이라 **父死**에 **昻於柩前誦尙書**하고 **曰 此吾先人之所欲聞也**라하고 **禁其家不可以佛事汙吾先人**하다 **晉高祖時**에 **詔天下**하야 **求孝悌之士**하니 **戶部尙書王權**과 **宗正卿石光贊**과 **國子祭酒田敏**과 **兵部侍郎王延等**이 **相與詣東上閤門**하야 **上昻行義可以應詔**이라 **詔昻至京師**하야 **召見便殿**하야 **以爲宗正丞**하다 **遷少卿**하다 **出帝卽位**에 **晉政日壞**하니 **昻數上疏極諫**이로대 **不聽**이어늘 **乃稱疾東歸**하야 **以壽終于家**하다 **昻旣去**에 **而晉室大亂**하다

석앙의 아버지 역시 학문을 좋아하고 평소 佛家의 설을 좋아하지 않았다. 아버지가 별세하자 석앙이 관곽 앞에서 ≪尙書≫를 암송하고 말하기를 "이것이 우리 先人께서 듣고자 하는 것이다."라고 하고는, 그 집안에서 佛事로 아버지를 욕되게 하는 일이 없도록 금하였다.

晉 高祖 때에 천하에 詔命을 내려 孝悌를 행하는 선비를 찾으니, 戶部尙書 王權과 宗正卿 石光贊과 國子祭酒 田敏과 兵部侍郎 王延 등이 함께 東上閤門에 나아가 석앙의 品行과 道義가 조명에 부응할 만하다고 아뢰었다. 그리하여 조서를 내려 석앙을 경사로 오게 하여 便殿에서 召見하고서 宗正丞으로 삼았다. 승진하여 少卿이 되었다.

出帝가 즉위하자 晉의 국정이 날로 무너지니, 석앙이 자주 상소하여 극력으로 간언하였지만 받아들여지지 않자, 마침내 병을 칭탁하고 동쪽으로 돌아가 집에서 천수를 마쳤다. 석앙이 떠나고 나자 晉이 크게 혼란해졌다.

程福贇者는 **不知其世家**라 **爲人沈厚寡言而有勇**이라 **少爲軍卒**하야 **以戰功累遷洺州團練使**하고 **晉出帝時**에 **爲奉國右廂都指揮使**하다 **開運**[1]**中**에 **契丹入寇**하니 **出帝北征**한대 **奉國軍士**가 **乘間夜縱火焚營**하야 **欲因以爲亂**이라 **福贇身自救火被傷**이러니

火滅而亂者不得發이라 **福贇以爲契丹且大至**어늘 **而天子在軍**하고 **京師虛空**하니 **不宜以小故動搖人聽**하야 **因匿其事**하고 **不以聞**하다 **軍將李殷**은 **位次福贇下**라 **利其去而代之**하야 **因誣福贇與亂者同謀**니 **不然**이면 **何以不奏**오하니 **出帝下福贇獄**이라 **人皆以爲冤**이로대 **福贇終不自辨以見殺**하다

程福贇은 그 世系를 알지 못한다. 사람됨이 침착하고 중후하며 말수가 적고 용맹이 있었다. 소싯적에 군졸이 되어 戰功으로 여러 차례 승진하여 洺州團練使가 되었고 晉 出帝 때에 奉國右廂都指揮使가 되었다.

開運 연간에 契丹이 침입하여 노략질을 하니 출제가 북쪽으로 親征하였는데, 奉國軍의 군사가 이 틈을 타서 밤에 불을 질러 軍營을 불태우고서 이어 난리를 일으키려 하였다. 정복빈이 직접 불을 끄다가 부상을 입었는데 불이 꺼진 뒤에 난리를 일으키려 했던 자는 적발하지 못하였다. 정복빈은 거란의 대군이 장차 이를 것인데 천자는 軍中에 있고 京師는 텅 비어 있으니 작은 사고로 사람들의 이목을 동요시켜서는 안 된다고 생각하여 그 일을 숨기고 보고하지 않았다.

軍將 李殷은 位次가 정복빈보다 아래였다. 정복빈을 제거하고 자신이 그 자리를 대신하는 것이 이롭다고 여겨 "정복빈이 난리를 일으킨 자와 함께 모의한 일이니 그렇지 않다면 어째서 아뢰지 않았겠느냐"고 모함하니, 출제가 정복빈을 하옥시켰다. 사람들은 모두 정복빈이 억울하다고 여겼으나 정복빈은 끝내 스스로 변명하지 않고 죽임을 당하였다.

1) 開運 : 後晉 出帝 石重貴의 연호로 944~946년 사이에 사용하였다.

李自倫者는 **深州人也**라 **天福四年正月**에 **尙書戶部奏 深州司功參軍李自倫**은 **六世同居**하니 **奉勅准格**이라 **按格**컨대 **孝義旌表**는 **必先加按驗**하야 **孝者復其終身**하고 **義門仍加旌表**라 **得本州審到鄕老程言等稱 自倫高祖訓**이니 **訓生粲**하고 **粲生則**하고 **則生忠**하고 **忠生自倫**하고 **自倫生光厚**라하니 **六世同居**는 **不妄**이라하야늘 **勅以所居飛鳧鄕爲孝義鄕**하고 **匡聖里爲仁和里**하며 **准式旌表門閭**하다

李自倫은 深州 사람이다. 天福 4년(939) 정월에 尙書戶部가 아뢰기를 "深州司功

參軍 이자륜은 6代가 함께 살고 있으니 칙령을 받들어 규례를 따르고자 합니다. 규례를 살펴보건대 孝義를 旌表할 때에는 반드시 먼저 사실을 조사하여 효자는 종신토록 繇役을 면제해주고 義門에는 이어서 정표를 더해준다고 되어 있습니다. 本州에서 조사한 결과를 보니 鄕老 程言 등이 말하기를 '이자륜의 高祖는 訓이니, 훈이 粲을 낳고 찬이 則을 낳고 칙이 忠을 낳고 충이 자륜을 낳고 자륜이 光厚를 낳았다.' 라고 하니 6대가 함께 사는 것은 거짓이 아닙니다."라고 하였다. 이에 칙령으로 그들이 살고 있는 飛鳧鄕을 孝義鄕으로, 匡聖里를 仁和里로 개칭하고 규정에 따라 門閭에 정표하였다.

九月丙子에 **戶部復奏 前登州義門王仲昭六世同居**에 **其旌表有聽事步欄**[1)]하며 **前列屛**하며 **樹烏頭正門**하되 **閥閱一丈二尺**이요 **烏頭二柱端**에 **冒以瓦桶**[2)]하며 **築雙闕**[3)] **一丈**하되 **在烏頭之南三丈七尺**하며 **夾樹槐柳**하되 **十有五步**하니 **請如之**라하다 **勅曰 此故事也**라 **令式無之**라 **其量地之宜**하야 **高其外門**하며 **門安綽楔**(설)[4)]하며 **左右建臺**하되 **高一丈二尺**이요 **廣狹方正稱焉**하며 **圬**(오)**以白而赤其四角**하야 **使不孝不義者見之**하야 **可以悛心而易行焉**하라하다

9월 丙子일에 호부가 다시 아뢰기를 "전에 6대가 함께 사는 登州의 王仲昭의 義門에 그 정표에는 聽事와 步欄이 있었으며, 앞에는 門屛을 벌려 세웠으며, 烏頭正門을 세우되 閥閱은 一丈 二尺의 높이로 하고 오두정문의 두 기둥 끝에는 기와로 된 통을 덮어 씌웠으며, 雙闕을 一丈 높이로 쌓되 오두정문의 남쪽 三丈 七尺 위치에 두며, 길 양 옆에 홰나무와 버드나무를 심되 서로 간의 거리가 열다섯 걸음이 되게 하였습니다. 이자륜의 정표도 이와 같이 하기를 청합니다."라고 하였다.

칙령을 내리기를 "이는 故事이니 법식은 없다. 이자륜의 정표는 地勢에 맞게 헤아려서 外門을 높게 하며, 문에는 綽楔을 설치하며, 좌우에 臺를 세우되 一丈 二尺의 높이로 네모반듯하게 하며, 흰색으로 칠하되 사방 모퉁이를 붉게 칠하여 불효하고 불충한 자들이 보고서 마음과 행실을 고쳐먹게 하라."라고 하였다.

1) 聽事步欄 : 聽事는 廳堂과 같은 말이며, 步欄은 길고 굽은 複道를 가리킨다.

2) 樹烏頭正門……冒以瓦桶 : 烏頭正門은 祠廟 등의 앞에 세우는 문으로 지붕이

없고 키가 낮은 형식이다. 閥閱이라고 부르는 2개의 기둥 사이에 대문 두 개가 있고 기둥 정상에는 검은 색깔의 陶器制와 금속제의 모자를 씌웠다.

3) 雙闕 : 옛날에 宮殿, 祠廟, 陵墓 앞 양쪽으로 높게 세운 누대를 가리킨다.

4) 綽楔(설) : 옛날에 正門의 양쪽 곁에 세워 孝義를 표창하던 나무 기둥을 가리킨다.

02. 唐六臣傳* 唐나라의 여섯 신하의 傳記

* 唐나라는 마지막 황제인 哀帝 天祐 2년(905)에 梁王 朱溫에게 영합하던 재상 柳璨이 裵樞, 獨孤成, 崔遠, 趙崇, 王贊, 王溥, 陸扆 등 당나라의 大臣들을 모함하여 黃河 가의 白馬驛에서 살해한 이후 조정에서 君子와 忠臣들이 텅 비어 사라졌다. 그리고 그 이듬해 3월에 애제가 주온에게 遜位하면서 당나라는 망하였다. 애제가 나라를 禪讓할 때 당나라의 신하였던 中書侍郎 同中書門下平章事 張文蔚이 冊禮使가 되고 禮部尙書 蘇循이 副使가 되었으며, 중서시랑 동중서문하평장사 楊涉이 押傳國寶使가 되고 翰林學士 中書舍人 張策이 부사가 되었으며, 御史大夫 薛貽矩가 押金寶使가 되고 尙書左丞 趙光逢이 부사가 되어 이 여섯 사람이 나라를 넘겨주는 의식을 집행하였다. 이들은 이후에도 後梁의 조정에서 벼슬하며 부귀를 누렸다. 구양수가 이 여섯 사람의 행적을 〈唐六臣傳〉으로 따로 입전한 것은, 나라를 넘겨주는 일에 참여한 것도 모자라 수치도 모른 채 욕되게 後梁의 조정에서 관직을 영위한 小人들을 貶斥하기 위한 것이다. 장문울과 장책과 설이구는 ≪舊五代史≫ 卷18 〈梁書 第18 列傳8〉, 조광봉은 ≪구오대사≫ 卷58 〈唐書 第34 列傳10〉, 소순은 ≪구오대사≫ 卷60 〈唐書 第36 列傳12〉에 열전이 있고 양섭은 열전 없이 〈本紀〉와 각 열전에 행적이 산재해 있다. 〈당육신전〉 말미에 이들 여섯 사람 외에 당나라 재상가의 자제로 翰林學士로 있다가 後梁에 벼슬한 杜曉의 행적도 附記되어 있다. 〈당육신전〉은 ≪新五代史≫ 卷35에 있다.

≪구오대사≫의 史評에서도 이들 가운데 몇 사람에 대한 평가를 내리기를 "장문울과 설이구는 모두 唐朝의 舊臣으로 梁나라가 강압으로 선양받는 때를 만나 君命을 받들어 사신으로 와서 神器인 國璽를 함부로 가져다 梁王에게 주었다. 이와 같은 때를 만난 것은 또한 신하된 자의 불행이지만 양나라에 재상을 하지 않는 것이 또한 좋지 않았겠는가. 두효는 文雅하다는 명성이 드러났

고 장책은 冲澹한 국량이 있어 모두 재상의 자리에 올라 士林을 욕되게 하지 않았다.〔文蔚貽矩皆唐朝之舊臣 遇梁室之强禪 奉君命以來使 狎神器以授之 逢時若斯 亦爲臣者之不幸也 抑不爲其相 不亦善乎 杜曉著文雅之稱 張策有冲澹之量 咸登台席 無忝士林〕"라고 하여 "용렬하고 나약하고 불초하고 음험하고 교활하여 이익만 추구하고 나라를 팔아먹은 무리들〔庸懦不肖傾險獪猾趨利賣國之徒〕"이라고 한 구양수의 평가보다는 다소 온건하다.

구양수는 〈당육신전〉의 앞뒤에 각각 史論을 남겨 조정에 賢人君子가 사라지고 용렬한 小人輩가 판을 쳐 나라가 망한 참상을 개탄하고 현인군자는 항상 朋黨의 명목으로 배척받는다고 하여 군주가 이를 잘 살펴야 함을 강조하였다. 이를 통해 구양수가 朋黨에 대해 가진 관점을 살펴볼 수 있다. 이 사론은 ≪文抄≫에도 따로 실려 있는데, 茅坤은 "붕당의 화는 唐나라에 이르러 지극하였고, 붕당에 대해 논한 글은 歐陽子에 이르러 지극하였다.〔朋黨之禍 至唐而極 論朋黨之文 至歐陽子而極〕"라고 하였고 또 "문장이 매우 원활하고, 世情을 본 것이 매우 通透하다.〔文甚圓而所見世情特透〕"라고 평하였다. 朱熹의 ≪晦菴集≫ 卷38 〈答周益公〉에는 "〈당육신전〉과 같은 글은 또 국가가 흥망성쇠하는 기미를 깊이 궁구해내어 천하후세에 깊고 간절하게 분명히 드러낸 영원한 귀감이 되는 것이 진실로 한 가지가 아니다.〔如唐六臣傳之屬 又能深究國家所以廢興存亡之幾 而爲天下後世深切著明之永鑒者 固非一端〕"라고 하였다.

甚哉라 白馬之禍[1]여 悲夫인저 可爲流涕者矣로다 然士之生死가 豈其一身之事哉아 初唐天祐三年[2]에 梁王이 欲以嬖吏張廷範爲太常卿이러니 唐宰相裴樞가 以謂 太常卿은 唐이 常以淸流爲之어늘 廷範乃梁客將이니 不可라하니 梁王이 由此大怒하야 曰 吾常謂裴樞純厚하야 不陷浮薄이러니 今亦爲此耶아라하다 是歲四月에 彗出西北하야 掃文昌軒轅天市어늘 宰相柳璨이 希梁王旨하야 歸其譖於大臣이라 於是에 左僕射(야)裴樞獨孤損과 右僕射崔遠과 守太保致仕趙崇과 兵部侍郞王贊과 工部尙書王溥와 吏部尙書陸扆가 皆以無罪貶하고 同日賜死于白馬驛이라 凡搢紳之士로 與唐而不與梁者가 皆誣以朋黨하야 坐貶死者가 數百人이라 而朝廷爲之一空하다

심하다! 白馬驛의 禍變이여. 슬프도다! 눈물을 흘릴 만하구나. 그러나 선비가 살

고 죽는 것이 어찌 그 한 몸의 일이겠는가. 당초 唐나라 天祐 3년(906)에 梁王이 총애하는 관리 張廷範을 太常卿으로 삼으려 했는데, 당나라 재상 裵樞가 "태상경은 당나라에서 늘 淸流에게 맡겼거늘 장정범은 梁나라의 客將이니, 맡을 수 없다."라고 하니, 양왕이 이 때문에 크게 노하여 "내 일찍이 배추는 純厚하여 浮薄한 데 빠지지 않을 것이라 여겼더니, 지금 또한 이런 짓을 하는가."라고 하였다.

이해 4월에 혜성이 서북쪽에 출현하여 文昌星과 軒轅星과 天市星을 스치거늘, 재상 柳璨이 梁王의 뜻에 영합하여 그 허물을 大臣들에게 돌렸다. 이에 左僕射 裵樞와 獨孤損, 右僕射 崔遠, 守太保로 致仕한 趙崇, 兵部侍郎 王贊, 工部尙書 王溥, 吏部尙書 陸扆가 모두 죄 없이 貶職되었고 같은 날 白馬驛에서 賜死되었다. 무릇 搢紳 사대부로 唐나라를 돕고 梁王을 돕지 않은 자들이 모두 朋黨으로 모함을 받아 폄직되거나 죽은 사람이 수백 명이라 조정이 이 때문에 텅 비게 되었다.

1) 白馬之禍 : 唐나라 마지막 황제 哀帝 天祐 2년(905)에 재상 柳璨이 梁王 朱溫(朱全忠)의 뜻에 영합하여 大臣 裴樞 등 7인을 모함해서 滑州 白馬驛에서 죽인 사건이다. 과거에 누차 급제하지 못해서 불만을 품고 있던 李振이 당시 주전충의 심복으로 있으면서 "이 자들은 스스로 淸流라고 말을 하니 黃河에 던져 넣어서 영원히 濁流가 되게 하는 것이 좋겠다.〔此輩自謂淸流 宜投於黃河 永爲濁流〕"라고 하니, 주온이 웃으면서 허락했다고 한다.

2) 初唐天祐三年 : ≪五代史記纂誤補≫ 卷3에 "삼가 살펴보건대 ≪新唐書≫와 ≪舊唐書≫에 裵樞 등이 貶職되고 賜死된 일은 모두 天佑 2년(905)에 있었으니 이 부분은 오류이다. 또 아래 단락에서 '이듬해 3월에 당나라 哀帝가 양왕에게 讓位할 때'라고 하였는데, '이듬해'라는 것은 또 이 부분의 오류를 이어서 착오가 난 것이다.〔謹按新舊唐書裵樞等之貶死俱在天佑二年 此誤 下云明年三月唐哀帝遜位於梁 其云明年則踵此而誤〕"라고 하였다.

明年三月에 **唐哀帝**가 **遜位於梁**할새 **遣中書侍郎同中書門下平章事張文蔚爲冊禮使**하고 **禮部尙書蘇循爲副**하며 **中書侍郎同中書門下平章事楊涉爲押傳國寶使**하고 **翰林學士中書舍人張策爲副**하며 **禦史大夫薛貽矩爲押金寶使**하고 **尙書左丞趙光逢爲副**하다 **四月甲子**에 **文蔚等**이 **自上源驛**으로 **奉冊寶**하며 **乘輅車**[1]하야 **導以金吾**

仗衛太常鹵簿[2)]하야 朝梁于金祥殿하니 梁王衮冕南面이어늘 臣文蔚과 臣循이 奉冊升殿하야 進讀已에 臣涉과 臣策이 奉傳國璽하고 臣貽矩와 臣光逢이 奉金寶[3)]하야 以次升하야 進讀已에 降하야 率文武百官하야 北面舞蹈하고 再拜賀하다

이듬해 3월에 唐 哀帝가 梁王에게 讓位할 때 中書侍郎 同中書門下平章事 張文蔚을 冊禮使로 삼고 禮部尙書 蘇循을 副使로 삼았으며, 중서시랑 동중서문하평장사 楊涉을 押傳國寶使로 삼고 翰林學士 中書舍人 張策을 부사로 삼았으며, 御史大夫 薛貽矩를 押金寶使로 삼고 尙書左丞 趙光逢을 부사로 삼았다.

4월 갑자일에 장문울 등이 上源驛에서부터 冊寶를 받들고 輅車를 타고서 金吾 의장대와 太常寺 의장대의 인도를 받아 金祥殿에서 양왕에게 조회하니, 양왕이 곤룡포와 면류관 차림으로 南面하거늘, 신하 장문울과 신하 소순이 책보를 받들고 殿上에 올라가 나아가서 읽기를 마치자, 신하 양섭과 신하 장책이 傳國璽를 받들고 신하 설이구와 신하 조광봉이 金寶를 받들고 차례로 올라가 나아가 읽기를 마치고서 내려와 문무백관을 거느리고 北面하여 손을 흔들며 발을 구르고 再拜하며 賀禮하였다.

1) 輅車 : 천자가 타는 수레를 가리킨다.
2) 金吾仗衛太常鹵簿 : 金吾는 본래 구리로 만든 儀仗棒으로, 양쪽 끝 부분에 塗金이 되어 있는데 의장대의 衛士가 이것을 잡는다. 鹵簿는 황제와 后妃가 외출할 때 扈從하는 의장대이다.
3) 金寶 : 제왕이나 왕후의 尊號를 새긴 도장이다.

夫一太常卿與社稷이 孰爲重가 使樞等不死면 尙惜一卿이어늘 其肯以國與人乎아 雖樞等之力이 未必能存唐이나 然必不亡唐而獨存也라 嗚呼라 唐之亡也에 賢人君子旣與之共盡하고 其餘在者는 皆庸懦不肖傾險獪猾趨利賣國之徒也라 不然이면 安能蒙耻忍辱于梁庭이 如此哉리오 作唐六臣傳하노라

대저 太常卿 한 자리와 社稷 중에서 어느 것이 중요한가. 만일 裵樞 등이 죽지 않았다면 오히려 태상경 한 자리도 아까워했을 터인데 나라를 남에게 넘겨주려 했겠는가. 비록 배추 등의 힘이 반드시 당나라를 보존할 수는 없었겠지만, 당나라는

망하게 두고 자신만 홀로 사는 일은 결코 하지 않았을 것이다. 아아! 당나라가 망할 때 賢人 君子들은 이미 모두 죽었고, 남은 자들이라고는 모두 용렬하고 나약하고 불초하고 음험하고 교활하여 이익만 추구하고 나라를 팔아먹는 무리들이었다. 그렇지 않다면 어찌 양나라 조정에서 수치를 무릅쓰고 욕됨을 참는 것이 이와 같았겠는가. 〈唐六臣傳〉을 짓노라.

張文蔚은 **字右華**니 **河間人也**라 **初**에 **以文行知名**하고 **擧進士及第**하다 **唐昭宗**[1]**時**에 **爲翰林學士承旨**하다 **是時**에 **天子微弱**하고 **制度已**隳(휴)어늘 **文蔚居翰林**[2]하야 **制詔四方**에 **獨守大體**하다 **昭宗遷洛**할새 **拜中書侍郞 同中書門下平章事**하다 **柳璨**[3]**殺裴樞等七人**하고 **蔓引朝士**하야 **輒加誅殺**하니 **搢紳相視以目**하야 **皆不自保**어늘 **文蔚力講解之**하니 **朝士多賴以全活**이러라 **梁太祖始立**에 **仍以文蔚爲相**하니 **梁初制度**는 **皆文蔚所裁定**이라 **文蔚居家亦孝悌**라 **開平二年**에 **太祖北巡**할새 **留文蔚西都**한대 **以暴疾卒**하니 **贈右僕射**하다

張文蔚은 字는 右華이니 河間 사람이다. 처음에는 문장과 행실로 이름이 알려졌고 진사시에 응시하여 급제하였다. 唐 昭宗 때에 翰林學士承旨가 되었다. 이때에 천자는 미약하고 제도는 이미 무너졌는데 장문울이 한림에 있으면서 사방에 포고하는 制書와 詔書를 지을 적에 홀로 大體를 지켰다. 소종이 洛陽으로 遷都하면서 中書侍郞 同中書門下平章事를 拜授하였다. 柳璨이 裴樞 등 일곱 사람을 살해하고 朝廷의 사대부들을 줄줄이 끌어들여 번번이 誅殺하니 사대부들이 서로 눈짓으로 쳐다보기만 할 뿐 모두 자신의 목숨을 보전하지 못하였는데 장문울이 힘써 구명하니 많은 조정 사대부들이 그 덕분에 목숨을 보전할 수 있었다.

後梁 太祖

梁 太祖가 막 즉위하여 장문울을 그대로 재상으로 삼으니 양나라 초기의 제도는 모두 장문울이 제정한 것이었다. 장문울은 집안에 있을 때에는 효성스럽고 우애로웠다. 開平 2년(908)에 태조가 북쪽으로 순

행할 때 장문울을 西都 留後로 삼았는데 갑작스런 질병으로 죽으니, 右僕射를 증직하였다.

1) 唐昭宗 : 867~904. 初名은 杰이고 敏으로 고쳤다가 나중에 曄으로 고쳤다. 懿宗의 일곱 번째 아들로, 壽王에 봉해졌다가 僖宗 文德 원년(888) 황태제로 책립되었고, 얼마 뒤 즉위했다. 당시 재상 崔胤과 환관 韓全海가 권세를 다투면서 각자 지방의 藩鎭 세력과 결탁했는데, 天復 원년(901) 한전해가 황제를 위협해 鳳翔으로 달아나 절도사 李茂貞에게 의지했다. 한편 최윤은 宣武節度使 朱溫(朱全忠)의 지지를 받아 한전해를 공격했다. 천복 3년(903) 이무정이 한전해를 죽이고 주온과 화해하자 모든 실권이 주온에게 돌아갔으며, 주온에게 겁박당하여 洛陽으로 천도하고 얼마 뒤 주온에게 피살당했다.
2) 翰林 : 唐 玄宗 開元 초엽에 張九齡과 張說과 陸堅 등의 대신들에게 각종 表疏와 批答 등 文章과 관련된 일을 관장하게 하여 翰林供奉이라 이름하고, 集賢院 學士들과 함께 詔書 및 皇帝의 각종 문서들을 나누어 맡게 하였다. 德宗 이후로는 翰林學士는 황제의 顧問 및 秘書官의 업무를 겸하였으며 항상 內廷에 머무르게 하여 각종 將相의 任免 및 왕후와 태자 등을 책봉하는 문서를 지어 內相으로 불리게 되었다. 당나라 후기에 와서는 翰林學士가 재상을 겸하기도 하였다.
3) 柳璨 : ?~907. 字는 炤之이니 京兆 華原 사람이다. 唐 昭宗 때 進士가 되었고, 여러 번 승진해서 翰林學士가 되었다. 崔胤이 죽자 諫議大夫 同中書門下平章事가 되었다. 朱溫이 皇位를 찬탈하고 소종을 시해하려 할 때 함께 모의하였다. 나중에 주온으로부터 두 마음을 품고 있다는 의심을 받아 유배되었다가 얼마 뒤 참수되었다.

楊涉祖收는 唐懿宗時宰相이요 父嚴은 官至兵部侍郎[1]이라 涉擧進士하고 昭宗時爲吏部尙書하다 哀帝卽位에 拜中書侍郎 同中書門下平章事하다 涉은 唐名家니 世守禮法하고 而性情謹厚이라 不幸遭唐之亂하야 拜相之日에 與家人相對泣下하고 顧其子凝式曰 吾不能脫此網羅하니 禍將至矣에 必累爾等이라하다 唐亡에 事梁하야 爲門下侍郎 同中書門下平章事하다 在位三年에 俛(부)首無所施爲라 罷爲左僕射 知貢

擧하고 **後數年卒**하다 **子凝式**은 **有文辭**하고 **善筆札**이라 **歷事梁唐晉漢周**하고 **常以心疾致仕**하야 **居於洛陽**하다 **官至太子太保**하다

楊涉의 祖父 收는 唐 懿宗 때 재상을 지냈고 아버지인 嚴은 관직이 兵部侍郎에 이르렀다. 양섭은 진사시에 급제하고 昭宗 때에 吏部尙書가 되었다. 哀帝가 즉위하여 中書侍郎 同中書門下平章事를 배수하였다. 양섭은 당나라의 名家로서 대대로 禮法을 지켰고 性情이 근엄하고 중후하였다. 불행히도 당나라에 변란이 있을 때를 만나 재상에 배수되던 날에 집안사람과 서로 마주하여 눈물을 흘리고 아들인 凝式을 돌아보며 말하기를 "내가 이 그물을 벗어날 수 없으니, 재앙이 장차 이르면 반드시 너희들까지도 화를 입을 것이다."라고 하였다. 당나라가 망하자 梁을 섬겨 門下侍郎 同中書門下平章事가 되었다. 자리에 3년 동안 있으면서 머리만 조아리고 아무런 하는 일이 없었다. 파직되어 左僕射 知貢擧가 되었고 몇 년 뒤에 졸하였다. 아들 응식은 文辭에 재능이 있었고 글씨를 잘 썼다. 梁과 唐과 晉과 漢과 周를 차례로 섬겼고 心病으로 致仕하고서 낙양에서 살았다. 관직이 太子太保에 이르렀다.

1) 楊涉祖收……官至兵部侍郎 : ≪五代史纂誤≫ 卷中에 "지금 ≪唐書≫ 〈楊收傳〉과 〈宰相世系表〉를 살펴보건대, 숙부 遺直이 네 아들을 낳아 이름을 發과 假와 收와 嚴이라 하였으니, 대개 四時를 취하여 뜻을 삼은 것으로 네 사람이 낳은 아들의 이름 역시 그러하다. 그러므로 發의 아들의 이름은 모두 木을 따랐고, 收의 아들의 이름은 모두 金을 따랐고 嚴의 아들의 이름은 水를 따랐다. 오직 假의 아들은 傳이나 表 가운데 모두 실려 있지 않다. 그러나 또한 유추해서 알 수 있다. 이러한 사실로 말해보면 收와 嚴은 바로 형제이지 부자 관계가 아니다. 지금 楊涉의 조부라고 쓴 것은 착오이다.〔今按唐書楊收傳幷宰相世系表 叔父遺直生四子 名發假收嚴 蓋取四時爲義 四人所生子 其名亦然 故發子名皆從木 收子名皆從金 嚴子名從水 惟假之子傳中表中皆不載 然亦推而可知 以是言之 則收與嚴 乃兄弟 非父子 今書爲涉祖則誤矣〕"라고 하였고, ≪北夢瑣言≫ 卷12에 "唐나라 때의 相國 楊收는 江州 사람이다. 조부는 本州의 都押衙가 되었고 부친 遺直은 蘭溪縣 主簿가 되었다. 네 아들 發과 假와 收와 嚴을 낳았는데 모두 進士에 급제하였다. 收는 재상이 되었고 發 이하는 모두 丞郎에 이르렀다. 發은 봄에서 뜻을 가져왔으며 그 본처 소생은 梲과 乘이라고 이름 지었

다. 假는 여름에서 뜻을 가져왔으며 그 본처 소생은 炅이라고 이름 지었다. 收는 가을에서 뜻을 가져왔으며 그 본처 소생은 鉅와 鏻과 鏕와 鑑이라고 이름 지었다. 嚴은 겨울에서 뜻을 가져왔으며 그 본처 소생은 注와 涉과 洞이라고 이름 지었다.〔唐相國楊收 江州人 祖爲本州都押衙, 父遺直爲蘭溪縣主簿 生四子發假收嚴 皆登進士第 收卽大拜 發以下皆至丞郎 發以春爲義 其房子以柷以乘爲名 假以夏爲義 其房子以炅(경)爲名 收以秋爲義 其房子以鉅鏻鏕鑑爲名 嚴以冬爲義 其房子以注涉洞爲名〕"라고 하였다. 이상의 考證에 의거하면 收가 양섭의 조부라는 ≪新五代史≫의 기술은 착오이다.

張策은 字少逸이니 河西敦煌人也라 父同은 爲唐容管經略使라 策少聰悟好學하야 通章句라 父同이 居洛陽敦化里할새 浚井이라가 得古鼎한대 銘曰 魏黃初元年春二月匠吉千이라 同以爲奇한대 策時年十三으로 居同側이라가 啓曰 漢建安二十五年에 曹公[1]薨하고 改元延康이라 是歲十月에 文帝[2]受禪하고 又改黃初하니 是黃初元年에 無二月也어늘 銘何謬邪오하니 同大驚異之하다 策少好浮圖之說이러니 乃落髮爲僧하야 居長安慈恩寺[3]라 黃巢[4]犯長安이어늘 策乃返初服하고 奉父母以避亂하야 居田里十餘年이러니 召拜廣文館博士하다 邠州王行瑜[5]辟(벽)觀察支使하다 晉王李克用이 攻行瑜하니 策與婢肩輿其母하야 東歸할새 行積雪中하니 行者憐之러라 梁太祖가 兼四鎭[6]할새 辟鄭滑支使러니 以母喪解職하다 服除에 入唐하야 爲膳部員外郎하다 華州韓建[7]이 辟判官하고 建徙許州에 以爲掌書記하다 建遣策聘于太祖한대 太祖見而喜曰 張夫子至矣로다하고 遂留以爲掌書記하고 薦之于朝하니 累拜中書舍人 翰林學士하다 太祖卽位에 遷工部侍郎奉旨하다 開平二年에 拜刑部侍郎 同中書門下平章事하고 遷中書侍郎이러니 以風恙罷爲刑部尙書라가 致仕하야 卒于洛陽하다

張策은 字는 少逸이니 河西 敦煌 사람이다. 아버지 同은 唐나라 容管經略使를 지냈다. 장책은 소싯적부터 총명하고 학문을 좋아하여 章句에 통달하였다. 아버지 장동이 洛陽의 敦化里에 살 때 우물을 파다가 古鼎을 얻었는데, 그 銘文에 "魏나라 黃初 원년(220) 봄 2월 匠人 吉千"이라고 적혀 있었다. 장동이 기이하게 여겼는데 장책이 당시 열 셋의 나이로 장동의 곁에 있다가 말하기를 "漢나라 建安 25년에 曹公

이 죽고 延康으로 改元하였습니다. 이해 시월에 文帝가 禪位를 받고 다시 黃初로 개원하였으니, 황초 원년에는 2월이 없거늘 명문이 어쩌면 이리도 그릇되단 말입니까."라고 하니, 장동이 크게 놀라고 기특해하였다.

曹操

장책은 어려서부터 佛家의 설을 좋아하더니 마침내 머리를 깎고 승려가 되어 長安 慈恩寺에 기거하였다. 黃巢가 장안을 침범하자 장책은 俗服으로 갈아입고 부모를 모시고 난리를 피하여 田里에서 10여 년을 거하였다. 조정에서 그를 불러 廣文館 博士를 배수하였다. 邠州의 王行瑜가 그를 초빙하여 觀察支使를 삼았다. 晉王 李克用이 왕행유를 공격하니, 장책이 여종과 함께 肩輿에 모친을 태우고 동쪽으로 돌아갈 때 눈으로 뒤덮인 길을 헤치고 갔으므로 행인들이 가엾게 여겼다. 梁 太祖가 四鎭을 겸하여 다스리게 되었을 때 초빙하여 鄭州와 滑州의 支使로 삼았는데 모친상을 당해 관직에서 물러났다. 喪期가 끝나 당나라 조정에 들어가 膳部員外郎이 되었다. 華州의 韓建이 초빙하여 判官으로 삼고, 한건이 許州로 자리를 옮겨서는 掌書記로 삼았다. 한건이 장책을 보내 양 태조에게 聘問하게 하였는데 태조가 보고서 기뻐하며 말하기를 "張夫子가 왔다."라고 하였다. 그리고는 마침내 머무르게 하여 掌書記로 삼고 唐나라 조정에 천거하였는데 여러 차례 관직을 배수하여 中書舍人 翰林學士가 되었다. 태조가 즉위하여 工部侍郎奉旨로 승진하였다. 開平 2년(908)에 刑部侍郎 同中書門下平章事에 배수되고 中書侍郎으로 승진하였더니 중풍으로 관직을 그만두고 刑部尙書로 있다가 致仕하고서 낙양에서 졸하였다.

1) 曹公 : 漢나라에서 魏王에 오른 曹操(155~220)이다.
2) 文帝 : 曹操의 아들로 조조가 죽은 뒤 漢 獻帝에게 禪位받아 魏를 건국한 曹丕(187~226)이다.
3) 慈恩寺 : 唐 高宗이 황태자였을 때 그의 모친 文德皇后의 자애로운 은혜에 보답하기 위해서 건립한 願刹로 1,897칸의 광대한 규모를 자랑하였다. 나라에

서 大慈恩寺라는 사액을 받았으며, 玄奘이 이곳에서 인도에서 가져온 경전을 譯經하였다. 현장이 경전과 불상을 수장하기 위해 지은 5층 전탑인 大雁塔으로도 유명하다.

4) 黃巢 : ?~884. 唐나라 말기 曹州 寃句 사람이다. 僖宗 乾符 2년(875) 소금밀매상이던 王仙芝가 무리를 모아 반란을 일으키자 그도 이에 호응했다. 건부 5년(878) 왕선지가 전사하자 농민반란군의 지도자가 되어 각지를 공격하여 함락시켰다. 이윽고 낙양과 潼關마저 함락하고 長安에 입성하여 스스로 황제에 올라 국호를 大齊, 연호를 金統이라 하였다. 中和 3년(884) 장안에서 철수하여 蔡州를 함락했으나 이후 여러 차례 전투에서 패하자 다음 해 泰山 狼虎谷에서 자결하였다. 후에 唐나라를 멸망시키고 後梁을 건국한 朱全忠이 그의 부하였다.

5) 王行瑜 : ?~895. 邠州 사람으로 처음에는 邠寧節度使 朱玫의 偏將으로 있었다. 주매가 襄王 李熅을 황제로 세우자 李克用 등이 공격했는데, 결국 주매를 죽이고 조정에 귀순하여 빈녕절도사에 임명되었다. 昭宗 景福 원년(892) 李茂貞 등과 함께 표문을 올려 王拱을 河中節度使로 삼아 달라 했는데 조정에서 거절하자 병사를 이끌고 京師에 난입했다. 이극용이 이를 토벌하자 慶州로 달아났다가 부하에게 피살되었다.

6) 梁太祖 兼四鎭 : 이때는 아직 後梁을 건국하기 전 절도사로 있을 때이다.

7) 韓建 : 855~912. 字는 佐時이니 河南 許昌 사람이다. 黃巢의 난 때 군공으로 潼關防禦使 兼華州刺史가 되었으며 後梁에 들어와서는 司徒, 平章事, 侍中 등을 지냈다. 후량의 조정이 혼란할 때 그의 수하 장수인 張厚가 난을 일으켜 살해되었다.

趙光逢은 字延吉이니 父隱은 唐左僕射(야)라 光逢在唐에 以文行知名하니 時人稱其方直溫潤하야 謂之玉界尺이라하다 昭宗時에 爲翰林學士承旨 御史中丞이러니 以世亂棄官하고 居洛陽하야 杜門絶人事者五六年이러라 柳璨爲相에 與光逢有舊恩하야 起光逢爲吏部侍郞 太常卿하다 唐亡에 事梁爲中書侍郞 同中書門下平章事하고 累遷左僕射하고 以太子太保致仕하다 末帝卽位에 起爲司空 同中書門下平章事하고 復以司徒致仕[1)]하다 唐天成中에 卽其家[2)]하야 拜太保하고 封齊國公하다 卒에 贈太傅하다

趙光逢은 字는 延吉이니 아버지 趙隱은 唐나라에서 左僕射를 지냈다. 조광봉이 당나라 때에 문학과 행실로 이름이 알려졌으니 당시 사람들이 그 방정하고 정직하고 온후하고 부드러움을 칭찬하여 玉界尺이라고 하였다. 唐 昭宗 때 翰林學士承旨御史中丞이 되었는데, 세상이 어지러워 관직을 버리고 낙양에 살면서 두문불출하며 人事를 끊은 지가 5, 6년 세월이었다. 柳璨이 재상으로 있을 때에, 조광봉에게 옛날에 은혜를 입은 일이 있어 조광봉을 불러 吏部侍郎 太常卿으로 삼았다. 당나라가 망하자 梁을 섬겨 中書侍郎 同中書門下平章事가 되고 여러 번 승진하여 左僕射가 되고 太子太保로 致仕하였다. 梁 末帝가 즉위하자 그를 기용하여 司空 同中書門下平章事로 삼았고 다시 司徒로 치사하였다. 唐 天成 연간에 中使가 조광봉의 집에 직접 가서 太保를 拜授하고 齊國公에 봉했다. 조광봉이 죽자 太傅를 추증하였다.

1) 事梁爲中書侍郎……復以司徒致仕 : ≪五代史纂誤≫ 卷中에 "지금 〈梁本紀〉를 살펴보건대 開平 3년(909) 9월에 太常卿 趙光逢을 中書侍郎 同中書門下平章事로 삼았고, 末帝 貞明 원년(915) 3월 丁卯에 파직하였고, 2년(916) 8월 丁酉에 太子太保로 致仕한 조광봉을 司空 兼門下侍郎同中書 門下平章事로 삼았고, 4년(918) 4월에 파직하였다고 되어 있어, 열전과는 다르다. 어느 것이 옳은지 알 수 없다.〔今按梁本紀開平三年九月太常卿趙光逢爲中書侍郎同中書門下平章事 至末帝貞明元年三月丁卯罷 二年八月丁酉太子太保致仕趙光逢爲司空兼門下侍郎同中書門下平章事 四年四月罷 與傳不同 未知孰是〕"라고 하였다.

2) 卽其家 : 황제의 近侍를 직접 그 집에 보내 예우하는 뜻을 나타낸 것이다.

薛貽矩는 **字熙用**이니 **河東聞喜人也**라 **仕唐爲兵部侍郎 翰林學士承旨**하다 **昭宗自岐還長安**[1]하야 **大誅宦者**할새 **貽矩嘗爲中尉韓全誨等作畫像讚**하야 **坐左遷**하다 **貽矩乃自結於梁太祖**하니 **太祖言之於朝**하야 **拜吏部尙書**하고 **遷御史大夫**하다 **天祐三年**에 **太祖自長蘆還軍**할새 **哀帝遣貽矩來勞**한대 **貽矩以臣禮見**하니 **太祖揖之升階**라 **貽矩曰 殿下功德及人**하니 **三靈改卜**[2]이라 **皇帝方行舜禹之事**[3]하니 **臣安敢違**오하고 **乃稱臣拜舞**하니 **太祖側身以避之**하다 **貽矩還**하야 **遂趣哀帝遜位**하다 **太祖卽位**에 **拜貽矩中書侍郎 同中書門下平章事**하고 **累拜司空**하다 **貽矩爲梁相五年**에 **卒**하니 **贈侍**

中하다

薛貽矩는 字는 熙用이니 河東 聞喜 사람이다. 唐나라에 벼슬하여 兵部侍郎 翰林學士承旨가 되었다. 昭宗이 岐에서 長安으로 돌아와 환관들을 대거 주륙할 때, 설이구가 中尉 韓全誨 등에게 畵像讚을 지어준 일이 있어 연좌되어 좌천되었다. 설이구가 이에 梁 太祖에게 스스로 결탁하니 태조가 조정에 말하여 吏部尙書에 배수되고 御史大夫로 승진하였다.

天祐 3년(906)에 태조가 長蘆에서 還軍할 때 哀帝가 설이구를 보내 위로하게 하였는데 설이구가 신하의 예로 태조를 알현하니 태조가 읍하고 臺階에 올라오게 하였다. 설이구가 말하기를 "전하의 공덕이 사람들에게 미치니 三靈이 改卜하였습니다. 황제가 바야흐로 舜임금과 禹임금의 일을 행하려 하니 신이 어찌 감히 어기겠습니까."라고 하고는 稱臣하며 절하고 춤추니 태조가 몸을 옆으로 비껴 피하였다. 설이구가 돌아와 마침내 哀帝를 재촉하여 禪位하게 하였다. 태조가 즉위하여 설이구를 中書侍郎 同中書門下平章事에 배수하고 여러 차례 배수하여 司空이 되었다. 설이구가 梁의 재상이 된 지 5년 만에 졸하니 侍中을 추증하였다.

1) 昭宗自岐還長安 : 岐는 지금의 陝西省 鳳翔縣이다. 昭宗 光化 4년(900)에 환관 劉季述이 난을 일으켜 천자를 유폐하였는데, 天復 원년(901)에 護駕都頭 孫德昭가 유계술을 죽이니, 소종이 복위하였다. 유계술이 죽은 뒤 재상 崔胤이 朱溫(朱全忠)의 군사를 빌려 환관들을 모두 죽이고자 하였는데, 이 사실을 알게 된 환관 韓全海가 소종을 겁박하여 鳳翔으로 달아나 李茂貞에게 의탁하였다. 주온의 군사가 봉상을 포위하고 성 안에 양식이 떨어지자 이무정이 한전해 등 20여 명을 죽이고 화친을 청하였고, 소종은 장안으로 돌아왔다. 장안으로 돌아온 뒤에 주온은 환관 700여 명을 죽였고, 당나라의 정권은 이로부터 주온의 손에 들어갔다.(본서 권1 〈梁太祖記〉)
2) 三靈改卜 : 三靈은 天神과 地祇와 人鬼를 가리킨다. 改卜은 고쳐서 선택한다는 말로 梁 太祖에게 天命이 돌아간다는 뜻이다.
3) 舜禹之事 : 자식이 아니라 훌륭한 사람에게 왕위를 선양하는 일을 가리킨다. 중국 상고시대 唐나라의 堯임금에서 虞나라의 舜임금을 거쳐 夏나라의 禹임금에 이르기까지는 아들이 아닌 신하에게 禪位하였다.

蘇循은 **不知何許人也**라 **爲人巧佞**하고 **阿諛無廉恥**하야 **惟利是趨**라 **事唐爲禮部尙書**하다 **是時**에 **梁太祖已弑昭宗**하고 **立哀帝**하니 **唐之舊臣**이 **皆憤**惋(완)**切齒**하야 **或**俛(부)**首畏禍**하고 **或去不仕**어늘 **而循特傅會梁**하야 **以希進用**이라 **梁兵攻楊行密**이라가 **大敗于**渒**河**하니 **太祖躁忿**하야 **急於禪代**하야 **欲邀唐九錫**[1]이라 **群臣莫敢當其議**어늘 **獨循倡言 梁王功德**은 **天命所歸**니 **宜卽受禪**이라하다 **明年**에 **梁太祖卽位**[2]할새 **循**(然)〔**爲**〕[3] **冊禮副使**하다

蘇循은 어디 사람인지 알지 못한다. 사람됨이 교활하며 언변이 있고 아첨하면서 염치가 없어 이익만을 좇았다. 唐나라를 섬겨 禮部尙書가 되었다. 이때 梁 太祖가 이미 昭宗을 시해하고 哀帝를 옹립하니 당나라의 舊臣이 모두 분개하고 이를 갈면서 어떤 이는 머리를 숙이고 화를 입을까 두려워하였고 어떤 이는 조정을 떠나 벼슬하지 않았는데, 소순만은 양나라에 빌붙으면서 등용되기를 바랐다. 양나라 군대가 楊行密을 공격하였다가 渒河에서 대패하니, 태조가 마음이 조급해지고 분통이 나서 禪位를 받는 데 급급하여 당나라에 九錫을 요구하려 하였다. 신하들이 그 논의를 감당하지 못하였는데 소순이 홀로 나서서 말하기를 "양왕의 공덕은 天命을 받을 정도이니 마땅히 즉시 선위를 받아야 합니다."라고 하였다. 이듬해 양 태조가 즉위할 때 소순이 冊禮副使가 되었다.

1) 九錫 : 천자가 특별한 공로가 있는 사람에게 하사하는 아홉 가지 물품이다. 곧 車馬・衣服・樂則・朱戶・納陛・虎賁・弓矢・鈇鉞・秬鬯이다.(≪春秋公羊傳 莊公 元年≫)

2) 明年 梁太祖卽位 : 본문에 따르면 後梁 군대가 楊行密을 공격했다가 渒河에서 패배한 이듬해에 後梁 太祖가 즉위한 것이 된다. 그러나 이는 착오이다. 이에 대해 ≪五代史纂誤≫ 卷中에서 다음과 같이 고증하였다. "살펴보건대 唐나라는 天祐 4년(907)인 정묘년 4월에 梁나라에 禪位하였다. 그런데 지금 이 열전에서는 '이듬해 양 태조가 즉위하였다.'라고 하였으니, 양나라가 양행밀을 공격했다가 비하에서 패배한 것은 천우 3년(906)인 병인년이 된다. ≪唐書≫의 〈本紀〉와 〈楊行密傳〉, 그리고 歐陽脩의 ≪新五代史≫의 〈梁本紀〉와 〈楊行密世家〉를 두루 고찰해보니, 모두 천우 3년에 양나라 군대가 양행밀을 공격

했다가 비하에서 패배한 일은 없었다. 또 양행밀은 천우 2년(905) 11월에 이미 죽었는데 어찌 천우 3년에 양나라 군대를 패퇴시킨 일이 있을 수 있겠는가. 이는 심각한 오류이다. 살펴보건대 양 태조는 무릇 네 차례 출병하여 淮南을 공격했다가 모두 패배하였다. 첫 출병은 大順 원년(890)에 龐師古를 보내 회남에서 孫儒를 공격하게 했다가 대패하고 돌아온 것이고, 그 다음은 乾寧 4년(897)에 龐師古와 葛從周를 보내 가서 양행밀을 공격하게 했다가 淸口와 淠河에서 대패한 것이고, 그 다음은 천우 원년(904) 11월에 다시 회남을 공격하여 光州를 취하고 壽州를 공격했다가 이기지 못하고 돌아온 것이고, 그 다음은 천우 2년 9월에 다시 광주로 출병하여 수주를 공격했다가 이기지 못하고 대패하고 돌아온 것이다. 歐陽公은 천우 2년에 수주에서의 패배를 비하에서의 패배로 여겼으므로 이렇게 말한 것이고, 비하에서의 패배는 수주에서의 패배가 있은 지 9년 뒤의 일로, 실제로는 천우 2년에 수주를 공격했다가 패배하고 돌아왔고 천우 4년에 이르러서야 당나라가 비로소 遜位한 것임을 전혀 몰랐던 것이다. 이른바 '이듬해에 양 태조가 즉위하였다.'고 한 것 또한 착오이다.〔按唐以天祐四年丁卯歲四月禪位于梁 今此傳云明年梁太祖卽位 則梁攻楊行密而敗于淠河 是天祐三年丙寅歲也 遍攷唐書紀及行密傳幷歐陽史梁本紀楊行密世家 皆無天祐三年梁兵攻行密敗于淠河之事 且行密以天祐二年十一月已卒矣 安得有三年敗梁兵之事耶 此甚誤矣 按梁太祖凡四出兵 攻淮南而皆敗 其初以大順元年遣龐師古 攻孫儒于淮南 大敗而還 次以乾寧四年遣龐師古葛從周往攻楊行密而大敗于淸口淠河 次以天祐元年十一月 又攻淮南 取光州 攻壽州不克而旋 其次以天祐二年九月 又出光州 攻壽州不克 大敗而歸 而歐陽公以天祐二年壽州之敗爲淠河之敗 故有是說 殊不知淠河之敗 去此已九年矣 其實天祐二年 攻壽州 敗歸 至天祐四年 唐始遜位 其所謂明年梁祖卽位者亦誤也〕"

3) (然)〔爲〕: 저본에는 '然'으로 되어 있으나, 사고전서본과 ≪新五代史≫에 의거하여 '爲'로 바로잡았다.

循有子楷가 乾寧[1]中에 擧進士及第한대 昭宗遣學士陸扆(의)覆(복)落之[2]어늘 楷常懟恨이러니 及昭宗遇弑하야 唐政出於梁이라 楷爲起居郞하야 與柳璨張廷範等相結하야 因謂廷範曰 夫謚者는 所以易名而貴信也라 前有司謚先帝曰昭라하니 名實不稱이라

公爲太常卿이요 予史官也니 不可以不言이라하고 乃上疏駁議라 而廷範本梁客將으로 嘗求太常卿不得者일새 廷範亦以此怨唐이라 因下楷疏廷範하니 廷範議曰 臣聞執事堅固之謂恭이요 亂而不損之謂靈이요 武而不遂之謂莊이요 在國逢難之謂閔이요 因事有功之謂襄이니 請改謚昭宗皇帝曰恭靈莊閔皇帝하고 廟號襄宗하소서하다

소순의 아들 蘇楷가 乾寧 연간에 진사시에 응시하여 급제하였는데, 昭宗이 學士 陸扆를 시켜 다시 시험 친 후 낙방시키니 소해가 항상 부끄럽고 한스러워하였다. 소종이 시해를 당하자 당나라의 정사가 梁나라에서 나왔는지라 소해가 起居郎이 되어 柳璨, 張廷範 등과 서로 결탁하고는 장연범에게 이르기를 “대저 시호라는 것은 이름을 바꾸어 존귀하고 미덥게 하는 것입니다. 이전 有司가 先帝의 시호를 ‘昭’라고 했으니 이는 이름과 실제가 걸맞지 못합니다. 공은 太常卿이고 나는 史官이니 말하지 않을 수 없습니다.”라고 하고는 이에 상소하여 논박하였다. 장연범은 본래 양나라의 客將으로 태상경의 벼슬을 구하다가 얻지 못한 적이 있었으므로 장연범 또한 이 때문에 당나라를 원망하고 있었다. 그리하여 소해의 소장을 장연범에게 내리니, 장연범이 의론하기를 “신이 듣건대 일을 행함이 견고한 것을 ‘恭’이라 하고, 나라가 혼란한데도 이를 줄이지 못한 것을 ‘靈’이라 하고, 무력을 사용하고도 성공하지 못한 것을 ‘莊’이라 하고, 나라에 있으면서 난리를 만난 것을 ‘閔’이라 하고, 일을 말미암아 공이 있는 것을 ‘襄’이라 하니, 청컨대 昭宗皇帝의 시호를 고쳐 ‘恭靈莊閔皇帝’로 하고 廟號는 ‘襄宗’으로 하소서.”라고 하였다.

1) 乾寧 : 唐 昭宗의 연호로 894~898년 사이에 사용하였다.

2) 昭宗遣學士陸扆(의)覆(복)落之 : ≪舊五代史≫ 卷60 〈唐書 第36 列傳12〉의 蘇循列傳에 “이에 앞서 소순의 아들 蘇楷가 乾寧 2년(895)에 進士에 급제하였는데, 어떤 환관이 황제에게 상주하여 말하기를 ‘올해 진사 20여 인 중에 요행으로 급제한 자가 절반이니 物論이 불가하다고 여기고 있습니다.’라고 하였다. 昭宗이 學士 陸扆와 馮渥에게 명하여 雲韶殿에서 다시 시험을 보이게 하였는데 합격한 자가 14인이었다. 황제가 조서를 내리기를 ‘蘇楷와 盧賡 등 네 사람은 詩句가 가장 비루하고 문장이 매우 번잡하다. 일찍이 학업한 것이 없으면서 감히 科名을 도둑질하여 나의 지극히 공정한 법도를 더럽혔다. 참람하

게 진출하는 것을 허락하기 어려우니 마땅히 有司에게 맡겨 탈락시키고 다시 科場에 나올 수 없게 하라.'라고 하였다. 소해가 이 때문에 부끄러움과 원한을 품고 오랫동안 국가의 재앙을 바랐다.〔初 循子楷乾寧二年登進士第 中使有奏御者云 今年進士二十餘人 僥倖者半 物論以爲不可 昭宗命學士陸扆馮渥 重試於雲韶殿 及格者一十四人 詔云 蘇楷盧賡等四人 詩句最卑 蕪累頗甚 曾無學業 敢竊科名 浼我至公 難從濫進 宜付所司落下 不得再赴擧場 楷以此慙恨 長幸國家之災〕"라고 하였다.

梁太祖已卽位에 **置酒玄德殿**하고 **顧群臣自陳 德薄**하야 **不足以當天命**이니 **皆諸公推戴之力**이라하니 **唐之舊臣楊涉張文蔚等**이 **皆慙懼**하야 **俯伏不能對**어늘 **獨循與張禕薛貽矩盛稱 梁王功德**은 **所以順天應人者**라하다 **循父子**가 **皆自以附會梁**하야 **得所託**하야 **旦夕引首**하야 **希見進用**하니 **敬翔**[1]**尤惡**(오)**之**하야 **謂太祖曰 梁室新造**에 **宜得端士以厚風俗**어늘 **循父子皆無行**하니 **不可立於新朝**라하다 **於是父子皆勒歸田里**하니 **乃依朱友謙**[2]**於河中**하다

梁 太祖가 즉위하자 玄德殿에 술자리를 차리고 신하들을 돌아보며 스스로 말하기를 "나의 덕이 얕아 天命을 감당하기 부족하니 황제의 자리에 오른 것은 모두 공들이 추대한 힘이다."라고 하니, 당나라의 舊臣인 楊涉과 張文蔚은 모두 부끄럽고 두려워서 俯伏하여 응대하지 못하였다. 그러나 소순만은 張禕, 薛貽矩와 함께 크게 칭송하기를 "梁王의 공덕은 천명과 人心에 응한 것입니다."라고 하였다. 소순 父子가 모두 양나라에 빌붙어서 의탁할 곳이 생겼다고 스스로 여겨 朝夕으로 고개를 늘이고서 등용되기를 바라니, 敬翔이 더욱 미워하여 태조에게 말하기를 "양나라 황실이 처음 들어선 이때에 마땅히 단정한 선비를 얻어 풍속을 두텁게 해야 하거늘, 소순 부자는 모두 훌륭한 품행이 없으니 새 조정에 설 수 없습니다."라고 하였다. 이에 소순 부자를 모두 강제로 田里로 돌려보내니, 河中에서 朱友謙에게 의탁하였다.

1) 敬翔 : ?~923. 字는 子振이니 同州 馮翊 사람이다. 스스로 당나라 平陽王 敬暉의 후예라고 하였다. 黃巢의 난이 일어나자 난리를 피하여 朱溫(朱全忠) 밑에서 일하던 同鄕 사람인 王發에게 의지하였다. 이후 주온에게 발탁되어 크게

신임을 얻어 그가 말하는 계책은 거의 채택되었다. 당나라에서 檢校右僕射, 太府卿 등을 역임했으며 주온이 황제에 오르자 知樞密院事, 光祿大夫, 行兵部尙書, 金鑾殿大學士가 되었고 平陽郡侯에 봉해졌다. 주온이 죽고 朱友貞이 즉위하자 趙巖과 張漢傑 등이 권력을 잡고 경상을 배제시켰다. 李存勖이 後梁의 都城을 공격하자 경상은 온가족과 함께 자살하였다.

2) 朱友謙 : ?~926. 後梁 太祖 朱溫의 의붓아들로 본명은 朱簡이다. 본래는 保義軍節度使 王珙의 휘하장수였는데 반란이 일어나 왕공이 피살당하자 평소 그의 재주를 눈여겨보았던 주온에게 발탁되어 의붓아들이 되고 冀王에 봉해졌다. 河中으로 나가 護國節度使가 되었다. 주온이 아들인 朱友珪에게 살해되자 신변의 위협을 느끼고 晉王 李存勖에게 투항하였다. 이존욱 역시 그의 재능을 아껴 의붓아들로 받아들여 이름을 李繼麟으로 바꾸고 河中節度使, 尙書令으로 삼았다. 후에 郭崇韜와 함께 반란을 도모했다는 참소를 받고 살해되었다.

其後에 友謙叛梁降(항)晉한대 晉王將卽位할새 求唐故臣在者하야 以備百官之闕하니 友謙遣循至魏州하다 是時에 梁未滅하니 晉諸將相多不欲晉王卽帝位라 晉王之意雖銳나 將相大臣에 未有贊成其議者라 循始至魏州하야 望州廨聽事卽拜하고 謂之拜殿이라하고 及入謁하야 舞蹈呼萬歲而稱臣하니 晉王大悅이라 明日에 又獻畫(획)日筆[1] 三十管하니 晉王益喜하야 因以循爲節度副使하다 已而病卒하니 莊宗卽位에 贈左僕射하다 楷는 同光[2]中에 爲尙書員外郞하다 明宗卽位에 大臣欲理其駁諡之罪어늘 以憂死하다

그 후 朱友謙이 梁나라를 배반하고 晉나라에 항복하였는데, 晉王이 장차 황제에 즉위하려 하면서 살아 있는 당나라의 故臣들을 찾아 비어 있는 백관의 자리를 갖추려 하니, 주우겸이 소순을 보내 魏州로 가게 했다. 이때 양나라가 아직 멸망되지 않으니, 진나라의 將相들 대부분은 진왕이 황제에 즉위하는 것을 바라지 않았다. 진왕의 뜻은 비록 확고하였으나 장상과 대신 중에 그 논의에 찬성하는 자는 없었다. 그런데 소순이 위주에 처음 도착하여 위주 관아의 廳堂을 바라보고는 곧장 절하고서는 '拜殿'이라 하고, 들어가 알현하게 되어서는 손으로 춤추고 발을 구르며 만세를

부르면서 稱臣하니 진왕이 크게 기뻐하였다. 이튿날 또 畫日筆 삼십 개를 바치니 진왕이 더욱 기뻐하여 소순을 節度副使로 삼았다. 얼마 뒤 병으로 졸하니 莊宗이 즉위하여 左僕射를 증직하였다. 蘇楷는 同光 연간에 尙書員外郞이 되었다. 明宗이 즉위하자 대신이 소해가 唐 昭宗의 시호를 논박한 죄를 다스리고자 하니, 소해가 근심으로 죽었다.

1) 畫(획)日筆 : 唐나라 때 황제가 명령서를 내리는 것을 畫可라고 하고, 황태자가 황제를 대신해서 監國할 때 내리는 명령서는 畫日이라고 하였다. 소순이 붓을 바치면서 그 붓을 획일필이라고 한 것은 곧 진왕을 황태자에 필적하는 사람으로 보고 황제에 나아가기를 권한 것이다.
2) 同光 : 後唐 莊宗 李存勖의 연호로 923~926년 사이에 사용하였다.

後唐 莊宗

當唐之亡也하야 又有杜曉者하니 字明遠이라 祖審權과 父讓能이 皆爲唐相이라 昭宗時에 王行瑜李茂貞兵犯京師하니 昭宗殺讓能於臨皋하야 以自解라 曉以父死無罪하야 居喪哀毁하고 服除에 布衣幅巾[1]하야 自廢十餘年하다 崔胤[2]判鹽鐵할새 辟巡官하고 除畿縣尉 直昭文館이어늘 皆不起하다 崔遠[3]判戶部할새 又辟巡官하니 或謂曉曰 嵇康[4]死하고 子紹自廢不出仕라가 山濤[5]以物理責之어늘 乃仕라 吾子忍令杜氏歲時鋪席하야 祭其先人에 同匹庶乎아하거늘 曉乃爲之起하다 累遷膳部郞中 翰林學士하다 梁太祖卽位에 遷工部侍郞奉旨하고 開平二年에 拜中書侍郞 同中書門下平章事[6]하다 友珪立에 遷禮部尙書 集賢殿太學士하다 袁象先等討賊[7]할새 兵大掠한대 曉爲亂兵所殺이라 贈右僕射하다

唐나라가 망할 때에 또 杜曉라는 자가 있었으니 字는 明遠이다. 조부 杜審權과 아버지 杜讓能이 모두 당나라의 재상이 되었다. 昭宗 때 王行瑜와 李茂貞의 군대가

京師를 침범하니 昭宗이 두양능을 臨皋에서 죽여 스스로 해명하였다. 두효는 아버지가 죄 없이 죽었다고 여겨 상중에 몸이 상하도록 슬퍼하였고, 喪期가 끝나자 布衣와 幅巾 차림을 하고서 십여 년을 버려진 몸으로 자처하였다. 崔胤이 鹽鐵判官을 맡았을 때 巡官으로 초빙하고 畿內 縣의 縣尉와 直昭文館을 제수하였으나 모두 응하지 않았다. 崔遠이 判戶部가 되었을 때 또 巡官으로 초빙하니 어떤 사람이 두효에게 말하기를 "嵇康이 죽고 그 아들 嵇紹가 스스로 초야에 묻혀 出仕하지 않다가 山濤가 사물의 이치를 들어 책망하자 이에 출사하였다. 그대가 차마 杜氏로 하여금 歲時에 자리를 펼쳐놓고 先人을 제사 지낼 적에 庶人과 같은 예로 지내게 하려는가?"라고 하거늘, 두효가 이에 나아가 벼슬하였다.

여러 차례 승진하여 膳部郎中 翰林學士가 되었다. 梁 太祖가 즉위하자 승진하여 工部侍郎奉旨가 되었다. 開平 2년(908)에 中書侍郎 同中書門下平章事에 배수되었다. 朱友珪가 즉위하자 승진하여 禮部尙書 集賢殿太學士가 되었다. 袁象先 등이 적을 토벌할 때 병사들이 크게 노략질을 하였는데, 두효가 亂軍에 살해되었다. 右僕射를 증직하였다.

1) 幅巾 : 한 폭의 베를 사용하여 머리를 감싸는 모자의 일종이다.
2) 崔胤 : 854~904. 淸河 武城 사람으로 자는 昌遐 또는 垂休, 小字는 緇郎이다. 昭宗 때 진사가 되었고 거듭 승진하여 御史中丞, 戶部侍郎, 同中書門下平章事가 되었다. 평소 朱溫(朱全忠)과 사이가 좋아 주온의 도움으로 네 차례 재상에 올라 세상에서는 崔四入으로 불렸다. 韓全海가 소종을 겁박하여 鳳翔으로 달아나자 그가 주온을 불러들여 한전해를 제압하고 황제를 맞아들이게 하였고, 侍中과 魏國公에 봉해졌다. 이후 황위를 찬탈하려는 주온을 견제하다가 주온의 아들 朱友諒에게 살해당했다.
3) 崔遠 : ?~905. 字는 昌之이다. 翰林學士承旨, 行尙書, 兵部侍郎, 上柱國, 戶部尙書 등을 역임하고 昭宗과 哀帝 때에 宰相을 지냈다. 이후 朱溫(朱全忠)이 白馬驛에서 당나라의 신하들을 살해할 때 죽었다.
4) 嵇康 : 223~262. 三國시대 魏나라 사람으로 자는 叔夜이다. 난세를 피해 은둔한 竹林七賢의 한 사람으로 老莊 사상에 심취하였다. 친구 呂安이 무고를 당하자 이를 변론하다가 鍾會의 음모에 빠져 司馬昭에게 살해당했다.

5) 山濤 : 205~283. 西晉 河內 懷縣 사람으로 자는 巨源이다. 嵇康, 阮籍 등과 가깝게 지내 竹林七賢의 한 사람이 되었다. 나이 40에 비로소 郡主簿가 된 이후 郎中, 尙書吏部郎, 相國左長史를 지냈다. 晉 武帝 때 大鴻臚가 되었고 후에 尙書僕射가 되어 吏部를 관할했으며 관직이 司徒에 이르렀다.

6) 開平二年……同中書門下平章事 : ≪五代史纂誤≫ 卷中에 다음과 같이 고증하였다. "지금 살펴보건대 〈本紀〉에는 '開平 3년(909) 9월 辛亥에 翰林學士 承旨 工部侍郎 杜曉를 戶部侍郎 同中書門下平章事로 삼았다.'라고 하여 열전과는 다르니, 어느 것이 옳은지 모르겠다.〔今按本紀開平三年九月辛亥翰林學士承旨工部侍郎杜曉爲戶部侍郎同中書門下平章事 與傳不同 未知孰是〕"

7) 袁象先等討賊 : 後梁 太祖 朱溫(朱全忠)의 庶子 朱友珪가 주온을 살해하고 제위에 오르자 후량의 신하 袁象先 등이 禁兵을 이끌고 토벌한 것을 가리킨다. 주우규는 이때 자살하였고 末帝가 즉위하여 庶人으로 강등시켰다.

嗚呼라 **始爲朋黨之論者誰歟**아 **甚乎作俑者也**[1])니 **眞可謂不仁之人哉**인저 **予嘗至繁城**[2])하야 **讀魏受禪碑**[3])하야 **見漢之群臣**이 **稱魏功德**하야 **而大書深刻**하고 **自列其姓名**하야 **以夸耀于世**하고 **又讀梁實錄**하야 **見文蔚等所爲如此**하고 **未嘗不爲之流涕也**로라

아아! 朋黨의 논의를 처음 주창한 사람이 누구인가? 俑을 만든 자보다도 심하니, 참으로 不仁한 사람이라고 이를 만하다. 내가 일찍이 繁城에 이르러 魏나라의 受禪碑를 읽고서 漢나라의 신하들이 위나라의 공덕을 칭송하여 큰 글씨로 쓰고 깊이 새겨놓고 스스로 그 姓名을 열거하여 세상에 떠벌려 자랑한 것을 보았고, 또 後梁의 實錄을 읽고서 張文蔚 등이 한 짓이 이와 같음을 보고서 눈물을 흘리지 않은 적이 없었다.

1) 甚乎作俑者也 : 좋지 못한 일을 처음으로 시작하여 전례를 만드는 것을 말한다. 俑은 나무로 깎은 허수아비인데, 이것을 副葬品으로 사용하여 결국 후세 사람들이 殉葬하는 습속을 열었다고 한다. ≪孟子≫ 〈梁惠王 上〉에 "공자께서 말씀하시기를 '처음으로 용을 만든 자는 그 후손이 없을 것이다.'라고 하셨으니, 이는 사람을 형상하여 장례에 사용하였기 때문이다.〔仲尼曰始作俑者 其無後乎 爲其象人而用之也〕"라고 하였다.

2) 繁城 : 繁陽으로, 지금의 河南省 臨潁縣 서북쪽에 있다.
3) 魏受禪碑 : 三國시대 魏 文帝 曹丕가 黃初 원년(220)에 세운 것으로 조비가 漢 獻帝로부터 禪讓받은 사실을 기록한 것이다.

夫以國予人而自夸耀하고 及遂相之는 此非小人이면 孰能爲也리오 漢唐之末에 擧其朝皆小人也니 而其君子者何在哉오 當漢之亡也하얀 先以朋黨禁錮天下賢人君子하니 而在其朝者가 皆小人也라 然後에 漢從而亡하고 及唐之亡也하얀 又先以朋黨盡殺朝廷之士하야 而其餘存者가 皆庸懦不肖傾險之人也라 然後에 唐從而亡이라

대저 나라를 남에게 넘겨주고서 떠벌려 자랑하고 마침내는 그를 돕기까지 하는 것은, 이는 小人이 아니면 누가 할 수 있겠는가. 漢나라와 唐나라의 말엽에 온 조정이 모두 소인이었으니 君子는 어디에 있었던가. 한나라가 망할 때에는 먼저 朋黨이라는 명목으로 천하의 賢人 君子들을 禁錮하니 그 조정에 있던 자들은 모두 소인들이었다. 그런 뒤에 한나라가 따라서 망하였다. 그리고 당나라가 망할 때에는 또 먼저 붕당이란 명목으로 조정의 선비들을 다 죽여 남아 있는 자들은 모두 용렬하고 나약하며 불초하고 음험한 사람들이었다. 그런 뒤에 당나라가 따라서 망하였다.

夫欲空人之國而去其君子者는 必進朋黨之說이요 欲孤人主之勢而蔽其耳目者는 必進朋黨之說이요 欲奪國而與人者는 必進朋黨之說이라 夫爲君子者는 固常寡過하니 小人欲加之罪인댄 則有可誣者하고 有不可誣者하야 不能遍及也라 至欲擧天下之善하야 求其類而盡去之하야는 惟指以爲朋黨耳라 故其親戚故舊를 謂之朋黨이 可也요 交遊執友를 謂之朋黨이 可也요 宦學相同을 謂之朋黨이 可也요 門生故吏를 謂之朋黨이 可也니 是數者는 皆其類也며 皆善人也라 故曰 欲空人之國而去其君子者는 惟以朋黨罪之면 則無免者矣라하노라

대저 남의 나라를 텅 비게 하여 君子를 제거하려는 자는 반드시 朋黨이란 주장을 올리고, 임금의 형세를 외롭게 하여 그 耳目을 가리고자 하는 자는 반드시 붕당이란 주장을 올리고, 나라를 빼앗아 남에게 넘겨주려 하는 자는 반드시 붕당이란 주장을

올린다. 대저 군자인 사람은 본디 허물이 적으니, 소인이 군자에게 죄를 주고자 할 경우에, 군자 가운데 誣陷할 수 있는 사람도 있고 무함할 수 없는 사람도 있어 두루 다 무함할 수는 없다. 그래서 소인이 천하의 선한 사람을 다 들어서 그 무리를 찾아 다 제거하고자 할 경우에는, 오직 붕당으로 지목하는 방법이 있을 뿐이다. 그러므로 친척과 친구를 붕당이라 할 수 있으며, 뜻을 같이하여 교유하는 벗을 붕당이라 할 수 있으며, 관직과 학문을 함께하는 사람들을 붕당이라 할 수 있으며, 門生과 옛 屬吏를 붕당이라 할 수 있으니, 이 몇 가지 경우는 모두 그 비슷한 부류이며 모두 선한 사람들이다. 그러므로 "남의 나라를 텅 비게 하여 군자를 제거하려는 자는 오직 붕당이란 주장으로 죄를 주면 벗어날 자가 없을 것이다."라고 하는 것이다.

夫善善之相樂하야 **以其類同**은 **此自然之理也**라 **故聞善者必相稱譽**니 **稱譽則謂之朋黨**하고 **得善者**는 **必相薦引**이니 **薦引則謂之朋黨**하야 **使人聞善不敢稱則**하니 **人主之耳**가 **不聞有善于下矣**요 **見善不敢薦**하니 **則人主之目**이 **不得見善人矣**라 **善人日遠**하고 **而小人日進**하면 **則爲人主者**가 悵(창)**悵然誰**(爲)〔與〕[1]**之圖治安之計哉**아 **故曰 欲孤人主之勢而蔽其耳目者**는 **必用朋黨之說也**라하노라

대저 善한 사람과 선한 사람이 서로 즐거워하여 같은 부류끼리 함께 하는 것은 자연스러운 이치이다. 그러므로 선한 사람에 대해 들은 이는 반드시 그를 칭찬하니 칭찬하면 이들을 朋黨이라 하고, 선한 사람을 얻은 이는 반드시 그를 천거하니 薦擧하면 이들을 붕당이라 한다. 그리하여 선한 사람에 대해 들어도 감히 칭찬하지 못하게 하니 임금의 귀는 아래에 선한 사람이 있음을 듣지 못하고, 선한 사람을 보아도 감히 천거하지 못하게 하니 임금의 눈은 선한 사람을 보지 못하게 된다. 그래서 선한 사람은 날로 멀어지고 소인은 날로 가까워지면, 임금 된 자가 갈팡질팡하면서 누구와 더불어 세상을 다스려 편안하게 할 계책을 도모할 수 있겠는가. 그러므로 "임금의 형세를 외롭게 하여 그 耳目을 가리고자 하는 자는 반드시 붕당이라는 주장을 한다."라고 하는 것이다.

1) (爲)〔與〕: 저본에는 '爲'로 되어 있으나, ≪新五代史≫에 의거하여 '與'로 바로잡았다.

一君子存이면 群小人雖衆이나 必有所忌而有所不敢爲라 惟空國而無君子라야 然後小人得肆志於無所不爲하니 則漢魏唐梁之際가 是也라 故曰 可奪國而予人者는 由其國無君子하고 空國而無君子는 由以朋黨而去之也라하노라 嗚呼라 朋黨之說을 人主可不察哉아 傳曰一言可以喪邦者[1)]가 其是之謂歟인저 可不鑒哉아 可不戒哉아

한 사람의 君子라도 남아 있으면 뭇 小人들이 아무리 많아도 반드시 꺼리는 바가 있어 감히 하지 못하는 바가 있다. 그래서 오직 나라를 텅 비워 군자가 없어진 뒤에야 소인들이 못하는 바가 없이 자기 뜻대로 할 수 있으니, 漢나라와 魏나라, 唐나라와 後梁이 교체되던 때가 이런 경우이다. 그러므로 "나라를 빼앗아 남에게 줄 수 있는 것은 그 나라에 군자가 없기 때문이고, 나라를 비워서 군자가 없게 되는 것은 朋黨이란 명목으로 제거하기 때문이다."라고 하는 것이다. 아아! 붕당이라는 주장을 임금이 살피지 않아서야 되겠는가. 옛말에 "한마디 말로 나라를 잃는다."라고 한 것이 이를 두고 한 말일 것이다. 살피지 않을 수 없고, 경계하지 않을 수 없도다.

1) 一言可以喪邦者 : 魯 定公이 "한마디 말로 나라를 잃을 수 있다 하니, 그러한 것이 있습니까?〔一言而喪邦 有諸〕"라고 하니, 孔子가 대답하기를 "말은 이와 같이 기필할 수는 없지만 사람들 말에 '나는 임금 된 것은 즐거울 게 없고, 오직 내가 말을 하면 어기지 않는 것이 즐겁다.'라고 하니, 만약 임금의 말이 선하여 아무도 어기는 이가 없다면 또한 좋지 않겠습니까. 만약 임금의 말이 선하지 않은데도 어기는 이가 없다면 한마디 말로 나라를 잃게 되지 않겠습니까.〔言不可以若是其幾也 人之言曰 予無樂乎爲君 唯其言而莫予違也 如其善而莫之違也 不亦善乎 如不善而莫之違也 不幾乎一言而喪邦乎〕"라고 하였다.(≪論語≫〈子路〉)

03. 義兒傳* 義兒의 傳記

* 義兒는 養子라는 뜻이다. 五代 시기에 晉王 李克用은 용맹하고 출중한 이를 義兒로 들여 李氏 姓을 하사하고 이들을 將校로 任用하여 부대를 만들어 義兒軍이라 불렀다. 이극용 역시 본래는 突厥 沙陀族 출신으로 本姓은 朱邪였으나 그의 부친 朱邪赤心이 朔州刺史로 있으면서 龐勛의 난리를 토벌한 공으로 唐

나라 조정으로부터 國姓을 하사받아 李氏가 되었다. 이극용이 父子 관계를 맺은 義兒들은 모두 武勇이 뛰어나 많은 공업을 세웠는데, 後唐 莊宗의 뒤를 이어 즉위한 明宗 李嗣源 역시 義兒 출신이다. 歐陽脩는 이들을 따로 立傳하여 〈義兒傳〉을 지었다. 이사원은 〈本紀〉에 편입되었으므로 李嗣昭, 李嗣本, 李嗣恩, 李存信, 李存孝, 李存進, 李存璋, 李存賢 등 8인을 〈의아전〉에 입전하였다. ≪廬陵史抄≫에서는 이 가운데 이사소(?~922)와 이존현(860~925)의 열전을 수록하였다. 이들은 모두 이극용의 양자로 莊宗 李存勖과 함께 전장을 누비면서 수많은 전공을 세웠다. 열전에는 이들의 활약상이 생생하게 그려져 있다. 구양수는 史論에서 五代 시기는 골육 간에 전투를 벌이고 종족이 다른 사람끼리 父子가 되었던 쇠퇴한 시기라고 규정하고, 후당이 천하를 소유하고 망하는 과정에서 이들의 역할이 컸음을 말하였다. 이사소는 ≪舊五代史≫ 卷52 〈唐書 第28 列傳4〉, 이존현은 ≪舊五代史≫ 卷53 〈唐書 第29 列傳5〉에 각각 열전이 있다. 〈의아전〉은 ≪新五代史≫ 卷36에 실려 있다.

〈의아전〉에 대해 宋나라 때 인물인 馬永卿은 濮議와 연관 지어 흥미로운 주장을 하였다. 복의란 宋 英宗이 후사가 없던 仁宗의 뒤를 이어 황위에 올라 자신의 生父인 濮安懿王 趙允讓을 推封하려고 할 때 발생한 논쟁을 가리킨다. 당시 司馬光을 위시한 많은 朝臣들은 임금의 뒤를 이었으면 곧 그 임금의 아들이 되는 것이므로 생부인 복안의왕은 皇伯이라 불러야 한다고 주장했고, 구양수는 생부를 伯이라고 일컬을 수 없으므로 皇考라 불러야 한다고 주장하였다. 마영경은 그의 문집인 ≪嬾眞子≫ 卷2에서 구양수가 복의에 대한 자신의 의론을 〈의아전〉에 담아낸 것이라 하면서 "六一先生(구양수)은 어떤 일을 할 때 모두 깊은 뜻을 담았다.……그러므로 ≪五代史≫ 〈義兒傳〉에 극도로 그 뜻을 담아내었다.〔六一先生作事 皆寓深意……故於五代史義兒傳 極致意焉〕"라고 하였다.

嗚呼라 世道衰하고 人倫壞하야 而親疏之理가 反其常하야 干戈起於骨肉하고 異類合爲父子라 開平顯德[1]五十年間에 天下五代而實八姓하니 其三出於丐養이라 蓋其大者는 取天下하고 其次는 立功名하야 位將相하니 豈非因時之隙하야 以利合而相資者邪아 唐은 自號沙陀[2]하야 起代北[3]하니 其所與는 俱皆一時雄傑虣(포)武之士라 往往

養以爲兒하야 **號義兒軍**이라 **至其有天下**하야 **多用以成功業**하고 **及其亡也**하야도 **亦由焉**이라 **太祖**[4)]**養子多矣**로대 **其可紀**는 **九人**이니 **其一**은 **是爲明宗**이요 **其次曰嗣昭嗣本嗣恩存信存孝存進存璋存賢**이라 **作義兒傳**하노라

아아! 世道가 쇠퇴하고 人倫이 무너져 親疏의 이치가 그 떳떳함이 뒤집혀 骨肉간에 전투가 벌어지고 종족이 다른 사람들이 합하여 父子가 되었다. 開平에서 顯德에 이르는 50년 사이, 천하에 五代의 왕조가 들어섰는데 기실 여덟 성이니 그 가운데 셋은 養子에서 나왔다. 크게 된 경우는 천하를 취하고 그 다음은 공명을 세워 將相의 지위에 올랐으니, 어찌 시대가 혼란한 틈을 타 이익으로 만나 서로 도움을 준 것이 아니겠는가. 唐나라는 스스로를 沙陀라 호칭하면서 代北에서 일어났으니, 당나라의 군주와 結交한 이들은 모두 당시 걸출하고 용맹스러운 무사들이었는지라 왕왕 그들을 양자로 삼아 義兒軍이라 불렀다. 당나라가 천하를 소유함에 이르러서는 그들의 힘을 써서 功業을 이룬 것이 많았고, 당나라가 망함에 미쳐서도 또한 그들로 인해 망하였다. 唐 太祖의 양자가 많지만 기록할 만한 자는 아홉 사람이니, 그 첫째는 바로 明宗이고 그 다음은 李嗣昭, 李嗣本, 李嗣恩, 李存信, 李存孝, 李存進, 李存璋, 李存賢이다. 〈義兒傳〉을 짓노라.

1) 開平顯德 : 開平은 唐나라를 멸망시키고 五代의 시작이 된 後梁 太祖의 연호로 907~911년 사이에 사용하였다. 顯德은 五代의 마지막에 들어선 後周 世宗의 연호로 954~960년 사이에 사용하였다.

2) 沙陀 : 唐나라 초기 天山山脈 동부에 거주하던 西突厥의 한 지파이다. 高宗 때 당나라로부터 간접적인 지배를 받았으나 吐蕃의 압박으로 北庭 방면으로 이동하였다가 憲宗 때 당나라에 투항하였다. 당나라는 이들을 鹽州에 거주하게 하고 그 족장에게 陰山府兵馬使의 지위를 주어 변경 방위를 담당하게 하였다. 당나라 말에 朱邪赤心이 농민반란 평정에 공을 세워 大同軍節度使가 되었고 李國昌이라는 이름을 하사받았다. 그의 아들 李克用은 당나라를 도와 黃巢의 난을 평정하는 데 공을 세웠고 그의 아들 李存勗은 後梁을 무너뜨리고 後唐을 세웠다. 五代 시절 後晉과 後漢도 모두 사타족이 세운 왕조이다. 사타에 유래에 대해서는 歐陽脩도 견해를 가지고 있었는데, 이는 본서 〈唐莊宗紀〉 마지막의 구양수의 史評에 자세하다.

3) 代北 : 지금의 山西省 代縣이 治所로 代州와 忻州를 관할하였다. 지금의 山西省 雁門道 남부 지역에 해당한다.

4) 太祖 : 後唐 太祖 李克用(856~908)이다. 후당을 건국한 것은 그의 아들 莊宗 李存勖이고, 이존욱이 이극용을 태조로 추존하였다.

李嗣昭는 **本姓韓氏**니 **汾州大谷縣民家子也**[1]라 **太祖出獵**하야 **至其家**하야 **見其林中鬱鬱有氣**하고 **甚異之**하야 **召其父問焉**하니 **父言家適生兒**라 **太祖因遺以金帛而取之**하야 **命其弟克柔**하야 **養以爲子**하다 **初名進通**이요 **後更名嗣昭**하다 **嗣昭爲人短小而膽勇過人**이라 **初喜嗜酒**[2]한대 **太祖嘗微戒之**하니 **遂終身不飮**하다 **太祖愛其謹厚**하야 **常從用兵**하야 **爲內衙指揮使**하다

李嗣昭는 본래 성씨는 韓氏이니 汾州 大谷縣의 民家의 자제이다. 太祖가 사냥을 나가 그 집에 이르러 숲 속에 蔚興한 기운이 있는 것을 보고 매우 기이하게 여겨 그 아비를 불러 물으니, 아비가 집안에 마침 아이가 태어났다고 하였다. 그리하여 태조가 금과 비단을 주고서 아이를 데려와 아우인 李克柔에게 명하여 養子로 키우게 하였다. 이사소의 初名은 進通이고 후에 嗣昭로 개명하였다. 이사소는 사람됨이 몸집은 왜소하였으나 담력과 용맹이 남들보다 뛰어났다. 애초에는 술을 즐겼는데 태조가 은근히 경계시키니 마침내 종신토록 술을 마시지 않았다. 태조가 그 勤厚함을 사랑하여 항상 從軍하게 하여 內衙指揮使로 삼았다.

1) 李嗣昭……汾州太谷縣民家子也 : ≪舊五代史≫ 卷52 〈唐書 第28 列傳4〉에는 이사소의 字가 益光이라고 기록되어 있다. 또 ≪五代史記纂誤補≫ 卷3에 "삼가 살펴보건대 ≪唐書≫와 ≪宋史≫의 〈地理志〉에 太谷縣은 모두 幷州에 속한다고 하였으니, 이 부분은 오류인 듯하다.〔謹按唐宋地理志太谷縣俱屬幷州此疑誤〕"라고 하였다.

2) 初喜嗜酒 : ≪五代史纂誤≫ 卷中에 "지금 살펴보건대 '喜'가 바로 '嗜'이니, '喜'는 衍文인 듯하다.〔今按喜卽嗜也 疑賸喜字〕"라고 하였다. ≪舊五代史≫ 卷52 〈唐書 第28 列傳4〉에 있는 李嗣昭의 열전에는 "애초에는 술을 즐기고 풍류를 좋아하였다.〔初嗜酒好樂〕"로 되어 있다.

陝州王珙이 與其兄珂로 爭立於河中[1])하니 遣嗣昭助珂하야 敗珙於猗氏[2])하고 獲其將三人이라 梁軍救珙이어늘 嗣昭又敗之于胡壁堡[3])하고 執其將一人하다 光化元年에 澤州李罕之가 襲潞州以降梁[4])이어늘 梁遣丁會應罕之라 嗣昭與會戰含山하야 執其將一人하고 斬首(二)〔三〕[5])千級하야 遂取澤州하다 二年에 晉遣李君慶하야 攻梁潞州한대 君慶爲梁所敗하니 太祖鴆殺君慶이어늘 嗣昭攻克之하다 三年에 出山東하야 取梁洺州하니 梁太祖自將攻之하야 遣葛從周[6])하야 設伏於靑山口라 嗣昭聞梁太祖自來하고 棄城走라가 前遇伏兵하야 因大敗하다

陝州의 王珙이 그 형 王珂와 河中에서 자리를 다투니, 태조가 이사소를 보내 왕가를 도와 猗氏에서 왕공을 패퇴시키고 그 장수 세 사람을 사로잡았다. 梁나라 군대가 왕공을 구원하였는데 이사소가 또 胡壁堡에서 패퇴시키고 그 장수 한 사람을 잡았다. 光化 원년(898)에 澤州의 李罕之가 潞州를 습격하여 양나라에 투항하니 양나라가 丁會를 보내 이한지에 호응하였다. 이사소가 그들과 含山에서 會戰하여 그 장수 한 사람을 잡고 삼천의 수급을 베고서 마침내 택주를 차지하였다. 광화 2년(899)에 晉나라에서 李君慶을 보내 양나라의 노주를 공격하게 하였다. 이군경이 양나라에 패하니 태조가 이군경에게 毒酒를 내려 죽였는데 이사소가 공격하여 승리하였다. 광화 3년(900)에 山東으로 나와 양나라의 洺州를 차지하니 梁 太祖가 스스로 군대를 이끌고 공격하면서 葛從周를 보내 靑山口에 伏兵을 두었다. 이사소가 양 태조가 직접 왔다는 말을 듣고는 성을 버리고 달아나다가 앞에서 복병을 만나 크게 패하였다.

1) 陝州王珙……爭立於河中 : 唐 建寧 2년(895)에 陝虢節度使 王重盈이 죽었는데, 왕중영의 아들 王珙은 당시 保義軍節度使로 있으면서 護國軍까지 자신이 맡기를 바라고 있었다. 그러나 護國軍은 그의 친족인 王珂가 점거하고 護國軍節度使가 되었다. 그러자 왕공이 아우인 絳州刺史 王瑤와 함께 왕가를 공격하였다. 이때 後梁은 왕공을 후원하였고 晉의 李克用은 왕가를 후원하였다.

2) 猗氏 : 縣名이다. 현재의 山西省 猗氏縣 남쪽 20리 지점에 있었다.

3) 胡壁堡 : 현재의 山西省 榮河縣 동쪽 30리 지점에 있었다.

4) 李罕之 襲潞州以降梁 : 이한지(842~899)는 唐末의 군벌이다. 898년 昭義軍

節度使 薛志勤이 죽자 이한지가 澤州에서 병사를 이끌고 潞州를 공격해 점거하고서 스스로를 留后로 칭하였다. 李克用이 장수 李嗣昭를 보내 정벌하자 朱溫(朱全忠)에게 항복하기를 청하니 주온이 병사를 보내 원조하였다.

5) (二)〔三〕: 저본에는 '二'로 되어 있으나, ≪新五代史≫에 의거하여 '三'으로 바로잡았다.

6) 葛從周 : ?~915. 五代 때 鄄城 사람으로 字는 通美다. 젊을 때 黃巢를 따랐지만, 나중에 주온에게 항복했다. 주온을 따라 蔡州를 공격했는데, 주온이 말에서 떨어지자 그가 구해 大將에 기용되었다. 朱瑄과 朱瑾을 무찌르고 兗州留后에 올랐다. 劉仁恭이 魏를 공격하자 周隨溫을 따라 위를 구하고, 이 전공으로 泰寧節度使가 되었다. 주온이 後梁을 건국해 태조가 되자 左金吾衛上將軍에 올랐다. 후량 末帝 초에 陳留郡王에 봉해졌다.

天復元年에 梁破河中하야 執王珂하고 取晉絳慈隰하야 因大擧擊晉하야 圍太原이라 嗣昭日以精騎出擊梁兵이러니 會大雨라 梁軍解去하다 晉汾州刺史李瑭이 叛降(항)梁軍이러니 梁軍已去일새 嗣昭復取汾州하야 斬瑭하야 遂出陰地[1]하야 取慈州하야 降其刺史唐禮하고 又取隰州하야 降其刺史張瓌하다 是歲에 梁軍西犯京師하야 圍鳳翔하니 嗣昭乘間하야 攻梁晉絳하야 戰平陽하야 執梁將一人하고 進攻蒲縣하다 梁朱友寧氏叔琮이 以兵十萬迎擊之하니 嗣昭等敗走라 友寧追之하니 晉遣李存信하야 率兵迎嗣昭한대 存信又敗라 梁軍遂圍太原하니 而慈隰汾州復入于梁이라 太祖[2]大恐하야 謀走雲州어늘 李存信等勸太祖奔于契丹이라 嗣昭力爭以爲不可하고 賴劉太妃亦言之어늘 乃止하다 嗣昭晝夜出奇兵하야 擊梁軍하니 梁軍解去라 嗣昭復取汾慈隰하다 是時에 鎭定皆已絶晉而附梁하니 晉外失大國之援하고 內亡諸州하야 仍歲之間에 孤城被圍者再어늘 於此時에 嗣昭力戰之功爲多하다

天復 원년(901)에 梁나라가 河中을 격파하여 王珂를 잡고 晉州와 絳州와 慈州와 隰州를 취하고서 군대를 크게 일으켜 晉나라를 공격하여 太原을 포위하였다. 이사소가 날마다 정예 기병을 이끌고 나가서 양나라 병사를 공격하였는데 마침 큰 비가 내려 양나라 군대가 포위를 풀고 떠났다. 진나라의 汾州刺史 李瑭이 배반하여 양나

라 군대에 투항했었는데, 양나라 군대가 떠나자 이사소가 다시 분주를 취하여 이당을 참수하였다. 그리고 마침내 陰地로 나와 慈州를 취하고서 刺史 唐禮를 항복시키고 또 隰州를 취하고서 刺史 張瓌를 항복시켰다.

이해에 양나라 군대가 서쪽으로 京師를 침범하여 鳳翔을 포위하니 이사소가 틈을 타서 양나라의 晉絳을 공격하여 平陽에서 전투하여 양나라 장수 한 사람을 사로잡고 진격하여 蒲縣을 공격하였다. 양나라의 朱友寧과 氏叔琮이 十萬의 병사로 맞이하여 공격하니 이사소 등이 패주하였다. 주우녕이 추격하니 진나라에서 李存信을 보내 병사를 이끌고 이사소를 맞이하게 하였는데 이존신 또한 패배하였다. 양나라 군대가 마침내 태원을 포위하니 자주와 습주와 분주가 다시 양나라의 영역으로 들어갔다. 태조가 크게 두려워하여 雲州로 달아날 것을 도모하자 이존신 등이 태조에게 契丹으로 달아나기를 권하였다. 이사소가 힘써 간쟁하여 불가하다고 하고 다행히 劉太妃 또한 그렇게 말하자 마침내 그만두었다. 이사소가 밤낮으로 奇兵을 내어 양나라 군대를 공격하니 양나라 군대가 포위를 풀고 떠났다. 그리하여 이사소가 다시 분주와 자주와 습주를 취하였다.

이때에 鎭州와 定州가 모두 진나라를 버리고서 양나라에 붙으니 진나라가 밖으로는 大國의 원조를 잃고 안으로는 여러 주를 잃어 수 년 사이에 고립된 성에서 포위를 당한 것이 두 번이었는데 이때 이사소가 힘써 싸운 공이 많았다.

1) 陰地 : 城名이다. 지금의 陝西 商縣과 河南 陝縣에서 嵩縣 일대에 해당한다.
2) 太祖 : 後唐 태조 李克用이다. 아들 李存勖이 후당을 세우고 태조로 추존하였다.

天祐三年에 **與周德威攻梁潞州**하야 **降丁會**하니 **以嗣昭爲昭義軍節度使**하다 **梁遣李思安**하야 **將兵十萬攻潞**하야 **築夾城以圍之**라 **梁太祖嘗遣人招降嗣昭**하니 **嗣昭斬其使者**하고 **閉城拒守**라 **逾年**에 **莊宗始攻破夾城**이라 **嗣昭完緝兵民**에 **撫養甚有恩意**러라 **梁晉戰胡柳**[1]에 **晉軍敗**하고 **周德威戰死**라 **莊宗懼**하야 **欲收兵還臨濮**[2]하니 **嗣昭曰 梁軍已勝**하야 **旦暮思歸**어늘 **吾若收軍**이면 **使彼休息**이라 **整而復出**이면 **何以當之**리오 **宜以精騎撓之**하야 **因其勞乏**이면 **可以勝也**라하니 **莊宗然之**라 **是時**에 **梁軍已登無石**

山이라 莊宗遣嗣昭하야 轉擊山北하고 而自以銀槍軍[3]趨而呼曰 今日之戰은 得山者勝이라하니 晉軍皆爭登山이라 梁軍遽下하야 陣於山西하니 晉軍從上急擊하야 大敗之라 於是에 晉城德勝[4]矣라 周德威死라 嗣昭權知[5]幽州러니 居數月에 以李紹宏代之라 嗣昭將去에 幽州人皆號哭閉關하야 遮留之어늘 嗣昭夜遁하야 乃得去하다

天祐 3년(906)에 周德威와 함께 梁나라의 潞州를 공격하여 丁會를 항복시키니 李嗣昭를 昭義軍節度使로 삼았다. 양나라가 李思安을 보내 병사 十萬을 이끌고서 노주를 공격하여 夾城을 쌓아 포위하였다. 梁 太祖가 일찍이 사람을 보내 이사소에게 항복하라고 권유하니 이사소가 그 사자를 참수하고 성문을 굳게 닫아걸고 항거하며 수비하였다.

해를 넘겨 莊宗이 비로소 협성을 격파하였다. 이사소가 병사와 백성들을 다독이고 安集시킬 때에 매우 은혜롭게 慰撫하였다. 양나라와 晉나라가 胡柳에서 싸울 때 晉軍이 패하고 주덕위가 전사하였다. 장종이 두려워하면서 병사를 거두어 臨濮으로 돌아가려 하니 이사소가 말하기를 "양나라 군대가 이미 승리하여 밤낮으로 돌아가기를 생각하고 있거늘, 우리가 만약 군대를 거두면 저들을 쉬게 하는 것입니다. 저들이 군을 추슬러 다시 나오면 어찌 당해내겠습니까. 마땅히 정예 기병으로 저들을 흔들어서 저들이 피곤해진 틈에 공격한다면 승리할 수 있을 것입니다."라고 하였다. 장종이 이 말을 옳게 여겼다.

이때 양나라 군대는 이미 無石山에 올라있었다. 장종이 이사소를 보내 산 북쪽으로 돌아가 공격하게 하고 자신은 銀槍軍을 이끌고 달려가며 소리치기를 "오늘 싸움은 산을 차지하는 자가 이긴다."라고 하니, 진나라 군대가 모두 다투어 산을 올랐다. 양나라 군대가 황급히 산에서 내려와 산 서쪽에 진을 치니 진나라 군대가 산 위에서 급히 공격하여 크게 패배시켰다. 이에 진나라가 德勝에 성을 쌓았다.

주덕위가 죽었으므로 이사소가 幽州를 權知하였는데, 몇 개월 뒤 李紹宏으로 교대하였다. 이사소가 떠나려 할 때 유주 사람들이 모두 울부짖으며 關門을 닫고서 가로막고 붙잡거늘 이사소가 야밤에 달아나듯이 나오고서야 떠날 수 있었다.

1) 胡柳 : 현재 山東省 濮縣 서남쪽에 있는 지명이다. 黃柳陂라고도 한다.

2) 臨濮 : 옛 성이 현재 山東省 濮縣 남쪽 60리 지점에 있다. 小濮이라고도 한다.

3) 銀槍軍 : 본래 魏州의 병사들로 銀槍效節都라 불렸으며 사납고 强暴하여 제어하기가 어려웠다고 한다. 後唐 莊宗이 魏州를 차지하고 이들을 親軍으로 삼았다.(≪舊五代史≫ 卷125 〈馮暉列傳〉, 卷454 〈楊師厚列傳〉)

4) 德勝 : 德勝은 옛날 澶州 境內에 있던 곳으로 오늘날의 河南省 濮陽市에 속하며 黃河에 임해 있다.

5) 權知 : 어떤 관직을 대리하여 맡는다는 뜻으로 관직명으로 쓰이기도 한다.

十九年[1)]에 **從莊宗擊契丹於望都**[2)]한대 **莊宗爲契丹圍之數十重**이어늘 **嗣昭以三百騎決圍**하야 **取莊宗以出**하다 **是時**에 **晉遣閻寶**하야 **攻張文禮於鎭州**한대 **寶爲鎭人所敗**어늘 **乃以嗣昭代之**하다 **鎭兵出掠九門**[3)]이어늘 **嗣昭以奇兵擊之**러니 **鎭軍且盡**에 **餘三人匿破垣中**하니 **嗣昭馳馬射之**라가 **反爲賊射中腦**라 **嗣昭顧箙(복)中矢盡**하고 **拔矢于腦**하야 **射殺一人**하고 **還營而卒**하다

天祐 19년(922)에 莊宗을 따라 望都에서 契丹을 공격하였는데 장종이 거란에게 수십 겹으로 포위되자 李嗣昭가 3백의 기병을 이끌고 포위를 뚫고서 장종을 구출하여 나왔다. 이때에 晉나라가 閻寶를 보내 鎭州에서 張文禮를 공격하였는데, 염보가 진주 사람들에게 패배하자 이사소로 교체하였다. 진주 병사들이 九門으로 나와 노략질을 하자 이사소가 奇兵으로 공격하였다. 진주 군대가 전멸당하려 할 때 남은 세 사람이 무너진 담장 안으로 숨으니, 이사소가 말을 달려가 그들에게 활을 쏘다가 도리어 적들이 쏜 화살에 머리를 맞았다. 이사소가 활집에 화살이 다 떨어진 것을 보고 머리에서 화살을 뽑아 한 사람을 맞혀 죽이고 軍營으로 돌아와 죽었다.

1) 十九年 : 唐 昭宗의 마지막 연호인 天祐를 연장하여 쓴 것이다. 천우는 소종 이후 즉위한 당나라의 마지막 황제 哀帝 역시 사용하였으나 천우 4년에 해당하는 907년에 당나라가 망하고 後梁이 들어서면서 폐기되었다. 후량은 새로 開平이라는 연호를 사용하였다. 그러나 晉의 李克用을 비롯한 여러 번진 세력들은 후량의 연호를 따르지 않고 계속하여 천우 연호를 사용하였으므로 여기에서 천우 19년이라고 말한 것이다. 천우 19년은 후량 末帝 龍德 2년에 해당한다.

2) 望都 : 현재의 河北省 保定市 望都縣이다.

3) 九門 : 현재의 河北省 藁城縣 서북쪽에 있던 지명이다.

存賢은 許州人也니 本姓은 王이요 名은 賢[1)]이라 少爲軍卒하야 善角觝(저)라 太祖擊黃巢于陳州라가 得之하야 賜以姓名하고 養爲子하다 後爲義兒軍副兵馬使하고 遷沁州刺史하다 先時에 沁州當敵衝이라 徙其南百餘里하야 據險立柵而寓居러니 至存賢爲刺史하야 曰 徙城避敵이 豈勇者所爲리오하고 乃復城故州하다 梁兵屢攻之어늘 存賢力自拒守하니 卒不能近하다 遷武州刺史山北團練使하고 又遷慈州하다

李存賢은 許州 사람이니 본래 성씨는 王이고 이름은 賢이다. 젊었을 때 軍卒이 되었는데 씨름을 잘하였다. 태조가 陳州에서 黃巢를 공격하다가 이존현을 얻어 성명을 하사하고 養子로 삼았다. 뒤에 이존현은 義兒軍副兵馬使가 되었고 沁州刺史로 승진하였다. 이보다 앞서 심주는 적들과 충돌하는 곳에 위치하고 있었기 때문에 본래의 위치보다 남쪽으로 백여 리 정도 떨어진 곳으로 州城을 옮기고 지세가 험고한 곳에 목책을 세우고 寓居하였는데, 이존현이 자사로 부임하게 되자 말하기를 "성을 옮겨 적을 피하는 것이 어찌 용감한 자가 할 일이겠는가."라고 하고는 다시 옛 州로 성을 옮겼다. 梁나라 군대가 누차 공격하였는데 이존현이 힘써 방어하니 양나라 군대가 끝내 심주에 근접할 수 없었다. 武州刺史 山北團練使로 승진하고 다시 승진하여 慈州를 맡았다.

1) 存賢……賢 : ≪舊五代史≫ 卷53 〈唐書 第29 列傳5〉에는 李存賢의 字가 子良이라고 기록되어 있다.

天祐十八年에 梁兵攻朱友謙于河中하니 莊宗遣存賢援友謙[1)]이라 是時에 友謙新叛梁歸晉한대 而河中食少하야 人心多(疑)〔貳〕[2)]라 諜者因謂存賢曰 河中人欲殺子以歸梁이니 宜亟去하라하니 存賢曰 死王事가 吾志也니 復何恨哉리오하고 卒擊走梁兵하다

天祐 18년(921)에 梁나라 병사가 河中에서 朱友謙을 공격하니, 莊宗이 李存賢을 보내 주우겸을 구원하였다. 이때 주우겸은 막 양나라를 배반하고 晉나라에 歸附하였는데, 하중의 식량이 적어 사람들이 대부분 다른 마음을 품고 있었다. 첩자가 이

때문에 이존현에게 이르기를 “하중 사람들이 그대를 죽이고 양나라에 귀부하려 하니 서둘러 떠나야 한다.”라고 하니, 이존현이 말하기를 “王事를 위해 죽는 것이 나의 뜻이니 다시 무엇을 한스러워 하겠는가.”라고 하고는 마침내 양나라 병사를 공격하여 패주시켰다.

1) 天祐十八年……莊宗遣存賢援友謙 : ≪五代史纂誤≫ 卷中에 다음과 같이 고증하였다. “지금 살펴보건대 〈梁末帝紀〉에 ‘貞明 6년(唐 天祐 17, 920) 여름에 河中節度使 朱友謙이 同州를 습격하여 절도사 程全暉를 살해하고 반란하여 晉에 붙으니, 泰寧軍節度使 劉鄩이 토벌하였다.’라고 하였다. 또 〈唐莊宗紀〉에 ‘天祐 17년(920)에 주우겸이 동주를 습격하니, 梁나라에서 유심을 보내 주우겸을 공격하였다. 李存審(符存審)이 동주에서 양나라 군대를 패퇴시켰다.’라고 하였다. 〈梁紀〉와 〈唐紀〉에 모두 17년이라고 하였으니 〈李存賢傳〉에서 18년이라 한 것은 오류이다.〔今按梁末帝紀貞明六年夏 河中節度使朱友謙襲同州 殺其節度使程全暉 叛附于晉 泰寧軍節度使劉鄩討之 又唐莊宗紀天祐十七年 朱友謙襲同州 梁遣劉鄩擊友謙 李存審敗梁軍于同州 梁紀與唐紀皆云十七年 而存賢傳以爲十八年者誤也〕”

2) (疑)〔貳〕 : 저본에는 ‘疑’로 되어 있으나, 사고전서본과 ≪新五代史≫에 의거하여 ‘貳’로 바로잡았다.

莊宗卽位에 **拜右武衛上將軍**하다 **莊宗亦好角觝**하야 **嘗與王都**[1]**較而屢勝**하야 **頗亦自矜**하야 **因顧存賢曰 爾能勝我**어든 **與爾一鎭**호리라하니 **存賢搏而勝之**하다 **同光二年春**에 **幽州符存審**[2]**病甚**하니 **莊宗置酒宮中**하고 **歎曰 吾創業故人**이 **零落殆盡**하고 **其所存者**는 **惟存審耳**어늘 **今又病篤**하니 **北方之事**를 **誰可代之**오하고 **因顧存賢曰 無以易卿**이니 **角觝之勝**을 **吾不食言**호리라하고 **卽日以爲盧龍軍節度使**하다 **是歲**에 **卒于幽州**하니 **年六十五**러라 **贈太傅**하다

莊宗이 즉위하자 右武衛上將軍에 배수하였다. 장종도 씨름을 좋아하여 일찍이 王都와 씨름을 겨루어 누차 이기고서 자못 또한 스스로 자랑스럽게 여겨 李存賢을 돌아보며 말하기를 “네가 나를 이길 수 있다면 너에게 한 鎭을 주겠다.”라고 하니, 이

존현이 장종과 겨루어서 이겼다.

同光 2년(924) 봄에 幽州의 符存審의 병세가 위중해지니, 장종이 궁중에서 술자리를 차리고 탄식하며 말하기를 "나와 나라를 창업한 벗들이 영락하여 다 사라지고 남은 자라고는 存審뿐인데 이제 또 병이 위독하니 북방의 일을 누가 대신할 수 있겠는가."라고 하였다. 그리고는 이존현을 돌아보며 말하기를 "경을 대신할 사람이 없으니 그대가 씨름에서 이기면 한 鎭을 주겠다고 한 말을 내가 食言하지 않으리라." 라고 하고는 그날로 盧龍軍節度使로 삼았다.

이해에 幽州에서 죽으니 향년 65세였다. 太傅를 추증하였다.

1) 王都 : ?~929. 본래 이름은 劉雲郞으로 陘邑 사람이다. 五代 초기에 義武軍節度使 王處直의 養子가 되었다가 왕처직이 莊宗 李存勖을 배반하고 契丹과 내통하자 왕처직을 죽이고 이존욱에게 투항하였다. 이존욱이 자신의 아들 李繼岌을 왕도의 딸과 혼인시키고 왕도를 의무군절도사로 삼았다. 明宗 李嗣源이 즉위한 뒤 왕도를 미워하여 처치하려 하자 後唐을 배반하고 거란에 붙었다가 이사원이 보낸 군대에게 定州를 함락당하고 가솔들과 함께 스스로 불타 죽었다.

2) 符存審 : 862~924. 본명은 符存이고 字는 德祥으로 陳州 宛丘 사람이다. 後唐의 장수로 여러 차례 後梁과 契丹을 물리쳐 군공을 세워 李克用이 養子로 삼고 이씨 성을 하사하였다. 檢校左僕射, 忻州刺史, 魏博馬步軍都指揮使, 盧龍節度使 등을 역임하였다. 후당 明宗 때에 다시 본래의 성씨로 되돌렸다.

歐陽文忠公五代史抄 卷11

歸安 鹿門 茅坤 批評

孫男 闇叔 茅著 重訂

01. 伶官傳* 伶官들의 傳記

* 伶官은 관직을 받은 伶人이며 영인은 곧 음악과 연극 등을 행하는 藝人이다. 朱全忠이 세운 後梁을 멸망시키고 後唐을 세운 莊宗 李存勖은 그 자신이 음악에 조예가 깊고 俳優와 演戲를 좋아하여 주위에 항상 총애하는 영관들을 두었다. 〈伶官傳〉은 바로 후당 장종의 총애를 받았던 영관들의 열전으로 周匝, 敬新磨, 景進, 史彦瓊, 郭門高 등 영관 5인의 일화가 실려 있다.

영관에 대한 구양수의 기본적인 입장은 군주가 현혹되어 여기에 탐닉할 경우 나라가 피폐하고 멸망에까지 이르게 된다는 것이다. 따라서 전체적인 논조는 이러한 사례를 통해 警責을 제시하는 데 있다. 그러나 그 서술에서는 諧謔적인 일화를 많이 채용하여 문장에 읽는 맛이 있다. 滑稽를 통해 世道에 도움을 주고자 한 것인데, ≪宋名臣言行錄≫ 後集 卷2 〈歐陽脩 文忠公〉에 "(구양수가) 일찍이 말하기를 '내가 지은 〈伶官傳〉이 어찌 ≪史記≫의 〈滑稽傳〉보다 아래겠는가.'라고 하였다.〔嘗謂我作伶官傳 豈下滑稽者也〕"라는 기록이 보인다.

茅坤은 ≪史抄≫의 〈영관전〉에 단 평어 외에 ≪文抄≫의 〈伶官傳論〉에도 "莊宗의 웅대한 마음이 歐陽公의 문장과 千古에 高下를 다툴 만하다.〔莊宗雄心處 與歐陽公之文可上下千古〕"라고 평어를 달았다.

此等文章은 **千年絶調**라

이와 같은 문장은 천년 세월에 드문 絶調이다.

嗚呼라 **盛衰之理**는 **雖曰天命**이나 **豈非人事哉**아 **原莊宗之所以得天下與其所以失之者**면 **可以知之矣**라 **世言晉王**[1]**之將終也**에 **以三矢賜莊宗而告之曰 梁**은 **吾仇也**라

燕王은 吾所立이요 契丹은 與吾約爲兄弟[2)]어늘 而皆背晉以歸梁하니 此三者는 吾遺恨也라 與爾三矢하노니 爾其無忘乃父之志어다하야늘 莊宗受而藏之於廟하고 其後用兵이면 則遣從事하야 以一少牢[3)]告廟하야 請其矢하야 盛以錦囊하야 負而前驅하고 及凱旋而納之러라 方其係燕父子以組[4)]하고 函梁君臣之首[5)]하야 入於大廟하야 還矢先王하고 而告以成功엔 其意氣之盛이 可謂壯哉인저 及仇讎已滅하고 天下已定하야는 一夫夜呼에 亂者四應[6)]이라 倉皇東出하야 未及見賊而士卒離散이어늘 君臣相顧하야 不知所歸하야 至於誓天斷髮하고 (得)〔泣〕[7)]下沾襟[8)]하니 何其衰也오 豈得之難而失之易歟아 抑本其成敗之迹而皆自於人歟아

아아! 盛衰의 이치는 비록 天命이라고는 하나 어찌 사람의 일이 아니겠는가. 後唐莊宗이 천하를 얻은 까닭과 천하를 잃은 까닭을 따져보면 알 수 있다. 세상에서 말하기를, 晉王이 임종할 때에 세 개의 화살을 장종에게 주면서 고하기를 "梁나라는 나의 원수이다. 燕王은 내가 세워준 사람이고 契丹은 나와 兄弟로 맹약하였거늘 모두 晉을 배반하고 양나라에 붙었으니 이 셋은 내가 세상을 떠나면서 풀지 못하고 남기고 가는 恨이다. 너에게 세 개의 화살을 주노니 너는 네 아비의 뜻을 잊지 말지어다."라고 하였다.

장종이 화살을 받아 宗廟에 보관해두고 그 뒤 군대를 일으킬 때면 종사관을 보내 하나의 少牢로 종묘에 고하여 화살을 내어가겠다고 청하고서 비단 주머니에 화살을 담아 짊어지고 군대의 선봉에서 말을 달려나갔고, 개선하고 와서는 종묘에 다시 넣어두었다. 연왕 父子를 끈으로 묶고 後梁의 君臣들의 머리를 함에 담아 와서 종묘에 들어가 화살을 先王에게 돌려드리고 공을 이루었음을 고할 때에는 그 意氣의 성대함이 壯大하다고 이를 만하였다.

그러나 원수들이 이미 멸망하고 천하가 안정되고 나서는 한 사내가 야밤에 소리치자 난리를 일으키는 자들이 사방에서 호응하였다. 그리하여 황망히 동쪽으로 나와 적들을 보기도 전에 군사들이 뿔뿔이 흩어져 버리거늘 임금과 신하가 서로 돌아보며 어디로 갈지를 몰라 심지어 하늘에 맹세하며 머리카락을 자르고 눈물을 흘려 옷깃을 적셨으니, 어찌 그리도 쇠잔했던가. 어쩌면 얻기는 어려워도 잃기는 쉬운 것인가. 아니면 그 성공과 패망의 자취를 궁구해볼 때 모두 남에게서 비롯된 것인가.

1) 晉王 : 後唐 莊宗 李存勖(885~926)의 아버지인 李克用을 가리킨다.

2) 梁……與吾約爲兄弟 : 梁은 朱溫(朱全忠)의 後梁을 가리킨다. 李克用은 당초에 주온과 함께 黃巢의 난을 토벌하던 사이였다. 그런데 이극용이 汴州 封禪寺에서 군사를 쉬게 하던 도중 주온이 上源驛에서 이극용에게 酒宴을 베풀고 야밤에 습격하여 이극용을 해치려 하였다. 다행히 侍者가 이극용을 침상 밑에 숨기고 薛鐵山 등이 도와 가까스로 자신의 군영으로 돌아와 화를 면하였다. 또한 최후에 이극용은 주온에게 太原에서 포위되어 있는 중에 병사하였다. (≪新五代史≫ 卷4 〈唐本紀〉)

 燕王은 劉仁恭과 劉守光 父子이다. 유인공이 세력을 잃고 이극용에게 의지했을 때 이극용이 그를 받아들여 장수로 삼고 아꼈는데, 후에 이극용이 李匡儔를 격파하고 유인공을 幽州留後로 삼은 뒤 唐나라 조정에 청해 유인공을 檢校司空 盧龍軍節度使에 제수되게 하였다. 그러나 유인공은 晉나라가 羅弘信을 공격하면서 원병을 요청하였으나 거절하였고, 이극용이 서찰을 보내 질책하자 使者를 가두고 晉나라의 장수로 幽州에 머물면서 유인공을 감시하던 燕留得 등을 죽였다. 이에 이극용이 유인공을 토벌하였으나 유인공에게 크게 패하였다.(≪新五代史≫ 卷39 〈雜傳27〉)

 契丹 太祖 耶律阿保機는 주온이 唐나라의 皇位를 찬탈하려 할 때에 이극용과 雲州 樂城에서 회합하고 형제의 맹약을 맺었다. 그리고 함께 주온을 토벌하기로 맹세하였으나 야율아보기는 거란으로 돌아간 뒤에 맹약을 배반하고 도리어 주온의 후량과 합세하여 이극용을 압박하였다.(≪新五代史≫ 卷73 〈四夷附錄〉)

3) 少牢 : 제사의 犧牲으로 소와 양과 돼지를 모두 사용하는 것을 太牢, 양과 돼지만 사용하는 것을 소뢰라고 한다.

4) 係燕父子以組 : 914년에 後唐 莊宗 李存勖이 장수를 보내 幽州를 격파하고 劉仁恭과 劉守光 부자를 사로잡아 압송하여 太原에 돌아와서 종묘에 바쳤다. 이때 유수광을 참수하고 유인공은 鴈門으로 압송하여 심장을 칼로 찔러 피를 내어 선왕의 능에 올린 다음 참수하였다.(≪新五代史≫ 卷39 〈雜傳27〉)

5) 函梁君臣之首 : 923년에 李存勖이 後梁을 멸망시키고 이미 자결한 후량 末帝의 시신은 장사를 지내주고 그 목을 베어 太社에 보관하였다.(≪新五代史≫

卷13〈梁家人傳〉)

6) 一夫夜呼 亂者四應 : 926년에 貝州의 군졸 皇甫暉가 軍中에서 군졸들을 충동질하여 변란을 일으켜 鄴城을 점거하였다. 이에 邢州·滄州 등지에 주둔하던 군사들이 이어서 병란을 일으켜 호응하였다.(≪新五代史≫ 卷49〈皇甫暉傳〉)

7) (得)〔泣〕: 저본에는 '得'으로 되어 있으나, ≪新五代史≫에 의거하여 '泣'으로 바로잡았다.

8) 蒼皇東出……(得)〔泣〕下沾襟 : 皇甫暉의 반란을 진압하던 李嗣源이 도리어 군사들에 의해 황제로 옹립되어 鄴城의 叛軍들과 연합하여 도성을 공격하자 莊宗이 군사를 거느리고 동쪽으로 나아가 도망하였다. 행렬이 洛陽 동쪽 石橋에 이르러 장종이 술을 마시며 우니, 元行欽 등 100여 명이 머리털을 자르고 목숨을 바쳐 나라의 은혜에 보답할 것을 하늘에 맹세하고는 임금과 신하들이 서로 바라보면서 눈물을 흘렸다.(≪新五代史≫ 卷25〈唐臣傳〉)

書曰 滿招損하고 **謙(泣)〔得〕**[1]**益**[2]이라하니 **憂勞**는 **可以興國**이요 **逸豫**는 **可以亡身**이 **自然之理也**라 **故方其盛也**엔 **擧天下之豪傑**하야도 **莫能與之爭**이러니 **及其(哀)〔衰〕**[3]**也**하야는 **數十伶人困之**하야 **而身死國滅**하야 **爲天下笑**라 **夫禍患**은 **常積於忽微**하고 **而智勇**은 **多困於所溺**이니 **豈獨伶人也哉**아 **作伶官傳**하노라

≪書經≫에 이르기를 "가득하면 덜어냄을 초래하고 겸손하면 보탬을 얻는다."라고 하니, 근심과 수고는 나라를 일으킬 수 있고 放逸과 安樂은 몸을 망칠 수 있는 것이 자연한 이치이다. 그러므로 한창 융성할 때에는 온 천하의 호걸들도 그와 다툴 수 없더니, 쇠망할 때가 되자 수십 명의 伶人이 그를 피폐하게 하여 몸은 죽고 나라는 멸망하여 천하의 비웃음거리가 되었다. 대저 禍患은 항상 지극히 미세한 데에서 쌓이고 지혜 있고 용기 있는 자는 자신이 탐닉하는 대상에 피폐해지는 경우가 많으니 어찌 영인만 그렇겠는가. 〈영관전〉을 짓노라.

1) (泣)〔得〕: 저본에는 '泣'으로 되어 있으나, ≪新五代史≫에 의거하여 '得'으로 바로잡았다.

2) 書曰……謙得益 : ≪書經≫〈虞書 大禹謨〉에 나오는 말이다.

3) (哀)〔衰〕: 저본에는 '哀'로 되어 있으나, ≪新五代史≫에 의거하여 '衰'로 바로

잡았다.

莊宗旣好俳優하고 **又知音**하야 **能度曲**이라 **至今汾晉之俗**에 **往往能歌其聲**하니 **謂之御製者**[1]가 **皆是也**라 **其小字**는 **亞子**니 **當時人或謂之亞次**라 **又別爲優名以自目**하야 **曰李天下**라 **自其爲王**으로 **至於爲天子**히 **常身與俳優雜戲於庭**하니 **伶人由此用事**하야 **遂至於亡**하다

莊宗은 俳優를 좋아한 데다가 또 음률을 알아서 곡을 지을 수 있었다. 지금까지도 汾州와 晉州의 민간에서 왕왕 그 소리를 노래할 수 있으니, "御製"라고 불리는 것들이 모두 그것이다. 장종의 兒名은 亞子이니 당시 사람들은 혹 亞次라고 부르기도 하였다. 또 장종이 별도로 藝名을 만들어 스스로를 가리켜 "李天下"라고 하였다. 장종이 晉王이 되었을 때부터 천자가 될 때까지 항상 몸소 배우들과 뜰에서 잡다한 연희를 벌이니, 伶人들이 이를 말미암아 國事를 농단하여 마침내 나라가 망하는 지경에 이르렀다.

1) 謂之御製者 : ≪五代史補≫ 卷2에 "莊宗은 公子 시절에 본디 음률을 좋아하였고, 또 스스로 악곡을 지을 수 있었다. 그 뒤 무릇 군사를 운용할 때 前後의 隊伍에 모두 자신이 지은 악곡을 주어 소리를 드높여 부르게 하고, 이를 御製라 하였다. 戰陣에 들어갈 때에 이르러서는 승부를 따질 것 없이 말머리를 돌리자마자 군중이 일제히 악곡을 불렀다. 그러므로 모든 전투에서 사람들이 죽음에 대한 두려움을 잊었으니, 이는 또한 용병할 때의 한 奇策이다.〔莊宗公子時 雅好音律 又能自撰曲子詞 其後凡用軍 前後隊伍皆以所撰詞授之 使揚聲而唱 謂之御製 至於入陣 不論勝負 馬頭纔轉 則衆樂齊作 故凡所鬪戰 人忘其死 斯亦用軍之一奇也〕"라고 하였다.

皇后劉氏[1]**素微**하니 **其父劉叟**는 **賣藥善卜**하야 **號劉山人**이라 **劉氏性悍**하야 **方與諸姬爭寵**에 **常自恥其世家**하여 **而特諱其事**어늘 **莊宗乃爲劉叟衣服**하야 **自負蓍囊藥篋**하야 **使其子繼岌提破帽而隨之**하야 **造其臥內**하야 **曰 劉山人來(首)〔省〕**[2]**女**라하니 **劉氏大怒**하야 **笞繼岌而逐之**하니 **宮中以此爲笑樂**이러라

皇后 劉氏는 본래 미천하였으니, 그 아버지 劉叟는 약을 팔고 점을 잘 쳐서 劉山人이라 불렸다. 유씨는 성질이 사나워 한창 여러 후궁들과 황제의 총애를 다툴 적에늘 자신의 출신을 부끄러워하면서 특히 아버지의 일을 숨겼다. 그러자 장종이 유수의 복색을 갖추고서 스스로 점치는 산가지 주머니와 약상자를 짊어지고 아들 李繼岌에게는 망가진 모자를 들고 뒤따르게 하고 寢殿 안으로 들어가 말하기를 "유산인이 딸을 보러 왔다."라고 하니, 유씨가 크게 노하여 이계급을 매로 때리며 쫓아내었다. 궁중 사람들은 이를 우스갯거리로 여겨 즐겼다.

1) 皇后劉氏 : 莊宗의 황후로 시호는 神閔敬皇后이다. ≪新五代史≫ 권14 〈唐家人傳〉에 그 행력이 자세하며 본서에도 실려 있다.
2) (首)〔省〕: 저본에는 '首'로 되어 있으나, ≪新五代史≫에 의거하여 '省'으로 바로잡았다.

其戰於胡柳也[1]에 嬖伶周匝(잡)爲梁人所得이러니 其後滅梁入汴에 周匝謁於馬前이라 莊宗得之喜甚하야 賜以金帛하고 勞其良苦하니 周匝對曰 身陷仇人이로대 而得不死以生者는 教坊使陳俊과 內園栽接使儲德源[2]之力也라 願乞二州하야 以報此兩人이라하니 莊宗皆許以爲刺史라 郭崇韜諫曰 陛下所與共取天下者가 皆英豪忠勇之士라 今大功始就하야 封賞未及於一人이어늘 而先以伶人爲刺史하니 恐失天下心이니 不可라하야 因格其命하다 逾年而伶人屢以爲言하니 莊宗謂崇韜曰 吾已許周匝矣니 使吾慚見此三人이라 公言雖正이나 然當爲我屈意行之라하고 卒以俊爲景州刺史하고 德源爲憲州刺史하다

莊宗이 胡柳에서 싸울 때에 총애하는 伶人 周匝이 梁나라 사람들에게 붙잡혔는데, 그 뒤 양나라를 멸망시키고 汴州로 입성할 때 주잡이 장종의 말 앞에서 배알하였다. 장종이 주잡을 얻고 몹시 기뻐하여 금과 비단을 하사하고 그의 고생을 위로하니, 주잡이 대답하기를 "제가 원수들에게 붙잡혔음에도 죽지 않고 살 수 있었던 것은 教坊使 陳俊과 內園栽接使 儲德源의 힘입니다. 바라건대 두 州를 내려주어 이 두 사람에게 보답해주십시오."라고 하니, 장종이 모두 허락하여 刺史로 삼았다.

그러자 郭崇韜가 간언하기를 "폐하와 함께 천하를 취한 사람들 모두가 영웅호걸

에 충성되고 용맹스러운 장사들입니다. 지금 큰 공을 막 성취하고서 아직 封爵이나 賞給이 한 사람에게도 내리지 않았는데 그에 앞서 영인을 자사로 삼으시니, 천하 사람의 마음을 잃을까 두렵습니다. 불가합니다."라고 하여 명령을 중지하였다.

해를 넘겨 영인들이 자주 이 일을 언급하니 장종이 곽숭도에게 이르기를 "내가 이미 주잡에게 허락하였으니, 〈지금의 처사는〉 내가 이 세 사람을 보는 것을 부끄럽게 만드는 것이다. 공의 말이 비록 바르지만 나를 위해 뜻을 굽혀 시행해야 할 것이다."라고 하고는 마침내 진준을 景州刺史로 삼고 저덕원을 憲州刺史로 삼았다.

1) 胡柳 : 胡柳는 현재 山東省 濮縣 서남쪽에 있는 지명이다. 黃柳陂라고도 한다. 後梁과 後晉이 이곳에서 싸워 후진이 패하고 후진의 명장인 周德威가 전사하였다. 그러나 莊宗이 직접 奮戰하여 후량의 군대를 격퇴하고 德勝에 성채를 쌓았다.(≪新五代史≫ 卷36 〈義兒傳〉)

2) 教坊使陳俊 內園栽接使儲德源 : 教坊은 음악을 가르치고 優人을 관장하던 부서이다. 內園栽接使는 궁중 禁園의 관리를 맡던 관직이다.

莊宗好畋(전)獵이라 獵於中牟라가 踐民田한대 中牟縣令當馬切諫하야 爲民請하니 莊宗怒하야 叱縣令去하고 將殺之라 伶人敬新磨가 知其不可하고 乃率諸伶하야 走追縣令하야 擒至馬前하야 責之曰 汝爲縣令하야 獨不知吾天子好獵邪아 奈何縱民稼穡하야 以供稅賦오 何不饑汝縣民而空此地하야 以備吾天子之馳騁고 汝罪當死로다하고 因前請亟行刑하니 諸伶共唱和之어늘 莊宗大笑하니 縣令乃得免去러라

莊宗은 사냥을 좋아하였다. 장종이 中牟에서 사냥하다가 백성들의 밭을 밟았는데, 中牟縣令이 말 앞에서 간절하게 간언하면서 백성들을 위해 밭을 밟지 말 것을 청하니, 장종이 노하여 현령을 꾸짖어 보내고 장차 죽이려 하였다. 伶人 敬新磨가 그렇게 해서는 안 된다는 것을 알고 이에 영인들을 거느리고서 현령을 쫓아가서 잡아다 장종의 말 앞에 데려다놓고 꾸짖기를 "너는 현령으로 우리 천자께서 사냥을 좋아하시는 것을 유독 모르느냐? 어찌해서 백성들을 풀어놓아 농사를 지어 세금을 바치게 하느냐. 어찌 너의 縣民들을 굶주리게 하여 이 땅을 비워서 우리 천자가 말을 달리기 좋게 하지 않느냐. 네 죄가 죽어 마땅하다."라고 하고는 장종 앞에서 빨리

형을 집행하기를 청하니, 영인들도 함께 화답하여 외쳤다. 장종이 크게 웃으니 현령이 비로소 풀려나서 갈 수 있었다.

莊宗嘗與群優戲於庭할새 四顧而呼曰 李天下여 李天下여 何在오하니 新磨遽前하야 以手批其頰이라 莊宗失色하니 左右皆恐하고 群伶亦大驚駭하야 共持新磨하야 詰曰 汝奈何批天子頰고하니 新磨對曰 李天下者는 一人而已니 復誰呼邪오라하다 於是에 左右皆笑하니 莊宗大喜하야 賜與新磨甚厚러라 新磨嘗奏事殿中한대 殿中多惡犬이라 新磨去에 一犬起逐之하니 新磨倚柱而呼曰 陛下毋縱兒女齧人이라하다 莊宗家世夷狄이요 夷狄之人諱狗일새 故新磨以此譏之라 莊宗大怒하야 彎弓注矢하야 將射之하니 新磨急呼曰 陛下無殺臣하소서 臣與陛下爲一體니 殺之不祥이라하다 莊宗大驚하야 問其故하니 對曰 陛下開國하야 改元同光하니 天下皆謂陛下同光帝라 且同은 銅也니 若殺敬新磨인대 則同無光矣[1]라하다 莊宗大笑하야 乃釋之하다

莊宗이 한번은 優人들과 뜰에서 연희를 벌이면서 사방을 돌아보며 외치기를 "李天下여, 이천하여. 어디에 있는가?"라고 하니, 敬新磨가 갑자기 앞으로 나아가 손으로 장종의 뺨을 쳤다. 장종이 아연실색하니 좌우의 사람들이 모두 두려워하고 伶人들도 크게 경악하여 함께 경신마를 붙들고 따지기를 "네가 어찌하여 천자의 뺨을 쳤느냐?"라고 하니, 경신마가 대답하기를 "이천하라는 사람은 한 사람 뿐이니, 다시 누구를 부른단 말인가."라고 하였다. 이에 좌우의 사람들이 모두 웃으니 장종이 크게 기뻐하여 경신마에게 매우 후한 상을 내려주었다.

경신마가 殿中에 일을 아뢰러 간 적이 있었는데 전중에는 사나운 개들이 많았다. 경신마가 떠나려 하자 개 한 마리가 일어나 경신마를 쫓으니 경신마가 기둥에 기대 외치기를 "폐하께서는 자식들을 풀어 사람을 물게 하지 마소서."라고 하였다. 장종의 집안은 오랑캐 출신이고, 오랑캐 사람들은 개라고 불리는 것을 꺼렸기 때문에 경신마가 이 말로 기롱한 것이었다. 장종이 크게 노하여 활을 당겨 화살을 먹이고서 경신마를 쏘려 하니, 경신마가 급히 외치기를 "폐하께서는 신을 죽이지 마십시오. 신과 폐하는 한 몸이니 저를 죽이는 것은 상서롭지 못합니다."라고 하였다. 장종이 크게 놀라 그 까닭을 물으니, 대답하기를 "폐하께서 개국하여 연호를 同光으로 고치

니, 천하 사람들이 모두 폐하를 同光帝라고 부릅니다. 또 同은 銅과 같으니, 만약 경신마를 죽인다면 '同'은 빛이 없어질 것입니다."라고 하였다. 장종이 크게 웃고서 경신마를 풀어주었다.

1) 臣與陛下爲一體……則同無光矣 : 敬新磨의 이름인 新磨는 새로 갈고 닦는다는 뜻이고, 同은 銅과 같다고 하였으니, 이는 곧 새로 개국한 後唐을 갈고 닦는다는 의미가 된다. 그러므로 경신마를 죽이면 銅을 갈고 닦을 수 없어 광택이 사라질 것이라는 말이다.

然時諸伶에 **獨新磨尤善俳**하야 **其語最著**요 **而不聞其他過惡**이라 **其敗政亂國者**는 **有景進, 史彦瓊, 郭門高三人爲最**라 **是時**에 **諸伶人出入宮掖**하야 **侮弄搢紳**하니 **群臣憤嫉**이로대 **莫敢出氣**하고 **或反相附託**하야 **以希恩倖**하고 **四方藩鎭**이 **貨賂交行**하니 **而景進最居中用事**라 **莊宗遣進等**하야 **出訪民間**하야 **事無大小**히 **皆以聞**이라 **每進奏事殿中**에 **左右皆屛退**하고 **軍機國政**에 **皆與參決**이라 **三司使孔謙**이 **兄事之**하야 **呼爲八哥**[1]러라

그러나 당시 伶人들 가운데 유독 敬新磨가 諧謔을 특히 잘하여 그 말이 가장 잘 알려졌고 다른 과실이나 악행은 알려진 것이 없다. 정사를 무너뜨리고 나라를 어지럽게 한 자는 景進과 史彦瓊과 郭門高 세 사람이 으뜸이다. 이때에 영인들이 궁정을 출입하면서 사대부를 모욕하고 조롱하니, 신하들이 분개하고 미워하였으나 감히 겉으로 원망을 드러내지는 못하였다. 어떤 사람은 도리어 그들에게 빌붙어 총애를 받기를 바랐고 사방의 藩鎭들은 뇌물을 다투어 보냈는데, 조정에 있으면서 국사를 농단하기로는 경진이 가장 으뜸이었다. 장종이 경진 등을 보내 민간에 가서 탐방하게 하여 크고 작은 일 할 것 없이 모두 아뢰게 하였다. 그리고 경진이 殿中에서 일을 아뢸 때마다 황제가 좌우를 모두 물리쳤고, 軍機와 國政에 모두 참여하여 결정하였다. 三司使 孔謙은 경진을 형으로 섬기면서 八哥라고 불렀다.

1) 三司使孔謙……呼爲八哥 : 孔謙(?~926)은 魏州 사람으로, 젊은 나이에 胥吏가 되어 後唐 莊宗 때 魏博度支使가 되었다. 후에 租庸副使를 거쳐 同光 2년(924)에 租庸使가 되었다가, 明宗이 즉위한 후 처형되었다. ≪舊五代史≫ 권

34 〈唐書 莊宗紀〉에 따르면, 이 당시 魏州의 錢穀 및 병사와 군마에 관한 업무를 모두 景進이 맡아 감독하였는데, 공겸이 경진에게 아부하면서 은총을 바랐다고 한다. 宋나라 때 胡次焱의 ≪梅巖文集≫ 권5 〈論稱呼〉에서 이 부분을 인용하면서 "팔가는 아우가 형을 부르는 말이니 존칭이다.〔八哥者 弟呼兄之辭也 尊稱也〕"라고 하였다.

莊宗初入洛하야 居唐故宮室한대 而嬪御未備라 閹宦希旨하야 多言宮中夜見鬼物하야 相驚恐이라하니 莊宗問所以禳之者하니 因曰 故唐時에 後宮萬人이러니 今空宮多怪하니 當實以人乃息이라하니 莊宗欣然하다 其後幸鄴하야 乃遣進等하야 採鄴美女千人하야 以充後宮한대 而進等緣以爲姦하니 軍士妻女因而逃逸者數千人이러라 莊宗還洛에 進載鄴女千人以從하니 道路相屬하야 男女無別이라

莊宗이 처음 洛陽에 들어와 唐나라의 옛 궁실에 거처하였는데 임금을 모실 嬪妾이 갖추어지지 않았다. 환관들이 장종의 뜻에 영합하여 다들 말하기를 "궁중에 밤에 鬼物이 보여 사람들이 놀라고 두려워합니다."라고 하니, 장종이 귀물을 쫓아낼 방법을 물었다. 이에 환관들이 말하기를 "옛날 당나라 때에는 후궁이 만 명이었는데, 지금은 궁궐이 텅 비어 鬼怪가 많으니 마땅히 사람으로 궁을 채워야 사라질 것입니다."라고 하니, 장종이 기뻐하였다. 그 뒤 鄴에 거둥하여 景進 등을 보내 업의 미녀 천 명을 가려 뽑아 후궁을 채우게 하였는데, 경진 등이 이를 빌미로 간음을 하니, 군사들의 아내와 딸들로 이 때문에 도망간 사람이 수천 명이었다. 장종이 낙양으로 돌아갈 때 경진이 업의 여인 천 명을 수레에 싣고서 따르니, 도로에 그 행렬이 길게 이어져 남녀의 분별이 사라질 정도로 혼잡하였다.

魏王繼岌이 已破蜀하니 劉皇后聽宦者讒言하야 遣繼岌賊殺郭崇韜[1)]라 崇韜素嫉伶人하야 常裁抑之하니 伶人由此皆樂其死러라 皇弟存乂[2)]는 崇韜之壻也라 進讒於莊宗曰 存乂且反하야 爲婦翁報仇이라하야늘 乃囚而殺之하다

魏王 李繼岌이 蜀을 격파하자 劉皇后가 환관들의 참언을 듣고서 이계급에게 郭崇韜를 살해하게 하였다. 곽숭도는 평소 伶人을 미워하여 항상 그들을 억제하니, 영인

들이 이 때문에 모두 그의 죽음을 좋아하였다. 황제의 아우 李存乂는 곽숭도의 사위였다. 景進이 장종에게 모함하여 말하기를 "이존예가 장차 모반하여 장인을 위해 원수를 갚으려 하고 있습니다."라고 하기에 마침내 가두고서 죽였다.

1) 魏王繼岌……遣繼岌賊殺郭崇韜 : 李繼岌(?~926)은 後唐 莊宗 李存勖의 아들이다. 당시 蜀은 王衍(899~926)이 할거하고 있었는데, 925년에 後唐에서 이계급을 西南面行營都統으로 삼고 郭崇韜를 都招討使로 삼아 촉을 정벌하였다. 이때 이계급은 나이가 어리고 경험이 부족했으므로 실제 전공은 거의 곽숭도가 세웠다. 곽숭도는 평소 환관과 영인들에게 미움을 받고 있었으므로 이들이 중간에서 곽숭도를 모략하여 모반을 획책하고 있다고 장종에게 보고하였다. 장종이 확실하지 않은 사실이라 여기고 결정을 내리지 않자 劉皇后가 이계급에게 따로 密旨를 보내 곽숭도를 살해하게 하니 계속 거절하다가 주변의 강압에 못이긴 이계급이 이를 허락하여 곽숭도를 죽이게 하였다.(≪新五代史≫ 卷14 〈唐家人傳〉) 이 내용은 본서 〈唐繼岌傳〉에 자세하다.

2) 皇弟存乂 : 李存乂(?~926)는 後唐 太祖 李克用의 다섯 번째 아들이다. 建雄保大二軍節度使를 역임했으며 925년에 睦王으로 봉해졌다. 郭崇韜의 사위로 곽숭도가 피살되자 집에서 술을 마시며 불만을 토로하였는데 환관들이 곽숭도의 黨與를 제거하고자 이 사실을 과장하여 이존예가 원망을 품고 모반하려 한다고 모함하여 장종이 가택에 연금하고 얼마 후 사사하였다.(≪新五代史≫ 卷14 〈唐家人傳〉)

朱友謙[1]은 **以梁河中降晉者**라 **及莊宗入洛**하야 **伶人皆求賂於友謙**한대 **友謙不能給而辭焉**하니 **進乃譖友謙曰 崇韜且誅**라 **友謙不自安**하니 **必反**이라 **宜竝誅之**라하다 **於是**에 **及其將五六人皆族滅之**하니 **天下不勝其冤**이러라 **進官至銀靑光祿大夫檢校左散騎常侍兼御史大夫上柱國**하다

朱友謙은 梁나라의 河中 땅을 가지고 晉에 투항한 자이다. 莊宗이 낙양에 들어가자 伶人들이 모두 주우겸에게 뇌물을 요구하였는데 주우겸은 뇌물을 줄 수 없어 사양하니, 景進이 이에 주우겸을 참소하기를 "郭崇韜도 주살된 터라 주우겸이 스스로 편안하지 못하니 반드시 모반할 것입니다. 마땅히 주우겸도 주살해야 합니다."라고

하였다. 이에 주우겸 및 그 장수 5, 6인까지도 모두 滅族시키니, 천하 사람들이 그 원통함을 이기지 못하였다. 경진은 관직이 銀青光祿大夫 檢校左散騎常侍 兼御史大夫 上柱國에 이르렀다.

1) 朱友謙 : ?~926. 後梁 太祖 朱溫의 의붓아들로 본명은 朱簡이다. 본래는 保義軍節度使 王珙의 휘하장수였는데 반란이 일어나 왕공이 피살당하자 평소 그의 재주를 눈여겨보았던 주온에게 발탁되어 의붓아들이 되고 冀王에 봉해졌다. 河中으로 나가 護國節度使가 되었다. 주온이 아들인 朱友珪에게 살해되자 신변의 위협을 느끼고 晉王 李存勖에게 투항하였다. 이존욱 역시 그의 재능을 아껴 의붓아들로 받아들여 이름을 李繼麟으로 바꾸고 河中節度使, 尙書令으로 삼았다. 후에 郭崇韜와 함께 반란을 도모했다는 참소를 받고 살해되었다.

史彦瓊者는 **爲武德使**하야 **居鄴都**하니 **而魏博六州之政**이 **皆決彦瓊**이요 **自留守王正言而下**론 **皆俛(부)首承事之**라 **是時**에 **郭崇韜以無罪見殺於蜀**이어늘 **天下未知其死也**라 **第見京師殺其諸子**하고 **因相傳曰 崇韜殺魏王繼岌而自王於蜀矣**라 **以故**로 **族其家**라하니 **鄴人聞之**하고 **方疑惑**이러라 **已而**오 **朱友謙又見殺**한대 **友謙子廷徽**가 **爲澶州刺史**라 **有詔彦瓊使殺之**하니 **彦瓊秘其事**하고 **夜半馳出城**이라 **鄴人見彦瓊無故夜馳出**하고 **因驚傳曰 劉皇后怒崇韜之殺繼岌也**하야 **已弑帝而自立**하야 **急召彦瓊計事**라하니 **鄴都大恐**이러라 **貝州人有來鄴者**가 **傳此語以歸**한대 **戍卒皇甫暉聞之**하고 **由此**로 **劫趙在禮**[1]**作亂**이라 **在禮已至館陶**[2]하니 **鄴都巡檢使孫鐸**이 **見彦瓊**하야 **求兵禦賊**한대 **彦瓊不肯與**하야 **曰 賊未至**하니 **至而給兵**이 **豈晩邪**리오하다 **已而賊至**하니 **彦瓊以兵登北門**하야 **聞賊呼聲**하고 **大恐**하야 **棄其兵而走**하야 **單騎歸於京師**라 **在禮由是得入於鄴**하야 **以成其叛亂者**는 **由彦瓊啓而縱之也**라

史彦瓊은 武德使가 되어 鄴都에 거주하였는데 魏博의 여섯 州의 정사가 모두 사언경에게서 결정되었고, 留守 王正言 이하로부터 모든 관리들이 머리를 조아리고 받들어 섬겼다. 이때에 郭崇韜가 蜀에서 무고하게 주살되었는데, 천하 사람들은 그의 죽음을 알지 못하였다. 다만 京師에서 곽숭도의 아들들을 죽이는 것만 보고서는 서로 전하여 말하기를 "곽숭도가 魏王 李繼岌을 죽이고 촉에서 스스로 왕 노릇을 한

다. 이 때문에 그 집안을 멸족하는 것이다."라고 하니, 업도의 사람들이 이 말을 듣고 몹시 의아해하였다.

얼마 뒤 朱友謙이 또 주살되었는데 주우겸의 아들 朱廷徽가 澶州刺史였으므로 사언경에게 조서를 내려 주정휘를 죽이게 하니, 사언경이 그 일을 비밀에 부치고 야밤에 말을 달려 성을 나갔다. 업도 사람들이 사언경이 까닭 없이 밤에 말을 달려 나가는 것을 보고는 놀라서 전하여 말하기를 "劉皇后가 곽숭도가 이계급을 살해한 것에 노하여 벌써 황제를 시해하고 스스로 황위에 올라 급히 사언경을 불러 일을 모의하려는 것이다."라고 하니, 업도 사람들이 크게 두려워하였다.

업도에 온 貝州 사람이 이 말을 전해 듣고 돌아갔는데, 戍卒 皇甫暉가 그 말을 듣고는 이를 말미암아 趙在禮를 위협하여 난을 일으켰다. 조재례가 이미 館陶에 당도하니 鄴都巡檢使 孫鐸이 사언경을 만나 적을 방어할 병사를 요청하였는데 사언경이 병사를 내주려 하지 않으면서 말하기를 "적이 아직 오지 않았으니, 적이 온 다음 병사를 주더라도 어찌 늦겠는가."라고 하였다. 얼마 뒤 적들이 당도하니 사언경이 병사들을 이끌고 北門에 올라가 적들의 함성 소리를 듣고는 크게 두려워하여 병사들을 버리고 도주하여 單騎로 경사로 돌아갔다. 조재례가 이를 말미암아 업도에 입성하여 반란을 성공시킬 수 있었던 것은, 사언경이 단초를 열고서 반란군이 마음대로 하게 내버려 두었기 때문이었다.

1) 趙在禮 : 886?~947. 五代 後唐의 大臣으로 字는 幹臣이며 涿州 사람이다. 처음에 藩鎭의 劉仁恭을 섬겼다가 후에 李存勖에게 투항하여 魏博軍效節指揮使가 되었다. 후에 貝州의 戍卒 皇甫暉가 병사들을 선동하여 난을 일으켜 主將 楊仁晸을 죽이고 조재례를 겁박하여 主將으로 세우고 鄴都를 공격하고 조재례를 魏博留後로 삼았다. 莊宗 李存勖이 慰撫하기도 하고 討伐하기도 하였으나 반군은 진정되지 않았고 결국 토벌하러 갔던 明宗 李嗣源이 도리어 반군들과 합세하여 군사를 이끌고 洛陽을 공격하는 바람에 혼란 중에 莊宗은 군관에게 피살당하였고, 명종이 즉위하여 趙在禮를 鄴都留守에 제수하였다. 後唐을 멸망시키고 後晉이 들어서자 후진에 벼슬하여 섬겼다. 후진이 契丹에 멸망당할 때 스스로 목을 매 죽었다.

2) 館陶 : 현재의 河北省 邯鄲 館陶縣 서남쪽 40리 지점에 있었다. 성 서북쪽 70리

지점에 陶山이 있었고 春秋戰國시대에 趙나라가 이곳에 館을 설치하였으므로 漢나라 때 여기에 근거하여 縣名을 지었다. 鄴都와 가까이 위치해 있었다.

郭門高者는 **名從謙**이니 **門高**는 **其優名也**라 **雖以優進**이나 **而嘗有軍功**이라 **故以爲從馬直指揮使**하니 **從馬直**은 **蓋親軍也**라 **從謙以姓郭**으로 **拜崇韜爲叔父**하고 **而皇弟存乂又以從謙爲養子**러니 **崇韜死**에 **存乂見囚**하니 **從謙置酒軍中**하야 **憤然流涕**하고 **稱此二人之寃**이러라 **是時**에 **從馬直(學)〔軍〕**[1]**士王溫**이 **宿衛禁中**에 **夜謀亂**이라가 **事覺被誅**하니 **莊宗戲從謙曰 汝黨存乂崇韜負我**러니 **又敎王溫反**이온여 **復欲何爲乎**아하다 **從謙恐**하야 **退而激其軍士曰** 罄(경)**爾之貨**하야 **食肉而飮酒**하야 **無爲後日計也**라하다 **軍士問其故**하니 **從謙因曰 上以王溫故**로 **俟破**鄴하야 **盡**阬**爾曹**라하니 **軍士信之**하야 **皆欲爲亂**이러라

郭門高는 이름이 從謙이니, 門高는 藝名이다. 비록 優人으로 중용되었으나 軍功을 세운 적이 있기 때문에 從馬直指揮使가 되었으니, 從馬直은 親衛軍의 직임이다. 곽종겸은 성씨가 곽씨였으므로 郭崇韜에게 절을 올리고 叔父로 대하였고 황제의 아우인 李存乂가 또 곽종겸을 養子로 삼았다. 곽숭도가 죽자 이존예도 구금되니 곽종겸이 軍中에서 술을 마시며 분개하며 눈물을 흘리고 두 사람의 억울함을 말하였다.

이때 從馬直 軍士 王溫이 禁中에서 宿衛하던 중에 야밤에 반란을 모의하다가 일이 발각되어 주륙되니, 莊宗이 곽종겸을 희롱하여 말하기를 "너의 黨與인 이존예와 곽숭도가 나를 배반하더니, 또 왕온으로 하여금 모반하게 하는구나. 이제 다시 무슨 짓을 하려느냐?"라고 하였다.

곽종겸이 두려워하여 물러나 군사들을 선동하기를 "너희들의 재물을 다 털어 고기를 먹고 술을 마셔버리고 훗날에 무엇을 할지 따위는 생각하지 말라."라고 하였다. 군사들이 그 까닭을 물으니, 곽종겸이 인하여 말하기를 "성상께서 왕온의 일로 鄴都를 깨뜨린 뒤에 너희들을 다 파묻으려 한다."라고 하니, 군사들이 그 말을 믿고서 모두 난을 일으키려 하였다.

1) (學)〔軍〕: 저본에는 '學'으로 되어 있으나, ≪新五代史≫에 의거하여 '軍'으로 바로잡았다.

李嗣源兵反하야 向京師하니 莊宗東幸汴州어늘 而嗣源先入이라 莊宗至萬勝하야 不得進而還하니 軍士離散이로대 尙有二萬餘人[1]이라 居數日에 莊宗復東幸汜水하야 謀扼關以爲拒하다 四月丁亥朔에 朝群臣於中興殿하고 宰相對三刻罷라 從駕黃甲馬軍陣於宣仁門하고 步軍陣於五鳳門以俟라 莊宗入食內殿하니 從謙自營中으로 露刃注矢하야 馳攻興教門하야 與黃甲軍相射라 莊宗聞亂하고 率諸王衛士하야 擊亂兵하야 出門이라 亂兵縱火焚門하고 緣城而入하니 莊宗擊殺數十百人이라 亂兵從樓上射帝하니 帝傷重하야 踣(부)於絳霄殿廊下어늘 自皇后諸王으로 左右皆奔走러라 至午時하야 帝崩하니 五(方)〔坊〕[2)3)]人善友가 聚樂器而焚之하다 嗣源入洛하야 得其骨하야 葬新安之雍陵하다 以從謙爲景州刺史라가 已而殺之하다 傳曰 君以此始하니 必以此終[4)]이라하니 莊宗好伶이라가 而弑於門高하고 焚以樂器하니 可不信哉아 可不戒哉아

李嗣源의 군대가 반란을 일으켜 京師로 향하니 莊宗은 동쪽으로 汴州로 거둥하였는데, 이사원이 먼저 변주로 들어왔다. 장종이 萬勝 땅에 이르러 앞으로 나아가지 못하고 돌아오니 군사들이 흩어져 버렸으나 그래도 2만여 명이 있었다. 며칠이 지나서 장종이 다시 동쪽으로 汜水로 거둥하여 汜水關에 웅거하고서 반군을 막기로 계획하였다.

4월 丁亥日 초하루에 中興殿에서 群臣의 朝見을 받고 재상들을 三刻동안 面對하고 파하였다. 어가를 호종하는 黃甲馬軍은 宣仁門에 진을 치고 步軍은 五鳳門에서 진을 치고 기다렸다. 장종이 내전에 들어가 수라를 들었는데 곽종겸이 군영에서 칼을 빼어들고 활에 화살을 먹여 興教門으로 돌진하여 黃甲軍과 서로 화살을 쏘았다. 장종이 난이 일어났다는 말을 듣고 諸王과 衛士를 거느리고서 반란병을 공격하러 흥교문으로 나갔다. 반란병이 불을 놓아 문을 불태우고 성벽을 타고 들어오니 장종이 공격하여 數十百 인을 죽였다. 반란병들이 누대 위에서 황제를 쏘니 황제가 중상을 입어 絳霄殿 회랑 아래에 엎어지거늘 황후와 諸王들로부터 좌우에서 모시던 사람들이 모두 달아나 버렸다. 午時가 되어 황제가 붕어하니 五坊 사람 善友가 악기를 모아 〈땔감으로 삼아〉 시신을 불태웠다. 이사원이 낙양에 들어와 장종의 유골을 수습하여 新安의 雍陵에 장사 지냈다. 그리고 곽종겸을 景州刺史로 삼았다가 얼마 뒤

죽였다.

옛 글에 이르기를 "임금이 이것으로 시작하였으니 반드시 이것으로 마친다."라고 하였다. 장종은 伶人을 좋아하다가 곽문고에게 시해당하고 악기로 그 시신이 불태워졌으니 그 말을 믿지 않을 수 있겠는가. 경계하지 않을 수 있겠는가.

1) 莊宗至萬勝……尙有二萬餘人 : ≪五代史記纂誤續補≫ 卷3에 "살펴보건대 〈家人傳〉에, 莊宗이 동쪽으로 汴州에 行幸할 때 御駕를 扈從한 병사가 2만 5천이었고 萬勝에 이르러 나아갈 수 없어 돌아오자 군사가 흩어져 太半을 잃었다고 되어 있다. 그리고 薛居正의 ≪舊五代史≫ 〈唐本紀〉에는, 처음에 황제가 동쪽으로 出關할 때 어가를 호종하는 병사가 2만 5천이었고 다시 汜水에 이르렀을 때는 이미 1만여 騎를 잃었다고 되어 있다. ≪資治通鑑≫에는, 황제가 出關할 때 호종하는 병사가 2만 5천이었고, 돌아올 때에는 이미 만여 명을 잃었다고 되어 있다. 여기에서 '그래도 2만여 명이 있었다'라고 한 것은 오류이다.〔按家人傳莊宗東幸汴州 從駕兵二萬五千 及至萬勝 不得進而還 軍士離散 所失大半 薛史唐本紀初帝東出關 從駕兵二萬五千 及復至汜水 已失萬餘騎 通鑑帝之出關也 扈從兵二萬五千 及還已失萬餘人 此作尙有二萬餘人誤矣〕"라고 하였다.
2) (方)〔坊〕: 저본에는 '方'으로 되어 있으나, 사고전서본과 ≪新五代史≫에 의거하여 '坊'으로 바로잡았다.
3) 五(方)〔坊〕: 황제의 음식과 사냥매, 사냥개 등을 관리하던 관서이다.
4) 君以此始 必以此終 : ≪春秋左氏傳≫ 宣公 12년에 나오는 말이다. 楚王이 전투 중에 다른 수레로 옮겨 타려 하자, 屈蕩이 이를 저지하면서 본래 탄 수레로 전쟁을 마쳐야 한다는 뜻으로 한 말이다.

伶人이 **始則怨崇韜之沮抑之也而讒之**하니 **劉后使其子繼岌賊殺之於蜀**하고 **再則仇友謙之不與賂也而併殺友謙**하고 **三則因而人情洶**(흉)**洶**하야 **中外訛言**하야 **遂激軍士**하야 **成趙在禮之亂**하고 **四則郭從謙**이 **又以莊宗嘗誡之**로 **幷激軍士**하야 **助嗣源之變**하야 **而莊宗被弑**하니 **一一如畫**라

伶人이 처음에는 郭崇韜가 자신들을 저지하는 것을 원망하여 그를 참소하니 劉皇后가 아들 李繼岌에게 蜀에서 곽숭도를 살해하게 하고, 두 번째로는 朱友謙이 뇌물을 주지 않는 것을 원망스럽게 여겨 주우겸까지 살해하였고, 세 번째로는 이런 일들로 인해 민심이 흉흉해져 中外에 유언비어가 전파되어 마침내 군사들을 격동시켜 趙在禮의 반란을 완성하고, 네 번째로는 곽종겸이 또 장종이 꾸짖었던 말 때문에 덩달아 군사들을 격동시켜 李嗣源의 변란을 도와 장종이 시해당하니, 서술이 하나하나 그림과 같다.

02. 宦者傳* 宦官의 傳記

* 〈宦者傳〉은 後唐 莊宗 때의 宦官인 張承業(846~922), 張居翰(858~928), 馬紹宏(?~932) 그리고 明宗 때의 환관인 孟漢琼(?~934)의 행적을 기록한 것으로 ≪新五代史≫ 卷38에 실려 있으며, ≪舊五代史≫에는 이들의 열전이 卷72 〈唐書 第48 列傳24〉에 실려 있다.

〈환자전〉은 구성상 여타의 열전과는 다른 모습을 보인다. 보통은 열전의 서두 또는 말미에 小序 및 史論이 있고 나머지는 순차적으로 개별 傳이 배열되는데, 〈환자전〉은 小序 ― 張承業傳 ― 張居翰傳 ― 史論 ― 馬紹宏傳 ― 孟漢瓊傳 ― 史論 순으로 구성되어 열전 사이사이에 구양수가 의론을 펼치고 있다. 장승업과 장거한은 그 행적에 큰 과실이 없고 오히려 덕이 있으므로 구양수는 이들의 열전 끝에 의론을 펼쳐 宦官이 끼치는 해악을 설파하고 이어서 그 예로 馬紹宏傳과 孟漢琼傳을 편차한 후 다시 사론으로 마무리하였다. 이는 〈환자전〉 마지막에 구양수가 "유독 장승업의 議論은 걸출하여 참으로 좋고 장거한은 글자 하나를 고쳐 천 명의 사람을 살렸다. 군자는 남에 대하여 진실로 선한 점이 있으면 취하지 않는 바가 없으니, 나는 이 두 사람에게 취하는 점이 있다.……그 禍亂과 敗亡의 까닭을 아울러 서술하여 이 篇에 드러내노라."라고 한 데서도 잘 드러난다.

이러한 입장은 ≪구오대사≫ 역시 마찬가지이다. ≪구오대사≫의 史評에서는 "장승업은 武皇의 큰 은혜에 감격하고 莊宗의 中興을 보좌하여 이미 의롭고도 충성스러우니 어떻게 그러한 경지에 오른 것인가. 대저 이와 같다면 春秋 시대 晉나라의 勃貂(勃鞮)와 秦나라의 景監도 장승업에 미치기에는 거리가 멀다. 장거한은 조서에서 한 글자를 고쳐 천 명의 사람이 마구잡이로 죽는 것을 구원하였으니 어진 사람이라 하지 않을 수 있겠는가. 마소굉이 권력을 다투고 맹한경이 화를 얽어 만든 것 같은 경우는 바로 환자들이 늘상 하는 작태이니 또 말할 만한 것이 무엇이겠는가.〔承業感武皇之大惠 佐莊宗之中興 旣義且忠 何以階也 夫如是則晉之勃貂秦之景監 去之遠矣 居翰改一字于詔書 救千人之濫死 可不謂之仁人矣乎 如紹宏之爭權漢瓊之構禍 乃宦者之常態也 又何足以道哉〕"라고 하였다.

구양수의 〈환자전〉의 史論은 내용이 절실하고 흐름이 통창하다. 이 사론은 ≪文抄≫에도 따로 실려 있는데 茅坤은 여기에 "전편이 마치 땅에 水銀을 부음에 百千 구멍마다 들어가지 못하는 곳이 없는 것과 같으니, 그 機用은 원활하고 그 감정은 暢通하다.〔通篇如傾水銀於地 而百孔千竅 無所不入 其機員而其情鬯〕"라는 평어를 달았다. 또 淸 康熙帝는 ≪聖祖仁皇帝御製文集≫ 第3集 卷39 〈五代史宦者傳論〉에서 "필치가 더욱 진행될수록 기세가 더욱 긴밀해지고 기세가 더욱 긴밀해질수록 의미가 더욱 절실해진다. 마치 千巖萬壑에 회오리 물결이 빙빙 돌면서 물결치는 것과 같으니 어찌 문장의 극치가 아니겠는가.〔筆愈轉則勢愈緊 勢愈緊則意愈切 如千巖萬壑洑流迴瀾 豈非文章極觀〕"라고 하였다.

歐陽撰五代史에 於宦者傳에 獨卓犖하야 千古爲後之戒라

歐陽公이 편찬한 ≪五代史≫에서 〈宦者傳〉이 유독 탁월하여 천고에 후대의 鑑戒가 된다.

嗚呼라 自古宦女之禍深矣라 明者는 未形而知懼하고 暗者는 患及而猶安焉하야 至於亂亡而不可悔也라 雖然이나 不可以不戒일새 作宦者傳하노라

아아! 예로부터 宦官과 女色으로 인해 생긴 禍亂이 심하였다. 명철한 자는 화가 드러나기 전에 두려워할 줄 알고, 어리석은 자는 환란이 닥쳤음에도 편안히 여겨 난리가 일어나고 나라가 망하는 지경에 이르러 후회할 수 없게 된다. 비록 그러하나

경계하지 않아서는 안 되므로 〈환자전〉을 짓노라.

張承業은 **字繼元**이니 **唐僖宗**[1]**時宦者也**라 **本姓**은 **康**이니 **幼閹**하야 **爲內常侍張泰養子**라 **晉王兵擊王行瑜**[2]할새 **承業數往來兵間**한대 **晉王喜其爲人**이라 **及昭宗爲李茂貞所迫**하야 **將出奔太原**하야 **乃先遣承業使晉以道意**하고 **因以爲河東監軍**[3]하다 **其後崔胤誅宦官**할새 **宦官在外者**를 **悉詔所在殺之**어늘 **晉王憐承業**하야 **不忍殺**하야 **匿之斛**(곡)**律寺**하다 **昭宗崩**이어늘 **乃出承業**하야 **復爲監軍**하다

張承業은 字는 繼元이니 唐 僖宗 때의 환관이다. 본래 姓은 康氏이니 어릴 때 거세하고 內常侍 張泰의 養子가 되었다. 晉王(李克用)의 병사가 王行瑜를 공격할 때 장승업이 자주 양군 사이를 왕래하였는데 진왕이 그 사람됨을 좋아하였다. 唐 昭宗이 李茂貞의 협박을 받아 太原으로 도망 나가려 할 때에 먼저 장승업을 晉에 사신으로 보내 태원으로 가려는 뜻을 설명하고서 이어 장승업을 河東監軍으로 삼았다. 그 뒤 崔胤이 환관들을 誅殺할 때 外方에 있는 환관들을 그 자리에서 다 주살하라고 조칙을 내렸는데, 진왕이 장승업을 가엾게 여겨 차마 죽이지 못하고서 斛律寺에 은신시켰다. 소종이 붕어하자 이에 장승업을 나오게 하여 다시 감군으로 삼았다.

1) 唐僖宗 : 862~888. 성명은 李儇이다. 懿宗 咸通 14년(873)에 환관 劉行深 등이 태자로 옹립했고, 12살의 나이로 즉위하였다. 歡樂만 즐기면서 정사는 환관들에게 일임하였다. 黃巢의 반란이 일어나 兩京이 함락되자 成都로 달아났다가 中和 5년(885) 長安으로 돌아왔다. 光啓 2년(886) 환관 田令孜와 河中節度使 王重榮이 충돌하자 다시 鳳翔으로 달아났다가 文德 원년(888) 장안으로 돌아왔다. 얼마 뒤 병으로 사망했다. 15년 동안 재위했고, 시호는 惠聖恭定孝皇帝이다.

2) 晉王兵擊王行瑜 : 王行瑜(?~895)는 唐末의 장수로, 邠州 사람이다. 僖宗이 邠寧節度使에 임명하였다. 895년에 李茂貞 및 鎭國節度使 韓建과 함께 長安으로 쳐들어가 재상 韋昭度, 李谿를 죽이고 昭宗을 폐위하고 李保를 황제로 세우는 일을 도모하였는데, 晉王 李克用이 군대를 거느리고 남쪽으로 내려가 三鎭軍을 격퇴할 때 邠州도 함께 공격하자, 도망 다니다가 부하에게 살해당하였다.(≪新五代史≫ 卷4 〈唐本紀〉) 본서 〈唐莊宗紀〉에 자세하다.

3) 乃先遣承業……因以爲河東監軍 : ≪舊五代史≫ 권72 〈장승업열전〉에 따르면, 장승업이 이극용과 좋은 관계를 유지하고 있었으므로 昭宗이 장승업을 하동감군으로 제수하여 이극용에게 있게 하여 태원에서 황제를 맞이하도록 은밀히 명하였다.

晉王病且革(극)할새 以莊宗屬(촉)承業曰 以亞子[1]累公等이라하다 莊宗常兄事承業하야 歲時升堂拜母하야 甚親重之라 莊宗在魏하야 與梁戰河上十餘年할새 軍國之事를 皆委承業하니 承業亦盡心不懈라 凡所以畜積金帛하고 收市兵馬하고 勸課農桑하야 而成莊宗之業者는 承業之功爲多러라 自貞簡太后韓德妃伊淑妃及諸公子로 在晉陽者[2]를 承業一切以法繩之하니 權貴皆斂手畏承業하다

晉王(李克用)의 병이 위중해지자 莊宗을 장승업에게 부탁하며 말하기를 "亞子를 공들에게 부탁하노라."라고 하였다. 장종이 항상 장승업을 형으로 섬기면서 歲時 때마다 장승업의 집에 가서 당에 올라 장승업의 모친에게 절하면서 몹시 친애하고 依重하였다. 장종이 魏州에 있으면서 梁과 河上에서 십여 년 동안 싸울 때 軍國의 일을 모두 장승업에게 맡기니, 장승업 또한 마음을 다하면서 해이하지 않았다. 무릇 금전과 비단을 축적하고 兵馬를 사들이고 農桑을 권장하여 장종의 대업을 완성시킨 것은 장승업의 공이 많았다. 그리고 貞簡太后와 韓德妃와 伊淑妃 및 여러 公子들에 이르기까지 晉陽에 있는 자들을 장승업이 일체 법으로 단속하니, 권세 있고 귀한 신분의 사람들이 모두 손을 마주 잡고 공손하게 굴면서 장승업을 두려워하였다.

1) 亞子 : 後唐 莊宗 李存勖의 兒名이다. 亞次로 표기되기도 한다

2) 自貞簡太后韓德妃伊淑妃及諸公子 在晉陽者 : ≪五代史記纂誤續補≫ 卷3에 "살펴보건대 〈家人傳〉에 '이에 韓氏를 봉하여 淑妃로 삼고 伊氏를 봉하여 德妃로 삼았다.'라고 하였다. 그리고 薛居正의 ≪舊五代史≫ 〈本紀〉와 〈后妃傳〉, ≪五代會要≫에도 '淑妃韓氏'와 '德妃伊氏'라고 하였으니 이는 대개 薛居正의 ≪舊五代史≫ 〈張承業傳〉의 오류를 답습한 것이다.〔按家人傳乃封韓氏爲淑妃 封伊氏爲德妃 薛史本紀后妃傳五代會要亦作淑妃韓氏德妃伊氏 此蓋仍薛史承業傳誤也〕"라고 하였다.

莊宗歲時에 自魏歸省親할새 須錢蒲博賞賜伶人이어늘 而承業主藏하야 錢不可得이라 莊宗乃置酒庫中하야 酒酣에 使子繼岌爲承業起舞하니 舞罷에 承業出寶帶幣馬[1)]爲贈이라 莊宗指錢積하야 呼繼岌小字하야 以語承業曰 和哥乏錢이라 可與錢一積이니 何用帶馬爲也오하니 承業謝曰 國家錢은 非臣所得私也라하다 莊宗以語侵之하니 承業怒曰 臣은 老勅使라 非爲子孫計니 惜此庫錢하야 佐王成霸業爾라 若欲用之인댄 何必問臣가 財盡兵散이면 豈獨臣受禍也리오하다 莊宗顧元行欽曰 取劍來하라하니 承業起하야 持莊宗衣而泣曰 臣受先王顧托之命하야 誓雪家國之讎하니 今日爲王惜庫物而死인댄 死不愧於先王矣라하다 閻寶從旁解承業手하야 令去하니 承業奮拳毆寶踣(부)하고 罵曰 閻寶는 朱溫之賊[2)]이어늘 蒙晉厚恩이오도 不能有一言之忠하고 而反諂諛自容邪아하다 太后聞之하고 使召莊宗하니 莊宗性至孝하야 聞太后召하고 甚懼하야 乃酌兩卮(치)하야 謝承業曰 吾杯酒之失이 且得罪太后라 願公飮此하야 爲吾分過하라하니 承業不肯飮이라 莊宗入內하니 太后使人謝承業曰 小兒忤公하니 已笞之矣라하다 明日에 太后與莊宗俱過承業第하야 慰勞之하다

莊宗이 歲時에 魏州로부터 돌아와 문안을 드릴 때 놀음을 하고 伶人들에게 상으로 내려줄 돈이 필요하였는데, 장승업이 재정을 맡고 있어 돈을 얻을 수 없었다. 장종이 이에 곳간 안에 술자리를 차리고 酒興이 무르익자 아들 李繼岌에게 장승업을 위해 일어나 춤을 추도록 하였다. 이계급이 춤을 다 추자 장승업이 寶帶와 幣馬를 꺼내 선물로 주었다. 장종이 곳간의 돈 더미를 가리키면서 이계급을 兒名으로 부르며 장승업에게 말하기를 "和哥는 돈이 모자라니 돈 한 꿰미를 주시오. 띠와 말을 어디다 쓰겠소."라고 하였다.

그러자 장승업이 거절하며 말하기를 "나랏돈은 신이 사사로이 할 수 없는 것입니다."라고 하였다. 장종이 장승업에게 모욕적인 언사를 하자 장승업이 화를 내며 말하기를 "신은 늙은 勅使로 자손을 위한 계획을 세우지 않으니, 이 창고의 돈을 아껴 왕을 도와 霸業을 완수할 뿐입니다. 만약 이 돈을 쓰고자 하신다면 어찌 구태여 신에게 물으십니까. 재물이 다 없어지고 병사들이 흩어지면 어찌 신만 禍를 당하겠습니까."라고 하였다.

장종이 元行欽을 돌아보며 "검을 가져오라."라고 하니, 장승업이 일어나 장종의 옷을 붙잡고 울면서 말하기를 "신이 선왕의 顧命을 받아 나라의 원수를 설욕하기로 맹세하였으니, 오늘 왕을 위해 창고의 재물을 아끼다가 죽는다면 죽어도 선왕에게 부끄럽지 않을 것입니다."라고 하였다.

閻寶가 옆에서 장승업이 옷을 붙잡은 손을 풀고 나가게 하니, 장승업이 주먹을 날려 염보를 쳐서 넘어뜨리고 꾸짖기를 "염보는 朱溫의 賊黨인데 晉의 두터운 은혜를 입고서도 충성스러운 말 한마디도 하지 못하고 도리어 아첨하여 스스로 용납받고자 하는가."라고 하였다.

太后가 이 사실을 듣고 사람을 보내 장종을 부르니, 장종의 성품이 지극히 효성스러워 태후가 부름을 듣고는 몹시 두려워하여 이에 술 두 잔을 따라 장승업에게 사과하며 말하기를 "내가 술을 먹고 한 실수로 태후에게 죄를 얻게 생겼소. 원컨대 공은 이 술을 마시어 나의 잘못을 덜어주오."라고 하였다. 그러나 장승업은 술을 마시려 하지 않았다. 장종이 內殿으로 들어가니 태후가 사람을 보내 장승업에게 사과하기를 "어린아이가 공을 거슬렀기에 벌써 매를 때렸소."라고 하였다.

다음날 태후와 장종이 함께 장승업의 집을 찾아가 위로하였다.

1) 幣馬 : 禮物로 주는 말을 가리킨다.
2) 閻寶 朱溫之賊 : 閻寶는 원래 後梁의 邢州節度使였는데 晉이 공격하였을 때 후량을 버리고 진에 투항하였으므로 한 말이다.

盧質[1]嗜酒傲忽하야 **自莊宗及諸公子**히 **多見侮慢**하니 **莊宗深嫉之**라 **承業間請曰 盧質嗜酒無禮**하니 **臣請爲王殺之**라하야늘 **莊宗曰 吾方招納賢才**하야 **以就功業**이어늘 **公何言之過也**오하니 **承業起賀曰 王能如此**하니 **天下不足平也**라하다 **質因此獲免**이라

盧質이 술을 좋아하고 오만하여 莊宗으로부터 여러 公子에 이르기까지 노질로부터 많이들 업신여김을 당하니, 장종이 노질을 매우 미워하였다. 張承業이 기회를 틈타 청하기를 "노질이 술을 좋아하고 무례하니 신이 청컨대 왕을 위해 노질을 죽이겠습니다."라고 하자, 장종이 말하기를 "내가 한창 賢才를 불러들여 功業을 성취하려 하는데, 공은 어찌 말을 이리 지나치게 하는가."라고 하니, 장승업이 일어나 축하하

기를 “왕께서 이와 같으시니 천하를 평정하지 못할 것도 없겠습니다.”라고 하였다. 노질이 이 때문에 화를 면하였다.

1) 盧質 : 867~942. 字는 子徵으로 河南 사람이다. 唐나라에서 秘書郎을 지냈으며, 뒤에 晉王 李克用을 섬겨 河東節度掌書記가 되었다. 張承業 등과 함께 莊宗을 후사로 세우는 논의를 정하였고, 장종이 즉위한 뒤 大禮使, 太原尹, 兵部尙書 등을 역임하였다. 明宗 때 右僕射를 지냈고, 後晉 高祖 때 太子太保가 되었다. 시호는 文忠이다.

天祐十八年에 **莊宗已諾諸將卽皇帝位**하니 **承業方臥病聞之**하고 **自太原**으로 **肩輿至魏**하야 **諫曰 大王父子**가 **與梁血戰三十年**은 **本欲雪國家之讎而復唐之社稷**이어늘 **今元兇未滅**에 **而遽以尊名自居**하니 **非王父子之初心**이요 **且失天下望**하리니 **不可**라하니 **莊宗謝曰 此諸將之所欲也**라하니 **承業曰 不然**이라 **梁**은 **唐晉之讎賊而天下所共惡(오)也**라 **今王誠能爲天下去大惡**하고 **復列聖之深讎然後**에 **求唐後而立之**니 **使唐之子孫在**어든 **孰敢當之**며 **使唐無子孫**이어든 **天下之士**가 **誰可與王爭者**리오 **臣**은 **唐家一老奴耳**니 **誠願見大王之成功然後**에 **退身田里**하야 **使百官送出洛東門**하고 **而令路人指而歎曰 此本朝勅使**요 **先王時監軍也**니 **豈不臣主俱榮哉**아하다 **莊宗不聽**하니 **承業知不可諫**하야 **乃仰天大哭曰 吾王自取之**하야 **誤老奴矣**로다하고 **肩輿至太原**하야 **不食而卒**하니 **年七十七**이러라 **同光元年**에 **贈左武衛上將軍**하고 **謚曰正憲**이라하다

天祐 18년(921)에 莊宗이 황제에 즉위하라는 장수들의 요청을 이미 승낙하니, 장승업이 병석에 누워 있다가 이 사실을 듣고 太原에서 肩輿를 타고 魏州에 이르러 간언하기를 “大王 父子가 梁나라와 30년 동안 血戰을 벌인 것은 본래 나라의 원수를 설욕하고 당나라의 사직을 회복하려는 것이었거늘, 지금 원흉이 망하기도 전에 갑자기 황제의 尊名으로 자처하니, 이는 대왕 부자의 初心이 아니요 천하의 人望을 잃을 것입니다. 불가합니다.”라고 하였다.

장종이 답하기를 “이는 장수들이 바라는 것이다.”라고 하니, 장승업이 말하기를

“그렇지 않습니다. 양나라는 당나라와 晉나라의 원수이자 천하 사람들이 함께 미워하는 바입니다. 지금 왕께서 진실로 천하를 위해 큰 악을 제거하고서 列聖朝의 깊은 원수를 설욕한 뒤에 당나라의 後嗣를 구하여 세워야 하니, 만일 당나라의 자손이 남아 있다면 누가 감히 황제의 자리를 맡겠으며 만일 당나라의 자손이 남아 있지 않다면 천하 사람들 가운데 어느 누가 왕과 더불어 황제의 자리를 다툴 수 있겠습니까. 신은 唐家의 한 늙은 노복일 뿐이니 대왕께서 공업을 이루시는 것을 본 뒤 田里로 물러나면서 백관들은 洛陽 東門에서 신을 전송하러 나오고 행인들은 저를 가리키면서 탄복하기를 ‘이 사람은 本朝의 勅使요, 先王 때의 監軍이다.’라고 하기를 진실로 바랍니다. 그렇게 된다면 어찌 신하와 군주 모두의 영광이 아니겠습니까.”라고 하였다.

장종이 따르지 않으니, 장승업은 간쟁할 수 없음을 알고서 이에 하늘을 우러러 크게 곡하고 말하기를 “우리 왕이 스스로 천하를 취하여 늙은 노복을 그르치도다.”라고 하고는 견여를 타고 태원에 이르러 음식을 먹지 않고 죽으니 향년 77세였다. 同光 원년(923)에 左武衛上將軍을 추증하고 시호를 正憲이라 하였다.

張居翰은 **字德卿**이니 **故唐掖廷令張從玫**(매)**之養子**라 **昭宗時**에 **爲范陽監軍**하야 **與節度使劉仁恭相善**이러니 **天復**[1]**中**에 **大誅宦者**할새 **仁恭匿居翰大安山之北谿以免**하다 **其後梁兵攻仁恭**할새 **仁恭遣居翰**하야 **從晉王攻梁潞州**하야 **以牽其兵**이러니 **晉遂取潞州**하야 **以居翰爲昭義監軍**하다 **莊宗卽位**에 **與郭崇韜竝爲樞密使**하다 **莊宗滅梁而驕**라 **宦官因以用事**하고 **郭崇韜又專任政**이어늘 **居翰默默**하야 **苟免而已**러라

張居翰은 字는 德卿이니 故 唐나라 掖廷令 張從玫의 養子이다. 昭宗 때에 范陽監軍으로 있으면서 절도사 劉仁恭과 사이가 좋았는데, 天復 연간에 환관들을 크게 誅戮할 때 유인공이 장거한을 大安山 북쪽 골짜기에 숨겨주어 화를 면하게 해주었다. 그 뒤에 梁나라 군대가 유인공을 공격할 때 유인공이 장거한을 보내 晉王을 따라 양나라의 潞州를 공격하여 양나라 군대를 견제하였더니 晉이 마침내 노주를 취하고서 장거한을 昭義監軍으로 삼았다. 莊宗이 즉위하자 郭崇韜와 더불어 樞密使가 되었다. 장종이 양나라를 멸망시키고서 교만해지니 환관들이 이를 달미암아 국사를

농간하고 곽숭도가 또 국정을 전횡하였는데, 장거한은 침묵을 지키면서 구차하게 화를 면할 따름이었다.

1) 天復 : 唐 昭宗의 연호로 901~904년 사이에 사용되었다.

魏王破蜀[1)]하고 **王衍朝京師**라가 **行至秦川**에 **而明宗軍變於魏**라 **莊宗東征**에 **慮衍有變**하야 **遣人馳詔魏王殺之**라 **詔書已印畫**에 **而居翰發視之**하니 **詔書言 誅衍一行**이라 **居翰以謂殺降不祥**하야 **乃以詔傅柱**하고 **揩**(개)**去行字**하야 **改爲一家**하니 **時蜀降人與衍俱東者千餘人**이 **皆獲免**하다 **莊宗遇弑**하니 **居翰見明宗於至德宮**하야 **求歸田里**하야 **天成三年**에 **卒於長安**하니 **年七十一**이러라

魏王이 蜀을 격파하고 王衍이 京師에 朝見하러 가던 도중 秦川에 이르렀을 때 魏州에서 明宗이 변란을 일으켰다. 장종이 동쪽으로 정벌하러 가면서 왕연도 변란을 일으킬까 염려하여 위왕에게 급히 사람을 보내 조서를 내려 왕연을 죽이려 하였다. 조서에 이미 印可를 하였는데 장거한이 조서를 꺼내 보니 조서에 왕연 一行을 誅殺하라고 되어 있었다. 장거한은 항복한 자를 죽이는 것은 상서롭지 못한 일이라 여겨 마침내 조서를 기둥에다 붙여 놓고 '行'자를 문질러 지우고서 '一家'로 고치니, 당시 촉에서 왕연과 함께 항복하러 동쪽으로 온 사람 천여 명이 모두 화를 면하였다. 장종이 시해를 당하자 장거한은 至德宮에서 명종을 알현하고서 田里로 돌아가기를 청하였다. 天成 3년(928)에 長安에서 졸하니 향년 71세였다.

1) 魏王破蜀 : 위왕은 後唐 莊宗 李存勖의 아들인 李繼岌(?~926)이다. 당시 蜀 지역은 王衍(899~926)의 지배하에 있었는데, 925년에 後唐에서 이계급을 西南面行營都統으로 삼고 郭崇韜를 都招討使로 삼아 촉을 정벌하였다.(≪新五代史≫ 卷14 〈唐家人傳〉) 이 내용은 본서 〈唐繼岌傳〉에 자세하다.

五代文章陋矣하니 **而史官之職**은 **廢於喪亂**하고 **傳記小說**은 **多失其傳**이라 **故其事迹**이 **終始不完**하야 **而雜以訛繆**라 **至於英豪奮起**하야 **戰爭勝敗**하야 **國家興廢之際**하얀 **豈無謀臣之略**과 **辯士之談**이리오마는 **而文字不足以發之**하야 **遂使泯然無傳於後世**라

然獨張承業事는 卓卓在人耳目하야 至今故老猶能道之하니 其論議可謂偉然歟인저 殆非宦者之言也로다

五代 시절의 文章은 비루하니, 史官의 직무는 喪亂으로 없어지고 傳記와 小說은 失傳된 것이 많았다. 그러므로 그 事迹이 시종 온전하지 못하여 오류가 섞여 있다. 영웅들이 떨치고 일어나 전투하여 승패를 다투어 나라의 흥망이 나뉠 때에 이르러서는 어찌 謀臣의 책략과 辯士의 담론이 없었겠는가마는, 글이 그것을 제대로 드러내지 못하여 마침내 민몰되어 후세에 전해지는 것이 없게 하였다. 그러나 張承業의 일만은 우뚝하게 사람들의 耳目에 남아 있어서 지금까지도 故老들이 말할 수 있으니, 그의 議論은 훌륭하다고 할 만하도다. 거의 환관의 말이 아니다.

自古宦者亂人之國이 其源深於女禍하니 女는 色而已로대 宦者之害는 非一端也라 蓋其用事也近而習하며 其爲心也專而忍이라 能以小善으로 中人之意하고 小信으로 固人之心하야 使人主必信而親之하야 待其已信然後에 懼以禍福而把持之하니 雖有忠臣碩士列於朝廷이라도 而人主以爲去已疏遠하니 不若起居飮食前後左右之親爲可恃也라 故前後左右者日益親이면 則忠臣碩士日益疏하고 而人主之勢日益孤하니 勢孤則懼禍之心이 日益切하고 而把持者日益牢하야 安危出其喜怒하고 禍患伏於帷闥(유달)하니 則嚮之所謂可恃者가 乃所以爲患也라

예로부터 환관이 나라를 어지럽히는 것은 그 근원이 여자로 인한 재앙보다 심하니, 여자는 色뿐이지만 환관의 해는 한 가지가 아니다. 그 일하는 자리가 임금과 가깝고 익숙하며 그 마음을 쓰는 것이 專一하고 참을성이 있으므로, 작은 善으로 남의 뜻에 영합하고 작은 믿음으로 남의 마음을 견고히 붙잡아둘 수 있다. 그래서 군주로 하여금 반드시 믿어 가까이 여기고 사랑하도록 하여 군주가 이미 자기를 믿기를 기다린 뒤에 禍福으로 위협하여 장악한다. 비록 충성스러운 신하와 어질고 재주 있는 선비가 조정에 늘어서 있더라도 군주는 그들이 자기와 소원한 사람이니 움직이고 음식을 먹을 때 前後左右에 가까이 있어 믿을 만한 자들만 못하다고 여긴다.

그러므로 전후좌우에 있는 자들이 날이 갈수록 더욱 친밀해지면 충성스러운 신하

와 어질고 재주 있는 선비들은 날이 갈수록 더욱 소원해지고 군주의 형세는 날이 갈수록 더욱 고립된다. 군주의 형세가 고립되면 禍를 두려워하는 마음이 날이 갈수록 더욱 절실해지고 환관들이 장악하는 것이 날이 갈수록 더욱 견고해져 安危가 그들의 기쁨과 노여움에서 나오고 禍患이 궁중 안에 숨어 있게 되니, 전에 믿을 만하다고 했던 것이 바로 화환이 되는 것이다.

患已深而覺之하야 **欲與疏遠之臣**으로 **圖左右之親近**하면 **緩之則養禍而益深**하고 **急之則挾人主以爲質**하니 **雖有聖智**라도 **不能與謀**요 **謀之而不可爲**요 **爲之而不可成**이요 **至其甚則俱傷而兩敗**라 **故其大者亡國**하고 **其次亡身**이라 **而使姦豪得借以爲資而起**하야 **至抉其種類**하야 **盡殺以快天下之心而後已**라 **此前史所載宦者之禍常如此者**니 **非一世也**라

禍患이 이미 깊어지고서야 알아차려서 소원한 신하들과 더불어 좌우의 친근한 환관들을 도모하고자 하면, 늦출 경우에는 화가 자라나서 더욱 깊어지고 서두를 경우에는 군주를 끼고 볼모로 삼는다. 그리하여 비록 비범한 聰明과 叡智가 있더라도 함께 일을 도모할 수 없고 도모해도 손을 쓸 수 없으며, 손을 쓰더라도 일을 이룰 수 없고, 심한 경우에 이르러서는 모두 다 상처를 입고 양쪽이 다 패망한다.

그러므로 큰 경우에는 나라를 잃고 그 다음은 자기의 몸을 잃어, 간사하고 豪强한 자들로 하여금 이를 빌미로 삼아 일어나 환관의 종족들을 척결하여 죄다 죽여 천하 사람들의 마음을 후련히 풀고서야 그치게 한다. 이는 전대의 역사에서 환관의 화를 기록한 것이 늘 이와 같은 것이니, 한 시대만의 일이 아니다.

夫爲人主者가 **非欲養禍於內而疏忠臣碩士於外**요 **蓋其漸積而勢使之然也**라 **夫女色之惑**은 **不幸而不悟**면 **則禍斯及矣**니 **使其一悟**면 **捽**(졸)**而去之可也**어니와 **宦者之爲禍**는 **雖欲悔悟**라도 **而勢有不得而去也**니 **唐昭宗之事是已**라 **故曰深於女禍者**가 **謂此也**니 **可不戒哉**아

대저 군주가 된 자가 안으로 禍를 기르고 밖으로 충성스러운 신하와 어질고 재능

있는 선비를 멀리하고자 한 것이 아니라, 대개 점차 쌓여서 형세가 그렇게 되도록 한 것이다. 대저 女色에 미혹된 것은 불행히 깨달아 알아차리지 못하면 화가 그제야 닥쳐오니, 한번 깨달아 알아차리기만 하면 적발하여 제거할 수 있다. 그렇지만 환관의 화는 비록 뉘우치고 깨닫더라도 그 형세가 이미 제거할 수 없으니, 唐 昭宗의 일이 그러한 경우이다. 그러므로 여자의 화보다 심하다고 한 것이 이를 두고 말한 것이니, 경계하지 않을 수 있겠는가.

昭宗信狎宦者러니 **由是**로 **有東宮之幽**[1]하고 **旣出而與崔胤圖之**하야 **胤爲宰相**이어늘 **顧力不足爲**하야 **乃召兵於梁**이라 **梁兵且至**에 **而宦者挾天子**하야 **走之岐**하니 **梁兵圍之三年**하고 **昭宗旣出**에 **而唐亡矣**라

昭宗이 환관들을 믿고 친애하였는데 이 때문에 東宮에 유폐되는 사건이 일어났고, 동궁에서 풀려나서는 崔胤과 일을 도모하여 최윤을 재상으로 삼았지만 최윤의 힘이 일을 도모하기에는 부족하기에 마침내 梁나라에서 군사를 불러들였다. 양나라의 군사가 장차 이르려 하자 환관들이 천자를 데리고 岐로 도주하니 양나라 군사가 3년 동안 포위하였고, 소종이 풀려나자 당나라가 망하였다.

1) 東宮之幽 : 光化 원년(899)에 환관 劉季述이 난을 일으켜 昭宗을 폐위하고 태자인 裕王을 옹립하였다. 소종은 東宮에 두 달 동안 유폐되어 있다가 崔胤 등이 유계술을 죽인 뒤 복위하였다. 본서 〈梁太祖紀〉에 자세한 내용이 보인다.

初에 **昭宗之出也**에 **梁王悉誅唐宦者第五可範等七百餘人**하고 **其在外者**는 **悉詔天下捕殺之**러니 **而宦者多爲諸鎭所藏匿而不殺**이라 **是時**에 **方鎭僭擬**하야 **悉以宦官給事**하니 **而吳越最多**라 **及莊宗立**에 **詔天下訪求故唐時宦者**하야 **悉送京師**하야 **得數百人**하니 **宦者遂復用事**하야 **以至於亡**이라 **此何異求已覆之車**하야 **躬駕而履其轍也**아 **可爲悲夫**인저

당초에 昭宗이 풀려났을 때 梁王이 당나라의 환관 第五可範 등 700여 명을 다 誅殺하고 外方에 있는 환관은 모두 천하에 조칙을 내려 잡아 죽이게 하였는데, 환관들

대부분은 藩鎭들에서 숨겨주어 죽임을 당하지 않았다. 이때에 方鎭들이 참람하게 자신을 황제에 비기면서 모두 환관들에게 일을 맡기니 그 가운데 吳越에 가장 환관이 많았다. 唐(後唐) 莊宗이 즉위하자 천하에 조칙을 내려 옛 당나라 때 환관들을 찾아 구하여 모두 京師로 보내게 하여 수백 명을 얻으니, 환관들이 마침내 다시 권력을 잡아 나라가 망하는 지경에 이르렀다. 이것이 이미 뒤집어진 수레를 구해서 몸소 멍에를 메고서 잘못된 전철을 밟는 것과 무엇이 다르겠는가. 슬퍼할 만하도다.

莊宗未滅梁時에 **承業已死**하고 **其後居翰**이 **雖爲樞密使**나 **而不用事**라 **有宣徽使馬紹宏者**하니 **嘗賜姓李**하고 **頗見信用**이라 **然誣殺大臣**하고 **黷**(독)**貨賂**하며 **專威福**하야 **以取怨於天下者**하니 **左右狎暱**(닐)이 **黃門內養之徒**[1]**也**라 **是時**에 **明宗自鎭州入覲**하야 **奉朝請於京師**[2]한대 **莊宗頗疑其有異志**하야 **陰遣紹宏**하야 **伺其動靜**이어늘 **紹宏反以情告明宗**이라 **明宗自魏而反**하니 **天下皆知禍起於魏**로대 **孰知其啓明宗之二心者**는 **自紹宏始也**오

莊宗이 梁을 멸망시키기 전에 張承業은 이미 죽었고, 그 후 張居翰이 비록 樞密使가 되었으나 권력을 잡지는 못하였다. 宣徽使 馬紹宏이라는 이가 있었으니 일찍이 李氏 성을 하사받고 자못 신임을 받았다. 그러나 大臣을 무함하여 죽이고 뇌물을 탐닉하였으며 상벌을 마음대로 시행하여 천하 사람들로부터 원망을 받았으니, 황제 좌우에서 親狎하는 이들은 환관의 무리였다.

이때에 明宗이 鎭州에서 들어와 朝覲하여 京師에서 奉朝請이 되었다. 장종은 자못 명종이 다른 뜻을 품고 있다고 의심하여 은밀히 마소굉을 보내 그 동정을 엿보게 하였는데, 마소굉은 도리어 그러한 사실을 명종에게 고하였다. 명종이 魏州에서 반란을 일으키니 천하 사람들 모두 禍亂이 위주에서 일어난 줄 알았다. 그러나 명종이 두 마음을 품게 된 계기가 마소굉에게서 시작되었다는 것을 누가 알았겠는가.

1) 黃門內養之徒 : 黃門은 원래 황제를 侍從하면서 명령을 전달하는 임무를 맡는 관직이었는데, 後漢 이래로 이 직책에 환관을 임명하였으므로 환관을 가리키는 말이 되었다. 內養은 환관의 長官인 太監을 가리키는 말로 역시 환관을 지칭한다.

2) 奉朝請於京師 : 제후가 봄에 천자를 뵙는 것을 朝라 하고, 가을에 뵙는 것을 請이라 하였다. 주로 퇴직한 대신이나 장군, 황실과 외척에게 봉조청의 명의를 주어 조회에 참가하도록 하였다.

郭崇韜已破蜀에 **莊宗信宦者言而疑之**라 **然崇韜之死**를 **莊宗不知**하니 **皆宦者爲之也**라 **當此之時**하야 **擧唐之精兵**이 **皆在蜀**하니 **使崇韜不死**런들 **明宗入洛**에 **豈無西顧之患**이며 **其能晏然取唐而代之邪**아 **及明(莊)〔宗〕**[1]**入立**에 **又詔天下**하야 **悉捕宦者而殺之**하니 **宦者亡竄山谷**하야 **多削髮爲浮屠**하고 **其亡至太原者七十餘人**은 **悉捕而殺之都亭驛**하니 **流血盈庭**이라

郭崇韜가 蜀을 격파하자 장종이 환관의 말을 믿고서 곽숭도를 의심하였다. 그러나 곽숭도의 죽음을 장종은 알지 못했으니 모두 환관이 한 짓이었다. 이때를 당하여 唐나라의 모든 정예병이 촉에 있었으니, 만일 곽숭도가 죽지 않았던들 명종이 낙양에 들어갈 때 어찌 서쪽을 염려할 우환이 없었겠으며, 편안하게 唐나라를 차지하여 황제의 자리를 대신할 수 있었겠는가.

명종이 들어와 즉위하자 또 천하에 詔命을 내려 환관들을 모조리 잡아 죽이게 하니 환관들이 산골짜기로 도망하여 숨어 대부분 삭발하고서 승려가 되었고, 太原으로 도망간 70여 명은 모두 잡아 都亭驛에서 죽이니 피가 흘러 뜰에 가득하였다.

1) (莊)〔宗〕: 저본에는 '莊'으로 되어 있으나, ≪新五代史≫에 의거하여 '宗'으로 바로잡았다.

明宗晩而多病이어늘 **王淑妃專內以干政**하니 **宦者孟漢瓊因以用事**라 **秦王入視**할새 **明宗疾已革**(극)이어늘 **旣出而聞哭聲**하고 **以謂帝崩矣**하야 **乃謀以兵入宮者**는 **懼不得立也**라 **大臣朱弘昭等**이 **方圖其事**어늘 **議未決**에 **漢瓊遽入見明宗**하야 **言秦王反**하고 **卽以兵誅之**하야 **陷秦王大惡**(오)하니 **而明宗以此飮恨而終**이라 **後愍帝奔於衛州**하니 **漢瓊西迎廢帝於潞**[1]어늘 **廢帝惡而殺之**하다

明宗이 만년에 병치레가 잦자 王淑妃가 內殿에서 권력을 독차지하고 국정에 간여

하니, 환관 孟漢瓊이 이로 말미암아 권력을 잡았다. 秦王이 들어와 문병할 때 명종의 병세가 이미 위중하였는데, 궁궐을 나오고 나서 곡소리를 듣고는 황제가 崩御하였다 여겨 마침내 병사들을 거느리고 궁궐로 들어가려고 모의했던 것은 자신이 즉위하지 못할까 두려워해서였다. 대신 朱弘昭 등이 한창 그 일을 논의하고 있었는데 의논이 결정되기 전에 맹한경이 갑작스레 들어와 명종을 알현하고서 진왕이 반란을 일으켰다고 말하고는 즉시 병사를 일으켜 진왕을 誅殺하여 진왕을 대역죄에 빠지게 하니 명종이 이 때문에 한을 품고 죽었다. 뒤에 愍帝가 衛州로 도망가자 맹한경이 서쪽으로 潞州에서 廢帝를 맞이하였는데 폐제가 그를 미워하여 죽였다.

1) 後愍帝奔於衛州 漢瓊西迎廢帝於潞 : 愍帝는 後唐 明宗의 3남인 李從厚이다. 명종이 죽고 황제로 즉위하였으나, 명종의 養子였던 潞王 李從珂가 鳳翔에서 반란을 일으키자 낙양을 탈출하여 衛州로 피신하였다. 廢帝는 바로 이종가로, 민제를 폐위하고 황제에 올랐으나 얼마 뒤 契丹과 손잡은 石敬瑭의 공격으로 낙양이 포위되자 자살하였다.

≪五代史記纂誤補≫ 卷3에 "삼가 살펴보건대 ≪資治通鑑≫에 이르기를 '漢瓊이 澠池 서쪽에 이르렀을 때 潞王이 명하여 길모퉁이에서 참수하게 하였다.'라고 하였으니, 이 부분의 '潞'자는 응당 '路'자의 착오일 것이다.〔謹按通鑑云漢瓊至澠池西 潞王命斬于路隅 此潞字當是路字之誤〕"라고 하였다. ≪자치통감≫의 해당 기사는 卷279 〈後唐紀8 潞王 下〉에 보인다. ≪오대사기찬오보≫의 해석이 近理할 듯하나 우선은 본문에 의거하여 번역하였다.

嗚呼라 人情處安樂하면 自非聖哲론 不能久而無驕怠라 宦女之禍는 非一日이니 必伺人之驕怠而浸入之라 明宗非佚君이로대 而猶若此者는 蓋其在位差久也일새라 其餘多武人崛起요 及其嗣續하얀 世數短而年不永이라 故宦者莫暇施爲로대 其爲大害者는 略可見矣라 獨承業之論은 偉然可愛요 而居翰은 更一字以活千人이라 君子之於人也에 苟有善焉이면 無所不取하니 吾於斯二人者에 有所取焉이로라 取其善而戒其惡은 所謂愛而知其惡하고 憎而知其善[1]也라 故幷述其禍敗之所以然者하야 著於篇하노라

아아! 사람의 마음이 安樂에 처하면 聖人과 哲人이 아니고서는 오랜 시간이 지나도 교만하고 나태해지지 않을 수가 없다. 환관과 女色의 禍는 하루아침에 생기는 것이 아니니, 반드시 그 사람이 교만하고 나태해지는 것을 틈타 점점 젖어 들어오는 것이다. 明宗은 放逸한 군주가 아니었음에도 이와 같았던 것은 황제의 자리에 있은 지 비교적 오래되었기 때문이다. 그 나머지는 대부분 武人 출신으로 떨쳐 일어난 군주이고 그들을 이은 군주들은 재위한 기간이 짧고 享年이 길지 못하였다. 그러므로 환자들이 농간을 부릴 겨를이 없었으나, 큰 해악이 된 자는 대략 알 수 있다.

유독 장승업의 議論은 훌륭하여 참으로 좋고 장거한은 글자 하나를 고쳐 천 명의 사람을 살렸다. 군자는 남에 대하여 진실로 선한 점이 있으면 취하지 않는 바가 없으니, 나는 이 두 사람에게 취하는 점이 있다. 그 선을 취하고 그 악을 경계하는 것은 이른바 "사랑하면서도 그의 단점을 알고 미워하면서도 그의 장점을 안다."라는 것이다. 그러므로 그 禍亂과 敗亡의 까닭을 아울러 서술하여 이 篇에 드러낸다.

1) 愛而知其惡 憎而知其善 : ≪禮記≫ 〈曲禮 上〉의 말이다.

歐陽文忠公五代史抄 卷12

歸安 鹿門 茅坤 批評
孫男 闇叔 茅著 重訂

雜傳

01. 王鎔傳* 王鎔의 傳記

* 王鎔(872~921)은 回鶻 阿布思의 후손이고 아버지인 常山郡王 王景崇의 뒤를 이어 10세의 나이로 즉위하였다. 왕용의 열전은 ≪舊五代史≫ 卷54 〈唐書 第30 列傳 第6〉과 ≪新五代史≫ 卷39 〈雜傳 第27〉에 각각 실려 있다.

왕용은 10세의 어린 나이로 즉위하였고 강대국들 사이에 끼어있었지만, 祖父의 백 년 家業을 계승하여 병사와 군마는 강하고 부유하여 唐나라의 藩臣이 되었다. 강대국들 사이에서 처음에는 晉나라에 대항하기 위해 李匡威에게 의지하다가 진나라와 화친을 맺었고 梁 太祖의 세력이 강성해져 공격해오자 다시 양나라에 歸附하고 양 태조와 사돈관계를 맺었다. 하지만 다시 진나라에 歸附하였다. 왕용은 사람이 어질고 武勇이 없어 다른 군사가 공격해 올 때마다 늘 이웃의 병사를 빌려 원병으로 삼았다. 이로 인해 늘 境內가 無事하여 풍요로워 부귀로 교만해졌고 邪道를 좋아하여 長生을 구하여 宦官에게 정사를 다스리게 하고는 道士 王若訥과 西山에 머물러 유람하며 한 달이 넘도록 돌아오지 않을 때가 많았다. 결국 張文禮가 반란을 일으켜 왕용을 죽이고 궁실을 불태우고 王氏 一族을 모두 다 죽였다.

이 열전에서는 왕용이 10세의 어린 나이로 즉위하여 강대국 사이에서 時勢에 따라 움직이는 모습을 일목요연하게 서술하였다. 또한 선대부터 쌓아온 富와 時勢에 따라 움직인 대가로 얻은 권력과 安寧으로 인해 결국 교만과 사치에 빠져 宦官에게 정사를 맡겨 놓다가 반란에 의해 죽임을 당하는 과정을 생동감 있게 묘사하였다.

≪舊五代史≫의 내용도 큰 차이는 없는데, 史評을 통해 "왕용이 鎭에 웅거하여 王으로 일컬어지며 몇 세대를 다스리려 하였는데 佞臣에게 미혹되어 일족이 傾覆되었다. 이는 富貴가 오래됨에 仁義를 스스로 닦지 않아 눈은 아름다운 미색에 현혹되고 귀는 아름다운 음악에 미혹된 것이다. 그러므로 조짐이 생기기 전에 간사한 이들을 막지 못하였고 싹이 트기 전에 화를 살피지 못하여 서로 이어 패망하였으니 또 누구의 잘못인가."라고 하여 왕용이 富貴에 교만해져 결국 자신과 宗族이 몰살당한 것을 책망하였다.

王鎔始末極亂이어늘 **而歐公錯綜序次**가 **如一線**하니 **較之諸傳**컨대 **爲第一**이라

王鎔의 사적의 始末은 몹시 혼란한데, 歐陽公이 정리하고 서술한 것이 마치 한 가닥 실처럼 일목요연하니 다른 傳들과 비교해보면 으뜸이다.

王鎔은 **其先回鶻**[1]**阿布思**[2]**之遺種**이니 **曰沒諾干**이요 **爲鎭州王武俊**[3]**騎將**이어늘 **武俊錄以爲子**하니 **遂冒姓王氏**라 **沒諾干子曰末坦活**이요 **末坦活子曰昇**이요 **昇子曰廷湊**요 **廷湊子曰元逵**요 **元逵子曰紹鼎紹懿**요 **紹鼎子曰景崇**이라 **自昇以上三世**는 **常爲鎭州騎將**하고 **自景崇以上四世五人**은 **皆爲成德軍節度使**라 **景崇**은 **官至守太尉**하고 **封常山郡王**하고 **唐中和二年卒**하다 **子鎔立**하니 **年十歲**라

王鎔은 그 선조가 回鶻 阿布思의 후손으로 沒諾干이다. 鎭州 王武俊의 騎將이 되었는데 왕무준이 그를 거두어 아들로 삼으니 마침내 王氏 姓을 사용하였다. 몰낙간의 아들은 末坦活이고 말탄활의 아들은 昇이고 승의 아들은 廷湊이고 정주의 아들은 元逵이고 원규의 아들은 紹鼎과 紹懿이고 소정의 아들은 景崇이다. 승으로부터 위로 三代는 늘 鎭州의 騎將이 되었고 경숭으로부터 위로 四代 다섯 사람은 모두 成德軍 節度使가 되었다. 경숭은 관직이 守太尉에 이르렀고 常山郡王에 봉해졌으며 唐 中和 2년(882)에 卒하였다. 아들 왕용이 즉위하니 나이는 10세였다.

1) 回鶻 : 고대 튀르크어 'Uyghur'의 음사로 위구르족이 세운 제국이다. 이전에는 袁紇·烏護·烏紇·回紇 등으로 알려져 있었으며 788년 국호를 변경한 이

후부터 기록되었다.

2) 阿布思 : 아부스(Abus) 부족의 추장으로, '일테베르(ilteber)'의 음사이다. 742년에 突厥이 내분에 휩싸이게 되자 唐朝에 투항해 番將으로 활약했다. 751년 安祿山이 契丹에게 패배한 이후 東北에 대한 군사력 강화가 절실하게 되자, 朔方節度副使로 임명되어 동부 전선으로 이동했지만 바로 安祿山과 대립하고 그에 반발해 漠北으로의 복귀를 시도했다. 하지만 753년 五月 回紇에게 패배하게 되면서 그의 세력이 이후에 회흘에 복속되었다.

3) 王武俊 : 735~801. 唐나라 때 契丹 怒皆部落 사람이다. 자는 元英 시호는 忠烈이다. 德宗 때 檢校秘書監兼御史大夫에 발탁되고 이후 恒冀觀察使를 지냈는데 분수를 지키지 못하고 모반을 꾀했다가 여러 번 官軍에 패하자 스스로 왕이라 부르더니 나라 이름을 趙라 했다. 나중에 李抱眞이 사람을 보내 설득하여 僞號를 버리고 檢校工部尙書에 임명된 뒤 恒州·冀州·深州·趙州 등 州의 절도사를 지냈고 후에 瑯邪郡王이 되었다.

是時에 **晉新有太原**하고 **李匡威據幽州**하고 **王處存據中山**하고 **赫連鐸據大同**하고 **孟方立據邢臺**하야 **四面豪傑竝起而交爭**이어늘 **鎔介於其間**이나 **而承祖父百年之業**하야 **士馬彊而畜積富**하야 **爲唐累世藩臣**이라 **故**로 **鎔年雖少**나 **藉其世家以取重**하니 **自四方諸鎭廢立承繼**로 **有請於唐者**면 **皆因鎔以聞**이라

이때 晉나라는 새로 太原을 소유하고 李匡威는 幽州를 점거하고 王處存은 中山을 점거하고 赫連鐸은 大同을 점거하고 孟方立은 邢臺를 점거하여 사방의 豪傑들이 아울러 일어나 서로 다투었는데, 王鎔은 그 사이에 끼어있었지만, 祖父의 백 년 家業을 계승하여 兵馬는 강하고 축적한 재물은 풍부하여 대대로 唐나라의 藩臣이 되었다. 이 때문에 왕용은 나이가 비록 어렸지만, 그의 世家에 힘입어 중요한 지위를 차지하니 사방 諸鎭에서 廢位와 繼承 문제로 唐나라에게 청할 것이 있으면 모두 왕용을 통해 天子에게 아뢰었다.

自晉兵出山東하야 **已破孟遷**하야 **取邢洺磁三州**라 **景福元年**에 **乃大擧擊趙**하야 **下臨城**이라 **鎔求救於李匡威**어늘 **匡威來救**하니 **晉軍解去**라 **明年**에 **晉會王處存**하야 **攻鎔**

堅固新市하다[1] **晉王與處存皆自將**이로대 **而鎔未嘗臨軍**하야 **遣追風都團練使段亮翦寇都團練使馬珂等**하야 **以兵屬匡威而已**라 **匡威戰磁河**하니 **晉軍大敗**하다 **明年春**에 **晉攻天長軍**에 **鎔出兵救之**하야 **敗於叱日嶺**하니 **晉軍遂出井陘**이라 **鎔又求救於匡威**하니 **晉軍解去**하다

晉兵이 山東에서 나온 뒤로 이미 孟遷을 격파하여 邢州, 洺州, 磁州 세 개 州를 취하였다. 景福 元年(892)에 크게 擧兵하여 趙를 공격하여 臨城을 함락하였다. 王鎔이 李匡威에게 원병을 요청하자 이광위가 와서 구원하니 晉軍이 포위를 풀고 떠났다. 이듬해 晉나라가 王處存과 회합하여 왕용의 堅固, 新市를 공격하였다. 晉王과 왕처존은 모두 스스로 병사를 거느렸는데 왕용은 일찍이 군사를 지휘한 적이 없어서 追風都團練使 段亮과 翦寇都團練使 馬珂 등을 보내어 병사를 이광위에게 맡길 뿐이었다. 이광위가 磁河에서 전투하니 晉軍이 크게 패하였다. 이듬해 봄에 晉나라가 天長軍을 공격하자 왕용이 병사를 내어 구원하다가 叱日嶺에서 패배하니 진나라 군사가 마침내 井陘으로 나왔다. 왕용이 또 이광위에게 원병을 청하니 진나라 군사가 포위를 풀고 떠났다.

1) 景福元年……攻鎔堅固新市 : ≪五代史纂誤補≫ 卷下에 "삼가 唐紀를 살펴보건대 晉나라가 臨城을 취한 해는 大順 2년(891)이고 이듬해에 晉나라가 王處存과 회합하여 王鎔을 공격한 것이 바로 景福 元年(892)이 된다. ≪舊唐書≫의 〈昭宗紀〉와 〈王鎔傳〉에도 이와 같이 기록되어 있으니, 여기는 잘못된 듯하다.〔謹按唐紀 晉取臨城 在大順二年 其明年 晉會王處存攻鎔 乃爲景福元年 舊唐書昭宗紀王鎔傳竝同 此疑誤〕"라고 하였다.

初에 **匡威悅其弟匡儔**(주)**之婦美而淫之**라 **匡儔怒**러니 **及其救鎔也**에 **誘其軍亂而自立**하다 **匡威內慙**하여 **不敢還**하고 **乃以符印歸其弟而將奔於京師**하다 **行至深州**에 **鎔德匡威救己**하야 **使人邀之**하야 **館於(梅)〔海〕**[1]**子園**[2]하고 **以父事之**하다

당초에 李匡威가 그 동생 李匡儔의 부인의 美色을 좋아하여 그녀를 간음하였다. 이광주가 노하였는데 이광위가 王鎔을 구원하러 갈 때에 그 군대를 꾀어 난을 일으키고 자기가 이광위의 자리를 빼앗아 차지하니, 이광위는 마음속으로 부끄러워 감

히 돌아가지 못하고 이에 符節과 印綬를 그 아우에게 넘겨주고 장차 京師로 달아나려고 하였다. 길을 가다 深州에 이르렀는데 왕용이 이광위가 자신을 구원한 것을 은혜로 여겨 사람을 보내 맞이하여 海子園에 館所를 마련하고서 아버지로 섬겼다.

1) (梅)〔海〕: 저본에는 '梅'로 되어 있으나, ≪五代史纂誤補≫에 의거하여 '海'로 바로잡았다.

2) 館於(梅)〔海〕子園 : ≪五代史纂誤補≫ 卷下에 "삼가 살펴보건대 ≪夢溪筆談≫ 卷24에 '鎭陽은 池苑이 훌륭하여 鎭들 중에 으뜸이니, 바로 王鎔이 살던 때의 海子園이다. 鎭陽의 사람들은 그 못을 자랑스럽게 여겨 潭園이라 불렀으니, 이 때문에 옛날에 일찍이 海子라고 불렀다는 것을 알지 못한다.'라고 하였으니, 여기 梅 자가 잘못되었음을 알겠다.〔謹按夢溪筆談云 鎭陽池苑之盛 甲于諸鎭 乃王鎔時海子園也 鎭人矜大其池 謂之潭園 蓋不知昔嘗謂之海子矣 知此梅字誤也〕"라고 하였다.

匡威客李正抱者는 **少遊燕趙間**이러니 **每徘徊常山**하야 **愛之不能去**라 **正抱匡威皆失國無聊**하야 **相與登城西高閣**하야 **顧覽山川**이라가 **泫然而泣**이러니 **乃與匡威謀劫鎔而代之**라 **因詐爲忌日**하니 **鎔去衛從**하야 **晨詣館慰**할새 **坐定**에 **甲士自幕後出**하야 **持鎔兩袖**하니 **鎔曰 吾國賴公而存**하니 **誠無以報厚德**이라 **今日之事**는 **是所甘心**이라하고 **因叩頭以位與匡威**하다 **匡威素少鎔**하야 **以謂無能爲也**러니 **因與鎔方轡**(비)**詣府**하야 **將代其位**라 **行過親事營**에 **軍士閉門大譟**(조)하니 **天雨震電**하고 **暴風拔木**하고 **屋瓦皆飛**하다 **屠者墨君和望見鎔識之**하고 **從缺垣中躍出**하야 **挾鎔於馬**하야 **負之而走**하고 **亂軍擊殺匡威正抱**하니 **燕人皆死**하다 **匡儔雖憾其兄**이나 **而陽以大義責鎔甚急**하다 **鎔旣失燕援**이어늘 **而晉軍急攻平山**하야 **劫鎔以盟**하니 **鎔遂與晉和**하다

李匡威의 門客 李正抱는 젊어서 燕나라와 趙나라 지역을 다녔는데 매번 常山을 徘徊하며 좋아하여 떠나지 않았다. 이정포와 이광위는 모두 나라를 잃고 無聊하게 지내며 함께 成 서쪽의 높은 누각에 올라 山川을 돌아보다가 주르륵 눈물 흘렸는데, 이에 이광위와 더불어 王鎔을 겁박하여 그의 자리를 차지하려고 도모하였다. 그리하여 거짓으로 忌日이라 하니 왕용이 호위병을 물리치고 새벽에 館所로 와서 위로

하였다. 이때에 坐定하자 甲士가 장막 뒤에서 나와 왕용의 양 소매를 붙잡으니, 왕용이 말하기를 "우리나라는 공 덕분에 보존되었으니 진실로 厚德에 보답할 길이 없었습니다. 오늘의 일은 기꺼운 마음으로 받겠습니다."라고 하고 인하여 머리를 조아리고 지위를 이광위에게 주었다.

이광위가 평소 왕용을 하찮게 여겨 큰일을 할 만한 사람이 아니라고 여겼는지라 인하여 왕용과 더불어 고삐를 나란히 하고서 府에 나아가 장차 그 지위를 대신하려고 하였다. 길을 가다 왕용의 營을 지나갈 때에 군사들이 문을 닫고 크게 소리치니 하늘에서는 비가 오고 천둥이 치며 폭풍이 불어 나무들이 뽑히고 집의 기와들은 모두 날아갔다. 백정 墨君和가 왕용을 멀리서 알아보고 허물어진 담장 사이로 뛰어나와 말에서 왕용을 잡아 업고 달아나고 亂軍이 이광위와 이정포를 쳐 죽였는데, 〈이광위를 호위하던〉 燕人들이 모두 죽었다. 李匡儔는 비록 그 형에게 遺憾이 있었지만 겉으로는 大義로 매우 심하게 왕용을 꾸짖었다. 왕용은 이미 燕의 원병을 잃은데다 晉軍이 급히 平山을 공격하여 동맹을 맺자고 왕용을 겁박하니 왕용이 마침내 晉나라와 화친하였다.

其後梁太祖下晉邢洺磁三州하고 乃爲書招鎔하야 使絶晉而歸梁이어늘 鎔依違不決하다 晉將李嗣昭復取洺州어늘 梁太祖擊敗嗣昭하니 嗣昭棄洺州走하다 梁獲其輜重하야 得鎔與嗣昭書하니 多道梁事라 太祖怒하야 因移兵常山하고 顧謂葛從周[1)]曰 得鎭州以與爾하리니 爾爲我先鋒하라하다 從周至臨城하야 中流矢하야 臥輿中하니 梁軍大沮라 梁太祖自將傅城下하야 焚其南關이어늘 鎔懼하야 顧其屬曰 事急矣니 奈何오 判官周式은 辯士也라 對曰此難與力爭이나 而可以理奪也라하다 式與梁太祖有舊하야 因請入梁軍하다 太祖望見式하고 罵曰 吾常以書招鎔不來라가 今吾至此而爾爲說(세)客하니 晩矣라 且晉吾讐也而鎔附之하고 吾知李嗣昭在城中하니 可使先出이라하고 乃以所得鎔與嗣昭書示式하니 式進曰 梁欲取一鎭州而止乎아 而欲成霸業於天下也아 且霸者責人以義而不私라 今天子在上에 諸侯守封睦隣은 所以息爭且休民也라 昔曹公破袁紹하고 得魏將吏與紹書하야 悉焚之[2)]하니 此英雄之事耳라 今梁知兵擧無名하고 而假嗣昭以爲辭라 且王氏는 五世六公撫有此土하니 豈無死

士而待嗣昭乎아라하니 **梁太祖大喜**하야 **起牽式衣而撫之曰 吾言戲耳**이라하고 **因延式上坐**하야 **議與鎔和**하다 **鎔以子昭祚爲質**하니 **梁太祖以女妻之**하다 **太祖卽位**에 **封鎔趙王**하다

그 후에 梁 太祖가 晉나라의 邢州, 洺州, 磁州 세 개 州를 함락하고 이에 書信을 써서 王鎔을 招喩하여 晉나라와 국교를 끊고 梁나라에 歸附하게 하였는데, 왕용은 머뭇거리며 결정하지 못하였다. 晉나라 장수 李嗣昭가 다시 명주를 취하자 양 태조가 이사소를 격퇴하니, 이사소가 명주를 버리고 달아났다. 양나라가 적의 輜重을 취하여 왕용이 이사소에게 보낸 편지를 얻어 보니 양나라에 관한 일을 말한 것이 많았다. 태조가 노하여 常山으로 병사를 옮기고 葛從周를 돌아보며 말하기를 "鎭州를 얻으면 너에게 줄 것이니 너는 나의 선봉이 되어라."라고 하였다.

갈종주가 臨城에 이르러 날아온 화살에 맞아 쓰러져 수레 가운데 누우니, 梁軍의 사기가 크게 꺾였다. 양태조가 스스로 병사를 거느리고 성 아래에 이르러 南關을 불태우자 왕용이 두려워 그 휘하를 돌아보고 말하기를 "일이 급박하니 내 어찌해야 하겠는가."라고 하였다. 判官 周式은 辯士이니, 대답하기를 "이 상황은 힘으로 다투기는 어렵지만 이치로써 극복할 수 있습니다."라고 하였다.

주식은 양 태조와 친분이 있어 양나라 군영으로 들어가게 해줄 것을 청하였다. 태조가 주식을 멀리서 바라보고 꾸짖어 말하기를 "내가 늘 서신으로 왕용을 불렀을 때는 오지 않다가 지금 내가 여기에 이르러서야 네가 說客이 되었으니 늦었다. 또한 晉나라는 나의 원수인데 왕용이 빌붙었고 나는 이사소가 城中에 있다는 것을 알고 있으니 그를 먼저 내보내야 할 것이다."라고 하고 이에 명주에서 얻었던, 왕용이 이사소에게 보낸 편지를 주식에게 보여주었다.

주식이 나아가 말하기를 "양나라는 진주 하나를 취하고 그만두려 하십니까? 아니면 천하에 霸業을 이루고자 하십니까? 또한 霸者는 義로써 남을 책망하고 사적으로 책망하지 않습니다. 지금 천자가 위에 계심에 제후가 봉토를 지키고 이웃 나라와 화목하게 지내는 것은 전쟁을 멈추고 또 백성을 쉬게 하는 것입니다. 옛적에 曹公이 袁紹를 격파하고 魏나라 將吏가 원소에게 보낸 편지를 받아서 모두 불태웠으니 이것은 영웅의 일입니다. 지금 양나라도 擧兵한 명분이 없음을 알고 이사소를 빌미로

구실을 삼았습니다. 또한 王氏는 五世의 여섯 公이 이 땅을 鎭撫하고 소유하였으니 어찌 죽기를 각오한 군사가 없어서 이사소를 기다리겠습니까?"라고 하였다.

양 태조가 크게 기뻐하며 일어나 주식의 옷을 끌어당겨 그를 어루만지며 말하기를 "내 말은 戲言이었다."라고 하고 인하여 주식을 맞이하여 上坐에 앉히고 왕용과의 和議를 의논하였다. 왕용이 아들 王昭祚를 볼모로 삼으니, 양 태조가 딸을 그에게 시집보냈다. 태조가 즉위함에 왕용을 趙王으로 봉하였다.

1) 葛從周 : ?~915. 五代 때 鄄城 사람으로 자는 通美다. 젊을 때 黃巢를 따랐지만, 나중에 朱溫에게 항복했다. 주온을 따라 蔡州를 공격했는데, 주온이 말에서 떨어지자 그를 구해 大將에 기용되었다. 주온이 後梁을 건국해 태조가 되자 左金吾衛上將軍에 올랐다. 후량 末帝 초에 陳留郡王에 봉해졌다.

2) 昔曹公破袁紹…悉焚之 : 曹操가 袁紹를 격파하고 그 문서를 수습하던 중에 許都의 휘하 및 軍中 사람들의 편지를 얻고는 모두 태워버리며 말하기를 "강성한 원소를 대면하였을 때는 나도 오히려 스스로 마음이 불안하였는데 하물며 보통 사람들이겠는가?"라고 하였다.〔操收紹書中 得許下及軍中人書 皆焚之 曰 當紹之疆 孤猶不能自保 況衆人乎〕(≪資治通鑑≫ 卷63 〈漢紀 五十五〉)

鎔祖母喪에 諸鎭皆弔라 梁使者見晉使在館하고 還言趙王有二志하다 是時에 魏博羅紹威[1]卒이어늘 梁因欲盡取河北하다 開平四年冬에 遣供奉官杜廷隱監魏博將夏諲(인)하여 以兵三千襲深冀二州하고 以王景仁爲北面行營招討使하니 鎔懼하야 乞兵於晉하다 晉人擊敗景仁於柏鄕하니 梁遂失鎭定이어늘 而莊宗由此益彊하야 北破幽燕하고 南幷魏博이어늘 鎔常以兵從하니 鎔德晉甚이라 明年에 會莊宗於承天軍[2]하야 奉觴爲壽어늘 莊宗以鎔父友라하야 尊禮之하다 酒酣에 爲鎔歌하고 拔佩刀斷衣而盟하야 許以女妻鎔子昭誨하다

王鎔의 祖母 喪에 諸鎭이 모두 조문하였다. 梁나라 使者가 晉나라의 사자가 客館에 있는 것을 보고 돌아와 趙王이 두 마음을 품고 있음을 말하였다. 이때 魏博의 羅紹威가 卒하였는데 양나라가 이로 인해 河北을 모두 취하고자 하였다. 開平 4년(910) 겨울에 供奉官 杜廷隱을 파견하여 魏博의 將帥 夏諲을 감독하여 병사 삼천을 거느리고서 深州, 冀州 두 州를 습격하게 하고 王景仁을 北面行營招討使로 삼으니, 왕용이 두려워 晉나라에게 원병을 청하였다. 晉人이 柏鄉에서 王景仁을 격퇴하니 梁나라가 마침내 鎭州, 定州를 잃었는데, 莊宗은 이로 말미암아 더욱 강성해져 북쪽으로 幽州, 燕州를 격파하고 남쪽으로 위박을 병탄하였다. 왕용은 늘 병사를 거느리고 뒤따랐으니 왕용이 진나라를 몹시 고맙게 여겼다. 이듬해 承天軍에서 莊宗과 회동하여 술잔을 들어 長壽를 빌었는데 장종이 왕용을 아버지의 벗이라 하여 크게 예우하였다. 술에 취하자 왕용을 위해 노래하고 차고 있는 칼을 뽑아 옷을 잘라 맹세하고서 딸을 왕용의 아들 王昭誨에게 시집보낼 것을 허락하였다.

1) 羅紹威 : 後梁의 정치가이며 학자이다. 자는 端己이며, 벼슬이 太師 겸 中書令에 이르렀고 저서로는 ≪偸江東集≫이 있다.
2) 開平四年冬……會莊宗於承天軍 : ≪五代史纂誤補≫ 卷下에 "삼가 唐紀를 살펴보건대 '天祐 8년(911) 정월에 栢鄕에서 梁나라 군대를 패퇴시켰고 7월에 趙나라 王鎔과 承天軍에서 회합하였다.'라고 하였고, 梁紀에도 또한 '乾化 元年(911) 정월에 王景仁과 晉나라 사람이 栢鄕에서 전투하였다.'라고 하였다. 대개 乾化 元年은 바로 開平 4년의 다음해이고 晉나라의 天祐 8년이니, 여기 '開平四年'은 잘못되었다.〔謹按唐紀天祐八年正月敗梁軍於柏鄉 七月會趙王鎔於承天軍 梁紀亦書乾化元年正月王景仁及晉人戰於柏鄉 蓋乾化元年 卽開平四年之明年 而晉之天祐八年也 此誤〕"라고 하였다.

鎔爲人仁而不武하야 **未嘗敢爲兵先**하고 **佗兵攻趙**에 **常藉隣兵爲救**하다 **當是時**하야 **諸鎭俱弊於戰爭**이나 **而趙獨安**하니 **樂王氏之無事**하야 **都人士女褒衣博帶**하야 **務夸侈爲嬉遊**하다 **鎔尤驕於富貴**하고 **又好左道**하야 **鍊丹藥**[1)]하야 **求長生**하다 **與道士王若訥留遊西山**이러니 **登王母祠**에 **使婦人維錦繡牽持而上**하다 **每出**에 **逾月忘歸**하고 **任其政於宦者**하니 **宦者石希蒙與鎔同臥起**라

王鎔은 사람됨이 어질고 武勇이 없어 일찍이 감히 선봉이 된 적이 없었고 다른 군사가 趙나라를 공격할 때에 늘 이웃의 군사를 빌려 원병으로 삼았다. 이때 諸鎭이 모두 전쟁으로 피폐해졌으나 趙나라만 홀로 평안하였으니 王氏의 無事함을 기뻐하

여 도성의 士女들은 소매가 큰 옷에 넓은 띠를 하고, 사치에 힘쓰며 즐기고 놀았다. 왕용은 더욱 富貴로 교만해졌고 또 邪道를 좋아하여 丹藥을 만들어 長生하기를 구하였다. 道士 王若訥과 西山에 머물며 유람하였는데 王母祠에 오를 때 부인들로 하여금 비단 밧줄을 만들어 끌어당기게 하여 올라가게 하였다. 유람을 떠날 때마다 한 달이 넘도록 돌아오지 않고 정사를 宦官에게 다스리게 하였는데 환관 石希蒙이 왕용과 기거를 함께 하였다.

1) 丹藥 : 道家에서 말하는 丹砂로 만든 영약으로 이것을 복용하면 長生不死하여 仙人이 된다고 하였다.

天祐十八年[1)]冬에 鎔自西山宿鶻營莊하고 將還府어늘 希蒙止之하다 宦者李弘規諫曰 今晉王身自暴露以親矢石이어늘 而大王竭軍國之用하야 爲遊畋(전)之資하고 開城空宮하야 逾月不返하니 使一夫閉門不內(납)從者면 大王欲何歸乎아하니 鎔懼하야 促駕어늘 希蒙固止之하다 弘規怒하야 遣親事軍將蘇漢衡하야 率兵擐甲露刃於帳前曰 軍士勞矣라 願從王歸國이라하다 弘規繼而進曰 惑王者希蒙也니 請殺之以謝軍士라하다 鎔不答이어늘 弘規呼甲士斬希蒙首하고 擲(척)於鎔前하니 鎔懼遽歸하다 使其子昭祚與大將張文禮하야 族弘規漢衡하고 收其偏將下獄하야 窮究反狀하니 親軍皆懼하다 文禮誘以爲亂하야 夜半에 親軍十餘人踰垣而入하다 鎔方與道士焚香受籙(록)[2)]이어늘 軍士斬鎔首하야 袖之而出[3)]하야 因縱火焚其宮室하야 遂滅王氏之族하다

天祐 18년(921) 겨울에 王鎔이 西山에서 나와 鶻營莊에 留宿하고 장차 府로 돌아가려고 하였는데 石希蒙이 만류하였다. 환관 李弘規가 간언하기를 "지금 晉王은 몸소 이슬을 맞으며 矢石을 무릅쓰고 직접 전쟁터에 다니거늘 대왕께서는 軍國의 재용을 허비하여 유람과 사냥의 비용으로 삼고 성을 열어 놓고 궁을 비워 둔 채 한 달이 넘도록 돌아가지 않으니, 만일 한 사내가 문을 닫고 대왕의 행차를 들어오지 못하게 한다면 대왕께서는 어디로 돌아가시렵니까?"라고 하니 왕용이 두려워 돌아가자고 재촉하였는데 석희몽이 굳게 만류하였다. 이홍규가 노하여 親事軍將 蘇漢衡

을 보내어 군사들을 거느리고 장막 앞에서 갑옷을 두르고 칼을 뽑아 들고 말하기를 "군사들이 지쳤습니다. 왕을 따라 귀국하기를 원합니다."라고 하게 하였다. 李弘規가 뒤이어 나아가 말하기를 "왕을 미혹시키는 자는 석희몽이니 그를 죽여 軍士들에게 사죄하기를 청합니다."라고 하였다. 왕용이 대답하지 않자 이홍규가 무장한 병사를 불러 석희몽의 머리를 베고 왕용 앞에 던지니 왕용이 두려워 급히 돌아갔다. 그 아들 王昭祚와 大將 張文禮로 하여금 이홍규와 蘇漢衡을 멸족시키고 그의 偏將을 잡아 하옥시켜 반란의 정황을 추궁하게 하니 親軍들이 모두 두려워하였다. 장문례가 친군들을 꾀어 반란을 일으켜 한밤중에 친군 10여 명이 담을 넘어 들어갔다. 왕용은 한창 道士들과 더불어 향을 태우고 符籙을 받고 있었는데 군사들이 왕용의 머리를 베어 소매에 넣고 나와 불을 놓아 그 宮室을 태우고 마침내 王氏의 一族을 다 죽였다.

1) 天祐十八年 : 唐 昭宗의 연호인 天祐를 연장하여 쓴 해이다. 天祐는 昭宗 이후 즉위한 당나라의 마지막 황제 哀帝 역시 사용하였으나 天祐 4년에 해당하는 907년에 당나라가 망하고 後梁이 들어서면서 폐기되었다. 後梁은 새로 開平이라는 연호를 사용하였다. 그러나 晉의 李克用을 비롯한 여러 번진 세력들은 後梁의 연호를 따르지 않고 계속하여 天祐 연호를 사용하였으므로 여기에서 天祐 18년이라고 말한 것이다. 天祐 18년은 後梁 末帝 龍德 1년에 해당한다.
2) 籙(록) : 符籙으로 미래에 나타날 일을 예측하여 적어놓은 예언서이다. 符書, 符圖라고도 한다.
3) 天祐十八年冬……袖之而出 : ≪五代史纂誤補≫ 卷下에 "삼가 살펴보건대 唐紀에 張文禮가 王鎔을 죽인 해는 18년 정월로 되어 있고, 梁紀에도 역시 龍德元年(921) 봄으로 되어 있다. ≪舊五代史≫의 梁紀와 唐紀에는 모두 18년 2월로 되어 있는데 〈王鎔傳〉에는 '冬十二月'로 되어 있으니, 여기서는 ≪舊五代史≫의 잘못을 그대로 답습한 것이다.〔謹按唐紀 張文禮殺王鎔在 十八年正月 梁紀亦作龍德元年春 薛史梁唐紀俱作十八年二月 而鎔傳作冬十二月 此仍其誤〕"라고 하였다.

鎔少子昭誨는 **年十歲**러니 **其軍士有德鎔者**가 **藏之穴中**하다 **亂定**에 **髡**(곤)**其髮**하고 **被**

以僧衣하야 遇湖南人李震하야 與之震하니 匿昭誨於茶籠中하야 載之湖南하야 依南嶽爲浮圖하고 易名崇隱하다 明宗時에 昭誨已長하야 思歸어늘 而鎔故將符習爲宣武軍節度使한대 震以歸習하니 習表於朝하다 昭誨自稱前成德軍中軍使以見하니 拜考功郎中司農少卿하야 周顯德中에 猶爲少府監云이라

王鎔의 작은아들 王昭誨는 나이가 10살이었는데 그 군사 중에 왕용에게 은혜를 입었던 자가 동굴 속에 숨겨주었다. 반란이 평정됨에 그의 머리카락을 자르고 승복을 입히고서 湖南人 李震을 만나 이진에게 넘기니, 차를 담는 바구니 안에 왕소회를 숨겨 湖南으로 싣고 가서 南嶽의 절에 歸依하여 승려가 되게 하고 이름을 崇隱으로 바꾸었다. 後唐 明宗 때 왕소회가 이미 장성하여 돌아가고 싶어 하였다. 마침 왕용이 옛날에 거느리던 장수 符習이 宣武軍 節度使로 재임 중이었는데 李震이 부습에게 돌려보내니 부습이 조정에 表文을 보내 알렸다. 왕소회가 스스로 전 成德軍 中軍使로 자칭하고 알현하니, 考功郎中 司農少卿에 배수하였다. 後周 顯德 연간(954~960)까지도 少府監으로 있었다.

張文禮者는 狡獪人也라 鎔惑愛之하야 以爲子하야 號王德明이라 鎔已死에 文禮自爲留後하다 莊宗初納之러니 後知其通於梁也하고 遣趙故將符習與閻寶擊之하다 文禮家鬼夜哭하고 野河水變爲血하야 游魚皆死하니 文禮懼病疽卒하다 子處瑾秘喪拒守하고 擊敗習等하니 以李嗣昭代之나 嗣昭中流矢卒하고 以李存進代之나 存進輒復戰歿이라 乃以符存審爲招討使하야 遂破之하고 執文禮妻及子處瑾處球處琪等折足하야 歸於晉하니 趙人請而醢(해)之하고 磔(책)文禮尸於市하다

張文禮는 교활한 사람이다. 왕용이 미혹되어 그를 아껴 아들로 삼고 王德明이라 불렀다. 왕용이 죽자 장문례는 스스로 留侯가 되었다. 莊宗이 처음에는 그를 받아주었다가 후에 梁나라와 사통한다는 사실을 알고는 趙나라의 故將 符習과 閻寶를 보내 공격하게 하였다. 장문례의 집안에서 한밤에 귀신들이 울고 野河의 물이 핏빛으로 변하여 물고기가 모두 죽자 장문례는 두려워하다 등창이 생겨 죽었다. 아들 張處瑾이 장문례의 죽음을 숨기고 적을 막아 지켜 부습 등을 공격하여 격퇴시켰다.

李嗣昭를 대신 보냈지만 이사소는 流矢에 맞아 죽었고 李存進을 대신 보냈지만 이존진은 갑자기 다시 전투 중에 죽었다. 이에 符存審을 招討使로 삼아 마침내 격파하고 장문례의 아내 및 아들 處瑾, 處球, 處琪 등을 사로잡아 다리를 자르고서 晉나라로 보내니, 趙나라 사람들이 청하여 肉醬을 담그고 장문례의 시신을 찢어 저자에 진열하였다.

02. 羅紹威傳* 羅紹威의 傳記

* 羅紹威(?~?)는 자는 端己이고 그 선조는 長沙 사람이었는데, 조부 羅讓이 북쪽으로 옮겨가 魏州 貴鄕 사람이 되었다. 나소위의 열전은 ≪舊五代史≫ 卷14 〈梁書 第14 列傳 第4〉, ≪新五代史≫ 卷39 〈雜傳 第27〉에 각각 실려 있다.

나소위는 牙軍의 장수이자 長沙郡王이었던 아버지 羅宏信의 뒤를 이어 즉위하였다. 하지만 자신이 거느리던 牙軍은 魏州 지역에서 200년 간 세력을 유지하며 전횡을 저지른 탓에 늘 변란을 일으킬 우려가 있었다. 이에 나소위는 梁 太祖를 끌어들여 위주 牙軍을 멸하였는데, 이로 인해 위주의 군사들마저 반란을 일으켰고 그 결과 나소위의 軍勢가 급격히 쇠락하여 결국 양 태조에게 복속되어 唐을 멸하고 양나라의 신하로 살다 34세라는 짧은 생을 살다간 인물이다.

이 列傳에서는 나소위의 일대기보다는 나소위와 牙軍의 관계에 초점을 맞추어 서술하였다. 따라서 史評에서도 나소위의 삶에 대한 평가보다는 나소위가 牙軍을 평정하는 과정에서 人情을 헤아리고 공정함을 베풀기는커녕 양 태조를 끌어들여 무력만으로 평정한 것을 비판하였다. 그리고 이를 빗대어 '나소위가 양나라에 병사를 청한 것은 세상에서 이른바 의원이 烏喙와 附子를 먹이는 방법이니, 경계하지 않을 수 있겠는가.'라고 하여 경계를 드리웠다.

이와 반대로 ≪舊五代史≫ 史評에는 "나소위가 처음 唐나라를 위해 위주에 웅거하였다가 당나라가 쇠약해지자 양 태조에게 당나라를 强勸하여 선위를 받으라고 가장 먼저 말하였으니, 梁나라 입장에서 보면 佐命功臣이 되지만 唐나라 입장에서 보면 어찌 충신이 되겠는가."라고 하여 牙軍에 관한 이야기 보다는 인물에 초점을 맞추어 평하였다.

雖不如前篇이나 **而點次魏州牙軍本末如畫**(화)라

비록 전편만 못하지만 魏州 牙軍의 본말을 서술한 것이 그림과 같다.

羅紹威는 **字端己**니 **其先長沙人**이라 **祖讓北遷爲魏州貴鄕人**하고 **父弘信**은 **爲牧馬監卒**이라 **文德元年**에 **魏博**[1]**牙軍**[2]**亂**하야 **遂殺其帥樂彦貞**하고 **立其將趙文建爲留後**러니 **已而**오 **又殺之**하다 **牙軍未知所立**하야 **乃聚呼曰 孰能爲我帥者**오하니 **弘信從衆中出應曰 我可爲君等帥也**라하다 **弘信狀貌奇怪**하고 **面色靑黑**일새 **軍中異之**하야 **乃共立爲留後**하다 **唐昭宗卽位**에 **拜弘信節度使**하다

羅紹威는 자가 端己니 그 선조는 長沙 사람이었다. 조부 羅讓이 북쪽으로 옮겨가 魏州 貴鄕 사람이 되었다. 아버지 羅弘信은 牧馬監이 되었다가 卒하였다. 文德 元年(888)에 魏博의 牙軍이 난을 일으켜 마침내 總帥 樂彦貞을 죽이고 그 將領 趙文建을 세워 留後로 삼았는데 이윽고 또 趙文建을 죽였다. 牙軍이 누구를 세워야 할지 몰라 이에 사람들을 모아놓고 소리치기를 "누가 우리의 총수가 능히 되겠는가?"라고 하니, 나홍신이 무리에서 나와 대답하기를 "내가 그대들의 총수가 될 것이다."라고 하였다. 나홍신은 용모가 奇怪하고 얼굴이 검푸른 빛이라 군중의 사람들이 기이하게 여겨 이에 군중이 함께 그를 세워 留後로 삼았다. 唐 昭宗이 즉위함에 나홍신을 節度使로 삼았다.

1) 魏博 : 唐나라의 藩鎭 이름으로 鄴에 治所가 있었고, 지금의 河北省 大名·磁縣, 河南省 滑縣 및 山東省 冠縣 등이 관할지역이었다.
2) 牙軍 : 唐 代宗 때 田承嗣가 魏博節度使가 되어 만든 호위대이다. 200년 후 唐나라 말기에 羅紹威가 절도사가 되었을 때에 牙軍의 세력이 지나치게 커서 민폐를 끼치고 난을 일으켜 선임 절도사 수 명을 죽이기까지 하였는데, 나소위는 당시 가장 강대했던 朱溫에게 구원을 요청해 2년 만에 아군의 세력을 완전히 제압하였다.(≪資治通鑑≫ 昭宗 3年)

梁太祖將攻晉할새 **乞糴於弘信**이어늘 **弘信不與**라 **由是有隙**하야 **梁兵攻魏**하야 **取黎陽臨河淇門衛縣**하고 **戰於內黃**에 **魏兵五戰五敗**라 **弘信懼**하야 **請盟**하니 **乃止**하다 **是**

時에 梁方東攻兗(연)鄆(운)하고 北敵晉이라 晉遣李存信救朱宣할새 假道於魏라 太祖間遣使語弘信曰 晉人志在河朔하니 兵還滅魏矣라 弘信以爲然하고 乃發兵擊存信於莘縣하니 太祖遣葛從周助之하다 梁兵擒晉王子落落하야 送於魏어늘 弘信殺之하고 乃與晉絶하다 太祖猶疑弘信有二心하고 乃以兄事弘信하야 常爲卑辭厚幣以聘魏하고 魏使者至에 梁太祖北面拜而受幣하고 謂使者曰 六兄於我有倍年之長하니 吾何敢慢之리오하니 弘信大喜하야 以爲厚己라 以故로 太祖往來燕趙之間하야 卒有河北者는 魏不爲之患也일새라

梁 太祖가 장차 晉나라를 공격하려 할 때에 羅弘信에게 군량을 빌려 달라 청하였는데, 나홍신이 주지 않았다. 이로부터 틈이 생겨 양나라 병사가 魏州를 공격하여 黎陽, 臨河, 淇門, 衛縣을 취하고, 內黃에서 전투하여 魏州의 병사가 다섯 번을 싸워 다섯 번 다 패하였다. 나홍신이 두려워하여 동맹을 청하니 이에 공격을 멈추었다. 이때에 양나라가 바야흐로 동쪽으로 兗州와 鄆州를 공격하고 북쪽으로 晉나라를 적대하였다. 진나라가 李存信을 보내 朱宣을 구원할 때에 위주에 길을 빌렸다. 양 태조가 몰래 사자를 보내 나홍신에게 말하기를 "晉人은 河朔을 얻는데 뜻을 두고 있으니, 진나라 병사가 돌아오면 魏州를 멸망시킬 것이다."라고 하였다. 나홍신이 옳다고 여기고 이에 병사를 일으켜 莘縣에서 이존신을 공격하니, 태조가 葛從周를 보내 도왔다. 양나라 병사가 晉王의 아들 落落을 사로잡아 위주로 보내었는데, 나홍신이 그를 죽이고 비로소 진나라와 絶交하였다.

양 태조가 여전히 나홍신이 두 마음을 품었음을 의심하고 이에 나홍신을 형으로 섬겨 항상 말을 낮추고 폐백을 후하게 갖추어 위주의 나홍신을 聘問하였고, 위주의 사자가 오면 양 태조가 北面하여 절하고 폐백을 받고 사자에게 말하기를 "六兄이 나보다 나이가 곱절로 많으니, 내가 어찌 감히 소홀히 하겠는가."라고 하였다. 나홍신이 크게 기뻐하여 자신을 후하게 대우한다고 여겼다. 이 때문에 태조가 燕나라와 趙나라 지역을 오가며 끝내 河北을 소유한 것은 위주가 후환이 되지 않았기 때문이다.

弘信死에 紹威立하다 紹威好學工書하야 頗知屬文하고 聚書數萬卷하야 開館以延四方之士하다 弘信在唐에 以其先長沙人이라 故封長沙郡王이러니 紹威襲父爵長沙하다

紹威新立에 **幽州劉仁恭以兵十萬攻魏**하야 **屠貝州**어늘 **紹威求救於梁**하야 **大敗燕軍於內黃**하다 **明年**에 **梁太祖遣葛從周會魏兵攻滄州**하야 **取其德州**하고 **遂敗燕兵於老鴉**隄하니 **紹威以故德梁助己**하다

羅弘信이 죽자 羅紹威가 즉위하였다. 나소위는 학문을 좋아하고 글씨를 잘 써서 제법 글을 지을 줄 알았고, 수만 권의 책을 모아 관사를 열어 사방의 선비들을 맞이하였다. 나홍신은 唐나라 때에 그 선조가 長沙 사람이었기 때문에 長沙郡王에 봉해졌었는데, 나소위는 아비의 爵位인 장사군왕을 그대로 이어 받았다. 나소위가 새로 즉위함에 幽州의 劉仁恭이 십만 명의 군사로 魏州를 공격하여 貝州를 도륙하거늘 나소위가 梁나라에 구원을 청하여 燕나라 병사를 內黃에서 크게 패퇴시켰다.

이듬해에 梁 太祖가 葛從周를 보내 위주의 병사와 회합하여 滄州를 공격하여 德州를 취하고 마침내 老鴉隄에서 연나라 병사를 패퇴시키니, 나소위가 이 때문에 양나라가 자신을 도운 것을 고맙게 여겼다.

魏博自田承嗣始有牙軍이러니 **牙軍歲久益驕**라 **至紹威時已二百年**하니 **父子世相**하야 **婚姻以自固結**하다 **前帥史憲誠何全**皡(호)**韓君雄樂彦貞等**은 **皆由牙軍所立**이라 **怒輒逐殺之**러니 **紹威爲人精悍明敏**하고 **通習吏事**하야 **爲政有威嚴**이라 **然其家世由牙軍所立**이라 **天祐二年**에 **魏州城中地陷**하니 **紹威懼有變**이라 **已而**오 **牙校李公佺作亂**이어늘 **紹威誅之**하고 **乃間遣使告梁乞兵**하야 **欲盡誅牙軍**이어늘 **梁太祖許之**[1]하야 **爲遣李思安等攻滄州**하고 **召兵於魏**라 **紹威因悉發魏兵以從**하니 **獨牙軍在**라

魏州와 博州는 田承嗣가 처음 牙軍을 설치하였는데, 아군은 세월이 오래 지날수록 더욱 교만해졌다. 羅紹威 때에 이르러 이미 200년이 되었으므로 父子가 서로 계승하여 대대로 서로 혼인을 맺어 스스로 견고하게 결속되어 있었다. 이전 軍帥 史憲誠, 何全皡, 韓君雄, 樂彦貞 등은 모두 아군으로부터 옹립되었기에 아군이 노할 때마다 내쫓고 죽였었는데, 나소위는 사람됨이 용맹하고 명민하며 官務를 잘 알아 정사에 위엄이 있었다. 그러나 그 집안도 대대로 아군으로부터 옹립되었다.

天祐 2년(905)에 위주의 성 안의 땅이 함몰되니, 나소위가 변란이 있을까 두려워

하였다. 이윽고 아군 軍校 李公佺이 난을 일으키자 나소위가 그를 주살하고, 이에 몰래 사자를 보내 梁나라에 알려 병사를 빌려 아군을 모두 주살하려고 하였다. 梁太祖가 이를 허락하여 李思安 등을 보내 滄州를 공격하고 위주에 있는 병사를 불렀다. 이에 나소위가 위주의 병사를 모두 출동시켜 이사안을 따르니, 아군만 남게 되었다.

1) 魏博自田承嗣始有牙軍……梁太祖許之 : ≪五代史纂誤≫ 卷中에 "지금 〈梁本紀〉를 살펴보건대 羅紹威가 太祖와 함께 牙軍을 주살할 것을 도모한 시기는 天祐 3년(906) 丙寅年이다. 또 ≪新唐書≫ 卷6 〈代宗本紀〉를 살펴보면 廣德 元年(763)에 史朝義의 장수인 田承嗣가 魏州를 가지고 항복하니, 이로부터 田氏가 魏博을 소유한 것이 累世였다라고 하였다. 廣德 元年은 癸卯年으로 天祐 3년에 이르기까지 실로 144년일 뿐이니, 200년이라고 말하면 잘못된 것이다.〔今按梁本紀 紹威與太祖謀誅牙軍時 天祐三年丙寅歲也 又按唐本紀代宗廣德元年 史朝義將田承嗣 以魏州降 自後田氏據有魏博者 累世 廣德元年歲在癸卯 至天祐三年 實一百四十四年爾 謂之二百年則誤也〕"라고 하였다.

紹威子廷規는 娶梁女러니 會梁女卒이라 太祖陰遣客將馬嗣勳하야 選良兵實輿中하고 以長直軍[1]千人雜輿夫入魏하야 詐爲助葬하고 太祖以兵繼其後하다 紹威夜以奴兵數百으로 會嗣勳兵擊牙軍하야 幷其家屬盡殺之하다 太祖自內黃馳至魏하니 魏兵從攻滄州者行至歷亭하야 聞之皆反하야 分入澶(선)博諸州하니 魏境大亂이라 數月에 太祖爲悉平之하다 牙軍死에 魏兵悉叛하야 紹威勢益孤라 太祖乃欲奪其地하니 紹威始大悔라

羅紹威의 아들 羅廷規는 梁 太祖의 딸에게 장가들었는데, 마침 양 태조의 딸이 卒하였다. 태조가 은밀히 客將 馬嗣勳을 보내 정예병을 선발하여 수레 안에 싣고 長直軍 천 명을 가마꾼과 섞어 魏州로 들어가 거짓으로 장례를 돕게 하고 태조는 병사를 거느리고 그 뒤를 따랐다. 나소위가 밤에 奴兵 수백 명을 거느리고 마사훈의 군사와 회합하여 牙軍을 공격하여 그 가솔들까지 모두 죽였다. 태조가 內黃으로부터 위주로 달려가니 滄州를 공격하던 위주의 병사들이 歷亭에 이르러 이 소식을 듣

고 모두 배반하여 澶州와 博州 등으로 흩어져 들어가서 위주의 경내가 크게 혼란해졌다. 몇 개월 만에 태조가 모두 평정하였다. 아군이 죽자 위주의 병사가 모두 배반하여 나소위의 형세가 더욱 고립되었기에 태조가 이에 그 땅을 빼앗고자 하니 나소위가 비로소 크게 후회하였다.

1) 長直軍 : 만일의 일에 대비하여 禁中에서 번갈아 교대하지 않고 장기간 당직을 서는 군사를 이른다.

是歲에 **太祖復攻滄州**하야 **宿兵長蘆**할새 **紹威饋給梁兵**하야 **自滄至魏五百里**에 **起亭堠**[1]하고 **供帳什物自具**하여 **梁兵數十萬皆取足**하니 **紹威以此重困**하다 **昭宗東遷洛陽**하야 **詔諸鎭繕理京師**이어늘 **紹威營太廟成**하야 **加拜守侍中**하고 **進封鄴王**하다

이해에 太祖가 다시 滄州를 공격하여 長蘆에 병사를 주둔시켰다. 이때에 羅紹威가 梁나라 병사들에게 군량을 공급하기 위해 滄州로부터 魏州에 이르기까지 500리에 걸쳐 亭堠를 세우고 장막과 군수물 등을 스스로 갖추어 놓아 양나라 병사 수십만 명이 모두 제 맘대로 가져다 쓰니, 나소위가 이 때문에 더욱 곤궁해졌다. 唐 昭宗이 洛陽으로 東遷하여 여러 鎭을 불러 京師를 수리하게 하였는데, 나소위가 太廟를 지어 완성하자 守侍中을 더하여 제수하였고 鄴王을 進封하였다.

1) 亭堠 : 고대에 변경에서 적군의 정황을 살피고 감시하는 기능으로 세운 초소를 말한다.

太祖圍滄州하야 **未下**어늘 **劉守光會晉軍**하야 **破梁潞州**하다 **太祖自長蘆歸**할새 **過魏**라가 **疾作臥府中**하니 **諸將莫得見**이라 **紹威懼太祖終襲己**하야 **乃乘間入見曰 今四方稱兵爲梁患者**는 **以唐在故也**라 **唐家天命已去**하니 **不如早自取之**라하니 **太祖大喜**하고 **乃急歸**하다 **太祖卽位**하야 **將都洛陽**이어늘 **紹威取魏良材爲五鳳樓朝元前殿**하야 **浮河而上**하야 **立之京師**라 **太祖歎曰 吾聞蕭何守關中**에 **爲漢起未央宮**[1]이라하니 **豈若紹威越千里而爲此若神化然**하니 **功過蕭何遠矣**라하고 **賜以寶帶名馬**하다

太祖가 滄州를 포위하여 함락하지 못하였는데, 劉守光이 晉나라 병사와 회합하여

梁나라 潞州를 격파하였다. 태조가 長蘆로부터 돌아올 때에 魏州를 방문하였다가 병이 나 府中에 누우니 장수들이 만나 볼 수 없었다. 羅紹威는 태조가 끝내 자신을 습격할까 두려워하여 이에 틈을 타 들어가 뵙고 말하기를 "지금 사방에 전란이 일어나 梁나라에 근심이 되는 것은 唐나라가 있기 때문입니다. 당나라는 天命이 이미 떠났으니 서둘러 스스로 취하는 것만 못합니다."라고 하니, 태조가 크게 기뻐하고 비로소 급히 돌아갔다.

태조가 즉위하여 장차 洛陽을 도읍으로 삼으려 하자 나소위가 위주의 좋은 목재를 가져다 五鳳樓와 朝元前殿을 만들어 黃河를 통해 배로 운반하여 京師에 세웠다. 태조가 찬탄하며 말하기를 "내가 듣건대 蕭何가 關中을 지킬 때에 漢나라를 위하여 未央宮을 세웠다지만 어찌 나소위가 천 리를 건너와 귀신의 조화처럼 지은 것만 하리오. 그 공이 소하보다 훨씬 뛰어나다."라고 하고 寶帶와 名馬를 하사하였다.

1) 蕭何守關中 爲漢起未央宮 : 未央宮은 漢나라의 궁전으로, 한 高祖 때 蕭何가 지었다. 그 터는 陝西省 長安縣 서북쪽에 있다.

燕王劉守光囚其父仁恭하야 **與其弟守文有隙**[1]이어늘 **紹威馳書勸守光等降梁**하다 **太祖聞之**하고 **笑曰 吾嘗攻燕**하야 **不能下**러니 **今紹威折簡**하니 **乃勝用兵十萬**이라하다 **太祖每有大事**면 **多遣使者問之**하고 **紹威時亦馳簡入白**하니 **使者相遇道中**에 **其事往往相合**이라

燕王 劉守光이 자기의 아버지 劉仁恭을 감금하여 아우 劉守文과는 틈이 있자 羅紹威가 서신을 보내 유수광 등에게 梁나라에 항복할 것을 권하였다. 太祖가 소식을 듣고 웃으며 말하기를 "내 일찍이 燕을 공격하여 함락하지 못하였는데, 지금 나소위가 서신을 보냈으니, 십만 명의 병사를 쓰는 것보다 낫다."라고 하였다. 태조가 매번 큰 일이 있을 때면 사자를 보내 나소위에게 자주 묻고 나소위도 때로 또한 서신을 보내 아뢰니 사자들이 서로 길에서 만났는데, 사자들이 전하려는 일이 자주 합치하였다.

1) 燕王劉守光囚其父仁恭 與其弟守文有隙 : ≪五代史纂誤≫ 卷中에 "지금 〈劉守光傳〉을 살펴보건대 劉守文은 바로 劉守光의 형이다.〔今按守光傳 守文乃其兄也〕"라고 하였다.

紹威自以魏久不用兵으로 願伐木安陽[1]淇門爲船하야 自河入洛하야 歲漕穀百萬石하야 以供京師하니 太祖益以紹威爲盡忠하야 遣將程厚盧凝督其役하다 舟未成而紹威病이라 乃表言魏故大鎭이라 多外兵[2]하니 願得梁一有功重臣臨之하고 請以骸骨就第라하니 太祖亟命其子周翰監府事하고 語使者曰 亟行하야 語而主호되 爲我强飯[3]하라 如有不諱어든 當世世貴爾子孫이라 今使周翰監府事하니 尙冀卿復愈耳라하다 紹威仕梁에 累拜太師兼中書令이러니 卒年三十四라 贈尙書令하고 諡曰貞壯이라

羅紹威가 스스로 魏州는 오랫동안 군사를 쓰지 않아 民力이 있다는 이유로 安陽과 淇門에서 목재를 베어다 배를 만들어 黃河로부터 洛陽으로 들어가 해마다 곡식 백만 석을 漕運하여 京師에 공급하려고 하였다. 太祖가 더욱 나소위가 충성을 다한다고 여겨 將帥 程厚와 盧凝을 보내 그 일을 감독하게 하였다. 배가 완성되기 전에 나소위가 병들자 이에 表文을 올려 아뢰기를 "위주는 예로부터 큰 鎭이므로 外兵이 많으니, 梁나라에 공이 있는 重臣에게 이곳을 맡기고 노구를 거두어 집에 돌아가기를 원합니다."라고 하였다.

태조가 나소위의 아들 羅周翰에게 府의 일을 감독하라고 급히 명을 내리고, 사자에게 "급히 가서 너희 주인에게 말하되 '나를 위해 억지로라도 밥을 들라. 불행히 그대가 죽으면 대대로 너희 자손들을 귀하게 대접할 것이다. 지금 나주한에게 府의 일을 감독하게 하였으니 부디 卿이 다시 회복하기를 바란다.'라 하라."고 하였다. 나소위가 梁나라에 벼슬할 때에 누차 太師 兼中書令에 제수되었고 卒하였을 때 나이는 34세였다. 尙書令에 추증되었고 시호는 貞壯이다.

1) 安陽 : 현재 河南省 북부의 현 이름이다.
2) 外兵 : 군사제도의 하나로 ≪宋書≫ 〈百官志上〉에 "魏에 五兵을 두었는데 尙書領中兵·外兵二曹, 昔有騎兵, 別兵, 都兵 등을 五兵이라 하였다."라고 하였다.
3) 强飯 : 억지로 밥을 먹는다는 말로 ≪詩經≫ 〈魏風〉에 "억지로라도 밥을 먹고 병을 조심하여 스스로 보위한다."〔强飯愼疾以自保〕라고 한 데서 온 말이다.

或問 牙軍之爲州帥禍者가 五世矣라 譬之附頸之瘤不去則病日盛하고 去之則身與俱斃하니 如何而可오 予答之曰 覽藝祖平定中原之後에 杯酒釋兵權하되 而與石守

信王審琦等으로 **終無間言**[1)]하니 **此可見英雄之芟**(삼)**亂靖難**이라 **固當揣**(췌)**人情權事機**오 **而又必開誠布公**이라야 **斯能轉移其間**이라 **故曰齒脫而兒不知**[2)]라 **紹威之請兵於梁**은 **世所謂醫者食烏喙**(훼)**與附子之術**[3)]**也**니 **可不戒哉**아

宋 太祖

혹자가 묻기를 "牙軍이 州帥의 우환거리가 된 지가 五世이다. 비유하자면 목에 난 종기는 제거하지 않으면 병이 날로 심해지고 제거하면 자신도 함께 죽는 것과 같으니, 어떻게 해야 되는가?"라고 하였다. 내가 답하기를 "살펴보건대 宋 太祖가 中原을 평정한 뒤에 酒宴을 베풀어 장수들의 兵權을 내려놓게 하였으나 石守信과 王審琦 등과 끝내 흠잡는 말이 없었으니, 여기에서 영웅이 환란을 평정하는 방법을 볼 수 있다. 진실로 人情을 헤아리고 일의 기미를 저울질해야만 하고 또 반드시 성심을 열고 공정함을 베풀어야만 이러한 상황을 잘 바꿀 수 있다. 그러므로 이가 빠져도 아이는 알지 못한다고 하였다. 羅紹威가 〈아군의 우환을 없애기 위해〉 梁나라에 병사를 청한 것은 세상에서 이른바 의원이 烏喙와 附子를 먹이는 방법이니, 경계하지 않을 수 있겠는가.

1) 藝祖平定中原之後……終無間言 : 宋 太祖 趙匡胤이 중국을 평정한 뒤에 趙普의 계책으로 병권을 쥐고 있는 王審琦, 石守信 등을 불러 술자리를 마련하고 "장수들이 異心을 품는 자가 많으니, 황제의 자리를 내놓겠다."라고 하니, 그들이 병권을 내놓고 물러갔으며 그 후로 군사의 실권을 황제가 좌우할 수 있게 되고, 반란도 일어나지 않았다고 한다.(≪宋史≫ 卷250 〈石守信列傳〉)

2) 齒脫而兒不知 : 여기서는 시간을 두고 차근차근 정성을 들여 일을 처리한다는 말이다. ≪東坡全集≫ 卷66 〈代滕甫論西夏書〉에 "비유하자면 어린아이의 훼손된 치아는 점차 흔든다면 치아가 빠져도 어린아이가 알지 못하는데, 만약 점차 흔들지 않고 한 번에 뽑아 치아를 얻는다면 훼손된 치아가 아이를 죽일 수도 있다.〔譬如小兒之毁齒 以漸搖撼之 則齒脫而小兒不知 若不以漸 一拔而

得齒 則毁齒可以殺兒〕"라고 한 데서 온 말이다.

3) 醫者食烏喙與附子之術也 : 烏喙는 독성이 강한 약재로 附子를 이르는 말이다. 의원이 독성이 있는 약재를 사용하여 너무 급하게 병을 치료하는 것을 말하는데, 여기서는 羅紹威가 너무 급하게 梁나라를 끌어들여 牙軍을 죽인 것을 말한다.

03. 王處直傳* 王處直의 傳記

* 王處直(?~929)은 자는 允明이고 京兆 萬年 사람이다. 왕처직의 열전은 ≪舊五代史≫ 卷54 〈唐書 第30 列傳 第6〉, ≪新五代史≫ 卷39 〈雜傳 第27〉에 각각 실려 있다.

이 열전에서는 왕처직이 唐나라, 梁나라를 차례로 배반하고 晉나라와 동맹을 맺는 과정과, 왕처직이 무당의 말을 신봉한 나머지 무당 李應之가 추천한 王都를 양자로 삼았다가 결국 왕도에게 살해당하는 과정, 왕도가 왕처직을 죽인 뒤 契丹을 끌어들여 晉나라를 배반하였다가 끝내 성이 함락되어 자결하는 과정 등을 생동감 있게 묘사하였다. 즉 왕처직의 일대기를 서술하기보다는 왕처직의 흥망과 그의 養子 王都의 흥망에 관계된 중요한 사건을 중심으로 서술하여, 무당의 말을 신봉하다 一身을 망친 왕처직과 아버지를 살해하고 契丹을 끌어들여 晉나라를 배신하려다 죽음을 맞이한 왕도를 통해 경계를 드리웠고 史評도 두지 않았다.

이에 반해 ≪구오대사≫에서는 王處直傳의 원본에는 왕도의 사적만이 기록되어 있고 왕처직의 사적이 闕佚되어 있다고 말하고 ≪唐書≫ 〈列傳〉에 근거하여 그의 사적을 간략하게 서술하고, 왕도의 사적을 중심으로 서술하였다. 두 사람에 대한 史評에서는 "부귀가 오랫동안 지속됨에 仁義를 수양하지 않아 눈으로는 여색에 현혹되고 귀로는 음악에 미혹되어 간악한 일이 일어나기 전에 이를 막지 못하였고 화가 일어나기 전에 이를 살피지 못하여 서로 이어 패망하였으니 또 누구의 잘못인가."라고 하여 후세에 경계를 드리웠다.

王處直은 **於梁晉之間**에 **首(鼠)〔尾〕[1]衡決**이라

王處直은 梁나라와 晉나라 사이에서 首尾가 서로 엇갈렸다.

1) (扈)〔尾〕: 저본에는 '扈'로 되어 있으나, 사고전서본에 의거하여 '尾'로 바로잡았다.

王處直은 字允明이오 京兆萬年人也라 父宗善殖財貨하야 富擬王侯하다 爲唐神策軍吏하고 官至金吾大將軍하야 領[1]興元節度使하다 子處存處直이라

王處直은 자는 允明이고 京兆 萬年 사람이다. 아버지 王宗은 재화를 잘 불려 부유함이 王侯와 비견되었다. 唐나라의 神策軍吏가 되었고 관직은 金吾大將軍에 이르러 興元節度使를 맡았다. 아들은 王處存과 王處直이다.

1) 領 : 자신의 官等에 비해 낮은 직책의 임무를 겸하여 맡는 것을 領이라 한다. 이와 반대를 錄이라 한다.

處存은 以父任爲驍衛將軍 定州已來制置 內閑廐宮苑等使하고 乾符六年에 卽拜義武軍節度使하다 黃巢陷長安에 處存感憤流涕하야 率鎭兵入關討賊이러니 巢敗第功에 而收城擊賊은 李克用爲第一이요 勤王倡義는 處存爲第一이라 乾寧二年에 處存卒於鎭하니 三軍以河朔故事로 推處存子郜(고)하야 爲留後하니 卽拜節度使하고 加檢校司空 同中書門下平章事하다 處直爲後院中軍都知兵馬使하다

王處存은 아버지의 관직 덕분에 驍衛將軍 定州已來制置使 內閑廐宮苑使 등이 되었다. 乾符 6년(879)에 곧 義武軍節度使에 배수되었다. 黃巢가 長安을 함락시키자 왕처존은 감분하여 눈물을 흘리며 鎭의 병사를 이끌고 關으로 들어가 적을 토벌하였는데, 황소가 패하고 나서 功을 評定할 때에 京城을 수복하여 적을 격퇴한 공은 李克用이 第一이었고, 왕실을 구원하고 大義를 창도한 공은 왕처존이 第一이었다. 乾寧 2년(895)에 왕처존이 鎭에서 卒하니 三軍이 河朔의 故事에 따라 왕처존의 아들 王郜를 추대하여 留後로 삼았다. 곧바로 節度使에 배수되었고 檢校司空 同中書門下平章事의 벼슬을 더해주었다. 왕처직은 後院中軍都知兵馬使로 삼았다.

光化三年에 梁兵攻定州어늘 郜遣處直率兵拒之하야 戰於沙河라가 爲梁兵所敗하다

敗兵返入城逐郜하니 **郜出奔晉**이어늘 **亂兵推處直爲留後**하다 **梁兵圍之**에 **處直遣人告梁**하야 **請絶晉而事梁**하고 **出絹十萬疋犒(호)軍**하니 **乃與梁盟**하다 **梁太祖表處直義武軍節度使**하고 **累封太原王**하다 **太祖卽位**에 **封處直北平王**하다

光化 3년(900)에 梁나라 병사가 定州를 공격하자 王郜가 王處直을 보내 병사를 거느리고 막게 하여 沙河에서 전투하다 양나라 병사에게 패하였다. 패한 군대가 성으로 들어와 왕고를 쫓아내니 왕고가 晉나라로 달아났다. 난을 일으킨 군대가 왕처직을 留後로 삼았다. 양나라 병사가 포위하자 왕처직이 사람을 보내 양나라에 고하여 晉나라와 국교를 끊고 양나라를 섬기기를 청하고 비단 십만 필을 내어 군사들을 위로하니 이에 양나라와 동맹을 맺었다. 梁 太祖가 唐나라에 표문을 올려 왕처직을 義武軍節度使로 삼았고, 여러 차례 봉하여 太原王이 되었다. 태조가 즉위하자 왕처직을 北平王에 봉하였다.

其後梁兵攻王鎔이어늘 **鎔求救於晉**하니 **處直亦遣人至晉**하야 **願絶梁以自效**하다 **晉王救鎔**할새 **處直以兵五千從**하야 **破梁軍於柏鄕**하다 **其後晉北破燕**하고 **南取魏博**하고 **與梁戰河上十餘年**에 **處直未嘗不以兵從**하다

그 후에 梁나라 병사가 王鎔을 공격하였는데, 왕용이 晉나라에 구원을 청하니, 王處直도 진나라로 사람을 보내 양나라와 국교를 끊고 진나라를 위해 스스로 힘을 다하기를 원하였다. 晉王이 왕용을 구원할 때에 왕처직이 병사 오천 명으로 從軍하여 양나라 군대를 柏鄕에서 격파하였다. 그 후에 진나라가 북쪽으로 燕나라를 격파하고 남쪽으로 魏博을 취하고 양나라와 황하 가에서 전쟁을 하는 10여 년 동안 왕처직이 병사를 거느리고 從軍하지 않은 적이 없었다.

處直好巫而客有李應之者하니 **妖妄人也**라 **處直有疾**이어늘 **應之以左道治之而愈**하니 **處直益以爲神**하야 **使衣道士服**하야 **以爲行軍司馬**하고 **軍政無大小**히 **咸取決焉**하다 **初應之於陘(형)邑閭得小兒劉雲郎**하야 **養以爲子**러니 **而處直未有子**하니 **乃以雲郎與處直而紿(태)曰 此子生而有異**라하여늘 **處直養以爲子**하야 **更名曰都**하야 **甚愛之**하다

應之由此益橫하야 **乃籍館內丁壯**하야 **別立新軍**하야 **自將之**하고 **治第博陵坊**할새 **四面開門**하니 **皆用左道**하다 **處直將吏知其必爲患**이나 **而莫能諫也**라

王處直이 무당을 좋아하였는데 食客 중에 李應之라는 자가 있었으니 妖妄한 사람이었다. 왕처직이 병이 있었는데 이응지가 左道로 치료하여 나으니, 왕처직이 더욱 신묘하다고 여겨 도사의 복장을 입게 하고서 行軍司馬로 삼고 軍政은 크고 작은 일 가리지 않고 모두 그의 의견에 따라 결정하였다.

당초에 이응지가 陘邑에서 어린아이 劉雲郎을 주워 養子로 삼았는데, 왕처직이 아들이 없는지라 이에 유운랑을 왕처직에게 주며 속여 말하기를 "이 아이는 태어나면서 남달랐습니다."라고 하였다. 왕처직이 양자로 삼고서 王都라 이름을 개명하고 몹시 그를 아꼈다. 이응지가 이로부터 더욱 專橫을 일삼아 이에 관할구역 내의 丁壯을 軍籍에 올려 따로 新軍을 만들어 자신이 통솔하였고, 博陵坊에 관저를 지었는데, 사면에 문을 내었으니 모두 좌도를 따른 것이다. 왕처직의 將吏는 그가 반드시 우환이 될 것임을 알았지만 간언할 수 없었다.

是時에 **幽州李匡儔**(주)**假道中山**하야 **以如京師**어늘 **處直伏甲城外**하야 **以備不虞**하다 **匡儔已去**에 **甲士入城**하야 **圍應之第**하야 **執而殺之**하고 **因詣處直請殺都**어늘 **處直不與**하다 **明日**에 **第功行賞**할새 **因陰疏甲士姓名**하되 **自隊長以上**은 **藏於別籍**하야 **其後因事誅之**하니 **凡二十年**에 **無一人免者**어늘 **而處直終爲都所殺**이라

이때에 幽州의 李匡儔가 中山에 길을 빌려 京師로 가려고 하였는데, 王處直이 성 밖에 甲士를 매복하여 뜻하지 않은 변고에 대비하였다. 이광주가 이미 떠나자 갑사들이 성으로 들어와 李應之의 집을 포위하여 잡아 죽이고, 인하여 왕처직에게 나아가 王都를 죽일 것을 청하였으나 왕처직이 허락하지 않았다. 이튿날 論功行賞을 할 때에 갑사들의 성명을 은밀히 열거해두되 隊長 이상은 별도의 장부에 기록해 두고 후일에 다른 일을 빌미로 삼아 주살하니, 20년 동안에 한 사람도 면한 사람이 없었는데, 왕처직은 끝내 왕도에게 피살되었다.

都爲人狡佞多謀라 處直以爲節度副使하다 張文禮弑王鎔에 莊宗發兵討文禮어늘 處直與左右謀曰 鎭은 定之蔽也라 文禮雖有罪나 然鎭亡이면 定不獨存이라하고 乃遣人請莊宗毋發兵하다 莊宗取所獲文禮與梁蠟(랍)書示處直曰 文禮負我師하니 不可止라하다 處直有孽(얼)子郁하야 當郜之亡於晉也에 郁亦奔焉이어늘 晉王以女妻之하야 以爲新州防禦使하다 處直見莊宗必討文禮하고 益自疑하야 乃陰與郁交通하야 使郁北招契丹入塞하야 以牽晉兵하고 且許召郁爲嗣어늘 都聞之不悅이라 而定人皆言契丹不可召니 恐自貽患이라하되 處直不聽하다

王都는 사람됨이 교활하고 꾀가 많으므로 王處直이 節度副使로 삼았다. 張文禮가 王鎔을 시해하자 莊宗이 병사를 일으켜 장문례를 토벌하였다. 왕처직이 좌우의 신하들과 모의하기를 “鎭州는 定州의 屛障이다. 장문례가 비록 죄가 있으나 진주가 망하면 정주만 홀로 보존될 수 없다.”라고 하고 이에 사람을 보내 莊宗에게 병사를 일으키지 말 것을 청하였다. 장종이 입수했던, 장문례가 梁나라에 보낸 밀봉서찰을 가져다 왕처직에게 보여주며 말하기를 “장문례가 우리 군사를 배반하였으니 멈출 수 없다.”라고 하였다. 왕처직에게는 얼자인 王郁이 있었는데 王郜가 晉나라로 달아날 때에 왕욱도 역시 달아났다. 그러자 晉王이 자신의 딸을 그의 아내로 삼아 주고서 新州防禦使로 삼았다. 왕처직이 장종이 반드시 장문례를 토벌하려는 것을 보고 더욱 스스로 의심하였다. 이에 몰래 왕욱과 내통하여 왕욱으로 하여금 북쪽에서 契丹을 국경 안으로 불러들여 晉나라 병사를 견제하게 하는 한편 또 왕욱을 불러 後嗣로 삼을 것을 허락하자 왕도가 이 소식을 듣고 좋아하지 않았다. 定州 사람들은 모두 ‘契丹을 불러들여서는 안 되니 스스로 우환을 끼치게 될까 염려된다.’라고 하였지만 왕처직은 듣지 않았다.

郁自奔晉으로 常恐處直不容이라가 因此大喜하야 以爲乘其隙하야 可取之하고 乃以厚賂誘契丹阿保機하다 阿保機擧國入寇로되 定人皆不欲契丹之擧라 小吏和昭訓勸都擧事어늘 都因執處直하야 囚之西宅하야 自爲留後하고 凡王氏子孫及處直將校殺戮殆盡하다 明年正月朔旦에 都拜處直於西宅이어늘 處直奮起하야 揕(침)其胸而呼曰

逆賊아 **吾何負爾**아하다 **然左右無兵**하야 **遂欲囓**(설)**其鼻**어늘 **都掣**(철)**袖而走**러니 **處直遂見殺**하다

王郁이 晉나라로 도망한 뒤로 王處直이 容認해주지 않을까 늘 걱정하였는데, 이로 인해 크게 기뻐하며 그 틈을 타 定州를 취할 수 있다고 생각하고 이에 후한 뇌물로 契丹의 阿保機를 유인하였다. 아보기가 국력을 전부 동원하여 침공하였으나, 定州 사람들은 모두 契丹이 출병하는 것을 바라지 않았다. 小吏 和昭訓이 王都에게 거사를 일으킬 것을 권하거늘 왕도가 왕처직을 잡아 西宅에 가두고 스스로 留後가 되고는 王氏의 子孫들 및 왕처직의 將校들까지 모조리 살육하였다.

이듬해 정월 초하루 아침에 왕도가 西宅에서 왕처직을 拜見하자 왕처직이 분연히 일어나 가슴을 치며 호통 치기를 "역적 놈아! 내가 너를 저버린 것이 무엇이더냐."라고 하였다. 그러나 좌우에 병기가 없자 마침내 왕도의 코를 물어뜯으려 하자 왕도가 잡힌 소매를 뿌리치고 달아났다. 왕처직은 마침내 피살되었다.

初有黃蛇見於碑樓하니 **處直以爲龍**하야 **藏而祠之**하고 **又有野鵲數百巢麥田中**하니 **處直以爲已德所致**어늘 **而定人皆知其不祥曰 蛇穴山澤**이어늘 **而處人室**하고 **鵲巢鳥**어늘 **降而田居**하니 **小人竊位**하야 **而在上者失其所居之象也**라하더니 **已而**오 **處直果被廢死**하다

당초에 누런 뱀이 碑樓에 나타나자 王處直은 龍이라고 여기고 이를 모셔두고 제사를 지냈고, 또 들에 까치 수백 마리가 보리밭 가운데 둥지를 지으니 왕처직은 자신의 덕망이 불러온 것이라 생각하였다. 그런데 定州 사람들은 모두 그것이 상서롭지 않음을 알고는 "뱀은 山澤에 굴을 파고 사는데 사람이 사는 집에 거처하고, 까치는 둥지를 짓고 사는 새인데 내려와 밭에 사니, 小人이 자리를 훔쳐 위에 있는 사람이 자리를 잃을 조짐이다."라고 하였다. 이윽고 왕처직이 과연 유폐되었다가 살해되었다.

莊宗已敗契丹於沙河하야 **追奔過定州**할새 **與都相得懽甚**하야 **以子繼岌娶都女**하고

以都爲義武軍節度使하다 同光二年에 莊宗幸鄴에 都來朝하니 賜與鉅萬이라 莊宗以繼岌故로 待都甚厚하야 所請無不從이라 及明宗立에 頗惡都爲人하야 而安重誨每以法繩之하니 都始有異志라 是時에 唐兵擊契丹하야 數(삭)往來定州어늘 都供饋多闕하야 益不自安하다

莊宗이 沙河에서 契丹을 이미 패퇴시키고 추격하여 定州를 지날 때에 王都와 서로 매우 사이가 좋아 자신의 아들 李繼岌을 왕도의 딸에게 장가보내고 왕도를 義武軍節度使로 삼았다.

同光 2년(924)에 장종이 鄴에 거둥하였는데 왕도가 와서 조회하니 鉅萬의 재물을 하사하였다. 장종이 이계급의 〈장인이라는〉 이유로 왕도를 몹시 후하게 대우하여 청하는 바를 들어주지 않음이 없었다.

明宗이 즉위하자 왕도의 사람됨을 몹시 싫어하여 安重誨가 매번 법으로 제재하니, 왕도가 비로소 다른 뜻을 품게 되었다. 이때에 後唐의 병사가 契丹을 공격하느라 자주 定州를 왕래하였는데, 왕도가 공급할 군수품이 많이 부족하자 더욱 스스로 불안해하였다.

和昭訓爲都謀曰 天子新立에 四方未附하야 其勢易離하니 可爲自安之計라하다 已而오 朱守殷反於汴州어늘 都遂亦反하고 遣人以蠟(랍)書招靑徐岐潞梓五鎭하여 約皆擧兵이나 而五鎭不應하다 明宗遣王晏球討之어늘 都復與王郁招契丹爲援한대 契丹遣秃餒(뇌)하야 將萬騎救都하다 都遣指揮使鄭季麟龍泉鎭將杜弘壽하야 以二千人迎契丹이라가 爲晏球所敗하야 季麟弘壽被執하다 晏球責曰 吾嘗使人招汝어늘 何故不降(항)고하니 弘壽對曰 受恩中山兩世矣니 不敢有二心이라하다 遂見殺한대 弘壽臨刑에 神色自若이라 晏球屯軍望都하야 與都及契丹戰하야 大敗之曲陽하니 都及秃餒得數騎遯去하야 閉城不復出하다

和昭訓이 王都를 위하여 모의하기를 "天子가 새로 등극함에 사방이 아직 歸附하지 않아 그 형세가 쉽게 離散될 것이니, 자신을 보전하는 계책으로 삼을 만합니다."라고 하였다. 이윽고 朱守殷이 汴州에서 반란을 일으키자 왕도도 마침내 반란을 일

으키고 사람을 보내 비밀서신으로 青, 徐, 岐, 潞, 梓 다섯 鎭을 불러 모두 거병하기로 약속하였으나, 다섯 鎭이 모두 응하지 않았다.

明宗이 王晏球를 보내 토벌하자 왕도가 다시 王郁과 함께 契丹을 불러 원병으로 삼으려 하였는데 거란이 禿餒를 보내 1만 명의 기병을 거느리고 왕도를 구원하게 하였다. 왕도가 指揮使 鄭季麟과 龍泉鎭將 杜弘壽를 보내 2천 명의 병사로 거란을 맞이하러 가다가 왕안구에게 패하여 정계린과 두홍수가 사로잡혔다. 왕안구가 꾸짖기를 "우리가 사람을 보내 너희를 불렀거늘 무슨 이유로 항복하지 않았느냐."라고 하니, 두홍수가 대답하기를 "2대 동안 中山에서 벼슬하여 은혜를 입었으니 감히 두 마음을 가질 수 없다."라고 하였다. 마침내 피살되었는데, 두홍수는 형을 받을 때에 神色이 태연자약하였다.

왕안구가 望都(河北省 唐縣 북동쪽)에 군대를 주둔하고 왕도와 거란과 전투하여 曲陽에서 크게 패배시키니, 왕도와 독뇌가 몇 명의 기병만 거느리고 달아나 성문을 닫고 다시 나오지 않았다.

初에 **莊宗軍中闌得一男子**하야 **愛之**하야 **使冒姓李名繼陶**하야 **養於宮中**하야 **以爲子**하다 **明宗卽位**에 **安重誨出以乞段徊**어늘 **徊亦惡**(오)**而逐之**하니 **都使人求得之**하다 **至是**에 紿(태)**其衆曰 此莊宗太子也**라하고 **被以天子之服**하야 **使巡城上**하야 **以示晏球軍**하니 **軍士識者曰 此繼陶也**라하고 **共**詬(후)**之**하다

당초에 莊宗이 軍中에서 한 남자 아이를 얻어 이를 아껴 李氏 성을 쓰게 해주고 繼陶라 이름 짓고는 宮中에서 길러 아들로 삼았다. 明宗이 즉위함에 安重誨가 궁에서 데려나와 段徊에게 부탁하였는데 단회 또한 미워하여 쫓아내니, 王都가 사람을 시켜 찾아내었다.

이때에 이르러 무리들을 속이기를 "이분이 莊宗의 太子이다."라고 하고 천자의 복장을 입혀 성 위를 순시하게 하여 王晏球의 군사들에게 보이니, 군사 중에 아는 자가 "저자는 李繼陶이다."라고 하고 함께 욕하였다.

都居城中에 **兵少**하야 **惟以契丹二千人守城**일새 **呼禿**餒**爲**餒**王**하고 **屈身事之**라 **諸將**

有欲出降(항)者어늘 都伺察嚴密하야 殺戮無虛日이라 以故로 堅守經年하다 天成四年二月에 城破한대 都與家屬皆自焚死하야 王氏遂絶於中山이나 而處存有子鄴이러니 鄴子廷胤은 與莊宗連外姻이라 爲人驍勇이라 自爲軍校로 能與士卒同辛苦러니 明宗時에 歷貝(忻)〔忻〕[1]密澶隰州刺史하다 范延光反於鄴에 晉高祖以廷胤爲楊光遠行營中軍使러니 破延光有功하야 拜彰德軍節度使하다

王都가 성안에 있을 때에 병사가 적어 오직 契丹의 이천 명의 군사로 성을 지켰으므로 禿餒를 餒王이라 부르고 자신을 굽혀 그를 섬겼다. 장수들 중에 성을 나가 항복하려는 자가 있었는데, 왕도가 엄밀히 伺察해 〈죽여〉 살육이 없는 날이 없었다. 이 때문에 성을 굳게 지켜 한 해를 넘길 수 있었다.

天成 4년(929) 2월에 성이 함락되자 왕도와 가솔들은 모두 스스로 집에 불을 질러 자결하여 王氏가 中山에서 마침내 대가 끊어졌다. 그러나 王處存은 아들 王鄴이 있었는데 왕업의 아들 王廷胤은 莊宗과 外姻 관계에 있었다. 사람됨이 용맹하였다. 軍校가 된 뒤로 士卒들과 同苦同樂하였는데, 明宗 때에 貝州, 忻州, 密州, 澶州, 隰州 다섯 州의 刺史를 역임하였다. 范延光이 鄴에서 반란을 일으켰을 때에 晉 高祖가 王廷胤을 楊光遠의 行營中軍使로 삼았는데, 范延光을 격파한 공으로 彰德軍節度使에 배수되었다.

1) (忻)〔忻〕: 저본에는 '忻'로 되어 있으나, ≪新五代史≫에 의거하여 '忻'으로 바로잡았다.

初에 處直爲都所囚하니 幼子威北走契丹하다 契丹謂晉高祖曰 吾欲使威襲其先人爵土하니 如何오하니 高祖對曰 中國之法은 自將校爲刺史하고 升團練防禦하야 而至節度使하니 請送威歸中國이면 漸進之호리라하다 契丹怒曰 爾自諸侯爲天子하니 豈有漸乎아하니 高祖聞之하고 遽徙廷胤鎭義武하고 曰 此亦王氏之後也라하다 後徙鎭海而卒[1]하다

당초에 王處直이 王都에 의해 수감되니, 어린 아들인 王威는 북쪽 契丹으로 달아났다. 거란이 晉 高祖에게 말하기를 "우리는 왕위에게 그 先父의 작위와 토지를 이

어받게 하려고 하는데 어떤가?"라고 하니, 고조가 대답하기를 "中國의 법은 將校로부터 刺史가 되고 團練防禦에 오르고 節度使에 이르니, 청컨대 왕위를 중국으로 돌려보내면 점차 승진시켜 주겠습니다."라고 하였다. 거란이 노하여 "너는 제후로부터 천자가 되었으니, 어디에 점차적으로 올라가는 법이 있는가."라고 하였다. 고조가 이 말을 듣고 대번에 王廷胤을 옮겨 義武를 鎭守하게 하고 "이 사람 또한 王氏의 후손입니다."라고 하였다. 후에 鎭海로 자리를 옮겼다가 卒하였다.

後晋 高祖

1) 後徙鎭海而卒 : ≪五代史纂誤補≫ 卷下에 "삼가 살펴보건대 鎭海軍은 杭州에 있는데, ≪舊五代史≫ 〈王庭允傳〉을 살펴보면 '滄州節度使'로 바뀌어 있으니, 여기 '鎭海'는 응당 '橫海'를 잘못 기록한 것이다.〔謹按 鎭海軍在杭州 考薛史王庭允傳 作改滄州節度使 此鎭海 當是橫海之誤〕"라고 하였다.

04. 劉守光傳* 劉守光의 傳記

* 劉守光(?～?)은 深州 樂壽 사람이다. 유수광의 열전은 ≪舊五代史≫ 卷135 〈僭僞列傳 第2〉, ≪新五代史≫ 卷39 〈雜傳 第27〉에 각각 실려 있다.

劉仁恭은 꾀가 많고 사람을 잘 섬겨 晉나라에 신임을 얻었지만 후에 사소한 일로 진나라를 배반하였고, 梁나라가 공격하자 다시 진나라에 귀부하였으며, 후에 富貴로 인해 교만해져 사치와 여색을 일삼은 인물이다. 유인공은 아버지의 애첩과 사통하다 발각되어 쫓겨나자 군사를 이끌고 아버지를 공격하여 유폐시켰고, 아버지가 유폐되었다는 소식을 듣고 구원하러 온 형 劉守文을 살해하기까지 하였다. 그 후로는 梁나라와 晉나라의 계속된 전쟁으로 혼란한 틈을 타 세력을 유지하며 교만에 사로잡혀 충신의 간언을 묵살하고 황제의 지위에 올랐다가 결국 진나라에 패하여 죽임을 당한 인물이다.

이 열전에서는 유수광의 아버지 유인공의 사적을 시작으로 아버지를 유폐하고 형을 시해한 유수광의 잔인하고 추악한 모습을 생동감 있게 묘사하였다. 특히 성을 지키기 위해 백성들에게 누룩을 먹여 살을 찌운 뒤 그들을 죽여 병사의 식량으로 대용한 장면과 자신에게 충언을 한 孫鶴을 죽여 肉醬을 담그는 모습에서 그의 잔혹한 모습이 잘 드러나고, 진나라에 사로잡힌 뒤 형구를 풀어주고 연회의 말석에 두자 유인공 부자가 태연자약 먹고 마시며 부끄러운 기색이 없는 모습과 처형당할 때 끝까지 살기위해 발버둥 치는 모습에서 몰염치한 모습이 더욱 드러난다.

史評에서는 진나라가 이들 부자에게 3가지의 큰 은혜를 베풀었음에도 결국 진나라를 배반한 것을 부각시켜 유수광을 의리를 저버린 인물이라 평하였다. 이에 비해 ≪구오대사≫에서는 "유수광이 천륜을 거스르고 도리를 위배한 것은 예로부터 없었던 일인데, 형벌을 당할 때에 오히려 사형을 면해주길 바랐으니, 몹시 악독할 뿐만 아니라 또한 몹시도 어리석은 자이다.〔守光逆天反道從古所無 迨至臨刑 倘求免死 非唯惡之極也 抑亦愚之甚也〕"라고 하여 죽을 때까지 몰염치했던 유수광의 모습을 부각시켜 후세에 경계를 드리웠다.

劉守光傳은 **多生色**이라

劉守光의 傳記는 생동감이 넘친다.

劉守光은 **深州樂壽人也**라 **其父仁恭**은 **事幽州李可擧**할새 **能穴地爲道以攻城**하니 **軍中號劉窟頭**라 **稍以功遷軍校**하다 **仁恭爲人有勇**하고 **好大言**이라 **可擧死**에 **子匡威惡**(오) **其爲人**하야 **不欲使居軍中**하야 **徙爲瀛州景城縣令**하다 **瀛州軍亂**하야 **殺刺史**어늘 **仁恭募縣中得千人**하야 **討平之**하다 **匡威喜**하야 **復**(부)**以爲將**하야 **使戍蔚州**러니 **戍兵過期不得代**하야 **皆思歸**하야 **出怨言**하다 **匡威爲其弟匡儔所逐**이어늘 **仁恭聞亂**하고 **乃擁戍兵**하야 **攻幽州**라가 **行至居庸關**[1]하여 **戰敗**하야 **奔於晉**하니 **晉以爲壽陽鎭將**하다

劉守光은 深州 樂壽 사람이다. 그 아버지 劉仁恭은 幽州 李可擧를 섬길 때에 땅에 굴을 파서 길을 만들어 성을 공격하였으니 軍中에서 劉窟頭라 불렀다. 점차 軍功을 세워 軍校로 승진하였다. 유인공은 사람됨이 용감하고 큰 소리 치는 것을 좋아하였다. 이가거가 죽자 아들 李匡威가 유인공의 사람됨을 미워하여 軍中에 남겨두고 싶

지 않아 옮겨 瀛州 景城縣令으로 삼았다. 영주의 군대가 반란을 일으켜 刺史를 죽이자 유인공이 縣에서 천 명을 모집하여 토벌하여 평정하였다. 이광위가 기뻐하며 다시 將帥로 삼아 蔚州를 지키게 하였는데, 戍卒들이 임기가 지났음에도 교대해주지 않자 모두 집으로 돌아갈 것을 생각하며 원망하는 말을 하였다. 이광위가 그의 아우 李匡儔에게 쫓겨나자 유인공이 변란의 소식을 듣고 이에 戍卒들을 거느리고 幽州를 공격하려다 居庸關에 이르러 패전하여 晉나라로 달아나니, 진나라가 壽陽鎭將으로 삼았다.

1) 居庸關 : 중국 北京 북서쪽 60km 지점에 있는 關門으로, 華北 평원에서 蒙古 고원으로 향한 도로가 산맥을 가로질러 만리장성을 넘어가는 지점에 있다. 건설 연대는 분명하지 않지만 옛날부터 변방의 요새였고, 太行산맥의 고갯길 太行八徑의 하나로 알려졌다.

仁恭多智詐하야 **善事人**이라 **事晉王愛將蓋**(갑)**寓**[1]**尤謹**하야 **每對寓涕泣**하야 **自言 居燕無罪**나 **以讒見逐**이라하고 **因道燕虛實**하야 **陳可取之謀**하니 **晉王益信而愛之**하다 **乾寧元年**에 **晉擊破匡儔**하야 **乃以仁恭爲幽州留後**하고 **留其親信燕留得等十餘人**하야 **監其軍**하고 **爲之請命於唐**하야 **拜檢校司空 盧龍軍節度使**하다

劉仁恭이 꾀가 많아 사람을 잘 섬겼다. 晉王이 아끼는 장수 蓋寓를 섬김에 더욱 정중하게 하여 매번 갑우를 만나면 눈물을 흘리며 스스로 "燕에 있을 때에 죄가 없었으나 참소로 쫓겨났다."라고 하고는 인하여 연의 虛實을 말하여 연을 취할 수 있는 방법을 진술하니, 진왕이 더욱 믿고 아꼈다.

乾寧 원년(894)에 진나라가 李匡儔를 격파하고서 이에 유인공을 幽州留後로 삼았다. 그리고 진왕이 자신이 親信하던 燕留得 등 10여 인을 남겨두어 그 군을 감독하게 하고 연류득을 위해 唐나라에 임명해주기를 청하여 檢校司空 盧龍軍節度使에 배수하였다.

1) 蓋(갑)寓 : ?~905. 당나라 말기 蔚州 사람으로 李克用이 雁門을 지휘할 때 都押牙가 되어 嵐州刺史를 거느렸다. 唐 昭宗 光化(898~901) 초에 檢校太傅까지 올랐고, 成陽郡公에 봉해졌다. 성격이 영리하고 지혜와 술수가 있어 사

람들의 심정을 잘 헤아릴 줄 알았다. 이극용의 성격이 모질고 급해 오직 갑우만이 그의 비위를 맞출 수 있어 부드러운 말과 순종하는 어투로 잘 보좌했다.

其後에 晉攻羅宏信할새 求兵於仁恭이어늘 仁恭不與하다 晉王以書微責誚之어늘 仁恭大怒하야 執晉使者하고 殺燕留得等以叛하다 晉王自將討之하야 戰於安塞어늘 晉王大敗하다 光化元年에 遣其子守文하야 襲滄州하야 逐節度使盧彦威하야 遂取滄景德三州하다 爲其子請命於唐이어늘 昭宗遲之하야 未卽從하니 仁恭怒하야 語唐使者曰 爲我語天子하라 旄節吾自有하니 但要長安本色耳어늘 何屢求而不得耶아하다 昭宗卒以守文爲橫海軍節度使[1)]하다

그 후에 晉나라가 羅宏信을 공격할 때에 劉仁恭에게 병사를 요구하였는데 유인공이 주지 않았다. 晉王이 서신을 보내 조금 꾸짖자 유인공이 크게 노하여 晉나라의 사자를 사로잡고 燕留得 등을 죽이고 반란을 일으켰다. 晉王이 스스로 병사를 거느리고 토벌하여 安塞에서 전투하였는데 晉王이 크게 패하였다.

光化 원년(898)에 그 아들 劉守文을 보내 滄州를 습격하여 節度使 盧彦威를 내쫓고서 마침내 창주, 景州, 德州 세 주를 취하였다. 아들을 위해 唐나라에 임명해주기를 청하였는데 昭宗이 지체하고 즉시 따라주지 않으니 유인공이 노하여 唐나라 사자에게 말하기를 "나를 위해 천자에게 말하라. 旄旗와 符節은 내가 본래 소유하고 있으니, 다만 長安의 실제 職銜을 요구 하였을 뿐인데, 어찌 누차 요구해도 주질 않는가."라고 하였다. 소종이 마침내 유수문을 橫海軍節度使로 삼았다.

1) 昭宗卒以守文爲橫海軍節度使 : ≪五代史纂誤補≫ 卷下에 "삼가 살펴보건대 橫海軍은 응당 義昌軍이 되어야 한다. 〈呂琦傳〉도 똑같이 잘못되었다.〔謹按橫海軍 當作義昌軍 呂琦傳同〕"라고 하였다.

仁恭父子率兩鎭兵十萬하고 號稱三十萬하야 以擊魏하야 屠貝州어늘 羅紹威求救於梁이라 梁遣李思安救魏하야 大敗守文於內黃하야 斬首五萬하다 仁恭走어늘 梁軍追擊之하야 自魏至長河히 橫尸數百里라 梁軍自是連歲攻之하야 破其瀛漠二州어늘 仁

恭懼하야 復(부)附於晉하다

劉仁恭 父子가 두 鎭의 병사 십만 명을 거느리고서 겉으로 삼십만 대군이라고 거짓 소문내고서 魏州를 공격하여 貝州를 도륙하자 羅紹威가 梁나라에 구원을 청하였다. 梁나라가 李思安을 보내 魏州를 구원하여 劉守文을 內黃에서 대패시켜 5만 명의 목을 베었다. 유인공이 달아나자 梁나라 軍士가 추격하여 위주로부터 長河에 이르기까지 수백 리에 걸쳐 시체가 널브러졌다. 양나라 軍士가 이때부터 해를 이어 공격하여 瀛州, 漠州 두 州를 격파하자 유인공이 두려워 다시 晉나라에 歸附하였다.

天祐三年에 梁攻滄州하니 仁恭調其境內凡男子年十五已上七十已下하야 皆黥其面하야 文曰定霸都하고 得二十萬人하고 兵糧自具하야 屯於瓦橋하다 梁軍壁長蘆[1)]하고 深溝高壘하니 仁恭不能近이라 滄州被圍百餘日에 城中食盡하야 人自相食하고 析骸而爨하고 或丸墐土而食하니 死者十六七하다 仁恭求救於晉에 晉王爲之攻潞州하야 以牽梁圍러니 晉破潞州에 梁軍乃解去라 然仁恭幸世多故하고 而驕於富貴하야 築宮大安山하야 窮極奢侈하고 選燕美女하야 充其中하다 又與道士鍊丹藥하야 冀可不死하다 令燕人用墐土爲錢하고 悉斂銅錢하야 鑿山而藏之러니 已而殺其工以滅口하니 後人皆莫知其處라

天祐 3년(906)에 梁나라가 滄州를 공격하니, 劉仁恭이 그 境內의 나이 15세 이상 70세 이하인 남자를 모두 징발하여 모두 그 얼굴에 定霸都라는 문신을 새겨 20만 명을 얻고 병량을 스스로 준비하게 하여 瓦橋에 주둔시켰다. 양나라 軍士가 長蘆에 벽을 쌓고 해자를 깊이 파고 보루를 높게 세우니, 유인공이 가까이 갈 수 없었다. 창주가 포위된 지 100여 일 만에 성 안에 양식이 고갈되어 사람들끼리 서로 잡아먹고 뼈를 쪼개 부뚜막에 불을 때며 혹 찰흙을 丸으로 만들어 먹기까지 하니, 죽은 사람이 열에 예닐곱 명이었다. 유인공이 晉나라에 구원을 청하자 晉王이 그를 위해 潞州를 공격하여 창주를 포위한 梁나라 군대를 견제하였는데, 진나라가 노주를 격파함에 양나라 군사가 이에 포위를 풀고 떠나갔다.

그러나 유인공은 세상에 변고가 많은 것을 요행으로 여기고 富貴로 인해 교만해져

大安山에 宮을 지어 사치를 한껏 부리고 燕의 美女를 선별하여 그 안을 가득 채웠으며 또 道士와 함께 丹藥을 고아서 복용하여 영생을 바랐다. 燕나라 사람들에게 찰흙을 돈으로 사용하게 하고 銅錢을 모두 거두어 산을 파서 보관하였는데, 이윽고 그 工人을 죽여 입을 막으니, 後人이 모두 동전을 보관한 곳이 어딘지 알지 못하였다.

1) 長蘆 : 중국 滄州 長蘆縣을 가리키는데, 상인들이 많이 모이던 길목이다.

仁恭有愛妾羅氏하니 其子守光烝之라 仁恭怒하야 笞守光逐之어늘 梁開平元年에 遣李思安攻仁恭이라 仁恭在大安山이어늘 守光自外將兵以入하야 擊走思安하고 乃自稱盧龍節度使하야 遣李小喜元行欽以兵攻大安山하야 執仁恭而幽之하다 其兄守文聞父且囚하고 卽率兵討守光하야 至於盧臺하야 爲守光所敗하고 進戰玉田하야 又敗라 乃乞兵於契丹하다 明年에 守文將契丹吐渾兵四萬人하야 戰於雞蘇하야 守光兵敗하니 守文陽爲不忍하야 出於陣而呼其衆曰 毋殺吾弟라하다 守光將元行欽識守文하야 躍馬而擒之하야 又囚之於別室이라가 旣而殺之하다

劉仁恭은 愛妾 羅氏가 있었는데, 그 아들 劉守光이 그녀와 사통하였다. 유인공이 노하여 유수광을 매질하고 내쫓았다. 梁나라가 開平 원년(907)에 李思安을 보내 유인공을 공격하였다. 유인공이 大安山에 있었는데, 유수광이 외부로부터 병사를 이끌고 들어와 李思安을 공격하여 패주시키고, 이에 盧龍節度使라 스스로 칭하고 李小喜와 元行欽을 보내 병사를 거느리고 大安山을 공격하여 유인공을 사로잡아 유폐시켰다.

그 형 劉守文이 아버지가 갇혔다는 소식을 듣고는 즉시 병사를 거느리고 유수광을 토벌하기 위해 盧臺에 이르렀다가 유수광에게 패하고 나아가 玉田에 나아가 전투하여 또 패하니 이에 契丹에 원병을 청하였다.

이듬해에 유수문이 거란과 吐渾의 병사 4만 명을 거느리고 雞蘇에서 전투하여 유수광의 병사에게 패하니, 유수문이 거짓으로 인자한 척하면서 軍陣에서 나와 병사들에게 “나의 동생을 죽이지 말라.”고 소리쳤다. 유수광의 장수 元行欽이 유수문임을 알아채고는 말에 뛰어올라 그를 사로잡아 또 別室에 가두었다가 얼마 뒤에

죽였다.

守文將吏孫鶴呂兗(연)**等**이 **立守文子延祚**하야 **以拒守光**하다 **守光圍之百餘日**에 **城中食盡**하야 **米斗直錢三萬**하니 **人相殺而食**하고 **或食墐土**하고 **馬相食其鬉**(종)**尾**라 **兗等率城中饑民食以麴**하고 **號宰殺務**[1]하야 **日殺以餉軍**이러니 **久之**에 **延祚力窮**하야 **遂降**(항)하다 **守光素庸愚**러니 **由此益驕**하야 **爲鐵籠鐵刷**[2]하야 **人有過者**면 **坐之籠中**하고 **外燎以火**하고 **或刷剔**(척)**其皮膚以死**하니 **燕之士多逃禍於佗境**하다 **守光身衣赭**(자)**黃**하고 **謂其將吏曰 我衣此而南面**하야 **可以帝天下乎**아하니 **孫鶴切諫以爲不可**하다

劉守文의 將吏 孫鶴과 呂兗 등이 劉守文의 아들 劉延祚를 세워 劉守光을 막았다. 유수광이 포위한 지 100여 일 만에 성 안에 양식이 고갈되어 쌀 한 말〔斗〕의 값이 3만 錢이나 되니, 사람들이 서로 죽여서 먹거나 혹 찰흙을 먹기도 하고 말은 서로 갈기와 꼬리를 뜯어 먹었다. 여연 등이 성 안에 굶주린 백성을 데려다 누룩을 먹이고 宰殺務라고 부르며 날마다 그들을 죽여 군사들을 먹였는데, 오랜 시간이 지나자 유연조가 힘이 다하여 마침내 유수광에게 항복하였다.

유수광은 평소 어리석었는데 이로부터 더욱 교만해져 鐵籠과 鐵刷를 만들어 사람이 과실이 있으면 철롱 안에 앉게 하여 밖에서 불을 지피기도 하고 혹 철쇄로 그 피부를 벗겨서 죽이니, 타국의 국경을 넘어 화를 피해 달아나는 燕의 士卒들이 많았다. 유수광이 자황색 옷을 입고 그 將吏에게 말하기를 "내가 이를 입고서 南面하여 천하에 황제가 될 수 있겠는가?"라 하니 孫鶴이 간절히 간하면서 불가하다 하였다.

1) 宰殺務 : 五代時代에 呂兗 등이 백성들을 도살하여 군대의 식량으로 공급하는 일을 전담하기 위해 만든 機構를 말한다.
2) 鐵籠鐵刷 : 鐵籠은 刑具의 일종으로 쇠로 새장 모양을 만들어 죄인을 가두고 밖에 불을 지펴 죄인을 죽이는 것이며, 鐵刷는 刑具의 일종으로 철로 만든 솔인데 죄인의 피부를 벗기는 데에 사용한 것으로 劉守光이 만들었다.

梁攻趙에 **趙王王鎔求救於守光**하니 **孫鶴曰 今趙無罪而梁伐之**하니 **諸侯救趙之兵先至者霸**라 **臣恐燕軍未出而晉已先破梁矣**니 **此不可失之時也**라하니 **守光曰**

趙王嘗與我盟而背之러니 今急乃來歸我라 且兩虎方鬪라 可待之니 吾當爲卞莊子也[1)]호리라하고 遂不出兵하다 晉王果救趙하야 大敗梁軍於柏鄕하고 進掠邢洺하야 至於黎陽하다 守光聞晉空國深入梁하야 乃治兵戒嚴하고 遣人以語動鎭定曰 燕有精兵三十萬하니 願率二鎭以從晉이라 然誰當主此盟者아하다 晉人患之하야 謀曰 昔夫差爭黃池之會而越入吳[2)]하고 項羽貪伐齊之利而漢敗楚[3)]라 今吾越千里以伐人이어늘 而彊燕在其後하니 此腹心之患也라하고 乃爲之班師하다

梁나라가 趙나라를 공격하자 趙王 王鎔이 劉守光에게 구원을 청하였는데, 孫鶴이 "지금 조나라는 죄가 없는데도 梁나라가 정벌하니, 조나라를 구원하기 위해 먼저 병사를 보내는 제후가 霸者가 됩니다. 신은 燕나라의 군사가 출병하지 않았는데, 晉나라가 이미 먼저 양나라를 격파할까 두려우니, 이는 잃어서는 안 될 기회입니다."라고 하였다. 유수광이 말하기를 "조왕은 일찍이 나와 동맹을 맺었으나 배반하였는데 지금 다급해지자 이에 나에게 歸附하였다. 또 두 마리 범이 바야흐로 싸우고 있는지라 기다릴 만하니, 나는 응당 卞莊子가 되겠다."라고 하고 마침내 출병하지 않았다.

晉王이 과연 조나라를 구원하여 柏鄕에서 양나라 군대를 크게 패퇴시키고 나아가 邢州와 洺州를 노략질하고 黎陽에 이르렀다. 유수광이 진나라가 나라를 비우고 양나라로 깊이 들어갔다는 소식을 듣고는 이에 병사를 정돈하여 엄중히 경계하고 사람을 보내 말로 鎭州와 定州를 선동하기를 "연나라에 精銳兵 30만 명이 있으니, 원컨대 두 鎭을 거느리고 진나라를 따르려 한다. 그러나 누가 이 맹약을 주관하겠는가."라고 하였다. 晉人이 이를 근심하여 모의하기를 "옛날에 夫差가 黃池의 회맹을 다투다가 越나라가 吳나라로 들어갔고, 項羽가 齊나라를 정벌하는 이익을 탐하다가 漢나라가 楚나라를 패퇴시켰다. 지금 우리는 천 리를 건너 타국을 정벌하고 있는데 강한 연나라가 우리 뒤에 있으니, 이는 腹心의 우환이다."라고 하고 이에 回軍하였다.

1) 吾當爲卞莊子也 : ≪史記≫ 卷70 〈張儀列傳〉에 春秋時代에 卞莊子가 범을 찌르려 하자, 館豎子가 말리며 말하기를 "지금 두 마리의 범이 한 마리의 소를 먹고 있으니 반드시 서로 싸우게 될 것이고, 싸우면 큰 놈은 부상하고 작은 놈은 죽을 것이다. 그때 부상한 놈을 찌른다면 일거에 두 마리의 범을 잡게 될 것이다."라고 하였다. 변장자는 그의 말을 옳게 여겨 기다렸는데, 조금 뒤

과연 두 마리의 범이 서로 싸워 관수자의 말처럼 되었다는 고사에서 온 말이다. 여기서는 劉守光이 卞莊子처럼 적이 서로 싸우다 지치면 그 틈을 타서 승리하겠다는 말이다.

2) 昔夫差爭黃池之會而越入吳：吳王 夫差가 중국의 패권을 노려 僭稱했던 王의 칭호를 스스로 버리고 子로 칭하고 晉나라, 魯나라 등과 黃池에서 동맹을 맺었다. 이때가 吳나라는 가장 강성했던 때인데 바로 그해에 越나라의 침입을 받았고 9년 뒤에는 끝내 越나라에 의해 멸망당하였다.(≪春秋左氏傳≫ 哀公 13年, ≪史記≫ 卷31 〈吳太伯世家〉)

3) 項羽貪伐齊之利而漢敗楚：項羽가 齊나라와 싸우다 彭城을 잃은 것을 두고 한 말이다. 田榮은 齊나라의 종실로 田市를 세워 齊나라를 평정하였는데, 뒤에 항우가 齊나라를 삼분하여 田氏에게 나누어 줄 때 分封을 받지 못하자, 이에 분노하여 三齊의 땅을 다 병합하여 항우에 대항하니, 항우가 공격하여 멸망시켰다. 그러나 항우 역시 전영을 공격하는 동안에 劉邦의 공격을 받아 팽성이 함락되었다.(≪史記≫ 卷94 〈田儋列傳〉)

守光益以爲諸鎭畏其彊하야 乃諷諸鎭하야 共推尊己하다 於是에 晉王率天德宋瑤振武周德威昭義李嗣昭義武王處直成德王鎔等하야 以墨制[1]冊하야 尊守光爲尙書令尙父하다 守光又遣人告於梁하야 請授己河北兵馬(時)〔都〕[2]統하야 以討鎭定河東하다 梁遣閤門使王瞳하야 拜守光爲北採訪使하다 有司白守光하야 尙父受冊에 用唐冊太尉禮儀라하니 守光問曰 此儀注에 何不郊天改元가하니 有司曰 此天子之禮也라 尙父雖尊이나 乃人臣耳라하다 守光怒曰 我爲尙父하니 誰當帝者乎아 且今天下四分五裂에 大者稱帝하고 小者稱王하니 我以二千里之燕으로 獨不能帝一方乎아 乃械梁晉使者下獄하고 置斧鑕(질)於其庭하야 令曰 敢諫者死라하다 孫鶴進曰 滄州之敗에 臣蒙王不殺之恩이러니 今日之事는 不敢不諫이라하다 守光怒하야 推之伏鑕하고 令軍士割而啖(담)之하니 鶴呼曰 不出百日에 大兵當至라 하니 命窒其口而醢(해)[3]之하다

劉守光이 더욱 諸鎭이 자신의 강성함을 두려워한다고 생각하여 諸鎭을 넌지시 부추겨 함께 자신을 추존하게 하였다. 이에 晉王이 天德 宋瑤, 振武 周德威, 昭義 李嗣

昭, 義武 王處直, 成德 王鎔 등을 거느리고서 墨制로 冊封하여 유수광을 높여 尙書令 尙父로 삼았다. 유수광이 또 사람을 보내 梁나라에 아뢰어, 자신에게 河北兵馬都統을 제수하여 鎭州, 定州, 河東을 토벌하게 해달라고 청하였다. 梁나라가 閤門使 王曈을 보내 유수광을 北採訪使로 삼았다.

有司가 유수광에게 아뢰기를 "尙父가 冊封받을 때에 唐나라가 太尉를 冊封할 때의 禮儀를 사용합니다."라고 하였다. 유수광이 묻기를 "이 儀注에는 어찌 郊外에서 하늘에 제사 지내고 연호를 바꾸라고 하지 않는가."라고 하니, 有司가 말하기를 "이는 天子의 禮입니다. 상부가 비록 존귀하지만 다만 신하일 뿐입니다."라고 하였다. 유수광이 노하여 말하기를 "내가 상부가 되었으니 누가 응당 황제가 되겠는가. 또 지금 천하가 四分五裂되어 큰 땅을 소유한 자는 帝라 칭하고 작은 땅을 소유한 자는 王이라 칭하는데, 나는 2천 리 되는 燕을 가지고도 홀로 한 지역에서 황제가 될 수 없단 말인가."라고 하였다.

이에 梁나라와 晉나라의 사자에게 刑具를 채워 下獄하고는 그 뜰에 도끼와 작두를 설치하고 명하기를 "감히 諫言하는 자는 죽일 것이다."라고 하니, 孫鶴이 나아와 말하기를 "滄州에서 패배하였을 때에 신은 왕께서 죽이지 않으신 은혜를 입었는데, 오늘의 일은 감히 諫言하지 않을 수 없습니다."라고 하였다. 유수광이 노하여 그를 밀어 작두에 엎어지게 하고 군사를 시켜 살을 베어 먹게 하니, 손학이 호통치기를 "100일이 되기도 전에 大兵이 응당 이곳에 이를 것이다."라고 하였다. 명하여 그 입을 막게 하고 肉醬을 담갔다.

1) 墨制 : 朝廷을 거치지 않고 禁中으로부터 바로 나오는 詔書를 말한다.
2) (時)〔都〕 : 저본에는 '時'로 되어 있으나, ≪新五代史≫에 의거하여 '都'로 바로잡았다.
3) 醢(해) : 고대의 가혹한 형벌로 사람을 잘라 肉醬을 만드는 것을 말한다.

守光遂以梁乾化元年八月에 **自號大燕皇帝**하고 **改元曰應天**하고 **以王曈齊涉**으로 **爲左右相**하다 **晉遣太原少尹李承勳賀冊尙父**러니 **至燕而守光已僭號**라 **有司迫承勳稱臣**이어늘 **承勳不屈**하야 **以列國交聘禮入見**하니 **守光怒**하야 **殺之**하다

劉守光이 마침내 梁나라 乾化 원년(911) 8월에 스스로 大燕皇帝라 호칭하고 應天으로 연호를 바꾸고 王瞳과 齊涉을 左右相으로 삼았다. 晉나라가 太原少尹 李承勳을 보내 尙父에 책봉된 것을 축하하려 하였는데 燕에 이르렀을 때에 유수광이 이미 황제의 칭호를 참칭하였다. 有司가 이승훈을 핍박하여 稱臣하게 하였는데 이승훈이 굴하지 않고 列國이 서로 聘問할 때의 禮로 들어와 만나보니 유수광이 노하여 그를 죽였다.

明年에 晉遣周德威將三萬人하야 會鎭定之兵하야 以攻燕할새 自祁溝關[1]入하니 其檀涿(탁)武順諸州皆迎降(항)하다 守光被圍經年에 累戰常敗하야 乃遣客將王遵化致書於德威曰 予得罪於晉이어늘 迷而不復이라 今其病矣니 公善爲我辭焉하라하니 德威謂遵化曰 大燕皇帝尙未郊天이어늘 何至此耶아 予受命以討僭亂이요 不知其他也라하다 守光益窘하야 乃獻絹千疋銀千兩錦百段하고 遣其將周遵業謂德威曰 吾王以情告公이라 富貴成敗는 人之常理요 錄功宥過는 霸者之事也라 守光去歲에 妄自尊崇은 本不能爲朱溫下耳니 豈意大國暴師經年이리오 幸少寬之하라하니 德威不許하다 守光登城呼德威曰 公三晉[2]賢士니 獨不急人之危乎아 遣人以所乘馬易德威馬而去하고 因告曰 俟晉王至則降(항)이라하다 晉王乃自臨軍이어늘 守光登城見晉王하니 晉王問將如何오하다 守光曰 今日俎上肉耳니 惟王所爲也라하더니 守光有嬖者李小喜가 勸其母降(항)이어늘 守光因請俟他日하다 是夕에 小喜叛하야 降(항)於晉軍하니 明旦에 晉軍攻破其城하야 執仁恭及其家族三百口하다

이듬해에 晉나라가 周德威를 보내 3만 명의 병사를 거느리고 鎭州와 定州의 병사와 회합하여 燕을 공격하여 祁溝關으로부터 들어가니, 檀州, 涿州, 武州, 順州 등 여러 州가 모두 〈周德威의 군사를〉 맞이하여 항복하였다. 劉守光이 포위된 지 한 해가 지나도록 여러 번 싸워 늘 패하자 이에 客將 王遵化를 보내 周德威에게 편지를 보내 말하기를 "내가 晉나라에 죄를 지었는데 어리석어 뉘우치지 못하였습니다. 이제 내가 병들었으니 공이 나를 위해 잘 말해주십시오."라고 하였다. 주덕위가 왕준화에게 말하기를 "大燕皇帝가 아직 하늘에 郊祭祀를 지내지 못한 터에 어찌 여기에

왔는가. 나는 명을 받고 황제를 참칭하여 변란을 일으킨 자를 토벌하려는 것일 뿐 다른 것은 모르겠다."라고 하였다.

유수광이 더욱 군색해져 이에 명주 1,000疋과 銀 1,000兩 비단 100段을 바치고 그 장수 周遵業을 보내 주덕위에게 말하기를 "우리 왕께서 實情으로 공에게 말하였습니다. '富貴와 成敗는 사람의 常理이고 공이 있는 사람을 錄用하고 허물이 있는 사람을 용서하는 것은 霸者의 일입니다. 유수광이 작년에 함부로 스스로 尊崇한 것은 본래 朱溫보다 낮은 자리에 있을 수 없었기 때문이니, 어찌 大國의 군대를 한 해가 지나도록 고생하게 할 줄 생각이나 했겠습니까. 부디 조금 너그럽게 용서해주십시오.'"라고 하니, 주덕위가 허락하지 않았다. 유수광이 성에 올라 주덕위에게 소리치기를 "공은 三晉의 賢士인데, 유독 사람의 위태로움을 돌보아주지 않는가."라고 하고, 사람을 보내 자신이 타던 말을 주덕위의 말과 바꾸어 떠나게 하고 인하여 고하기를 "晉王이 도착하기를 기다려 항복하겠다."라고 하였다.

晉王이 이에 스스로 軍中에 이르자 유수광이 성에 올라 晉王을 보니, 晉王이 "장차 어떻게 하려는가?"라고 하였다. 유수광이 말하기를 "금일 저는 도마 위의 고기일 뿐이니, 오직 왕께서 마음대로 하실 뿐입니다."라고 하였는데, 유수광의 嬖臣 李小喜가 항복하지 말 것을 권하자 유수광이 인하여 훗날을 기다려 달라고 청하였다. 이날 저녁에 이소희가 반란을 일으켜 晉軍에 항복하니, 다음날 아침에 진군이 성을 공격하여 격파하고 劉仁恭 및 그 家族 300명을 사로잡았다.

1) 祁溝關 : 지금의 河北省 涿縣에 있는 關이다.
2) 三晉 : 春秋時代 晉나라의 三卿이었던 文侯 魏斯, 烈侯 趙籍, 景侯 韓虔의 3家가 기원전 453년에 쇠약해진 晉나라를 분할하여 세운 韓, 魏, 趙 세 나라를 세운 데서 온 말로, 여기서는 그 지역을 가리킨다.

守光與其妻李氏祝氏子繼珣繼方繼祚等으로 南走滄州라가 迷失道하야 至燕樂界中하다 數日不得食하야 遣祝氏乞食於田家러니 田家怪而詰之어늘 祝氏以實告라 乃被擒送幽州하다 晉王方大饗軍할새 客將引守光見한대 晉王戲之曰 主人何避客之遽邪아하니 守光叩頭請死어늘 命械守光幷其父仁恭以從軍하다 軍還過趙에 趙王王

鎔會晉王하야 **置酒**러니 **酒酣**하야 **請曰 願見仁恭父子**라하니 **晉王命破械出之**하야 **引置下坐**어늘 **飮食自若**하야 **皆無慚色**하다

劉守光이 그의 처 李氏, 祝氏와 아들 劉繼珣, 劉繼方, 劉繼祚 등과 함께 남쪽으로 滄州로 달아나다 길을 잃고 헤매다 燕州와 欒州의 경계에 이르렀다. 며칠 동안 먹지 못하여 축씨를 보내 농가에 음식을 구걸하였는데 농가에서 괴이하게 여겨 따져 추궁하자 축씨가 사실대로 고하니 이에 사로잡혀 幽州로 보내졌다.

晉王이 바야흐로 軍士들에게 크게 잔치를 벌여줄 때에 客將이 유수광을 끌고 와서 뵈니, 晉王이 희롱하기를 "주인이 어찌 그리도 손님을 급히 피하는가."라고 하였다. 유수광이 머리를 조아리며 죽여줄 것을 청하였는데, 명하여 유수광과 그 아비 劉仁恭에게 刑具를 채워 從軍하게 하였다. 군대가 회군하여 趙나라를 지날 때에 趙王 王鎔이 晉王과 만나 酒宴을 가졌는데 왕용이 술이 취하여 청하기를 "유인공 부자를 보고 싶습니다."라고 하니, 晉王이 명하여 刑具를 부수고 데려와서 말석에 두도록 하였는데, 유인공 父子가 태연자약 먹고 마시면서 모두 부끄러운 기색이 없었다.

晉王至太原하야 **仁恭父子**를 **曳以組練**하야 **獻於太廟**하다 **守光將死**에 **泣曰 臣死無恨**이나 **然敎臣不降**(항)**者**는 **李小喜也**니 **罪人不死**면 **臣將訴於地下**라하다 **晉王使召小喜**어늘 **小喜瞋目曰 囚父弑兄**하고 **烝其骨肉**을 **亦小喜敎爾邪**아하니 **晉王怒**하야 **命先斬小喜**하다 **守光知不免**하고 **呼曰王將復**(복)**唐室**하야 **以成霸業**하리니 **何不赦臣使自效**아하다 **其二婦從旁罵曰 事已至此**하니 **生復**(부)**何爲**리오 **願先死**라하고 **乃俱死**하다 **晉王命李存霸**하야 **執仁恭至雁門**하야 **刺其心血以祭先王墓**하고 **然後斬之**하다

晉王이 太原에 이르자 劉仁恭 父子를 組帶로 묶어 끌고서 太廟에 바쳤다. 劉守光이 죽을 즈음에 울면서 말하기를 "신이 죽는 것은 한이 없으나 신에게 항복하지 말라고 권한 사람은 李小喜니, 罪人이 죽지 않으면 신은 장차 지하에서도 호소할 것입니다."라고 하였다. 晉王이 사람을 시켜 李小喜를 부르자 이소희가 눈을 부라리며 말하기를 "아비를 가두고 형을 시해하고 그 骨肉과 사통한 것도 내가 너에게 시킨 것이냐."라고 하였다. 晉王이 노하여 이소희를 먼저 참수하라고 명하였다.

유수광이 죽음을 면하지 못할 줄을 알고 소리치기를 “왕께서 장차 唐나라 王室을 회복하여 霸業을 이루려 하시면서 어찌 신을 용서하여 스스로 몸을 바칠 수 있게 하지 않으십니까.”라고 하였다. 두 부인이 곁에서 꾸짖으며 말하기를 “일이 이미 이런 지경에 이르렀으니 살아서 더 무엇 하겠습니까. 먼저 죽기를 바랍니다.”라고 하고 이에 모두 죽었다. 晉王이 李存霸에게 명하여 유인공을 잡아다 雁門에 이르러 그의 심장을 찔러 그 피로 선왕의 墓에 제사를 지낸 다음 참수하였다.

晉之爲恩於燕者三이니 **擊破匡儔**(주)하야 **立爲留後**가 **一也**오 **殺監軍燕留得等**하고 **而敗晉王於安塞**은 **罪且不赦矣**어늘 **復**(부)**因其滄州之困**하야 **而晉且攻潞以牽梁**하야 **因卒以解**가 **二也**오 **已而**오 **仁恭囚而守光之驕也**로대 **晉且冊立爲尙書令史矣**나 **而復**(부)**械晉使者**가 **三也**라

晉나라가 燕에 은혜를 베푼 것이 3가지이다. 李匡儔를 격파하고서 劉仁恭을 세워 留後로 삼은 것이 첫 번째이고, 監軍 燕留得 등을 죽이고 安塞에서 晉王을 패퇴시킨 것은 죄가 또 용서받지 못할 정도인데 다시 滄州가 곤경에 처한 일로 진나라가 또 潞州를 공격하여 梁나라를 견제하였기에 인하여 끝내 양나라가 포위를 푼 것이 두 번째이고, 그 뒤에 유인공이 갇히고 劉守光이 교만하였는데도 진왕이 또 유수광을 冊立하여 尙書令史로 삼았는데 유수광이 다시 진나라 사자를 처벌한 것이 세 번째이다.

歐陽文忠公五代史抄 卷13

歸安 鹿門 茅坤 批評
孫男 闇叔 茅著 重訂

雜傳

01. 李茂貞傳* 李茂貞의 傳記

* 李茂貞(856~924)은 深州 博野 사람이고 諡號는 忠敬이다. 본래 성은 宋氏이고 이름은 文通이었는데, 光啓 원년(885)에 朱玫가 일으킨 반란을 토벌한 공으로 唐 僖宗에게 姓과 이름을 하사받았다. 이무정의 列傳은 ≪舊五代史≫ 卷132 〈世襲列傳 第1〉, ≪新五代史≫ 卷40 〈雜傳 第28〉에 각각 실려 있다.

이무정은 朱玫의 난을 평정한 공을 계기로 隴西郡王에 봉해졌고 唐 昭宗 때에 병권을 장악한 후 자신의 세력을 믿고 뜻을 얻기 위해 자주 昭宗을 군사로 겁박하거나 京師를 침범하였다. 후에 환관 韓全海가 소종을 위협하여 鳳翔으로 幸行하자 이들과 결탁하여 소종을 擁衛하려는 梁 太祖에 대항하였다. 하지만 이무정은 1년 넘게 전쟁을 하는 동안 번번이 패하기만 하다 성안의 양식이 떨어져 결국 梁나라와 화친하였다. 이로 인해 소종이 봉상에서 나왔으나 양나라가 마침내 천자를 위협하여 東遷한 탓에 唐나라는 멸망하게 되었다. 양 태조가 즉위하자 諸侯들 중에 强盛한 자들은 모두 서로 차례로 稱帝하였는데, 이무정은 그렇게 하지 못하고 다만 岐王이라 칭할 뿐이었고, 後唐 莊宗이 양나라를 격파하자 장종에게 表文을 올려 稱臣하여 晉王에 봉해졌고 69세의 나이로 병으로 卒하였다.

이 열전에서는 이무정이 점차 자만과 교만에 빠져 당나라를 쇠락하게 만드는 과정과 소종이 이런 이무정을 통제하지 못하고 오히려 잘못된 판단으로 당나라의 멸망을 가속화 시키는 과정을 생동감 있게 묘사하였다. ≪구오대사≫

와 ≪신오대사≫에는 모두 史評을 두지 않았는데, ≪通鑑節要≫ 卷49〈五代紀 後梁紀 太祖皇帝〉에는 "岐王이 군대를 다스리기를 매우 너그럽게 하고 사졸들을 대하기를 소탈하고 평이하게 하였다. 이로 말미암아 사람들이 마음으로 기뻐하고 복종하였으나 군대를 통솔함에 紀律이 없었다. 당나라가 망했다는 말을 들었지만 병사가 지치고 영토가 좁다는 이유로 감히 황제를 칭하지 못하였다.〔岐王 治軍甚寬 待士卒簡易 由是 衆心悅服 然御軍無紀律 及聞唐亡 以兵羸地蹙 不敢稱帝〕"라고 간략하게 평하였다.

唐之所以困而及亡은 由茂貞爲之祟(수)가 什且六七이니 歐公序次如畫라

唐나라가 곤궁에 처해 멸망에 이른 것은 李茂貞이 빌미를 제공한 것이 열에 예닐곱이니, 歐陽公이 서술한 것이 그림과 같다.

李茂貞은 深州 博野人也라 本姓宋이오 名文通이니 爲博野軍卒하야 戍鳳翔하다 黃巢犯京師에 鄭畋(전)以博野軍擊賊이러니 茂貞以功自隊長遷軍校하다 光啓元年에 朱玫(매)反에 僖宗出居興元이라 (致)〔玫〕[1]遣王行瑜하야 攻大散關[2]이어늘 茂貞與保鑾都將李鋋等으로 敗行瑜於大唐峯하다 明年에 玫遂敗死하니 茂貞以功自扈蹕(필)都頭拜武定軍節度使하고 賜以姓名하다 扈蹕東歸하야 至鳳翔에 鳳翔節度使李昌符與天威都頭楊守立爭道하야 以兵相攻이러니 昌符不勝하야 走隴州하다 僖宗遣茂貞하야 追擊殺昌符하니 以功拜鳳翔隴右節度使하다 大順元年에 封隴西郡王하다

李茂貞은 深州 博野 사람이다. 본래 성은 宋氏이고 이름은 文通이니 博野軍의 兵卒이 되어 鳳翔에서 수자리를 섰다. 黃巢가 京師를 침범하자 鄭畋이 博野軍을 거느리고 황소를 격퇴하였는데, 이무정이 戰功으로 隊長에서 軍校로 승진하였다. 光啓 원년(885)에 朱玫가 반란을 일으키자 僖宗이 궁을 나가 興元에 머물렀다. 주매가 王行瑜를 보내 大散關을 공격하자 이무정이 保鑾都將 李鋋 등과 함께 大唐峯에서 왕행유를 패퇴시켰다. 이듬해에 주매가 마침내 패하여 죽으니, 李茂貞은 軍功으로 扈蹕都頭에서 武定軍節度使에 배수되었고 姓과 이름을 하사받았다.

황제를 호종하여 동쪽으로 돌아오다 鳳翔에 이르렀을 때에 鳳翔節度使 李昌符가 天威都頭 楊守立과 길을 다투다 병사로 서로 공격하였는데, 이창부가 이기지 못하여 隴州로 달아났다. 僖宗이 이무정을 보내 추격하여 이창부를 죽이니, 그 功으로 鳳翔隴右節度使에 배수되었다. 大順 원년(890)에 隴西郡王에 봉해졌다.

1) (致)〔玫〕: 저본에는 '致'로 되어 있으나, ≪新五代史≫에 의거하여 '玫'로 바로잡았다.
2) 大散關 : 중국 陝西省 秦嶺 산맥 大散嶺에 있는 關門으로 寶鷄 남서쪽 25km 지점에 있는 교통의 요지이다.

二年에 樞密使楊復恭得罪하야 奔于興元이어늘 興元節度使楊守亮은 復恭之養子也라 納之하다 茂貞乃上書하야 言復恭父子罪皆當誅하고 因自請爲山南招討使어늘 昭宗以宦者故로 難之하야 未許하다 茂貞擅發兵하야 攻破興元하니 復恭父子見殺하다 茂貞表其子繼密權知興元軍府事어늘 昭宗乃徙茂貞하야 爲山南西道節度使하고 以宰相徐彦若鎭鳳翔하다 茂貞不奉詔하고 上表自論曰 但慮軍情忽變하야 戎馬難(霸)〔羈〕[1]하야 徒令甸服[2]生靈으로 因玆受弊니 未審乘輿播越이면 自此何之오하다 昭宗以茂貞表辭不遜으로 不能忍하야 以問宰相杜讓能하니 讓能以謂茂貞地大兵强하야 而唐力未可以致討요 鳳翔又近京師하야 易(이)以自危오 而難於後悔니 他日雖欲誅晁錯(조)以謝諸侯[3]라도 恐不能也라하다 昭宗怒曰 吾不能孱(잔)孱坐受凌弱이라하고 乃責讓能治兵하고 而以覃王嗣周爲京西招討使하다 令下에 京師市人皆知不可하야 相與聚承天門하야 遮宰相請無擧兵하고 爭投瓦石擊宰相이어늘 宰相下輿而走라가 亡其堂印[4]하다 人情大恐이어늘 昭宗意益堅하다

大順 2년에 樞密使 楊復恭이 죄를 지어 興元으로 달아났는데 興元節度使 楊守亮은 양복공의 養子였으므로 받아 주었다. 李茂貞이 이에 上書하여 양복공 父子는 죄가 모두 죽어 마땅하다고 하면서 인하여 山南招討使가 되기를 자청하였는데, 昭宗이 양복공이 宦官이었다는 이유로 난처해하며 허락하지 않았다. 이무정이 마음대로 출병하여 興元을 공격하여 격파하니, 양복공 부자가 살해되었다. 이무정이 表奏하

여 자신의 아들 李繼密을 權知興元軍府事로 삼아줄 것을 청하니, 소종이 이에 이무정을 옮겨 山南西道節度使로 삼고 宰相 徐彦若을 보내 鳳翔을 鎭守하였다. 이무정이 詔命을 따르지 않고 表文을 올려 스스로 변론하기를 "다만 軍情이 갑자기 변하여 군대를 제어하기 어렵게 되어 공연히 甸服의 백성들로 하여금 이로 인해 폐해를 입게 할까 우려할 뿐이니, 모르겠지만 大駕가 播遷하게 되면 이로부터 어디로 가려 하십니까."라고 하였다.

昭宗이 이무정의 표문의 글이 불손함을 참지 못하고 宰相 杜讓能에게 물으니, 두양능이 "이무정은 소유한 땅이 크고 병사가 강성하여 唐나라의 힘으로 토벌할 수 없습니다. 鳳翔은 게다가 京師와 가깝기까지 하여 위험해지기가 쉽고 후회해도 소용없을 것이니, 후일에 비록 晁錯를 죽여 제후에게 사죄하려고 하더라도 그렇게 할 수 없게 될까 걱정입니다."라고 하였다. 소종이 노하여 "나는 겁쟁이처럼 앉아서 능욕을 당할 수 없다"라고 하고는 이에 두양능을 다그쳐 兵士를 정비하게 하고 覃王 李嗣周를 京西招討使로 삼았다. 명령이 내려오자 京師의 市人들이 모두 불가함을 알고 서로 承天門에 모여 재상을 막아서서 거병하지 말 것을 청하고는 다투어 기와와 돌을 던져 재상을 공격하자 재상이 수레에서 내려 달아나다 자신의 堂印을 잃어버렸다. 사람들은 크게 두려워하는데도 소종의 뜻은 더욱 확고하였다.

1) (霸)〔羈〕: 저본에는 '霸'로 되어 있으나, ≪新五代史≫에 의거하여 '羈'로 바로잡았다.
2) 甸服 : 夏나라 제도로 왕성 주위 500리 이내의 땅, 즉 王畿 부근을 이른다.
3) 誅晁錯以謝諸侯 : 晁錯는 漢나라의 정치가로서 文帝 때 太子舍人, 御史大夫 등을 역임하였다. 景帝 때에 조조가 諸侯들의 세력을 억제하기 위해 그 封地를 삭감하려 하다가 吳楚七國의 亂이 일어났는데, 난이 일어난 원인을 조조에게 돌려 斬刑에 처하여 오초칠국을 회유하려고 하였다.(≪漢書≫ 卷49 〈袁盎晁錯傳〉)
4) 堂印 : 宰相이 政事堂에서 근무할 때에 사용하는 官印을 말한다.

覃王率扈駕軍五十四都[1]하야 戰于盩厔(주질)하야 唐軍敗潰하니 茂貞遂犯京師하야 屯于三橋하다 昭宗御安福門하야 殺兩樞密하야 以謝茂貞하야 使罷兵하다 茂貞與讓

能素有隙하야 **因曰 謀擧兵者**는 **非兩樞密**이요 **乃讓能也**라하고 **陳兵臨皐驛**하야 **請殺讓能**하다 **讓能曰 臣固先言之矣**니 **惟殺臣可以紓國難**이라하니 **昭宗泣下沾襟**하고 **貶讓能雷州司戶參軍**하고 **賜死**하다 **茂貞乃罷兵**하다

覃王이 扈駕軍 54都를 거느리고 盩厔에서 전투하여 唐軍이 패하여 궤멸하니, 李茂貞이 마침내 京師를 침범하여 三橋에 주둔하였다. 昭宗이 安福門으로 가서 두 명의 樞密을 죽여 이무정에게 사과하고 전쟁을 그만두게 하였다. 이무정이 杜讓能과 평소 틈이 있어서 인하여 말하기를 "거병을 모의한 것은 두 명의 추밀 때문이 아니고 바로 두양능 때문입니다."라고 하고는 臨皐驛에 병사를 펼쳐 놓고서 두양능을 죽이라고 청하였다.

두양능이 말하기를 "신이 진실로 일전에 이를 말씀드렸으니, 오직 신을 죽여야만 國難을 풀 수 있습니다."라고 하니, 소종이 눈물을 흘려 옷깃을 적시고 두양능을 雷州司戶參軍으로 貶謫하고 賜死하였다. 이무정이 이에 군대를 물렸다.

1) 都 : 唐나라, 五代時代, 宋나라 초기의 군대 編制 단위로 100명 또는 1,000명을 都라고 하였다.

明年에 **河中節度使王重盈卒**하니 **其諸子珂珙爭立**[1]이라 **晉王李克用請立珂**어늘 **茂貞與韓建王行瑜請立珙**하니 **昭宗不許**하다 **茂貞等怒**하야 **率三鎭兵犯京師**하야 **謀廢昭宗**하고 **立吉王保**러니 **未果**에 **而晉王亦擧兵**이어늘 **茂貞懼**하야 **乃殺宰相韋昭度李磎**하고 **留其養子繼鵬**하야 **以兵二千宿衛而去**하다 **晉兵至河中**에 **繼鵬與行瑜弟行實等**으로 **爭劫昭宗出奔**하야 **京師大亂**하니 **昭宗出居于石門**하다 **茂貞以兵至鄠(호)縣**하야 **斬繼鵬自贖**하다

이듬해에 河中節度使 王重盈이 卒하니, 그의 아들 王珂와 王珙이 자리를 놓고 다투었다. 晉王 李克用은 왕가를 세우기를 청하는데 李茂貞과 韓建, 王行瑜는 왕공을 세우기를 청하니, 昭宗이 허락하지 않았다. 이무정 등이 노하여 세 鎭의 병사를 거느리고 京師를 침범하여 소종을 폐위하고 吉王 李保를 세울 것을 도모하였는데, 결행하기 전에 진왕이 또한 擧兵하니 李茂貞이 두려워 이에 宰相 韋昭度와 李磎를 죽

이고 자신의 養子 李繼鵬을 남겨 병사 2천 명으로 宿衛하게 하고서 떠났다. 晉兵이 河中에 이르자 이계붕과 왕행유의 아우 王行實 등이 다투어 소종을 위협하여 도망치려 한 탓에 경사가 크게 혼란해지니, 소종이 궁을 나와 石門에 머물렀다. 이무정이 병사를 거느리고 鄠縣에 이르러 이계붕을 참수하여 스스로 속죄하였다.

1) 明年……其諸子珂珙爭立 : ≪五代史纂誤≫ 卷中에 "지금 本紀를 살펴보건대 윗 단락에서 李茂貞이 京師를 침범하여 杜讓能을 살해한 것은 바로 景福 2년(893) 癸丑年의 일인데, 다음해에 乾寧 元年(894) 甲寅으로 바뀌게 된다. 지금 이미 경복 2년의 일을 서술한 뒤에 곧바로 '明年 王重盈卒'이라 하였으니, 그렇다면 건녕 원년에 王重盈이 卒한 것이 된다. 그러나 ≪新五代史≫ 〈李克用紀〉를 살펴보면 '건녕 2년 河中 왕중영이 卒하였는데 그의 아들인 王珂와 王珙이 자리를 놓고 다투었다.'라고 하였다. 또 〈昭宗本紀〉에 이르기를 '건녕 2년 을묘년 정월 임신에 護國軍節度使 왕중영이 卒하니 그의 아들 왕가가 留侯라 자칭하였다.'라고 하였으니 정확히 〈이극용기〉와 내용이 서로 부합한다. 그렇다면 〈李茂貞傳〉에 이른바 '明年'이란 말은 잘못된 것이다. 응당 건녕 2년이 되어야 한다.〔今按本紀 此茂貞犯京師殺杜讓能 乃景福二年癸丑事 次年改乾寧元年甲寅 今旣述景福二年事訖 便云明年 王重盈卒 則是乾寧元年 重盈卒也 然據本史李克用紀云 乾寧二年河中王重盈卒 其諸子珂珙爭立 而又唐昭宗本紀亦云 乾寧二年乙卯正月壬申 護國軍節度使王重盈卒 其子珂自稱留後 正與克用紀相符 則茂貞傳所謂明年者誤也 當爲乾寧二年〕"라 하였다.

晉兵已破王行瑜하고 還軍渭北하야 請擊茂貞하다 昭宗以謂晉遠而茂貞近하야 因欲庇之以爲德하야 而冀緩急之可恃也라 且茂貞已殺其子而自贖矣하니 乃詔罷歸晉軍하다 克用歎曰 唐不誅茂貞이면 憂未已也라하다 昭宗自石門還하야 益募安聖捧宸等軍萬餘人하야 以諸王將之하다 茂貞謂唐將討己하야 亦治兵請覲하니 京師大恐하야 居人亡入山谷하다 茂貞遂犯京師에 昭宗遣覃王拒之어늘 覃王至三橋하야 軍潰라 昭宗出居于華州하야 遣宰相孫偓(악)하야 以兵討茂貞한대 韓建爲茂貞請하니 乃已하다 久之에 加拜茂貞尙書令하고 封岐王하다

晉兵이 이미 王行瑜를 격파하고 渭北으로 회군하여 李茂貞을 공격할 것을 청하였다. 昭宗이 晉나라는 멀고 이무정은 가까이 있으니 인하여 그를 보호해주어 恩德으로 여기게 한 다음 다급할 때에 의지할 수 있기를 기대할 수 있겠다고 생각하였다. 또 이무정이 이미 자신의 養子를 죽여 스스로 속죄하니, 이에 詔書를 내려 晉軍을 돌려보냈다. 李克用이 탄식하며 말하기를 "唐나라가 이무정을 죽이지 않으면 우환이 그치지 않을 것이다."라고 하였다.

소종이 石門에서 돌아와 安聖과 捧宸 등의 군사 1만여 명을 더 모아 諸王에게 통솔하게 하였다. 이무정이 唐나라가 장차 자신을 토벌할 것이라 생각하여 또한 병사를 정비하여 소종을 뵙기를 청하니, 京師가 크게 두려워하여 거주하던 사람들이 山谷으로 도망쳐 들어갔다. 이무정이 마침내 京師를 침범하자 소종이 覃王을 보내 막게 하였는데 담왕이 三橋에 이르러 군이 궤멸하니, 소종이 궁을 나와 華州에 머무르면서 宰相 孫偓을 보내 병사를 거느리고 이무정을 토벌하게 하였는데, 韓建이 이무정을 위하여 그만둘 것을 청하니 이에 중지하였다. 오래 지나 이무정에게 尙書令을 더하여 배수하고 岐王에 봉하였다.

其後에 **昭宗爲宦者所廢**라가 **旣反正**에 **宰相崔胤欲借梁兵誅諸宦者**하야 **陰與梁太祖謀之**하다 **中尉韓全誨等亦倚茂貞之强**하야 **以爲外援**이어늘 **茂貞遣其子繼筠**하야 **以兵數千宿衛京師**하니 **宦者恃岐兵**하야 **益驕不可制**하다

그 후에 昭宗이 환관들에게 폐위되었다가 反正한 다음에, 宰相 崔胤이 梁나라의 兵士를 빌려 환관들을 주살하고자 하여 몰래 梁 太祖와 이 일을 모의하였다. 中尉 韓全誨 등이 또한 李茂貞의 강대함을 믿고 외부의 援兵으로 삼자 이무정이 아들 李繼筠을 보내 병사 수천 명으로 京師를 숙위하니, 환관들이 岐王(이무정)의 兵士를 믿고 더욱 교만해져 제어할 수 없었다.

天復元年에 **胤召梁太祖以西**하야 **梁軍至同州**하니 **全誨等懼**하야 **與繼筠劫昭宗**하야 **幸鳳翔**하다 **梁軍圍之踰年**에 **茂貞每戰輒敗**하야 **閉壁不敢出**이라 **城中薪食俱盡**한대 **自冬涉春**히 **雨雪不止**하니 **民凍餓死者日以千數**이라 **米斗直**(치)**錢七千**하야 **至燒人**

屎煮尸而食이라 父自食其子에 人有爭其肉者면 曰 此吾子也니 汝安得而食之오하다 人肉斤直錢百하고 狗肉斤直錢五百하니 父甘食其子하고 而人肉賤於狗하다 天子於宮中設小磨하야 遣宮人自屑豆麥以供御하니 自後宮諸王十六宅[1)]으로 凍餒而死者가 日三四라 城中人相與邀遮茂貞하야 求路以爲生하니 茂貞窮急하야 謀以天子與梁以爲解하다 昭宗謂茂貞曰 朕與六宮皆一日食粥하고 一日食不托[2)]하니 安能不與梁和乎아하다 三年正月에 茂貞與梁約和하고 斬韓全誨等二十餘人하야 傳首梁軍하니 梁圍解하다 天子雖得出이나 然梁遂劫東遷而唐亡하니 茂貞非惟亡唐이라 亦自困矣라

天復 원년(901)에 崔胤이 梁 太祖를 불러 서쪽으로 오게 하여 양나라 군대가 同州에 이르니, 韓全誨 등이 두려워 李繼筠과 함께 昭宗을 위협하여 鳳翔으로 幸行하였다. 양나라 군대가 포위한 지 한 해를 넘겼는데 李茂貞이 싸울 때마다 번번이 패하여 성문을 닫고 감히 나오지 않았다.

성 안에 땔감과 식량이 모두 고갈되었는데, 겨울에서 봄에 이르기까지 비와 눈이 그치지 않으니, 얼어 죽거나 굶어 죽는 백성이 날마다 1,000여 명이나 되었다. 쌀 한 말의 가격이 7,000錢이나 되어 인분을 태워 시신을 삶아 먹는 지경에 이르렀는데, 아비가 스스로 그 자식을 잡아먹다가 타인이 그 고기를 뺏으려 하면 "이는 나의 자식이니 네가 어찌 먹을 수 있는가?"라고 하였다. 인육은 한 근의 가격이 100전이고 개고기는 한 근의 가격이 500전이니, 아비가 자기 자식을 달게 먹었고 인육이 개고기 보다 가격이 낮았다. 天子가 宮 안에 작은 맷돌을 설치하여 宮人을 보내 스스로 콩과 보리를 갈아서 공급하게 하였으니, 後宮과 諸王의 十六宅으로부터는 얼거나 굶어 죽는 사람이 매일 서너 명이었다.

성 안의 사람들이 서로 이무정을 가로막고 살 길을 구하니, 이무정이 곤궁하고 급박해져 천자를 梁나라에 넘기고 포위를 풀게 하려고 모의하였다. 昭宗이 이무정에게 말하기를 "朕과 六宮은 모두 하루는 죽을 먹고 하루는 不托을 먹고 있으니, 어찌 양나라와 和親하지 않을 수 있겠는가."라고 하였다.

천복 3년(903) 정월에 이무정이 양나라와 화친을 약속하고 한전회 등 20여 명을 참수하여 首級을 양나라 군대에 보내니, 양나라가 포위를 풀었다. 천자가 비록 鳳翔에서 나왔으나 양나라가 마침내 천자를 위협해 東遷하여 唐나라가 멸망하였으니,

이무정은 당나라를 멸망시켰을 뿐만 아니라 또한 스스로 곤경에 빠진 것이다.

1) 十六宅 : 唐 玄宗 때에 황실의 자손들이 권리를 행사하는 것을 엄격하게 통제하여 諸王이 궁에서 나가지 못하도록 규정하여 安國寺의 동쪽 苑城 안에 큰 집을 짓고 나누어 살았는데, 이를 十王宅이라고 한다. 十王은 慶, 忠, 棣, 鄂, 榮, 光, 儀, 潁, 永, 延, 盛, 濟이다. 후대에 여섯 왕이 추가 되어 十六宅이라 하였는데, 六王은 盛, 儀, 壽, 豐, 恒, 梁이다.

2) 不托 : 중국 唐나라 때의 方言으로 湯餅 곧 국수나 수제비 등을 가리킨다.

及梁太祖卽位하얀 **諸侯之强者皆相次稱帝**어늘 **獨茂貞不能**이요 **但稱岐王**하야 **開府置官屬**하고 **以妻爲皇后**하고 **鳴梢羽扇**[1]**視朝**하야 **出入擬天子而已**라 **茂貞居岐**에 **以寬仁愛物**로 **民頗安之**라 **嘗以地狹賦薄**으로 **下令榷**(각)**油**하고 **因禁城門**하야 **無內**(납) **松薪**하니 **以其可爲炬也**라 **有優者誚之曰 臣請幷禁月明**이라한대 **茂貞笑而不怒**하다

初에 **茂貞破楊守亮**하야 **取興元**하니 **而邠**(빈)**寧鄜**(부)**坊皆附之**하야 **有地二十州**러니 **其被梁圍也**에 **興元入于蜀**하고 **開平**[2]**已後**에 **邠寧鄜坊入于梁**하고 **秦鳳階成又入于蜀**하야 **當梁末年**하얀 **所有七州而已**라 **莊宗已破梁**에 **茂貞稱岐王**하고 **上牋以季父行**(항) **自處**라가 **及聞入洛**하고 **乃上表稱臣**하야 **遣其子從曮來朝**[3]하니 **莊宗以其耆老甚尊禮之**하고 **改封秦王**하고 **詔書不名**하다 **同光二年以疾卒**하니 **年六十九**요 **諡曰忠敬**이라

梁 太祖가 즉위하자 諸侯들 중에 强盛한 자들은 모두 서로 차례로 稱帝하였는데, 李茂貞은 그렇게 하지 못하고 다만 岐王이라 칭하여 王府를 열어 官屬을 두고 妻를 봉하여 皇后로 삼고 鳴梢와 羽扇을 들고 조정에서 정무를 보고 출입할 때에 천자 흉내를 낼 뿐이었다. 이무정이 岐州에 있을 때에 인자하고 물건을 아꼈기에 백성들이 몹시 편안하게 여겼다. 일찍이 땅이 좁고 세금은 적었기에 官에서 기름을 專賣하도록 令을 내리고 인하여 城門에 禁令을 내려 소나무를 땔감으로 들이지 못하게 하였으니, 이는 기름 대신에 관솔로 등불을 만들 수 있기 때문이었다. 광대가 조롱하기를 “신은 아울러 달빛도 금지하기를 청합니다.”라고 하였는데, 이무정은 웃으며 노여워하지 않았다.

당초에 이무정이 楊守亮을 격파하여 興元을 취하자 邠州, 寧州, 鄜州, 坊州가 모

두 歸附하여 20개 州의 땅을 차지하였다. 그런데 양나라에 포위를 당하자 興元은 蜀으로 들어갔고, 開平 이후에는 빈주, 영주, 부주, 방주가 양나라로 들어갔고, 秦州, 鳳州, 階州, 成州는 또 蜀으로 들어가 양나라 말년에는 소유한 것이 7개 州뿐이었다. 莊宗이 양나라를 이미 격파하자 이무정이 기왕이라 칭하고 牋文을 올려 季父의 항렬로 자처하다가 장종이 洛陽으로 들어갔다는 소식을 듣고는 이에 表文을 올려 稱臣하고 아들 李從曮을 보내 조회하니, 장종이 이무정을 耆老로 몹시 존중하고 예우하여 秦王으로 고쳐 봉해주고 詔書에 이름을 쓰지 않았다. 同光 2년(924)에 병으로 卒하니 나이는 69세였고 시호는 忠敬이다.

1) 鳴梢羽扇 : 鳴梢는 天子의 儀仗의 하나로, 채찍 모양으로 생겼으며 움직이면 소리가 나는데, 사람들을 정숙하게 할 때 사용한다. 鳴鞭이라고도 한다. 羽扇도 天子의 儀仗의 하나로 자루가 긴 부채이다.
2) 開平 : 後梁 太祖 때의 연호로 907년에서 911년까지이다.

02. 溫韜傳* 溫韜의 傳記

* 溫韜(?~928)는 京兆 華原 사람으로 또 다른 이름은 李彦韜, 溫昭圖, 李紹沖이다. 온도의 列傳은 ≪舊五代史≫ 卷73 〈唐書 第49 列傳 第35〉, ≪新五代史≫ 卷40 〈雜傳 第28〉에 각각 실려 있다.

온도는 어려서 도적이 되었다가 李茂貞을 섬겼고, 梁 太祖가 鳳翔을 포위하자 이무정을 배반하고 梁나라에 항복하였는데, 다시 배반하여 이무정에게 돌아왔다. 末帝 때에는 다시 이무정을 배반하고 양나라에 항복하였고 후에 後唐 莊宗이 양나라를 멸망시키자 劉皇后에게 뇌물을 바치고 稱臣하다 明宗에 의해 賜死된 인물이다.

이처럼 배반을 일삼았고 배반할 때마다 스스로 이름을 바꾸거나 성과 이름을 하사받았기에 이름이 다양한 것이다. 특히 靜勝軍節度使로 있던 7년 동안 자신의 경지 내에 있는 唐나라의 陵을 모두 도굴하여 매장된 金과 寶物을 취한 것에서 그의 沒廉恥한 모습이 더욱 잘 드러난다.

이 열전에서는 온도의 사적은 짧게 서술하였지만 그가 형세가 불리할 때마다 배반하는 모습을 순차적으로 서술하여 그의 飜覆無常함을 드러냈고, 특히

唐나라 능을 도굴한 정황을 상세히 서술하여 몰염치한 모습을 부각시켰다.

史評에서는 역대 총명하고 훌륭한 군주들이 장례를 후하게 치르는 폐단을 만든 것을 지적하고, 온도와 같이 재물에 눈이 먼 사람의 먹잇감이 될 뿐임을 지적하였다. 이에 비해 ≪구오대사≫에는 그의 사적을 간략하게 서술하고 史評에서는 ≪周易≫의 '不善을 쌓은 집안은 반드시 재앙이 돌아온다.〔積不善之家 必有餘殃〕'라는 말을 인용하여 온도가 능을 도굴한 것은 죽음으로도 죄를 씻을 수 없다고 비판하였다.

溫韜之發諸陵은 **萬世所共憤咽而流涕者也**라

溫韜가 여러 陵을 도굴한 것은 萬世가 公憤하고 목이 메여 눈물을 흘릴 만한 일이다.

溫韜는 **京兆 華原人也**라 **少爲盜**러니 **後事李茂貞**하야 **爲華原鎭將**하야 **冒姓李**하고 **名彦韜**라 **茂貞以華原縣爲耀州**하야 **以韜爲刺史**어늘 **梁太祖圍茂貞於鳳翔**에 **韜以耀州降梁**이라가 **已而**오 **復叛**하야 **歸茂貞**하다 **茂貞又以美原縣爲鼎州**하야 **建義勝軍**하고 **以韜爲節度使**하다 **末帝時**에 **韜復叛茂貞降梁**이어늘 **改耀州爲崇州**하고 **鼎州爲裕州**하고 **義勝軍爲靜勝軍**하야 **卽以韜爲節度使**하니 **復其姓溫**하고 **更其名曰昭圖**하다

溫韜는 京兆 華原 사람이다. 어려서 도적이 되었는데, 후에 李茂貞을 모셔 華原鎭將이 되어 李氏 姓을 가져다 쓰고 이름은 彦韜로 바꾸었다. 이무정이 華原縣을 耀州로 만들어 온도를 刺史로 삼았는데, 梁 太祖가 鳳翔에서 이무정을 포위하자 온도는 요주를 가지고 梁나라에 항복하였다. 이윽고 다시 배반하여 이무정에게 돌아왔다. 이무정이 또 美原縣을 鼎州로 만들어 義勝軍을 세우고 온도를 節度使로 삼았다. 末帝 때에 온도가 다시 이무정을 배반하고 양나라에 항복하자 양나라가 요주를 고쳐 崇州로 만들고 鼎州를 고쳐 裕州로 만들고 의승군을 고쳐 靜勝軍으로 만들고는 즉시 온도를 절도사로 삼으니, 온도가 자신의 성을 溫으로 되돌리고 그 이름을 昭圖로 바꾸었다.

韜在鎭七年에 唐諸陵在其境內者를 悉發掘之하야 取其所藏金寶한대 而昭陵[1]最固라 韜從埏(연)道下하야 見宮室하니 制度閎麗가 不異人間이라 中爲正寢하고 東西廂列石牀하고 牀上石函中爲鐵匣하야 悉藏前世圖書어늘 鍾王[2]筆迹은 紙墨如新이라 韜悉取之하야 遂傳人間하다 惟乾陵[3]은 風雨不可發이라

溫韜가 鎭에 머문 지 7년 동안에 자신의 경지 내에 있는 唐나라의 陵들을 모두 발굴하여 부장된 金과 寶物을 취하였다. 昭陵이 가장 견고하였는데, 온도가 墓道를 따라 내려와 宮室을 보니 制度의 웅장함과 아름다움이 인간의 궁실과 다름없었다. 가운데에 正寢을 만들고 동서쪽 행랑에 돌로 만든 平床을 줄지어 놓고 평상 위의 돌로 된 상자 속에 철 상자를 만들어 전대의 도서를 모두 보관해 두었는데, 鍾繇와 王羲之의 필적은 紙墨이 모두 이제 막 쓴 것 같았다. 온도가 모두 취하여 마침내 세상에 전해졌다. 오직 乾陵만은 비바람 때문에 도굴하지 못하였다.

1) 昭陵 : 唐 太宗 李世民의 陵으로 陝西省 咸陽 禮泉縣 동북쪽 30km 지점의 九峻山에 있다. 太宗이 생존하고 있던 貞觀 11년(637) 2월에 기공하여, 貞觀 13년(639)에 완성하였다.
2) 鍾王 : 名筆로 이름이 높은 魏나라의 鍾繇와 晉나라의 王羲之를 병칭하는 말이다.
3) 乾陵 : 唐 高宗 李治와 武則天의 합장릉으로 陝西省 咸陽 乾縣 북쪽 6km 지점의 梁山에 있다. 長安 서북방향 즉, 八卦의 乾 자리에 있어 乾陵으로 불리게 되었다.

其後에 朱友謙叛梁하야 取同州어늘 晉王以兵援友謙하야 而趨華原하니 韜懼하야 求徙他鎭하야 遂徙忠武[1]하다 莊宗滅梁에 韜自許來朝하야 因伶人景進納賂劉皇后어늘 皇后爲言之하니 莊宗待韜甚厚하고 賜姓名曰李紹沖하다 郭崇韜曰 此劫陵賊爾니 罪不可赦라하니 莊宗曰 已宥之矣니 不可失信이라하고 遽遣還鎭이어늘 明宗入洛에 與段凝俱收下獄이러니 已而오 赦之하야 勒歸田里하다 明年에 流于德州하야 賜死하다

그 후에 朱友謙이 梁나라를 배반하여 同州를 취하자 晉王이 군대를 보내 주우겸

을 구원하러 華原으로 달려오니, 溫韜가 두려워 다른 鎭으로 옮길 것을 청하여 마침내 忠武로 옮겼다. 莊宗이 양나라를 멸망시키자 온도가 許州로부터 朝見하러 와서 伶人 景進을 통해 劉皇后에게 뇌물을 바쳤는데, 유황후가 온도를 위해 말해주니 莊宗이 온도를 매우 후하게 대접하고 李紹冲이라는 성과 이름을 하사하였다. 郭崇韜가 말하기를 "이 자는 陵을 도굴한 도적이니 죄를 용서할 수 없습니다."라고 하였다. 그러자 장종이 말하기를 "이미 용서하였으니 信義를 잃을 수는 없다."라고 하고 곧바로 온도를 鎭으로 돌아가게 하였다. 그런데 明宗이 洛陽으로 들어오자 온도를 段凝과 함께 모두 붙잡아 下獄시켰는데 이윽고 사면하여 강제로 田里로 돌아가게 하였다. 이듬해에 德州로 유배되었다가 賜死되었다.

1) 其後……遂徙忠武 : ≪五代史纂誤補≫ 卷下에 "삼가 살펴보건대 여기 溫韜는 崇州로부터 許州로 옮겨간 것이니 허주는 梁나라를 기준으로 말하면 응당 匡國軍이 되어야 하고 忠武軍은 곧 同州이다. 여기서 충무군이라 한 것은 잘못이다.〔謹按此溫韜以崇州徙許州也 許州自梁言之 當爲匡國 而忠武則同州也 此作忠武誤〕"라고 하였다.

嗚呼라 **厚葬之弊**는 **自秦漢以來**로 **率多聰明英偉之主**가 **雖有高談善說之士極陳其禍福**이나 **有不能開其惑者矣**라 **豈非富貴之欲**은 **溺其所自私者篤**이오 **而未然之禍**는 **難述於無形**하야 **不足以動其心歟**아 **然而聞溫韜之事者**는 **可以少戒也**라

오호라! 후하게 장례 치르는 폐단은 秦나라와 漢나라 이래로 대부분 총명하고 훌륭한 군주들에게 비록 말을 고상하게 하고 말을 잘하는 선비가 그 禍福에 대해 자세히 陳說하더라도 그 미혹함을 깨우쳐줄 수 없었던 것이다. 아마도 富貴에 대한 욕심은 자신의 이익만 바라는 마음에 탐닉함이 깊고 아직 드러나지 않은 화는 형체가 나타나지 않았을 때에 묘사하기가 어려워 그 마음을 움직일 수 없었던 것이 아니겠는가. 그러나 溫韜의 일을 들은 자는 조금은 경계할 것이다.

五代之君은 **往往不得其死**하니 **何暇顧其後哉**리오 **獨周太祖能鑑韜之禍**하야 **其將終也**에 **爲書以遺世宗**하야 **使以瓦棺紙衣而斂**하야 **將葬**에 **開棺示人**하고 **旣葬**에 **刻石以**

告後世하야 **毋作下宮**[1)]하고 **毋置守陵妾**[2)]하니 **其意丁寧切至**나 **然實錄不書其葬之薄厚也**라 **又使葬其平生所服袞冕通天冠絳紗袍各二**하되 **其一**은 **于京師**하고 **其一**은 **于澶州**하고 **又葬其劒甲各二**하되 **其一于河中**하고 **其一于大名者**하니 **莫能原其旨也**라

後周 世宗

五代의 군주는 왕왕 非命에 죽었으니, 어느 겨를에 그 뒷일을 돌아보았겠는가. 다만 周太祖만은 溫韜의 禍를 거울삼아 臨終할 때에 遺書를 써 世宗에게 남겨 瓦棺과 紙衣로 斂하고 장례지낼 때에 棺을 열어 사람들에게 보이고 장례지낸 뒤에는 돌에 새겨 후세에게 알려 親廟를 만들지 말고 守陵妾을 두지 말게 하였으니, 그 뜻이 지극히 간절하였다. 그러나 實錄에는 그 장례의 厚薄을 기록하지 않았다. 또 자신이 평소 입었던 袞冕, 通天冠, 絳紗袍 각 두 벌을 隨葬하게 하였는데 하나는 京師에 埋葬하고 하나는 澶州에 埋葬하게 하였으며, 검과 갑옷 각 두 개를 隨葬하게 하였는데 하나는 河中에 埋葬하고 하나는 大名에 埋葬하게 한 것은 그 뜻을 알 수 없다.

1) 下宮 : 조상의 神主를 모시는 사당인 親廟이다.
2) 守陵妾 : 陵을 지키는 宮人을 말한다.

03. 朱宣傳* 朱宣의 傳記

* 朱宣(?~897)은 宋州 下邑 사람이다. 주선의 列傳은 ≪舊五代史≫ 卷13 〈梁書 第13 列傳 第3〉, ≪新五代史≫ 卷42 〈雜傳 第30〉에 각각 실려 있다.

이 열전은 朱宣과 그의 從弟 朱瑾에 대한 사적이 함께 수록되어 있는데, 이는 주선이 자신을 배신한 梁나라에 대항하여 싸우는 과정에서 주근이 그와 首尾가 되어 큰 역할을 하였기 때문인 듯하다.

주선은 소금을 밀매하는 일을 하다 曹全晸을 섬겨 軍校가 되었고 후에 조전성이 죽자 軍中이 추대하여 留侯가 되었는데 唐 僖宗이 天平軍節度使를 제수

하였다. 梁 太祖가 宣武를 鎭守할 때에 秦宗權에게 곤욕을 당해 朱宣에게 도움을 청하였고 주선은 從弟인 주근과 함께 진종권을 격퇴하였다. 하지만 태조가 鎭을 병탄하려는 생각을 가지고 이들이 도망병을 유인하였다고 무고하고는 이들을 공격하였는데 이때에 주선은 葛從周에게 잡혀 처형당하였다.

주근(867~918)은 주선을 따라 鄆州에 거하면서 軍校가 되었는데 兗州節度使 齊克讓이 그를 아껴 사위로 삼았지만 親迎할 때에 제극양을 사로잡아 兗州를 차지하였다. 후에 梁 太祖가 運州를 공격할 때에 형인 주선과 함께 수미가 되어 10여 년 동안 크고 작은 전투를 치러 태조와 승패를 주고받았는데, 양나라에 패하자 楊行密의 수하가 되었다. 양행밀이 죽자 楊渥과 楊隆演이 서로 뒤이어 節度使의 자리에 올랐는데 모두 나이가 어렸으므로 徐溫과 그의 아들 徐知訓이 專政하였다. 주근이 양륭연에게 서지훈을 죽여 나라의 근심을 제거하자고 하였지만 실행에 옮기지 않자 자신의 집에 찾아온 서지훈을 주살하고 자신도 자결하였다.

양 태조가 자신을 도운 주선을 공격한 이유에 대해서는 史書에 따라 원인 제공자를 다르게 보고 있는데, 정리해보면 다음과 같다. ≪구오대사≫ 〈梁書 卷1 太祖本紀〉에는 "진종권이 이미 패한 뒤에 황제는 주선과 주근이 자신에게 힘이 되었다고 생각하여 후하게 예우하고 돌려보냈다. 그러나 주선과 주근이 황제의 군사가 용맹하고 굳세다는 이유로 사적으로 이들을 아껴 몰래 曹州와 濮州의 경계에서 금과 비단을 걸고 이들을 유인하였다. 그러자 황제의 군사들이 재물을 탐하여 달려오는 자가 매우 많았는데, 황제가 격문을 보내 주선과 주근을 꾸짖었다. 그러자 주선이 사신을 보냈지만 이 사신의 말이 공손하지 않자 朱珍에게 명하여 조주와 복주를 정벌하여 간사한 이를 징계하였다."라고 하여 양나라가 주선을 공격한 이유를 주선의 잘못으로 보았다.

하지만 ≪신오대사≫ 卷1 〈梁本紀 太祖紀上〉에는 "주선과 주근이 汴州에서 황제를 도와 이미 진종권을 격파하고 동쪽으로 돌아갔는데, 왕이 兗州와 鄆州로 격문을 보내 '주선과 주근이 汴州에서 도망간 軍卒을 회유하여 동쪽으로 갔다'라고 하고 이에 병사를 내어 공격하여 조주와 복주를 취하였다."라고 서술하여 ≪구오대사≫의 내용과 상반되게 서술하였다.

또한 ≪通鑑考異≫와 ≪五代史補≫에서는 "朱溫(양 태조)이 늘 병력이 부족한 것을 걱정하였는데 敬翔이 휘하의 군사들을 거짓으로 배반해 도망가게 하고서 唐나라 황제에게 상주하고 아울러 격문을 보내 배반한 자들을 추격하는 것을 명분으로 삼으면 땅을 넓히고 군사들을 모을 수 있다고 설득하자 주온이 이 의견을 따랐다고 하였으니, 양 태조가 자신의 야욕을 위해 주선을 배반한 것으로 보았다.

≪신오대사≫에는 史評을 두지 않았지만 ≪구오대사≫에는 "대저 구름과 우레가 운집하여 용과 뱀이 땅에서 일어나 세력이 비슷한 자들은 서로 다투다 힘으로 패배한 자는 먼저 망하였다. 그러므로 朱宣, 朱瑾, 時溥의 무리들이 모두 양나라에 병탄되었으니 이는 이치상 당연한 것이다. 다만 주근은 처음에는 은밀한 擧事로 땅을 소유하였고 결국에는 은밀한 거사로 죽임을 당하였다."라고 하였다.

內朱瑾行事가 **甚倔强狙狡**하야 **可鄙**하고 **而歐公語次**는 **風神可掬**(국)이라

이 글 안에 朱瑾의 行事는 몹시 완고하고 교활하여 매우 비루하게 여길 만하고 歐陽公이 서술한 것은 주근의 風神을 손으로 잡을 수 있을 정도로 생생하게 묘사하였다.

朱宣은 **宋州 下邑人也**라 **少從其父**하야 **以販鹽爲盜**라가 **父抵法死**에 **宣乃去**하야 **事青州節度使王敬武**하야 **爲軍校**어늘 **敬武以隸其將曹全晸**하다 **中和二年**에 **敬武遣全晸入關**하야 **與破黃巢**하고 **還過鄆**(운)**州**할새 **鄆州節度使薛崇卒**에 **其將崔君預自稱留後**어늘 **全晸攻殺君預**하야 **遂據鄆州**하다 **宣以戰功爲鄆州馬步軍都指揮使**하다 **已而**오 **全晸死**에 **軍中推宣爲留後**러니 **唐僖宗卽拜宣天平軍節度使**하다

朱宣은 宋州 下邑 사람이다. 어려서 그 아버지를 따라 소금을 밀매하는 일로 도적이 되었다가 아버지가 법망에 걸려 죽자 주선은 떠나 青州節度使 王敬武를 섬겨 軍校가 되었는데 왕경무가 자신의 장수 曹全晸에게 소속시켰다. 中和 2년(881)에 왕경무가 조전성을 보내 潼關으로 들어가 함께 黃巢를 격파하고 돌아오다 鄆州를 지날 때에 鄆州節度使 薛崇이 죽자 그 장수 崔君預가 留後를 自稱하거늘 조전성이 공격하여 최군예를 죽이고서 마침내 운주를 점거하였다. 주선은 戰功으로 鄆州馬步軍

都指揮使가 되었다. 이윽고 조전성이 죽자 군중이 주선을 추대하여 유후로 삼았는데, 唐 僖宗이 즉시 주선을 天平軍節度使에 배수하였다.

梁太祖鎭宣武할새 **以兄事宣**이라 **太祖新就鎭**하야 **兵力尙少**하야 **數爲秦宗權所困**하니 **太祖乞兵于宣**하다 **宣與其弟瑾以兗(연)鄆之兵救汴**하야 **大破蔡兵**하야 **走宗權**하다 **是時**에 **太祖已襲取滑州**하야 **稍欲幷呑諸鎭**이라 **宣瑾旣還**에 **乃馳檄兗鄆**하야 **言宣瑾多誘宣武軍(卒亡)〔亡卒〕**[1] **以東**[2]이라하고 **乃發兵收亡卒**하야 **因攻之**하야 **遂爲敵國**하야 **苦戰曹濮間**하다 **是時**에 **梁又東攻徐州**하고 **西有蔡賊**하고 **而北敵彊晉**이라 **宣瑾兄弟自相首尾**나 **然卒爲梁所滅**하다 **乾寧四年**에 **宣敗**하야 **走中都**하야 **爲葛從周所執**하야 **斬于汴橋下**하다

梁 太祖가 宣武를 鎭守할 때에 朱宣을 형으로 섬겼다. 태조가 막 鎭으로 부임하였을 때에 兵力이 아직도 적어서 여러 번 秦宗權에게 곤욕을 당하였는데, 태조가 주선에게 병력을 요청하였다. 주선이 그 아우 朱瑾과 함께 兗州와 鄆州의 병사를 거느리고 汴州를 구원하러 가서 蔡州의 병사를 크게 격파하여 秦宗權을 내쫓았다.

이때에 태조가 이미 滑州를 습격하여 취하고 조금씩 여러 鎭을 병탄하고자 하였다. 주선과 주근이 이미 돌아오자 태조가 이에 연주와 운주로 급히 격문을 보내 '주선과 주근이 宣武軍 중 도망간 軍卒을 많이 회유하여 동쪽으로 갔다'라고 하고 이에 병사를 내어 도망간 군사를 수습하고 인하여 공격하여 마침내 敵國이 되어 曹州와 濮州 사이에서 苦戰하였다.

이때에 梁나라가 또 동쪽으로 徐州를 공격하였고 서쪽으로 蔡州라는 賊이 있었고 북쪽으로 强盛한 晉나라를 적대하고 있었다. 주선과 주근 형제가 스스로 서로 首尾가 되어 막았지만 끝내 양나라에 멸망하였다. 乾寧 4년(897)에 주선이 패하여 中都로 달아났다가 葛從周에게 잡혀 汴橋 아래에서 참수되었다.

1) (卒亡)〔亡卒〕: 저본에는 '卒亡'으로 되어 있으나, ≪五代史纂誤≫에 의거하여 '亡卒'로 바로잡았다.

2) 宣瑾旣還……言宣瑾多誘宣武軍(卒亡)〔亡卒〕以東 : ≪五代史纂誤≫ 卷中에 "지금 梁나라 本紀를 살펴보건대 '朱宣과 朱瑾의 병사가 汴州를 도와 秦宗權을

격파하고 동쪽으로 돌아오니, 王이 兗州와 鄆州에 격문을 보내 汴州의 도망간 군졸을 회유하여 동쪽으로 갔다고 무함하고 이에 병사를 출동시켜 공격하였다.'라고 하였다. 그렇다면 〈朱宣傳〉에 이른바 '卒亡以東'은 바로 잘못된 것이니, 응당 '亡卒以東'이 되어야 한다.〔今按梁本紀云 朱宣朱瑾兵助汴 以破宗權東歸 王移檄兗鄆 誣其誘汴亡卒以東 乃發兵攻之 然則宣傳所謂卒亡以東 乃誤也 當爲亡卒以東〕"라고 하였다.

瑾은 **宣從父弟也**라 **從宣居鄆州**하야 **補軍校**하다 **少倜**(척)**儻有大志**러니 **兗州節度使齊克讓愛其爲人**하야 **以女妻之**하다 **瑾行親迎**에 **乃選壯士爲輿夫**하고 **伏兵器輿中**하야 **夜至兗州**하야 **兵發**하야 **遂虜克讓**하고 **自稱留後**하니 **僖宗卽拜瑾泰寧軍節度使**하다 **瑾與宣已破秦宗權於汴州**어늘 **梁太祖責瑾誘宣武軍卒以歸**하야 **遣朱珍攻瑾**하야 **取曹州**하고 **又攻濮州**하고 **而太祖自攻鄆**하다 **瑾兄弟往來相救凡十餘年**에 **大小數十戰**하야 **與太祖屢相勝敗**하다

朱瑾은 朱宣의 從弟이다. 주선을 따라 鄆州에 거하면서 軍校가 되었다. 어려서 대범하여 큰 뜻이 있었는데, 兗州節度使 齊克讓이 그 사람됨을 아껴 딸을 시집보냈다. 주근이 親迎을 할 때에 壯士를 선별하여 수레꾼으로 위장하고 수레 안에 병장기를 숨겨두어 밤에 兗州에 이르러 복병이 나와서 마침내 齊克讓을 사로잡고 留後로 自稱하니, 僖宗이 즉시 주근을 泰寧軍節度使로 삼았다.

주근이 주선과 이미 汴州에서 秦宗權을 격파하였는데, 梁 太祖가 주근이 宣武軍의 軍卒을 회유하여 데리고 돌아간 것을 꾸짖어 朱珍을 보내 주근을 공격하여 曹州를 취하고 또 濮州를 공격하였고 太祖는 스스로 鄆州를 공격하였다. 주근 형제가 오가며 서로 구원한 지 10여 년 동안 크고 작은 전투를 수십 번 치러 태조와 수차례 勝敗를 주고받았다.

太祖得宣將賀瓌何懷寶及瑾兄瓊하고 **乃將瓊等至兗城下**하야 **告瑾曰 汝兄敗矣**라 **今瓊等已降**(항)하니 **不如早自歸**라하니 **瑾僞曰諾**이라하고 **乃遣牙將胡規持書幣詣軍門**하야 **請降**이어늘 **太祖大喜**하야 **至延壽門**하야 **與瑾交語**한대 **瑾曰 願得瓊來**면 **送符**

印이라하니 太祖信之하야 遣客將劉捍(한)送瓊往하다 瑾伏壯士橋下하고 單騎迎瓊하야 揮手語捍曰 請瓊獨來라하니 瓊前이어늘 壯士擒之하야 遂閉門하고 責瓊先降(항)하야 斬之하야 擲(척)其首城外하다 太祖度不可下하고 乃留兵圍之而去하다

太祖가 朱宣의 장수 賀瓌, 何懷寶 및 朱瑾의 형 朱瓊을 잡고 이에 주경 등을 데리고 가 兗州의 성 아래에 이르러 주근에게 말하기를 "너의 형은 패하였다. 지금 주경 등이 이미 항복하였으니, 빨리 스스로 귀순하는 것만 못하다."라고 하니, 주근이 거짓으로 알겠다고 대답하고는 이에 牙將 胡規를 보내 항복문서와 폐물을 가지고 군문에 이르러 항복하겠다고 하였다. 태조가 크게 기뻐하며 延壽門에 이르러 주근과 서로 이야기를 나누었다. 주근이 말하기를 "원컨대 주경을 보내주시면 符印을 보내겠습니다."라고 하니, 태조가 이 말을 믿고 客將 劉捍을 보내 주경을 송환하게 하였다. 주근이 壯士를 다리 아래에 매복시키고 單騎로 주경을 맞이하여 손을 내저으며 유한에게 말하기를 "청컨대 주경을 혼자 오게 하라."라고 하였다. 주경이 앞으로 나아오자 장사가 그를 사로잡아 마침내 성문을 닫고 주경이 먼저 항복한 것을 꾸짖어 참수하고서 그 머리를 성 밖으로 던졌다. 太祖가 함락할 수 없다고 판단하고는 이에 병사를 남겨 성을 포위한 다음 떠났다.

瑾嬰城自守어늘 而宣亦敗於鄆州라 乃乞兵於晉하니 晉遣李承嗣史儼等하야 以騎兵五千救之하다 太祖已破宣하고 乃急趨兗하니 瑾城中食盡하야 與承嗣等掠食豐沛間이어늘 梁兵奄至하니 瑾將康懷英等以城降梁하다 瑾等將麾下兵하야 走沂州어늘 沂州刺史尹處賓不納하고 又走海州어늘 梁兵急追之라 乃奔于淮南하다 楊行密聞瑾來하고 大喜하야 解其玉帶贈之하고 表瑾領武寧軍節度使하야 以爲行軍副使하다 其後에 梁遣龐師古葛從周等하야 攻淮南하니 行密用瑾하야 大破梁兵於淸口하야 斬師古하다 行密累表瑾東南諸道行營副都統 領平盧軍節度使 同中書門下平章事하다

朱瑾이 성을 의지하여 스스로 지켰고 朱宣도 역시 鄆州에서 패하였으므로 주근이 이에 晉나라에 원병을 청하였는데, 晉나라가 李承嗣와 史儼 등을 보내 5천 명의 기병으로 구원하였다. 太祖가 이미 주선을 격파하고 이에 兗州로 급히 달려가니 주근

이 성 안에 식량이 다하여 李承嗣 등과 豐州와 沛州 사이에서 식량을 노략질하고 있었는데, 梁나라 병사가 갑자기 이르자 주근의 장수 康懷英 등이 성을 가지고 梁나라에 항복하였다. 주근 등이 휘하의 병사를 거느리고 沂州로 달아났는데 沂州刺史 尹處賓이 받아주지 않았고 다시 海州로 달아났는데 양나라 병사가 급히 추격하기에 이에 淮南으로 달아났다. 楊行密이 주근이 왔다는 소식을 듣고 크게 기뻐하며 자신의 玉帶를 풀어 내려주고 表奏하여 주근을 領武寧軍節度使를 삼고서 行軍副使로 삼았다. 그 후에 양나라가 龐師古와 葛從周 등을 보내 회남을 공격하니 양행밀이 주근을 임용하여 淸口에서 梁兵을 대파하고 방사고를 참수하였다. 양행밀이 누차 표주하여 주근을 東南諸道行營副都統 領平盧軍節度使 同中書門下平章事로 삼았다.

行密死에 **渥及隆演相繼立**하니 **皆年少**라 **徐溫與其子知訓專政**이러니 **畏瑾**하야 **欲除之**어늘 **瑾乃謀殺知訓**하야 **嘗以月旦遣愛妾候知訓家**러니 **知訓强通之**어늘 **妾自歸訴**하니 **瑾益不平**하야 **屢勸隆演**하야 **誅徐氏以去國患**이어늘 **隆演不能爲**하다 **旣而**오 **知訓以泗州**로 **建靜淮軍**하야 **出瑾爲節度使**러니 **將行**에 **召之夜飮**하다 **明日**에 **知訓過瑾謝**하니 **延之升堂**하고 **出其妻陶氏**라 **知訓方拜**에 **瑾以笏擊踣(부)之**하니 **伏兵自戶突出**하야 **殺之**하다

楊行密이 죽자 楊渥과 楊隆演이 서로 뒤이어 節度使의 자리에 올랐는데 모두 나이가 어렸다. 그러므로 徐溫과 그의 아들 徐知訓이 專政하였는데 이들이 朱瑾을 두려워하여 제거하고자 하였다. 주근이 이에 서지훈을 죽이고자 하여 일찍이 매월 초1일에 愛妾을 보내 서지훈의 집에 문후하였는데, 서지훈이 강제로 사통하자 愛妾이 스스로 돌아와 하소연 하니 주근이 더욱 마음이 편치 않았다. 누차 양융연에게 권하여 徐氏를 주살하여 나라의 근심거리를 제거하자고 하였는데 양융연이 그렇게 하지 못했다. 이윽고 서지훈이 泗州를 가지고 靜淮軍을 세워 주근을 내보내 절도사로 삼았는데, 주근이 떠나려 할 때에 서지훈을 불러 밤에 술을 마셨다. 이튿날 서지훈이 주근의 집에 들러 사례하니, 그를 맞이하여 堂에 오르고 아내 陶氏를 나오게 하였다. 서지훈이 막 절할 때에 주근이 笏을 가지고 쳐서 넘어뜨리자 伏兵이 문에서 갑자기 뛰어나와 서지훈을 죽였다.

初에 瑾以二惡馬繫庭中이라가 知訓入而釋馬하야 使相踶(제)鳴이라 故外人莫聞其變하다 瑾攜(휴)其首하야 馳示隆演하고 曰 今日爲吳除患矣라하니 隆演曰 此事非吾敢知라하고 遽起入內라 瑾忿然以首擊柱하고 提劍而出하니 府門已闔이라 因踰垣이라가 折其足하다 瑾顧路窮하고 大呼曰 吾爲萬人去害로되 而一身死之라하고 遂自刎하다 潤州徐知誥聞亂하고 以兵趨廣陵하야 族瑾家하다 瑾妻陶氏臨刑而泣하니 其妾曰 何爲泣乎아 今行見公矣라하니 陶氏收淚하고 欣然就戮이라 聞者哀之하다

당초에 朱瑾이 사나운 두 마리 말을 뜰 가운데 묶어 두었다가 徐知訓이 들어오자 말을 풀어놓아 서로 발길질 하고 울게 하였다. 그러므로 외인들이 그 변란을 듣지 못하였다. 주근이 서지훈의 머리를 가지고 급히 楊隆演에게 보이며 말하기를 "금일 吳를 위해 환란을 제거하였습니다."라고 하니, 양융연이 말하기를 "이 일은 내가 감히 알 바가 아니다."라고 하고 황급히 일어나 안으로 들어갔다. 주근이 분노하여 머리로 기둥을 치고는 검을 들고 나오니, 府의 문이 이미 닫혀 있는지라 담을 넘다가 그 다리가 부러졌다. 주근이 사방을 둘러보아도 벗어날 길이 없자 크게 소리쳐 말하기를 "나는 만 명의 백성을 위해 해악을 제거하였으나 이 한 몸은 죽는다."라고 하고 마침내 스스로 목을 찔러 죽었다. 潤州의 徐知誥가 변란이 일어났다는 말을 듣고 병사를 거느리고 廣陵으로 달려가 주근의 집안을 멸족하였다. 주근의 妻 陶氏가 형벌을 받을 때에 눈물을 흘리니 주근의 妾이 말하기를 "무엇 때문에 눈물을 흘리십니까. 이제 장차 공을 볼 수 있을 것입니다."라고 하니 도씨가 눈물을 거두고 기쁜 안색으로 형장에 나아갔다. 이 일을 들은 사람들은 불쌍하게 여겼다.

瑾名重江淮하야 人畏之라 其死也에 尸之廣陵北門하니 路人私共瘞(예)之하다 是時에 民多病瘧이어늘 皆取其墓上土하야 以水服之하고 云病輒愈라하야 更益新土하야 漸成高墳하다 徐溫等惡(오)之하야 發其尸하야 投於雷公塘하다 後溫病에 夢瑾挽弓射之어늘 溫懼하야 網其骨하야 葬塘側하고 立祠其上하다 初에 瑾嘗病疽라 醫者視之하고 色懼어늘 瑾曰 但理之하라 吾非以病死者라하더니 於是果然이라 卒年五十二라

朱瑾은 江淮에 명망이 무거워 사람들이 경외하였다. 그가 죽자 廣陵의 북문에 시

신을 버려두었는데, 행인들이 함께 묻어주었다. 이때에 백성들이 많이들 학질을 앓고 있었는데 모두 그의 묘소 위의 흙을 가져다 물과 함께 복용하고는 병이 대번에 나았다고 하면서 다시 새로운 흙을 더 덮어주어 점차 큰 봉분이 되었다. 徐溫 등이 이를 미워하여 그의 시신을 꺼내 雷公塘에 던졌다. 후에 서온이 병들었는데 꿈에 주근이 활을 당겨 쏘거늘 서온이 두려워 그의 유골을 그물로 건져내어 뇌공당 곁에 매장하고 그 옆에 사당을 세웠다.

당초에 주근이 일찍이 등창을 앓았는데 의원이 이를 보고 두려운 기색을 띠자 주근이 말하기를 "그냥 치료만 하라. 나는 병으로 죽을 사람이 아니다."라고 하더니, 이에 과연 그렇게 되었다. 죽었을 때 나이는 52세였다.

04. 趙犨(주)傳* 趙犨의 傳記

* 趙犨(824~889)는 先祖가 青州 사람으로 대대로 陳州의 牙將이 되었다. ≪舊五代史≫ 卷14 〈梁書 第14 列傳 第4〉, ≪新五代史≫ 卷42 〈雜傳 第30〉에 각각 列傳이 실려 있다.

이 열전은 조주와 그의 次子 趙巖에 대한 사적을 중심으로 서술하였는데, 梁나라에 대한 두 사람의 상반된 모습을 사실적으로 묘사하고 있다.

조주는 어릴 때부터 장수로서의 두각을 드러내 刺史에게 발탁되어 관직에 등용되었는데, 후에 黃巢가 진주를 침공하였을 때에 뛰어난 책략으로 이를 격퇴하였고 秦宗權이 蔡州를 가지고 황소에게 붙어 진주를 포위하자 梁나라에 구원을 청하여 함께 이들을 격퇴하였다. 이때에 梁 太祖를 보고서 태조가 반드시 大事를 이루리라는 것을 알고는 몸을 낮춰 의탁할 계획을 세우고 태조를 위해 生祠를 세워 아침저녁으로 배알하고 자신의 아들 조암을 태조의 딸에게 장가보냈다. 후에 唐 昭宗이 조주를 忠武軍節度使에 삼았으나 얼마 뒤에 병들어 卒하였다. 이후 아우 趙昶, 趙珝가 그 뒤를 이었는데 두 사람 다 병사들을 쉬게 하고 農桑을 권장하여 진주의 백성들이 큰 은혜를 입었다.

조암은 조주의 次子이고 양 태조의 사위로 朱友珪가 태조를 시해하고 末帝를 東都留守로 삼았을 때에 말제를 위하여 袁象先 등과 함께 주우규를 주살하고 末帝를 황제로 추대하였다. 이로 인해 공을 자부하여 권력을 독단하고 사치를 일삼았다. 후에 양나라는 조암의 잘못된 계책으로 더욱 쇠락하게 되었고 결국 後唐 莊宗에 의해 멸망당하고 만다. 또한 자신도 믿었던 溫韜에게 사로잡혀 잡혀 죽고, 함께 권력을 독단하던 段凝마저도 그에게 등을 돌려 조암의 家屬들을 주살할 것을 奏請하여 滅族당하게 된다.

史評에서 歐陽脩는 老子의 "禍에는 福이 기대어 있고 福에는 禍가 숨어 있다."라는 말을 인용하여 조주가 걸맞지 않은 복을 구하여 결국 禍를 불렀다고 평한 반면, ≪구오대사≫에서는 "조주가 淮揚과 지근거리에서 황소의 백만 대군을 막아 공을 이루고 일을 수립한 것이 많았는데, 조암은 현명하지 못해 대번에 멸족을 당하였으니 안타깝다."라고 하여 양나라가 망하는데 크게 일조한 조암을 비판하였다.

趙犨는 **其先靑州人也**니 **世爲陳州牙將**이라 **犨幼與群兒戲道中**에 **部分行伍**하야 **指顧如將帥**하니 **雖諸大兒**라도 **皆聽其節度**하다 **其父叔文見之**하고 **驚曰 大吾門者**는 **此兒也**라하다 **及壯**에 **善用弓劍**하고 **爲人勇果**하며 **重氣義**어늘 **刺史聞其材**하고 **召至麾下**라 **累遷忠武軍馬步軍都虞侯**하다

趙犨는 그 先祖가 靑州 사람으로 대대로 陳州의 牙將이 되었다. 조주는 어려서 아이들과 길에서 놀이를 할 때에 行伍를 안배하여 將帥와 같이 지휘하니 비록 큰 아이들이라도 모두 그의 지휘를 따랐다. 그의 아버지 趙叔文이 이를 보고 놀라며 "우리 가문을 크게 일으킬 사람은 바로 이 아이이다."라고 하였다. 장성하자 활과 검을 잘 썼고 사람됨이 용감하고 義氣를 중하게 여겼는데, 刺史가 그의 재능에 대해 듣고 불러 휘하에 두었다. 여러 차례 승진하여 忠武軍馬步軍都虞侯가 되었다.

王仙芝寇河南하야 **陷汝州**하고 **將犯東都**어늘 **犨引兵擊敗之**하니 **仙芝乃南去**하다 **已而**오 **黃巢起**하야 **所在州縣**이 **往往陷賊**이라 **陳州豪傑數百人相與詣忠武軍**하야 **求得犨爲刺史以自保**하니 **忠武軍表犨陳州刺史**하다 **已而**오 **巢陷長安**에 **犨語將吏曰 以吾計巢若不爲長安市人所誅**면 **必驅其衆東走**하리니 **吾州適當其衝矣**라하고 **乃治城池爲守備**하야 **遷民六十里內者皆入城中**하고 **選其子弟**하야 **配以兵甲**하고 **以其弟**

昶(창)珝(후)爲將하다 巢敗에 果東走하야 先遣孟楷據項城이어늘 昶擊破之하야 執楷以歸하다 巢從後至하야 聞楷被執하고 大怒하다

王仙芝가 河南을 침략하여 汝州를 함락하고 장차 東都를 침범하려 하였는데, 趙犨가 병사를 이끌고 격파하니 왕선지가 이에 남쪽으로 달아났다. 이윽고 黃巢가 일어나 곳곳의 州와 縣들이 적에게 함락되었다. 陳州의 豪傑 수백 명이 서로 忠武軍으로 나아가 조주를 刺史로 삼아 스스로 지킬 것을 청하니, 忠武軍이 表奏하여 조주를 陳州刺史로 삼았다.

이윽고 황소가 長安을 함락하자 조주가 將吏에게 말하기를 "내가 생각건대 황소가 만약 長安의 市人들에게 誅殺되지 않는다면 반드시 그 무리들을 몰아 동쪽으로 달아날 터이니, 우리 州는 마침 저들이 지나가는 길목에 해당한다."라고 하였다. 이에 성과 해자를 수리하여 守備를 갖추고 60里 내에 있는 백성을 옮겨 모두 성으로 들어오게 하고는 그 자제들을 선발하여 병기와 갑주를 배급하고 자신의 아우 趙昶과 趙珝를 將帥로 삼았다.

황소가 패전하자 과연 동쪽으로 달아나 孟楷를 먼저 보내 項城을 점거하게 하였는데 조창이 격파하고 맹해를 잡아서 돌아왔다. 황소가 뒤이어 당도하여 맹해가 잡혔다는 소식을 듣고 크게 노하였다.

既而오 秦宗權以蔡州附巢하야 巢勢甚盛하니 乃悉其衆圍犨하고 置舂磨寨하야 糜(미)人之肉以爲食하다 陳人大恐하니 犨語其下曰 吾家三世陳將이니 必能保此라 爾曹男子는 當於死中求生하야 建功立業은 未必不因此時라하니 陳人皆踴躍하다 巢柵城北三里爲八仙營하야 起宮闕하고 置百官하고 聚糧餉하야 欲以久弊之하니 其兵號二十萬이라 陳州舊有弓弩數百이러니 皆廢壞라 後生弩工이 皆不識其器어늘 珝(후)創意理之하니 弓矢激五百步에 人馬皆洞이라 以故로 巢不(敦)〔敢〕[1]近하다 圍凡三百日에 犨食將盡하야 乃乞兵於梁이어늘 梁太祖與李克用皆自將會陳하야 擊敗巢將黃鄴于西華하다 西華有積粟하야 巢恃以爲餉이어니 及鄴敗에 巢乃解圍去하다

이윽고 秦宗權이 蔡州를 가지고 黃巢에게 붙어 황소의 勢力이 몹시 커지니, 이에

그 무리들을 모두 거느리고 趙犨를 포위하고는 성채 안에 절구와 맷돌을 설치하여 인육을 갈아서 먹게 하였다. 陳人이 크게 두려워하자 조주가 부하들에게 말하기를 "우리 집안은 3대가 陳州의 장수였으니 반드시 이곳을 지킬 것이다. 너희 남자들은 응당 죽음 속에서 살길을 찾아 功業을 세워야 할 것이니, 반드시 이 기회를 놓쳐서는 안 된다."라고 하니, 진인이 모두 크게 고무되었다.

황소가 陳州城 북쪽 3리쯤에 防柵을 세워 八仙營을 만들고서 宮闕을 세우고 百官을 두고 군량을 모아 지구전으로 지치게 하고자 하였는데 병력이 20만 명이라고 하였다. 진주에는 오래전부터 수백 개의 弓弩가 있었는데 낡아 못쓰게 되었다. 후대의 궁노를 만드는 工人들은 모두 그 무기를 알지 못하였는데, 趙珝가 고안하여 그것들을 수리하니 화살이 500보 거리를 날아가 사람과 말을 모두 관통하였다. 그러므로 황소가 감히 접근하지 못하였다. 포위된 지 300일 만에 조주가 식량이 다하려 하자 梁나라에 원병을 요청하였는데, 梁 太祖가 李克用과 함께 모두 스스로 병사를 거느리고 陳州에서 회합하여 황소의 장수 黃鄴을 西華에서 격파하였다. 서화에는 비축된 곡식이 있어 황소가 이를 의지하여 병사들을 먹였는데 황업이 패하자 황소는 이에 포위를 풀고 떠났다.

1) (敦)〔敢〕: 저본에는 '敦'으로 되어 있으나, ≪新五代史≫에 의거하여 '敢'으로 바로잡았다.

梁太祖入陳州에 **犨兄弟迎謁馬首甚恭**이라 **然犨陰識太祖必成大事**하야 **乃降心屈迹**하야 **爲自托之計**하다 **以梁援己恩**으로 **爲太祖立生祠**하야 **朝夕拜謁**하고 **以其子巖尙太祖女**하니 **是謂長樂公主**라 **黃巢已去**어늘 **秦宗權復亂淮西**하야 **陷旁二十餘州**라 **而陳去蔡最近**이로대 **犨兄弟力拒之**하야 **卒不能下**라 **後**에 **巢宗權皆敗死**하니 **唐昭宗卽以陳州爲忠武軍**하고 **拜犨節度使**하다 **犨已病**에 **乃以位與其弟昶**(창)이러니 **後數月卒**하다

梁 太祖가 陳州로 들어가니 趙犨 형제가 말 앞에서 매우 공손하게 영접하고 배알하였다. 그러나 조주는 태조가 반드시 大事를 이루리라는 것을 은연중에 알고서 이에 몸과 마음을 낮춰 스스로 의탁할 계획을 세웠다. 그리고 梁나라가 자신을 구원해

준 은혜로 태조를 위하여 生祠를 세워 아침저녁으로 배알하였고, 자신의 아들 趙巖을 태조의 딸에게 장가보내니, 바로 長樂公主이다. 黃巢가 이미 달아났는데 秦宗權이 다시 淮西에서 난을 일으켜 주변의 州 20여 개를 함락하였다. 그러나 陳州는 蔡州와의 거리가 가장 가깝지만 조주 형제가 힘을 다해 막아 끝내 함락할 수 없었다. 후에 황소와 진종권이 모두 패하여 죽으니, 唐 昭宗이 즉시 진주를 忠武軍으로 만들고 조주를 節度使로 삼았다. 조주가 이미 병들자 이에 절도사의 지위를 아우인 趙昶에게 주었는데 몇 달 뒤에 卒하였다.

昶乘大寇新滅하야 **乃休兵課農**하고 **事梁尤謹**하야 **梁兵攻戰四方**에 **昶饋輓供億**에 **未嘗少懈**하다 **昶卒**에 **珝代立**하다

趙昶이 큰 도적이 막 멸망한 기회를 이용해 이에 병사들을 쉬게 하고 農桑을 권장하였으며, 梁나라를 더욱 정중히 섬겨 양나라 병사가 사방으로 공격하여 싸울 때에 조창이 군량을 운송하여 공급함에 일찍이 조금도 게을리 하지 않았다. 조창이 卒하자 趙珝가 대신 즉위하였다.

珝頗知書하야 **乃求鄧艾故迹**[1]하야 **決翟王陂**하야 **溉民田**하니 **兄弟居陳二十餘年**에 **陳人大賴之**하다 **梁太祖已降韓建**하고 **取同華**하야 **徙珝爲同州留後**하고 **入唐**하야 **爲右金吾衛上將軍**이러니 **歲餘**에 **以疾免官歸陳**하야 **卒于家**하니 **陳人爲之罷市**[2]하다

趙珝는 자못 글을 알아 이에 鄧艾의 옛 자취를 구하여 翟王陂를 터서 民田에 灌漑하니, 趙犨 형제들이 陳州에 산지 20여 년 동안 陳人들이 큰 은덕을 입었다. 梁太祖가 이미 韓建에게 항복을 받고 同州와 華州를 취하여 조후를 옮겨 同州留後로 삼았다. 唐나라에 들어가 右金吾衛上將軍이 되었는데, 1년 남짓 만에 병으로 관직을 그만두고 陳州로 돌아와 집에서 卒하니, 陳人이 그를 弔喪하여 罷市하였다.

1) 鄧艾故迹 : 鄧艾가 〈濟河論〉을 짓고 청하기를 "도랑을 터서 灌漑하여 淮水 가에다 30만 곡〔斛〕을 축적한다면 5년간 먹을 식량이 될 것이니, 그렇다면 어디를 가더라도 이기지 못하는 일이 없을 것입니다."라고 하였다.(≪三國志≫ 卷28 〈魏書 鄧艾傳〉)

2) 罷市 : 中國 晉나라의 良好가 荊州都督으로 재임 중에 죽자, 百姓이 그를 追慕하여 市場을 열지 않았다는 故事에서 온 말이다.

犨次子巖은 梁末帝時에 爲戶部尙書租庸使하야 與張漢傑漢倫等居中用事하다 梁自太祖以暴虐殺戮爲事러니 而末帝爲人特和柔恭謹이나 然性庸愚하고 以漢傑婦家而巖壻也라 故親信之하니 梁之大臣老將皆(功)〔切〕[1]齒로대 末帝獨不悟하야 以(人)〔至〕[2]於亡하다

趙犨의 次子 趙巖은 梁 末帝 때에 戶部尙書 租庸使가 되어 張漢傑과 張漢倫 등과 함께 조정에서 권력을 행사하였다. 梁나라가 太祖로부터 폭정과 살육을 일삼았는데 말제는 사람됨이 매우 유순하고 공근하였지만 성품이 용렬하고 어리석었다. 장한걸은 婦家의 사람이고 조암은 사위인지라 親信하니, 梁나라의 大臣과 老將들은 모두 이를 갈았지만 말제만은 홀로 깨닫지 못하다 망하는 지경에까지 이르렀다.

1) (功)〔切〕: 저본에는 '功'으로 되어 있으나, ≪新五代史≫에 의거하여 '切'로 바로잡았다.
2) (人)〔至〕: 저본에는 '人'으로 되어 있으나, ≪新五代史≫에 의거하여 '至'로 바로잡았다.

初에 朱友珪가 弑太祖自立하야 以末帝爲東都留守라 巖如東都하니 末帝與之飮酒하야 從容以誠款告之하다 巖爲末帝謀하야 遣人召楊師厚兵起事라 巖還西都하야 卒與袁象先以禁兵誅友珪하고 取傳國寶以授末帝하다 末帝立에 巖自以有功於梁하고 又尙公主하니 聞唐駙馬杜悰位至將相하야 自奉甚豐하야 恥其不及하야 乃占天下良田大宅하고 裒(부)刻商旅하야 其門如市하고 租庸之物을 半入其私라 巖一飮食에 必費萬錢이라

당초에 朱友珪가 太祖를 시해하고 스스로 즉위하여 末帝를 東都留守로 삼았다. 趙巖이 東都로 가니 말제가 그와 함께 술을 마시다 조용히 속마음을 말해주었다. 조암이 말제를 위하여 모의하여 사람을 보내 楊師厚의 병사를 불러들여 擧事하려고 하였다. 조암이 西都로 돌아와 끝내 袁象先과 함께 禁兵을 동원하여 朱友珪를 주살

하고 傳國寶를 취하여 말제에게 주었다.

말제가 즉위하자 조암은 梁나라에 공이 있다 자부하고 게다가 공주와 혼인하였기에 唐나라 때 駙馬인 杜悰이 지위가 將相에 이르고 자신의 衣食과 車馬 따위를 몹시 풍성하게 하였다는 말을 듣고는 두종에게 미치지 못함을 부끄러워하였다. 이에 천하의 좋은 밭과 큰 집을 점유하고 상인들에게 세금을 각박하게 거두어 門前成市를 이루었고 세금으로 들어오는 재물을 반이나 사적으로 유용하였다. 조암이 한 번 먹고 마실 때에 반드시 1만 錢을 허비하였다.

故時魏州牙兵驕하야 **數爲亂**이라 **羅紹威盡誅之**러니 **太祖崩**에 **楊師厚逐羅氏**하야 **據魏州**하야 **復置牙兵二千人**하니 **末帝患之**하다 **師厚死**에 **巖與租庸判官邵贊議曰 魏爲唐患**이 **百有餘年**이라 **自先帝時**로 **嘗切齒紹威**하니 **以其前恭而後倨**라 **今先帝新棄天下**에 **師厚復爲陛下憂**하니 **所以然者**는 **以魏地大而兵多也**라 **陛下不以此時制之**면 **寧知後人不爲師厚邪**아 **不若分相魏爲兩鎭**하니 **則無北顧之憂矣**라하다 **末帝以爲然**하야 **乃分相澶**(선)**衛爲昭德軍**하니 **牙兵亂**하야 **以魏博降**(항)**晉**이라 **梁由是盡失河北**하다

옛날에 魏州의 牙兵이 교만해져 자주 난을 일으키기에 羅紹威가 모두 주살하였는데, 太祖가 崩하자 楊師厚가 羅氏를 축출하고 위주를 점거하여 다시 아병 2천 명을 두니 末帝가 이를 근심하였다. 양사후가 죽자 趙巖이 租庸判官 邵贊과 함께 의논하기를 "魏州가 唐나라의 憂患이 된 지가 100여 년입니다. 先帝때로부터 일찍이 나소위를 몹시 미워하였으니 그가 앞에서는 공손하지만 뒤에서는 거만하게 굴었기 때문입니다. 지금 先帝께서 막 天下를 버리고 崩御하시자 양사후가 다시 폐하의 근심거리가 되었으니 그렇게 된 이유는 위주가 땅은 크고 병사가 많기 때문입니다. 陛下께서 이때에 제어하지 않으시면 후인 중에 양사후와 같은 사람이 나오지 않으리라는 것을 어찌 알겠습니까. 相州와 魏州를 나누어 두 개의 鎭으로 만드는 것만 못하니 그렇게 하시면 북쪽을 돌아보는 근심이 없게 될 것입니다."라고 하였다.

말제가 옳다고 여겨 이에 相州, 澶州, 衛州를 나누어 昭德軍으로 만드니, 아병이 난을 일으켜 魏州와 博州를 가지고 晉나라에 항복하였다. 梁나라가 이로부터 河北을 모두 잃었다.

是時梁將劉鄩(심)等與莊宗相距澶魏之間하야 兵數敗라 巖曰 古之王者必郊祀天地러니 陛下卽位에 猶未郊天이라 議者以爲朝廷無異藩鎭이라하니 如此면 何以威重天下리오 今河北雖失이나 天下幸安하니 願陛下力行之하소서 敬翔以爲不可曰 今府庫虛竭하야 箕斂供軍하니 若行郊禋이면 則必賞賚(뢰)니 是取虛名而受實弊也라하다 末帝不聽하고 乃備法駕幸西京이어늘 而莊宗取楊劉하니 或傳晉兵入東都矣라하고 或曰扼汜水矣라하고 或曰下鄆(운)濮(복)矣라하다 京師大風拔木하니 末帝大懼하고 從官相顧而泣이어늘 末帝乃還東都하야 遂不果郊하다

이때에 梁나라 장수 劉鄩 등이 莊宗과 澶州와 魏州 사이에서 서로 대치하여 양나라 군사가 수차례 패하였다. 趙巖이 말하기를 "옛날의 왕은 반드시 天地에 郊祭祀를 지냈는데, 陛下께서 즉위하시고 아직도 하늘에 교제사를 지내지 않았으므로 의론하는 자들이 '조정이 藩鎭과 다름이 없다.'라고 하니 이와 같다면 무엇으로 천하에 위엄을 보이겠습니까. 지금 河北은 비록 잃었지만 천하가 다행히 안정되었으니, 폐하께서는 힘써 행하십시오."라고 하였다.

敬翔이 불가하다고 하면서 "지금 府庫가 텅 비어 가혹하게 세금을 징수하여 군대에 공급하고 있습니다. 만약 郊禋을 시행하시면 반드시 상을 주어야 하니 이는 虛名만 취하고 실제의 폐해를 받는 것입니다."라고 하였다.

末帝가 듣지 않고 이에 御駕를 갖추어 西京으로 幸行하자 莊宗이 楊劉를 취하였다. 혹자는 晉兵이 東都로 들어갔다고 하고 혹자는 汜水를 점거하였다라고 하고 혹자는 鄆州와 濮州를 함락하였다라고 하였다. 京師에 큰 바람이 불어 나무가 뽑히니 말제가 크게 두려워하고 從官들이 서로 돌아보며 눈물을 흘리자 말제가 이에 東都로 돌아와 마침내 郊祭를 지내지 못하였다.

鎭州張文禮殺王鎔하고 使人告梁曰 臣已北召契丹하니 願梁以兵萬人出德棣(체)州면 則晉兵憊矣라하니 敬翔以爲然이어늘 巖與漢傑皆以爲不可라하야 乃止하다 其後에 出王彦章用段凝하니 皆巖力也라 莊宗兵將至汴이어늘 末帝惶惑하야 不知所爲하야 登建國樓以問群臣하니 (群臣)[1]或曰 晉以孤軍遠來하야 勢難持久하니 雖使入汴이라도

不能守也라 宜幸洛陽하야 保險以召天下兵하야 徐圖之면 勝負未可知也라하다 末帝猶豫어늘 巖曰 勢已如此하니 一下此樓면 何人可保리오하니 末帝卒死於樓上하다 當巖用事時하야 許州溫韜尤曲事巖이러니 巖因顧其左右曰 吾常待韜厚하니 今以急投之면 必不幸吾爲利라하고 乃走投韜어늘 韜斬其首以獻하다 莊宗已滅梁에 巖素所善段凝奏請誅巖家屬하야 乃滅族之하다

鎭州의 張文禮가 王鎔을 죽이고 사람을 보내 梁나라에 고하기를 "신이 이미 북쪽으로 契丹을 불렀으니, 양나라가 1만 명의 병사를 거느리고 德州와 棣州로 나오면 晉나라 병사들이 지치게 될 것입니다."라고 하였다. 敬翔은 옳다고 여겼는데 趙巖과 張漢傑은 모두 불가하다고 하여 이에 그만두었다.

그 후에 王彦章을 내치고 段凝을 등용하니, 모두 조암의 힘이었다. 莊宗의 병사가 汴州에 이르려 하자 末帝가 당혹스러워하면서 어찌 할 바를 알지 못하고 建國樓에 올라 신하들에게 물으니, 혹자가 "晉나라는 외로운 군대를 거느리고 멀리까지 와서 형세로 볼 때 持久戰을 하기 어려우니, 비록 汴州로 들어오게 하더라도 지킬 수 없을 것입니다. 의당 洛陽으로 幸行하여 험준한 요새를 지키면서 천하의 병사를 불러들여 천천히 도모한다면 勝負는 알 수 없습니다."라고 하였다. 말제가 머뭇거리자 조암이 말하기를 "形勢가 이미 이와 같으니 한 번 이 누각을 내려가면 어떤 사람이 지킬 수 있겠습니까."라고 하니, 말제는 끝내 건국루 위에서 죽었다.

조암이 권력을 독단할 때에 許州의 溫韜가 조암을 잘 섬겼는데, 조암이 인하여 좌우를 돌아보며 말하기를 "내가 늘 온도를 후하게 대하였으니, 지금 위급해서 그에게 의지하면 필시 내가 온 것을 요행으로 여겨 이익으로 삼지는 않을 것이다."라고 하고 이에 온도에게 급히 가 의탁하니 온도가 그 머리를 베어 〈장종에게〉 바쳤다. 장종이 이미 양나라를 멸망시키자 조암과 평소 친분이 있던 단응이 조암의 家屬들을 주살할 것을 奏請하여 이에 滅族하였다.

1) (群臣) : 저본에는 '群臣'이 있으나, ≪新五代史≫에 의거하여 衍文으로 처리하였다.

嗚呼라 禍福之理가 豈可一哉리오 君子小人之禍福異也라 老子曰 禍兮福所倚요 福

兮禍所伏[1)]이라하니 後世之談禍福者는 皆以其言爲至論也라 夫爲善而受福하니 焉得禍며 爲惡而受禍하니 焉得福이리오 惟君子之罹非禍者 未必不爲福이요 小人之求非福者 未嘗不及禍하니 此自然之理也라 始犨自以先見之明으로 深結梁大祖하야 及其子孫皆享其祿利하니 自謂知所托矣러니 安知其族卒與梁俱滅也리오 犨之求福於梁은 蓋老氏之所謂福也요 非君子之所求也니 可不戒哉리오

오호라. 禍福의 이치가 어찌 한 가지로 볼 수 있겠는가. 군자와 소인의 화복은 다르다. 老子가 말하기를 "禍에는 福이 기대어 있고 福에는 禍가 숨어 있다."라고 하였으니, 후세에 화복을 담론하는 자들은 모두 노자의 말을 至論이라 여긴다. 대저 善을 행하여 복을 받으니 어찌 화를 얻겠으며, 惡을 행하여 화를 받으니 어찌 복을 얻겠는가. 군자가 뜻하지 않은 화를 당할 경우 반드시 복을 받지 못하지는 않고 소인이 걸맞지 않는 복을 구할 경우 일찍이 화를 당하지 않은 적이 없으니 이는 자연스러운 이치이다.

처음 趙犨는 스스로 先見之明으로 梁 大祖와 깊게 결탁하여 그 자손들에 이르기까지 모두 그 福祿을 누렸으니, 스스로 의탁할 바를 알았다고 생각했을 터인데 어찌 자신의 一族이 끝내 양나라와 함께 멸망할 줄 알았겠는가. 조주가 양나라에 복을 구한 것은 대개 노자가 말한 복이요 군자가 구하는 바는 아니니 경계하지 않을 수 있겠는가.

1) 禍兮福所倚 福兮禍所伏 : ≪道德經≫ 제58장에 보인다.

歐陽文忠公五代史抄 卷14

歸安 鹿門 茅坤 批評
孫男 闇叔 茅著 重訂

雜傳

01. 康延孝傳* 康延孝의 傳記

* 康延孝(?～926)는 代北 사람이다. 列傳은 ≪舊五代史≫ 卷74 〈唐書 第50 列傳 第26〉, ≪新五代史≫ 卷44 〈雜傳 第32〉에 각각 실려 있다.

강연효는 梁 末帝가 소인들을 등용하는 것을 보고는 後唐 莊宗에게 歸附하였는데, 양나라가 군사를 일으켜 후당을 공격하자 병사가 없는 틈을 타 양나라 수도로 진격하여 단 8일 만에 梁나라를 멸망시켰다. 후에 蜀을 정벌할 때에도 속전속결을 주장하여 1천 명 남짓으로 漢州를 함락시키는 등 큰 공을 세운 인물이다. 하지만 강연효는 郭崇韜가 자신보다 낮은 지위에 있던 董璋을 東川節度使로 삼아 중용하고, 자신과 함께 양나라를 배반하고 唐나라로 귀부한 朱友謙마저 살해되자 위기를 느껴 결국 반란을 일으켰다. 하지만 李繼岌이 보낸 任圜과 孟知祥의 협공으로 패하여 사로잡혔고 강연효를 태운 檻車가 鳳翔에 도착했을 때 장종이 환관을 보내 살해하였다.

이 열전에서는 강연효가 후당으로 귀부한 뒤 양나라를 평정하고 촉을 정벌하는 데 공을 세우는 과정을 생생하게 묘사하여 그의 공을 부각시켰다. 그리고 곽숭도와의 갈등과 주우겸의 사건을 상세히 서술하여 후당에서도 강연효에게 반란을 일으킬 빌미를 제공하였음을 넌지시 보였다. 이에 茅坤은 史評을 통해 강연효가 시기심으로 반란을 일으켰다 주살되었으나 후당이 천하를 통일하기에는 부족하다는 것을 알 수 있다고 하여 강연효의 반란을 비판하고 아울러 功臣을 포용하지 못한 후당에게도 책임을 지웠다.

康延孝는 自梁歸唐하야 期以八日滅梁하고 又及定蜀이어늘 莊宗不能用之하니 而卒以猜忌叛이라 孝雖誅死나 而唐之不足以一天下는 可概見矣라

康延孝는 梁나라에서 唐나라로 歸附하여 8일을 기한으로 하여 양나라를 멸망시켰고 또 蜀나라까지도 평정하였는데 莊宗이 그를 등용하지 않으니 마침내 시기심으로 반란을 일으켰다. 강연효는 비록 주살되었으나 당나라가 천하를 통일하기에 부족하다는 것을 대략 알 수 있다.

康延孝는 代北人也라 爲太原軍卒하야 有罪亡命于梁이러니 末帝遣段凝하야 軍于河上하고 以延孝爲左右先鋒指揮使하다 延孝見梁末帝任用群小하고 知其必亡하야 乃以百騎奔于唐하야 見莊宗於朝城하니 莊宗解御衣金帶以賜之하고 拜延孝博州刺史捧日軍使兼南面招討指揮使하다

康延孝는 代北 사람이다. 太原의 軍卒로 있다가 죄를 지어 梁나라로 망명하였는데, 末帝가 段凝을 보내 河上에 군사를 주둔하고 강연효를 左右先鋒指揮使로 삼았다. 강연효가 양 말제가 소인들을 임용하는 것을 보고 梁나라가 반드시 망할 줄을 알고서 이에 100명의 기병을 데리고 唐나라로 달아나 莊宗을 朝城에서 알현하니, 장종이 御衣와 金帶를 풀어 그에게 하사하고 강연효를 博州刺史 捧日軍使 兼南面招討指揮使에 배수하였다.

莊宗屛人하고 問延孝梁事어늘 延孝具言 末帝懦弱한대 趙巖壻也요 張漢傑婦家라 皆用事하고 段凝姦邪하야 以入金多爲大將하니 自其父時故將皆出其下오 王彦章은 驍將也어늘 遣漢傑監其軍而制之라 小人進任而忠臣勇士皆見疎斥하니 此其必亡之勢也라하다 莊宗又問梁計如何하니 曰 臣仕梁時에 竊聞其議하니 期以仲冬大擧하야 遣董璋以陝虢(괵)澤潞之衆出石會하야 以攻太原하고 霍彦威以關西汝洛之兵掠邢洺(명)以趨鎭定하고 王彦章以京師禁衛擊鄆(운)州하고 段凝以河上之軍當陛下라하다

莊宗이 사람들을 물리고 康延孝에게 梁나라의 일에 대해 묻자 강연효가 갖추어

말하기를 "末帝는 나약한데 趙巖은 말제의 사위이고 張漢傑은 婦家인지라 이들이 모두 권력을 독단하고 있습니다. 段凝은 간사한 자로 많은 황금을 바치고 大將이 되니 그 아비 때부터의 옛 장수들이 모두 그의 수하가 되었고, 王彦章은 용맹한 장수인데 장한걸을 보내 그 군대를 감시하여 통제하였습니다. 小人들은 나아와 임용되고 忠臣과 勇士들은 모두 배척을 당하니, 이는 반드시 패망할 형세입니다."라고 하였다.

장종이 또 양나라의 계획이 어떠한지를 물으니 대답하기를 "신이 양나라에 벼슬할 때에 그 의논을 들어보니 仲冬을 기점으로 크게 거병하여 董璋을 보내 陝州, 虢州, 澤州, 潞州의 병사를 石會로 나가게 하여 太原을 공격하고, 霍彦威를 보내 關西, 汝州, 洛州의 병사로 邢州와 洺州를 노략질하고서 鎭州와 定州로 나아가게 하고, 王彦章을 보내 京師의 禁衛軍으로 鄆州를 공격하고 단응을 보내 河上의 군사로 陛下와 맞서게 하려 합니다."라고 하였다.

莊宗初聞延孝曰梁必亡하고 **喜**라가 **及聞其大擧也**하얀 **懼曰 其將何以禦之**오하니 **延孝曰 梁兵雖衆**이나 **分則無餘**라 **臣請待其旣分**하야 **以鐵騎五千**으로 **自鄆趨汴**하야 **出其不意**하야 **擣(도)其空虛**하면 **不旬日**에 **天下定矣**라하니 **莊宗甚壯其言**하다 **後董璋等雖不出兵**이나 **而梁兵悉屬段凝於河上**하야 **京師無備**어늘 **莊宗卒用延孝策**하야 **自鄆入汴**하야 **凡八日而滅梁**이라 **以功拜鄭州防禦使**하고 **賜姓名曰李紹琛**하고 **二年**에 **遷保義軍節度使**하다

莊宗이 처음에 康延孝가 梁나라는 반드시 멸망할 것이라고 말한 것을 듣고 기뻐하다가 梁나라가 대거 침공해 온다는 말을 듣고는 두려워하며 "장차 어떻게 해야 양나라를 막을 수 있겠는가?"라고 하니, 강연효가 말하기를 "양나라의 兵士는 비록 많지만 나뉘면 남은 병사가 많지 않을 것입니다. 신은 청컨대 그들이 나뉘기를 기다려 5천 명의 鐵騎를 거느리고 鄆州에서 汴州로 달려가 생각지도 못한 틈을 타 텅 빈 곳을 공격하면 열흘이 되기도 전에 천하가 평정될 것입니다."라고 하니, 장종이 그의 말을 몹시 장하게 여겼다.

후에 董璋 등은 비록 출병하지 않았으나 양나라 병사가 모두 黃河 가에 주둔한

段凝에게 歸屬되어 京師에 방비가 없게 되자 장종이 마침내 강연효의 계책을 따라 운주에서 변주로 들어가 무릇 8일 만에 양나라를 멸망시켰다. 강연효는 그 공으로 鄭州防禦使에 배수되었고 李紹琛이라는 성과 이름을 하사받고, 同光 2년(924)에 保義軍節度使로 승진하였다.

三年에 征蜀에 以延孝爲先鋒排陣斬斫(작)使하야 破鳳州하고 取固鎭하고 降(항)興州하다 與王衍戰三泉에 衍敗走하야 斷吉柏江浮橋어늘 延孝造舟以渡하야 進取綿州하다 衍復(부)斷綿江浮橋어늘 延孝謂招撫使李嚴曰 吾遠軍千里하야 入人之國하니 利在速戰이라 乘衍破膽之時하여 但得百騎過鹿頭關하면 彼將迎降(항)不暇라 若修繕橋梁하야 必留數日하야 使衍得閉關爲備면 則勝負未可知也라하고 因與嚴乘馬浮江하니 軍士隨之濟者千餘人이라 遂入鹿頭關하야 下漢州하다 居三日에 後軍始至하니 衍弟宗弼果以蜀降(항)하다 延孝屯漢州하야 以俟魏王繼岌하다

同光 3년(925)에 蜀나라를 정벌할 때에 康延孝를 先鋒排陣斬斫使로 삼아 鳳州를 격파하고 固鎭을 취하고 興州를 항복시켰다. 王衍과 三泉에서 전투함에 왕연이 敗走하여 吉柏江의 浮橋를 끊었는데 강연효가 배를 만들어 강을 건너 나아가 綿州를 취하였다. 왕연이 다시 綿江의 浮橋를 끊었는데 강연효가 招撫使 李嚴에게 말하기를 "우리 군대가 멀리 천리를 달려와 남의 나라에 들어왔으니 速戰하는 것이 유리하다. 왕연이 크게 놀랐을 때를 기회로 삼아 다만 1백 명의 기병으로 鹿頭關을 통과하면 왕연의 장수들이 지체 없이 우리를 맞이하여 투항할 것이다. 만약 교량을 수리하다 군이 며칠을 지체하여 왕연에게 關門을 닫아 대비할 시간을 준다면 승부를 알 수 없게 된다."라고 하였다. 인하여 이엄과 말을 타고 강을 건너니 軍士 중에 따라 건넌 자가 1천 명 남짓이었다. 마침내 녹두관으로 들어가 漢州를 함락하였다. 주둔한 지 3일 만에 後軍이 비로소 이르니, 왕연의 아우 王宗弼이 과연 蜀을 바치고 항복하였다. 강연효는 漢州에 주둔하여 魏王 李繼岌을 기다렸다.

蜀平에 延孝功爲多어늘 左廂馬步軍都指揮使董璋은 位在延孝下나 然特見重於郭崇韜라 崇韜有軍事면 獨召璋與計議하고 而不問延孝어늘 延孝大怒하야 責璋曰 吾有

平蜀之功이어늘 公等(樸)〔僕〕[1]遬(속)相從하야 反俛(부)首郭公之門하니 吾爲都將이니 獨不能以軍法斬公邪아하다 璋訴于崇韜하니 崇韜解璋軍職하야 表爲東川節度使하다 延孝愈怒曰 吾冒白刃하고 犯險阻하야 以定兩川[2]이어늘 璋有何功而得旄節가하고 因見崇韜言其不可하다 崇韜曰 紹琛反邪아 敢違吾節度아하야늘 延孝懼而退하다 明年崇韜死에 延孝謂璋曰 公復(부)俛首何門邪오하니 璋求哀以免하다

蜀이 평정되자 康延孝의 공이 가장 많았는데 左廂馬步軍都指揮使 董璋은 지위는 강연효의 아래지만 특별히 郭崇韜에게 重用되었다. 곽숭도가 軍務가 있으면 동장만을 불러 논의하고 강연효에게는 묻지 않았다. 강연효가 크게 노하여 동장을 꾸짖기를 "나는 蜀을 평정한 공이 있거늘 공들은 용렬하게 相從하여 도리어 郭公의 門下에 머리를 굽히고 있다. 내가 都將이 되었으니 軍法으로 공을 참수할 수 없겠는가."라고 하였다.

동장이 곽숭도에게 호소하니 곽숭도가 동장을 軍職에서 해임하고 表奏하여 東川節度使로 삼았다. 강연효가 더욱 노하여 "나는 시퍼런 창칼을 무릅쓰고 위험한 곳을 공격하여 兩川을 평정하였는데, 동장은 무슨 공이 있어 節度使가 되었는가."라고 하고 인하여 곽숭도를 보고 불가함을 말하였다. 곽숭도가 말하기를 "李紹琛이 반란을 일으키려는가. 감히 나의 명을 어기는가."라고 하자 강연효가 두려워 물러났다.

이듬해에 곽숭도가 죽자 강연효가 동장에게 "공은 어느 문하에 다시 고개를 숙이려는가."라고 하니 동장이 애걸하여 화를 면하였다.

1) (樸)〔僕〕: 저본에는 '樸'으로 되어 있으나, ≪新五代史≫에 의거하여 '僕'으로 바로잡았다.

2) 兩川 : 東川과 西川을 말한다. 唐 肅宗 至德 2년에 劍南道에 東川과 西川 두 절도사를 두었던 데서 유래한다.

繼岌班師에 命延孝以萬二千人爲殿이러니 行至武連하야 聞朱友謙無罪見殺하다 友謙有子令德在遂州어늘 莊宗遣使者詔繼岌卽誅之하다 繼岌不遣延孝하고 而遣董璋하니 延孝已自疑하고 及璋過延孝軍에 又不謁하니 延孝大怒하야 謂其下曰 南平梁하고 西取蜀은 其謀畫(획)出于郭公이나 而汗馬之勞攻城破敵者는 我也라 今郭公已死하니

我豈得存이리오 而友謙與我俱背梁以歸唐者니 友謙之禍가 次及我矣라하다 延孝部下皆友謙舊將이라 知友謙被族하고 皆號泣訴于軍門曰 朱公無罪로대 二百口被誅하고 舊將往往從死하니 我等死必矣라하다 延孝遂擁其衆하야 自劍州返入蜀하야 自稱西川節度三州制置等使하고 馳檄蜀人하니 數日之間에 衆至五萬이라 繼岌遣任圜(환)以七千騎追之하야 及于漢州하야 會孟知祥夾攻之하니 延孝戰敗被擒하야 載以檻車[1)]하다

李繼岌이 회군할 때에 康延孝에게 명하여 1만 2천 명으로 後軍이 되게 하였는데, 행군하다 武連에 이르러 朱友謙이 죄 없이 살해되었다는 말을 들었다. 주우겸의 아들 朱令德은 遂州에 있었는데, 莊宗이 사자를 보내 이계급에게 詔命을 내려 즉시 주살하게 하였다. 이계급이 강연효를 보내지 않고 董璋을 보내니 강연효가 이미 스스로 의심을 품었는데, 동장이 강연효의 군대에 들렀을 때에 또 강연효를 拜謁하지 않았다.

그러자 강연효가 크게 노하여 부하들에게 말하기를 "남쪽으로 梁나라를 평정하고 서쪽으로 蜀을 취한 것은 그 계책이 郭公에게서 나온 것이지만 성을 공략하고 적을 격파하여 전쟁터를 누비며 공로를 세운 것은 바로 나이다. 지금 곽공이 이미 죽었으니 내가 어찌 살 수 있겠는가. 주우겸은 나와 함께 梁나라를 배반하고 唐나라로 歸附한 자이니, 주우겸이 당한 화가 다음에는 나에게 미칠 것이다."라고 하였다.

강연효의 部下들은 모두 주우겸의 옛 장수들이므로 주우겸이 멸족당했다는 소식을 듣고 모두 눈물을 흘리며 軍門에서 하소연하기를 "朱公은 죄가 없는데도 일족이 200명이나 주살당하였고 옛 장수들이 왕왕 따라서 죽임을 당하였으니, 우리들은 틀림없이 죽을 것이다."라고 하였다.

강연효가 마침내 그 무리들을 데리고 劍州로부터 蜀으로 되돌아와 西川節度使, 三州制置使 등을 自稱하고, 蜀人들에게 급히 격문을 보내니, 수일 내에 병사가 5만 명이 모였다. 이계급이 任圜을 보내 7천 명의 기병으로 추격하여 漢州에 이르러 孟知祥과 회합하여 협공하니, 강연효가 전투에서 패하여 사로잡혀 檻車에 실려 호송되었다.

1) 檻車 : 죄인을 가두어 호송하거나 맹수를 잡아 나르는 데 쓰는 수레를 말한다.

圜置酒軍中하야 引檻車至坐上이어늘 知祥酌大巵(치)從車中飮之而謂曰 公自梁朝로 脫身歸命하야 遂擁節旄하니 今平蜀之功에 何患富貴而入此檻車邪아하니 延孝曰 郭崇韜는 佐命[1]之臣이라 功在第一이요 兵不血刃而取兩川이어늘 一旦無罪闔門受戮하니 顧如延孝가 何保首領이리오 以此不敢歸朝耳라하다 任圜東還에 延孝檻車至鳳翔이어늘 莊宗遣宦者殺之하다

任圜이 軍中에 술을 마련해 두고 檻車를 이끌어 자리 옆에 이르게 하니 孟知祥이 큰 술잔에 술을 따라 檻車 안에서 마시게 하고는 말하기를 "공은 梁朝로부터 몸을 빼내 귀순하여 마침내 兵權을 얻게 되었으니, 지금 蜀을 평정한 공으로 충분히 富貴를 누릴 수 있을 터인데 어찌 檻車에 들어왔단 말인가."라고 하였다.

강연효가 말하기를 "郭崇韜는 佐命功臣이므로 공로가 제일이고 병사들이 칼에 피를 묻히지 않고 兩川을 취하였는데, 하루아침에 죄도 없이 온 집안이 죽임을 당하였으니, 돌아보건대 나와 같은 사람이 어찌 머리를 보존할 수 있겠는가. 이 때문에 감히 조정으로 돌아가지 않았을 뿐이다."라고 하였다.

임환이 동쪽으로 돌아올 때에 강연효의 檻車가 鳳翔에 이르렀는데, 莊宗이 환관을 보내 살해하였다.

1) 佐命 : 古代에 帝王이 천하를 얻으면 자칭 위로 天命에 응하였다고 한다. 그러므로 帝王을 보좌하여 創業하는 것을 佐命이라고 한다.

02. 房知溫傳* 房知溫의 傳記

* 房知溫(?~936)은 伯玉이고 兗州 瑕丘 사람으로 또 다른 이름은 李紹英이다. 列傳은 ≪舊五代史≫ 卷91 〈晉書 第17 列傳 第6〉, ≪新五代史≫ 卷46 〈雜傳 第34〉에 각각 실려 있다.

방지온은 勇力으로 魏州 馬鬪軍에 소속되었다. 後唐 莊宗이 魏州와 博州를 취하여 방지온을 얻고는 성과 이름을 하사하고 刺史를 제수하였다. 후에 明宗이 반란을 일으켜 魏州에서 남쪽으로 향할 때 방지온이 가장 먼저 명종에게 달려갔다. 방지온이 北面招討使가 되어 盧臺에 주둔할 때에 명종이 烏震을 후임으로 보내자 인사에 불만을 품어 魏軍을 움직여 이를 죽였고 위군 또한 반

란군으로 내몰아 모두 주살하였다. 후에 廢帝가 반란을 일으켜 愍帝가 달아나자 이를 틈타 자신도 반란을 일으키려다 李冲의 권유로 입조하여 東平王에 봉해졌다. 鎭을 鎭撫할 때에는 세금을 각박하게 거두어 遊戲를 즐기며 정사를 돌보지 않다 館所에서 卒하였다.

이 열전에서는 방지온의 飜覆無常한 사적을 생생하게 묘사하였는데, 茅坤이 위주의 반란군이 後唐과 後梁의 禍根에 관계되기에 이 列傳을 史抄에 수록하였다고 하였듯이 특히 위주의 군사와 관련된 이야기는 생동감 넘치고 상세하게 묘사하였다.

위주 牙軍의 흥망을 간략하게 소개하면 다음과 같다. 아군은 唐 代宗 때 田承嗣가 魏博節度使가 되어 만든 호위대로 唐나라 말기에 羅紹威가 절도사가 되었을 때에 아군의 세력이 지나치게 커져 민폐를 끼치고 난을 일으키자 나소위가 朱溫에게 구원을 요청해 2년 만에 아군의 세력을 완전히 평정하였다. 후에 梁 太祖가 죽자 楊師厚가 다시 위주에 銀槍效節軍을 두었는데, 楊師厚가 卒하자 梁 末帝가 趙巖과 모의하여 위주를 相州와 위주로 나누어 두 개의 鎭으로 만들었다. 이로 말미암아 魏軍이 반란을 일으켜 晉나라에 항복하였다. 明宗 때에 위군이 변란을 일으키자 방지온이 이들을 주살하였고 명종이 명을 내려 위군 3천여 명의 가솔 수만 명을 漳水 가로 데려가 죽이게 하니 이로서 위주의 병사들이 모두 죽었다.

中魏州叛兵一節은 **係唐及梁之禍根**일새 **因錄之**라

이 글 가운데 魏州의 반란군에 관한 한 단락은 唐나라와 梁나라의 禍根에 관계되기에 수록하였다.

房知溫은 **字伯玉**이요 **兗**(연)**州瑕丘人也**라 **少以勇力**으로 **爲赤甲都官健**이러니 **後隸魏州馬鬪軍**하고 **稍遷親隨軍指揮使**하다 **莊宗取魏博**하야 **得知溫**하고 **賜姓李氏**하고 **名曰紹英**하야 **以爲澶**(선)**州刺史**러니 **歷曹貝二州刺史**하야 **戍瓦橋關**하다

房知溫은 자는 伯玉이고 兗州 瑕丘 사람이다. 어려서 勇力으로 赤甲都官健이 되었는데 후에 魏州 馬鬪軍에 소속되었고 점차 승진하여 親隨軍指揮使가 되었다. 莊

宗이 魏州와 博州를 취하여 방지온을 얻고는 李紹英이라는 姓과 이름을 하사하고 澶州刺史로 삼았는데, 曹州와 貝州 두 州의 刺史를 역임하고서 瓦橋關을 지켰다.

明宗自魏反兵南向[1)]에 知溫首馳赴之하다 天成元年에 拜泰寧軍節度使하고 明年에 爲北面招討使하야 屯于盧臺하다 明宗遣烏震하야 往代知溫還鎭이어늘 其戍卒效節軍將龍晊(질)等攻震殺之하다 效節은 魏州軍也라 魏州는 自羅紹威誅衙軍으로 楊師厚爲節度使하야 復(부)置銀槍效節軍하다 當梁末帝時하야 師厚幾爲梁患이러니 師厚卒에 以賀德倫代之하다 末帝患魏軍彊難制하야 與趙巖等謀하야 分相魏爲兩鎭이라 魏軍由此作亂하야 劫德倫叛梁而降(항)晉하니 梁遂失河北하다

明宗이 魏州로부터 병사를 돌려 남쪽으로 향할 때에 房知溫이 가장 먼저 명종에게 달려갔다. 天成 원년(926)에 泰寧軍節度使에 배수되었고, 이듬해에 北面招討使가 되어 盧臺에 주둔하였다. 명종이 烏震을 보내 鎭에서 돌아오는 방지온을 대신하게 하였는데, 그 戍卒 效節軍將 龍晊 등이 오진을 공격하여 죽였다. 效節은 위주의 군대이다. 위주는 羅紹威가 衙軍을 주살한 뒤로 楊師厚가 節度使가 되어 다시 銀槍效節軍을 두었다. 梁 末帝 때에 양사후가 거의 梁나라의 憂患이 되었는데, 양사후가 卒하자 賀德倫을 후임으로 삼았다. 末帝가 위주의 군사가 강성하여 제어하기 어려운 것을 근심하여 趙巖 등과 모의하여 相州와 위주를 나누어 두 개의 鎭으로 만들었다. 魏軍이 이로 말미암아 난을 일으켜 하덕륜을 겁박해서 梁나라를 배반하고 晉나라에 항복하게 하니 양나라가 마침내 河北을 잃었다.

1) 明宗自魏反兵南向 : 天成 원년에 魏州에서 趙在禮가 반란을 일으키자 莊宗이 明宗을 보내 토벌하게 하였다. 명종이 위주로 가 조재례의 謝罪를 받아들이고 합류하여 南下하면서 군사를 모았고, 이해 4월에 장종이 崩하자 洛陽으로 들어가 황제에 즉위하였다.(본서 卷2 〈唐明宗紀〉)

莊宗自得魏軍으로 與梁戰河上하야 數(삭)有功이어늘 許其軍以滅梁而厚賞이러니 及梁亡하야 魏軍雖數賜與나 而驕縱無厭하야 常懷怨望이라 皇甫暉之亂에 劫趙在禮入魏는 皆此軍也라 明宗入立에 在禮鎭天雄軍이러니 以魏軍素驕로 常懼禍하야 不遑

居하야 陰遣人訴于明宗하야 求解去어늘 明宗乃以皇子從榮으로 代在禮하고 而遣魏效節九指揮하야 北戍盧臺한대 軍發之日에 不給兵甲하고 惟以長竿繫旗幟以表隊伍하니 軍士頗自疑惑이라

莊宗이 魏軍을 얻은 뒤로 梁나라와 河上에서 전투하여 자주 전공을 세웠는데, 위군에게 양나라를 멸망시키면 후한 상을 내리겠다고 허락하였다. 양나라가 멸망하자 위군은 비록 수차례 포상을 받았지만 방종하여 만족하지 못하고 늘 원망하는 마음을 품었는데, 皇甫暉가 난을 일으켜 趙在禮를 겁박하여 魏州로 간 것은 모두 위군이었다. 明宗이 들어와 즉위하자 조재례는 天雄軍을 鎭守하였는데 위군이 평소 교만한지라 자신에게 늘 화가 미칠까 두려워하여 불안해하다 몰래 사람을 보내 명종에게 하소연하여 解職되어 떠날 수 있게 해 달라 청하였다. 명종이 이에 皇子 李從榮을 조재례의 후임으로 삼고 魏州의 效節九指揮를 보내 북쪽에서 盧臺를 지키게 하였다. 軍隊가 출발하는 날에 병기와 갑주를 지급하지 않고 오직 긴 장대에 旗幟만 매달아 隊伍를 구분하니, 軍士들이 퍽 스스로 疑惑스럽게 여겼다.

明年에 明宗遣烏震하야 代知溫戍하니 而知溫意尤不樂하다 盧臺戍軍夾水하야 東西爲兩寨러니 震初至하야 與知溫會東寨하야 方博이라가 效節軍亂하야 噪於門外하니 知溫卽乘馬而出이라 亂軍擊殺震하고 執轡(비)留知溫하니 知溫紿(태)曰 騎兵皆在西寨하니 今獨步軍은 恐無能爲也라하다 知溫卽躍馬登舟渡河入西寨하야 以騎軍盡殺亂者하다 明宗下詔하야 悉誅其家屬于魏州하야 凡九指揮三千餘家數萬口를 驅至漳水上殺之하니 漳水爲之變色이라 魏之驕兵이 於是而盡하다 明宗知變自知溫起나 釋而不問하고 徙鎭武寧하고 加兼侍中하고 歷鎭天平平盧하다

이듬해에 明宗이 烏震을 보내 房知溫을 대신하여 지키게 하니 방지온이 더욱 불쾌하게 여겼다. 盧臺의 戍軍이 물을 끼고 동쪽과 서쪽에 두 개의 영채를 만들었는데 오진이 노대에 막 이르러 방지온과 동쪽 영채에 모여 한창 博奕을 하고 있었다. 그러다 效節軍이 난을 일으켜 문 밖에서 소란을 피우니 방지온은 즉시 말을 타고 나갔다. 반란군이 오진을 쳐 죽이고 고삐를 잡아 방지온을 만류하니, 방지온이 거짓으로

말하기를 "騎兵은 모두 서쪽 영채에 있으니 지금 步兵만으로는 아무것도 할 수 없을까 걱정이다."라고 하였다.

방지온이 즉시 말을 달려 배에 올라 黃河를 건너 서쪽 성채로 들어가 기마병을 거느리고 반란군을 모두 죽였다. 명종이 詔書를 내려 魏州에서 반란군의 家率들을 모두 주살하게 하여 九指揮 3천여 명의 가솔 수만 명을 漳水 가로 데려가 죽이니 장수의 물빛이 이 때문에 변하였다. 위주의 교만했던 병사들이 이에 모두 죽었다. 명종은 변란이 방지온 때문에 일어났음을 알았지만 풀어주어 힐문하지 않고 옮겨 武寧을 鎭守하게 하고 兼侍中을 더해주었고 天平과 平盧를 차례로 鎭守하게 하였다.

初에 **明宗爲北面招討使**하고 **而知溫爲副使**러니 **廢帝時以裨將事知溫甚謹**이라가 **後因杯酒失意**하다 **及廢帝起兵鳳翔**하고 **愍帝出奔**하얀 **知溫乘間有窺覦**(유)**之意**하야 **謂其司馬李沖曰 吾有錢數屋**하고 **養兵數千**하니 **因時建義**면 **功必有成**이라하니 **沖曰 今天子孱**(잔)**弱**하야 **上下離心**이나 **潞王**[1]**兵威甚盛**하니 **事未可知**라 **沖請懷表而西以覘**(점)**之**호리라하다 **及沖至京師**하야 **廢帝已入立**이어늘 **沖卽奉表稱賀**하고 **還勸知溫入朝**하니 **廢帝慰勞之甚厚**하다

당초에 明宗이 北面招討使가 되고 房知溫은 副使가 되었는데, 廢帝가 이때에 裨將으로 방지온을 몹시 공근하게 섬겼다가 후에 술을 마시다 실수하여 신임을 잃었다. 폐제가 鳳翔에서 起兵하고 愍帝가 달아나자 방지온은 그 틈을 타 기회를 엿보려는 뜻을 가지고 司馬 李沖에게 말하기를 "나에게는 몇 채의 집에 가득한 돈이 있고 수천 명의 병사를 養兵해 두었으니, 이런 시기에 義兵을 일으키면 반드시 공을 이룰 수 있을 것이다."라고 하였다. 이충이 말하기를 "지금 天子가 유약하여 상하가 마음이 이반되었지만 潞王이 거느린 병사의 위세가 몹시 성대하니 일이 어떻게 될지 알 수 없습니다. 제가 表文을 가지고 서쪽으로 가 상황을 살펴보겠습니다."라고 하였다.

이충이 京師에 이르렀을 때에 폐제가 이미 들어와 즉위한 뒤였으니 이충은 즉시 表文을 바치고 하례하고 돌아가 방지온에게 권유하여 入朝하게 하니, 폐제가 몹시 후하게 위로하였다.

1) 潞王 : 後唐의 廢帝 또는 末帝라고 부르는 李從珂(?~936)를 가리킨다. 李嗣源이 즉위하여 明宗이 되자 그가 전쟁에서 여러 차례 공을 세웠다고 하여 潞王에 봉하였다.

知溫還鎭에 **封東平王**한대 **太常上言冊拜王公**에 **皇帝臨軒**[1]**遣冊**하고 **其在外者**는 **正衙**[2]**命使**하되 **而鹵簿鼓吹輅車法物不出都城**은 **考之故事無明文**이라 **今北平王德鈞**[3] **東平王知溫受封遣冊**에 **請下兵部太常太僕**하야 **給鹵簿鼓吹輅車法物赴本道**하야 **禮畢還有司**라하다

房知溫이 鎭으로 돌아오자 東平王에 봉해졌는데, 太常이 上言하기를 "王公을 冊拜할 때에는 皇帝가 臨軒하여 冊書를 보내고, 外職에 있는 사람은 正衙에서 사자에게 명하되 儀仗, 樂器, 輅車, 法物 등이 都城을 벗어나지 않는 것은 故事를 상고해보아도 명확한 규정이 없습니다. 지금 北平王 趙德鈞과 東平王 房知溫을 冊封해주어 冊書를 보낼 때에 청컨대 兵部, 太常寺, 太僕寺에게 명을 내려 의장, 악기, 노거, 법물 등을 주어 本道로 가지고 가게하고 禮儀를 마치고나서 有司에게 되돌려 주게 하십시요."라고 하였다.

1) 臨軒 : 군주가 正殿에 앉지 않고 전각 앞의 섬돌 위에 나온다는 말이다. 전각의 앞 堂과 계단의 사이에 있는 난간이 마치 수레와 같기 때문에 臨軒이라 한 것이다.
2) 正衙 : 唐나라와 宋나라 때에 정식 조회에 聽政하던 곳을 이른다.
3) 德鈞 : 趙德鈞(?~937)을 가리킨다. 본명은 趙行實이다. 後唐 莊宗 李存勖을 섬기면서는 李紹斌이라는 이름을 받고 北平王에 봉해졌으며 幽州 지방에서 강력한 군세를 지니고 행세하였다. 후당 말엽에 契丹과 내통하면서 나라를 찬탈하려고 시도하다가 거란 및 石敬瑭이 세운 後晉 연합군의 공격을 받고 거란에 잡혀가 옥중에서 죽었다.

知溫在鎭에 **常厚斂其民**하야 **積貲**(자)**鉅萬**하고 **治第靑州南城**하야 **出入以聲妓**하야 **游嬉不恤政事**라 **天福元年**에 **卒于官**하니 **贈太尉**하다 **知溫卒後**에 **其子彦儒獻其父錢三**

萬緡 絹布三萬疋 金百兩 銀千兩 茶千五百觔(근) **絲十萬兩 拜沂州刺史**하다 **其將吏分其餘貲者**는 **皆爲富家云**이라

房知溫이 鎭에 있을 때에 늘 그 백성들에게 각박하게 세금을 거두어 쌓아둔 재물이 鉅萬이나 되었고, 靑州의 南城에 집을 지어 출입할 때에 가무에 능한 기녀를 따르게 하여 游嬉를 즐기며 政事를 돌보지 않았다. 天福 원년(901)에 官所에서 卒하니 太尉에 贈職되었다. 방지온이 卒한 뒤에 그 아들 房彦儒가 아비의 錢 3만 緡, 絹布 3만 疋, 황금 1백 兩, 은 1천 兩, 차 1천 5백 觔, 絲 10만 兩을 바치고 沂州刺史에 배수되었다. 남은 재물을 나누어 가진 그의 將吏들은 모두 부자가 되었다.

03. 王晏球傳* 王晏球의 傳記

* 王晏球(?~928)는 자는 瑩之이고 洛陽 사람이다. 列傳은 ≪舊五代史≫ 卷64 〈唐書 第40 列傳 第16〉, ≪新五代史≫ 卷46 〈雜傳 第34〉에 각각 실려 있다.

왕안구는 어려서 도적에 사로잡혔다가 汴州의 富者인 杜氏가 얻어서 양자로 삼았다. 후에 梁 太祖에게 선발되어 末帝에 이르기까지 수많은 전투에서 큰 공을 세웠다. 梁나라와 晉나라가 河上에서 대치할 때에 말제가 이미 崩御하였다는 말을 듣고 즉시 무장을 해제하고 後唐에 항복하여 莊宗에게 李紹虔이라는 성과 이름을 하사받았고, 明宗이 변란을 일으켜 왕안구를 부르자 즉시 從軍하였다. 많은 戰功 중에 定州의 王都의 반란을 진압한 것이 가장 두드러지는데, 왕도가 契丹의 군대까지 끌어들여 저항하였지만 이를 뛰어난 전술과 용맹으로 패주시켰다. 이로 인해 北方에서 강성해진 거란의 세력이 위축되었고 중국의 위세가 크게 떨쳐졌다.

이 열전에서는 왕안구의 사적을 순차적으로 서술하여 그의 兵略을 부각시켰는데, 특히 왕도의 반란을 진압하는 과정을 생동감 있게 묘사하였다. 또한 그에 대해 장수로서 機略이 있었고 士卒들을 잘 慰撫하였으며 왕도의 반란을 평정하는 동안 군중에서 일찍이 한 사람도 죽이지 않았다고 평하였다.

晏球多兵略이어늘 **而歐公點次有生色**이라

王晏球는 兵略이 많았는데 歐陽公이 서술한 것이 생동감이 있다.

王晏球는 **字瑩之**요 **洛陽人也**라 **少遇亂**하야 **爲盜所掠**이러니 **汴州富人杜氏得之**하야 **養以爲子**하니 **冒姓杜氏**하다 **梁太祖鎭宣武**할새 **選富家子之材武者**하야 **置之帳下**하고 **號廳子都**라 **晏球爲人倜**(척)**儻**하고 **有大節**하야 **爲廳子都指揮使**러니 **太祖卽位**에 **爲右千牛衛將軍**하다 **友珪立**에 **龍驤戍卒反**하야 **自懷州**[1]**趣京師**어늘 **遣晏球擊**하야 **敗之于河陽**하니 **以功遷龍驤第一指揮使**하다

王晏球는 자는 瑩之이고 洛陽 사람이다. 어려서 난을 만나 도적에게 사로잡혔는데, 汴州의 富者인 杜氏가 왕안구를 얻어서 양자로 삼으니, 杜氏 姓을 가져다 썼다. 梁 太祖가 宣武를 鎭守할 때에 재능과 용맹함을 겸비한 부자집 자재를 선발하여 막하에 두고 廳子都라고 불렀다. 왕안구는 사람됨이 호방하고 大節이 있어 廳子都指揮使가 되었는데, 太祖가 즉위하자 右千牛衛將軍이 되었다. 朱友珪가 즉위하자 龍驤의 戍卒들이 반란을 일으켜 懷州로부터 京師로 달려오자 왕안구를 보내 河陽에서 격퇴하니 그 공으로 龍驤第一指揮使로 승진하였다.

1) 懷州 : 치소는 지금의 河南省 沁陽에 있었다.

末帝卽位에 **遷龍驤四軍都指揮使**하다 **梁遣捉生軍將李霸**하야 **將千人戍楊劉**[1]어늘 **霸夜作亂**하야 **自水門入**하야 **縱火大譟**하고 **以長竿縛布沃油**하야 **仰燒建國門**이라 **晏球聞亂**에 **不俟命**하고 **率龍驤五百騎擊之**하니 **賊勢稍却**이라 **末帝登樓見之**하고 **呼曰此非吾龍驤軍邪**아하니 **晏球奏曰 亂者**는 **李霸一部爾**니 **陛下嚴守宮城**하고 **而責臣破賊**하소서하고 **遲明**에 **盡殺之**하니 **以功拜澶**(선)**州刺史**하다

末帝가 즉위하자 龍驤四軍都指揮使로 승진시켰다. 梁나라가 捉生軍將 李霸를 보내 1천 명을 거느리고 楊劉를 방어하게 하였는데, 이패가 밤에 난을 일으켜 水門으로 들어가 불을 지르고 크게 소란을 피우고 긴 장대에다 천을 묶고 기름을 적셔 불을 붙여 위로 들어올려 建國門을 불태웠다. 王晏球는 난이 일어났다는 말을 듣자 命을 기다리지 않고 龍驤軍 5백 기병을 거느리고 격퇴하니, 적의 형세가 조금 꺾였

다. 末帝가 樓에 올라 이를 보고 소리치기를 "이는 우리 용양군이 아닌가."라고 하니, 왕안구가 아뢰기를 "난을 일으킨 것은 이패의 한 부대일 뿐이니, 폐하께서는 宮城을 嚴守하시고 적을 격파하는 것은 신에게 맡겨주십시오."라고 하고 동틀 무렵 반란군을 모두 죽이니 그 공으로 澶州刺史에 배수되었다.

1) 楊劉 : 黃河의 北岸으로 현재의 山西省 東阿縣에 있던 지명이다.

梁晉軍河上에 以晏球爲行營馬步軍都指揮使러니 莊宗入汴할새 晏球以兵追之하야 行至封丘하야 聞末帝已崩하고 卽解甲降唐하니 莊宗賜姓名하야 曰李紹虔하고 拜齊州防禦使하야 戍瓦橋關하다

梁나라와 晉나라가 河上에 주둔할 때에 王晏球를 行營馬步軍都指揮使로 삼았는데, 莊宗이 汴州로 들어가자 왕안구가 병사로 추격하여 封丘에 이르러 末帝가 이미 崩御하였다는 소식을 듣고는 즉시 무장을 해제하고 唐나라에 항복하니, 장종이 李紹虔이라는 성과 이름을 하사하고 齊州防禦使에 배수하여 瓦橋關을 수비하게 하였다.

明宗兵變하야 自鄴而南하야 遣人招晏球어늘 晏球從至洛陽하니 拜歸德軍節度使하다 定州王都反에 以晏球爲招討使하야 與宣徽南院使張延朗等討之한대 都遣人北招契丹하니 契丹遣禿餒[1]하야 將萬騎救都하다 晏球聞禿餒等兵且來하고 留張延朗하야 屯新樂하고 自逆於望都[2]러니 而契丹從佗道入定州하야 與都出不意擊延朗軍하니 延朗大敗하야 收餘兵하야 會晏球趨曲陽[3]한대 都乘勝追之라 晏球先至水次하야 方坐胡床指揮러니 而都衆掩至라 晏球與左右十餘人連矢射之하니 都衆稍却이나 而後軍亦至라 晏球立高岡하야 號令諸將하되 皆櫜(탁)弓矢用短兵하되 回顧者斬이라하고 符彦卿以左軍攻其左하며 高行珪以右軍攻其右하며 中軍騎士抱馬項馳入都軍하니 都遂大敗하야 自曲陽至定州히 橫尸棄甲六十餘里라 都與禿餒入城하야 不敢復(부)出한대 契丹又遣惕(척)隱[4]하야 以七千騎益都어늘 晏球遇之唐河하야 追擊至滿城하니 斬首二千級이요 獲馬千匹이라 契丹自中國多故로 彊於北方하야 北方諸夷가 無大小

皆畏伏하고 **而中國之兵**이 **遭契丹者**는 **未嘗少得志**러니 **自晏球擊死禿餒**하고 **又走惕隱**으로 **其餘衆奔潰**하야 **投村落**이어늘 **村落之人**이 **以鋤**(서)**耰**(우)**白梃**으로 **所在擊殺之**하야 **無復**(부)**遺類**라

明宗이 兵變을 일으켜 鄴으로부터 南下하여 사람을 보내 王晏球를 부르자 왕안구가 從軍하여 洛陽에 이르니 歸德軍節度使에 배수하였다. 定州의 王都가 반란을 일으키자 왕안구를 招討使로 삼아 宣徽南院使 張延朗 등과 토벌하게 하였다. 왕도가 사람을 보내 북쪽으로 가 契丹을 불러들이니 거란이 禿餒를 보내 1만 기병을 거느리고 왕도를 구원해주었다. 왕안구가 독뇌 등의 병사가 장차 온다는 말을 듣고 장연랑을 남겨두어 新樂에 주둔하게 하고 자신은 望都에서 적을 맞으려 하였다. 그런데 거란은 다른 길을 통해 定州로 들어와 왕도와 함께 생각지도 못한 틈을 타 장연랑의 군대를 공격하였다. 장연랑이 크게 패하여 남은 병사를 수습하여 왕안구와 회합하여 曲陽으로 달려갔는데 왕도가 승세를 타고 추격하였다.

왕안구가 먼저 물가에 이르러 바야흐로 胡床에 앉아 지휘하고 있었는데 왕도의 무리들이 갑자기 이르자 왕안구가 左右의 부하 10여 명과 연이어 활을 쏘니 왕도의 무리들이 조금 물러났지만 後軍이 또한 이르렀다. 왕안구가 높은 언덕에 서서 장수들에게 호령하기를 모두 활과 화살을 전대에 집어넣고 짧은 무기를 사용하되 뒤를 돌아보는 자는 참하겠다고 하였다. 그리고는 符彦卿은 左軍으로 왼쪽을 공격하고 高行珪는 右軍으로 오른쪽을 공격하고 中軍의 騎士들은 말의 목을 안고 왕도의 군대로 돌격하니, 왕도가 마침내 크게 패하여 曲陽에서 定州에 이르기까지 널브러진 시체와 버려진 갑주가 60여 리나 이어졌다.

왕도가 독뇌와 함께 城으로 들어가 감히 다시 나오지 않았다. 거란이 또 惕隱을 보내 7천 명의 기병으로 왕도를 도왔는데, 왕안구가 唐河에서 적군을 만나 추격하여 滿城에까지 이르니 벤 수급이 2천이었고 노획한 말이 1천 필이었다. 거란이 중국이 전쟁이 많아진 뒤로 北方에서 강성해져 북방의 크고 작은 여러 오랑캐들이 모두 두려워 복종하였고, 중국의 병사가 거란과 전쟁할 경우 일찍이 조금도 뜻을 얻지 못하였다. 그런데 왕안구가 독뇌를 공격하여 죽이고 또 척은을 패주시킨 뒤로 그 나머지 무리들이 흩어져 달아나 村落으로 들어갔는데 촌락의 사람들이 농기구와 몽

둥이를 가지고 도처에서 쳐 죽여 다시 살아남은 이가 없었다.

1) 定州王都反……契丹遣禿餒 : ≪五代史纂誤≫ 卷下에 "지금 ≪新五代史≫ 卷72 〈四夷附錄 第1〉을 살펴보건대 '定州의 王都가 반란을 일으키자 後唐이 王晏球를 보내 토벌하니, 契丹이 塔納 등을 보내 기병 5천 騎로 王都를 구원하게 하였다.'라고 하여 〈王晏球傳〉과 다르니, 어느 것이 옳은지 알지 못하겠다.〔今按契丹附錄云 定州王都反 唐遣王晏球討之 契丹遣塔納等 以騎五千救都 與晏球傳不同 未知孰是〕"라고 하였다.
2) 望都 : 현재 중국 河北省에 있는 縣 이름이다.
3) 曲陽 : 현재 중국 河北省 保定에 있는 縣 이름이다.
4) 惕(척)隱 : 遼나라의 宗正 관직으로, 皇族의 政敎를 관장하였다.

惕隱與數十騎走하야 至幽州西하야 爲趙德鈞擒하야 送京師하니 明宗下詔하야 責誚契丹이라 契丹後數遣使至中國하야 求歸惕隱等할새 辭甚卑遜이로대 輒斬其使以絶之라 於是時에 中國之威가 幾於大震而契丹少衰伏矣하니 自晏球始也라 晏球攻定州하야 久不克한대 明宗數遣人하야 促其破賊하니 晏球以謂未可急攻이어늘 其偏將朱弘昭張虔釗等宣言曰 晏球怯耳라하고 乃驅兵以進하니 兵果敗하야 殺傷三千餘人이라 由是로 諸將不敢復(부)言攻이라 晏球乃休養士卒하야 食其三州之賦하고 悉以俸祿所入具牛酒하야 日與諸將高會라 久之에 都城中食盡하야 先出其民萬餘人하고 數與禿餒謀決圍以走라가 不果러니 都將馬讓能以城降하니 都自焚死하다

惕隱이 수십 명의 기병과 함께 달아나 幽州 서쪽에 이르러 趙德鈞에게 사로잡혀 京師로 보내졌다. 明宗이 詔書를 내려 契丹을 꾸짖었는데 거란이 이후에 자주 사자를 중국으로 보내 척은 등을 돌려보내 줄 것을 청할 때에 말이 몹시 공손하였지만 사자를 보낼 때마다 참수하여 국교를 끊었다. 이때에 중국의 위세가 크게 떨쳐졌고 거란이 조금 쇠락해졌으니, 이는 王晏球로부터 시작되었다.

왕안구가 定州를 공격하여 오랫동안 이기지 못하자 명종이 수차례 사람을 보내 적을 격파할 것을 재촉하니 왕안구는 급하게 공격해서는 안 된다고 하였는데, 그의 偏將 朱弘昭과 張虔釗 등이 선언하기를 "왕안구는 겁쟁이일 뿐이다."라고 하고 이에

병사를 몰아 진군하니 병사가 과연 패하여 죽거나 다친 사람이 3천여 명이었다. 이로부터 장수들이 감히 다시 공격하자는 말을 하지 않았다.

왕안구가 이에 士卒을 쉬게 하고 세 州의 부세로 군사들을 먹이고 들어오는 俸祿 전부를 가지고 소와 술을 마련하여 날마다 장수들과 성대한 연회를 열었다. 오랜 시간이 지나자 王都가 성에 식량이 고갈되어 먼저 그 백성 1만여 명을 내보냈고 여러 차례 秃餒와 포위를 뚫고 달아날 것을 모의하다가 실행하지 못하였는데, 왕도의 장수 馬讓能이 성을 가지고 항복하니 왕도는 스스로 불을 질러 죽었다.

晏球爲將有機略하고 **善撫士卒**이라 **其擊秃餒**에 **旣因敗以爲功**하고 **而諸將皆欲乘勝取都**어늘 **晏球反獨不動**하야 **卒以持久弊之**라 **自天成三年四月都反**으로 **明年二月始克之**한대 **軍中未嘗戮一人**이라 **以破都功**으로 **拜天平軍節度使**하고 **又徙平盧**하고 **累官至兼中書令**하다 **是歲卒**하니 **年六十二**[1)]이요 **贈太尉**하다

王晏球는 장수로서 機略이 있었고 士卒들을 잘 慰撫하였다. 그가 秃餒를 공격할 때에 패배한 것을 계기로 功을 세웠고 장수들은 모두 승세를 타고 王都를 잡으려고 하였는데, 왕안구만은 오히려 홀로 움직이지 않고서 끝내 持久戰으로 그들을 지치게 하였다. 天成 3년(928) 4월 왕도가 반란한 뒤로 이듬해 2월에 비로소 이겼는데 군중에서 일찍이 한 사람도 죽이지 않았다. 왕도를 격파한 공으로 天平軍節度使에 배수되었고 또 平盧로 옮겼으며 누차 승진하여 兼中書令에까지 이르렀다. 이해에 卒하니 나이는 62세였고 太尉에 贈職되었다.

1) 又徙平盧……年六十二 : ≪五代史纂誤補≫ 卷下에 "삼가 살펴보건대 ≪舊五代史≫ 〈明宗紀〉에 '王晏球는 長興 元年(930) 3월에 靑州를 鎭守하였는데 3년 8월에 卒하였다.'라고 하였고 本傳에도 또한 '靑州를 鎭守할 때에 兼中書令을 증직하였는데, 長興 3년에 卒하였으니 당시 나이가 60세였다.'라고 하니 여기와 합치되지 않는 것이 많다.〔謹按薛史明宗紀 王晏球于長興元年三月 鎭靑州 三年八月卒 本傳亦云 鎭靑州 就加兼中書令 長興三年卒 時年六十 此多不合〕"라고 하였다.

04. 郭延魯傳* 郭延魯의 傳記

* 郭延魯(?~?)는 沁州 綿上 사람이다. 列傳은 ≪舊五代史≫ 卷94 〈晉書 第20 列傳 第9〉, ≪新五代史≫ 卷46 〈雜傳 第34〉에 각각 실려 있다.

곽연로는 창을 잘 다뤄 장수가 되었는데, 汴州를 공격하여 먼저 성에 오른 공으로 都指揮使가 되었고 누차 승진하여 復州刺史가 되었다. 刺史로 있으면서 아버지 郭饒가 沁州刺史로 재직한 9년 동안 은혜와 사랑으로 정사를 펼쳤듯 청렴함과 공평함으로 정사를 펼쳐 임기가 완료되었을 때에 백성들이 유임해주기를 청하였고 떠날 때에는 백성들이 길을 막고 애통해하였다. 후에 單州刺史에 배수되었는데 官所에서 卒하였다.

이 열전은 곽연로와 곽요의 善政에 대한 이야기를 짧지만 상세하게 서술하여 그들의 善政을 부각시켰다. 史評에서도 五代시대에는 天子로부터 모두 뇌물 받기를 일삼았는데 이때에 곽연로의 父子와 같이 循良하고 淸廉한 관리는 참으로 얻기 어려워 존중할 만하다고 하였다.

≪구오대사≫에는 郭延魯의 군공과 관직에 대한 사실만을 논한 반면 ≪신오대사≫에는 곽연로가 복주자사가 되자 아버지를 생각하며 탄식한 말을 첨가하여 극적인 효과를 주었고 이로 인해 곽연로가 대를 이어 善政을 베푼 사실이 더욱 드러나게 하였다. 하지만 茅坤은 이들은 五代時代에 얻기 어려운 사람이었음에도 歐陽脩가 雜傳에 억지로 집어넣은 이유를 이해할 수 없다고 평하였다.

通篇이 **俱虛語點綴**이요 **無一實事**라

전편의 내용이 모두 행적을 假想하여 서술하였고 실제의 일은 하나도 없다.

郭延魯는 **沁州綿上人也**라 **父饒以驍勇事晉**하야 **數立軍功**하고 **爲沁州刺史者九年**에 **爲政有惠愛**하니 **州人思之**하다 **延魯以善槊爲將**하야 **累遷神武都知兵馬使**하다 **朱守殷反**에 **從攻汴州**할새 **以先登功爲汴州馬步軍都指揮使**하고 **累遷復州刺史**하다 **延魯嘆曰 吾先君爲沁州者九年**에 **民到于今思之**라 **吾今幸得爲刺史**하니 **其敢忘吾先君**

之志리오하고 **由是**로 **益以廉平自勵**하니 **民甚賴之**하다 **秩滿**에 **州人乞留**나 **不許**하니 **皆遮道攀號**하다 **天福中**에 **拜單州刺史**하고 **卒于官**하다

郭延魯는 沁州 綿上 사람이다. 아버지 郭饒는 용맹함으로 晉나라를 섬겨 여러 차례 軍功을 세웠고 沁州刺史로 있은 지 9년 동안 은혜와 사랑으로 정사를 펴니 州의 백성들이 그의 은덕을 잊지 않았다. 곽연로는 창을 잘 다뤄 장수가 되어 누차 승진하여 神武都知兵馬使가 되었다. 朱守殷이 반란을 일으켰을 때에 從軍하여 汴州를 공격하여 먼저 성에 오른 공으로 汴州馬步軍都指揮使가 되었고 누차 승진하여 復州刺史가 되었다.

곽연로가 탄식하기를 "나의 先君께서 심주자사로 9년 간 계셨는데 백성들이 지금까지 은덕을 잊지 않고 있다. 내가 지금 다행히 자사가 되었으니 어찌 감히 나의 先君의 뜻을 잊을 수 있겠는가."라고 하고 이로부터 더욱 청렴함과 공평함으로 스스로 분발하니 백성들이 매우 의지하였다. 임기가 차자 州의 백성들이 留任해주길 청하였으나 허락하지 않으니, 州의 백성들이 모두 길을 막고 곽연로를 붙잡고 애통해 하였다. 天福 연간에 單州刺史에 배수되었고 官所에서 卒하였다.

當是時에 **刺史皆以軍功拜**하니 **言事**[1]**者多以爲言**하야 **以謂今天下多事民力困敝之時**에 **不宜以刺史任武夫**니 **恃功縱下**하야 **爲害不細**라하되 **而延魯父子特以善政著聞焉**이라하다

이때에 刺史는 모두 軍功으로 배수되었으니, 言事하는 이들이 이 문제를 많이 지적하여 말하기를 "지금처럼 천하에 일이 많고 民力이 피폐한 때에 刺史를 武夫로 임명해서는 안 되니, 戰功을 믿고 아래 사람들에게 방종하여 피해가 적지 않다."라고 하였다. 그렇지만 郭延魯 父子만은 善政으로 알려졌다.

1) 言事 : 고대에 군왕을 향해 간언을 올리거나 政事에 대해 의론하는 것이다.

嗚呼라 **五代之民**이 **其何以堪之哉**리오 **上輸兵賦之急**하고 **下困剝斂之苛**라 **自莊宗以來**로 **方鎭**[1]**進獻之事稍作**이러니 **至於晉而不可勝紀矣**라 **其添都助國**[2]**之物**이 **動以**

千數計하고 **至於來朝奉使買宴**[3]**贖罪**하야도 **莫不出於進獻**이요 **而功臣大將不幸而死**면 **則其子孫率以家貲**(자)**求刺史**하되 **其物多者得大州善地**라 **蓋自天子**로 **皆以賄賂爲事矣**니 **則爲民者其何以堪之哉**리오 **於此之時**에 **循廉之吏如延魯之徒者**는 **誠難得而可貴也哉**져

오호라, 五代의 백성들이 어찌 이를 견딜 수 있었겠는가. 위로는 兵賦를 대기에 급급하고 아래로는 가혹한 수탈에 시달렸다. 莊宗으로부터 이후로 方鎭이 물품을 進上하는 일이 점차 생기더니 晉나라에 이르러 기록할 수 없을 정도로 많아졌다. 添都와 助國 등의 공물은 거둘 때마다 수 천으로 헤아릴 정도였고, 來朝, 奉使, 買宴, 贖罪의 경우에도 물품 進上을 통하여 이루어지지 않음이 없었다. 그리고 功臣과 大將이 불행히 죽으면 그 자손들이 대개 집안의 재물을 가지고 刺史職을 買官하는데, 바치는 물건이 많을수록 큰 州와 좋은 지역을 얻었다. 대개 天子로부터 모두 뇌물 받는 것을 일삼으니 백성들이 어떻게 이를 견딜 수 있었겠는가. 이러한 때에 郭延魯 父子와 같이 循良하고 淸廉한 관리는 참으로 얻기 어려워 존중할 만하다.

1) 方鎭 : 兵權을 장악하거나 一方의 軍事를 鎭守하는 장관을 말한다. 晉나라의 指節都督이나 唐나라의 觀察使, 節度使, 經略 등을 이르는 말이다.
2) 添都助國 : 添都는 五代에 군수품을 조달하던 것을 이르고, 助國은 ≪新五代史≫ 卷8 〈晉本紀 第8 高祖〉에 "天福 2년에 宣武軍節度使 楊光遠이 助國錢을 진상하였다."는 기사가 있으니, 助國은 助國錢을 가리키는 듯한데, 자세한 내용은 알 수 없다.
3) 買宴 : 봉건시대에 신하가 돈과 재물을 바쳐 군왕이 베푸는 연회에 참여하는 것을 말한다.

按延魯父子俱以循良爲政하니 **誠五代時所難得者**라 **歐公旣知之**어늘 **而特勒入雜傳**하니 **殊不可曉**라

살펴보건대 郭延魯 父子는 모두 循良함으로 政事를 행하였으니 참으로 五代時代에 얻기 어려운 사람이다. 歐陽公이 이미 이를 알고 있었는데도 단지 雜傳에 억지로 집어넣었으니, 매우 이해할 수 없다.

05. 張希崇傳* 張希崇의 傳記

* 張希崇(?~939)은 자는 德峰이고 幽州 薊 땅 사람이다. 열전은 ≪舊五代史≫ 卷88 〈晉書 第14 列傳 第3〉, ≪新五代史≫ 卷47 〈雜傳 第35〉에 각각 실려 있다.

장희숭은 학문을 좋아하여 ≪春秋左氏傳≫에 능통하였는데, 劉守光이 儒士를 좋아하지 않으니 軍中에서 일을 보다 平州를 방어하였다. 契丹이 평주를 함락시키고 장희숭을 인질로 잡았는데, 좋은 계책을 써 휘하 군사들과 중국인 포로 2만 명을 데리고 남쪽으로 돌아왔다. 이때에 明宗이 靈武節度使로 승진시켰다. 靈州에서도 屯田을 개간하여 군사들을 풍족히 먹이고 오랑캐를 타일러 복속시켜 回鶻, 瓜州, 沙州 등 오랑캐들이 貢物을 바쳤다. 4년이 지나 임지를 邠寧으로 옮겼으나 晉 高祖가 즉위하자 다시 靈武節度使에 배수되었다. 938년에 任所에서 卒하였고 太師에 贈職되었다. 효성이 지극하여 어머니를 극진히 모셨고 장수가 된 뒤로 聲色을 좋아하지 않았다. 天文을 알아 자신이 변방에서 죽을 것을 예상하였다.

이 열전에서는 뛰어난 재능과 인자함을 갖추고도 중용되지 못하고 변방을 전전하다 죽은 장희숭의 사적을 짧고 담담하게 서술하였고 史評은 두지 않았다. 이에 반해 ≪구오대사≫에는 장희숭이 효심을 다해 어머니를 모시던 정황을 자세하게 서술하였고, 邠州에서 일어난 訟事를 명쾌하게 판결한 일을 구체적으로 서술하여 그의 인품과 재능을 좀 더 부각시켰다. 또한 사평에서도 장희숭은 큰 재능을 갖추었음에도 변방에서 늙어 才良을 다 펼치지 못하였으니 또한 안타깝다고 평하였다.

此傳亦整潔可誦이라

이 傳은 실로 整潔하여 읽을 만하다.

張希崇은 **字德峰**이요 **幽州薊**(계)**人也**라 **少好學**하야 **通左氏春秋**러니 **劉守光不喜儒士**하니 **希崇因事軍中爲偏將**하야 **將兵戍平州**하다 **其後契丹攻陷平州**하야 **得希崇知其儒者也**하야 **以爲盧龍軍行軍司馬**하다 **明宗時**에 **盧文進自平州亡歸**하니 **契丹因以希崇代文進爲平州節度使**하고 **遣其親將以三百騎監之**하다

張希崇은 자는 德峰이고 幽州 薊 땅 사람이다. 어려서 학문을 좋아하여 ≪春秋左氏傳≫에 능통하였는데, 劉守光이 儒士를 좋아하지 않으니 장희숭은 軍中에서 일을 보다 偏將이 되어 병사를 거느리고 平州를 방어하였다. 그 후에 契丹이 평주를 공격하여 함락시키고 장희숭을 붙잡아 그가 儒士임을 알고는 盧龍軍行軍司馬로 삼았다. 明宗 때에 盧文進이 평주에서 도망쳐 돌아가자 거란이 인하여 노문진을 대신해 장희숭을 平州節度使로 삼고 親信하는 장수를 보내 300명의 기병으로 감시하게 하였다.

居歲餘에 **虜將喜其爲人**하야 **監兵稍怠**어늘 **希崇因與其麾下謀走南歸**하다 **其麾下皆言兵多不可俱亡**하니 **懼不得脫**이라하고 **因勸希崇獨去**라 **希崇曰 虜兵守我者三百騎爾**니 **烹其將**이면 **其兵必散走**호리라 **且平州去虜帳千餘里**니 **使其聞亂而呼兵**이라도 **則吾與汝等在漢界矣**라하니 **衆皆曰 善**이라하고 **乃先爲穽**하고 **窴**(전)**以石灰**하다 **明日**에 **虜將謁希崇**이어늘 **希崇飮之以酒**하야 **殺之穽中**하니 **兵皆潰去**라 **希崇率其麾下**하야 **得生口二萬南歸**하니 **明宗嘉之**하야 **拜汝州防禦使**하고 **遷靈武節度使**하다

한해 남짓 지났을 때에 오랑캐의 장수가 張希崇의 사람됨을 좋아하여 병사를 감시함이 조금 소홀해지자 장희숭이 인하여 그 麾下와 남쪽으로 돌아갈 것을 도모하였다. 휘하의 장수들은 모두 "병사가 많아 함께 도망할 수 없으니 빠져나갈 수 없을까 두렵습니다."라고 하고 인하여 장희숭에게 혼자 달아날 것을 권하였다.

장희숭이 말하기를 "나를 지키고 있는 오랑캐 병사는 기병 300명뿐이니, 그 장수를 죽이면 그 병사들은 반드시 흩어져 달아날 것이다. 또 平州는 오랑캐 진영과 1천여 리나 떨어져 있으니 가령 난이 일어났다는 소식을 듣고 병사를 부르더라도 나와 너희들은 이미 멀리 중국 경계에 가 있을 것이다."라고 하니 수하들이 모두 좋다고 하고 이에 먼저 함정을 만들고 그 속을 석회로 채웠다.

다음날 오랑캐의 장수가 장희숭을 찾아오자 장희숭이 술을 먹여서 함정에 빠뜨려 죽이니 병사들이 모두 흩어져 달아났다. 장희숭이 그 휘하를 거느리고 포로로 잡혔던 중국인 2만 명을 데리고 남쪽으로 돌아가니, 明宗이 가상히 여겨 汝州防禦使에 배수하고 靈武節度使로 승진시켰다.

靈州地接戎狄하야 **戍兵餉道**가 **常苦抄掠**이라 **希崇乃開屯田**하야 **教士耕種**하야 **軍以足食而省轉饋**하니 **明宗下詔褒美**하다 **希崇撫養士卒**하고 **招輯夷落**하니 **自回鶻瓜沙**[1]**皆遣使入貢**하다 **居四歲**에 **上書求還內地**하야 **徒鎮邠(빈)寧**하다

靈州는 땅이 戎狄과 인접해 있어 수자리 사는 병사를 위해 군량을 수송하는 도중에 늘 약탈에 시달렸다. 張希崇이 이에 屯田을 개간하여 병사들에게 경작하게 하여 군사들을 풍족히 먹이고 군량의 수송을 줄이니, 明宗이 詔書를 내려 칭찬하였다. 장희숭이 士卒을 撫養하고 오랑캐 부락들을 타일러 복속시키니 回鶻, 瓜州, 沙州 등 오랑캐들이 모두 사자를 보내 貢物을 바쳤다. 4년이 지나자 上疏하여 內地로 들어오게 해줄 것을 청하여 임지를 옮겨 邠寧을 鎭守하였다.

1) 回鶻瓜沙 : 回鶻은 중국 唐나라 때 '위구르'를 부르던 말로 몽골 고원과 중앙아시아에서 활약한 투르크계 민족으로서 현재 중국의 新疆維吾爾自治區에 주로 분포한다. 瓜는 瓜州로 지금의 江蘇省 揚州市 남쪽 長江邊에 위치해 있으며 지역이 運河의 입구에 있어 당시 南北 交通의 주요 도로였다. 沙는 沙州로 西夏 부근에 있었던 蒙古 지역의 지명이다.

晉高祖[1]**入立**에 **復(부)拜靈武節度使**하니 **希崇歎曰 吾當老死邊徼(요)**하리니 **豈非命邪**아하다 **希崇事母至孝**하야 **朝夕母食**에 **必侍立左右**라가 **徹饌乃敢退**하다 **爲將不喜聲色**하고 **好讀書**하야 **頗知星曆**이라 **天福三年**에 **月掩畢**[2]**口大星**하니 **希崇歎曰 畢口大星**은 **邊將也**니 **我其當之乎**인져하다 **明年正月**에 **卒**하니 **贈太師**하다 **有子仁謙**이라

後晉 高祖가 낙양에 들어와 즉위하자 다시 靈武節度使에 배수되니, 張希崇이 탄식하기를 "나는 변방에서 늙어 죽어야 할 것이니 어찌 천명이 아니겠는가."라고 하였다. 張希崇이 지극한 효성으로 어머니를 모셔 아침저녁 어머니가 식사하실 때에 반드시 곁에 侍立하고 있다가 음식을 거둔 뒤에야 감히 물러났다.

장수가 되어서는 聲色을 좋아하지 않고 독서를 좋아하여 자못 天文을 알았는데, 天福 3년(938)에 달이 畢宿 상단의 큰 별을 가리니, 장희숭이 탄식하기를 "畢宿 상단의 큰 별은 변방의 장수를 가리키니, 내가 해당할 것이다."라고 하였다.

이듬해 정월에 卒하니 太師에 贈職되었다. 아들은 張仁謙이다.

1) 晉高祖 : 石敬瑭(892~942)을 가리킨다. 太原 사람으로 後唐의 明宗을 섬겨 전공을 세우고, 그 딸을 아내로 맞이하였다. 禁軍長官으로서 河東節度使와 北京留守를 겸하여, 後唐 최고의 세력가가 되었다. 그 후 명종의 후계자와 반목이 생기자 자립을 꾀하였으며, 契丹에 대하여 신하를 자청하고 歲貢을 바쳤고 후에 16개 州를 할양한다는 조건으로 거란의 원조를 받아 반란을 일으켜 後晉을 세우고 皇帝에 등극한다.

2) 畢 : 畢宿를 가리킨다. 28宿 가운데 하나로 8개의 별로 이루어져 있으며 白虎의 7수 가운데 제 5수이다. 전쟁과 비를 주관한다고 하여 雨師라고 부르기도 한다. ≪史記≫ 권4 〈周本紀〉에 "9년에 武王이 畢宿에 제사를 올렸다."라고 하였는데, ≪史記索隱≫에 "畢宿는 전쟁을 주관하는 별이므로 출병하면서 畢宿에 제사를 지낸 것이다."라고 하였다.

06. 皇甫遇傳* 皇甫遇의 傳記

* 皇甫遇(?~?)는 常山 眞定 사람이다. 열전은 ≪舊五代史≫ 卷95 〈晉書 第21 列傳 第10〉, ≪新五代史≫ 卷47 〈雜傳 第35〉에 각각 실려 있다.

황보우는 어려서 唐 明宗을 따랐다가 후에 武勝軍節度使가 되었는데 이르는 곳마다 가렴주구를 일삼았다. 晉 高祖 때에 절도사를 역임하였고, 契丹이 침공했을 때 큰 전공을 세웠다. 후에 都招討使 杜重威를 따라 中渡에 주둔하였는데, 두중위가 거란에게 항복문서를 보내고 항복하는 표문에 서명을 강권하자 즉시 병사들을 지휘하여 갑옷을 벗기고 항복하였다. 京師로 가는 도중 平棘에 이르러 스스로 목을 찔러 죽었다.

이 열전에서는 황보우가 거란과의 전투에서 보인 무용과 의리를 중심으로 서술하고, 거란에게 항복 후 자결하는 모습은 간략하게만 서술하였다. 그리고 史評을 통해 梁나라가 망하자 자결한 敬翔과 비교하여 唐나라를 멸망시키는데 큰 역할을 한 경상은 節義에 죽은 것이 못되고, 황보우가 자결한 것은 國事를 위해 죽은 것이 못된다고 폄하하였다. 즉 황보우는 두중위가 거란에 항복하였을 때에 그를 좌중에서 죽였어야 하고 비록 실패하여 죽임을 당하더라도 오히려 바른 죽음이 되었을 것이라 하였다.

이에 반해 ≪구오대사≫에는 그가 죽을 때의 상황을 상세하게 서술하였는데, 특히 "從子를 돌아보며 '나는 이미 연이틀 먹지 않아 병이 심하다. 주군은 욕을 당하고 신하들은 죽었으니 더 이상 남쪽으로 갈 수 없다.'라고 하고 목을 찔러 죽으니, 원근에 있는 사람들이 이 소식을 듣고 의롭게 여겼다."라는 내용을 실어 황보우가 義를 위해 자결하였음을 드러냈고, 사평에서도 前代의 신하들의 사적을 보면 世運이 이미 나빠졌을 때 죽음을 바쳐 충성을 바치는 자는 거의 없었는데, 근세 이래로 황보우와 王淸과 같은 이 몇 명뿐이다라고 하여 그가 忠心을 다하였음을 부각시켰다.

皇甫遇絶吭而死라 更屬可憐하니 恐與敬翔不同이라

皇甫遇는 스스로 목을 찔러 죽어 더욱 가련하니, 아마도 敬翔과는 다를 듯하다.

皇甫遇는 常山眞定人也라 爲人有勇力하고 虯髥(규염)善射라 少從唐明宗征伐하야 事唐爲武勝軍節度使러니 所至苛暴하야 以誅斂爲務하니 賓佐多解官逃去하야 以避其禍하다 晉高祖時에 歷義武昭義建雄河陽四鎭하고 罷爲神武統軍하다

皇甫遇는 常山 眞定 사람이다. 사람됨이 勇力이 있고 구레나룻이 있었으며 활을 잘 쏘았다. 어려서 唐 明宗을 따라 征伐하여 唐나라를 섬겨 武勝軍節度使가 되었는데 이르는 곳마다 가혹한 정사를 펼쳐 가렴주구를 일삼으니, 僚佐들이 많이들 관직을 버리고 달아나 화를 피하였다. 晉 高祖 때에 義武, 昭義, 建雄, 河陽 네 鎭의 節度使를 역임하였고 파직되어 神武統軍이 되었다.

契丹入寇하야 陷貝州하니 出帝[1]以高行周爲北面行營都部署하고 遇爲馬軍右廂排陣使하다 是時에 靑州楊光遠據城反이어늘 出帝乃遣李守貞及遇하야 分兵守鄆州하다 遇等至馬家渡에 契丹方將渡河助光遠이어늘 遇等擊敗之하야 以功拜義成軍節度使馬軍都指揮使하다 開運二年에 契丹寇西山하고 遣先鋒趙延壽하야 圍鎭州하니 杜重威不敢出戰하다 延壽分兵大掠하고 攻破欒城柏鄕等九縣하야 南至邢州하다

契丹이 침범하여 貝州를 함락하니, 出帝가 高行周를 北面行營都部署로 삼고 皇甫

遇를 馬軍右廂排陣使로 삼았다. 이때에 靑州의 楊光遠이 성을 점거하고 반란을 일으켰는데 출제가 이에 李守貞과 황보우를 보내 병사를 나누어 鄆州를 수비하게 하였다. 황보우 등이 馬家渡에 이르자 契丹이 막 강을 건너 양광원을 도우려고 하였는데 황보우 등이 격퇴하여 그 공으로 義成軍節度使 馬軍都指揮使에 배수되었다.

開運 2년(945)에 거란이 西山을 침범하고 先鋒 趙延壽를 보내 鎭州를 포위하니 杜重威가 감히 나와 싸우지 못하였다. 조연수가 병사를 나누어 크게 노략질하고 欒城과 柏鄕 등 9개 縣을 공격하여 격파하고 남쪽으로 가 邢州에 이르렀다.

1) 出帝 : 後晉의 마지막 황제 石重貴(914~964)이다. 少帝로도 불린다. 石敬瑭의 뒤를 이어 황제가 되어 契丹에 대해 자신을 손자라 칭할 뿐 稱臣은 하지 않자 거란이 결국 동맹을 끊었다. 두 차례에 걸쳐 거란의 공격을 격퇴하였으나, 재위 3년(946)에 거란의 침략으로 포로가 되어 잡혀가 負義侯에 봉해졌고, 후진은 멸망하였다. 그 후 18년 뒤 거란의 建州에서 죽었다.

是時歲除에 出帝與近臣飮酒라가 過量得疾하야 不能出征일새 乃遣北面行營都監張從恩하야 會馬全節安審琦及遇等禦之하다 從恩等至相州하야 陣安陽河[1]南하고 遣遇與慕容彦超하야 率數千騎前視虜하다 遇渡漳河라가 逢虜數萬하야 轉戰十餘里하야 至榆林하야 爲虜所圍어늘 遇馬中箭而踣(부)하니 得其僕杜知敏馬하야 乘之以戰하다 知敏爲虜所擒하니 遇謂彦超曰 知敏義士也니 豈可失之리오하고 卽與彦超躍馬入虜하야 取之而還하다 虜兵與遇戰하야 自午至未하야 解而復(부)合에 益出生兵하야 勢甚盛이라 遇戒彦超曰 今日之勢는 戰與走爾니 戰尙或生이어니와 走則死也라 等死니 死戰이면 猶足以報國이라하다 張從恩與諸將怪遇視虜無報하고 皆謂遇已陷虜矣러니 已而요 有馳騎報遇被圍하니 安審琦率兵將赴之어늘 從恩疑報者詐하야 不欲往하다 審琦曰 成敗天也니 當與公共之하리라 雖虜不南來라도 吾屬失皇甫遇면 復(부)何面目見天子리오하고 卽引騎渡河한대 諸軍皆從而北하야 距虜十餘里하니 虜望見救兵來하고 卽解去하다 遇與審琦等收軍而南하니 契丹亦皆北去하다 是時에 契丹兵已深入하야 人馬俱乏이라 其還也에 諸將不能追하고 而從恩率遇等退保黎陽하니 虜因得

解去하다

이해 말에 出帝가 近臣들과 술을 마시다가 과음으로 병을 얻어 出征할 수 없었기에 北面行營都監 張從恩을 보내 馬全節, 安審琦 및 皇甫遇 등과 회합하여 막게 하였다. 장종은 등이 相州에 이르러 安陽河 남쪽에 陳을 치고 황보우와 慕容彦超를 보내 수천 명의 기병을 거느리고 나아가 契丹의 동향을 살펴보게 하였다. 황보우가 漳河를 건넜다가 오랑캐 수만 명을 만나 10여 리를 옮겨 다니며 전투하여 榆林에 이르러 오랑캐에게 포위되었는데, 황보우의 말이 화살에 맞아 넘어지자 그의 마부인 杜知敏의 말을 바꾸어 타고서 싸웠다. 두지민이 오랑캐에게 사로잡히니 황보우가 모용언초에게 말하기를 "두지민은 義士이니 어찌 잃을 수 있겠는가."라고 하고 즉시 모용언초와 함께 말을 달려 오랑캐의 진영으로 들어가 그를 구하여 돌아왔다.

오랑캐의 병사들이 황보우와 교전하여 午時에서 未時에 이르자 포위를 풀었다가 다시 포위하면서 새로운 군대를 더욱 많이 내보내 기세가 매우 대단하였다. 황보우가 모용언초에게 경계하여 말하기를 "오늘의 형세는 싸우던지 달아나던지 둘 중 하나일 뿐이니 싸우면 오히려 혹 살 수도 있겠지만 달아나면 죽을 뿐이다. 죽기는 매한가지이니 싸우다 죽으면 그래도 나라의 은혜에 보답할 수는 있다."라고 하였다.

장종은과 장수들이 황보우가 오랑캐의 동향을 살피러 간 뒤 보고가 없음을 괴이하게 여기고 모두 황보우의 군대가 이미 적의 수중에 떨어졌을 것이라 생각하였다. 이윽고 전령이 말을 급히 달려와 황보우가 포위당하였음을 아뢰니, 安審琦는 병사를 거느리고 달려가려 하였는데 장종은은 전령의 보고가 거짓이 아닐까 의심하여 가려고 하지 않았다. 안심기가 말하기를 "成敗는 하늘에 달려있으니, 응당 공과 함께 할 것입니다. 비록 오랑캐가 남쪽으로 오지 않더라도 우리들이 황보우를 잃는다면 다시 무슨 면목으로 天子를 뵙겠습니까."라고 하고 즉시 기병을 이끌고 강을 건넜다.

군사들이 모두 따라서 北進하여 오랑캐와의 거리가 10여 리쯤 되자 오랑캐가 구원병이 왔음을 바라보고는 즉시 포위를 풀고 떠났다. 황보우가 안심기 등과 군사를 수습하여 남쪽으로 가니 契丹이 또한 모두 북쪽으로 떠났다. 이때에 거란의 병사들이 이미 깊이 들어와 人馬가 모두 부족하였으므로 晉나라 병사가 돌아갈 때에 장수들이 추격하지 못하였고, 장종은이 황보우 등을 거느리고 물러나 黎陽을 지키니 오랑캐가 포위를 풀고 떠나갔다.

1) 安陽河 : 洹水라고도 부른다. 지금의 河南省 安陽縣에 있다.

三年冬에 以杜重威爲都招討使하고 遇爲馬軍右廂都指揮使하야 屯於中渡하다 重威已陰送款契丹하고 伏兵幕中하야 悉召諸將列坐하고 告以降(항)虜하니 遇與諸將愕然不能對하다 重威出降(항)表어늘 遇等俛(부)首以次自書其名하고 卽麾兵解甲出降(항)하다 契丹遣遇與張彦澤先入京師러니 遇行至平棘하야 絕吭(항)而死하다

開運 3년(946) 겨울에 杜重威를 都招討使로 삼고 皇甫遇를 馬軍右廂都指揮使로 삼아 中渡에 주둔시켰다. 두중위가 이미 몰래 契丹에 항복문서를 보내고 軍幕 속에 복병을 두고는 장수들을 모두 불러 나란히 앉게 하고 거란에 항복한 사실을 고하니 황보우와 장수들은 경악하며 대답하지 못하였다. 두중위가 항복하는 표문을 꺼내자 황보우 등이 머리를 숙이고 차례대로 자신의 이름을 쓰고는 즉시 병사들을 지휘하여 갑옷을 벗기고 나와 항복하였다. 거란이 황보우와 張彦澤을 먼저 京師에 들여보냈는데 황보우는 가다가 平棘에 이르러 스스로 목을 베어 죽었다.

嗚呼라 梁亡而敬翔死하되 不得爲死節하고 晉亡而皇甫遇死하되 不得爲死事하니 吾豈無意哉[1]아 梁之簒唐에 用翔之謀爲多는 猶子佐其父而弑其祖니 可乎아 其不戮於斧鉞은 爲幸免矣라 方晉兵之降(항)虜也에 士卒初不知라가 及使解甲하야 哭聲震天하니 則降(항)豈其欲哉아 使遇奮然攘臂而起하야 殺重威於坐中이면 雖不幸不克而見害라도 猶爲得其死矣니 其義烈豈不凜然哉아 旣俛(부)首聽命하야 相與亡人之國矣니 雖死라도 不能贖也라 豈足貴哉리오 君子之於人에 或推以恕하고 或責以備라 恕故遷善自新之路廣이나 備則難得하니 難得故可貴焉이라 然知其所可恕與其所可貴는 豈不又難哉아

아, 梁나라가 망하자 敬翔이 자결하였지만 節義를 위해 죽은 것이 못되고 晉나라가 망하자 皇甫遇가 자결하였지만 國事를 위해 죽은 것이 못되니 그들의 傳을 쓸

때에 생각한 바가 없겠는가. 양나라가 唐나라를 簒奪할 때에 경상의 계책을 따른 것이 많았던 것은 오히려 아들이 아비를 도와 그 祖父를 시해한 것과 같으니, 그렇게 해서야 되겠는가. 형틀 아래에서 주륙당하지 않은 것은 요행히 형벌을 면한 것일 뿐이다.

바야흐로 晉나라 병사가 오랑캐에 항복할 때에 士卒들은 처음에는 알지 못하였다가 무장을 해제하게 하자 통곡소리가 하늘에 진동하였으니, 그렇다면 항복이 어찌 그들이 바랐던 것이겠는가. 가령 황보우가 분연히 소매를 떨치고 일어나 좌중에서 杜重威를 죽였다면 비록 불행히 이기지 못하고 살해당했더라도 오히려 바르게 죽은 것이 될 터이니, 그 義烈이 어찌 늠름하지 않았겠는가. 이미 머리를 숙이고 명을 따라서 함께 나라를 망하게 하였으니, 비록 죽더라도 속죄할 수 없다. 어찌 족히 존중할 만하겠는가.

군자는 사람에 대해 혹 너그럽게 이해하는 마음으로 대하고 혹 모든 일을 완전히 갖추어 잘하기를 요구한다. 너그럽게 이해하기 때문에 善으로 옮겨가 스스로 새로워지는 길이 넓지만, 완전히 갖춘 사람은 얻기 어려우니 얻기 어렵기 때문에 귀하게 여길 만하다. 그러나 너그럽게 이해할 만한 경우와 귀하게 여길 만한 경우를 분별하는 것은 어찌 더 어렵지 않겠는가.

1) 梁亡而敬翔死……吾豈無意哉 : 두 사람 다 나라가 망하자 자결한 것은 마찬가지이나 敬翔을 〈死節傳〉에 수록하지 않고 皇甫遇를 〈死事傳〉에 수록하지 않은 것은 의도가 있었다는 말이다. 하지만 歐陽脩는 두 傳에도 차이를 두었는데 〈사절전〉은 절조를 지키다 목숨을 잃은 인물들의 열전으로 군주와 나라를 위해 목숨을 바친 인물들의 열전이라는 점에서 〈사사전〉과 동일한 듯하다. 그러나 〈사절전〉의 인물들은, 國事를 수행하다 목숨을 바쳤다는 외적인 功業 외에, 내적으로 일관된 절조를 바탕으로 이룬 뛰어난 행적과 功烈이 〈사사전〉에 수록된 인물들에 비해 格의 차이가 있다.

07. 高行周傳* 高行周의 傳記

* 高行周(885~952)는 자는 尙質이고 嬀州 사람이다. 列傳은 ≪舊五代史≫ 卷95

〈晉書 第21 列傳 第10〉, ≪新五代史≫ 卷47 〈雜傳 第35〉에 각각 실려 있다.

고행주의 아버지는 高思繼인데 북쪽 변방에서 武勇이 뛰어나 李匡威의 戍將이 되었다가 이광위가 그 아우 李匡儔에게 지위를 찬탈당하자 李克用을 섬겼다. 그러나 劉仁恭의 참소로 주살당하였는데, 유인공이 고사계 형의 아들 高行珪 및 고행주 등을 막하에 거두었다. 후에 유인공이 감금당하고 劉守光이 그 자리를 잇고서 晉나라를 배반하였는데, 고행규는 처음에는 유수광을 따르다 성이 포위당하자 晉 莊宗에게 고행주를 보내 투항하였다. 고행규가 진나라에 항복할 때에 고행주는 明宗의 麾下에 裨將으로 소속되어 크고 작은 전투에서 큰 전공을 세워 刺史로 승진하였고, 명종이 즉위하자 朱守殷, 王都, 安從進 등의 반란을 진압하는 데 큰 공을 세웠다. 契丹이 진나라를 멸망시키자 漢 高祖가 太原에서 일어난 것을 보고는 漢나라에 귀부하여 臨淸王에 봉해졌고 周 太祖가 즉위하여 齊王에 봉해주었다.

이 열전은 고행주에 관한 열전이지만 그의 아버지 고사계와 고사계의 형의 아들 고행규에 대한 사적을 상세하게 서술하여 성장배경을 밝힌 반면, 고행주에 관한 사적은 큰 전공을 세운 것을 나열식으로 짧게 서술하고 진나라 멸망 뒤 행보에 관해 간략하게 서술하였을 뿐 史評도 두지 않았다. 이에 반해 ≪舊五代史≫에서는 고사계와 고행규의 사적은 간략하게 서술하고 고행주의 사적과 행적에 초점을 맞춰 상세하게 서술하여 고행주가 혼란했던 五代시대에 지조를 지키며 유연하게 대처한 모습을 부각시켰다. 또한 史評에서도 "근대에 戎藩을 통솔하고 왕의 작위에 있으면서 봉록은 후하지만 군자들이 비난하지 않고, 명망은 중하지만 人主가 의심하지 않았으며, 飮酌의 사이에 스스로 감추고 처음부터 끝까지 功名을 보전한 사람 중에 고행주와 비교할 만한 사람은 그 누구인가."라고 하여 고행주의 행적을 높게 평가하였다.

高行周起亡囚中하니 **前後本末**에 **事情點綴**이 **多玲瓏**이라

高行周는 망국의 포로 중에서 몸을 일으켰는데 전후본말에 대한 사정을 서술한 것이 매우 분명하다.

高行周는 **字尙質**이요 **嬀**(규)**州人也**라 **世爲懷戎戍將**이라 **父思繼**라 **思繼兄弟皆以武**

勇雄於北邊하야 爲幽州節度使李匡威戍將하다 匡威爲其弟匡儔所簒에 晉王將討其亂하야 謀曰 高思繼兄弟在孔嶺關하니 有兵三千이라 此後患也니 不如遣人招之라 思繼爲吾用이면 則事無不成이라하고 克用遣人하야 招思繼兄弟하다 燕俗重氣義라 思繼等聞晉兵爲匡威報仇하고 乃欣然從之하야 爲晉兵前鋒하니 匡儔聞思繼兄弟皆叛하고 乃棄城走하다

高行周는 자는 尙質이고 嬀州 사람이다. 대대로 懷戎의 戍將이 되었다. 아버지는 高思繼이다. 고사계의 형제는 모두 武勇이 북쪽 변방에서 뛰어났기에 幽州節度使 李匡威의 戍將이 되었다.

이광위가 그 아우 李匡儔에게 지위를 찬탈당하자 晉王이 장차 그 난을 토벌하려 하면서 모의하기를 "高思繼 兄弟는 孔嶺關에 있는데 병사 3천 명을 가지고 있다. 이는 後患이 될 것이니 사람을 보내 부르는 것만 못하다. 고사계가 나의 수하가 되면 이루어지지 않는 일이 없을 것이다."라고 하고 李克用이 사람을 보내 고사계 형제를 불렀다.

燕州의 풍속은 義氣를 중하게 여기는지라 고사계 등이 진나라 병사가 이광위를 위해 복수하려 한다는 말을 듣고 이에 기꺼이 따라 晉나라 병사의 선봉이 되니, 이광주가 고사계 형제가 모두 반란했다는 소식을 듣고는 이에 성을 버리고 달아났다.

克用以劉仁恭守幽州하되 以其兄某爲先鋒都指揮使하고 思繼爲中軍都指揮使하고 弟某爲後軍都指揮使하야 高氏兄弟分掌燕兵하다 克用臨訣에 謂仁恭曰 思繼兄弟勢傾一方하니 爲燕患者는 必高氏也라 宜善爲防하라하다 克用留晉兵千人하야 爲仁恭衛이어늘 而晉兵多犯法하니 思繼等數誅殺之하다 克用以責仁恭이어늘 仁恭以高氏爲訴하니 由是로 晉盡誅思繼兄弟하다

李克用이 劉仁恭에게 幽州를 지키게 하되 高思繼의 형 某를 先鋒都指揮使로 삼고 고사계를 中軍都指揮使로 삼고 아우 某를 後軍都指揮使로 삼아 高氏 兄弟가 燕州의 군사를 나누어 맡게 하였다. 이극용이 떠날 때에 유인공에게 말하기를 "고사계 형제는 세력이 한 지방을 압도하니, 연주의 後患이 되는 자는 반드시 高氏일 것이다. 마

땅히 잘 방비해야 한다."라고 하였다. 이극용이 晉나라 병사 1천 명을 남겨두어 유인공을 호위하게 하였는데 晉나라 병사가 犯法을 많이 저지르자 고사계 등이 자주 그들을 주살하였다. 이극용이 이 일로 유인공을 꾸짖자 유인공이 高氏의 짓이라고 호소하니, 이로 말미암아 진나라가 고사계 형제를 모두 주살하였다.

仁恭以其兄某之子行珪爲牙將하고 而思繼子行周年十餘歲亦收之帳下라가 稍長에 補以軍職하다 仁恭被囚하고 守光立에 以行珪爲武州刺史러니 其後守光背晉하니 晉兵攻之라 守光將元行欽牧馬山後라가 聞守光且見圍하고 卽率所牧馬赴援이어늘 而麾下兵叛于道하야 推行欽爲幽州留後하다 行欽曰 吾所憚者는 行珪也라하고 乃遣人之懷戎하야 得行珪子縶(집)之하고 兵過武州에 招行珪曰 守光可取而代也니 當從我行이라 不然이면 且殺公子라하니 行珪謝曰 與君俱劉公將而忍叛之리오 吾當爲劉氏也니 尙何顧吾子耶아하다 行欽卽以兵圍行珪러니 月餘에 行珪城中食盡하니 召其州人告曰 吾非不爲父老守也라 今劉公救兵不至하니 奈何오 可殺吾以降(항)晉이라하니 父老皆泣하야 願以死守라

劉仁恭이 高思繼의 형 某의 아들 高行珪를 牙將으로 삼고 10여 세가 된 고사계의 아들 高行周를 또한 막하에 거두었다가 조금 장성하자 軍職에 보임하였다. 유인공이 감금당하고 劉守光이 그 자리를 잇자 고행규를 武州刺史로 삼았는데 그 후에 劉守光이 晉나라를 배반하니 진나라 병사가 그를 공격하였다. 유수광의 장수 元行欽이 山後에서 말을 기르고 있다가 유수광이 장차 포위당할 지경에 빠졌다는 소식을 듣고 즉시 기르던 말을 거느리고 달려가 구원하려 하였는데, 麾下의 병사들이 길에서 반란을 일으켜 元行欽을 추대하여 幽州留後로 삼았다.

원행흠이 말하기를 "내가 두려워하는 바는 고행규이다."라고 하고 이에 사람을 懷戎으로 보내 고행규의 아들을 잡아 구금하고 병사가 武州를 지날 때에 고행규를 불러 말하기를 "劉守光을 잡아 처단하고 그의 자리를 대신할 것이니, 응당 나를 따라야 할 것이다. 그렇지 않으면 장차 공의 아들을 죽일 것이다."라고 하였다. 고행규가 사양하며 말하기를 "그대와 함께 모두 劉公의 장수였는데 차마 배반할 수 있겠는가. 나는 응당 劉氏를 위할 것이니 어찌 나의 아들을 돌아보겠는가."라고 하였다.

원행흠이 즉시 병사로 고행규를 포위하였는데, 한 달 남짓 만에 고행규의 성 안에 식량이 다하니 州의 사람들을 불러 말하기를 "내가 父老를 위해 성을 지키지 않으려는 것은 아니지만 지금 유공의 구원병이 이르지 않으니 어찌하겠는가. 나를 죽여 晉나라에 항복하도록 하라."라고 하니 부로들이 모두 눈물을 흘리며 죽음으로 지키기를 원하였다.

是時에 **行周適從行珪在武州**러니 **卽夜縋**(추)**行周**하야 **馳入晉見莊宗**하니 **莊宗因遣明宗**하야 **救武州**러니 **比至**에 **行欽已解去**라 **行珪**가 **乃降**(항)**晉**하야 **莊宗時**에 **歷朔忻嵐**(람)**三州刺史 大同軍節度使**하고 **明宗入立**에 **徙鎭威勝安遠**하다

이때에 高行周가 마침 高行珪를 따라 武州에 있었는데, 그날 밤에 고행주를 밧줄에 묶어 성에서 내려 보내 晉나라로 급히 달려 들어가 莊宗을 만나보게 하였다. 장종이 인하여 明宗을 보내 武州를 구원하였는데, 명종이 무주에 이르렀을 때에 元行欽은 이미 포위를 풀고 떠났다. 고행규가 이에 진나라에 항복하여 장종 때에 朔州, 忻州, 嵐州 세 州의 刺史 및 大同軍節度使를 역임하였고, 명종이 들어와 즉위하자 威勝, 安遠으로 옮겨 鎭守하였다.

行珪性貪鄙하야 **所爲多不法**이어늘 **副使范延策爲人剛直**하야 **數規諫之**하니 **行珪不聽啣**(함)**之**하다 **已而**오 **戍兵有謀叛者**어늘 **行珪先覺之**하야 **因潛徙庫兵于他所**라 **戍兵叛**하야 **趨庫劫兵**이라가 **無所得**일새 **乃潰去**어늘 **行珪追而殺之**하고 **因誣奏延策同反**하야 **幷其子皆見殺**하니 **天下冤之**하다 **行珪卒于鎭**하니 **贈太尉**하다

高行珪는 본성이 탐욕스럽고 속되어 하는 일마다 不法이 많았는데 副使 范延策은 사람됨이 剛直하여 수차례 간언하니, 고행규는 듣지 않고 원한을 품었다. 이윽고 戍兵 중에 반란을 도모하는 자가 있었는데, 高行珪가 미리 눈치 채고 인하여 몰래 무기고의 무기를 다른 곳으로 옮겨 놓았다. 戍兵이 반란을 일으켜 무기고로 달려가 무기를 탈취하려다 무기를 얻지 못하자 이에 흩어져 달아나니 고행규가 추격하여 살해하고, 인하여 范延策이 반란에 동참하였다고 거짓으로 아뢰어 그 아들과 함께

모두 죽이니 천하 사람들이 고행규를 원망하였다. 고행규가 鎭에서 卒하니 太尉에 贈職되었다.

當行珪之降(항)晉也하야 行周隷明宗帳下하야 初爲裨將이라 趙德鈞識之하고 謂明宗曰 此子貌厚而小心이라 他日必大貴하리니 宜善待之하소서하다 梁晉軍河上에 莊宗遣明宗하야 東襲鄆(운)州할새 行周將前軍하야 夜遇雨하니 軍中皆欲止不進이어늘 行周曰 此天贊我也라 鄆人恃雨不備리니 吾來는 宜出其不意라하고 卽夜馳涉濟하야 入其城하니 鄆人方覺이어늘 遂取之하다 莊宗滅梁에 以功領端州刺史하고 遷絳州하다

高行珪가 晉나라에 항복할 때에 高行周는 明宗의 麾下에 소속되어 처음에는 裨將이 되었다. 趙德鈞이 그의 재능을 알아보고는 명종에게 말하기를 "저 사람은 모습이 중후하고 신중합니다. 후일에 반드시 크게 귀하게 될 것이니 잘 대우해주십시오."라고 하였다.

梁나라와 진나라가 黃河 가에 대치하고 있을 때에 莊宗이 명종을 보내 동쪽으로 가 鄆州를 습격하게 하였다. 이때에 고행주가 前軍을 거느리고 가다 밤에 비를 만나니 軍中이 모두 進軍을 멈추고 나아가려고 하지 않았다. 고행주가 말하기를 "이는 하늘이 우리를 돕는 것이다. 운주의 사람들은 비를 믿고 방비하지 않을 것이니, 우리가 오는 것은 의당 생각하지도 못할 것이다."라고 하였다. 그날 밤에 급히 말을 달려 濟水를 건너 성에 들어가자 운주의 사람들이 그제야 알아차리니, 마침내 鄆州를 취하였다. 장종이 양나라를 멸망시키자 그 전공으로 고행주는 端州刺史에 임명되었고 絳州刺史로 승진하였다.

明宗時에 從平朱守殷하고 克王都하야 遷潁州團練使振武軍節度使하고 歷鎭彰武昭義하다 晉高祖時에 爲西京留守하고 徙鎭天雄하다 安從進叛에 以行周爲襄州行營都部署하야 討平之하고 徙鎭歸德이러니 出帝時에 代景延廣爲侍衛親軍都指揮使라 是時에 李彦韜馮玉等用事어늘 乃求歸鎭하다

明宗 때에 從軍하여 朱守殷을 평정하고 王都에게 승리하여 潁州團練使 振武軍節

度使로 승진하였고 彰武節度使, 昭義節度使를 역임하였다. 晉 高祖 때에 西京留守가 되었고 옮겨 天雄을 鎭守하였다. 安從進이 반란을 일으키자 高行周를 襄州行營都部署로 삼아 토벌하여 평정하고 옮겨 歸德을 鎭守하게 하였는데 出帝 때에 景延廣을 대신하여 侍衛親軍都指揮使로 삼았다. 이때에 李彦韜와 馮玉 등이 권력을 전횡하기에 鎭守하던 鎭으로 돌아갈 것을 청하였다.

契丹滅晉하고 **留蕭翰守汴**[1)]이어늘 **又棄去**하니 **召唐故許王從益**[2)]**入汴**이러니 **而漢高祖**[3)]**起太原**하니 **從益遣人召行周**하야 **將以拒漢**이어늘 **行周嘆曰 衰世難輔**어든 **況兒戲乎**아하고 **乃不從**하다

契丹이 晉나라를 멸망시키고 蕭翰을 남겨두어 汴州를 지키게 하였는데 蕭翰이 또 버리고 떠나자 唐나라 옛 許王 李從益을 불러 汴州로 들어오게 하였다. 漢 高祖가 太原에서 병사를 일으키자 이종익이 사람을 보내 高行周를 불러 장차 漢나라를 막으려 하였는데, 고행주가 탄식하며 말하기를 "쇠미한 세상에서는 군주를 輔佐하기 어려운 법인데 더구나 저 철없는 아이의 장난이야 더 말할 것 있겠는가."라고 하고 이에 따르지 않았다.

1) 汴 : 五代 때에 梁나라, 漢나라, 周나라 및 北宋의 都城으로 현재 河南省 開封市이다.
2) 許王從益 : 後唐 明宗 李嗣源의 다섯 번째 아들이다.
3) 漢高祖 : 後漢을 개국한 劉知遠(895~948)을 가리킨다. 재위기간은 947~948이다. 沙陀族 출신으로 後晉 石敬瑭의 부하가 되어 공을 세우고, 실권을 장악하였으며 河東節度使를 겸하였다. 契丹이 後晉을 침공하자 출병을 거부하였고, 少帝가 거란에게 연행되자 스스로 제위에 올랐다. 나라 이름을 漢이라 하고 汴州로 도읍을 옮겼으나, 1년 만에 병사하였다.

漢高祖入京師하야 **加行周守中書令**하고 **徙鎭天平**하고 **封臨淸王**이러니 **周太祖**[1)]**入立**에 **封齊王**하다 **卒贈尙書令**하고 **追封秦王**하다 **有子懷德**이라

漢 高祖가 京師에 들어와서 高行周에게 守中書令을 더하여 제수하고 옮겨 天平을

鎭守하게 하고 臨淸王에 봉해주었는데, 周 太祖가 들어와 즉위하여 齊王에 봉해주었다. 卒한 뒤에 尙書令에 증직되었고 秦王에 追封되었다. 아들은 高懷德이다.

1) 周太祖 : 後周를 개국한 郭威(904~954)를 가리킨다. 곽위는 邢州 堯山 사람으로 자는 文仲이다. 後唐, 後晉, 後漢에서 벼슬했으며, 후한 隱帝 乾祐 3년(950) 은제가 사람을 보내 자기를 해치려는 것을 알고 병사를 일으켜 汴州로 들어갔다. 은제가 살해된 뒤 劉贇을 황제로 옹립했다가 얼마 뒤 군대를 이끌고 契丹을 막던 중 兵變을 일으키고 돌아와 後漢을 대신해 後周를 세웠다.

後漢 高祖

歐陽文忠公五代史抄 卷15

歸安 鹿門 茅坤 批評
孫男 闇叔 茅著 重訂

雜傳

01. 皇甫暉傳* 皇甫暉의 傳記

* 皇甫暉(?~956)는 魏州 興唐府 사람으로 위주의 미천한 군졸에 불과한 신분이었으나 軍心을 선동해 鄴都를 공격하여 마침내 後唐의 莊宗이 죽고 明宗이 즉위하는 일대 사변을 불러일으킨 인물이다. 당시 장종의 판단이 흐려지고 劉皇后가 궁중에서 농단하여, 蜀을 정벌하러 갔던 侍中 郭崇韜 등이 권력다툼 속에 살해당하는 등 後唐의 內政은 그야말로 혼란한 상태였다. 이 당시 황보휘가 소속된 군대는 임무기한이 다 차서 魏州로 돌아가야 했으나 이상의 상황들로 인해 屯田의 명령이 내려와 고향으로 돌아가지 못하게 되자 마침내 황보휘가 선동하여 사변이 발발하게 된 것이다. 황보휘는 본래 용맹하고 사납고 무뢰한 성격으로 이후에도 계속 승승장구하였고 契丹이 침입하자 무리를 이끌고 南唐의 李景에게 귀부하여 계속 높은 지위를 유지하다가 後周와의 전투에서 중상을 입고 사망하였다.

  ≪舊五代史≫에서는 따로 황보휘를 立傳하지 않았고, 구양수의 ≪新五代史≫에는 권49 〈雜傳37〉에 별도로 입전하였다. 구양수는 아마도 ≪구오대사≫의 각 紀傳에 산재한 행적과 ≪十國春秋≫ 권24 〈南唐10〉에 강남으로 내려간 이후의 행적이 기록된 황보휘의 열전을 참고하여 입전한 듯하다. 茅坤의 평과 같이 구양수는 황보휘의 사나운 성격과 행동을 생동감 있게 묘사하여 五代의 역사 중 큰 사변에 속하는 업도의 변을 일으킨 인물의 특성을 잘 살려내었다.

皇甫暉本驍悍反覆이어늘 而歐公點次에 殊覺風神獨鬯(창)하니 令人覽其傳이면 則怒目裂眦(자)起矣리라

皇甫暉는 본디 용맹하고 사나우며 反覆無常한데, 歐陽公의 서술이 특히 생생하게 그 풍모를 묘사하였으니, 사람들에게 그 傳을 보게 하면 성난 눈을 부릅뜨고 흘기면서 일어설 것이다.

皇甫暉는 魏州人也라 爲魏軍卒하야 戍瓦橋關[1)]한대 歲滿當代歸로대 而留屯貝州[2)]라 是時에 唐莊宗已失政하야 天下離心이라 暉爲人驍勇無賴하야 夜博軍中이라가 不勝이어늘 乃與其徒謀爲亂하야 劫其都將楊仁晸曰 唐能破梁而得天下者는 以先得魏而盡有河北兵也일새라 魏軍甲不去體하고 馬不解鞍者가 十餘年이어늘 今天下已定에 而天子不念魏軍久戍之勞하니 去家咫尺에 不得相見이라 今將士思歸를 不可遏(알)이니 公當與我俱行이어다 不幸天子怒吾軍이어든 則坐據一州면 足以起事리라하야늘 仁晸曰 公等何計之過也오 今英主在上하야 天下一家하고 精甲銳兵이 不下數十萬이라 公等各有家屬이어늘 何故出此不祥之言고하다 軍士知不可强하야 遂斬之하고 推一小校爲主어늘 不從하니 又斬之하고 乃携二首하야 以詣裨將趙在禮라 在禮從之어늘 乃夜焚貝州하야 以入于魏하니 在禮以暉爲馬步軍都指揮使하다

皇甫暉는 魏州 사람이다. 위주의 軍卒이 되어 瓦橋關에서 수자리를 살았는데 임무 기한이 차서 교대하고 돌아가야 함에도 貝州에 주둔하게 되었다. 이때 唐 莊宗이 이미 失政하여 천하의 인심이 떠났다.

황보휘는 사람됨이 용맹하고 사나우며 無賴하여 밤에 軍中에서 저포놀이를 하다가 이기지 못하자 그 무리와 함께 난을 일으킬 것을 모의하여 都將 楊仁晸을 겁박하여 말하기를 "唐나라가 梁나라를 격파하고 천하를 얻을 수 있었던 것은 먼저 위주를 얻어 河北의 병사를 다 소유하였기 때문입니다. 위주 군사가 갑옷을 몸에서 벗지 못하고 말들이 안장을 벗지 못한 지 십여 년인데, 이제 천하가 이미 안정된 때에 천자가 위주 군사들이 오랫동안 수자리 선 노고를 생각하지 않으니, 집이 지척에 있음에도 가족을 만나볼 수 없습니다. 지금 將士들이 고향에 돌아가고 싶어하는 마

음을 막을 수 없으니, 공은 우리와 함께 해야 합니다. 불행히 천자가 우리 군사들의 행동을 노여워하거든 그 즉시 州 하나를 점거하면 큰일을 도모하기 충분할 것입니다."라고 하였다.

유인성이 말하기를 "공들의 계획이 어쩌면 이리 지나치오. 지금 영명하신 군주가 위에 있어 천하가 한 집안이 되었고 정예로운 군대가 수십 만을 밑돌지 않소. 공들은 각자 家屬이 있거늘 어쩌자고 이렇게 불길한 말을 꺼내오."라고 하였다.

군사들이 억지로 따르게 할 수 없음을 알고 마침내 유인성을 斬하고서, 小校 한 사람을 主將으로 추대하였는데 그 역시 따르지 않으니 또 참하였다. 그리고서 두 사람의 머리를 가지고서 裨將인 趙在禮에게 갔다. 조재례가 군사들의 뜻을 따르자 밤에 貝州를 불사르고 위주로 들어가니, 조재례가 황보휘를 馬步軍都指揮使로 삼았다.

1) 瓦橋關 : 지금의 河北省 雄縣 남쪽 易水 가에 있다.
2) 貝州 : 지금의 河北省 邢台市 淸河縣 지역이다.

暉擁甲士數百騎하야 **大掠城中**이라가 **至一民家**하야 **問其姓**하니 **曰 姓國**이라하야늘 **暉曰 吾當破國**이라하고 **遂盡殺之**라 **又至一家**하야 **問其姓**하니 **曰 姓萬**이라하야늘 **暉曰 吾殺萬家**면 **足矣**라하고 **又盡殺之**라 **及明宗入魏**하야 **遂與在禮合謀**하니 **莊宗之禍**는 **自暉始**라 **明宗卽位**에 **暉自軍卒**로 **擢拜陳州刺史**하니 **終唐世**히 **常爲刺史**하다

皇甫暉가 甲士 수백 騎를 거느리고 성 안을 크게 노략질하다가 한 民家에 이르러 그 집에 사는 사람의 姓을 물으니 姓이 國이라 하였다. 황보휘가 말하기를 "내가 나라를 깨부술 것이다."라고 하고서 마침내 일가족을 모두 살해하였다. 또 한 집에 이르러 그 성을 물으니 성이 萬이라 하였다. 황보휘가 말하기를 "내가 일만 집의 사람을 죽이면 만족하겠다."라고 하고는 또 모두 살해하였다. 明宗이 魏州에 들어와 마침내 趙在禮와 함께 일을 도모하였으니 莊宗의 재앙은 황보휘에게서 시작된 것이었다. 명종이 즉위하자 황보휘를 軍卒에서 발탁하여 陳州刺史에 拜受하니 당나라(後唐)가 망할 때까지 항상 刺史의 지위에 있었다.

晉天福中에 **以衛將軍**으로 **居京師**한대 **在禮已秉旄節**[1]이라가 **罷鎭來朝**라 **暉往候之**

曰 與公俱起甘陵[2)]하야 卒成大事나 然由我發也라 公今富貴어니 能卹我乎아 不然이면 禍起坐中이라하야늘 在禮懼하야 遽出器幣數千與之하고 而飮以酒하니 暉飮自若하고 不謝而去라 久之에 爲密州刺史하다

晉나라 天福 연간(936~944)에 皇甫暉가 衛將軍의 신분으로 京師에 머무르고 있었는데, 趙在禮가 이미 절도사가 되었다가 절도사의 직무를 끝내고 조정으로 왔다. 황보휘가 가서 문후하며 말하기를 "공과 함께 甘陵에서 일어나 마침내 大事를 이루었습니다만 이는 나를 통해 일어난 것입니다. 공이 지금 富貴해지셨으니 나를 잘 돌봐주실 수 있겠습니까? 그렇지 못한다면 재앙이 앉은 자리에서 일어날 것입니다."라고 하였다. 조재례가 두려워서 황급히 기물과 폐백 수천 개를 꺼내어 주고 술을 먹이니, 황보휘는 태연자약하게 술을 마시고서 사례도 하지 않고 떠났고, 오랜 뒤에 密州刺史가 되었다.

1) 旄節 : 막대 끝에 털로 몇 마디의 장식을 달아 만든 깃발로, 사신이나 지방 장관에게 임금이 권한을 위임하는 뜻으로 주는 儀仗이다.
2) 甘陵 : 지금의 河北省 邢台市 清河縣 지역으로, 앞서 皇甫暉와 趙在禮가 반란을 일으킨 貝州이다. 後漢의 安帝가 어머니인 孝德皇后를 이곳에 장사 지냈으므로 이렇게 부른 것이다. 감릉을 山東省 清平縣으로 비정하는 경우도 있으나 여기서는 황보휘와 조재례의 행적상 하북성 청하현을 가리킨다.

契丹犯闕에 暉率其州人하야 奔於江南하니 李景[1)]以爲歙州刺史 奉化軍節度使하야 鎭江州[2)]라 周師征淮하니 景以暉爲北面行營應援使하야 屯清流關[3)]한대 爲周師所敗하야 并其都監姚鳳으로 皆被擒이라 世宗[4)]召見에 暉金瘡被體어늘 哀之하야 賜以金帶鞍馬라 後數日卒하니 拜鳳左屯衛將軍하다

契丹이 京師를 침범하자 皇甫暉가 자기 州의 사람들을 이끌고 江南으로 달아나니, 李景이 그를 歙州刺史 奉化軍節度使로 삼아 江州를 鎭守하게 하였다. 周나라 군대가 淮를 정벌하자 이경이 황보휘를 北面行營應援使로 삼아 清流關에 주둔하였는데 주나라 군대에게 패배하여 都監 姚鳳과 함께 모두 사로잡혔다. 世宗이 召見할 때 황보휘가 몸에 創傷을 입고 있으니 세종이 가엾게 여기고 金帶와 안장을 얹은

말을 하사하였다. 며칠 뒤에 卒하니 鳳左屯衛將軍에 拜受하였다.

1) 李景 : 916~961. 五代十國 시절 李昪의 뒤를 이은 南唐의 군주이다.
2) 江州 : 지금의 湖北省과 江西省 일대이다.
3) 淸流關 : 지금의 安徽省 滁縣에 있던 관문이다. 淸流水라는 강에서 이름이 기인하였다.
4) 世宗 : 921~959. 後周의 2대 황제인 柴榮이다.

02. 王進傳* 王進의 傳記

* 王進(?~954)은 본래는 도적 출신이었다가 後唐의 신하인 符彦超 밑에서 군인 생활을 시작하여 발이 빠른 재주 덕분에 節度使의 지위에까지 올랐다. 왕진의 列傳은 ≪舊五代史≫ 권124 〈周書 第15 列傳4〉와 ≪新五代史≫ 권49 〈雜傳37〉에 모두 짧게 실려 있는데 내용은 대동소이하다. 다만 구양수의 ≪신오대사≫에서는 왕진이 契丹과의 전투에서 67인을 포획한 전공은 생략하였다. 특이한 것은 왕진의 열전은 왕진에 관한 사실보다 구양수의 史論이 훨씬 많은 비중을 차지하고 있다는 것이다. 이는 구양수의 편찬목적인 褒貶에 충실한 것으로, 사론에서 기술한 것처럼 보잘것없는 재주를 지닌 小人이 윗자리를 차지하고 賢人君子는 아랫자리에 처하는 당시의 세태를 비판하기 위한 것이다.

王進은 **幽州良鄕人也**라 **爲人勇悍**하야 **走及奔馬**라 **少聚徒爲盜**하니 **鄕里患之**어늘 **符彦超**[1]**遣人**하야 **以賂招置麾下**라 **彦超鎭安遠軍**할새 **軍中有變**이어늘 **遣進馳奏京師**라 **明宗怪其來速**하고 **嘉其足力**하야 **以隷寧衛指揮**하다

王進은 幽州 良鄕 사람이다. 사람됨이 용맹하고 날쌔서 내달리는 말을 따라잡을 수 있었다. 젊었을 때 무리를 모아 도적질을 하니 鄕里에서 우환거리로 여겼는데 符彦超가 사람을 보내 뇌물로 휘하에 불러 들였다. 부언초가 安遠軍을 鎭守할 때 군중에서 변란이 일어났는데 왕진을 보내 京師에 급히 아뢰게 하였다. 明宗이 신속하게 온 것을 기이하게 여기고 그 다리 힘이 좋은 것을 가상히 여겨 寧衛指揮에 예속시켰다.

1) 符彦超 : ?~934. 後唐의 장수로 晉王 李克用의 幕下에서 牙將으로 시작해 莊宗 李存勖이 등극하자 節度使가 되었다.

漢高祖[1)]爲侍衛親軍指揮使하야 以進爲軍校라 高祖鎭河東할새 因以之從하야 每有急에 遣進馳至京師한대 往返不過五六日이라 由是로 愈親愛之하다 累遷奉國軍都指揮使하고 從周太祖[2)]起魏하야 遷虎捷右廂都指揮使하고 歷汝鄭二州防御使 彰德軍節度使하다 顯德[3)]初에 以疾卒하니 贈太師하다

漢 高祖가 侍衛親軍指揮使로 있으면서 왕진을 軍校로 삼았다. 고조가 河東을 鎭守할 때 계속 수행하게 하여 급한 일이 생길 때마다 왕진을 경사에 급히 가게 하였는데, 왕래하는 데 걸린 시간이 불과 5, 6일이었다. 이 때문에 더욱 왕진을 친밀히 대하고 아꼈다. 여러 차례 승진하여 奉國軍都指揮使가 되고 周 太祖를 따라 魏州에서 起兵하여 虎捷右廂都指揮使로 승진하고 汝鄭二州防御使와 彰德軍節度使를 역임하였다. 顯德 初에 병으로 卒하니 太師를 증직하였다.

後周 太祖

1) 漢 高祖 : 五代 後漢의 건국자인 劉知遠(895~948)이다. 後晉을 섬기다가 契丹이 침공하여 少帝가 거란으로 끌려가자 스스로 제위에 올랐다.
2) 周 太祖 : 五代 後周의 건국자인 郭威(904~954)이다. 後漢을 섬기다가 政變을 일으켜 開封에서 즉위하여 후주를 건국하였다.
3) 顯德 : 五代 後周 世宗의 연호이다. 954년부터 960년까지 사용하였다.

嗚呼라 予述舊史라가 至於王進之事하야 未嘗不廢書而嘆曰 甚哉라 五代之君은 皆武人崛起라 其所與가 皆勇夫悍卒이어늘 各裂土地封侯王하니 何異豺狼之牧斯人也아 雖其附託遭遇가 出於一時之幸이나 然猶必皆橫身陣敵이니 非有百夫之勇이면 則必

一日之勞어니와 至如進者하얀 徒以疾足善走로 而秉旄節하니 何其甚歟오 豈非名器[1)] 之用이 隨世而輕重者歟아 世治則君子居之而重하고 世亂則小人易得而輕歟아 抑因緣僥倖이 未始不有로되 而尤多於亂世하야 旣其極也에 遂至於是歟아 豈其又有甚於是者歟아 當此之時하야 爲國이 長者는 不過十餘年이요 短者는 三四年至一二年이라 天下之人이 視其上易君代國을 如更戍長無異하니 蓋其輕如此어든 況其下者乎아 如進等者는 豈足道哉아 易에 否泰消長[2)]하고 君子小人이 常相上下하니 視在上者如進等이면 則其在下者를 可知矣라 予書進事는 所以哀斯人之亂而見(현)當時賢人君子之在下者니 可勝道哉아 可勝道哉아

오호라! 내가 옛 五代의 역사를 찬술하다가 왕진의 일에 이르러 책을 덮고 탄식하며 다음과 같이 말하지 않은 적이 없다. 심하다! 오대의 군주들은 모두 武人이 崛起하였으므로 그들과 함께 한 이들은 모두 용맹한 武夫와 날쌘 군졸들인데 이들에게 각기 영토를 찢어주어 侯王에 봉했으니, 승냥이와 이리가 백성을 다스린 것과 무엇이 다른가. 비록 그들이 오대의 군주에게 의탁하고 知遇를 입은 것은 한때의 요행에서 나온 것이지만 그래도 반드시 적진 속에 들어가 적들과 싸웠으니 백 명의 군사를 당해낼 용맹이 있지 않으면 반드시 하루 동안의 수고라도 하였다.

그러나 왕진과 같은 경우는 한갓 발이 빠르고 달리기를 잘한다는 이유로 절도사의 지위에 올랐으니, 어쩌면 그리도 심한가! 어찌 名器의 사용이 시대에 따라 가벼워지고 무거워진 것이 아니겠는가. 세상이 다스려지면 君子가 명기를 차지하여 무거워지고, 세상이 혼란하면 小人이 명기를 쉽사리 얻어 가벼워지는 것이 아니겠는가. 아니면 권세 있는 이에게 빌붙어 요행을 차지하는 일이 애당초 없던 적이 없지만 난세에는 그러한 일이 더욱 많아져 극도에 이르면 마침내 이런 지경에까지 이르는 것인가? 어쩌면 이보다 더욱 심한 경우도 있는 것인가?

이때를 당하여 나라를 다스린 세월이 긴 경우는 십여 년에 불과했고 짧은 경우는 3,4년 내지 1,2년이었다. 그리하여 천하 사람들이 위에서 임금이 바뀌고 나라가 새로 들어서는 것을 마치 戍長이 갈리는 것과 다름없이 보았다. 그 윗자리의 가볍기가 이와 같았는데 하물며 그보다 아랫자리이겠는가. 왕진과 같은 자의 경우 어찌 말할 가치나 있겠는가. ≪周易≫에 否와 泰가 번갈아 消長하고 군자와 소인이 항상 서로

엎치락뒤치락하니, 왕진 등과 같은 자가 윗자리에 있는 것을 보면 그 아래에 있는 사람을 알 만하다. 내가 왕진의 일을 기록한 것은 백성들이 난세를 당한 것을 슬퍼하고 당시 賢人君子가 아랫자리에 있었음을 드러내려 함이니, 이루 다 말할 수 있겠는가. 이루 다 말할 수 있겠는가.

1) 名器 : 봉건 사회에서 尊卑貴賤을 구분하는 名號와 수레와 의복 등의 제도로, 여기서는 官爵을 가리킨다.
2) 易否泰消長 : '否'와 '泰'는 모두 ≪周易≫의 卦名이다. 기운이 유행하여 만물이 형통하는 것이 '태'이고 기운이 막혀 만물이 閉塞하는 것이 '부'로, 세운의 성쇠를 뜻한다. 또한 이에 따라 군자의 도가 자라고 소인의 도가 소멸되기도 하고, 반대로 소인의 도가 자라나고 군자의 도가 소멸되기도 한다.

03. 范延光傳* 范延光의 傳記

* 范延光(?~940)은 相州 臨漳 사람으로, 後唐의 莊宗과 明宗을 섬겨 樞密使의 직임에 오르고 이어서 後晉 高祖를 섬겼다. 범연광의 열전은 ≪舊五代史≫ 卷97 〈晉書 第23 列傳12〉와 ≪新五代史≫ 卷51 〈雜傳 第39〉에 각각 立傳되어 있다. 범연광은 후당과 후진으로 이어지는 때에 재상의 지위에 올라 두각을 나타낸 五代 시기 주요인물 중 한 사람이다. 본 傳에서 기술한 것처럼 범연광은 기민한 판단력과 재지로 후당을 섬겨 많은 공업을 이루어 그의 생애 전반기에는 볼만한 行事와 節操가 많았다. 後梁에 포로로 잡혀 고문과 협박에도 굴하지 않은 일, 朱守殷의 반란 때 기민하게 奇智를 발휘한 일, 李彝超가 반란했을 때 권세가인 劉遂凝을 제압하며 위급한 상황에서도 흔들리지 않은 일 등은 그가 一國의 卿相으로 국정을 일임할 만한 재주를 지녔음을 여실히 보여준다.

그러나 그가 뒤에 후진의 고조를 섬길 때의 사적은 이와는 전혀 딴판이다. 祕瓊의 재물을 탐내어 그를 부정한 방법으로 살해하고 이어서 반란을 일으켜 反覆無常한 태도를 취하다가 마침내는 그 역시 楊光遠에게 똑같은 방법으로 살해당하는 대목에 이르면 이것이 한 인물의 사적이 맞는가 싶을 정도로 상반된다. 범연광의 이 사건은 우리나라 朴趾源의 ≪熱河日記≫나 成大中의 ≪青城雜記≫ 등에서도 재물이 가져오는 禍와 罪科의 순환의 예로 제시되고 있기도 하다. 범연광이라는 한 인물의 이러한 행태는 그야말로 五代 시기 전체에 걸쳐 이어진 반복무상한 세태를 그대로 대변한 것이다.

더불어 범연광의 열전 말미에는 적들이 자신의 어미를 잡아 성 밑으로 데려오자 제 어미를 직접 활로 쏘아 죽인 李彦珣이라는 사람의 일화가 추가되어 있고, 이 일화에 대해 특별히 구양수가 신랄한 어조로 史論을 남기고 있다. 이는 범연광과 이언순의 사건을 하나로 엮어 五代 시기의 퇴폐하고 반복무상한 세태를 비판하기 위한 의도일 것이다.

茅坤이 평한 바와 같이 범연광의 행적에는 특출난 行事와 반복무상함이 많은데 각각의 사건이 하나하나 생생하게 잘 묘사되어 있어 史錄으로서뿐만 아니라 문장으로서도 뛰어난 글이다. 한편 ≪구오대사≫에서는 범연광을 다음과 같이 평하고 있다. "범연광이 과거 당나라의 신하였을 때 넉넉하게 영예가 있었는데, 진나라가 들어서자 분별 없는 모략을 드러내놓고 거리낌 없이 행하였다. 이미 힘이 모자라 투항하고서 부끄러운 낯빛으로 목숨을 아까워하더니, 맹진에서 죽어 마침내 천년 세월 동안 비웃음을 당하였다.〔延光昔爲唐臣 綽有令譽 洎逢晉祚 顯恣狂謀 旣力屈以來降 尙靦顔而惜死 孟津之殁 乃取笑於千載也〕"

范延光爲人多方略하고 **所歷生平**이 **亦多反覆**이어늘 **歐陽公點次如畫**하야 **而二千餘言**이 **如一句**라

范延光은 사람됨이 方略이 많고 살아온 생애에 또한 反覆無常한 것이 많은데, 歐陽公이 그림처럼 기술하여 2천여 자가 마치 한 구와 같다.

范延光은 **字子瓌**니 **相州臨漳人也**라 **唐明宗爲節度使**하야 **置延光麾下而未之奇也**라 **明宗破鄆州**에 **梁兵方扼楊劉**[1)]어늘 **其先鋒將康延孝陰送款於明宗**이라 **明宗求可以通延孝款於莊宗者**하니 **延光輒自請行**이라 **乃懷延孝蠟**(랍)**丸書**[2)]하야 **西見**(현)**莊宗致之**하고 **且曰 今延孝雖有降**(항)**意**나 **而梁兵扼楊劉者甚盛**하니 **未可圖也**라 **不如築壘馬家口**[3)]하야 **以通汶陽**[4)]이라하야늘 **莊宗以爲然**이라 **壘成**에 **梁遣王彦章**하야 **急攻新壘**하니 **明宗使延光間行求兵**이어늘 **夜至河上**하야 **爲梁兵所得**하야 **送京師**라 **下延光獄**하야 **搒掠數百**하고 **脅以白刃**이어늘 **延光終不肯言晉事**라 **繫之數月**에 **稍爲獄吏所**

獲이라 莊宗入汴에 獄吏去其桎梏하고 拜而出之하니 莊宗見延光喜하야 拜檢校工部尙書하다

范延光은 字는 子瓌이니 相州 臨漳 사람이다. 唐(後唐) 明宗이 節度使로 있으면서 범연광을 휘하에 두었으나 특출하게 여기지는 않았다. 명종이 鄆州를 격파할 때 梁나라 병사가 바야흐로 楊劉를 점거하고 있었는데 그 선봉장 康延孝가 몰래 명종에게 투항서를 보내왔다. 명종이 강연효가 투항하려는 뜻을 莊宗에게 잘 전달할 수 있는 사람을 찾으니 범연광이 문득 스스로 가겠다고 청하였다.

이에 범연광이 강연효의 蠟丸書를 품고 서쪽으로 가서 장종을 알현하여 서신을 바치고서 또 말하기를 "지금 강연효가 비록 투항하려는 뜻이 있으나 양나라 병사가 양류를 점거한 형세가 매우 성대하니 도모할 수 없습니다. 馬家口에 성채를 쌓고서 汶陽과 交通하는 것만 못합니다."라고 하자 장종이 옳게 여겼다.

성채가 완성되자 양나라에서 王彦章을 보내 새로 지은 성채를 급히 공격하니 명종이 범연광에게 몰래 가서 병사를 요청하게 하였는데, 밤에 황하 가에 이르러 양나라 병사에게 잡혀 京師로 압송되었다. 양나라에서 범연광을 옥에 가두고 수백 대의 매질을 하고 칼날을 들이대며 위협하였는데 범연광은 끝내 晉나라의 실정을 말하려 하지 않았다. 옥에 갇힌 지 수개월에 차츰 獄吏의 마음을 얻었다. 장종이 汴州에 들어오자 옥리가 범연광의 차꼬와 수갑을 벗겨주고 절하고서 옥에서 내보내주니, 장종이 범연광을 보고 기뻐하여 檢校 工部尙書에 배수하였다.

1) 楊劉 : 山東省 東阿縣 북쪽 60리 지점에 있는 지명이다. 黃河 가에 위치하여 後梁과 後唐이 대치하던 장소였다.
2) 蠟(랍)丸書 : 蜜蠟을 뭉쳐 그 안에 서류를 넣은 密書를 가리킨다.
3) 馬家口 : 山東省 東平縣 서북쪽에 있던 지명으로, 이곳의 서쪽이 楊劉이다.
4) 汶陽 : 五代 시절 鄆州에 속한 지명이다.

明宗時에 爲宣徽南院使하다 明宗行幸汴州하야 至滎陽에 朱守殷[1]反이어늘 延光曰 守殷反迹始見이라 若緩之하야 使得爲計면 則城堅而難近이라 故乘人之未備者는 莫若急攻이니 臣請騎兵五百하야 馳至城下하야 以神速駭之라하고 乃以騎兵五百으로 自

暮疾馳하야 **至半夜**히 **行二百里**하야 **戰于城下**라 **遲明**에 **明宗亦馳至**하니 **汴兵望見天子乘輿**하고 **乃開門**이어늘 **而延光先入**하야 **猶巷戰**하야 **殺傷甚衆**에 **守殷死**하니 **汴州平**하다

明宗 때에 范延光이 宣徽南院使가 되었다. 명종이 汴州로 행차하여 滎陽에 이르렀을 때 朱守殷이 반란을 일으키자, 범연광이 말하기를 "주수은이 막 반란을 일으킨 이때에 만약 진압을 천천히 하여 저들이 대비책을 세우게 한다면, 변주의 성벽이 견고하여 접근하기 어려울 것입니다. 그러므로 남이 대비하지 못한 틈을 타는 방법으로는 급히 공격하는 것 만한 것이 없으니, 신은 청컨대 騎兵 5백을 주시면 성 아래로 달려가 신속한 대응으로 적을 놀라게 하고자 합니다."라고 하였다. 그리고서 기병 5백을 이끌고 날이 저물녘부터 신속히 내달려서 한밤중에 이르기까지 2백 리를 가서 성 아래에서 전투를 벌였다.

동이 틀 무렵에 명종 또한 급히 도착하니 변주의 병사들이 천자의 수레를 바라보고서 성문을 열었다. 범연광이 먼저 입성하여 市街戰을 벌여 매우 많은 사람을 살상함에 주수은이 죽으니 변주가 평정되었다.

1) 朱守殷 : ?~927. 後唐의 莊宗을 섬겨 총애를 받아 節度使의 관직에 이르렀다. 明宗 李嗣源과는 본래 사이가 좋지 않아, 梁나라와의 전투에서 주수은이 실책하자 명종이 장종에게 주수은을 죽일 것을 청하기도 하였다. 명종이 즉위한 뒤 汴州에서 모반을 일으켰으나 성공하지 못하고 살해당하였다.

明年에 **遷樞密使**하고 **出爲成德軍節度使**하다 **安重誨死**에 **復**(부) **召延光與趙延壽**하야 **竝爲樞密使**[1]하다 **明宗問延光馬數幾何**하니 **對曰 騎軍三萬五千**이라하야늘 **明宗撫髀**(비)하고 **歎曰 吾居兵間四十年**에 **自太祖**[2]**在太原時**에 **馬數不過七千**이오 **莊宗取河北**하야 **與梁家戰河上**에 **馬纔萬匹**이러니 **今有馬三萬五千匹而不能一天下**하니 **吾老矣**라 **馬多奈何**오라하다 **延光因曰 臣嘗計一馬之費**는 **可養步卒五人**이니 **三萬五千匹馬**는 **十五萬兵之食也**라하야늘 **明宗曰 肥戰馬而瘠吾人**하니 **此吾所愧也**라하다

이듬해에 樞密使로 승진하였고 외직으로 나가 成德軍節度使가 되었다. 安重誨가 죽자 다시 范延光과 趙延壽를 불러 함께 추밀사로 삼았다. 명종이 범연광에게 말이

몇 마리나 되는지 물으니 범연광이 대답하기를 "騎軍이 3만 5천입니다."라고 하자 명종이 넓적다리를 어루만지면서 탄식하기를 "내가 軍營에서 지낸 40년 동안, 太祖가 太原에 계실 때에는 말이 7천 필에 불과했고, 莊宗이 河北을 취하여 梁나라와 황하 가에서 전투를 벌일 적에는 말이 겨우 일만 필이었는데, 지금 말 3만 5천 필을 소유하고도 천하를 통일하지 못하였다. 나는 늙었으니 말이 많은들 어이하겠는가."라고 하였다. 범연광이 이어서 말하기를 "신이 일찍이 계산해보건대 말 한 마리에 들어가는 비용이면 步卒 다섯 사람을 기를 수 있으니, 3만 5천 필의 말은 15만 병사의 양식입니다."라고 하자, 명종이 말하기를 "戰馬는 살찌고 우리 병사들은 수척해졌으니 이는 나의 부끄러움이다."라고 하였다.

1) 安重誨死……竝爲樞密使 : 安重誨(?~931)는 後唐 明宗의 신임을 받아 재상이 되었으나, 권력을 전횡하고 횡포하게 굴어 마침내 살해당하였다. 趙延壽(?~948)는 본래 姓은 劉氏로 常山 사람이다. 그 부친 劉邧이 脩縣의 현령이었는데 後梁의 劉守文에게 脩縣이 함락당하자 훗날 後唐의 北平王이 되는 趙德鈞에게 거두어져 養子가 되었다. 후당 明宗의 딸인 興平公主에게 장가들었고 汴州司馬, 汝州刺史, 樞密使 등을 역임하였다. 이 부분에 대해 ≪五代史纂誤≫ 卷下에서 다음과 같이 고증하였다. "살펴보건대 〈明宗紀〉에 '長興 元年(930) 9월 甲申에 成德軍節度使 范延光을 추밀사로 삼았고, 12월에 안중회가 董璋을 토벌하였다. 長興 2년(931) 2월 辛丑에 안중회를 파직하였고, 4월 甲辰에 宣徽北院使 趙延壽를 추밀사로 삼았고, 5월에 안중회를 죽였다.'라고 하였다. 또 〈安重誨傳〉에 이르기를 '안중회가 〈逆謀를 꾸몄다고 의심받은 일 때문에〉 관직에서 물러나기를 청하자, 趙鳳이 大臣은 가볍게 움직여서는 안 된다고 말하여 마침내 범연광을 추밀사로 삼고 안중회는 예전과 같이 직책을 맡았다.'라고 하였다. 이러한 사실에 의거해 말해보면 범연광을 불러 추밀사로 삼았을 때 안중회는 죽지 않았으니, 지금 〈범연광전〉에서 안중회가 죽은 뒤에 불러서 추밀사로 삼았다는 것은 오류이다.〔按明宗紀長興元年九月甲申 成德軍節度使范延光爲樞密使 十二月安重誨討董璋 二年二月辛丑安重誨罷 四月甲辰宣徽北院使趙延壽爲樞密使 五月殺安重誨 又安重誨傳云 重誨因求解職 趙鳳以爲大臣不可輕動 遂以范延光爲樞密使 而重誨居職如故 由此言之 則召范延光爲樞密使之時 安重誨未死 今延光本傳以爲重誨死後 乃召爲樞密使者誤也〕"

2) 太祖 : 晉王 李克用(856~908)이다. 아들 李存勖이 後唐을 개국한 후 太祖로 追封되었다.

夏州李仁福[1]卒에 其子彝超自立而邀旄節이어늘 明宗遣安從進代之라 彝超不受代하니 以兵攻之어늘 久不克이라 隰州刺史劉遂凝馳驛入見(현)獻策하야 言綏銀二州之人이 皆有內嚮之意하니 請除二刺史하야 以招降(항)之라하야늘 延光曰 王師問罪는 本在彝超라 夏州已破어든 綏銀豈足顧哉아 若不破夏州면 雖得綏銀이라도 不能守也라하다 遂凝又請自馳入說彝超하야 使出降(항)하니 延光曰 一遂凝은 萬一失之라도 不足惜이니 所惜者는 朝廷大體也라하다 是時에 王淑妃[2]用事한대 遂凝兄弟與淑妃有舊하야 方倚以蒙恩寵하야 所言無不聽하니 而大臣以妃故로 多不敢爭이어늘 獨延光從容沮止之라 明宗有疾하야 不能視朝하니 京師之人이 訩訩(흉흉)異議하야 藏竄山谷이어나 或寄匿於軍營이어늘 有司不能禁이라 或勸延光以嚴法制之하니 延光曰 制動當以靜이니 宜少待之라하다 已而오 明宗疾少間에 京師乃定하다

夏州의 李仁福이 卒하자 그 아들 李彝超가 자립하여 節度使의 지위를 요구하였는데 明宗이 安從進을 보내 이인복을 대신하게 하였다. 이이초가 이를 받아들이지 않으니 병사를 보내 공격하였는데 오랫동안 이기지 못하였다. 隰州刺史 劉遂凝이 역말을 달려와 들어와서 알현하고 계책을 바치며 말하기를 "綏州와 銀州 두 주 사람들이 모두 귀순할 뜻을 가지고 있으니, 청컨대 저에게 두 주의 자사를 제수하여 그들을 회유하여 투항시키게 해주십시오."라고 하자, 范延光이 말하기를 "王師가 問罪하려는 대상은 본래 이이초이다. 하주가 격파되고 나면 수주와 은주를 어찌 돌아볼 것이 있겠는가. 만약 하주를 격파하지 못한다면 비록 수주와 은주를 얻더라도 지켜내지 못할 것이다."라고 하였다. 그러자 유수응이 또 스스로 말을 달려 들어가 이이초를 설득해서 성문을 열고 나와 투항하게 만들겠다고 청하니, 범연광이 말하기를 "유수응 한 사람은 만에 하나 잘못되더라도 아까울 것이 없겠지만, 아까운 것은 조정의 大體이다."라고 하였다.

이때 王淑妃가 권력을 잡고 있었는데 유수응 형제가 왕숙비와 예전부터 친분이 있던 사이라 왕숙비에게 의지해 은총을 입어 그들이 말하는 것을 들어주지 않음이

없었다. 大臣들도 왕숙비 때문에 대부분 감히 논쟁하지 못하였는데, 범연광만이 차분하게 저지하였다. 명종이 질병이 있어 조회를 보지 못하게 되자, 京師 사람들이 수군대며 의론이 분열되어 산골짜기로 숨어들어가거나 혹은 군영에 몸을 의탁하여 숨기도 하였는데 有司가 금지하지 못하였다. 어떤 사람이 범연광에게 엄한 법으로 제재하기를 권하니, 범연광이 말하기를 "動을 제어함은 마땅히 靜으로 해야 하니, 응당 조금 기다려야 할 것입니다."라고 하였다. 얼마 있어 명종의 질병이 조금 낫자 경사가 마침내 안정되었다.

1) 李仁福 : ?~933. 唐나라 말에 高宗益이 반란을 일으켜 定難軍節度使 李彝昌을 죽이자 장수들에 의해 받들어져 수장이 되었다. 後梁 太祖 朱溫에게 투항하여 定難軍節度使가 되었고, 晉王 李克用이 周德威 등을 보내 夏州를 공격했을 때 잘 버텨내어 물러나게 하자 同平章事에 봉해졌다. 後梁이 멸망한 후에는 夏州에 웅거하고서 後唐에 稱臣하여 中書令에 봉해졌다. 後唐 明宗 4년에 죽었으며 韓王에 추증되었고, 그 아들 李彝超가 자립하여 留後가 되었다.

2) 王淑妃 : ?~951? 後唐 明宗 李嗣源의 妃嬪 가운데 한 사람이다. 어려서 미색이 뛰어났고 後梁의 장수 劉鄩의 시녀로 팔려갔었다. 유심이 죽은 후 의지할 데가 없이 있었는데, 李嗣源의 부인인 夏氏가 세상을 떠나 이사원이 別室을 구하던 중 安重誨의 소개로 이사원의 첩이 되었다. 이사원이 등극한 후 妃에 봉해졌고 미색으로 이사원의 총애를 받았다.

是時에 秦王握兵驕甚하고 宋王弱而且在外하니 議者多屬意於潞王[1]이라 延光懼禍之及也하야 乃求罷去어늘 延壽陰察延光有避禍意하고 亦遽求罷라 明宗再三留之어늘 二人辭益懇至하고 繼之以泣하니 明宗不得已하야 乃皆罷之라 延光復鎭成德하고 而用朱弘昭馮贇爲樞密使하다 已而오 秦王擧兵見誅하고 明宗崩에 潞王反하야 弒愍帝하니 唐室大亂이라 弘昭贇皆及禍以死[2]하다 末帝復(부)召延光爲樞密使하고 拜宣武軍節度使하다 天雄軍亂[3]하야 逐節度使劉延皓하니 遣延光하야 討平之하고 卽以爲天雄軍節度使하다

이때에 秦王이 병권을 쥐고서 몹시 교만하였고 宋王은 유약한 데다가 外方에 있

으니 의론하는 자들의 마음이 대부분 潞王에게 쏠렸다. 范延光이 화가 닥칠 것을 두려워하여 마침내 파직을 청하자 趙延壽도 범연광이 화를 피하려는 뜻이 있음을 짐작하고서 급작스레 파직을 청하였다. 明宗이 재삼 만류하자 두 사람이 더욱 간절하게 사양하고 이어서 눈물을 흘리니 명종이 부득이하여 마침내 모두 파직하였다. 그리고 범연광은 다시 成德軍을 鎭守하게 하였고 朱弘昭와 馮贇을 樞密使로 삼았다. 얼마 뒤 진왕이 병사를 일으켰다가 誅殺을 당하였고 명종이 붕어하자 노왕이 반란을 일으켜 愍帝를 시해하니 唐室이 크게 혼란해졌다. 주홍소와 풍빈 모두 그 와중에 화를 당하여 죽었다. 末帝가 다시 범연광을 불러 추밀사로 삼고 宣武軍節度使를 배수하였다. 天雄軍에서 난리를 일으켜 절도사 劉延皓를 쫓아내니, 범연광을 보내 토벌하여 평정하고 즉시 천웅군절도사로 삼았다.

1) 秦王握兵驕甚……議者多屬意於潞王 : 秦王은 明宗 李嗣源의 次子인 李從榮(?~933)이다. 六軍諸衛事와 天下兵馬大元帥를 맡아 병권을 장악하였는데 난폭한 성격으로 신하들과 不和하였다. 933년 明宗의 병이 위중했을 때 宋王에게 帝位가 계승될 것을 염려하여 군사를 이끌고 犯闕하였으나 실패하고 살해되었다. 宋王은 명종 이사원의 三子인 李從厚(914~934)이다. 어려서부터 명종의 총애를 받아 中書令 등을 역임하고 송왕에 봉해졌다. 933년에 진왕의 난이 실패하고 그 충격으로 명종이 붕어하자 황위를 계승하니 바로 愍帝이다. 潞王의 반란으로 폐위되어 시해당했다. 노왕은 명종 이사원의 養子인 李從珂(885~937)이다. 기골이 장대하고 용맹하며 전투를 좋아하여 많은 전공을 세웠다. 송왕 이종후가 즉위한 후 각 藩鎭의 실권을 약화시키려 하자 두려워하여 반란을 일으켜 이종후를 폐위시켜 鄂王으로 降封하고 즉위하니 바로 末帝이다. 이종후는 衛州로 도망갔으나 곧 시해당하였다. 후에 石敬瑭이 契丹을 끌어들여 반란을 일으켜 공격하자 玄武樓에 올라가 불을 지르고 자살했으며 이와 함께 後唐도 멸망하였다.

2) 弘昭贇皆及禍以死 : 潞王 李從珂가 반란을 일으켰을 때 朱弘昭는 우물에 뛰어들어 자살하였으며, 馮贇은 京城巡檢 安從進에게 살해당하였다. 이종가가 즉위한 후 亡國의 죄가 있다하여 그 시신을 길가에 늘어놓고 官爵을 삭탈하였다.

3) 天雄軍亂 : 당시 劉皇后의 族屬인 劉延皓가 절도사가 되어 세력을 믿고 남의 재산을 빼앗고 연회를 즐기면서 三軍의 급여를 제때에 공급하지 않아 병사들

의 원한이 쌓여가고 있었다. 이때 河東節度使 石敬瑭이 반란을 일으키자, 여기에 호응하려는 목적으로 천웅군 捧聖都虞候 張令昭가 병란을 일으켜 유연호를 공격하니 유연호가 도주하였다.

延光嘗夢大蛇自臍入其腹하야 **半入而掣**(제)**去之**하고 **以問門下術士張生**하니 **張生贊曰 蛇**는 **龍類也**니 **龍入腹中**은 **王者之兆也**라하다 **張生自延光微時**로 **言其必貴**하니 **延光素神之**하야 **常置門下**라 **言事輒中**하야 **遂以其言爲然**하고 **由是**로 **頗畜異志**하다 **當晉高祖起太原**하야 **末帝遣延光**하야 **以兵二萬屯遼州**하야 **與趙延壽掎**(기)**角**[1]이라 **既而**오 **延壽先降**(항)이어늘 **延光獨不降**(항)이라 **高祖卽位**에 **延光賀表又頗後諸侯至**하고 **又其女爲末帝子重美妃**라 **以此遂懷反側**하니 **高祖封延光臨清王**하야 **以慰其心**하다

范延光이 일찍이 큰 뱀이 배꼽에서 배로 들어가 반쯤 들어갔을 때 잡아당겨 제거하는 꿈을 꾸고서 門下의 術士 張生에서 물으니, 장생이 찬탄하며 말하기를 "뱀은 용의 부류이니, 용이 뱃속으로 들어간 것은 王者의 징조입니다."라고 하였다. 장생이 범연광이 미천한 시절부터 그가 반드시 존귀하게 될 것이라 말하니, 범연광이 평소 그를 신통하게 여겨 항상 문하에 두었다. 그가 어떤 사안에 대해 말을 하면 번번이 들어맞았으므로 마침내 그의 말이 옳다고 여기고 이 때문에 자못 다른 뜻을 품었다.

晉 高祖(石敬瑭)가 太原에서 起兵했을 때 末帝가 범연광을 보내 병사 2만으로 遼州에 주둔하고서 趙延壽와 掎角之勢를 이루게 하였다. 얼마 뒤 조연수는 먼저 투항하였는데 범연광만은 투항하지 않았다. 그리고 고조가 즉위하였을 때 범연광의 賀表가 다른 諸侯들보다 훨씬 뒤에 도착하였고, 또 그의 딸이 말제의 아들 李重美의 妃가 되었기에 이 때문에 마침내 모반할 마음을 품으니, 고조가 범연광을 臨清王에 봉하여 그 마음을 위무하였다.

1) 掎(기)角 : 앞뒤에서 호응하여 적을 협공하는 것을 가리킨다. ≪春秋左氏傳≫ 襄公 14년에 "비유하자면 사슴을 잡을 때 晉나라 군대는 뿔을 잡고, 여러 戎族은 다리를 잡고서 진나라 군대와 함께 사슴을 쓰러뜨리는 것과 같다.〔譬如捕鹿 晉人角之 諸戎掎之 與晉踣之〕"라고 한 데서 온 말이다.

有平山人祕瓊者가 爲成德軍節度使董溫其衙內指揮使한대 後溫其爲契丹所虜에 瓊乃悉殺溫其家族하야 瘞(예)之一穴하고 而取其家貲(자)鉅萬計라 晉高祖入立에 以瓊爲齊州防御使하니 槖(탁)其貲裝한대 道出于魏[1]라 延光陰遣人以書招之한대 瓊不納하니 延光怒하야 選精兵하야 伏境上하야 伺瓊過하야 殺之于夏津[2]하야 悉取其貲하고 以戍邏者悞殺聞이라 由是로 高祖疑其必爲亂하야 乃幸汴州하다 天福二年六月에 延光遂反하야 遣其牙將孫銳澶州刺史馮暉하야 以兵二萬距黎陽[3]하야 掠滑衛[4]라 高祖以楊光遠爲招討使하야 引兵하야 自滑州로 渡胡梁[5]攻之라 銳輕脫無謀하야 兵行에 以娼女十餘自隨하고 張蓋操扇하야 酣歌飮食自若이라 軍士苦大熱하야 皆不爲用이라 光遠得其諜者하야 詢得其謀하야 誘銳等渡河하야 半渡而擊之하니 兵多溺死하고 銳暉退走入魏하야 閉壁不復(부)出하다

平山 사람 祕瓊이라는 자가 成德軍節度使 董溫其의 衙內指揮使가 되었는데 후에 동온기가 契丹의 포로가 되자 비경이 마침내 동온기의 가족을 모두 살해하여 한 구덩이에 묻고 그 집의 巨萬金의 재산을 탈취하였다. 晉 高祖가 등극하자 비경을 齊州防御使로 삼으니 비경이 탈취한 재물을 전대에 넣고서 길을 나섰는데 길이 魏州 쪽으로 잡혔다. 그러자 범연광이 몰래 사람을 보내 서신으로 비경을 불렀는데 비경이 받아들이지 않으니 범연광이 노하여 精兵을 선발하여 위주 경계에 매복시켜 비경이 지나갈 때를 엿보아 夏津에서 살해하고 그 재물을 모두 탈취한 다음 경계를 지키는 군사가 잘못하여 살해하였다고 보고하였다. 이 일로 인해 고조가 범연광이 반드시 반란을 일으킬 것이라고 의심하여 마침내 汴州로 거둥하였다.

天福 2년(937) 6월에 범연광이 마침내 반란을 일으켜 그 牙將 孫銳와 澶州刺史 馮暉를 보내 2만의 병사로 黎陽에 이르러서 滑州와 衛州를 약탈하였다. 고조가 楊光遠을 招討使로 삼아 병사를 이끌고 활주에서 胡梁을 건너 공격하였다. 손예는 경솔하고 무모하여 진군할 때에 娼女 십여 인을 따르게 하고 일산을 펼치고 부채를 쥐고서 술에 취해 노래 부르면서 먹고 마시며 태연자약하였는데, 군사들은 몹시 무더운 날씨에 시달린 나머지 모두 명을 따르지 않았다. 양광원이 손예의 첩자를 잡아 적진의 계획을 탐지하고서 손예 등을 유인하여 黃河를 건너게 하여 반쯤 건넜을 때

공격하니, 병사들 대부분이 물에 빠져 죽고 손예와 풍휘는 도주하여 위주로 들어가 성문을 닫아걸고 다시 나오지 않았다.

1) 晉高祖入立……道出于魏 : ≪舊五代史≫ 卷94 〈祕瓊列傳〉에 따르면, 이때 後晉 高祖가 즉위하고 安重榮을 보내 董溫其를 대신하게 하고 비경은 齊州防御使로 내보냈는데, 안중영의 군대가 매우 많아 비경이 이를 거절하지 못하고 마침내 奇貨들을 다 싸 짊어지고 鄴中을 거쳐 부임했다고 한다.
2) 夏津 : 山東省 德州에 속한 縣으로 河北省과의 경계 지점에 있다.
3) 黎陽 : 河南省 濬縣의 동북쪽에 있는 縣이다.
4) 滑衛 : 滑州와 衛州로, 활주는 河南省에 속해 있으며 지금의 滑縣이고 위주는 지금의 河南省 新鄕·淇縣·滑縣 등에 걸쳐 있던 지역이다.
5) 胡梁 : 胡良이라고도 하며 河南省 滑縣 동북쪽에 있다.

初에 延光反意未決에 而得暴疾하야 不能興이어늘 銳乃陰召暉하야 入城하야 迫延光反하니 延光惶惑하야 遂從之라 高祖聞延光用銳等以反하고 笑曰 吾雖不武나 然嘗從明宗하야 取天下에 攻堅破彊이 多矣라 如延光已非我敵이어든 況銳等兒戲耶아 行取孺子爾라하고 乃決意討之하다 延光初無必反意라 及銳等敗하야 延光遣牙將王知新하야 齎表自歸어늘 高祖不見하고 以知新屬武德司[1]라 延光又附楊光遠하야 表請降(항)이어늘 不報하니 延光遂堅守라 晉以箭書二百射城中하야 悉赦魏人하고 募能斬延光者라 然魏城堅難下하야 攻之逾年不克하야 師老糧匱라 宗正丞石昂上書極諫하야 請赦延光하야 願以單車入說而降(항)之하니 高祖亦悔悟하다 三年九月에 使謁者入魏赦延光하니 延光乃降(항)이라 冊封東平郡王天平軍節度使하고 賜鐵券[2]하다 居數月에 來朝하야 因懇請老하야 以太子太師致仕하다

당초에 范延光이 반란하려는 뜻을 결정하기 전에 갑작스럽게 중병에 걸려 일어날 수 없었는데, 孫銳가 몰래 馮暉를 불러 성에 들어가 범연광에게 반란하도록 압박하니 범연광이 두렵고 미혹되어 마침내 그들의 뜻을 따랐다. 高祖가 범연광이 손예 등을 써서 반란한다는 말을 듣고 웃으며 말하기를 "내가 비록 武勇이 있지 않으나 일찍이 明宗을 따라 천하를 취하면서 견고하고 강한 적들을 공격하여 깨뜨린 일들

이 많다. 범연광 같은 자도 이미 내 적수가 아닌데 하물며 손예 등과 같이 소꿉장난하는 이들이랴. 가서 어린아이를 잡을 것이다."라고 하고는 마침내 뜻을 결정하여 토벌하였다.

범연광은 애초에 반드시 반란을 일으키려는 뜻은 없었으므로 손예 등이 패하자 범연광이 牙將 王知新을 보내 表文을 가지고 가서 스스로 귀순하려고 하였는데 고조가 접견하지 않고 왕지신을 武德司에 맡겼다. 범연광이 또 양광원에게 의지하여 표문을 올려 투항을 청하였는데 답하지 않으니, 범연광이 마침내 성문을 굳게 닫아걸고 방어하였다. 晉나라에서 화살에 묶은 편지 2백 개를 성 안으로 쏘아 魏州 사람들을 모두 사면하고 범연광의 목을 베어올 수 있는 자를 모집하였다. 그러나 위주의 성이 견고하여 함락하기 어려워 1년이 넘도록 공격하였으나 이기지 못하여 병사는 지치고 군량은 바닥을 보였다. 그리고 宗正丞 石昻이 글을 올려 극력으로 간언하여 범연광을 사면하기를 청하면서 홀로 수레를 타고 위주 성으로 들어가 범연광을 설득하여 투항시키기를 원하니, 고조 역시 자신의 실수를 뉘우치고 깨달았다.

天福 3년(938) 9월에 謁者를 시켜 위주 성에 들어가 범연광을 사면하게 하니, 범연광이 마침내 투항하였다. 그리하여 범연광을 東平郡王 天平軍節度使에 冊封하고 鐵券을 하사하였다. 몇 달이 지나 범연광이 조정으로 와서 조회하면서 부끄러워하며 늙어서 벼슬을 그만두기를 청하여 太子太師로 致仕하였다.

1) 屬武德司 : 무덕사는 禁宮을 宿衛하고 정보를 탐지하는 활동을 하던 황제의 친위기구이다. ≪舊五代史≫ 卷76 〈高祖紀〉에서는 '屬'이 '收付'로 표기되어 있음을 볼 때, 여기에서 '屬'은 '내어 맡긴다', 즉 체포하여 구금해 두었다는 의미일 것이다.

2) 鐵券 : 철로 만든 牌에 붉은 글씨로 誓辭를 적어 공신에게 주어 그 자손이 죄를 지어도 죄를 면하도록 한 일종의 증서를 가리킨다.

初에 高祖赦降(항)延光할새 語使者하야 謂之曰 許卿不死矣라 若降(항)而殺之면 何以享國고하야늘 延光謀於副使李式하니 式曰 主上敦信明義하니 許之不死면 則不死矣라하야늘 乃降(항)하다 及致仕居京師하야 歲時宴見[1]에 高祖待之與群臣無間이라 然

心終不欲使在京師라 歲餘에 使宣徽使劉處讓으로 載酒하야 夜過延光하야 謂曰 上遣處讓來時에 適有契丹使至라 北朝皇帝[2)]問 晉魏博[3)]叛臣何在오 恐晉不能制니 當鎖以來하야 免爲中國後患이라하야늘 延光聞之泣下하고 莫知所爲라 處讓曰 當且之洛陽하야 以避契丹使者하라하야늘 延光曰 楊光遠留守河南하니 吾之仇也라 吾有田宅在河陽하니 可以往乎아하니 處讓曰 可也라하다 乃挈(설)其帑하야 歸河陽한대 其行에 輜重盈路라 光遠利其貲(자)하야 果圖之하야 因奏曰 延光反覆姦臣이라 若不圖之면 非北走胡則南走吳越이라 請拘之洛陽이라하야늘 高祖猶豫未決이라 光遠兼鎭河陽한대 其子承勳知州事라 乃遣承勳하야 以兵脅之하야 使自裁하니 延光曰 天子賜我鐵券하야 許之不死어늘 何得及此오하야늘 乃以壯士驅之上馬하고 行至浮橋에 推墮水溺死라 以延光自投水死聞하고 因盡取其貲하다 高祖以適會其意하야 不問하고 爲之輟朝하고 贈太師하다 水運軍使曹千獲其流尸于繆家灘하니 詔許歸葬相州라 已葬에 墓輒崩하야 破其棺槨하야 頭顱(로)皆碎하다 初에 祕瓊殺董溫其[4)]하야 取其貲하고 延光又殺瓊而取之러니 而終以貲爲光遠所殺하고 而光遠亦不能免也[5)]라

당초에 高祖가 范延光을 사면하여 투항하게 하면서 使者에게 말하여 범연광에게 이르게 하기를 "卿을 죽이지 않을 것을 허락한다. 만약 경이 투항했는데 살해한다면 어떻게 내가 나라를 향유하겠는가."라고 하자, 범연광이 副使 李式에게 상의하였다. 이식이 말하기를 "主上은 신의가 도탑고 의리에 밝으니, 죽이지 않을 것을 허락했다면 죽이지 않는 것입니다."라고 하자 마침내 투항하였다. 범연광이 致仕하고 京師에 거처하게 되자 歲時의 宴見에 고조가 범연광을 뭇 신하들과 차이 없이 대우하였다. 그러나 마음속으로는 끝내 범연광을 경사에 머물게 하고 싶지 않았다.

한 해 남짓 지나 宣徽使 劉處讓에게 술을 싣고 밤에 범연광의 집에 들러 이르게 하기를 "성상께서 저를 보내실 때 마침 契丹의 사신이 당도했습니다. 北朝의 皇帝가 묻기를 '晉나라의 魏博의 叛臣이 어디에 있는가? 진나라에서 제어하지 못할 듯하니 마땅히 사슬로 묶어 데리고 와서 중국의 後患이 되는 것을 면하게 하겠다 하였습니다."라고 하자, 범연광이 그 말을 듣고 눈물을 흘리며 어찌할 바를 몰랐다. 유처양이 말하기를 "우선 洛陽으로 가서 거란 사신을 피해야 합니다."라고 하자, 범연광이 말

하기를 "楊光遠이 河南 留守로 있는데 나의 원수요. 내가 소유한 田宅이 河陽에 있으니 그리로 가도 되겠소?"라고 하니, 유처양이 "괜찮습니다."라고 하였다.

이에 처자를 이끌고 하양으로 돌아갔는데, 그가 갈 때 짐을 실은 수레가 길을 가득 메웠다. 양광원이 그 재물을 탐하여 과연 그를 도모하여 上奏하기를 "범연광은 反覆無常한 姦臣이라 만약 그를 도모하지 않는다면, 북쪽 胡 땅으로 달아나지 않으면 남쪽 吳越로 달아날 것입니다. 청컨대 낙양에 구금해두소서."라고 하였는데 고조가 망설이며 결정을 내리지 못했다.

양광원은 河陽을 겸하여 鎭守하고 있었는데 그 아들 楊承勳이 知州事로 있었다. 이에 양승훈을 보내 병사로 겁박하여 자살하도록 하니, 범연광이 말하기를 "천자께서 나에게 철권을 하사하여 죽이지 않기로 허락하셨는데 어찌 이럴 수 있는가."라고 하였다. 그러자 양승훈이 壯士들에게 범연광을 핍박하여 말에 올라타게 하고 행렬이 浮橋에 이르렀을 때 범연광을 떠밀어 물에 빠뜨려 익사시켰다. 그리고는 범연광이 스스로 강물에 투신하여 죽었다고 보고하고는 그 재물을 다 탈취하였다. 고조는 자신의 뜻에도 딱 들어맞으므로 그 죄를 따져 묻지 않고 범연광을 위해 輟朝하고 太師를 증직하였다.

水運軍使 曹千이 강물에 떠내려 온 범연광의 시신을 繆家灘에서 찾으니, 詔命으로 相州로 돌아가 장사 지낼 것을 허락하였다. 장사를 지내고 났을 때 묘가 갑자기 무너져 그 棺槨이 부서져 시신의 머리가 모두 박살났다.

당초에 祕瓊이 董溫其를 살해하고 그 재물을 탈취하였고, 범연광이 다시 비경을 살해하고 재물을 탈취하였는데 마침내는 재물 때문에 양광원에서 살해당하였고, 양광원 또한 화를 면하지 못하였다.

1) 宴見 : 황제가 편안하고 한가할 때 신하들을 召見하는 것이다.
2) 北朝皇帝 : 당시 契丹의 황제인 遼 太宗 耶律德光을 가리킨다. 後晉 高祖 石敬瑭은 거란의 지원을 받아 後唐을 무너뜨리고 후진을 건국하였으므로, 항상 거란의 야율덕광을 父皇帝로 칭하고 자신은 兒皇帝라고 칭하였다.
3) 魏博 : 魏州를 중심으로 한 일대 지역을 가리키는 말이다. 唐나라에서 魏博節度使를 두고 그 治所를 魏州로 하였으며, 魏州와 博州와 德州와 滄州와 瀛州를 관할 하에 두었다. 唐 代宗 때에 天雄軍으로 改號하였다가 田悅이 이곳에

서 반란을 일으킨 이후 명칭을 삭제하고 단지 魏博이라고만 불렀다. 昭宗 때에 다시 天雄軍이라 부르다가 五代 後唐 때에 興唐府라 하였고 後晉 때에는 廣晉府라고 부르다가 다시 천웅군이라고 불렀다.

4) 初祕瓊殺董溫其 : ≪五代史記纂誤補≫ 卷4에 이 부분에 대해 "삼가 살펴보건대 위의 단락에서는 동온기가 거란의 포로가 되자 비경이 동온기의 가족을 모두 살해하였다고 했는데, 여기에서는 동온기를 죽였다고 했으니, 오류인 듯하다.〔謹按上云溫其爲契丹所虜 瓊乃悉殺溫其家族 此乃云殺董溫其 恐誤〕"라고 하였다.

5) 光遠亦不能免也 : 양광원이 후에 靑州에서 반란을 일으켜 契丹에 투항했는데, 청주가 後晉의 군대에 포위되자 그 아들 承勳과 承信 등이 양광원을 겁박하여 후진에 항복하여 양광원이 죽임을 당하였다.(≪宋史≫ 卷252 〈楊承信列傳〉)

當延光反時하야 **有李彦珣者**가 **爲河陽行軍司馬**한대 **張從賓反河陽**[1]에 **彦珣附之**라 **從賓敗**에 **彦珣奔于魏**하니 **延光以爲步軍都監**하야 **使之守城**이라 **招討使楊光遠知彦珣邢州人也**요 **其母尙在**하고 **乃遣人之邢州**하야 **取其母**하야 **至城下**하야 **示彦珣以招之**하니 **彦珣望見**하고 **自射殺之**라 **及延光出降**(항)하야 **晉高祖拜彦珣房州刺史**하니 **大臣言彦珣殺母當誅**라하야늘 **高祖以謂 赦令已行**이니 **不可失信**이라하다 **後以坐贓誅**[2]하다

范延光이 반란하였을 때 李彦珣이라는 자가 河陽行軍司馬로 있었는데, 張從賓이 河陽에서 반란을 일으키자 이언순이 장종빈에게 붙었다. 장종빈이 패하자 이언순이 魏州로 달아나니 범연광이 그를 步軍都監으로 삼아 성을 수비하게 하였다. 招討使 楊光遠이 이언순이 邢州 사람이고 그 어미가 아직 살아있음을 알고 사람을 형주로 보내 그 어미를 데려와 성 아래에 이르러 이언순에게 보여주며 귀순할 것을 종용하니, 이언순이 멀리서 바라보고 스스로 활을 쏘아 어미를 죽였다.

범연광이 성을 나와 항복하자 晉 高祖가 이언순을 房州刺史에 배수하였다. 大臣이 이언순이 어미를 살해하였으니 마땅히 誅殺해야 한다고 말했는데, 고조가 말하기를 "사면령을 이미 내렸으니 신의를 잃을 수 없다."라고 하였다. 뒤에 뇌물죄에 걸려 주살되었다.

1) 張從賓反河陽 : 張從賓은 처음에는 後唐 莊宗을 섬겨 小校로 출발하여 전공을 세워 檢校太傅에까지 이르렀다. 後晉 高祖 石敬瑭이 즉위하고 范延光이 반란을 일으켰을 때 장종빈을 副部署使로 삼아 楊光遠을 따라 범연광을 토벌하게 하였다. 그러나 범연광의 설득에 넘어간 장종빈이 오히려 河陽에서 반란을 일으켜 범연광에게 호응하여 전투를 벌여 석경당의 아들 石重信과 石重乂를 살해하고 汜水關을 점거하였으나 杜重威 등이 이끄는 군대에 대패하여 황하에 투신하여 죽었다.(≪舊五代史≫ 卷97 〈張從賓列傳〉)

2) 後以坐贓誅 : ≪舊五代史≫ 卷94 〈李彦珣列傳〉에는 “그 후 마지막에 어떻게 되었는지는 알지 못한다.〔後不知其所終也〕”로 되어 있다.

嗚呼甚哉라 **人性之慣於習也**[1]여 **故聖人之於仁義**에 **深矣**라 **其爲敎也 勤而不怠**하고 **緩而不迫**하야 **欲民漸習而自趨之**하야 **至於久而安以成俗也**라 **然民之無知**하야 **習見善則安於爲善**하고 **習見惡則安於爲惡**이라 **五代之亂**이 **其來遠矣**라 **自唐之衰**로 **干戈饑饉**하야 **父不得育其子**하고 **子不得養其親**이라 **其始也**에 **骨肉不能相保**는 **蓋出於不幸**이로대 **因之禮義日以廢**하고 **恩愛日以薄**하야 **其習久而遂以大壞**하야 **至於父子之間**하야도 **自相賊害**하니 **五代之際**에 **其禍亂不可勝道也**라 **夫人情**은 **莫不共知愛其親**이오 **莫不共知惡**(오)**於不孝**라 **然彦珣彎弓**하야 **射其母**어늘 **高祖從而赦之**하니 **非徒彦珣不自知爲大惡**이오 **而高祖亦安焉不以爲怪也**라 **豈非積習之久而至於是歟**아 **語曰 性相近**이나 **習相遠**[2]이라하니 **至其極也**하야 **使人心不若禽獸**하니 **可不哀哉**아 **若彦珣之惡而恬然不以爲怪**하니 **則晉出帝之絶其父**[3]에 **宜其擧世不知爲非也**로다

오호라! 심하다. 사람의 본성이 습관을 따름이여. 그러므로 성인이 仁義에 대해 精深하게 하여 그 가르침을 펼칠 때 부지런히 하여 게을리 하지 않고 느슨히 하여 급박하지 않아서 백성들이 점점 습관이 들어 스스로 좇아와 오랜 시간이 지나서는 편안해져서 풍속을 이루게 하려 한 것이다. 그러나 백성들은 무지하여 善을 보는 일에 익숙하면 편안히 선을 행하고 惡을 보는 일에 익숙하면 편안히 악을 행한다.

五代의 혼란은 그 유래가 오래되었다. 唐나라가 쇠망할 때로부터 전쟁과 기근이 일어나 아비는 그 자식을 기르지 못하고 자식은 그 부모를 봉양할 수 없었다. 그

처음에 骨肉끼리 서로 보호할 수 없었던 것은 대개 불행한 시기를 만났기 때문이지만, 이를 말미암아 禮義가 날로 폐해지고 恩愛가 날로 각박해져 그러한 습속이 오래되자 마침내 크게 무너져 부자 사이에 이르러서도 서로 해치게 되었으니, 오대 시절의 禍亂은 이루 다 말할 수 없다.

무릇 人情은 그 부모를 사랑해야 함을 알지 못하는 이가 없고 불효를 미워해야 함을 알지 못하는 이가 없다. 그러나 李彦珣은 활을 당겨 그 어미를 쏘았는데도 高祖가 그대로 사면하였으니, 단지 이언순만 大惡을 저질렀음을 스스로 알지 못한 것이 아니라, 고조 역시 태연하여 괴이한 일이라 여기지 않았다. 어찌 오랫동안 습관이 쌓여서 이 지경에 이른 것이 아니겠는가. ≪論語≫에 이르기를 "본성은 서로 가까우나 습관에 의해 서로 멀어진다."라고 하였는데, 그 극도에 이르러서는 사람의 마음을 禽獸만도 못하게 만드니 슬퍼하지 않을 수 있겠는가. 이언순의 악행에 대해 태연하여 괴이한 일이라 여기지 않았으니, 晉 出帝가 그 아비와 부자관계를 끊은 것에 대해 온 세상이 그 그릇됨을 알지 못한 것은 당연한 일이다.

1) 人性之愼於習也 : 이 문장에서 '愼'은 '順'의 의미로 보았다. 이와 같은 용례는 ≪墨子≫ 〈天志 中〉에 "지금 천하의 군자들이 진실로 聖王의 도를 遵行하여 백성들을 이롭게 하려는 마음이 있다면 인의의 근본을 궁구하고 하늘의 뜻을 따르지 않을 수 없다.〔今天下之君子 中實將欲遵道利民 本察仁義之本 天之意不可不愼也〕"라고 한 것 등이 있다.
2) 性相近 習相遠 : ≪論語≫ 〈陽貨〉에 보인다.
3) 晉出帝之絶其父 : ≪新五代史≫ 卷9 〈晉本紀〉의 내용에 의거하면, 後晉 出帝 石重貴의 부친은 본래 高祖 石敬瑭의 형인 石敬儒이다. 그런데 석경유가 일찍 사망하여 석경당이 석중귀를 아들로 삼았다. 고조 석경당이 붕어할 때 석경당에게는 어린 친아들인 石重睿가 있었으나, 나라가 다사다난하므로 大臣들에 의해 석중귀가 추대되어 황제가 되었다. 이후 석중귀는 本生親과의 父子관계를 絶緣하고 오히려 신하로 대우하여 석경유를 宋王에 追封하였다. 이에 대해 구양수는 본 史論을 포함해 〈晉本紀〉와 〈晉家人傳〉 등의 사평에서 석중귀의 황위 계승이 올바르지 않고 어버이에 대한 도리를 저버렸다고 비판하였다.

04. 安重榮傳* 安重榮의 傳記

* 安重榮(?~942)은 朔州 출신으로 軍伍에서 發身하여 용맹과 무예 실력으로 높은 지위에 올랐고 종국에는 천자의 지위를 노리다가 결국은 패망한 인물이다. 안중영의 열전은 ≪舊五代史≫ 卷98 〈晉書 第24 列傳13〉과 ≪新五代史≫ 卷51 〈雜傳 第39〉에 실려 있다.

안중영과 같은 인물 유형은 五代 시기 전형적 인물상의 하나라 할 수 있다. 五代의 亂世에는 국가와 천자가 수시로 뒤바뀌어, 歐陽脩는 〈王進傳〉의 史論에서 "이때를 당하여 나라를 다스린 세월이 긴 경우는 십여 년에 불과했고 짧은 경우는 3, 4년 내지 1, 2년이었다. 그리하여 천하 사람들이 위에서 임금이 바뀌고 나라가 새로 들어서는 것을 마치 戍長이 갈리는 것과 다름없이 보았다.〔當此之時 爲國長者不過十餘年 短者三四年至一二年 天下之人視其上易君代國 如更戍長無異〕"라고 평하기도 하였다. 武勇이 있고 强兵을 보유한 자 치고 천자의 지위를 노리지 않은 사람이 없었으니, 안중영 역시 "天子가 어찌 種子가 있겠는가. 병사가 강하고 말이 튼튼한 자가 천자가 되는 것이다."라고 말할 정도였다. 요컨대 안중영의 열전은 群雄이 서로 자신의 능력을 뽐내며 다투던 시기에 낮은 신분에서 출발하여 천자의 지위까지 노리던 한 인물의 崛起와 敗亡의 여정을 통해 그 시대의 한 단면을 생생히 보여준다.

구양수는 안중영의 생애를 이러한 관점에서 하나의 지점을 향해 서술하고 있다. 이는 ≪구오대사≫와 ≪신오대사≫의 안중영의 열전을 비교해보면 명확해지는데, ≪신오대사≫에서는 안중영의 이러한 행보 외에 나머지 다른 사안들은 대부분 생략하고 있다.

한편 ≪구오대사≫의 사평은 다음과 같다. "제왕의 존귀함은 반드시 천명으로부터 나온다. 비록 韓信이나 彭越처럼 용맹한 장수나 吳王 劉濞와 淮南王 劉安처럼 세력 있는 제후라도 망령되이 바랄 수 없는데, 하물며 안중영과 安從進처럼 용렬하고 우매한 이들이 서로 도와 난을 일으켰으니 스스로 멸망을 취한 것이 참으로 당연하다. 후대에 강한 병력을 가지고 중요한 藩鎭을 다스리는 자가 거울로 삼지 않을 수 있겠는가.〔帝王之尊 必由天命 雖韓信彭越之勇 吳濞淮南之勢 猶不可以妄冀 而況二安之庸昧 相輔爲亂 固宜其自取滅亡也 後之擁强兵莅重鎭者 得不以爲鑑乎〕"

序次縱橫節奏가 一一中彀(구)라

종횡으로 절도에 맞게 연주하듯 서술한 것이 하나하나 과녁을 명중하는 듯하다.

安重榮은 小字鐵胡니 朔州人也라 祖從義는 利州刺史요 父全은 勝州刺史振武馬步軍都指揮使라 重榮有力하고 善騎射하야 爲振武巡邊指揮使라 晉高祖起太原하야 使張穎陰招重榮한대 其母與兄皆以爲不可어늘 而重榮業以許穎이라 母兄謀共殺穎以止之하니 重榮曰 未可라 吾當爲母卜之호리라하고 乃立一箭하야 百步而射之에 曰 石公爲天子則中이라하야늘 一發輒中이라 又立一箭而射之에 曰 吾爲節度使則中이라하야늘 一發又中하니 其母兄乃許라 重榮以巡邊千騎로 叛入太原이라 高祖卽位에 拜重榮成德軍節度使하다

安重榮은 어릴 적 이름은 鐵胡이니 朔州 사람이다. 조부 安從義는 利州刺史를 지냈고 부친 安全은 勝州刺史 振武馬步軍都指揮使를 지냈다. 안중영은 용력이 있고 말타기와 활쏘기를 잘하여 振武巡邊指揮使가 되었다. 晉 高祖가 太原에서 起兵하여 張穎으로 하여금 몰래 안중영을 불러오게 하였는데 안중영의 모친과 형이 모두 불가하다고 하였으나 안중영은 벌써 장영에게 몸을 맡겼다. 모친과 형이 함께 장영을 살해하여 저지시키려 하니 안중영이 말하기를 "그래서는 안 됩니다. 내가 마땅히 어머니를 위해 점을 쳐보겠습니다."라고 하고는 화살 하나를 세워두고 百步 거리에서 쏘면서 말하기를 "石公이 천자가 된다면 명중할 것입니다."라고 하였는데 첫 발에 곧 명중하였다. 또 화살 하나를 세워두고 쏘면서 말하기를 "내가 절도사가 된다면 명중할 것입니다."라고 하였는데 첫 발에 또 명중하니, 모친과 형이 결국 허락하였다. 안중영이 巡邊軍 1천 騎兵으로 반란을 일으켜 태원으로 들어갔다. 고조가 즉위하자 안중영을 成德軍節度使에 배수하였다.

重榮雖武夫나 而曉吏事하니 其下不能欺라 有夫婦訟其子不孝者어늘 重榮拔劍授

其父하야 使自殺之라 其父泣曰 不忍也라하야늘 其母從傍詬(후)罵하고 奪其劍而逐之라 問之하니 乃繼母也라 重榮叱其母出하고 從後射殺之하다

安重榮은 비록 武夫였으나 吏務를 잘 알았으므로 아랫사람이 그를 속일 수 없었다. 어떤 夫婦가 不孝한 아들을 訟事하였는데 안중영이 검을 뽑아 그 아비에게 주면서 스스로 자식을 죽이게 하였다. 그 아비가 울면서 말하기를 "차마 할 수 없습니다."라고 하였는데, 그 어미가 곁에서 욕하고 꾸짖고는 그 검을 빼앗아 아들을 죽이려고 쫓아갔다. 물어보니 바로 繼母였다. 안중영이 그 어미를 꾸짖어 나가게 하고는 뒤에서 화살을 쏘아 죽였다.

重榮起於軍卒하야 暴至富貴하야 而見唐廢帝[1]晉高祖皆以藩侯得國하고 嘗謂人曰 天子寧有種耶아 兵强馬壯者爲之爾라하다 雖懷異志나 而未有以發也러니 是時에 高祖與契丹으로 約爲父子하야 契丹驕甚이로대 高祖奉之愈謹하니 重榮憤然하야 以謂 詘(굴)中國以尊夷狄하고 困已敝之民하야 而充無厭之欲하니 此晉萬世恥也라하고 數(삭)以此非誚(초)高祖라 契丹使者往來에 過鎭州어늘 重榮箕踞(기거)慢罵하야 不爲之禮하고 或執殺之하다

安重榮은 軍卒에서 發身하여 갑자기 富貴해져서 唐 廢帝와 晉 高祖가 모두 藩鎭의 諸侯 출신으로 나라를 얻은 것을 보고는 일찍이 어떤 이에게 이르기를 "天子가 어찌 種子가 있겠는가. 병사가 강하고 말이 튼튼한 자가 천자가 되는 것이다."라고 하였다. 안중영이 비록 다른 뜻을 품기는 했어도 겉으로 드러낸 적은 없었는데, 이때에 고조가 契丹과 父子의 맹약을 맺어 거란이 매우 교만하게 구는데도 고조가 더욱 근실하게 받드니 안중영이 분개하여 말하기를 "중국을 굽혀 夷狄을 떠받들고 이미 피폐해진 백성을 괴롭혀 만족할 줄 모르는 오랑캐의 욕심을 채워주니, 이는 晉나라의 萬世의 수치이다."라고 하고는 자주 이 일로 고조를 비난하였다. 거란의 사자가 왕래할 때 鎭州를 경유하였는데, 안중영은 두 다리를 뻗고 앉아 업신여기고 꾸짖으면서 禮遇하지 않았고 혹 잡아서 죽이기도 하였다.

1) 唐 廢帝 : ?~936. 五代 後唐의 마지막 황제인 末帝 李從珂이다. 明宗이 죽고

친아들인 李從厚(閔帝)가 즉위하여 藩鎭의 힘을 약화시키는 정책을 실시하자 위기를 느낀 이종가가 鳳翔節度使로 있던 도중 반란을 일으켜 이종후를 폐위시키고 즉위하였다.

是時에 吐渾白氏[1)]役屬契丹하야 苦其暴虐하니 重榮誘之入塞(새)라 契丹數(삭)遣使하야 責高祖하고 幷求使者[2)]하니 高祖對使者鞠躬俯首하야 受責愈謹하고 多爲好辭以自解로대 而姑息重榮하야 不能詰이라 乃遣供奉官張澄하야 以兵二千搜索幷鎭忻代山谷中吐渾하야 悉驅出塞어늘 吐渾去而復來하니 重榮卒納之라 因招集亡命하고 課民種稗하야 食馬萬匹하야 所爲益驕라 因怒殺指揮使賈章하야 誣之以反하고 章女尙幼하야 欲捨之어늘 女曰 吾家三十口皆死於兵하고 存者特吾與父爾라 今父死어늘 吾何忍獨生이리오 願就死라하야늘 遂殺之라 鎭人於是에 高賈女之烈而知重榮之必敗也라

이때에 吐渾의 白氏가 契丹에 服屬되어 거란의 학대에 시달리니, 안중영이 이들을 꾀어 변경 안으로 들였다. 그러자 거란이 자주 사자를 보내 고조를 책망하고 아울러 피살된 사자를 찾으니, 고조가 거란의 사자에게 몸을 굽히고 머리를 조아리며 책망을 들을수록 더욱 공손히 대하고 좋은 말을 많이 하여 스스로 해명하였다. 그러나 안중영은 우선 그대로 두고서 꾸짖지 못했다. 마침내 供奉官 張澄을 파견하여 2천의 병사로 幷州·鎭州·忻州·代州의 산골짜기에 있는 토혼을 수색하여 모두 변경 밖으로 쫓아냈는데, 토혼이 떠났다가 다시 오니 안중영이 마침내 이들을 받아들였다. 이어서 亡命人들을 불러 모으고 백성들에게 피를 심게 督責하여 1만 필의 말을 먹이면서 하는 짓이 더욱 교만해졌다.

안중영이 노여움을 참지 못해 指揮使 賈章을 살해하고서 반란했다고 誣告하였는데, 가장의 딸은 아직 어려 그냥 내버려두려 하였다. 그 딸이 말하기를 "우리 집 서른 명 식구가 모두 兵亂에 죽고 살아남은 이는 나와 부친뿐이다. 지금 부친께서 돌아가셨는데 내 어찌 차마 홀로 살겠는가. 죽기를 원하노라."라고 하자 마침내 살해하였다. 鎭州 사람들이 이에 가장의 딸의 貞烈을 높이 여기고 안중영이 반드시 패할 것을 알았다.

1) 吐渾白氏 : 吐渾은 土谷(욕)渾이라고도 하며, 지금의 青海省과 甘肅省 일대에 거주하던 鮮卑族 유목민을 가리킨다. 이들은 한때 강성하여 티베트인들을 제압하고 나라를 세워 중국과 대립하기도 하였으나 7세기 무렵 唐나라에 복속하였고 이후 티베트인이 세운 吐藩에 멸망당하여 그 일부가 유목 생활을 영위하였다. 五代 당시 이들의 지도자들로 史書에 기록된 이들은 白承福, 白可久 등으로 모두 白氏였다.

2) 幷求使者 : 後晉으로 사신 갔다가 안중영에게 살해되어 돌아오지 않는 사신을 찾은 것이다.

重榮既僭侈에 以爲金魚袋[1]不足貴하야 刻玉爲魚佩之하고 娶二妻어늘 高祖因之竝加封爵[2]이라 天福[3]六年夏에 契丹使者拽剌(예랄)過鎭한대 重榮侵辱之라 拽剌言不遜하니 重榮怒하야 執拽剌하고 以輕騎掠幽州南境之民하야 處之博野[4]라 乃上表曰 臣昨據[5]熟吐渾白承福赫連功德等이 領本族三萬餘帳하야 自應州來奔하고 又據生吐渾渾契苾과 兩突厥三部南北將沙陀安慶九府等이 各領其族牛羊車帳甲馬하야 七八路來奔[6]에 (其)〔具〕[7]言契丹殘虐하야 掠取生口羊馬하고 自今年二月已後로 號令諸蕃하야 點閱强壯하고 辦具軍裝하야 期以上秋南向이라 諸蕃部誠恐上天不祐하야 敗滅家族하야 願先自歸하니 其諸部勝兵이 衆可十萬이라 又據沿河黨項山前後逸越利諸族首領[8]이 皆遣人送契丹所授告身職牒旗幟來歸款하야 皆號泣告勞하야 願治兵甲以報怨이라 又據朔州節度副使趙崇이 殺節度使劉山하야 以城來降(항)이라 竊以諸蕃不招呼而自至하고 朔州不攻伐而自歸하니 雖繫人情이나 盡由天意라 又念陷蕃諸將等은 本自勳勞하야 久居富貴라가 喪身虜塞하야 酷虐不勝하야 企足朝廷하니 思歸可諒이라 苟聞傳檄이면 必盡倒戈리라하니 其表數千言이라 又爲書以遺朝廷大臣四方藩鎭하되 皆以契丹可取爲言이라 高祖患之하야 爲之幸鄴하야 報重榮曰 前世與虜和親은 皆所以爲天下計라 今吾以天下臣之에 爾以一鎭抗之하니 大小不等이라 無自辱焉이어다하다 重榮謂晉無如我何하야 反意乃決하다

安重榮이 이미 분수에 넘치게 사치하면서 金魚袋는 만족할 만큼 귀하지 못하다고

여겨 玉을 깎아 물고기 모양으로 만들어 찼다. 그리고 두 嫡妻를 맞아들였는데 高祖가 그대로 인정하여 모두 封爵을 더해주었다.

天福 6년(941) 여름에 契丹의 사자 拽剌이 鎭州를 지나게 되었는데 안중영이 업신여기며 욕을 보였다. 예랄의 말이 공손하지 않자 안중영이 노하여 예랄을 잡아두고 輕騎兵으로 幽州 남쪽 경계의 백성을 약탈하고서 博野에 머물렀다.

그리고서 表文을 올려 말하기를 "신은 앞서 熟吐渾의 白承福과 赫連功德 등이 本族 3만여 帳을 거느리고 應州에서 도망쳐 온 사실을 보고받았고, 또 生吐渾의 渾과 契苾과 兩突厥의 三部의 南北將인 沙陀와 安慶과 九府 등이 각기 그 족속과 牛羊과 수레와 천막과 갑옷과 말을 거느리고 일곱 여덟 길을 통해 도망쳐왔는데, 그들이 모두 말하기를 '거란이 포학하여 노예와 羊馬를 약탈해가고 금년 2월 이후로 여러 蕃部에 명령을 내려 강건한 병사들을 點閱하고 武裝을 갖추어서 올 가을 첫 달에 남쪽으로 향하기로 약속을 정했습니다. 여러 번부에서는 하늘이 돌보지 않아 家族이 敗滅할까 진실로 두려워하여 먼저 스스로 歸附하기를 원합니다.'라고 하였는데 그들 부족의 精兵이 十萬의 무리나 된다는 사실을 보고받았습니다. 또 黃河 연안의 黨項과 山前과 山後의 逸利와 越利 등의 여러 부족의 수령이 모두 사람을 보내 거란에서 받은 告身과 職牒과 旗幟를 보내면서 투항의 뜻을 표시하고 모두 울부짖으며 자신들의 고통을 고하면서 兵甲을 손질하여 원한을 갚기를 원하고 있다는 사실을 보고받았습니다. 또 朔州節度副使 趙崇이 節度使 劉山을 살해하고서 성을 가지고 와서 항복하려 한다는 사실을 보고받았습니다.

삼가 생각건대 여러 번부가 부르지 않았는데도 스스로 오고 삭주가 공격하여 정벌하지 않았는데도 스스로 귀부하니, 비록 人情에 관련하여 일어난 일이나 모든 것이 하늘의 뜻에 말미암은 것입니다. 또 생각건대 거란에 함락된 지역의 장수들은 본래 스스로 功勳을 세워 오랫동안 富貴를 누리다가 오랑캐의 경계에 몸이 떨어져 혹독한 학대를 이기지 못하여 우리 조정을 향해 발돋움을 하고 바라보고 있으니 그들의 귀부하려는 마음은 믿을 수 있습니다. 만약 우리가 격문을 띄웠다는 소식을 듣는다면 반드시 모두 창을 거꾸로 잡아 쥘 것입니다."라고 하니, 그 표문이 數千言이었다. 또 서신을 적어 朝廷의 大臣과 四方의 藩鎭에 보내면서 모두 거란을 취할 만하다고 말하였다.

고조가 근심하여 이 때문에 鄴으로 거둥하여 안중영에게 답하기를 "前世에 오랑캐와 화친한 것은 모두 천하를 위한 계책이었다. 지금 나는 천하를 신하로 삼고 있고 너는 일개 鎭州로 대항하고 있으니 크고 작음이 같지 않다. 스스로 辱을 취하지 말지어다."라고 하였다. 안중영은 晉나라가 자신을 어찌할 수 없다고 생각하고 마침내 반란하려는 뜻을 결정하였다.

1) 金魚袋 : 금으로 만든 물고기 모양의 장식을 단 주머니이다. 唐나라 때 5품 이상의 관원이 佩用하였다.
2) 娶二妻 高祖因之竝加封爵 : ≪太平御覽≫ 卷202 〈縣君〉에 "≪五代史≫ 〈晉史〉에 '鎭州節度使 安重榮의 妻 彭城郡夫人 劉氏를 魯國夫人에 봉하고 南陽郡夫人 韓氏를 陳國夫人에 봉하였다. 안중영이 두 사람의 嫡妻를 세운 것은 禮가 아니고, 조정에서 아울러 冊命한 것 또한 올바른 禮制가 아니다.'라고 하였다.〔五代史晉史曰 鎭州節度使安重榮妻彭城郡夫人劉氏 封魯國夫人 南陽郡夫人韓氏 封陳國夫人 重榮立二嫡妻 非禮也 朝廷竝命之 亦非制也〕"라고 하였다.
3) 天福 : 後晉 高祖 石敬瑭의 연호로, 2대 황제인 出帝 石重貴도 連用하였다. 936~944년에 해당한다.
4) 處之博野 : 博野는 오늘날의 河北省 중부에 있는 保定市에 속한 곳이다. 五代 당시에는 거란과의 접경지역에 속한다. ≪遼史拾遺≫와 ≪資治通鑑≫에는 해당 기사의 '處'가 '軍'으로 되어 있다. 이를 미루어 볼 때 '處之'는 安重榮이 거란에 속한 幽州 접경 지역을 약탈하고 거란과 대치하며 주둔한 상황을 가리킨 것이다.
5) 據 : 조선시대 表咨文 등에서 '據'는 '准', '奉' 등과 함께 어떠한 사실을 다른 곳으로부터 수령하거나 받는다는 의미로 쓰인다. 즉 이는 특정한 사실을 수령하여 알았다는 의미로, 이를 원문의 문맥에 적용했을 때도 이질성이 없으므로 이에 준하여 번역하였다.
6) 臣昨據熟吐渾白承福……七八路來奔 : 吐渾을 언급할 때 熟은 복속한 부족을 가리키고, 生은 복속하지 않은 부족을 가리킨다. 이는 후대에 熟女眞과 生女眞의 예와 같다. 帳은 유목민의 천막 단위이다. 兩突厥은 東突厥과 西突厥을 가리킨다. 돌궐은 한때 동쪽으로는 만주, 서쪽으로는 중앙아시아까지 세력을 확장하였으나 중국의 隋나라 무렵에 동족 간 다툼으로 분열하여 동돌궐은 몽

골 지역, 서돌궐은 중앙아시아 지역을 지배하였다. 沙陀와 安慶은 ≪舊唐書≫ 卷19下 〈僖宗本紀〉에 "北面行營都監押 陳景思가 沙陀와 薩葛과 安慶 등 세 부락과 吐渾의 무리 3만을 거느리고 關中으로 달려가 구원하였다.〔北面行營都監押陳景思率沙陀薩葛安慶等三部落與吐渾之衆三萬赴援關中〕"라는 기사에서 보듯 突厥 세 부락의 명칭이다. 九府는 ≪舊五代史≫ 卷55 〈史建瑭列傳〉에, 沙陀族인 史建瑭의 부친 史敬思를 설명하면서 "敬思가 九府都督이 되었다.〔敬思爲九府都督〕"라고 서술한 기사를 볼 때 돌궐의 지방 편제로 보인다.

7) (其)〔具〕: 저본에는 '其'로 되어 있으나, ≪新五代史≫에 의거하여 '具'로 바로잡았다.

8) 又據沿河黨項山前後逸越利諸族首領 : 黨項은 唐兀이라고도 표기하는 羌族의 한 갈래로 탕구트족을 가리킨다. 宋나라 때 티베트 지역에 세워지는 西夏 건국의 주체이기도 하다. 본래 吐蕃과 함께 山西省과 甘肅省 등에 흩어져 목축 생활을 하였는데, 唐나라 때 이들을 회유하여 李氏 성을 하사하였다. 唐나라 내지로 이동한 당항족들은 주로 夏州와 甘肅省, 陝西省 등지에 정착하였다. 이후 당나라 말기의 혼란한 때에 당항족의 우두머리인 拓跋思恭이 黃巢의 난을 진압하는 데 공을 세워 夏州, 銀州, 綏州, 宥州, 定州 등의 지배권을 받았고 五代 무렵이 되면 중국의 간섭에서 벗어나 완전히 독립된 부락으로 성장하였다. 山前과 山後는 지역 명칭이다. ≪宋史≫ 卷90 〈地理志〉에 "燕山府路는 府가 하나이니 燕山이고, 州가 아홉이니 涿州와 檀州와 平州와 易州와 營州와 順州와 薊州와 景州와 經州이고, 縣은 열둘이다. 宣和 4년에 조칙을 내려 山前의 收復한 州縣들을 합하여 監司를 두고 燕山府路라 이름하고 山後는 별도로 雲中府路라 이름하였다.……雲中府는 唐나라 때의 雲州로 大同軍節度에 속한다. 石敬瑭의 晉나라 때에 契丹에게 뇌물로 바쳐 거란이 西京이라 불렀다. 宣和 3년에 비로소 雲中府와 武州와 應州와 朔州와 蔚州와 奉州와 聖州와 歸州와 化州와 儒州와 嬀州 등의 州를 얻으니 이른바 山後九州이다.〔燕山府路 府一燕山 州九涿檀平易營順薊景經 縣二十 宣和四年 詔山前收復州縣 合置監司 以燕山府路爲名 山後別名雲中府路……雲中府 唐雲州 大同軍節度 石晉以賂契丹 契丹號爲西京 宣和三年 始得雲中府武應朔蔚奉聖歸化儒嬀等州 所謂山後九州也〕"라고 하였다. 이를 통해 前後의 기준은 燕山임을 알 수 있다. 연산은 오늘날의 北京에 있다. 逸利와 越利는 다른 史料에는 잘 보이지 않으나

문맥상 부족 명칭임을 알 수 있다.

重榮雖以契丹爲言이나 反陰遣人與幽州節度使劉晞相結이라 契丹亦利晉多事하고 幸重榮之亂하야 期兩敝之하야 欲因以窺中國이라 故不加怒於重榮이라 重榮將反也에 其母又以爲不可어늘 重榮曰 請爲母卜之라하고 指其堂下旛(번)竿龍口[1)]하야 仰射之에 曰 吾有天下則中之라하야늘 一發而中하니 其母乃許하다 饒陽令劉巖獻水鳥五色하니 重榮曰 此鳳也라하고 畜之後潭하다 又使人爲大鐵鞭以獻하야 誑其民曰 鞭有神하니 指人에 人輒死라하고 號鐵鞭郎君이라하야 出則以爲前驅하다 鎭之城門抱關鐵胡人이 無故頭自落하니 鐵胡는 重榮小字라 雖甚惡之나 然不悟也라 其冬에 安從進[2)]反襄陽한대 重榮聞之하고 乃亦擧兵하다

安重榮이 비록 契丹을 이유로 들었으나 뒤로는 몰래 사람을 보내 幽州節度使 劉晞와 서로 결탁하였다. 거란 또한 晉나라가 다사다난해지는 것을 이롭게 여기고 안중영의 반란을 요행으로 여겨 진나라와 안중영 둘 다 피폐해지기를 기다려 그 틈에 중국을 노리려 하였다. 그러므로 안중영에게 분노를 나타내지 않았다.

안중영이 장차 반란하려 할 때 그 모친이 또 불가하다고 하자, 안중영이 말하기를 "어머니를 위해 점을 쳐보고자 합니다."라고 하고 堂 아래의 幡竿의 龍口를 가리키며 위를 향해 쏘면서 말하기를 "내가 천하를 소유하게 된다면 명중할 것입니다."라고 하였는데 첫 발에 명중하니 그 모친이 결국 허락하였다.

饒陽令 劉巖이 五色의 물새를 바치니 안중영이 말하기를 "이것은 봉새이다."라고 하고 뒤뜰의 못에서 길렀다. 또 사람을 시켜 큰 鐵鞭을 만들어 바치게 하고서 백성들을 속여 말하기를 "채찍에 신이 깃들어 있으니 사람을 가리키면 사람이 곧 죽는다."라고 하고는 鐵鞭郎君이라 부르면서 출정할 때면 前驅로 삼았다. 鎭州 성문 앞에 세워둔 胡人 鐵像이 까닭 없이 머리가 저절로 떨어졌는데, 鐵胡는 안중영의 어릴 적 이름이었으므로 이 일을 매우 싫어하였으나 그 의미를 깨닫지는 못했다. 그해 겨울에 安從進이 襄陽에서 반란을 일으켰는데 안중영이 듣고서 마침내 擧兵하였다.

1) 旛(번)竿龍口 : 旛竿은 깃발을 달아매는 장대를 가리키고, 龍口는 깃발을 메어

다는 용머리 모양 장식에 달린 구멍이다.

2) 安從進 : ?~942. 後唐을 섬겨 貴州刺史, 保義彰武軍節度使 등을 역임하였고 後晉 때에는 同中書門下平章事와 山南東道節度使가 되었다. 941년에 襄州에서 반란을 일으켰다가 襄州行營都部署 高行周의 군대에게 격파당해 가족들과 함께 焚死하였다.

是歲에 鎭州大旱蝗하니 重榮聚饑民數萬하야 驅以嚮鄴하고 聲言入覲이라 行至宗城破家堤에 高祖遣杜重威逆之라 兵已交에 其將趙彦之與重榮有隙하야 臨陣에 卷旗以奔晉軍이라 其鎧(개)甲鞍轡(비)皆裝以銀하니 晉軍不知其來降(항)하고 爭殺而分之라 重榮聞彦之降(항)晉하고 大懼하야 退入于輜重中하니 其兵二萬皆潰去라 是冬大寒하야 潰兵飢凍及見殺하야 無孑(혈)遺하고 重榮獨與十餘騎奔還하야 以牛馬革爲甲하야 驅州人하야 守城以待라 重威兵至城下하니 重榮裨將이 自城東水碾(년)門으로 引官軍以入하야 殺守城二萬餘人이라 重榮以吐渾數百騎守牙城[1]이어늘 重威使人擒之하야 斬首以獻하니 高祖御樓受馘(괵)[2]하야 命漆其首하야 送于契丹하고 改成德軍爲順德하고 鎭州曰恒州하고 常山曰恒山云이라

이해에 鎭州에 큰 가뭄과 蝗蟲害가 드니 安重榮이 굶주린 백성 수만 명을 모아 몰아서 鄴으로 향하게 하고 入覲한다고 떠들어댔다. 행렬이 宗城의 破家堤에 이르렀을 때 高祖가 杜重威를 보내 맞이해 싸우게 하였다. 병사들이 이미 교전한 다음 안중영의 장수 趙彦之가 안중영과 틈이 생겨 전투에 임했을 때 깃발을 접고 晉나라 군대로 달아났다. 그 갑옷과 안장과 고삐가 모두 銀장식이었는데, 진나라 군대가 투항하러 오는 것인 줄을 알지 못하고 다투어 달려들어 죽이고서 나누어가졌다. 안중영이 조언지가 진나라에 투항했다는 사실을 듣고 크게 두려워하여 퇴각하여 輜重 가운데로 들어가니 그 병사 2만이 모두 흩어져 달아났다.

이해 겨울이 몹시 추워서 흩어진 병사들이 굶주림과 추위로 죽거나 진나라 군대에 살해되어 살아남은 자가 없었고, 안중영은 홀로 10여 騎兵과 함께 도망쳐 돌아와 소와 말의 가죽으로 갑옷을 해 입고 진주 사람들을 몰아 성을 지키며 기다렸다. 두중위의 병사가 성 아래에 이르니 안중영의 裨將이 성 동쪽의 水碾門으로 官軍을

끌어 들여 수비병 2만여 명을 죽였다. 안중영이 吐渾의 수백 騎兵으로 牙城을 지켰는데, 두중위가 사람을 시켜 사로잡아 머리를 베어 바치니, 고조가 누각에 올라 머리를 받고서 명하여 그 머리에 옻칠을 하여 거란으로 보내고 成德軍을 順德으로, 鎭州를 恒州로, 常山을 恒山으로 改名하였다.

1) 牙城 : 主將이 거처하는 城으로 牙旗를 세우므로 아성이라 불렀다.
2) 斬首以獻 高祖御樓受馘(괵) : 獻馘禮를 행한 것이다. 헌괵례는 적장의 머리를 왕에게 바치는 의식이다. 馘은 본래 적의 왼쪽 귀를 가리키는데 首級을 가리키기도 한다.

05. 李守貞傳* 李守貞의 傳記

* 李守貞(?~949)은 河陽 사람으로 後晉 高祖 밑에서 벼슬을 시작하여 수차례 전공을 세워 마침내 후진의 重臣이 된 인물이다. 이수정의 열전은 ≪舊五代史≫ 卷109 〈漢書 第11 列傳6〉과 ≪新五代史≫ 卷52 〈雜傳 第40〉에 실려 있다. 구양수가 ≪신오대사≫에서 악한 이를 징계하고 의로운 이를 드높인 포폄의 저술방식은 이 열전에서도 드러난다. ≪구오대사≫와 ≪신오대사≫의 기술을 비교해보면 ≪구오대사≫에 구체적으로 기술된 이수정의 전공들은 ≪신오대사≫에서는 대개 축약하여 기술한 반면, 이수정의 극악무도하고 간교함을 보여주는 일화들은 축약 없이 도드라지게 기술되어 있다. 이는 구양수가 이수정이라는 인물을 惡人으로 평가하고 징계하고자 한 의도를 드러낸 것이다. 이수정은 楊光遠을 토벌한 뒤 양광원의 재물과 여인을 가져다 바친 宋顔이라는 자를 조정의 방침과 다르게 숨겨주기도 하고 병사들에게 질이 낮은 물품을 지급하여 원성을 사기도 했으며 휘하의 병사를 통제하지 않아 민간에 막대한 피해를 끼치고 杜重威와 같이 협력하여 권력을 농단하다가 마침내는 그와 함께 진나라가 자신에게 베푼 國恩을 잊어버리고 거란에 투항하기까지 하였다. 마침내 後漢이 들어서자 자신이 축출될지도 모른다는 불안감에 휩싸여 妖僧의 말을 믿고 반란을 일으켰다가 패배하여 스스로 불에 타 죽고 시신은 참수되는 지경에 이르렀다. ≪신오대사≫는 이수정이 節義나 덕이 없고 반복무상하며 이익과 권세만 탐닉한 전형적인 五代 시기의 무뢰배임을 드러내기 위해 위의 일화들

로 열전을 점철하였다.

李守貞은 河陽人也라 晉高祖鎭河陽할새 以爲客將하고 其後常從高祖라가 高祖卽位에 拜客省使하다 監馬全節軍破李金全于安州하야 以功拜宣徽使[1]하다 出帝卽位에 楊光遠反하야 召契丹入寇하니 守貞領義成軍節度使하야 爲侍衛親軍都虞候하야 從出帝幸澶州라 麻答[2]以奇兵入鄆州하야 渡馬家口[3]하야 柵於河東이어늘 守貞馳往破之하니 契丹兵多溺死하고 獲馬數百匹裨將七十餘人이라 徙領泰寧軍節度使하야 以兵二萬討之하니 光遠降(항)이어늘 其故吏宋顔悉取光遠寶貨名姬善馬하야 獻之守貞이라 守貞德之하야 陰置顔麾下라 是時에 凡出師破賊에 必有德音하야 赦其餘類한대 而光遠黨與十餘人皆亡命하야 捕之甚急이라 樞密使桑維翰緩其制書하야 久而不下러니 言事者告顔匿守貞所하야 詔取顔殺之라 守貞大怒하야 乃與維翰有隙하다 賊平行賞에 守貞悉以䭾(얼)茶染木[4]給之하니 軍中大怒하야 以帛裹(과)之하야 爲人首하야 梟於木間曰 守貞首也라하다 守貞以功拜同平章事하고 賜以光遠舊第어늘 守貞取旁官民舍하야 大治之하야 爲京師之甲이라 出帝臨幸하야 燕錫恩禮가 出於諸將하다

李守貞은 河陽 사람이다. 晉 高祖가 하양을 鎭守할 때 客將으로 삼았고 그 뒤에도 늘 고조를 따르다가 고조가 즉위하자 客省使에 배수되었다. 安州에서 馬全節이 李金全을 격파하는 것을 監軍하여 그 공로로 宣徽使에 배수되었다.

出帝가 즉위하자 楊光遠이 반란을 일으켜 契丹을 불러들여 침공하도록 하니, 이수정이 義成軍節度使를 맡고 侍衛親軍都虞候가 되어 출제를 따라 澶州로 갔다. 麻答이 奇兵으로 鄆州로 들어와 馬家口를 건너 河東에 영채를 세우자 이수정이 급히 가서 격파하니 거란 병사 대부분이 물에 빠져 죽었고 말 수백 필을 얻고 거란의 裨將 70여 명을 사로잡았다.

泰寧軍節度使로 자리를 옮겨 2만의 병사로 양광원을 토벌하니 양광원이 항복하였는데 양광원의 옛 官屬 宋顔이 양광원의 寶貨와 아름다운 여인과 좋은 말을 모두 가져다 이수정에게 바쳤다. 그러자 이수정이 고맙게 여겨 송안을 몰래 휘하에 두었다. 이때 군대가 출정하여 적을 격파하면 반드시 德音을 내려 나머지 黨與들의 죄를

사면해주었는데, 양광원의 당여 10여 명이 모두 도주하여 이들을 체포하기 위해 긴급하게 수색을 하던 중이었으므로 樞密使 桑維翰이 잔당들의 죄를 사면하는 制書의 시행을 늦추어 오랫동안 下達하지 않았다. 그러던 중 政事를 논하는 관원이 이수정의 처소에 송안을 숨긴 사실을 고발하여 詔書를 내려 송안을 잡아다 誅殺하니 이수정이 크게 노하여 마침내 상유한과 틈이 벌어졌다.

적을 평정하고 論功行賞할 때 이수정이 將士들에게 모두 검게 변질된 茶와 染木을 지급하니 軍中이 크게 노하여 명주를 싸서 말아 사람머리 모양으로 만들어 나무 사이에 梟示하고서 말하기를 "이수정의 머리이다."라고 하였다. 이수정은 戰功으로 同平章事에 배수되고 양광원의 옛 저택을 하사받았는데 이수정이 주위의 官舍와 民家를 빼앗아 크게 저택을 수리하여 京師에서 으뜸가는 집이 되었다. 출제가 이수정의 저택에 거둥하여 연회를 열어 恩禮를 베푼 것이 다른 장수들보다 월등하였다.

1) 監馬全節軍破李金全于安州 以功拜宣徽使 : 李金全(?~?)은 본래 土谷渾 사람으로 後晉 때 安遠軍節度使를 지냈고 반란을 일으켜 南唐으로 투항하였다.
2) 麻答 : 契丹의 장수 耶律麻答이다. 후에 耶律德光을 따라 後晉을 멸망시켰다.
3) 馬家口 : 山東 東平縣 서북쪽에 있다. 後唐 莊宗과 後梁의 王彦章이 전투를 벌인 곳이기도 하다.
4) 染木 : 染木은 물들인 포목과 오렴된 포목이라는 뜻으로 모두 적용할 수 있다. 통상적으로는 물들인 포목이라는 뜻으로 쓰이나, 黲茶의 쓰임을 고려하면 오염된 포목이라는 뜻일 가능성이 크다. 다만 ≪舊五代史≫에는 '黲茶, 染木, 薑藥'이라고 되어 있어 뒤의 '薑藥'을 고려하면 하찮은 물건의 일종으로 물들인 포목을 연용한 것일 수도 있다. 우선은 번역하지 않고 원문을 그대로 둔다.

契丹入寇하야 出帝再幸澶州할새 杜重威爲北面招討使하고 守貞爲都監이라 晉兵素驕어늘 而守貞重威爲將하야 皆無節制하니 行營所至에 居民豢圂(환어)一空하고 至於草木皆盡이라 其始發軍也에 有賜賚(뢰)曰 掛甲錢이라하고 及班師하야 又加賞勞曰 卸(사)甲錢[1]이라하야 出入之費가 常不下三十萬하니 由此로 晉之公私重困이라 守貞與重威等으로 攻下秦州하고 破滿城하야 殺二千餘人이라 還에 爲侍衛親軍都指揮使하고 領天平軍節度使하고 又領歸德하다

契丹이 침공하여 出帝가 다시 澶州로 거둥할 때 杜重威가 北面招討使가 되고 李守貞이 都監이 되었다. 晉나라 병사들은 본래 교만방자하였는데 이수정과 두중위가 장수가 되어 모두 단속을 하지 않으니 行營이 이르는 곳마다 백성들의 외양간이 텅 비고 심지어 초목까지 다 없어졌다. 처음 군대가 출병할 때 상급을 하사하면서 "掛甲錢"이라 하였고 군대가 돌아오자 또 노고를 치하하는 상급을 더 내려 "卸甲錢"이라 하여 군대가 들고 나는 비용이 항상 30萬을 밑돌지 않으니 이 때문에 진나라의 관부와 민간의 곤궁이 가중되었다. 이수정이 두중위 등과 함께 秦州를 공격하여 함락하고 滿城을 격파하여 2천여 명을 살해하였다. 돌아와서 侍衛親軍都指揮使가 되고 天平軍節度使를 맡고 또 歸德軍을 맡았다.

1) 其始發軍也……卸(사)甲錢 : 掛甲은 갑옷을 걸친다는 뜻이고 卸甲은 갑옷을 푼다는 뜻이다.

是時에 **出帝遣人以書招趙延壽**하야 **使歸國**[1)]이어늘 **延壽詐言思歸**하니 **願得晉兵爲應**하며 **而契丹高牟翰**[2)]**亦詐以瀛州降**(항)하니 **出帝以爲然**하야 **命杜重威等將兵應之**하다 **初**에 **晉大臣皆言重威不忠**하야 **有怨望之心**하니 **不可用**이라하야늘 **乃用守貞**이라 **是時**에 **重威鎭魏州**한대 **守貞嘗將兵往來過魏**에 **重威待之甚厚**하야 **多以戈甲金帛奉之**라 **出帝嘗謂守貞曰 卿嘗以家財散士卒**하니 **可謂忠於國者乎**인저라하야늘 **守貞謝曰 皆重威與臣者**라하고 **因請與重威俱北**이라 **於是**에 **卒以重威爲招討使**하고 **守貞爲都監**하야 **屯于武疆**[3)]하다 **契丹寇鎭定**하니 **守貞等軍于中渡**라가 **遂與重威降**(항)**于契丹**이라 **契丹以守貞爲司徒**하고 **契丹犯京師**[4)]에 **拜守貞天平軍節度使**하다

이때에 出帝가 사람을 보내 서신으로 趙延壽를 불러 본국으로 돌아오게 하였는데 조연수가 거짓으로 돌아가고 싶으니 晉나라의 병력이 호응해 주기를 원한다고 말하였으며 契丹의 高牟翰 역시 거짓으로 瀛州를 가지고 항복하니 출제가 그 말을 믿고서 杜重威 등에게 명하여 병사를 이끌고 호응하게 하였다. 당초에 진나라 大臣들이 모두 말하기를 "두중위는 不忠하여 원망하는 마음을 품고 있으니 등용해서는 안 됩니다."라고 하여 마침내 李守貞을 등용하였다.

이때 두중위는 魏州를 鎭守하고 있었는데 이수정이 일찍이 병사를 이끌고 왕래하다가 위주를 지나게 되면 두중위가 매우 후하게 대우하여 창과 갑옷 등의 병장기와 금과 비단 등의 폐물을 많이 증여하였다.

출제가 일찍이 이수정에게 이르기를 "卿이 일찍이 家財를 내어 士卒들에게 나누어 주었으니 나라에 충성하는 자라고 이를 만하도다."라고 하였는데, 이수정이 겸양하며 말하기를 "이는 모두 두중위가 신에게 준 것입니다."라고 하고 이어서 두중위와 함께 북쪽으로 출병하기를 청하였다. 이에 마침내 두중위를 招討使로 삼고 이수정을 都監으로 삼아 武疆에 주둔시켰다. 거란이 鎭州와 定州를 침공하니 이수정 등이 中渡에 주둔하고 있다가 마침내 두중위와 함께 거란에 투항하였다. 거란이 이수정을 司徒로 삼았고 거란이 京師를 침범할 때 이수정을 天平軍節度使에 배수하였다.

1) 出帝遣人以書招趙延壽使歸國 : 趙延壽는 後唐 明宗의 駙馬로 후당에서 樞密使와 同平章事 등을 지냈다. 그러다가 後晉 때 契丹에 패배한 뒤 투항하여 거란의 幽州節度使와 추밀사가 되었다. 출제가 불렀다는 것은 조연수에게 다시 후진으로 투항하라고 한 것이다. 후에 조연수는 거란이 후진을 침공할 때 함께 출전하여 후진을 멸망시키고 그 전공으로 中京留守가 되었다.
2) 高牟翰 : ?~959. 高模翰으로도 표기하며 高松이라고도 한다. 渤海의 遺民으로 발해가 契丹에 멸망하자 高麗로 망명하여 太祖 王建의 사위가 되었으나 왕의 첩을 아내로 삼았다가 죄를 받아 거란으로 달아났다. 거란의 장수가 되어 後唐과 後晉의 공격을 모두 물리쳤다. 거란에서 特進檢校太師, 開府儀同三司, 左相 등을 지냈다.
3) 武疆 : 지금의 河南省 鄭州市 일대에 있던 지명이다.
4) 契丹犯京師 : 947년에 契丹이 침공하여 汴京을 함락한 사건을 가리킨다.

漢高祖入京師[1]에 **守貞來朝**하니 **拜太保河中節度使**하다 **高祖崩**하고 **杜重威死**[2]하니 **守貞懼不自安**하야 **以謂漢室新造**하고 **隱帝初立**하니 **天下易以圖**라 **而門下僧總倫以方術陰干守貞**하야 **爲言有非常之相**이라하야늘 **守貞乃決計反**이라 **而趙思綰先以京兆反**하야 **遣人以赭**(자)**黃衣**[3]**遺守貞**하니 **守貞大喜**하야 **以爲天人皆應**이라하고 **乃發兵**하야

西據潼關하야 招誘草寇하니 所在竊發이라 漢遣白文珂常思等하야 出軍擊之한대 已而오 王景崇又以鳳翔反이라 景崇與思綰으로 遣人推守貞爲秦王하니 守貞拜景崇等官爵하고 又遣人間以蠟丸書[4]遺吳蜀契丹하야 使出兵以牽漢이라 文珂等攻景崇思綰하야 久無功이어늘 隱帝乃遣樞密使郭威하야 率禁兵將文珂等하야 督攻之라 諸將皆請先擊思綰景崇이어늘 威計未知所向이라 行至華州에 節度使扈彦珂謂威曰 三叛連衡하야 以守貞爲主하니 守貞先敗면 則思綰景崇可傳聲而破矣라 若捨近圖遠하야 使守貞出兵于後하고 思綰景崇拒戰于前이면 則漢兵屈矣라하야늘 威以爲然하야 遂先擊守貞하다

漢 高祖가 京師에 입성하자 李守貞이 와서 朝見하니 太保 河中節度使에 배수하였다. 고조가 崩御하고 두중위가 죽으니, 이수정이 두려워 불안해하면서 '漢나라는 새로 일어났고 隱帝는 막 즉위하였으니 천하를 도모해보기 쉽다.'라고 생각하였다. 門客으로 있는 승려 總倫이 方術로 이수정의 마음을 몰래 얻고자 하여 이수정에게 非常한 相이 있다고 말하자 이수정이 마침내 계책을 결정하여 반란하였다. 趙思綰이 이보다 먼저 京兆를 가지고 반란을 일으키고서 사람을 보내 赭黃衣를 이수정에게 보내니 이수정이 크게 기뻐하며 하늘과 사람이 모두 감응한다고 여기고 마침내 출병하여 서쪽으로 潼關을 점거하고서 山林의 도적들을 꾀어내 도처에서 몰래 난을 일으키게 했다.

한나라에서 白文珂와 常思 등에게 출병하여 공격하게 하였는데 얼마 후 王景崇이 또 鳳翔을 가지고 반란을 일으켰다. 왕경숭이 조사관과 함께 사람을 보내 이수정을 秦王으로 추대하니 이수정이 왕경숭 등에게 官爵을 배수하고 또 사람을 보내 은밀히 蠟丸書를 吳와 蜀과 契丹에 주어 출병하여 한나라를 견제하게 하였다. 백문가 등이 왕경숭과 조사관을 공격하여 오랫동안 戰功을 세우지 못하자 은제가 이에 樞密使 郭威를 보내 禁兵을 이끌고 백문가 등을 거느리고서 공격을 독려하게 하였다. 여러 장수들이 모두 먼저 조사관과 왕숭경을 칠 것을 청하였는데 곽위가 계책을 어떻게 정해야 할 지 판단을 내리지 못하였다.

행군하여 華州에 이르렀을 때 절도사 扈彦珂가 곽위에게 이르기를 "세 叛賊이 연합하여 이수정을 주인으로 삼았으니 이수정이 먼저 패하면 조사관과 왕숭경은 소문만

듣고도 격파될 것입니다. 만약 가까운 곳을 버려두고 먼 곳을 도모하다가 이수정은 후방에서 병사를 내고 조사관과 왕숭경은 앞에서 항전하게 한다면 한나라 병사들이 꺾일 것입니다."라고 하자 곽위가 옳게 여기고 마침내 먼저 이수정을 공격하였다.

1) 漢高祖入京師 : 漢 高祖는 五代 後漢의 개국자인 劉知遠이다. 유지원은 후진이 망하여 出帝가 契丹으로 압송된 뒤 거란에 축하 사신을 보내 거란과 우호관계를 맺었다. 당시 황하 연안에서는 漢族의 저항이 거세어 거란은 일단 북쪽으로 철수하였고 이 틈에 유지원이 汴京에 입성하여 후한을 세웠다.
2) 高祖崩 杜重威死 : 後漢 高祖 劉知遠은 後漢을 건국한 지 1년 만에 病死하였다. 杜重威는 비록 후한에 투항하였으나 고조는 그를 믿지 않았고, 병사할 때 두중위를 잘 방비하라는 유언을 남겼다. 고조가 죽은 후 후한의 대신들이 그와 그의 아들들을 체포하여 주살하였다.
3) 赭(자)黃衣 : 赭黃袍로 주황색이며 천자가 입는 의복이다.
4) 蠟丸書 : 밀랍을 뭉쳐서 그 안에 서류를 넣은 密書이다.

是時에 **馮道罷相**하야 **居河陽**한대 **威初出兵**에 **過道家問策**이라 **道曰 君知博乎**아라하야늘 **威少無賴**하야 **好蒱博**이라 **以爲道譏之**하야 **艴**(발)**然而怒**라 **道曰 凡博者錢多則多勝**하고 **錢少則多敗**하나니 **非其不善博**이라 **所以敗者**는 **勢也**니라 **今合諸將之兵**하야 **以攻一城**하니 **較其多少**에 **勝敗可知**라하니 **威意大悟**하야 **謀以遲久困之**하야 **乃與諸將**으로 **分爲三柵**하야 **柵其城三面**하되 **而闕其南**하고 **發五縣丁夫**하야 **築長城以連三柵**이라 **守貞出兵**하야 **壞長城**하니 **威輒補其所壞**하고 **守貞輒出爭之**어늘 **守貞兵常失十三四**라 **如此逾年**에 **守貞城中兵無幾而食又盡**하야 **殺人而食**하니 **威曰 可矣**라하고 **乃爲期日**하야 **督兵四面攻而破之**하다

이때 馮道가 재상에서 파직되어 河陽에 居하고 있었는데 郭威가 처음 출병하였을 때 풍도의 집에 들러 계책을 물었다. 풍도가 말하기를 "그대는 賭博을 아시오?"라고 하였는데, 곽위는 어릴 때 무뢰배로 도박을 좋아하였으므로 풍도가 자신을 기롱한다고 여겨 불끈 성을 내었다. 풍도가 말하기를 "무릇 도박하는 자는 돈이 많으면 많이 이기고 돈이 적으면 많이 패하는 법이니, 도박을 잘하지 못해서가 아니라 패배의

원인이 판세에 있기 때문이오. 지금 여러 장수의 병사를 합쳐 성 하나를 공격하니, 병력의 많고 적음을 비교해보면 승패를 알 수 있소."라고 하니, 곽위가 크게 깨닫고 지구전으로 적을 피곤하게 할 계책을 세웠다. 그리고 마침내 여러 장수들과 병력을 나누어 세 영채를 만들어 성의 세 면에 세우되 그 남쪽은 영채를 세우지 않고서 다섯 縣의 장정을 징발하여 長城을 쌓아 세 영채와 연결하였다.

이수정이 출병하여 장성을 무너뜨리니 곽위는 그때마다 무너진 곳을 보수하였고 이수정은 그때마다 나와서 싸웠는데 이수정은 항상 병력의 열에 서넛을 잃었다. 이렇게 한 해를 넘기자 이수정의 성 안 병력은 얼마 없게 되었고 식량마저 다 떨어져 사람을 죽여 먹으니, 곽위가 "되었다."라고 하고는 마침내 날을 정해 병사를 독려하여 사면에서 공격하여 이수정을 격파하였다.

初에 **守貞召總倫**하야 **問以濟否**하니 **總倫曰 王當自有天下**나 **然分野**[1]**方災**하니 **俟殺人垂盡**이면 **則王事濟矣**라하야늘 **守貞以爲然**이라 **嘗會將吏大飮**이라가 **守貞指畫虎圖**하고 **曰 吾有天命者**어든 **中其掌**하리라하고 **引弓一發中之**하니 **將吏皆拜賀**라 **守貞益以自負**[2]하다 **及城破**에 **守貞與妻子自焚**한대 **漢軍入城**하야 **於煙燼中**에 **斬其首**하야 **傳送京師**하야 **梟於南市**하고 **其餘黨皆磔**(책)**之**[3]하다

당초에 李守貞이 總倫을 불러 왕업을 이룰 수 있을지 물으니, 총륜이 말하기를 "왕께서는 응당 천하를 소유하실 것입니다. 그러나 왕의 分野에 바야흐로 재앙이 있으니 사람들을 살육하는 일이 다 끝나기를 기다려서 하시면 왕의 사업을 이루실 것입니다."라고 하자, 이수정이 옳게 여겼다.

한번은 將吏들과 모여 크게 술을 마시다가 이수정이 손가락으로 호랑이 그림을 가리키며 말하기를 "내가 天命을 받을 사람이라면 호랑이의 발바닥을 맞힐 것이다."라고 하고 활을 당겨 한 발에 맞히니 장리들이 모두 절하며 慶賀하였다. 이 일로 이수정은 더욱 자부하였다.

성이 격파되자 이수정이 처자식들과 스스로 焚死하였는데 漢나라 군대가 입성하여 잿더미 속에서 그 시신의 머리를 참하여 京師로 傳送하여 南市에 梟示하고 그 잔당들은 모두 磔殺하였다.

1) 分野 : 고대에 星次와 대응하는 지역을 일컫던 말이다. 하늘을 12성차의 위치에 따라 지상의 지역과 나라의 위치를 대응시켰는데, 이것을 천상에서는 分星이라고 하고 지상에서는 분야라고 하였다.

2) 守貞指畫虎圖……守貞益以自負 : ≪舊五代史≫ 卷109 〈漢書 第11 列傳6〉에는 "이수정이 활과 화살을 잡고 멀리 호랑이가 발바닥을 핥고 있는 그림을 가리키며 말하기를 '나에게 만약 비상한 일이 있다면 마땅히 호랑이의 혀를 맞힐 것이다.'라고 하고 활을 당겨 한 발에 맞히니 좌우의 사람들이 절하고 경하하였으며 이수정 역시 자부하였다.〔守貞執弧矢 遙指一虎舐(지)掌圖曰 我若有非常之事 當中虎舌 引弓一發中之 左右拜賀 守貞亦自負焉〕"라고 되어 있다.

3) 其餘黨皆磔(책)之 : 磔은 磔裂로 수레에 사람의 몸을 묶어 찢어 죽이는 형벌이다.

歐陽文忠公五代史抄 卷16

歸安 鹿門 茅坤 批評

孫男 闇叔 茅著 重訂

雜傳

傳曰 禮義廉恥는 **國之四維**니 **四維不張**이면 **國乃滅亡**[1]이라하니 **善乎**라 **管生之能言也**여 **禮義**는 **治人之大法**이요 **廉恥**는 **立身之大節**이니 **蓋不廉則無所不取**요 **不恥則無所不爲**라 **人而如此**면 **則禍亂敗亡**이 **亦無所不至**어든 **況爲大臣而無所不取**하고 **無所不爲**면 **則天下其有不亂**이며 **國家其有不亡者乎**아 **予讀馮道長樂老敍**[2]하야 **見其自述以爲榮**하니 **其可謂無廉恥者矣**라 **則天下國家可從而知也**로다

傳에 이르기를 "禮義廉恥는 국가의 四維이니 사유가 신장되지 못하면 국가가 이에 멸망한다." 하였으니, 훌륭하도다! 管生이 말을 잘함이여. 禮와 義는 사람을 다스리는 大法이고 廉과 恥는 立身의 大節이니, 청렴하지 않으면 취하지 못하는 바가 없고 부끄러워하지 않으면 하지 못하는 바가 없다. 사람이고서 이와 같으면 禍亂과 敗亡이 또한 이르지 않는 바가 없는데, 하물며 大臣이 되어서 취하지 못하는 바가 없고 하지 못하는 바가 없으면, 천하가 혼란하지 않을 리 있겠으며 국가가 망하지 않을 리 있겠는가. 내가 馮道의 〈長樂老自序〉를 읽고서 풍도가 스스로 자신의 사적을 서술하여 영광이라 한 것을 보았으니, 廉恥가 없는 자라고 할 만하다. 따라서 당시의 천하와 국가가 어떠했는지를 이를 통해 알 만하다.

1) 禮義廉恥……國乃滅亡 : ≪管子≫ 〈牧民〉에 "나라에 四維가 있으니 한 維가 끊어지면 나라가 기울고, 두 維가 끊어지면 나라가 위태하고, 세 維가 끊어지면 나라가 엎어지고, 네 維가 끊어지면 나라가 멸망한다. 기운 것은 바로잡을 수 있고, 위태한 것은 편안하게 할 수 있고, 엎어진 것은 일으킬 수 있지만, 멸망

한 것은 다시 조치할 수 없다. 무엇을 일러 사유라 하는가? 첫째는 禮이고, 둘째는 義이고, 셋째는 廉이고, 넷째는 恥이다.〔國有四維 一維絶則傾 二維絶則危 三維絶則覆 四維絶則滅 傾可正也 危可安也 覆可起也 滅不可復錯也 何謂四維 一曰禮 二曰義 三曰廉 四曰恥〕"라고 하였다.

2) 長樂老敍 : 馮道가 자신의 生平을 서술한 〈長樂老自序〉를 가리킨다. ≪新五代史≫의 열전에는 일부만 실려 있고 ≪舊五代史≫의 열전에 내용이 상세하다.

予於五代에 得全節之士三과 死事之臣十有五[1]하니 而怪士之被服儒者가 以學古自名하야 而享人之祿하며 任人之國者多矣나 然使忠義之節은 獨出於武夫戰卒하니 豈於儒者에 果無其人哉아 豈非高節之士가 惡時之亂하야 薄其世而不肯出歟아 抑君天下者가 不足顧而莫能致之歟아

내가 五代에 있어서 절개를 온전히 한 선비 세 사람과 國事에 목숨을 바친 신하 열다섯 사람을 얻었다. 괴이한 점은, 선비로서 儒者의 옷을 입은 이들이 옛 법도를 배워서 스스로 이름이 알려져 남의 녹봉을 먹고 남의 나라를 맡은 사람이 많은데도, 忠義의 절개를 지닌 이는 유독 武夫와 병졸 출신에서 나오게 한 것이다. 어찌 儒者 중에 정말로 그런 사람이 없었겠는가. 아마도 높은 절개를 지닌 선비가 혼란한 시대를 싫어하여 당시 세상을 하찮게 여기고 나오려 하지 않은 것이 아니겠는가? 아니면 천하의 군주 된 자들이 돌아볼 만한 인물이 못된다고 여겨서 이들을 초치하지 못한 것인가?

1) 予於五代……死事之臣十有五 : ≪新五代史≫의 〈死節傳〉과 〈死事傳〉을 가리킨다.

孔子以謂十室之邑에 必有忠信[1]이라하니 豈虛言也哉아 予嘗得五代時小說一篇에 載王凝妻李氏事하니 以一婦人으로도 猶能如此하니 則知世固嘗有其人而不得見也라 凝家靑齊之間하야 爲虢(괵)州司戶參軍이라가 以疾卒于官하니 凝家素貧하고 一子尙幼라 李氏携其子하고 負其遺骸以歸할새 東過開封하야 止旅舍러니 旅舍主人이 見其婦人獨携一子而疑之하야 不許其宿한대 李氏顧天已暮하야 不肯去어늘 主人牽其臂而出之하니 李氏仰天長慟曰 我爲婦人이어늘 不能守節하야 而此手爲人執耶아 不可

以一手幷汚吾身이라하고 卽引斧自斷其臂하니 路人見者가 環聚而嗟之하야 或爲之彈指[2)]하고 或爲之泣下라 開封尹聞之하고 白其事于朝하니 官爲賜藥封瘡하며 厚卹李氏하고 而笞其主人者하다 嗚呼라 士不自愛其身而忍恥以偸生者가 聞李氏之風이면 宜少知愧哉인저

孔子가 "열 가구쯤 사는 작은 마을에도 忠信한 사람은 반드시 있다."라고 하였으니, 어찌 빈말이겠는가. 내가 일찍이 五代 때의 短篇 雜記를 읽은 적이 있는데 王凝의 아내 李氏의 사적이 실려 있었다. 일개 婦人으로도 오히려 이와 같이 할 수 있었으니, 세상에는 진실로 항상 그런 사람이 있으나 보지 못한 것임을 알 수 있다.

왕응이 青州와 齊州 사이에 살면서 虢州의 司戶參軍이 되었다가 병으로 임지에서 卒하니, 왕응의 집은 본디 가난하고 아들 하나는 아직 어렸다. 李氏가 그 아들을 이끌고 남편의 유해를 지고서 고향으로 돌아가면서 동쪽으로 開封을 지나가다가 여관에 머물게 되었는데, 여관 주인이 부인이 홀로 아들 하나만 이끌고 있는 것을 보고 의아하게 여겨 투숙을 허락하지 않았다. 이씨가 돌아보니 날이 이미 저물었기에 떠나려 하지 않자 여관 주인이 이씨의 팔을 잡고 끌어서 쫓아내었다.

이씨가 하늘을 우러러 보며 길게 통곡하고 말하기를 "나는 婦人인데 절개를 지키지 못하여 이 손이 남에게 잡혔단 말인가. 이 한 손 때문에 내 몸까지 더럽힐 수는 없다."라고 하고, 즉시 도끼를 가져와서 스스로 자기 팔뚝을 끊으니, 길 가던 사람들이 보고서 둘러 모여 탄식하면서, 어떤 사람은 손가락을 퉁기며 격분하였고, 어떤 사람은 눈물을 흘렸다. 開封府尹이 듣고 그 사실을 조정에 보고하니, 관가에서 약을 하사하여 상처를 치료해주고 후하게 보살펴주었으며, 여관 주인에게는 笞刑을 가하였다.

오호라! 선비로서 스스로 자기 몸을 아끼지 않고 수치를 참아가며 구차하게 목숨을 연명하는 자가 이씨의 風度를 듣는다면 응당 조금이나마 부끄러워할 줄 알 것이다.

1) 孔子以謂十室之邑 必有忠信 : ≪論語≫ 〈公冶長〉에 나오는 말이다.

2) 或爲之彈指 : 彈指는 감정이 격분함을 나타내는 말이다. ≪新唐書≫ 卷120 〈敬暉傳〉에 "경휘가 매양 앉은 자리를 치고 서글피 한탄하면서 손가락을 퉁기며 피눈물을 흘렸다.〔暉每椎坐悵(창)恨 彈指流血〕"라고 하였다.

01. 馮道傳* 馮道의 傳記

* 馮道(882~954)는 字가 可道로 瀛州 景城 사람이다. 풍도는 五代의 혼란기 동안에 後唐과 後晉과 契丹의 遼나라와 後漢과 後周 등 5개 왕조 4姓의 황제들을 번갈아 섬기며 재상의 직위를 유지한 立志傳的 인물로 알려져 있다. 그런데 이를 역으로 말하면 풍도는 절조 없이 임금을 번갈아 섬긴 반복무상한 소인배라고 평가할 수도 있다. 바로 이 지점이 풍도에 대한 평가가 극과 극으로 나뉘는 부분인데, 절의가 없이 반복무상한 인물에 대해 강하게 貶懲을 가했던 구양수가 풍도를 어떻게 서술했을 지는 이미 열전을 보지 않아도 대략을 추측해볼 수 있다.

풍도의 열전은 ≪舊五代史≫ 卷126 〈周書 第17 列傳6〉과 ≪新五代史≫ 卷54 〈雜傳 第42〉에 실려 있다. 풍도가 차지하는 역사적 비중을 따져봤을 때 풍도를 〈잡전〉에 배치한 구양수의 의도가 엿보인다.

이러한 구양수의 의도는 열전의 서술을 확인하면 더욱 명확해진다. 구양수는 풍도의 열전을 기술하면서 ≪구오대사≫에 비해 공적을 축약하였고 앞부분에 풍도의 사람됨이 근실하고 검약함을 언급하기는 하였으나 풍도의 그릇이 크지 못함과 능수능란한 처세술과 이름에 비해 부족한 능력을 나타내는 일화를 중점적으로 나열하였다. 그리고 구양수는 열전 안에서 "풍도는 임금이 죽고 나라가 망하는 상황을 보면서도 개의한 적이 없었다. 이때를 당하여 천하가 크게 혼란하여 오랑캐들이 번갈아가며 침입하여 生民의 운명이 거꾸로 매달린 것보다 위급했다. 그런데 풍도는 바야흐로 長樂老라고 自號하고 수백 자의 글을 지어서 자신이 번갈아가며 섬긴 四姓의 임금과 거란에서 받은 품계와 공훈과 관작을 서술하고서 영화롭게 여겼다."라고 하고, 또 "아홉 임금을 섬기면서 간쟁한 적이 없었다."라고 하고, 또 "世宗이 劉旻을 공격할 때 풍도를 비루하게 여겨 從行시키지 않고 太祖의 山陵使로 삼았는데 葬事가 끝나자 풍도가 졸하니 향년 73세였다."라고 하는 등 곳곳에서 풍도를 낮게 평가하고 있다.

특히 풍도가 北漢을 공격하려는 後周 世宗을 말리다가 세종이 그를 비루하게 여겨 山陵使로 삼아버렸고 결국 세종은 북한을 격파하였다고 기술한 부분에 대해서 ≪五代史記纂誤續補≫에서는 "풍도는 首相이 되어 故事에 따라 山陵使가 된 것이다.……풍도가 간언한 일 때문에 이런 명령이 있었던 것은 아니다. 歐陽公이 풍도를 미워하여 말을 심하게 한 것이다."라고 평하기도 하였다.

≪구오대사≫에서도 구양수와 마찬가지로 풍도의 절의를 비판하기는 했으나 그래도 그의 능력을 높이 평가하여 일정부분 균형감을 가졌다. ≪구오대사≫의 평가는 다음과 같다. "풍도의 행실은 성대하게 고인의 풍모가 있었고, 풍도의 국량은 깊이 大臣의 체모를 얻었다. 그러나 네 조정을 섬기면서 여섯 황제의 재상이 되었으니 忠이라 할 수 있겠는가. 대저 한 여인이 두 지아비를 섬기는 것은 사람의 불행인데 하물며 두세 번에 있어서이겠는가.〔道之履行 郁有古人之風 道之宇量 深得大臣之禮 然而事四朝相六帝 可得爲忠乎 夫一女二夫人之不幸 況於再三者哉〕"

구양수가 풍도를 비판한 이래 수많은 논자들이 일률적으로 풍도를 비판하였으나, 풍도에 대해 긍정적인 평가를 한 이들도 많다. 이제 아래에 朱熹의 비판과 풍도를 긍정적으로 평가한 宋나라 당대의 의미 있는 논의를 부기하여 구양수의 비판과 함께 살펴볼 수 있게 하려 한다.

* 朱熹 ≪朱子語類≫ : 鄕原은 남을 위해서 좋을 일을 하기 때문에 다른 사람들이 모두 그를 칭찬하지만, 그가 무궁한 재앙을 가져온다는 것을 알지 못한다. 예컨대 五代 시절의 풍도는 참으로 향원이다.〔鄕原者爲他做得好 便人皆稱之而不知其有無窮之禍 如五代馮道者 此眞鄕原也〕

* 吳曾 ≪能改齋漫錄≫ : 공자는 말하기를 "伯夷와 叔齊는 그 뜻을 굽히지 않고 그 몸을 욕되게 하지 않았다."라고 하였고, 柳下惠와 少連을 평가하기를 "뜻을 굽히고 몸을 욕되게 하였다."라고 하였다.……풍도는 구양공에게 비판을 받았으므로 학자들이 일률적으로 그를 평가하여 다시는 분별하지 않았으니, 애석하다. 富鄭公(富弼)과 蘇黃門(蘇轍)과 王荊公(王安石)만은 풍도를 大人으로 칭찬했다. 대개 구양공이 史書를 저술했을 때는 겨우 壯年의 나이였다. 가령 구양공의 만년에 저술했다면 반드시 이렇지는 않았을 것이다. 前輩들이 이르기를 韓魏公(韓琦)은 慶曆 연간(1041~1048)과 嘉祐 연간(1056~1063) 때에 베푼 정사가 마치 서로 다른 두 손에서 나온 것과 같다고들 하니, 어찌 노년과 젊을 때의 차이가 아니겠는가. 구양공의 出處는 한위공과 같았다. 구양공이 풍도를 논한 것은, 내 생각에 응당 경력 연간과 가우 연간을 범례로 삼아야 하니, 그랬다면 구양공이 거의 풍도에게 취한 점이 있었다.〔孔子曰 伯夷叔齊不降其志 不辱其身 謂柳下惠少連 降志辱身矣……道自爲歐陽公所詆 故學者

一律不復分別 惜哉 獨富鄭公蘇黃門王荊公以大人稱之 蓋歐陽公爲史時甫壯歲 使晩爲之 必不爾也 前輩謂韓魏公慶歷嘉祐施設 如出兩手 豈老少之異歟 歐陽公出處與韓同 其論馮道 予以爲當以慶歷嘉祐爲例 則道也庶乎有取於歐陽公矣〕

* 蘇轍 ≪欒城集≫ : 풍도는 재상이 되어 4姓의 아홉 임금을 섬겼다. 의론하는 자들이 풍도를 비판하기를, 군주를 배반하고 원수를 섬겨 士君子의 절조가 없어 大義가 이미 어그러졌으니 비록 선한 점이 있어도 기록하지 않는다고 하였다. 나는 풍도의 行事를 살펴보고 내심 슬퍼하면서 옛사람 중에서 그래도 풍도와 함께 논하여 말할 수 있는 자를 찾아보았다.

齊 桓公이 公子 糾를 살해하자 召忽은 죽고 管仲은 죽지 않았는데, 관중은 또 이어서 환공을 도왔다. 子貢이 관중을 不仁한 사람이라고 여기고 공자에게 묻자, 공자가 말하기를 "관중이 환공을 도와 제후를 제패하여 한 번 천하를 바로잡아 백성들이 지금까지 그 혜택을 받고 있으니, 관중이 없었다면 나는 머리를 풀고 옷깃을 왼편으로 여미는 오랑캐가 되었을 것이다. 어찌 匹夫와 匹婦들이 작은 信義를 행하여 스스로 목매 죽어서 시신이 도랑에 뒹굴어도 사람들이 알아주는 이가 없는 것과 같이 하겠는가."라고 하였다. 관중이 환공을 도운 것을 공자가 이미 허여하였다. 풍도를 관중에게 붙일 수 없는 까닭은 풍도에게 관중과 같은 공이 없기 때문이다.

그리고 晏嬰은 崔杼와 함께 齊 莊公을 섬겼는데, 최저가 장공을 시해하고 景公을 옹립하였다. 안영이 이 소식을 듣고 최씨의 집 대문 밖에 서자, 그 從者가 "임금을 위해 죽으시려는 것입니까?"라고 물었다. 그러자 안영은 "죽은 임금이 나 혼자만의 임금이냐. 내가 왜 죽겠느냐."라고 하였다. 종자가 다시 "그러면 도망가시겠습니까?"라고 묻자, 안영이 "이것이 나의 죄인가. 내가 왜 도망을 가겠느냐."라고 하였다. 종자가 "그러면 집으로 돌아가시겠습니까?"라고 묻자, 안영이 "임금이 죽었는데 어디로 돌아가겠느냐. 백성의 임금이 백성을 억압해서야 되겠느냐. 임금은 社稷을 주관해야 하는 것이다. 임금의 신하가 봉록만 탐해서 되겠느냐. 신하는 사직을 보호해야 한다. 그러므로 임금이 사직을 위해 죽으면 신하도 따라 죽고, 임금이 사직을 위해 도망하면 신하도 따라 도망하는 것이다. 그러나 만약 임금이 스스로를 위해 죽고 스스로를 위해 도망할 경우 임금이 사사로이 총애하는 사람이 아니면 누가 감히 함께 죽고 함께 도망하겠느냐. 그리고 다른 사람이 지금 죽은 임금을 임금으로 세웠다가 시해하였는데 내가 어찌 따라 죽거나 도망가겠느냐. 내가 장차 어디로 돌아갈 수 있단 말이냐."라고 하였다. 대문이 열리자 안영은 안으로 들어가서 장공의 시신의 머리 밑에 자신의 다리를 받치고 곡하고서 일어나 세 번 발을 구르고 나왔다. 그리고 마침내는 경공을 섬겼다. 안영은 비록 관중과 같은 공은 없지만 차분히 의론을 풍간하고 권면하여 제나라에 보탬이 되었으니, 군자가 名臣으로 허여하였다. 풍도를 안영에게 붙인다면 거의 심한 부끄러움은 없을 것이다.

대개 풍도가 後唐 明宗을 섬겨 처음으로 재상이 되었고 그 후로 여덟 임금을 두루 섬기면서 바야흐로 나라가 망하고 새로운 나라가 들어설 때 혹은 조정에 있고 혹은 외직에 있었다. 그리고 비록 재상이었던 때라 해도 권력이 그에게 있지 않았으니, 禍變이 일어난 모든 책임이 그에게 있는 것은 아니다. 명종은 비록 오랑캐 출신이었지만 성품이 본래 寬厚하였다. 풍도가 매양 恭儉으로 명종을 권면하여 재위한 10년 동안 백성들이 조금 편안하였다.

그리고 契丹이 後晉을 멸망시킬 때 耶律德光이 풍도를 만나 묻기를 "천하의 백성을 어떻게 구제할 수 있는가?"라고 하자, 풍도가 오랑캐는 엄정한 의론으로 깨우칠 수 없음을 고려하여 "지금 시대는 비록 부처가 출현한다 해도 구제할 수 없습니다. 오직 황제만이 구제할 수 있습니다."라고 하였다. 그러자 야율덕광이 기뻐하면서 마침내 살육을 멈추었으니, 중국 사람들이 그 덕을 입었다.

後周 太祖가 병사를 이끌고 京師를 침범하였을 때 隱帝는 이미 죽었으므로 태조는 後漢의 大臣들이 반드시 자신을 추대할 것이라고 생각하였다. 그런데 태조가 풍도를 만나자 풍도는 평소 때처럼 태조를 대하였다. 태조는 항상 풍도에게 절을 했으므로 이날도 풍도에게 절을 하였는데 풍도는 절을 받고 사양하지 않았다. 그러자 태조는 기운이 꺾여 아직 후한을 대체할 수 없음을 알았다. 그리하여 마침내 湘陰公을 후한의 후사로 삼고 풍도에게 徐州에서 맞이해오게 하였다. 그러자 풍도가 "이 일을 믿어도 됩니까? 나는 평생 망령된 말을 하지 않았습니다. 공은 내가 망령된 말을 하는 사람이 되게 하지 마시오."라고 하였다. 태조가 맹세하며 매우 힘들어 하였는데 풍도가 들아오기 전에 후주가 후한을 대체하였다. 나라를 찬탈하는 시기에는 비록 孟賁과 夏育이라도 그 용맹을 다 펼칠 수가 없는데, 풍도는 절하고 담소하면서 물리쳤으니, 성대한 덕을 지닌 이가 아니라면 어찌 이렇게 할 수 있겠는가. 의론하는 자들이

풍도를 배척하면서 조금의 관용도 베풀지 않으니 심한 태도이다.

선비가 오대 시절에 태어나 폭군과 사나운 장수들 사이에 서서 날마다 범과 들소 같은 이들과 함께 지냈으니, 다 버리고 떠나서 고사리를 캐먹고 사슴이며 고라니와 벗하는 것은 쉬운 일이다. 그러나 그것이 스스로 목매 죽어서 시신이 도랑에 뒹구는 것과 무엇이 다른가. 불행히 조정에서 벼슬한다면 풍도와 같이 되는 것을 오히려 스스로 면하지 못할 것이니, 의론하는 이들은 진실로 조금 너그럽게 보아야 할 것이다.〔馮道以宰相事四姓九君 議者譏其反君事仇 無士君子之操 大義旣虧 雖有善不錄也 吾覽其行事而竊悲之 求之古人 猶有可得言者 齊桓公殺公子糾 召忽死之 管仲不死 又從而相之 子貢以爲不仁 問之孔子 孔子曰 管仲相桓公霸諸侯 一匡天下 民到於今受其賜 微管仲 吾其被發左衽矣 豈若匹夫匹婦之爲諒也 自經於溝瀆而莫之知也 管仲之相桓公 孔子旣許之矣 道之所以不得附於管子者 無其功耳 晏嬰與崔杼俱事齊莊公 杼弑公而立景公 晏子立於崔氏之門外 其人曰 死乎 曰 獨吾君也乎 吾死也 曰 行乎 曰 吾罪也乎 吾亡也 曰 歸乎 曰 君死安歸 君民者豈以陵民 社稷是主 臣君者豈爲其口實 社稷是養 故君爲社稷死則死之 爲社稷亡則亡之 若爲己死而爲己亡 非其私暱(닐) 誰敢任之 且人有君而弑之 吾焉得死之而焉得亡之 將庸何歸 門啓而入 枕尸股而哭 興三踊而出 卒事景公 雖無管子之功 而從容風議 有補於齊 君子以名臣許之 使道自附於晏子 庶幾無甚愧也 蓋道事唐明宗 始爲宰相 其後歷事八君 方其廢興之際 或在內 或在外 雖爲宰相 而權不在己 禍變之發 皆非其過也 明宗雖出於夷狄 而性本寬厚 道每以恭儉勸之 在位十年 民以少安 契丹滅晉 耶律德光見道問曰 天下百姓如何救得 道顧夷狄不曉以莊語 乃曰 今時雖使佛出 亦救不得 惟皇帝救得 德光喜 乃罷殺戮 中國之人賴焉 周太祖以兵犯京師 隱帝已沒 太祖謂漢大臣必相推戴 及見道 道待之如平日 太祖常拜道 是日亦拜 道受之不辭 太祖意沮 知漢未可代 乃立湘陰公爲漢嗣 而使道逆之於徐 道曰 是事信否 吾平生不妄語 公毋使我爲妄語人 太祖爲誓甚苦 道行未返而周代漢 簒奪之際 雖賁育無所致其勇 而道以拜跪談笑却之 非盛德何以致此 而議者黜之曾不少借甚矣 士生於五代 立於暴君驕將之間 日與虎兕爲伍 棄之而去 食薇蕨 友麋鹿 易耳 而與自經於溝瀆何異 不幸而仕於朝 如馮道猶無以自免 議者誠少恕哉〕

覽道傳컨대 **到底是一鄕愿中之最深而滑者**라

〈馮道傳〉을 보건대 결국 일개 鄕愿 중에서도 가장 처세술이 깊고 교활한 자이다.

馮道는 字可道니 瀛州景城人也라 事劉守光[1]하야 爲參軍이러니 守光敗에 去事宦者張承業이라 承業監河東軍할새 以爲巡官하고 以其文學으로 薦之晉王하야 爲河東節度掌書記하다 莊宗卽位에 拜戶部侍郞하고 充翰林學士하다 道爲人이 能自刻苦爲儉約이라 當晉與梁夾河而軍하야 道居軍中하야 爲一茅庵하야 不設牀席하고 臥一束芻而已요 所得俸祿을 與僕廝(시)同器飮食[2]하야 意恬如也라 諸將有掠得人之美女者以遺道어늘 道不能却하야 置之別室하고 訪其主而還之하다 其解學士하여 居父喪于景城할새 遇歲饑이어늘 悉出所有하야 以賙鄕里하고 而退耕于野하고 躬自負薪이라 有荒其田不耕者와 與力不能耕者어든 道夜往하야 潛爲之耕하니 其人後來愧謝어늘 道殊不以爲德하다

馮道는 字는 可道이니 瀛州 景城 사람이다. 劉守光을 섬겨 參軍이 되었는데 유수광이 패하자 유수광을 떠나 宦者 張承業을 섬겼다. 장승업이 河東을 監軍할 때 풍도를 巡官으로 삼고 그의 文學을 들어 晉王에게 천거하여 河東節度掌書記로 삼았다. 莊宗이 즉위하자 戶部侍郞에 배수하고 翰林學士에 充任하였다.

풍도는 사람됨이 스스로 힘써 고생을 견뎌내며 검약하였다. 晉나라가 梁나라와 黃河를 끼고 대치할 때 풍도가 軍中에 있으면서 띠풀로 초막을 짓고서 床席은 차리지 않고 꼴을 묶은 자리 위에 누울 뿐이었고, 받은 俸祿을 가지고 자신이 부리는 사람과 한솥밥을 먹으면서 편안해하였다. 장수들이 남의 美女를 빼앗아 풍도에게 주었는데 풍도는 물리치지 못하고 미녀를 別室에 두고서 주인을 찾아가 돌려주었다.

풍도가 學士에서 해직되어 景城에서 부친의 상을 치를 때 기근이 들자 자신의 소유를 다 내어 향리 사람들을 구휼하고 물러나 들판에서 농사를 짓고 몸소 땔감을 져 날랐다. 전답이 황폐해져 경작하지 못하는 자와 경작할 능력이 없는 자가 있으면 풍도가 밤에 가서 몰래 경작 해주니 사람들이 뒤에 와서 부끄러워하며 사례하였는데 풍도는 전혀 덕을 베풀었다고 여기지 않았다.

1) 劉守光 : ?~914. 幽州節度使 劉仁恭의 아들이다. 부친 유인공을 유폐하고 스스로 大燕皇帝라 칭하였으나 晉王 李存勖의 공격을 받아 부친과 함께 사로잡혀 참살되었다.

2) 所得俸祿 與僕廝(시)同器飮食 : 이 부분에 대해 ≪五代史記纂誤續補≫ 卷5에 "살펴보건대 이 두 구는 몹시 연결되지 않는다. 薛居正의 ≪舊五代史≫ 〈馮道傳〉에는 '부친상을 당해 景城에서 居喪했는데 흉년을 만나자 받은 봉록의 나머지를 모두 鄕里를 진휼하는 데 썼다.'라고 하였고, 또 말하기를 '하루는 풍도가 上謁했다가 물러나간 뒤에 명종이 侍臣을 돌아보며 말하기를 「풍도는 성품이 순일하고 검약하다. 지난번 德勝寨에 있을 때 띠풀로 지은 한 초막에서 지내면서 從者와 같은 그릇에 밥을 먹고, 꼴풀 한 단 위에 누워 자면서도 그 마음이 편안하였다.」라고 하였다.'라고 하였으니, 이는 대개 글을 절취하여 산삭할 때 잘못한 것이다.〔案二語甚不貫一 薛史道傳作丁父憂 持服于景城 遇歲儉 所得俸餘 悉賑於鄕里 又曰一日 道因上謁旣退 明宗顧謂侍臣曰 馮道性純儉 頃在德勝寨 居一茅庵 與從人同器食 臥則芻藁一束 其心晏如也 此蓋節刪失當耳〕"라고 하였다.

服除에 復(부)召爲翰林學士한대 行至汴州하야 遇趙在禮作亂하야 明宗自魏擁兵還하야 犯京師[1]라 孔循[2]勸道少留以待하니 道曰 吾奉詔赴闕하니 豈可自留아하고 乃疾趨至京師라 莊宗遇弑하고 明宗卽位에 雅知道所爲하야 問安重誨曰 先帝時馮道何在오하니 重誨曰 爲學士也라하야늘 明宗曰 吾素知之니 此眞吾宰相也라하고 拜道端明殿學士하고 遷兵部侍郞하고 歲餘에 拜中書侍郞同中書門下平章事하다 天成長興[3]之間에 歲屢豐熟하야 中國無事어늘 道嘗戒明宗曰 臣爲河東掌書記時에 奉使中山이라가 過井陘之險[4]에 懼馬蹶失하야 不敢怠於銜轡(비)러니 及至平地하야 謂無足慮라가 遽跌而傷이라 凡蹈危者는 慮深而獲全하고 居安者는 患生於所忽하나니 此人情之常也라하니 明宗問曰 天下雖豐이나 百姓濟否아라하야늘 道曰 穀貴餓農하고 穀賤傷農이라하고 因誦文士聶夷中田家詩[5]하니 其言近而易(이)曉라 明宗顧左右하야 錄其詩하야 常以自誦하다

馮道가 脫喪하자 조정에서 다시 불러 翰林學士로 삼았는데, 길을 가다 汴州에 이르렀을 때 趙在禮가 난을 일으켜 明宗이 魏州에서 병사를 이끌고 돌아와 京師를 범하는 상황을 만났다. 孔循이 풍도에게 잠시 머무르며 기다리라고 권하니, 풍도가 말하기를 "내가 詔命을 받들어 대궐로 급히 가는 터이니 어찌 제 마음대로 머무를 수 있겠는가."라고 하고는 이에 빠르게 달려 경사에 이르렀다. 莊宗이 시해 당하고 명종이 즉위하자 평소 풍도의 행실을 알고 있던 터라 安重誨에게 묻기를 "先帝 때 풍도는 어디에 있는가?"라고 하니, 안중회가 말하기를 "學士로 있습니다."라고 하였다. 그러자 명종이 말하기를 "내가 평소부터 알고 있으니 이 사람은 참으로 나의 宰相감이다."라고 하고는 풍도를 端明殿學士에 배수하였다. 그리고 兵部侍郎으로 승진하고 한해 남짓 지나 中書侍郎 同中書門下平章事에 배수되었다.

天成과 長興 年間에 해마다 자주 풍년이 들어 中國에 별 일이 없었는데 풍도가 일찍이 명종을 경계하기를 "신이 河東掌書記로 있을 때에 使命을 받들고 中山으로 가다가 험준한 井陘을 지날 적에 말이 失足하여 넘어질까 두려워하여 감히 고삐와 재갈 당기는 일을 게을리 하지 못했습니다. 그러다 평지에 이르러 걱정할 만한 일이 없다고 생각하다가 갑자기 넘어져 다쳤습니다. 무릇 위험한 곳을 지나는 자는 깊이 염려하여 안전을 확보하고 편안한 곳에 거하는 자는 소홀히 여기는 데서 환란이 생겨나는 법이니, 이는 人之常情입니다."라고 하였다.

명종이 묻기를 "천하가 풍요롭기는 하나 백성들이 구제되겠는가?"라고 하자, 풍도가 말하기를 "곡물이 귀하면 농부는 굶주리고 곡식이 남아돌면 농부가 손해를 봅니다."라고 하고서 文士 聶夷中의 〈田家詩〉를 암송하였다. 그 말이 淺近하고 이해하기 쉬우므로 명종이 좌우를 돌아보며 그 시를 기록하게 하여 항상 스스로 암송하였다.

1) 趙在禮作亂……犯京師 : 趙在禮는 後唐의 大臣으로 처음에는 幽州의 劉仁恭을 섬겼다가 후에 李存勖에게 투항하여 魏博軍效節指揮使가 되었다. 후에 貝州의 戍卒 皇甫暉가 병사들을 선동하여 난을 일으켜 조재례를 겁탁하여 鄴都를 공격하였는데 이들을 토벌하러 갔던 明宗 李嗣源이 도리어 반군들과 합세하여 洛陽을 공격하였다. 이에 혼란 중에 莊宗은 군관에게 피살당하였고, 명종이 즉위하여 조재례를 鄴都留守에 제수하였다.

2) 孔循 : 884~931. 五代 후당의 大臣으로 이 당시 權知汴州의 직임에 있었다.

후에 명종의 신임을 받았으며 橫海軍節度使에 이르렀다.

3) 天成長興 : 오대 후당 명종의 연호로 天成은 926~930년, 長興은 930~933년 사이에 사용되었다.

4) 井陘之險 : 井陘은 河北省의 산 이름으로 太行山의 支脈이다. 사면이 높고 중앙이 낮아 우물 형상이므로 붙여진 이름이다. 山西省과 하북성을 연결하는 통로로 험하기로 유명하다.

5) 聶夷中田家詩 : 聶夷中(837~884)은 唐나라 때의 시인이자 문관으로 河東 사람이며 자는 坦之이다. 華陰尉를 역임하였다. 농민들의 고통스러운 생활상을 묘사한 〈傷田家〉가 유명하다. 〈상전가〉는 ≪古文眞寶≫ 前集에 실려 있다.

太行山圖

水運軍將이 於臨河縣에 得一玉杯한대 有文曰傳國寶萬歲杯라 明宗甚愛之하야 以示道하니 道曰 此前世有形之寶爾라 王者는 固有無形之寶也라하야늘 明宗問之하니 道曰 仁義者는 帝王之寶也라 故曰 大寶曰位니 何以守位오 曰仁[1]이라하다 明宗武君이라 不曉其言이어늘 道已去에 召侍臣하야 講說其義하고 嘉納之하다 道相明宗十餘年[2]에 明宗崩하고 相愍帝에 潞王反於鳳翔[3]이라 愍帝出奔衛州어늘 道率百官하야 迎潞王以入하니 是爲廢帝라 遂相之하다 廢帝卽位時에 愍帝猶在衛州어늘 後三日에 愍帝始遇弒崩이라 已而오 廢帝出道爲同州節度使하고 踰年에 拜司空하다 晉滅唐[4]에 道又事晉하니 晉高祖拜道(大)〔守〕[5]司空同中書門下平章事하고 加司徒하고 兼侍中하고 封魯國公하다 高祖崩에 道相出帝하니 加太尉하고 封燕國公하고 罷爲匡國軍節度使하고 徙鎭威勝하다 契丹滅晉[6]에 道又事契丹하야 朝耶律德光於京師하니 德光責道事晉無狀이어늘 道不能對라 又問曰 何以來朝오하니 對曰 無城無兵이어니 安敢不

來오라하다 **德光誚**(초)**之曰 爾是何等老子**오하야늘 **對曰 無才無德癡頑老子**라하니 **德光喜**하야 **以道爲太傅**하다 **德光北歸**에 **從至常山**한대 **漢高祖立**[7)]하니 **乃歸漢**하야 **以太師奉朝請**하다 **周滅漢**[8)]에 **道又事周**하니 **周太祖拜道太師兼中書令**하다

水運軍將이 臨河縣에서 옥술잔 하나를 얻었는데 '傳國寶 萬歲杯'라는 銘文이 있었다. 明宗이 술잔을 몹시 아끼면서 馮道에게 보여주니, 풍도가 말하기를 "이것은 前世의 有形의 보배일 뿐입니다. 王者에게는 본디 無形의 보배가 있습니다."라고 하였다. 명종이 무엇인지 묻자 풍도가 말하기를 "仁義는 帝王의 보배입니다. 그러므로 '大寶를 位라 하니, 무엇으로 位를 지키는가? 仁이다.'라고 하였습니다."라고 하였다. 명종은 武人 출신의 임금이라 그 말뜻을 깨닫지 못하였는데, 풍도가 나가고 난 뒤에 侍臣을 불러 그 뜻을 講說하게 하고 嘉納하였다.

풍도가 명종의 재상으로 10여 년을 지냈을 때 명종이 崩御하였고, 愍帝의 재상으로 있을 때 鳳翔에서 潞王이 반란을 일으키므로 민제가 衛州로 피신하였는데 풍도가 백관을 인솔하여 노왕을 맞이하여 들이니 이 사람이 廢帝이다. 폐제가 마침내 풍도를 재상으로 삼았다. 폐제가 즉위하였을 때 민제가 아직 위주에 있었는데 3일 뒤에 민제가 비로소 시해 당해 붕어하였다. 얼마 뒤 廢帝가 풍도를 외직으로 보내 同州節度使로 삼고 한해를 넘겨 司空에 배수하였다.

晉나라가 唐나라를 멸망시키자 풍도가 다시 진나라를 섬기니 晉 高祖가 풍도를 守司空 同中書門下平章事에 배수하고 司徒를 더해주고 侍中을 겸직하게 하고 魯國公에 봉하였다. 고조가 붕어하자 풍도가 出帝의 재상이 되니 太尉를 더해주고 燕國公에 봉하고 파직하여 匡國軍節度使로 삼고 자리를 옮겨 威勝軍을 鎭守하게 하였다.

契丹이 진나라를 멸망시키자 풍도가 다시 거란을 섬겨 京師에서 耶律德光을 朝見하였다. 야율덕광이 풍도가 진나라를 섬긴 형편 없는 작태를 책망하자 풍도가 대답하지 못하였다. 야율덕광이 다시 묻기를 "어찌하여 조현하러 왔는가?"라고 하니, 풍도가 말하기를 "성도 없고 병사도 없는데 어찌 감히 오지 않겠습니까."라고 하였다. 야율덕광이 꾸짖기를 "너는 어떤 노인인가?"라고 하자, 풍도가 대답하기를 "재능도 덕도 없는 어리석고 완악한 노인입니다."라고 하니, 야율덕광이 기뻐하면서 풍도를 太傅로 삼았다.

야율덕광이 북쪽으로 돌아갈 때 풍도가 陪從하여 常山에 이르렀는데 漢 高祖가 즉위하자 이에 한나라에 歸附하여 太師와 奉朝請이 되었다.

周나라가 한나라를 멸망시키자 풍도가 다시 주나라를 섬기니 周 太祖가 풍도를 太師 兼中書令에 배수하였다.

1) 大寶曰位……曰仁 : ≪周易≫ 〈繫辭傳 下〉의 말로 "천지의 큰 덕을 생이라 하고, 성인의 큰 보배를 지위라 한다. 무엇으로 지위를 지키는가? 인이다.〔天地之大德曰生 聖人之大寶曰位 何以守位 曰仁〕"라고 하였다.
2) 道相明宗十餘年 : ≪五代史記纂誤補≫ 卷4에 "삼가 살펴보건대 명종의 재위 기간은 겨우 8년이니 이 말은 오류이다.〔謹案明宗在位僅八年 此語誤〕"라고 하였다. 명종은 926~933년 사이에 재위하였다.
3) 潞王反於鳳翔 : 潞王은 後唐 明宗의 養子인 李從珂이다. 명종의 3남인 李從厚가 명종의 뒤를 이어 즉위하니 이 사람이 바로 愍帝이다. 민제가 즉위하자 이종가가 이를 인정하지 않고 鳳翔에서 반란을 일으키자 민제는 낙양을 탈출하여 衛州로 피신하였다.
4) 晉滅唐 : 五代 後唐 明宗의 駙馬이자 河東節度使로 있던 石敬瑭(892~942)이 契丹의 원조를 받아 末帝 李從珂에게 반란을 일으켜 후당을 멸하고 後晉을 세운 것을 가리킨다.
5) (大)〔守〕 : 저본에는 '大'로 되어 있으나, ≪新五代史≫에 의거하여 '守'로 바로잡았다.
6) 契丹滅晉 : 契丹의 원조를 받아 後晉을 세운 高祖 石敬瑭은 거란의 太宗 耶律德光과 父子관계를 맺고 자신을 兒皇帝라 칭하였다. 그러나 그가 죽은 뒤 出帝 石重貴가 이를 인정하지 않고 강경파의 의견을 따라 거란과 전쟁을 일으켰다가, 946년에 멸망당한 것을 가리킨다.
7) 漢高祖立 : 五代 後漢의 高祖 劉知遠(895~948)이 등극한 것을 가리킨다. 유지원은 본래 後唐 明宗의 신하였으며 後晉 때에는 檢校太傅, 河東節度使 등을 역임했다. 후진이 거란에 멸망하자 다시 거병하여 中原을 수복하고 後漢을 건국했다.
8) 周滅漢 : 五代 後周 太祖인 郭威(904~954)는 본래 後漢의 權臣으로 후한 高祖 劉知遠의 신임을 받아 樞密使가 되어 兵權을 장악하였다. 유지원이 죽고

隱帝가 즉위하자 곽위의 권한을 두려워하여 곽위를 제거하려 하였으나 오히려 곽위가 반란을 일으켜 도성으로 진군하였다. 은제는 곽위의 반란에 놀란 신하에게 살해되었고 곽위는 汴京에 입성하여 皇族인 劉贇을 황제로 세웠다가 얼마 후 다시 유빈을 살해하고 후주를 열었다.

道少能矯行하야 以取稱於世러니 及爲大臣하야 尤務持重以鎭物하야 事四姓十君하야 益以舊德[1]自處라 然當世之士는 無賢愚히 皆仰道爲元老하야 而喜爲之稱譽라 耶律德光嘗問道曰 天下百姓을 如何救得고하야늘 道爲俳語以對曰 此時는 佛出이라도 救不得이오 惟皇帝라야 救得이라하니 人皆以謂契丹不夷滅中國之人者는 賴道一言之善也라 周兵反하야 犯京師어늘 隱帝已崩이라 太祖謂漢大臣必行推戴러니 及見道에 道殊無意라 太祖素拜道라 因不得已拜之하니 道受之如平時라 太祖意少沮하야 知漢未可代하야 遂陽立湘陰公贇爲漢嗣하야 遣道迎贇于徐州러니 贇未至에 太祖將兵하야 北至澶州하야 擁兵而反하야 遂代漢이라 議者謂道能沮太祖之謀而緩之하야 終不以晉漢之亡責道也라 然道視喪君亡國에 亦未嘗以屑意라 當是時하야 天下大亂하야 戎夷交侵하야 生民之命이 急於倒懸[2]이어늘 道方自號長樂老하고 著書數百言하야 陳己更事四姓과 及契丹所得階勳官爵以爲榮하야 自謂 孝於家하고 忠於國하며 爲子爲弟爲人臣爲(司)〔師〕[3]長爲夫爲父하고 有子有孫이라 時開一卷하고 時飮一杯하며 食味別聲被色[4]하야 老安於當代하야 老而自樂하니 何樂如之리오하니 蓋其自述如此라

馮道는 소싯적에 감정을 절제하고 외면의 행실을 잘 꾸며 당세 사람들의 칭찬을 받았는데 大臣이 되어서는 더욱 무게 있게 행동하여 사람들을 鎭定시켜 네 姓의 열 임금을 섬기면서 舊德으로 더욱 자처하였다. 그러나 당세의 선비들은 어질거나 어리석거나 할 것 없이 모두 풍도를 元老로 우러르며 좋아하여 稱揚하였다.

耶律德光이 일찍이 풍도에게 묻기를 “천하의 백성을 어떻게 구제할 수 있겠는가?”라고 하자, 풍도가 才談으로 대답하기를 “이런 시대는 부처가 나와도 구제할 수 없고, 오직 황제만이 구제할 수 있습니다.”라고 하였다. 사람들이 모두 契丹이 중국

사람들을 죽여 없애지 않은 것은 풍도가 말 한마디를 잘한 덕분이라고 생각하였다.

周나라 병사가 반란을 일으켜 京師를 침범하였는데, 隱帝가 이미 崩御하였으므로 周 太祖는 漢나라의 大臣들이 반드시 자신을 황제로 추대하리라 생각하였다. 그런데 풍도를 만났을 때 풍도는 전혀 그럴 마음이 없었다. 태조는 평소 풍도에게 절을 올리던 관계였으므로 부득이 풍도에게 절을 올리니 풍도가 평소 때처럼 태조의 절을 받았다. 그러자 태조는 뜻이 조금 꺾여 한나라를 아직 대체할 수 없음을 알고서 마침내 형식적으로 湘陰公 劉贇을 한나라의 後嗣로 세워 풍도를 보내 徐州에서 유빈을 영접해 오게 하였다. 그런데 유빈이 당도하기 전에 태조가 병사를 이끌고 북쪽으로 澶州에 이르러 병사들을 거느리고 반란을 일으켜 마침내 한나라를 대체하였다. 의론하는 자들은 풍도가 태조의 계획을 저지하여 늦추었다고 생각하여 끝내 晉나라와 한나라가 망한 책임을 풍도에게 돌리지 않았다. 그러나 풍도는 임금이 죽고 나라가 망하는 상황을 보면서도 개의한 적이 없었다.

이때를 당하여 천하가 크게 혼란하여 오랑캐들이 번갈아가며 침입하여 生民의 운명이 거꾸로 매달린 것보다 위급했다. 그런데 풍도는 바야흐로 長樂老라고 自號하고 수백 자의 글을 지어서 자신이 번갈아가며 섬긴 四姓의 임금과 거란에서 받은 품계와 공훈과 관작을 서술하고서 영화롭게 여겨 스스로 말하기를 "집에서 효도하고 나라에 충성하였으며 자식과 아우와 신하와 스승과 지아비와 아비로 지내며 아들과 손자를 두었다. 때때로 한 권의 책을 펼쳐보고 때때로 한 잔의 술을 마시며 음식을 맛보고 소리를 분별하고 채색옷을 입으면서 당대에 편안히 늙어 늙어가면서 스스로 즐기니 이 같은 즐거움이 어디 있으랴."라고 하니, 대개 그가 스스로 서술한 것이 이와 같았다.

1) 舊德 : 德望이 높은 老臣을 가리킨다.
2) 生民之命 急於倒懸 : 거꾸로 매달린다는 말은 ≪孟子≫ 〈公孫丑 上〉에 "지금과 같은 때에 萬乘의 나라에서 仁政을 행한다면 백성들이 기뻐함이 거꾸로 매달린 것을 풀어 주는 것과 같다.〔當今之時 萬乘之國行仁政 民之悅之 猶解倒懸也〕"라고 한 데서 온 말이다.
3) (司)〔師〕 : 저본에는 '司'로 되어 있으나, ≪新五代史≫에 의거하여 '師'로 바로잡았다.

4) 食味別聲被色 : ≪禮記≫ 〈禮運〉에 "그러므로 사람은 천지의 마음이며 오행의 단서이니, 음식을 먹고 소리를 구별하고 색이 있는 것을 입고 사는 것이다. 〔故人者天地之心也 五行之端也 食味別聲被色而生者也〕"라고 하였다.

道前事九君에 未嘗諫諍이러니 世宗初卽位에 劉旻攻上黨[1]하니 世宗曰 劉旻少我하야 謂我新立而國有大喪하니 必不能出兵以戰이오 且善用兵者는 出其不意하나니 吾當自將擊之호리라하야늘 道乃切諫以爲不可라 世宗曰 吾見唐太宗平定天下에 敵無大小히 皆親征이라하니 道曰 陛下未可比唐太宗이라하야늘 世宗曰 劉旻烏合之衆이 若遇我師면 如山壓卵이라하니 道曰 陛下作得山定否아하야늘 世宗怒하야 起去하야 卒自將擊旻하야 果敗旻于高平이라 世宗取淮南하고 定三關하니 威武之振이 自高平始라 其擊旻也에 鄙道不以從行하고 以爲太祖山陵使[2]어늘 葬畢而道卒하니 年七十三이라 諡曰文懿요 追封瀛王하다 道旣卒에 時人皆相稱歎以謂與孔子同壽라하니 其喜爲之稱譽가 蓋如此라 道有子吉이라

馮道

馮道가 앞서 아홉 임금을 섬기면서는 간쟁한 적이 없었다. 世宗이 막 즉위했을 때 劉旻이 上黨을 공격하니 세종이 말하기를 "유민이 나를 업신여겨, 나는 막 즉위하였고 나라는 大喪을 당하였으니 반드시 출병하여 싸울 수 없으리라고 생각하고 있다. 또 용병을 잘하는 자는 생각지 못한 틈을 엿보아 공격하는 법이니 내가 응당 직접 군사를 이끌고 공격하겠다."라고 하자, 풍도가 이에 간절히 간쟁하여 불가하다고 하였다. 세종이 말하기를 "내가 보건대 唐 太宗이 천하를 평정할 적에 적의 세력이 크건 작건 모두 親征하였다."라고 하니, 풍도가 말하기를 "폐하는 당 태종에 비길 수 없습니다."라고 하였다. 세종이 말하기를 "유민의 오합지졸이 만약 나의 군대와 조우한다면 마치 산으로 계란을 누르는 격일 것이다."라고 하니, 풍도가 말하기를 "폐하께서 산이 되실 수 있겠습니까?"라고 하자, 세종이

노하여 일어나 나가서 마침내 스스로 병사를 이끌고 유민을 공격하여 과연 高平에서 유민을 패퇴시켰다.

세종이 淮南을 취하고 三關을 평정하였는데 威武가 떨쳐지기 시작한 것은 고평 전투에서부터였다. 세종이 유민을 공격할 때 풍도를 비루하게 여겨 從行시키지 않고 太祖의 山陵使로 삼았는데 葬事가 끝나자 풍도가 졸하니 향년 73세였다.

시호를 文懿라 하고 瀛王으로 追封하였다. 풍도가 졸하고 나서 당시 사람들이 모두 서로 칭송하고 탄식하면서 孔子와 같은 壽를 누렸다고 하니, 사람들이 풍도를 좋아하여 稱揚함이 대개 이와 같았다. 풍도는 아들 吉을 두었다.

1) 世宗初卽位 劉旻攻上黨 : 世宗은 後周를 세운 太祖 郭威의 조카인 柴榮(921~959)이다. 後嗣가 없는 곽위의 養子로 황위를 이어받았다. 劉旻(895~954)은 後漢 高祖 劉知遠의 동생으로 곽위와는 평소부터 사이가 좋지 않았는데 곽위가 후주를 세우자 太原에서 北漢을 건국하고 世祖가 되었다. 契丹과 연합하여 후주 정벌에 나섰으나 高平 전투에서 대패한 뒤 울분으로 죽었다.

2) 其擊旻也……以爲太祖山陵使 : ≪五代史記纂誤續補≫ 卷5에 "살펴보건대 ≪卄二史攷異≫에 '살펴보건대 풍도는 首相이 되어 故事에 따라 山陵使가 된 것이다. 또 〈本紀〉에 근거하면 산릉사로 임명한 일은 2월 丁卯일에 있었고 世宗의 親征은 3월 乙酉일에 출발하였으니 풍도가 간언한 일 때문에 이런 명령이 있었던 것은 아니다. 歐陽公이 풍도를 미워하여 말을 심하게 한 것이다.'라고 하였다.〔案卄二史攷異案道爲首相 依故事爲山陵使 且據本紀山陵使之命 在二月丁卯 而世宗親征 乃于三月乙酉啓行 則非因道之進諫 而有是命也 歐陽公惡道而甚其辭耳〕"라고 하였다.

02. 李琪傳* 李琪의 傳記

* 李琪(871~930)의 字는 台秀로 河西 敦煌 사람이다. 처음 唐나라에 벼슬하였다가 당나라가 망하자 後梁을 섬겼고 다시 후량이 망하자 後唐을 섬겼다. 이기의 열전은 ≪舊五代史≫ 卷58 〈唐書 第34 列傳10〉과 ≪新五代史≫ 卷54 〈雜傳 第42〉에 실려 있다. 이기의 열전에는 이기뿐만 아니라 당대에 문장으로 함께 이름이 높았던 그의 형 李珽의 사적 역시 함께 실려 있다. 이기는 문장이

뛰어나 후량 太祖와 후당 莊宗과 明宗 모두에게 총애를 받고 중용되었다.

그런데 이기에 대한 ≪구오대사≫와 ≪신오대사≫의 기술은 전혀 반대이다. ≪구오대사≫가 이기를 높이 평가한 반면 ≪신오대사≫는 이기의 官歷에도 불구하고 〈잡전〉에 수록하고 낮게 평가하였다. 이는 茅坤이 구양수의 글에 대해 "이기의 몰염치한 모습을 묘사하였으니 〈馮道傳〉과 매우 흡사하다."라고 평한 것을 봐도 알 수 있다.

단적인 예로 후당 장종 때 천하에 큰 홍수가 나자 이기가 장문의 封事를 올린 것에 대해 ≪구오대사≫는 객관적인 사실만 서술하고 이기의 봉사문 전체를 수록한 반면, ≪신오대사≫는 이기의 봉사문을 전혀 수록하지 않고 "그 말이 길기만 하고 취할 만한 말이 없었다.〔其說漫然無足取〕"라고 평가절하하였다. 또한 ≪신오대사≫는 入閤 제도의 변천 사실을 싣고 이기가 제도를 바로잡는 데 아무런 역할을 하지 못했다고 혹평하고, 이기가 ≪開元禮≫를 들어 백관들이 자신을 전송해야 한다고 한 사실을 수록하여 이기의 몰염치를 드러내었으며, 이기가 牙版에 금 글씨로 '前鄕貢進士 李琪'라고 새기고서 항상 자리 곁에 두면서 사람됨이 진중한 점이 부족하여 進退의 도리를 알지 못하였다고 평가하였다. 이 사안들은 모두 ≪구오대사≫에는 없는 기록들이다.

요컨대 ≪신오대사≫는 당나라의 신하로 계속 절의를 바꿔가며 후량과 후당을 섬기고 자신의 출세에만 급급했던 모습으로 이기를 묘사하였다. 이는 절의 없고 공적이 없는 이를 貶懲하려는 구양수의 撰史 의식이 다시 한 번 여실히 드러난 부분이다.

한편 ≪구오대사≫는 이기에 대해 다음과 같이 평하고 있다. "재상의 재주는 예로부터 얻기 어려웠으니, 대개 문학과 정사와 행실과 계책 어느 것 하나도 빠져서는 안 되기 때문이다.……이기의 문장은 충분히 搢紳大夫들의 표준이 되고 황제의 詔命을 빛내기에 충분했으니 묘당에 오름에 의당 부끄러움이 없을 것이다.〔夫相輔之才 從古難得 蓋文學政事 履行謀猷 不可缺一故也……李琪之文章 足以圭表搢紳 筌簾典誥 陟之廊廟 宜無愧焉〕"

通篇이 **點綴琪之無廉恥處**하니 **頗似馮道傳**이라

全篇이 李琪의 몰염치한 모습을 묘사하였으니 〈馮道傳〉과 매우 흡사

하다.

李琪는 字台秀니 河西燉煌人也라 其兄珽은 唐末에 擧進士及第하야 爲監察御史라 丁內難에 貧無以葬하야 乞食而後葬이라 珽饑臥廬中[1)]하니 聞者哀憐之라 服除에 還拜御史러니 荊南成汭[2)]가 辟(벽)掌書記하다 吳兵圍杜洪[3)]하니 梁太祖遣汭與馬殷等하야 救洪이어늘 汭以大舟載兵數萬하니 珽爲汭謀曰 今一舟容甲士千人이오 糗(구)糧倍之니 緩急不可動이라 若爲敵人縻(미)之면 則武陵武安은 必爲公之後患[4)]이리니 不若以勁兵屯巴陵하야 壁不與戰이라 吳兵糧盡이면 則圍解矣리라하야늘 汭不聽이라 果敗하야 溺死하다 趙匡凝[5)]鎭襄陽할새 又辟掌書記러니 太祖破匡凝하고 得珽하야 喜曰 此眞書記也로다하다 太祖卽位에 除考功員外郞知制誥어늘 珽度(탁)太祖不欲先用故吏하야 固辭不拜하야 出知曹州[6)]라 曹州素劇難理라 前刺史十餘輩가 皆坐事廢러니 珽至에 以治聞하다 遷兵部郞中崇政院直學士하다

李琪는 字는 台秀이니 河西 燉煌 사람이다. 그의 형 李珽은 唐나라 말엽에 進士試에 응시하여 급제하여 監察御史가 되었다. 모친상을 당했을 때 가난하여 장사 지낼 길이 없어 음식을 구걸한 뒤에야 장사를 지낼 수 있었다. 이정이 굶주리며 廬幕 속에 누워 지내니 듣는 자들이 애달프고 가엾게 여겼다. 상복을 벗고 도로 御史에 배수되었는데 荊南의 成汭가 掌書記로 초빙하였다. 吳나라 병사가 杜洪을 포위하니 梁 太祖가 성예와 馬殷 등을 보내 두홍을 구원하게 하였다. 성예가 큰 배에 수만 명의 병사를 태우니 이정이 성예를 위해 계책을 내어 말하기를 "지금 배 한 척에 甲士 일천 명을 태우고 군량은 그 곱절을 싣는데, 위급한 일이 생기면 運身할 수 없습니다. 만약 적들에게 붙들린다면 武陵과 武安은 반드시 공의 後患이 될 것이니, 정예병을 巴陵에 주둔시켜 성채를 굳게 닫고 교전하지 않는 것만 못합니다. 오나라 병사들은 군량이 떨어지면 포위를 풀 것입니다."라고 하였는데 성예가 따르지 않았다. 과연 패배하여 물에 빠져 죽었다.

趙匡凝이 襄陽을 鎭守할 때 또 장서기로 초빙하였는데 태조가 조광응을 격파하고 이정을 얻고서 기뻐하며 말하기를 "이 사람은 진정한 장서기이다."라고 하였다. 태

조가 즉위하자 考功員外郎 知制誥를 제수하였는데, 이정은 태조가 唐나라의 예전 관리들을 먼저 등용하지 않을 줄 짐작해 알고서 固辭하여 명을 받지 않고 외직으로 나가 知曹州가 되었다.

曹州는 본디 다스리기 몹시 어려운 고을이었으므로 전임 刺史 십여 명이 모두 일로 인해 죄를 입어 파직되었는데 이정이 부임하자 잘 다스린다는 명성이 났다. 승진하여 兵部郎中 崇政院直學士가 되었다.

1) 丁內艱……斑饑臥廬中 : ≪舊五代史≫ 卷24 〈梁書 第24 列傳14〉에 "얼마 후 모친상을 당했다. 이보다 앞서 부친이 타지에서 죽어 유해가 먼 타지에 있었는데 집이 가난하여 장사를 치를 길이 없었다. 그리하여 아우 李琪와 함께 臘雪을 맞으면서 홑겹의 衰麻服을 입고 喪杖을 짚고서 슬픔을 머금고 사람들에게 사정하여 이를 말미암아 兩親의 시신을 옮겨와 合葬할 수 있었다.〔俄丁內艱 先是 父旅殯在遠 家貧無以襄事 與弟琪當臘雪以單縗扶杖 銜哀告人 由是兩克遷祔〕"라고 하였다. ≪五代史記纂誤續補≫ 卷5에서는 이상의 ≪구오대사≫의 기술을 들어 "葬事를 도와줄 것을 사정한 것이지 乞食한 것이 아니다.〔蓋乞助葬 非乞食〕"이라고 변증하였다.

2) 荊南成汭 : 成汭(?~903)는 淮西 사람으로 어릴 때 사람을 죽여 이름을 郭禹로 바꾸었다가 荊南節度使 陳儒의 휘하에 들어가 裨校가 되었다. 陳儒가 수하인 張瑰에게 살해되자 성예는 천여 명의 군사를 이끌고 歸州로 달아나 지역을 점거하고 刺史라 자칭하였다. 이후 그곳에서 점차 세력을 확대하여 唐 昭宗에게 荊南留後를 제수받았으며 다시 정식으로 형남절도사를 제수받았다.

3) 吳兵圍杜洪 : 吳兵은 淮南節度使로 淮南 지역을 장악하고 吳나라를 세운 뒤 後梁과 대립했던 楊行密(852~905)의 군대를 가리킨다. 杜洪은 본래 양행밀의 수하로 鄂州의 守將이었는데 양행밀을 배반하고 後梁 太祖 朱溫에게 구원을 요청하였다.

4) 若爲敵人縻(미)之……必爲公之後患 : 武陵은 武貞軍節度使 雷彦威의 세력을 가리키고 武安은 武安軍節度使 馬殷의 세력을 가리킨다. 모두 강남 지역에서 서로 대립한 세력이다. 雷彦威를 武陵이라 지칭한 것은 雷彦威의 본거지인 朗州의 治所가 武陵이었기 때문이다.

5) 趙匡凝 : ?~?. 蔡州 사람으로 字光儀이다. 부친 德諲이 襄陽 등을 가지고 朱

溫에게 항복하였는데 부친이 죽은 뒤로 조광응이 그 땅을 점거하고 세력을 荊南까지 넓혀 荊襄節度使가 되었다. 주온이 唐나라를 멸망시킬 때 당나라에 충성을 표시하여 주온의 공격을 받아 패배하여 吳나라의 楊行密에게 의탁했다가 오나라의 대신 徐溫에게 피살되었다.

6) 太祖卽位……出知曹州 : ≪舊五代史≫ 卷24 〈梁書 第24 列傳14〉에 "梁 太祖가 唐나라로부터 禪讓받던 해에 宰臣이 考功員外郎 知制誥를 제수하였는데, 李珽은 태조가 당나라의 옛 관료들부터 먼저 淸顯職에 超拜하고 싶어 하지 않음을 헤아리고서 세 차례 疏章을 올려 固辭하니, 태조가 優渥한 詔書를 내려 褒奬하고 윤허하였다. 얼마 뒤 本官으로 曹州監事가 되었다.〔受禪之歲 宰臣除爲考功員外郎知制誥 珽揣太祖未欲首以舊僚超拜淸顯 三上章固辭 優詔褒允 尋以本官監曹州事〕"라고 하였다.

許州馮行襲[1]病한대 行襲有牙兵二千이 皆故蔡卒[2]이라 太祖懼爲變이라 行襲爲人嚴酷하야 從事魏峻切諫에 行襲怒하야 誣以贓下獄하야 欲誅之라 乃遣珽代行襲爲留後하니 珽至許州하야 止傳舍하야 慰其將吏라 行襲病甚하야 欲使人代受詔어늘 珽曰 東首加朝服이 禮也라하고 乃卽臥內하야 見行襲하야 道太祖語하니 行襲感泣하야 解印以授珽이라 珽乃理峻寃하야 立出之하고 還報太祖하니 太祖喜曰 珽果辦吾事라하다 會歲饑하야 盜劫汴宋間에 曹州尤甚이라 太祖復(부)遣珽治之하니 珽至索賊하야 得大校張彦珂珽甥李郊等과 及牙兵百餘人하야 悉誅之하다 召拜左諫議大夫하다 太祖幸河北하야 至內黃[3]하야 顧珽曰 何謂內黃고하야늘 珽曰 河南有外黃下黃이라 故此名內黃이라하니 太祖曰 外黃下黃은 何在오하야늘 珽曰 秦有外黃都尉하니 在今雍丘요 下黃爲北齊所廢하니 在今陳留라하다 太祖平生不愛儒者러니 聞珽語하고 大喜하다 友珪[4]立에 除右散騎常侍侍講하다 袁象先討賊[5]할새 珽爲亂兵所殺하다

許州의 馮行襲이 병이 들었는데, 풍행습의 牙兵 2천 명은 모두 옛날 蔡州의 병졸들이었으므로 太祖는 그들이 변란을 일으킬까 두려워하였다. 풍행습은 사람됨이 嚴酷하여 종사관인 魏峻이 간절하게 諫爭하자 풍행습이 노하여 그를 뇌물죄로 誣陷하여 하옥시키고 주살하려 하였다. 이에 李珽을 보내 풍행습을 대신하여 留後로 삼으

니 이정이 허주에 이르러 傳舍에 머물면서 將吏들을 慰撫하였다.

풍행습의 병이 심하여 다른 사람에게 대신 詔書를 받게 하려 하자 이정이 말하기를 "머리를 동쪽으로 하고 몸 위에 朝服을 얹는 것이 禮입니다."라고 하고서 침실로 나아가 풍행습을 만나보고 태조의 말을 전하니, 풍행습이 감읍하여 印章을 풀러 이정에게 주었다. 이정이 이에 위준의 억울한 옥사를 다스려 즉시 방면하고 돌아와 태조에게 보고하니, 태조가 기뻐하며 말하기를 "이정이 과연 나의 일을 잘 처리하였도다."라고 하였다.

이때 마침 기근이 들어 도적떼가 汴州와 宋州 지역에서 노략질 하였는데 曹州가 더욱 극심하였다. 태조가 다시 이정을 보내 다스리게 하니 이정이 이르러 도적들을 색출하여 大校 張彦珂와 이정의 甥姪 李郊 등과 牙兵 백여 명을 잡아 모두 주살하였다. 이정은 조정으로 불려와 左諫議大夫에 배수되었다.

태조가 河北으로 거둥하여 內黃에 이르러 이정을 돌아보며 말하기를 "어찌하여 내황이라 부르는가?"라고 하자, 이정이 말하기를 "河南에 外黃과 下黃이 있습니다. 그러므로 이곳을 내황이라 부릅니다."라고 하였다. 태조가 말하기를 "외황과 하황은 어디인가?"라고 하자, 이정이 말하기를 "秦나라 때 外黃都尉를 두었으니 지금의 雍丘에 있었고, 하황은 北齊가 폐지하였으니 지금의 陳留에 있었습니다."라고 하였다. 태조는 평소 儒者를 아끼지 않았는데 이정의 말을 듣고는 크게 기뻐하였다. 朱友珪가 즉위하자 右散騎常侍 侍講을 제수하였다. 袁象先이 賊徒를 토벌할 때 이정은 亂兵들에게 살해되었다.

1) 許州馮行襲 : 馮行襲(?~910)은 字가 正臣으로 均州 武當 사람이다. 唐나라 말엽에 均州都校로 있다가 均州刺史 呂燁을 몰아내고 균주를 점령했다. 山南節度使 劉巨容이 그를 刺史로 임명하였고 이후 昭戎軍節度使에 올랐다. 朱溫이 後梁을 세우자 귀부하여 司空이 되고 長樂王에 봉해졌으며 許州를 鎭守하였다.

2) 皆故蔡卒 : 蔡州는 唐나라 말엽에 黃巢가 점령한 곳이다. 당시 唐나라에서 上蔡 사람으로 許州의 牙將 출신인 秦宗權을 보내 채주를 거점으로 황소를 막게 했는데 진종권은 황소에게 항복하였고, 황소가 죽은 뒤 채주를 중심으로 주변 지역으로 세력을 넓혀갔다. 이후 朱溫에게 패배하여 주살되었다. 채주의 군졸

들은 이때 주온에게 귀속된 진종권의 병졸들을 가리킨다.

3) 內黃 : 지금의 河南省 安陽市 일대에 있던 지명이다.

4) 友珪 : 後梁 太祖 朱溫의 庶子인 朱友珪(?~913)이다. 태조가 병에 걸려 養子 朱友文을 세우려 하자 태조와 주우문을 살해하고 제위에 올랐다.

5) 袁象先討賊 : 袁象先은 後梁의 將帥로 朱友珪가 부친을 시해하고 제위를 찬탈하자 禁軍을 이끌고 반란을 일으켰다. 적도는 제위를 찬탈한 주우규를 가리킨 것이다. 주우규는 사태가 위급하자 자살하였고, 이후 太祖의 넷째 아들인 朱友貞이 즉위하였다.

琪少擧進士博學宏辭하야 **累遷殿中侍御史**하야 **與其兄珽**으로 **皆以文章知名**이러니 **唐亡**에 **事梁太祖**하야 **爲翰林學士**하다 **梁兵征伐四方**에 **所下書詔**가 **皆琪所爲**니 **下筆**에 **輒得太祖意**하다 **末帝時**에 **爲御史中丞尙書左丞**하고 **拜同中書門下平章事**하야 **與蕭頃**[1]으로 **同爲宰相**이라 **頃性畏愼周密**하고 **琪倜**(척)**儻負氣**하야 **不拘小節**하야 **二人多所異同**하니 **而琪內結趙巖張漢傑等爲助**라 **以故**로 **頃言多沮**하다 **頃嘗掎摭**(기척)**其過**라 **琪所私吏當得試官**[2]이어늘 **琪改試爲守**라가 **爲頃所發**이라 **末帝大怒**하야 **欲竄逐之**어늘 **而巖等救解**하야 **乃得罷爲太子少保**하다

李琪는 소싯적에 進士科와 博學宏辭科에 급제하여 여러 차례 승진하여 殿中侍御史가 되어 그의 형 李珽과 함께 모두 문장으로 이름이 알려졌다. 그러다가 唐나라가 망하자 梁 太祖를 섬겨 翰林學士가 되었다. 양나라 병사가 사방을 정벌할 때 내린 조서들은 모두 이기가 지은 것으로, 짓는 글마다 태조의 의중에 들어맞았다. 末帝 때에 御史中丞, 尙書左丞이 되고 同中書門下平章事에 배수되어 蕭頃과 함께 宰相이 되었다.

소경은 성품이 조심스럽고 주밀하고 이기는 거리낌 없고 자신감이 넘쳐 작은 예절에 구애받지 않아 두 사람의 의견이 어긋나는 때가 많으니, 이기가 안으로 趙巖과 張漢傑 등과 결탁하여 자기를 돕는 세력으로 삼았다. 이 때문에 소경의 의견이 많이 저지되었다. 소경은 일찍이 이기의 과실을 조사해 모으던 터였는데, 이기가 친하게 대하는 관리가 마땅히 試官이 되어야 함에도 이기가 시관을 고쳐 정식 관리로 삼았

다가 소경에게 발각되었다. 末帝가 크게 노하여 이기를 竄逐하려 하였는데, 조암 등이 구명하여 파직되어 太子少保가 되었다.

1) 蕭頃 : 862~930. 字는 子澄으로 京兆 萬年 사람이다. 唐 昭宗 때 출사하여 吏部員外郎에 이르렀고, 後梁에도 벼슬하여 中書門下平章事가 되었다. 後唐 莊宗이 등극하자 폄적되어 登州司戶, 濮州司馬가 되었다가 다시 승진하여 太子少保로 致仕하였다. 69세에 졸하였고 太子少師에 증직되었다.

2) 試官 : 試攝이라고도 한다. 정식으로 임명되기 전에 임시로 대리 업무를 보는 관원을 가리킨다.

唐莊宗滅梁하고 得琪하야 欲以爲相이라가 而梁之舊臣多嫉忌之일새 乃以爲太常卿하고 遷吏部尙書하다 同光三年秋에 天下大水하야 京師乏食尤甚이어늘 莊宗以朱書御札로 詔百僚上封事라 琪上書數千言[1)]한대 其說漫然無足取로대 而莊宗獨稱重之하야 遂以爲國計使하고 方欲以爲相이라가 而莊宗崩이라 明宗入洛陽에 群臣勸進하야 有司具儀하야 用柩前卽位故事[2)]하고 霍彦威孔循等이 請改國號絶土德[3)]이어늘 明宗武君이라 不曉其說하야 問曰 何謂改號오하니 對曰 莊宗受唐賜姓爲宗屬[4)]이라 繼昭宗以立하야 而號國曰唐이러니 今唐天命已絶이라 宜改號以自新이라하야늘 明宗疑之하야 下其事群臣하니 群臣依違不決이라 琪議曰 殿下宗室之賢으로 立功三世[5)]러니 今興兵向闕에 以赴難爲名이어늘 而欲更易統號하야 使先帝便爲路人이면 則煢(경)然梓宮이 何所依往가하니 明宗以爲然하야 乃發喪成服而後卽位하고 以琪爲御史中丞하다

唐 莊宗이 梁나라를 멸망시키고 李琪를 얻어 재상으로 삼고자 하다가 양나라의 舊臣들이 많이들 시기하므로 마침내 太常卿으로 삼고 吏部尙書로 승진시켰다. 同光 3년(925) 가을에 천하에 홍수가 크게 나서 京師의 식량부족이 더욱 심하였는데 장종이 붉은 글씨로 御札을 써서 백관들에게 조서를 내려 封事를 올리게 하였다. 이기가 수천 자의 글을 올렸는데 그 말이 길기만 하고 취할 만한 말이 없었으나 장종은 유독 칭찬하고 중시하여 마침내 國計使로 삼고 막 재상으로 삼으려던 터에 장종이 崩御하였다.

명종이 낙양으로 들어오자 신하들이 황제의 자리에 오를 것을 권하여 有司가 儀禮

를 갖추어 棺槨 앞에서 즉위한 故事를 준용하였다. 그리고 霍彦威와 孔循 등이 國號를 바꾸고 土德을 끊기를 청하였는데 명종은 武人 출신의 군주라 그 말을 이해하지 못하고서 묻기를 "무엇을 일러 改號라고 하는가?"라고 하니, 대답하기를 "장종께서 唐나라가 내려준 姓을 받아 宗室의 族屬이 되었으므로 昭宗을 이어 즉위하여 나라 이름을 唐이라고 하였는데 지금 당나라의 天命은 이미 끊어졌습니다. 마땅히 국호를 바꾸어 스스로 새로워져야 합니다."라고 하였다. 그러자 명종이 의아해하며 그 일을 신하들에게 하달하여 의논하게 하니 신하들이 머뭇거리며 결정하지 못하였다.

이기가 의견을 말하기를 "전하께서는 宗室의 어진 분으로 三代에 걸쳐 공훈을 세우셨습니다. 지금 병사를 일으켜 대궐로 향하면서 國難을 구하러 달려간다는 명분을 세우셨는데 국호를 바꾸어 先帝를 곧장 아무 관계없는 행인처럼 만들려 하신다면 고단한 梓宮이 어디를 의지해 가겠습니까."라고 하니, 명종이 옳게 여기고 마침내 發喪하여 상복을 갖추어 입은 뒤에 즉위하고 이기를 御史中丞으로 삼았다.

1) 琪上書數千言 : 이때 李琪가 올린 疏章은 ≪舊五代史≫의 李琪의 열전에 실려 있다. 대체적으로 세금을 적게 거두고 곡식을 귀하게 여기며 농업을 중시해야 한다는 내용이다.

2) 用柩前卽位故事 : 柩前卽位는 상례를 다 치르지 않고 즉시 先君의 棺槨 앞에서 즉위하는 것을 가리킨다. 이에 대해서는 우리나라의 象村 申欽이 그 유래와 변천을 설명한 글이 있다. ≪象村稿≫ 卷33 〈王禮說〉에 "漢나라 이래로 상복을 입는 기한을 단축한 제도가 시행되면서부터 여묘살이하는 典禮가 폐지되었다.……東漢에 와서는 장례를 치르는 기한이 차차 지연되면서 古禮가 회복되지 않아 드디어는 널 앞에서 즉위하는 임금이 있게 되었다. 그러나 모두 초빈을 마친 뒤였다. 오직 北魏의 宣武帝가 붕어하자 太宗이 다음날을 기다리지 않고 즉위하였고, 宋 理宗이 史彌遠의 재촉으로 寧宗이 승하한 그날에 즉위하였는데, 이들은 다 태평한 때여서 위험스럽거나 협박하는 기미가 없었는데도 너무나 빨리 왕위를 취하였으므로 先儒들이 비평하였다. 이는 왕자의 예 가운데 큰 법규이다. 그러나 이는 다만 兩漢의 태평 시대 때의 일이고 쇠퇴하여 어지러워진 뒤로는 서로가 왕위를 빼앗기도 하고 남의 힘에 의하여 천자가 생겨나기도 하였는데, 이것은 열거할 필요도 없을 뿐만 아니라 또한 교훈으로

삼을 것이 못 되기 때문에 쓰지 않는다."라고 하였다.

3) 請改國號絶土德 : 고대 중국에는 金木水火土의 五行이 相生相克하여 서로 돌아가면서 그 기운을 받아 왕조가 들어선다고 믿었다. 그에 따르면 唐나라는 土의 기운을 받아 일어선 왕조에 해당된다.

4) 莊宗受唐錫姓爲宗屬 : 後唐 莊宗 李存勖은 본래 突厥 沙陀族 출신이다. 그의 조부인 朱邪赤心이 唐나라 때 朔州刺史를 지내면서 龐勛의 난을 토벌한 공적으로 당나라 조정으로부터 國姓인 李氏를 하사받아 이름을 李國昌으로 고친 이래 그 아들 李克用과 이존욱 모두 이씨 성을 사용하였다.

5) 立功三世 : 後唐 明宗 李嗣源은 본명이 邈佶烈로, 莊宗 李存勖의 부친인 李克用의 養子이다. 三世는 李國昌, 이극용, 이존욱을 가리킨다.

自唐末喪亂으로 朝廷之禮壞하야 天子未嘗視朝하고 而入(閣)〔閤〕[1]之制亦廢라 常參之官日至正衙者가 傳聞不坐卽退하고 獨大臣奏事에 日一見(현)便殿하며 而侍從內諸司는 日再朝而已라 明宗初卽位하야 乃詔群臣五日一隨宰相하야 入見內殿하고 謂之起居라하야늘 琪以謂非唐故事하야 請罷五日起居而復朔望入(閣)〔閤〕이라 明宗曰 五日起居는 吾思所以數(삭)見群臣也니 不可罷어니와 而朔望入(閣)〔閤〕은 可復이라하다 然唐故事에 天子日御殿見群臣을 曰常參이오 朔望薦食諸陵寢에 有思慕之心하야 不能臨前殿일새 則御便殿하야 見群臣을 曰入(閣)〔閤〕이라 宣政은 前殿也니 謂之衙요 衙有仗하며 紫宸은 便殿也니 謂之(閣)〔閤〕이라 其不御前殿而御紫宸也에 乃自正衙喚仗하야 由(閣)〔閤〕門而入이어든 百官俟朝于衙者가 因隨以入見(현)이라 故謂之入(閣)〔閤〕이라 然衙는 朝也니 其禮尊하고 (閣)〔閤〕은 (晏)〔宴〕[2]見[3]也니 其事殺(쇄)라 自乾符[4]已後로 因亂禮闕하야 天子不能日見群臣而見朔望이라 故正衙常日廢仗而朔望入(閣)〔閤〕有仗이러니 其後習見하야 遂以入(閣)〔閤〕爲重이라 至出御前殿하야도 猶謂之入(閣)〔閤〕이라가 其後亦廢러니 至是而復이라 然有司不能講正其事하야 凡群臣五日一入에 見(현)中興殿은 便殿也니 此入(閣)〔閤〕之遺制로대 而謂之起居라하고 朔望一出御文明殿은 前殿也로대 反謂之入(閣)〔閤〕이라하야늘 琪皆不能正也라 琪又建言 入(閣)〔閤〕엔 有待制次對官論事어늘 而內殿起居엔 一見(현)而退라 欲有

言者가 無由自陳하니 非所以數(삭)見群臣之意也라하야늘 明宗乃詔起居日有言事者어든 許出行自陳하고 又詔百官以次轉對하다

唐나라 말엽에 禍亂이 일어난 때로부터 조정의 예법이 무너져 천자는 조회를 본 적이 없었고 入閤의 제도도 폐지되었다. 그리하여 常參官이 날마다 正衙에 이르러 천자가 出坐하지 않았다는 말을 전해 듣는 즉시 물러갔고, 大臣이 政事를 아뢰는 일이 있을 때만 하루에 한번 便殿에서 알현하였으며 侍從하는 여러 內司는 하루에 두 번 朝見할 따름이었다.

明宗이 처음 즉위하여 조서를 내려 신하들이 5일에 한번 宰相을 따라 內殿으로 들어와 알현하게 하고 이를 起居라 불렀는데, 李琪가 당나라의 故事가 아니라 여겨 닷새마다의 기거를 없애고 朔望에 입합하는 제도를 회복하기를 청하였다. 명종이 말하기를 "닷새마다의 기거는 내가 신하들을 자주 만나보려는 생각에서 한 것이니 없앨 수 없거니와 삭망에 입합하는 것은 회복하라."라고 하였다.

그러나 당나라의 고사에는 천자가 날마다 正殿에 거둥하여 신하들을 만나는 것을 상참이라 하였고, 삭망에 여러 陵寢에 음식을 올릴 때 선조를 사모하는 마음이 일어나 정전에 臨御할 수 없으므로 便殿에 거둥하여 신하들을 만나보는 것을 입합이라 하였다. 宣政殿은 正殿이니 衙라고 부르고 衙에는 儀仗이 있으며, 紫宸殿은 便殿이니 閤이라 불렀다. 정전에 거둥하지 않고 자신전에 거둥할 때에 正衙에서 의장을 불러와 閤門을 통해 들이면 衙에서 朝見을 기다리던 백관들이 의장이 들어갈 때 뒤따라 들어가 알현하였다. 그러므로 입합이라 하였다. 그러나 衙는 朝廷이니 그 예가 존엄하고 閤은 宴見하는 곳이니 그 의식을 줄였다.

乾符 이후로 禍亂으로 인해 예법이 누락되어 천자가 날마다 신하들을 만나보지 못하고 삭망 때에만 만나보았다. 그러므로 正衙에서는 평소 의장을 폐하고 삭망의 입합 때에 의장을 두었는데, 그 뒤 이것이 관례가 되어 마침내 입합을 중시하게 되었다. 그리고 천자가 정전으로 거둥하는 것마저 입합이라 부르다가 그 뒤에는 이마저 폐하였는데 이때 이르러 회복하였다. 그러나 담당 관원이 그 일을 강구하여 바로잡지 못하여 무릇 신하들이 닷새에 한번 궁으로 들어와 中興殿에서 알현하는 것은, 중흥전이 편전이라 이는 입합의 遺制인데도 기거라 불렀다. 그리고 삭망에 한번 천

자가 文明殿에 出御하는 것은, 문명전이 정전인데도 도리어 입합이라 불렀다. 그런데도 이기가 모두 바로잡지 못하였다.

이기가 또 건의하기를 "입합할 때는 待制와 次對官이 政事를 논하는데 內殿에서 기거할 때는 한번 알현하고서 물러나므로 말할 것이 있는 자가 스스로 진달할 길이 없으니 이는 신하들을 자주 만나보려는 뜻이 아닙니다."라고 하자, 명종이 조서를 내려 기거하는 날에 말할 것이 있는 자가 있으면 班行에서 나와 스스로 진달하는 것을 허락하고 또 조서를 내려 백관들이 차례대로 輪對하게 하였다.

1) (閤)〔閣〕: 저본에는 '閤'으로 되어 있으나, ≪新五代史≫에 의거하여 '閣'으로 바로잡았다. 아래도 같다.
2) (晏)〔宴〕: 저본에는 '晏'으로 되어 있으나, ≪新五代史≫에 의거하여 '宴'으로 바로잡았다.
3) (晏)〔宴〕見 : 황제가 公務 외적으로 신하를 召見하는 것으로 朝見과 대비된다.
4) 乾符 : 唐 僖宗의 연호로, 874~879 사이에 사용되었다.

是時에 樞密使安重誨專權用事라 重誨前騶[1]過御史臺門할새 殿直馬延誤衝之어늘 重誨卽臺門斬延而後奏라 琪爲中丞하야 畏重誨하야 不敢彈糾하고 又懼諫官論列하야 乃托宰相任圜先白重誨而後糾라 然猶依違不敢正言其事라 豆盧革等罷相에 任圜議欲以琪爲相이어늘 而孔循鄭玨(각)沮之하야 乃止하고 遷尙書右僕射하다 琪以狀申中書하야 言 開元禮[2]에 僕射上事日에 中書門下率百官送上이라하야늘 中書下太常하니 禮院言 無送上之文이요 而琪已落新授어늘 復擧上儀하니 皆不可[3]라하다 明宗討王都[4]하야 已破定州하고 自汴還洛한대 琪當率百官하야 至上東門[5]이로대 而請至偃師[6]奉迎하고 其奏章에 言 敗契丹之凶黨하고 破眞定之逆城이라하야늘 坐誤以定州爲眞定[7]하야 罰俸一月하다 霍彦威卒에 詔琪撰神道碑文한대 彦威故梁將이오 而琪故梁相也라 敍彦威在梁事에 不曰僞하야 爲馮道所駁하다 琪爲人重然諾하고 喜稱人善이라 少以文章知名이오 亦以此自負라 旣貴에 乃刻牙版爲金字曰前鄕貢進士李琪[8]하야 常置之坐側이라 爲人少持重하고 不知進退라 故數(삭)爲當時所沮라 以太子太傅致仕하고 卒하니 年六十이라

이때에 樞密使 安重誨가 권력을 전횡하였다. 안중회의 前騶가 御史臺의 문을 지날 때 殿直인 馬延이 잘못하여 충돌하였는데 안중회가 즉시 어사대의 문 앞에서 마연을 참수한 뒤 그 일을 上奏하였다. 李琪가 中丞으로 있으면서 안중회를 두려워하여 감히 탄핵하지 못한데다 諫官들의 論列이 두려워 이에 재상 任圜이 먼저 안중회의 일을 아뢴 기회에 뒤이어 탄핵하였다. 그러나 오히려 주저하며 감히 그 일을 똑바로 말하지 못하였다. 豆盧革 등이 재상에서 파직되었을 때 임환이 논의하여 이기를 재상으로 삼으려 했는데 孔循과 鄭珏이 저지하여 마침내 그만두고 尙書右僕射로 승진시켰다. 이기가 狀文을 中書省에 올려 말하기를 "≪開元禮≫에 僕射가 취임하는 날에 中書省과 門下省에서 백관들을 이끌고 전송한다고 되어 있다."라고 하였는데, 중서성에서 太常禮院에 사안을 내려 보내니, 태상예원에서 말하기를 "〈≪개원례≫에〉 전송한다는 글이 없고 이기는 이미 新授를 뗐음에도 上等의 儀禮를 거론하니 모두 불가합니다."라고 하였다.

明宗이 王都를 토벌하여 이미 定州를 격파하고서 汴州에서 洛陽으로 돌아왔는데, 이기가 응당 백관들을 거느리고 上東門에 이르러야 함에도 偃師에 이르러 奉迎하게 해달라고 청하였다. 그 奏章에 이르기를 "契丹의 凶黨을 패퇴시키고 반역을 일으킨 眞定의 城을 격파하였습니다."라고 하였는데 정주를 진정으로 잘못 적은 죄로 한 달의 減俸에 처해졌다. 霍彦威가 졸하자 조서를 내려 이기에게 神道碑文을 짓게 하였는데 곽언위는 옛 梁나라의 장수이고 이기는 옛 양나라의 재상이었다. 이기가 곽언위가 양나라에 있을 때의 일을 서술하면서 '僞梁'이라고 적지 않아 馮道에게 論駁당하였다.

이기는 사람됨이 약속을 중하게 여기고 다른 사람의 장점을 칭찬하기 좋아했다. 어려서 문장으로 이름이 났고 또한 이로써 자부하였다. 존귀해지고 나서 이에 牙版에 금 글씨로 "前鄕貢進士 李琪"라고 새기고서 항상 자리 곁에 두었다. 사람됨이 진중한 점이 부족하고 進退의 도리를 알지 못하였다. 그러므로 자주 당시 사람들에게 저지를 당하였다. 太子太傅로 致仕하고 졸하니 향년 60세였다.

1) 前騶 : 관리가 出行할 때 앞에서 길을 열며 辟除하는 사람이다.

2) 開元禮 : ≪大唐開元禮≫이다. 唐 太宗 때 隋나라의 禮에 의거하여 ≪貞觀禮≫

를 편찬하고, 또 高宗 때 ≪顯慶禮≫를 편찬하였는데, 玄宗이 徐堅과 李銳에게 명하여 이전의 禮制를 바탕으로 다시 편찬한 것이 ≪대당개원례≫이다. 총 150권으로 吉禮, 賓禮, 軍禮, 嘉禮, 凶禮 등을 다루고 있다.

3) 僕射上事日……皆不可 : ≪五代會要≫ 卷14 〈左右僕射〉에 내용이 상세하다. "後唐 天成 2년(927) 8月 中書門下省에서 上奏하기를, '새로 제수받은 尙書左僕射 李琪의 狀文에 보고하기를 「舊例에 의거하면 취임하는 날에는 응당 백관들에게 酒食을 恩賜한다는 말이 ≪開元禮≫에 실려 있다.」라고 하였습니다. 그리하여 곧 太常禮院에 사안을 내려보내 ≪開元禮≫를 조사해보게 하니, 단지 太師이하로부터 六部의 尙書와……책봉을 받아 拜廟하는 경우에 이르기까지 각기 해당 官司의 儀禮를 따른다고 하였을 뿐, 中書門下의 관원들이 전송한다는 말은 없었으며, 또한 酒食을 恩賜하는 일도 없었습니다.……李琪는 僚屬들과 만나보았으니 新授라 칭할 수 없고, 이미 公事를 다스리고 料錢도 청해놓고 다시 上等의 儀禮를 끌어오는 것은 공통적으로 적용할 수 있는 禮制가 아닙니다. 지금 청하건대 李琪는 편의대로 尙書省에 부임하여 公事를 처리하고, 지금 이후로 恩命을 받은 文武兩班은 지위고하를 막론하고 일을 수령하지 않았으면 마음대로 「新授」자를 떼거나 곧장 料錢을 청할 수 없게 하되, 內廷의 學士와 中書舍人은 이 제한에 포함되지 않게 하십시오.'라고 하니, 윤허하였다.〔後唐天成二年八月中書門下奏 據新授尙書左僕射李琪狀 准舊例 上事日合有恩賜百官酒食 具載開元禮文者 尋下太常禮院檢開元禮 祇有從太師已下至六部尙書……受冊拜廟　各就本司禮上　無中書門下送上之文　亦無恩賜酒食之事……李琪尋會群僚 不稱新授 已領公事 已請料錢 更引上儀 卽非通制 今請李琪任便赴省 發遣公事 今後文武兩班受恩命者 不計高卑 未領事 不得擅落新授字及便請料錢 內廷學士中書舍人 不在此限 從之〕" 이상의 내용에 의거하면, 당시 李琪는 이미 僚屬들과 만나 公事를 다스리고 특별 급료에 해당하는 料錢까지 청한 상태라 新授라고 할 수 없음에도 新授 관원이 받을 수 있는 特典을 요청하였는데, 요청한 특전은 이기의 말과는 달리 前例에 없었음을 알 수 있다.

4) 明宗討王都 : 王都(?~929)는 본래 이름이 劉雲郎으로 陘邑 사람이다. 義武軍節度使 王處直의 養子가 되었다가 왕처직이 李存勖을 배반하고 契丹과 내통하자 왕처직을 죽이고 이존욱에게 투항하였다. 이존욱이 자신의 아들 李繼岌을 왕도의 딸과 혼인시키고 왕도를 의무군절도사로 삼았다. 明宗 李嗣源이

즉위한 뒤 왕도가 자신의 부친을 살해하고 방자하게 구는 것을 미워하여 처치하려 하자 後唐을 배반하고 거란에 붙었다가 명종이 보낸 군대에게 定州를 함락당하고 가솔들과 함께 스스로 불타 죽었다.

5) 上東門 : 낙양의 동쪽 성문 이름이다.

6) 偃師 : 낙양 동쪽에 있던 縣으로 지금의 河南省 偃師市이다.

7) 坐誤以定州爲眞定 : 定州는 지금의 河北省 定州市로 眞定과는 다른 곳이다. 眞定은 唐나라 때의 鎭州로 後唐 때 眞定府로 이름을 바꾸었으며 지금의 河北省 石家庄市 正定縣에 治所가 있었다.

8) 乃刻牙版爲金字曰前鄕貢進士李琪 : 李琪가 특별히 鄕貢進士라고 쓴 것은 唐나라 때 시험에 응시해 합격한 일반 進士보다는 薦擧에 의해 선발된 鄕貢進士를 더욱 중시했기 때문이다. ≪廿二史攷異≫ 卷27에 "여기에서 前鄕貢進士라 칭하고 前進士라 칭하지 않았으니, 이는 천거되었고 시험에 응시해 합격하지는 않은 자이다. 唐나라 사람들이 鄕擧를 중시함이 이와 같았다.〔此稱前鄕貢進士而不稱前進士 則是擧而未第者也 唐人之重鄕擧如此〕"라고 하였다. ≪舊五代史≫의 李琪傳에는 "진사에 응시하여 합격하였다.〔擧進士第〕"라고 되어있고, ≪太平廣記≫ 卷175에서 李琪 문집의 서문을 인용하여 "잇따라 과거에 합격하였다.〔聯中科第〕"라고 하였으니, 실제로 이기는 시험에 응시한 사실이 있다. 그럼에도 불구하고 천거된 사실을 더욱 중시하여 鄕貢進士를 판에 새긴 것이다.

03. 劉岳傳* 劉岳의 傳記

* 劉岳(877~932)의 字는 昭輔로 洛陽 사람이다. 유악은 唐나라 때부터 높은 벼슬을 지낸 명문가의 자제로 文辭와 談論에 재주가 있었으며 典禮에 밝았다. 유악의 열전은 ≪舊五代史≫ 卷68 〈唐書 第44 列傳20〉과 ≪新五代史≫ 卷55 〈雜傳 第43〉에 실려 있다. 구양수가 유악을 입전한 가장 큰 이유는 바로 유악이 宋나라 초기 사람들이 吉凶禮를 행할 때 가장 많이 영향을 받은 ≪書儀≫의 저자이기 때문이다. 유악의 ≪서의≫는 後唐 明宗의 지시로 편찬된 것으로 예법이 혼란한 당시에 그나마 백성들이 예법을 알게 하였고 나름대로 옛날의 좋은 禮制가 남아 있다는 의의가 있었다. 그러나 이조차도 망실되고 와전되어

후대로 갈수록 점점 예법이 무너지게 되었는데 구양수는 바로 이 점을 탄식하고 있다. 이에 대해 구양수는 마지막에 史論을 덧붙여 자세히 논평하였으며 ≪歸田錄≫ 卷下에서 더욱 상세히 다루었다.

한편 ≪구오대사≫는 유악에 대해 다음과 같이 평하고 있다. “당나라가 혼란에 빠진 뒤로 搢紳士大夫들이 땅에서 쓸어버린 듯 다 사라졌으니 만일 단정한 선비가 없었다면 누가 지난날의 본래 기풍을 회복하였겠는가. 예컨대 薛廷珪의 문학과 崔沂의 강직하고 바름과 유악의 典禮와 封舜卿이 制誥를 관장한 것 및 竇夢徵 이하의 사람들이 모두 성대하여 곧은 법규가 있고 아름다운 儀範을 훼손하지 않았으니 참으로 진신사대부의 표준이 되고 조정의 儀表를 드높여 이름을 드리울 만하다. 어찌 훌륭하지 않은가.〔自唐祚橫流 衣冠掃地 苟無端士 孰恢素風 如廷珪之文學 崔沂之剛正 劉岳之典禮 舜卿之掌誥 洎夢徵而下 皆蔚有貞規 無虧懿範 固可以爲搢紳之圭表 聳朝廷之羽儀 以之垂名 夫何不韙〕”

劉岳은 字昭輔니 洛陽人也라 唐民部尙書政會[1)]之八代孫이오 崇龜崇望[2)]은 其諸父也라 岳名家子로 好學하고 敏於文辭하며 善談論이라 擧進士하고 事梁爲左拾遺侍御史라 末帝時에 爲翰林學士하고 累官至兵部侍郎하다 梁亡에 貶均州司馬라가 復(부)用爲太子詹事하고 唐明宗時에 爲吏部侍郎하다 故事에 吏部文武官告身은 皆輸朱膠紙軸錢然後給[3)]이라 其品高者則賜之어니와 貧者不能輸錢하야 往往但得勅牒而無告身이러니 五代之亂에 因以爲常하야 官卑者無復給告身하고 中書但錄其制辭[4)]하야 編爲勅甲[5)]이라 岳建言以爲 制辭或任其材能하고 或褒其功行하고 或申以訓戒어늘 而受官者旣不給告身하야 皆不知受命之所以然하니 非王言所以告詔也라 請一切賜之하소서하다 由是로 百官皆賜告身하니 自岳始也라 宰相馮道世本田家라 狀貌質野하야 朝士多笑其陋라 道旦入朝할새 兵部侍郎任贊與岳在其後한대 道行數(삭)反顧라 贊問岳하되 道反顧는 何爲오하야늘 岳曰 遺下兎園冊爾라하니 兎園冊者는 鄕校俚儒敎田夫牧子之所誦也[6)]라 故岳擧以誚道라 道聞之大怒하야 徙岳秘書監이러니 其後李愚爲相하야 遷岳太常卿하다

劉岳은 字가 昭輔이니 洛陽 사람이다. 唐나라 民部尙書 劉政會의 8대손이며 劉崇

龜와 劉崇望은 그의 諸父들이다. 유악은 명문가의 자제로 학문을 좋아하고 文辭에 뛰어나고 談論을 잘하였다. 進士에 급제하였고 梁나라를 섬겨 左拾遺 侍御史가 되었다. 末帝 때 翰林學士가 되었고 여러 차례 승진하여 兵部侍郎에 이르렀다. 양나라가 망하자 均州司馬로 貶謫되었다가 다시 등용되어 太子詹事가 되었고, 唐 明宗 때에 吏部侍郎이 되었다.

故事에 吏部에서 文武 관원에게 주는 告身은 모두 朱膠紙軸錢을 납부한 후에 발급하였다. 그래서 품계가 높은 관원에게는 고신을 賜給해주었으나 가난한 관원은 돈을 납부할 수 없어 왕왕 勅牒만 얻고 고신은 없는 경우가 있었는데, 五代의 亂世에 이러한 일을 因襲하여 常禮가 되어 관직이 낮은 자에게 고신을 발급하는 일이 다시는 없었고 중서성에서 制辭만 기록하여 엮어서 勅甲을 만들었다. 유악이 건의하여 말하기를 "制辭는 혹은 그 재능에 걸맞는 이를 임용하고 혹은 그 공적과 덕행을 褒奬하고 혹은 訓戒를 신칙하는 것인데, 관직을 받는 자가 이미 고신을 발급받지 못하여 모두 임명 받은 까닭을 알지 못하니, 이는 군왕이 신하에게 詔告하는 본의가 아닙니다. 청컨대 일체 賜給하소서."라고 하였다. 이로 인해 백관들에게 모두 고신을 사급하니, 고신의 사급은 유악에게서부터 시작된 것이다.

재상 馮道는 대대로 農民 집안이라 외모가 질박하고 촌스러워 朝士들이 많이들 그 누추한 모습을 비웃었다. 풍도가 아침에 入朝할 때 兵部侍郎 任贊이 유악과 함께 그 뒤에 있었는데 풍도가 가면서 자주 뒤를 돌아보았다. 임찬이 유악에게 묻기를 "풍도가 돌아보는 것은 어째서요?"라고 하자, 유악이 말하기를 "≪兎園冊≫을 빠뜨려 놓고 온 게지요."라고 하였다. ≪토원책≫은 鄕校의 촌구석 유생이 농부와 목동이 암송할 내용을 가르치는 책이다. 그러므로 유악이 이를 들어 풍도를 조롱하였다. 풍도가 이를 듣고 크게 노하여 유악을 秘書監으로 옮겼는데 그 뒤 李愚가 재상이 되어 유악을 승진시켜 太常卿으로 삼았다.

1) 唐民部尙書政會 : 劉政會(?~635)는 唐나라 개국공신으로 北齊 때 中書侍郎을 지낸 劉環雋의 손자이다. 隋나라에서 太原 鷹揚府 司馬를 지내면서 太原留守로 있던 李淵을 도와 당나라 개국에 공을 세웠다. 刑部尙書, 光祿卿, 洪州都督 등을 역임하고 邢國公에 봉해졌으며, 死後에 民部尙書 渝國公으로 추증되었다.

2) 崇龜崇望：劉崇龜(?~895)와 劉崇望(839~900) 모두 唐 僖宗과 昭宗 年間의 高官들이다. 유숭귀는 集賢殿學士, 戶部尙書, 淸海軍節度使 등을 역임하였고 유숭망은 門下侍郞, 太常卿, 吏部尙書 등을 역임하고 사후에 司空에 추증되었다.

3) 吏部文武官告身 皆輸朱膠紙軸錢然後給：告身은 관리를 임명할 때 수여하는 職牒이다. ≪五代會要≫ 卷14 〈吏部〉에 "本朝의 故事에 의거하면 諸王과 內命婦를 封建할 때와 宰相과 翰林學士와 中書舍人과 諸道의 節度使와 觀察使와 團練使와 防禦使와 留後의 경우 中書省에서 吏部와 官告院에 공문을 보내 綾紙褾軸을 찾아 해당 관사에 내려 보내 임명 내용을 정제하여 쓰고 印章과 署押을 마친 뒤 궁내로 올려 들인 다음 頒賜한다. 그리고 文武兩班과 諸道의 官員과 奏薦된 將校에게 勅下한 뒤에 모두 本道의 進奏院에 올리거나 혹은 본인이 직접 해당 관사에 朱膠와 綾紙의 값을 보내고 각각 出給을 청한다.〔准本朝故事　如封建諸王內命婦及宰相翰林學士中書舍人諸道節度觀察團練防禦留後卽中書帖吏部官告院 索綾紙褾軸 下所司修寫 印署畢 進入內宣賜 其文武兩班並諸道官員及奏薦將校 勅下後 並合呈本道進奏院 或本人自於所司送納朱膠綾紙價錢 各請出給〕"라고 하였다. 이에 의거하면 관원들에게 발급한 임명장은 비단을 배접한 軸帖 형태였고, 이에 소용되는 주교와 능지의 값을 임명 받는 관원이 관사에 납부한 것이 주교지축전이다.

4) 制辭：임금이 신하에게 이르는 말인 制命이다.

5) 勅甲：관리를 임명할 때 임금이 내린 制辭에 번호를 매겨 만든 文案이다.

6) 遺下兎園冊爾……鄕校俚儒敎田夫牧子之所誦也：兎園은 본래 漢나라 때 梁孝王의 동산 이름으로 효왕이 司馬相如 등의 문인들을 모아놓고 담론하고 시문을 짓던 곳이다. 양 효왕의 藏書가 모두 비속한 말로 되어 있었으므로 비속한 글을 兎園冊이라 칭한다고 하는데, 여기서 말한 ≪토원책≫은 양 효왕의 것을 가리키는 것은 아니다.

≪舊五代史≫ 卷126의 풍도 열전에는 풍도가 유악의 말을 듣고 임찬을 불러 말하기를 "≪兎園策≫은 모두 名儒가 모은 것으로 내가 외울 수 있다. 中朝의 선비들은 단지 과거고시장의 수려한 구절만 보고 곧 擧子의 학업을 하여 모두 公卿을 도둑질하니 어찌 그리 천박하고 편협함이 심한가.〔兎園策皆名儒所集 道能諷之 中朝士子止看文場秀句 便爲擧業 皆竊取公卿 何淺狹之甚耶〕"라

고 하였다. 이를 보면 풍도의 ≪토원책≫은 비속한 내용의 글이 아니다.

宋나라 王應麟의 ≪困學紀聞≫ 卷14에는 "≪兎園冊府≫ 30권은 唐 蔣王 李惲가 僚佐인 杜嗣先에게 명하여 應科目策을 모방하여 自問自答하는 형식으로 經史의 글을 인용하여 訓注를 낸 것이다. 이운은 太宗의 아들이었으므로 梁王의 兎園을 책 이름에 사용하였다. 馮道의 ≪토원책≫은 이것을 이른다.〔兎園冊府三十卷 唐蔣王惲令僚佐杜嗣先 倣應科目策 自設問對 引經史爲訓注 惲太宗子 故用梁王兎園 名其書 馮道兎園冊 謂此也〕"라고 하였다.

한편 宋나라 孫光憲의 ≪北夢瑣言≫ 卷19에는 "북쪽 지방의 향촌에서는 많이들 ≪토원책≫으로 童蒙을 가르치는데, 이것으로 풍도를 기롱한 것이다. 그러나 ≪토원책≫은 바로 徐陵과 庾信의 문체를 수록한 책이지 비루한 이야기가 담긴 책이 아니다.〔北中村墅 多以兎園冊教童蒙 以是譏之 然兎園冊乃徐庾文體 非鄙朴之談〕"라고 하였다. 이 외에도 ≪토원책≫에 대한 설이 많으나 그 설이 모두 다른데, 모두 閭巷의 鄙俚한 말은 아니라고 하였다. 歐陽脩는 무엇을 근거로 농부와 목동이 암송하는 것이라 했는지 미상이다.

淸나라 陳維崧의 ≪陳檢討四六≫ 卷3에 "≪漢書≫를 살펴보건대, 孝王이 죽자 兎園을 官籍에 두고 세금을 징수하고 제사를 받들었다. 그런데 그 장부가 모두 俚語였으므로 농부와 목동이 외우는 것을 ≪토원책≫이라 한 것이니, 이는 기롱하는 말이다.〔按漢書孝王卒 其兎園置官籍 租稅供祀 其簿籍皆俚語 故田夫牧子所誦曰兎園冊 譏詞也〕"라고 하여 구양수의 말에 근거가 될 듯하지만, ≪한서≫에 위와 같은 구체적인 내용은 없다. 이는 ≪한서≫를 기반으로 추측한 것으로 보인다. 陳維崧보다 후대 인물인 吳蘭庭의 ≪五代史記纂誤補≫ 卷4에서도 무엇을 근거로 구양수가 이런 말을 했는지 알 수 없다고 하였다.

初에 鄭餘慶[1)]嘗採唐士庶吉凶書疏之式하야 雜以當時家人之禮하야 爲書儀兩卷이라 明宗見其有起復冥昏[2)]之制하고 歎曰 儒者는 所以隆孝悌而敦風俗이라 且無金革之事에 起復[3)]이 可乎아 婚은 吉禮也어늘 用於死者가 可乎아하고 乃詔岳選文學通知古今之士하야 共刪定之라 岳與太常博士段顒田敏等으로 增損其書한대 而其事出鄙俚하야 皆當時家人女子傳習所見이라 往往轉失其本이나 然猶時有禮之遺制러니 其後亡失하야 愈不可究其本末이라 其婚禮親迎에 有女坐壻鞍合髻(계)之說은 尤爲不

經이어늘 公卿之家가 頗(尊)〔遵〕[4]用之라 至其久也에 又益訛謬可笑하니 其類甚多[5]라 岳卒于官하니 年五十六라 贈吏部尙書하다 子溫叟라

당초에 鄭餘慶이 唐나라의 士庶人들이 吉禮와 凶禮 때 사용하는 書疏의 격식을 모아 당시 平民들의 禮를 섞어 ≪書儀≫ 2권을 만들었다. 明宗이 거기에 起復과 冥昏의 禮制가 실려 있는 것을 보고는 탄식하며 말하기를 "儒者는 孝悌를 높이고 風俗을 돈후하게 하는 자들이다. 또 전쟁도 없는데 기복시키는 것이 가당키나 한가. 婚禮는 길례인데 죽은 자에게 사용하는 것이 가당키나 한가."라고 하고는 이에 조서를 내려 劉岳에게 文學이 있고 古今의 제도를 통달한 선비를 선발하여 함께 刪定하게 하였다.

유악이 太常博士 段顒・田敏 등과 함께 ≪서의≫를 增損하였는데, 그 내용이 비루하고 속된 일이라 모두 당시 평민 여자들이 전하며 익힌 견해들이었으므로 왕왕 그 근본을 잃었으나 그래도 때때로 옛날의 좋은 禮制가 남아 있었다. 그러나 그 뒤에 이마저도 망실되어 그 본말을 더욱 궁구할 수 없게 되었다. 혼례 때 親迎하면서 여자가 신랑의 말안장에 앉아서 두 사람의 상투를 합하여 묶는다는 설은 더욱 常禮에 맞지 않은데 公卿家에서 자못 준용하고 있다. 세월이 오래 지나자 또 더욱 그릇되어 웃을 만하니 이러한 부류가 몹시 많다.

유악이 재임 중에 졸하니 향년 56세였다. 吏部尙書를 증직하였다. 아들은 溫叟이다.

1) 鄭餘慶 : 746~820. 字는 居業으로 鄭州 滎陽 사람이다. 翰林學士, 工部侍郎, 同平章事, 尙書左丞, 司徒 등을 역임했다. 예법에 해박한 것으로 이름이 있었다.
2) 起復冥昏 : 起復은 아직 부모상이 끝나지 않은 관원을 전란 등의 위급한 국가사가 있을 때 상기를 다 채우지 않고 관직에 나아가게 하는 것이다. 冥昏은 이미 죽은 男女를 혼인시키는 것이다.
3) 無金革之事起復 : ≪禮記≫ 〈曾子問〉에, 子夏가 부모의 상에 卒哭을 하고 나서는 전쟁의 일〔金革之事〕을 피하지 않는 것이 禮인지 묻자, 공자가 魯公이었던 伯禽이 졸곡 뒤에 徐戎을 정벌한 예가 있다고 말한 기록이 있다.
4) (尊)〔遵〕 : 저본에는 '尊'으로 되어 있으나, ≪新五代史≫에 의거하여 '遵'으로 바로잡았다.
5) 其婚禮親迎……其類甚多 : 이 부분의 내용은 歐陽脩의 ≪歸田錄≫ 卷下에 더

욱 상세한데 다음과 같다. "劉岳의 ≪書儀≫에 혼례 때 여자가 신랑의 말안장에 앉고 부모가 이들을 위해 서로의 머리를 합하여 묶는 예가 있다. 어떤 經義를 사용한 것인지 모르겠으나 유악의 自敍에 '지금 세상에서 숭상하는 것을 보태었다.'라고 한 말에 근거하면 이는 당시 세속의 행위일 뿐이다. 유악은 五代에 戰亂이 몰아치고 禮樂이 무너지는 때를 당하여 三王의 제도를 講求할 겨를이 없어 구차하게 당시 세속에서 사용하던 吉凶禮의 儀式을 취하여 대략 정리하였으니 진실로 후세의 법이 되기에는 부족하다. 그러나 후세 사람들은 오히려 이마저도 행하지 못하니, 지금 유악의 ≪서의≫에서 열에 일곱 여덟이 폐기되었고 그나마 세상에 행해지는 한두 개는 모두 草率하고 조잡한 것이라 本書만 못하다. 그 가운데 더욱 잘못되어 어그러져 크게 웃을만한 것은 여자가 신랑의 안장에 앉는 한 가지 일이다.〔劉岳書儀 婚禮有女坐壻之馬鞍父母爲之合髻之禮 不知用何經義 據岳自敍云 以時之所尙者益之 則是當時流俗之所爲爾 岳當五代干戈之際 禮樂廢壞之時 不暇講求三王之制度 苟取一時世俗所用吉凶儀式 略整齊之 固不足爲後世法矣 然而後世猶不能行之 今岳書儀十已廢其七八 其一二僅行於世者 皆苟簡粗略 不如本書 就中轉失乖繆 可爲大笑者 坐鞍一事爾〕"

嗚呼甚矣라 **人之好爲禮也**여 **在上者不以禮示之**하야 **使人不見其本而傳其習俗之失者**하야 **尙拳拳而行之**라 **五代干戈之亂**에 **不暇於禮久矣**라 **明宗武君**으로 **出於夷狄**하야 **而不通文字**로대 **乃能有意使民知禮**어늘 **而岳等皆當時儒者**로대 **卒無所發明**하고 **但因其書**하야 **增損而已**라 **然其後世士庶**가 **吉凶**에 **皆取岳書以爲法**이로대 **而十又轉失其三四也**하니 **可勝歎哉**아

오호라! 심하다. 사람들이 예를 행하기 좋아함이여. 윗자리에 있는 자가 예법에 맞는 행동을 보여주지 못하여 사람들이 그 근본을 보지 못해 잘못된 습속을 전하면서도 오히려 부지런히 행하게 만들었다. 五代의 戰亂의 시대에 예법을 따를 겨를이 없은 지가 오래되었다. 明宗은 武人 출신의 군주로 夷狄 태생이라 文字를 알지 못했음에도 백성들이 예를 알도록 하려는 뜻이 있었다. 그런데 劉岳 등은 모두 당시의 儒者인데도 끝내 發明한 것이 없고 단지 鄭餘慶의 ≪書儀≫에 기반하여 증손하였을

따름이다. 그러나 후세의 士庶人이 吉禮와 凶禮에 모두 유악의 ≪書儀≫를 취하여 법으로 삼는다. 그러나 열에 서넛은 또 도리어 잘못되었으니 매우 탄식할 일이 아니겠는가.

04. 和凝傳* 和凝의 傳記

* 和凝(898~955)의 字는 成績으로 鄆州 須昌 사람이다. 後梁과 後唐과 後晉과 後漢과 後周의 다섯 왕조를 섬기며 큰 부침을 겪지 않고 무난하게 宦路를 걸었다. 화응의 열전은 ≪舊五代史≫ 卷127 〈周書 第18 列傳7〉과 ≪新五代史≫ 卷56 〈雜傳 第44〉에 실려 있다. 어떻게 보면 화응은 五代의 혼란한 시기에 자신의 몸을 온전히 하고 출세와 명망을 동시에 다 누린 인물인데, ≪신오대사≫는 단지 〈잡전〉에 넣고 있을 뿐이다. 이는 역시 구양수가 여러 왕조를 지조 없이 섬겨 특별히 볼만한 공업이 없는 인물로 화응을 평가한 것이라 볼 수 있다.
  내용에서 ≪구오대사≫와 ≪신오대사≫는 큰 차이는 없으나, ≪신오대사≫는 화응의 공적과 언행을 굳이 다 싣지 않고 생략하고 축약한 부분이 많다. 특히 ≪구오대사≫에서 화응의 인품과 문장을 직접적으로 칭찬한 말이 ≪신오대사≫에서는 모두 생략되어 있다. 화응은 자신이 살아생전에 직접 자신의 문집 백 권을 간행한 것으로 알려져 있는 인물인데, 이에 대해 ≪신오대사≫에서는 "화응은 수레와 의복을 꾸미기 좋아하고 문장을 지을 때 양이 많은 것을 추구하여 문집 백여 권을 일찍이 스스로 판각하여 세상에 유행시키니 識者들이 많이들 그릇되게 여겼다."라고 평가절하하였다. 이는 ≪구오대사≫의 史評에서 "대저 稽古하는 힘으로 재상의 지위에 오른 사람이 어찌 평범한 사람이겠는가.……예컨대 成績(和凝)의 문채와 元錫(蘇禹珪)의 행실과 景範의 순후함은 모두 군자다운 儒者라고 이를 수 있다. 이로써 재상으로 세우니 어찌 선하지 않겠는가.〔夫以稽古之力 取秉鈞之位者 豈常人乎……如成績之文采 元錫之履行 景範之純厚 皆得謂之君子儒矣 以之爰立 何用不臧〕"라고 한 것과 대비된다.

和凝傳은 **不足觀**이라 **特其好文本末**이 **頗與今之士大夫以文相侈者類**라 **予故錄之以自警云**이라

和凝傳은 볼만한 내용이 없다. 다만 화응이 문장을 좋아한 本末이 자못 문장을 서로 자랑하는 요즘 사대부와 비슷하다. 내가 그러므로 수록하여 스스로 경계로 삼는다.

和凝은 字成績이니 鄆州須昌人也라 其九世祖逢堯爲唐監察御史러니 其後世遂不復宦學[1)]이라 凝父矩는 性嗜酒하고 不拘小節이라 然獨好禮文士하야 每傾貲(자)以交之하니 以故로 凝得與之遊라 而凝幼聰敏하고 形神秀發이라 擧進士하고 梁義成軍節度使賀瓌辟爲從事하다 瓌與唐莊宗戰于胡柳할새 瓌戰敗하야 脫身走어늘 獨凝隨之라 反顧見凝하야 麾之使去하니 凝曰 大丈夫當爲知己死니 吾恨未得死所爾라 豈可去也리오하다 已而오 一騎追瓌幾及이어늘 凝叱之不止하고 卽引弓射殺之하야 瓌由此得免이라 瓌歸하야 戒其諸子曰 和生은 志義之士也라 後必富貴리니 爾其謹事之어다하고 因妻之以女하다 天成[2)]中에 拜殿中侍御史하고 累遷主客員外郎知制誥翰林學士知貢擧하다

和凝은 字가 成績이니 鄆州 須昌 사람이다. 9대조 和逢堯가 唐나라의 監察御史가 되었는데 그 후손들은 마침내 다시 宦學을 하지 않았다. 화응의 부친 和矩는 성품이 술을 좋아하고 작은 예절에 얽매이지 않았다. 그러나 유독 文士를 좋아하고 예우하여 매번 재물을 기울여 사귀니, 이 때문에 화응은 문사들과 교유할 수 있었다. 화응은 어려서부터 聰敏하고 외모와 정신이 특출했다. 進士에 급제하였고 梁나라 義成軍節度使 賀瓌가 초빙하여 從事로 삼았다.

하괴가 唐 莊宗과 胡柳에서 전투할 때 하괴가 패전하여 몸을 빼내 도주하였는데 화응만이 뒤를 따랐다. 하괴가 고개를 돌려 화응을 보며 손을 내저어 떠나게 하니 화응이 말하기를 "대장부는 마땅히 자신을 알아주는 사람을 위해 죽으니, 저는 제대로 죽을 곳을 얻지 못하는 것이 한스럽습니다. 어찌 떠날 수 있겠습니까."라고 하였다. 잠시 후 騎兵 하나가 하괴를 추격하여 거의 따라잡았는데 화응이 질타하기를 그치지 않고 즉시 활을 당겨 射殺하여 하괴가 이 때문에 위기를 면할 수 있었다. 하괴가 돌아와 자식들에게 당부하기를 "和生은 志氣와 의리가 있는 선비이다. 뒤에 반드시 부귀해질 것이니 너희는 삼가 섬기거라."라고 하고서 자신의 딸을 화응의 아

내로 보냈다.

天成 연간에 殿中侍御史에 배수되고 여러 차례 승진하여 主客員外郞 知制誥 翰林學士 知貢擧가 되었다.

1) 宦學 : 벼슬살이에 필요한 각종 지식을 배우는 것이다.

2) 天成 : 後唐 明宗의 연호로 926~930년 사이에 사용되었다.

是時에 進士多浮薄하야 喜爲諠譁(훤화)以動主司라 主司每放榜에 則圍之以棘하고 閉省門[1]하야 絶人出入以爲常이러니 凝徹棘開門에 而士皆肅然無譁이오 所取皆一時之秀하야 稱爲得人이라 晉初에 拜端明殿學士兼判度支하고 爲翰林學士承旨라 晉高祖數(삭)召之하야 問以時事한대 凝所對皆稱旨하다 天福五年에 拜中書侍郞同中書門下平章事하다 高祖將幸鄴할새 而襄州安從進[2]反迹已見하니 凝曰 陛下幸鄴에 從進必因此時反이리니 則將奈何오하야늘 高祖曰 卿將何以待之오하니 凝曰 先人者所以奪人也라 請爲宣勅[3]十餘通하야 授之鄭王하야 有急則命將擊之하소서하니 高祖以爲然이라 是時에 鄭王爲開封尹하야 留不從幸이어늘 乃授以宣勅이라 高祖至鄴에 從進果反하니 鄭王卽以宣勅命騎將李建崇焦繼勳等討之라 從進謂高祖方幸鄴이라 不意晉兵之速也라가 行至花山하야 遇建崇等兵하고 以爲神하야 遂敗走하다

이 당시 進士試에 응시한 선비들이 경박한 자들이 많아서 시끄럽게 소란을 피우면서 主試官을 동요시키는 일을 즐겨 행했다. 그리하여 주시관이 대번 放榜할 때마다 가시나무를 두르고 省門을 닫아걸어 사람들의 출입을 통제하는 것을 常規로 삼았는데, 知貢擧 和凝이 가시나무를 치우고 문을 열자 선비들이 모두 숙연하여 떠드는 이가 없었으며 取才한 이들 모두가 당시의 빼어난 이들이어서 인재를 얻었다고 일컬어졌다. 晉나라 초기에 端明殿學士 兼判度支에 배수되고 翰林學士 承旨가 되었다. 晉 高祖가 자주 불러 時事를 물었는데, 화응의 대답이 모두 고조의 뜻에 맞았다. 天福 5년(940)에 中書侍郞 同中書門下平章事에 배수되었다.

고조가 장차 鄴으로 거둥하려 할 때 襄州의 安從進이 반란하려는 조짐이 이미 드러나니, 화응이 말하기를 "폐하께서 업으로 거둥하시면 안종진이 반드시 이때를 틈

타 반란을 할 것이니 장차 어찌하시렵니까?"라고 하였다. 고조가 말하기를 "경은 장차 어떻게 대처하겠는가?"라고 하자, 화응이 말하기를 "남보다 먼저 행동을 취하는 것이 남을 제압하는 방법입니다. 청컨대 宣勅 10여 통을 만들어 鄭王에게 주어 위급한 사태가 생기면 장수를 임명하여 적을 격퇴하게 하십시오."라고 하니 고조가 옳게 여겼다.

이때에 정왕이 開封尹이 되어 개봉에 머무르면서 고조를 따라가지 않았는데 이에 선칙을 주었다. 고조가 업에 이르자 안종진이 과연 반란하니 정왕이 즉시 선칙으로 騎將 李建崇, 焦繼勳 등을 임명하여 토벌하게 하였다. 안종진은 고조가 지금 업에 거둥하였으므로 진나라 병사가 신속히 대응하리라고는 생각지 못하다가, 출병하여 花山에 이르러 이건숭 등의 병력을 만나고는 신묘하다고 여겨 마침내 패주하였다.

1) 省門 : 예부 자체를 지칭하는데, 예부가 尙書省에 속해 있었으므로 이렇게 불렸다. 또한 禮部에서 進士를 考試하는 장소를 가리키는 말이기도 하다.
2) 安從進 : ?~942. 後唐을 섬겨 貴州刺史, 保義彰武軍節度使 등을 역임하였고 後晉 때에는 同中書門下平章事 山南東道節度使가 되었다. 941년에 襄州에서 반란을 일으켰다가 襄州行營都部署 高行周의 군대에게 격파당해 양양에서 가족들과 함께 焚死하였다.
3) 宣勅 : 宣과 勅으로 모두 관원을 임명할 때 발행하는 문서이다. ≪資治通鑑≫ 卷283 〈後晉紀3〉의 동일 기사에 胡三省이 주석을 달기를 "宣은 樞密院에서 나오고 勅은 中書門下에서 나온다.〔宣出於樞密院 勅出於中書門下〕라고 하였다.

出帝卽位에 **加右僕射**하고 **歲餘**에 **罷平章事**하고 **遷左僕射**[1)]하다 **漢高祖時**에 **拜太子太傅**하고 **封魯國公**하다 **顯德二年**에 **卒**하니 **年五十八**이라 **贈侍中**하다 **凝好飾車服**하고 **爲文章**에 **以多爲富**하야 **有集百餘卷**을 **常自鏤板**하야 **以行于世**하니 **識者多非之**라 **然性樂善**하고 **好稱道後進之士**라 **唐故事**에 **知貢擧者所放進士**에 **以己及第時名次爲重**이라 **凝擧進士及第時**에 **第五**러니 **後知貢擧**에 **選范質爲第五**라 **後質位至宰相**하고 **封魯國公**하고 **官至太子太傅**하니 **皆與凝同**이라 **當時以爲榮**[2)]하다

出帝가 즉위하자 右僕射를 더하고 한해 남짓 지나 平章事를 파직하고 左僕射로

승진시켰다. 漢 高祖 때에 太子太傅를 배수하고 魯國公에 봉하였다. 顯德 2년(955)에 졸하니 향년 58세였다. 侍中을 추증하였다.

和凝은 수레와 의복을 꾸미기 좋아하고 문장을 지을 때 양이 많은 것을 추구하여 문집 백여 권을 일찍이 스스로 판각하여 세상에 간행하니 識者들이 많이들 옳지 못하다고 하였다. 그러나 성품이 善을 즐겨 행하고 後進들을 칭찬하기 좋아하였다.

唐나라의 故事에 知貢擧가 放榜한 進士 중에서 자신이 급제할 때의 名次로 선발한 자를 중시하였다. 화응이 진사에 응시하여 급제할 때 第五名이었는데 후에 지공거가 되었을 때 范質을 제오명으로 선발하였다. 뒤에 범질의 지위가 재상에 이르고 魯國公에 봉해지고 관직이 太子太傅에 이르니 모두 화응과 같았으므로 당시 사람들이 영광으로 여겼다.

1) 出帝卽位……遷左僕射 : ≪五代史記纂誤續補≫ 卷5에 다음과 같이 고증하였다. "살펴보건대 〈晉本紀〉에 '開運 2년(945) 8월 丙寅일에 和凝을 파직하였다.'라고 하였고, 薛居正의 ≪舊五代史≫ 〈晉本紀〉에 '天福 7년(942) 8월 甲子일에 화응에게 右僕射를 더하였다. 開運 2년 8월 병인일에 宰臣 화응을 재상에서 파직하고 右僕射를 守職하게 하였다. 3년 11월 庚寅일에 우복야 화응을 左僕射로 삼았다.'라고 하였고, ≪資治通鑑≫에 '개운 2년 8월 병인일에 우복야 兼中書侍郎 同平章事 화응을 파직하고 本官을 守職하게 하였다.'라고 하였으니, 이는 우복야를 더한 때로부터 평장사에서 파직한 때까지 4년의 시간 차이가 있다. 그러므로 '한해 남짓'이라고 할 수 없으며, 좌복야로 승진한 것은 또 한 해를 넘긴 뒤이다.〔按晉本紀開運二年八月丙寅 和凝罷 薛史晉本紀天福七年八月甲子 和凝加右僕射 開運三年十一月庚寅 以右僕射和凝爲左僕射 通鑑開運二年八月丙寅 右僕射兼中書侍郎同平章事和凝罷 守本官 是加右僕射至罷平章事 相去四年 不得曰歲餘 遷左僕射 又踰年矣〕"

2) 唐故事……當時以爲榮 : 宋나라 때 葉夢得의 ≪石林燕語≫ 卷8에 "唐나라 말기에 禮部의 知貢擧가 시험 답안이 우수한 자를 얻으면 즉시 자신이 급제할 때의 名次에 두고 甲乙로 高下를 삼지 않고서 이를 '衣鉢을 전한다.'라고 하였다. 和凝이 급제할 때 명차가 第十三이었는데, 뒤에 范魯公 質을 얻어 마침내 第十三에 두었다. 그 후 범질은 재상에 올랐고 관직이 太子太傅에 이르렀으며 魯國公에 봉해져 화응과 모두 같았으니, 세상 사람들이 기이하게 여겼다.〔唐

末禮部知貢擧有得程文優者 即以己登第時名次處之 不以甲乙爲高下也 謂之傳衣鉢 和凝登第名在十三 後得范魯公質 遂處以十三 其後范登相位 官至太子太傅 封國於魯 與凝皆同 世以爲異也〕"라고 하였다. 또한 송나라 때 王闢之의 ≪澠水燕談錄≫ 卷7에도 이 일화를 소개했는데 이때 화응이 범질에게 "그대의 문장은 응당 第一에 두어야 하나, 도리어 굽혀서 第十三에 둠으로써 老夫의 의발을 전한 것이다. 〔君文合在第一 輒屈居第十三人 用傳老夫衣鉢〕"라고 하였다. 또한 송나라 때 洪邁의 ≪容齋四筆≫ 卷4에 "≪新五代史≫ 화응의 열전에 잘못 기록하여 第五라고 하였으나 ≪登科記≫로 고찰해보건대 잘못이다.〔新五代史和凝傳 誤爲第五 以登科記考之而非也〕"라고 하였다. 범질(911~964)은 자가 文素로 後唐 長興 4년(933) 進士가 되고 後晉과 後漢과 後周와 宋나라에서 모두 벼슬하였다. 송나라 때 侍中에 오르고 魯國公에 봉해졌다. 저서에 ≪五代通錄≫ 등이 있다.

05. 張允傳* 張允의 傳記

* 張允(886~950)은 鎭州 束鹿사람이다. 後唐과 後晉과 後漢을 섬겨 벼슬이 吏部侍郎에 이르렀다. 장윤의 열전은 ≪舊五代史≫ 〈漢書 第10 列傳5〉와 ≪新五代史≫ 卷57 〈雜傳 第45〉에 실려 있다. 다른 열전들과 마찬가지로 장윤의 열전 역시 ≪신오대사≫에서는 ≪구오대사≫에 비교적 자세하게 기술된 전후의 官歷과 행적을 많은 부분 축약하였으며 내용이 매우 짧다. 다만 ≪신오대사≫에서는 장윤이 후진 高祖에게 지어 바친 〈駁赦論〉의 전문을 그대로 수록하였는데 기실 이 〈박사론〉 한 편이 이 열전의 핵심이다. 〈박사론〉은 天災가 발생했을 때 내리는 사면령이 실제로는 득보다는 실이 많다고 하면서 상벌을 공정하고 엄격하게 하여 백성들이 福善禍淫의 이치를 잘 깨달을 수 있도록 하고 천재가 발생했을 때는 하늘이 내리는 경계임을 알아 군주가 자신을 검속하여 천하의 외로운 이들을 구제하고 형벌을 바르게 집행해야 한다는 내용이다. 요컨대 구양수는 장윤의 다른 행적보다도 〈박사론〉에 펼쳐진 바른 의론을 취한 것이다.

張允은 鎭州人也라 少事鎭州하야 爲張文禮[1)]參軍이러니 唐莊宗討張文禮할새 允脫

身降(항)이어늘 莊宗繫之獄하고 文禮敗에 乃出之하야 爲魏州功曹하다 趙在禮辟(벽)節度推官하고 歷滄兗(연)二鎭掌書記하고 入爲監察御史하고 累遷水部員外郞知制誥하다 廢帝[2]皇子重美爲河南尹하야 掌六軍할새 以允剛介로 乃拜允給事中하고 爲六軍判官이라가 罷遷左散騎常侍하다 晉高祖卽位에 屢赦天下하니 允爲駁赦論以獻曰 管子曰 凡赦者小利而大害하니 久而不勝其禍요 無赦者小害而大利하니 久而不勝其福[3]이라하고 又漢之吳漢疾篤에 帝問漢所欲言하니 漢曰 惟願陛下無赦爾[4]라하니 蓋行赦라도 不以爲恩이오 不行赦라도 不以爲無恩은 罰有罪故也라 自古로 皆以水旱則降德音而宥過하고 開狴(폐)牢而出囚하야 冀感天心하야 以救其災者는 非也라 假有二人之訟者에 一有罪而一無罪어늘 若有罪者見捨면 則無罪者啣(함)寃이니 此乃致災之道라 非救災之術也라 至使小人遇天災면 則皆喜而相勸以爲惡하야 曰 國將赦矣리니 必捨我以救災리라하리니 如此則是敎民爲惡也라 夫天之爲道는 福善而禍淫이니 若捨惡人而變災爲福이면 則是天又喜人爲惡也라 凡天之降災는 所以警戒人主節嗜慾務勤儉恤鰥寡正刑罰而已라하다 是時에 晉高祖方好臣下有言하야 覽之大悅하다 允事漢爲吏部侍郞하다 隱帝誅戮大臣[5]할새 京師皆恐하니 允常退朝不敢還家하고 止于相國寺라 周太祖以兵入京師할새 允匿于佛殿承塵[6]이라가 墜而卒하니 年六十五라

張允은 鎭州 사람이다. 젊을 때 鎭州에서 벼슬하여 張文禮의 參軍이 되었는데 唐 莊宗이 장문례를 토벌할 때 장윤은 몸을 빼내어 항복하였다. 그러자 장종이 장윤을 옥에 가두었고 장문례가 패배하자 석방하여 魏州功曹로 삼았다. 趙在禮가 節度推官으로 초빙하였고 滄州와 兗州 두 鎭의 掌書記를 역임하였으며 조정에 들어가 監察御史가 되고 여러 차례 승진하여 水部員外郞 知制誥가 되었다. 廢帝의 皇子 李重美가 河南尹이 되어 六軍을 관장할 때 장윤의 剛介한 성품을 인정하여 장윤을 給事中에 배수하고 六軍判官으로 삼았다가, 파직하여 左散騎常侍로 승진시켰다.

晉 高祖가 즉위하여 여러 차례 천하에 사면령을 내리자 장윤이 〈駁赦論〉을 지어 바쳤는데 내용은 다음과 같다. "≪管子≫에 이르기를 '무릇 사면은 이익은 적고 해악은 크니 오래 되면 그 재앙을 이루 다할 수 없고, 사면하지 않는 것은 해악은 적고 이익은 크니 오래 되면 그 복록을 이루 다할 수 없다.'라고 하였습니다.

또 漢나라의 吳漢이 병이 위독하자 황제가 오한에게 하고자 하는 말이 있는지 물었는데, 오한이 말하기를 '오직 폐하께서 사면령을 내리지 않기를 바랍니다.'라고 하였습니다. 대개 사면을 행하더라도 은덕으로 여기지 않고 사면을 행하지 않더라도 은덕이 없다고 여기지 않는 것은 벌을 받는 사람은 죄가 있기 때문입니다.

예로부터 모두 홍수나 가뭄이 들면 德音을 내려 과오를 용서하고 감옥을 열어 죄수를 방면하여 天心을 감동시켜 재앙이 사라지기를 바랐는데, 이는 그릇된 행동입니다. 가령 두 사람이 訟事를 한 경우에 한 사람은 죄가 있고 한 사람은 죄가 없는데 만약 죄 있는 자를 그냥 내버려 둔다면 죄 없는 자가 원한을 품을 것이니, 이는 바로 재앙을 부르는 길이지 재앙을 없애는 방법이 아닙니다. 심지어 小人이 하늘이 내리는 재앙을 만나면 모두 기뻐하면서 서로 권하여 악을 행하며 말하기를 '나라에서 장차 사면할 것이니, 반드시 우리를 그냥 내버려 두어 재앙을 없애려 할 것이다.'라고 하게 만듭니다. 이와 같다면 이는 백성에게 악을 행하라고 가르치는 것입니다.

대저 天道는 선한 이에게 복을 내리고 악한 이에게 재앙을 내리니, 만약 악인을 그냥 내버려 두어 재앙이 변하여 복이 된다면 이는 하늘이 사람들의 악행을 기뻐하는 것입니다. 무릇 하늘이 재앙을 내리는 것은 人主에게 嗜慾을 절제하고 근검에 힘쓰고 홀아비와 과부를 돌보고 형벌을 바르게 집행하라고 경계하는 것일 따름입니다."

이때에 晉 高祖가 바야흐로 신하의 훌륭한 말을 좋아하여 장윤의 글을 보고 크게 기뻐하였다. 장윤은 漢나라를 섬겨 吏部侍郎이 되었다. 隱帝가 大臣을 誅戮할 때 京師 사람들이 모두 두려워하니, 장윤은 항상 조정에서 퇴청하여 감히 집으로 돌아가지 못하고 相國寺에 머물렀다. 周 太祖가 병사를 이끌고 경사로 들어올 때 장윤은 佛殿의 承塵에 숨어 있다가 떨어져 졸하니 향년 65세였다.

1) 張文禮 : ? ~921. 燕 땅 사람이다. 처음에는 劉仁恭의 牙將으로 있다가 滄州를 점거하고 반란을 일으켰으나 패배하였고, 鎭州로 도주하여 趙王 王鎔에게 의탁하였다. 晉王 李存勗이 後梁을 공격할 때 원조하였으며 후에 왕용을 살해하고 스스로 留後가 되었다. 겉으로는 이존욱에게 稱臣하면서 後梁과 내통하고 契丹과도 結交하다가 발각되어 이존욱이 토벌하자 놀라서 病死하였다.
2) 廢帝 : 五代 後唐의 마지막 황제인 李從珂(? ~936)이다. 末帝라고도 부른다.
3) 凡赦者……久而不勝其福 : ≪管子≫ 卷6 〈法法 第16 外言7〉에 나오는 글이다.

4) 又漢之吳漢疾篤……惟願陛下無赦爾 : 吳漢(?~44?)은 後漢의 장수이다. 光武帝 劉秀를 섬겨 관직이 大司馬에 이르고 廣平侯에 봉해졌다. 後漢 건국에 공을 세운 28명의 武將인 雲台二十八將의 한 사람이다. 해당 내용은 ≪後漢書≫ 卷47 〈吳漢傳〉에 보인다.
5) 隱帝誅戮大臣 : 隱帝는 五代 後漢의 마지막 황제인 劉承祐(931~950)이다. 郭允明 등을 신임하여 여러 대신을 죽이고 당시 권력자였던 天雄節度使 郭威를 살해하려 하였는데, 곽위가 반란을 일으켜 남하하자 곽윤명이 은제를 죽이고 자살했다. 곽위는 後周를 세우고 太祖가 되었다.
6) 承塵 : 천장에서 떨어지는 먼지 등을 막기 위해 판자나 방석이나 천 따위를 천장에 친 것이다.

06. 馬重績傳* 馬重績의 傳記

* 馬重績(?~?)의 字는 洞微로 선조가 北狄 출신이다. 젊을 때 術數學을 익혀 천문역법에 밝았다. 後唐과 後晉에서 벼슬하여 司天監을 역임하였고 역대의 역법을 참조하고 개정하여 ≪調元曆≫이라는 새 역법을 제정하기도 하였다. 마중적의 열전은 ≪舊五代史≫ 卷96 〈晉書 第22 列傳11〉과 ≪新五代史≫ 卷57 〈雜傳 第45〉에 실려 있다. 특이한 점은 ≪신오대사≫는 대개 ≪구오대사≫의 기록을 축약하는 경우가 많은데, 마중적의 경우는 ≪구오대사≫의 기록을 거의 그대로 수록하는 한편 앞부분에 ≪구오대사≫에는 없는 내용을 더 첨가하였다는 것이다. 마중적이 후당 莊宗에게 앞일을 잘 예측하는 것으로 신임을 받은 점과 후진 高祖에게 점을 쳐주어 들어맞은 일 등이 그것이다. 그러나 구양수가 ≪신오대사≫ 〈사천고〉에 서술한 史論에서, 天道는 다 알 수 없지만 사람은 사람이 해야 할 일을 할 뿐 象緯에 현혹되지 않아야 한다는 입장을 취한 것을 따져보면, 구양수가 마중적의 이러한 능력을 높이 사서 첨가한 것이라기보다는 마중적이 역법의 추산에 뛰어났음을 드러내는 일화로서 부기한 것인 듯하다.

馬重績은 字洞(통)微이니 其先出於北狄而世事軍中이라 重績少學數術하야 明太一

五紀八象三統大曆[1)]하고 居于太原이라 唐莊宗鎭太原할새 每用兵征伐에 必以問之한대 重績所言無不中이라 拜大理司直이러니 明宗時에 廢不用하다 晉高祖以太原拒命하니 廢帝遣兵圍之하야 勢甚危急이라 命重績筮之하니 遇同人하야 曰 天火之象[2)]이니 乾健而離明이라 健者는 君之德也요 明者는 南面而嚮之[3)]니 所以治天下也라 同人者는 人所同也니 必有同我者焉이라 易曰 戰乎乾이라하니 乾은 西北也요 又曰 相見乎離[4)]라하니 離는 南方也라 其同我者自北而南乎인저 乾은 西北也니 戰而勝은 其九月十月之交乎[5)]인저하다 是歲九月에 契丹助晉하야 擊敗唐軍하야 晉遂有天下라 拜重績太子右贊善大夫하고 遷司天監하다 明年에 張從賓[6)]反이어늘 命重績筮之하니 遇隨하야 曰 南瞻析木[7)]하니 木不自續이라 虛而動之하니 動隨其覆이라 歲將秋矣니 無能爲也라하다 七月而從賓敗하니 高祖大喜하야 賜以良馬器幣하다

馬重績은 字가 洞微이니 그 선조는 北狄 출신으로 대대로 軍中에서 일하였다. 마중적은 젊을 때 數術을 배워 太一과 五紀와 八象과 ≪三統大曆≫에 밝았고 太原에서 살았다. 唐 莊宗이 太原을 鎭守할 때 병사를 움직여 정벌할 때마다 반드시 마중적에게 물었는데, 마중적의 말이 들어맞지 않은 적이 없으므로 大理司直을 배수하였다. 明宗 때에는 파직되어 기용되지 못했다.

晉 高祖가 太原에서 抗命하니 廢帝가 병사를 보내 포위하여 형세가 몹시 위급하였다. 마중적에게 명하여 점을 치게 하니, 同人卦를 얻고서 말하기를 "天火의 象이니 乾은 굳건하고 離는 밝습니다. 굳건함은 군주의 덕이고 밝음은 南面하여 바라봄이니 천하를 다스리는 것입니다. 同人은 사람들이 함께 함이니 반드시 나와 함께할 자가 있을 것입니다. ≪周易≫에 이르기를 '乾에서 싸운다.'라고 하니 乾은 西北方이요, 또 말하기를 '離에서 서로 만나본다.'라고 하니 離는 南方입니다. 그러니 나와 함께 할 자가 북쪽에서 남쪽으로 올 것입니다. 乾은 서북방이니 싸워서 이기는 것은 9월과 10월 사이일 것입니다."라고 하였다. 이해 9월에 契丹이 晉나라를 도와 唐軍을 격파하여 진나라가 마침내 천하를 소유하였다. 이에 마중적을 太子右贊善大夫에 배수하고 司天監으로 승진시켰다.

이듬해에 張從賓이 반란하자 마중적에게 명하여 점을 치게 하니, 隨卦를 얻고서

말하기를 "남쪽으로 析木을 바라보니 나무는 스스로 이어지지 못할 것입니다. 텅 비어 있는데 움직이니 움직임에 따라 顚覆될 것입니다. 한해도 가을로 접어들려 하니 일을 해내지 못할 것입니다."라고 하였다. 7월에 장종빈이 패하니 高祖가 크게 기뻐하여 좋은 말과 器物과 비단을 하사하였다.

1) 重績少學數術 明太一五紀八象三統大曆 : 數術은 術數라고도 하며 天文, 曆法, 占卜 등의 학문을 가리킨다. 太一은 太乙이라고도 하며 우주만물의 本原을 가리킨다. ≪禮記正義≫에 "태일은 하늘과 땅이 나뉘기 전의 혼돈의 원기를 일컫는다. 더없이 크기에 '태'라 하고 나뉘지 않았기에 '일'이라 한다.〔太一者謂天地未分混沌之元氣也 極大曰太 未分曰一〕"라고 하였다. 五紀는 세월과 자연의 흐름의 기준이 되는 歲, 月, 日, 星辰, 曆數로 ≪書經≫ 〈洪範〉에 나오는 말이다. 八象은 ≪周易≫의 八卦의 象으로 乾(天), 坤(地), 坎(水), 離(火), 艮(山), 兌(澤), 巽(風), 震(雷)을 가리킨다. ≪三統大曆≫은 ≪三統曆≫으로 漢나라 때 劉歆이 기존의 ≪太初曆≫ 등을 보완하여 만든 것으로 현전하는 중국 최초의 비교적 완전한 역법이다. 大曆은 국가에서 공식 반포한 역법이라는 의미로 민간에서 사사로이 사용하는 小曆의 반대말이다.
2) 天火之象 : 同人卦는 하늘을 나타내는 乾卦와 불을 나타내는 離卦로 이루어져 있다.
3) 明者 南面而嚮之 : ≪周易≫ 〈說卦傳〉에 "離는 밝음이니 萬物이 모두 서로 만나보기 때문이다. 南方의 卦이다. 聖人이 南面하여 天下를 다스리면서 밝은 곳을 향해 다스림은 여기에서 뜻을 취하였다.〔離也者 明也 萬物皆相見 南方之卦也 聖人南面而聽天下 嚮明而治 蓋取諸此也〕"라고 하였다.
4) 易曰……相見乎離 : 모두 ≪周易≫ 〈說卦傳〉의 말이다.
5) 其九月十月之交乎 : 乾의 卦位가 서북방에 해당하는데 이는 九·十月의 氣이므로 이렇게 말한 것이다.
6) 張從賓 : ?~937. 後唐 莊宗을 섬겨 小校가 되었고 이후 전공을 세워 檢校太保, 侍衛步軍都指揮使, 靈武軍節度使 등을 역임하였다. 後晉 高祖 天福 2년(937)에 范延光이 鄴에서 반란을 일으키자 楊光遠과 함께 범연광을 토벌하러 나섰다가 범연광에게 넘어가 군사를 일으켜 호응하여 皇子 石重信 등을 살해하고 汜水關을 점거하였다. 그러나 杜重威의 토벌군에게 대패하여 황하에 뛰

어들어 자살하였다.

7) 析木 : 星次의 명칭으로 二十八宿 가운데 箕星과 斗星 사이에 해당하며 析木津이라고도 하는데, 기성과 두성 사이에 은하수가 있고 기성은 木에 속하며 그 사이를 가르기 때문이다. 分野로는 幽燕 지방에 해당한다. ≪春秋左傳註疏≫ 卷44의 孫炎의 주석에 "기성과 두성 사이에서 물과 나무를 갈라놓으니 이는 은하수의 나루터이다.〔析別水木以箕斗之間 是天漢之津也〕"라고 하였다.

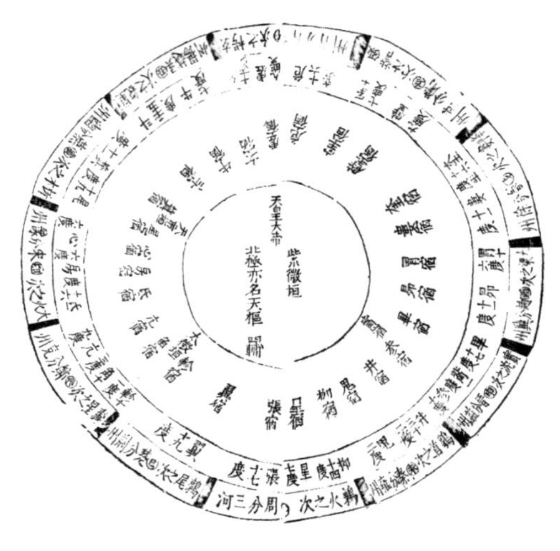

二十八宿分野之圖

天福三年에 重績上言 曆象은 王者所以正一氣[1]之元宣萬邦之命이로대 而古今所紀에 考審多差라 宣明은 氣朔正而星度不驗하고 崇玄은 五星得而歲差一日[2]하니 以宣明之氣朔으로 合崇玄之五星하야 二曆相參然後符合이라 自前世諸曆이 皆起天正十一月爲歲首하고 用太古甲子爲上元[3]하야 積歲愈多에 差闊愈甚이라 臣輒合二曆하야 創爲新法호대 以唐天寶十四載乙未爲上元하고 雨水正月中氣爲氣首[4]라하야늘 詔下司天監趙仁錡張文皓等하야 考覈得失이라 仁錡等言 明年庚子正月朔을 用重績曆考之하니 皆合無舛이라하야늘 乃下詔頒行之하고 號調元曆이라 行之數歲에 輒差하야 遂不用하다 重績又言 漏刻之法은 以中星考晝夜하야 爲一百刻하고 〔八〕[5]刻〔六〕[6]十分刻之二十爲一時하고 時以四刻十分爲正[7]하니 此自古所用也라 今失其傳하야 以午正爲時始하야 下侵未四刻十分而爲午[8]라 由是로 晝夜昏曉가 皆失其正하니 請依古改正하소서하야늘 從之하다 重績卒年六十四라

天福 3년(938)에 馬重績이 상주하기를 "曆象은 王者가 一氣의 근원을 바르게 하고 萬邦의 政令을 선포하는 것인데, 古今의 기록을 고찰해보니 착오가 많습니다. ≪宣

明曆≫은 氣盈과 朔虛는 바르지만 星度가 맞지 않고 ≪崇玄曆≫은 五星은 부합하지만 해마다 하루씩 오차가 나니, ≪선명력≫의 기영과 삭허에 ≪숭현력≫의 오성을 합쳐 두 역법을 서로 참조한 뒤에야 실제와 부합합니다. 과거 여러 역법이 모두 天正 11월을 기점으로 하여 歲首로 삼고 太古의 甲子日을 사용하여 上元을 설정해서 세월이 지나면 지날수록 오차가 더욱 심해졌습니다. 신이 이제 드 역법을 합쳐 새 역법을 만들되, 唐나라 天寶 14년(755)인 乙未年을 상원으로, 正月中氣인 雨水를 氣首로 삼았습니다."라고 하자, 詔命으로 司天監 趙仁錡와 張文皓 등에게 하달하여 得失을 고찰하게 하였다.

조인기 등이 말하기를 "내년 경자년 정월 초하루를 마중적의 역법을 사용해 考究해보니 모두 부합되어 어긋남이 없습니다."라고 하자 마침내 조서를 내려 반포하여 시행하게 하고 이름을 ≪調元曆≫이라 하였는데, 몇 해를 시행하자 점차 차이가 나서 마침내 쓰지 않았다.

마중적이 또 말하기를 "漏刻의 법은, 中星으로 晝夜를 고찰하여 〈하루를〉 1백 刻으로 하고, 1刻은 60分이니 8刻 20分이 1時가 되며, 1時는 4刻 10分으로 正을 삼으니, 이는 예로부터 사용한 것입니다. 그런데 지금 잘못 전수되어 午時의 正을 時의 시작으로 삼아 아래로 未時의 4刻 10分을 침범하여 午時로 만들었습니다. 이 때문에 낮과 밤과 저녁과 새벽이 모두 바른 때를 잃었으니, 청컨대 예전대로 개정하소서."라고 하자, 그대로 따랐다. 마중적은 64세에 卒하였다.

1) 一氣 : 天地가 나뉘기 전의 混沌의 氣로 우주만물의 본원이다.

2) 宣明氣朔正而星度不驗 崇玄五星得而歲差一日 : 宣明曆은 唐 穆宗 長慶 2년(822)에 徐昂 등이 만든 역법이며, 崇玄曆은 당 昭宗 景福 2년(893)에 邊岡이 만든 역법이다. 氣朔은 氣盈과 朔虛로, 해가 하늘과 만나는 주기는 360일보다 5와 235/940일이 더 많은데 이 많은 기한을 기영이라 하며, 달이 해와 만나는 주기는 360일보다 5와 592/940일이 적은데 이 적은 기한을 삭허라 한다. 기영과 삭허를 합쳐서 윤달을 정한다. 星度는 별이 운행하는 도수이다. 五星은 천체 관측의 기본이 되는 太白星(金星), 歲星(木星), 辰星(水星), 熒惑星(火星), 塡星(土星)이다.

3) 皆起天正十一月爲歲首 用太古甲子爲上元 : 중국 고대에 夏나라는 초저녁에

북두성 자루가 寅方을 가리키는 달을 正月로 삼아 人正이라고 하였고, 殷나라 때는 북두성 자루가 丑方을 가리키는 달을 정월로 삼아 地正이라 하였고, 周나라 때에는 북두성 자루가 子方을 가리키는 달을 정월로 삼아 天正이라 하였다. 天正은 곧 지금의 음력 11월에 해당한다. 太古의 甲子日을 사용하여 上元을 설정하였다는 것은 곧 중국 고대의 역법 가운데 비교적 완정된 형태로 제정된 최초의 역법인 ≪太初曆≫과 ≪三統曆≫에 대한 설명이다. ≪태초력≫은 漢 武帝 太初 원년(B.C. 104)에 만들어진 역법인데 현재는 전하지 않는다. ≪삼통력≫은 劉歆이 ≪태초력≫을 일부 개정해서 내놓은 역법으로 이때 설정한 역법의 시작점인 曆元 즉 上元은 현재 사용하는 干支와 직접적으로 연결된다. 하루의 시작인 자정을 夜半, 한 달의 시작인 초하루를 朔旦이라 하고 당시의 기준으로 한 해의 시작은 冬至였는데 이 야반과 삭단과 동지가 갑자일에 들어오는 것을 甲子夜半朔旦冬至라 하며 이는 당시에 曆元을 산출하는 기준이 되었다. 삭단과 동지가 같은 날 자정 즉 야반에 들어오는 夜半朔旦冬至를 一統이라 하고 이것이 세 번 반복되는 것이 三統인데 삼통이 되면 甲子夜半朔旦冬至가 이루어진다. 이 삼통을 1元이라 하였는데 일원의 햇수는 4,617년으로 이는 곧 夜半朔旦冬至가 갑자일에서 갑자일로 순환되는 한 주기이다. 이렇게 해서 甲子夜半朔旦冬至가 든 元封 6년의 다음해인 기원전 104년 太初元年이 역원이 되었고 태초 원년의 설정 기준이 되는 그 윗대 4,617년 전의 甲子夜半朔旦冬至를 上元泰初라 하였다. 유흠은 여기에서 더 나아가 1元이 31번 반복된 31元의 주기를 만들어내어 이에 해당하는 143,127歲 과거를 太極上元이라 이름하였다. 이상에 대한 구체적인 내용은 ≪漢書≫ 〈律曆志〉에 자세하다.

4) 雨水正月中氣爲氣首 : 지금은 24節氣라고 표기하지만 엄격하게 이야기하면 24氣라고 해야 한다. 24기는 매달마다 2개씩 배열되는데 매달 초에 있는 것을 節氣, 중순 이후에 있는 것을 中氣라 하였다. 예를 들면 立春은 正月의 절기이고, 雨水는 정월의 중기이다. 여기서는 정월의 중기인 우수를 24기의 첫 번째로 잡았다는 말이다.

5) 〔八〕: 저본에는 '八'이 없으나, ≪新五代史≫에 의거하여 보충하였다.

6) 〔六〕: 저본에는 '六'이 없으나, ≪新五代史≫에 의거하여 보충하였다.

7) 漏刻之法……時以四刻十分爲正 : 中星은 28宿가 사방에 분포하여 일정한 궤

도로 운행하다가 차례대로 매월 中天의 南方에 도달하는 별을 가리키는데, 이를 관찰하여 때를 구분하였다. 1백 刻을 하루 12時에 배분하면 매 時마다 8刻씩 균등하게 분배되고 4刻이 남는다. 이 남은 4刻을 다시 12時에 고루 배분하면 1刻은 60分이므로 매 時마다 20分씩 균등하게 분배된다. 따라서 1時는 8刻 20分이 된다. 원문의 "八刻六十分刻"은 底本에는 "刻十分刻"으로 되어 있으나, ≪新五代史≫ 및 ≪舊五代史≫의 동일 기사에 의거하여 수정하였다. 그러나 이와 같이 수정하여도 원문이 불분명하여 위에서 언급한 時刻의 분배를 담아내기 어렵다. 굳이 번역하자면 '刻마다 60分인 8刻의 20分이 1時이다.'가 될 것이다. 이에 대해 ≪五代史記纂誤續補≫ 卷5에 "마땅히 '八刻六十分刻之二十爲一時'라는 말은 '刻六十分八刻有二十分爲一時(1刻은 60分이니 8刻 20分이 1時가 된다)'로 바꾸어야 한다.〔宜易八刻六十分刻之二十爲一時語 爲刻六十分八刻有二十分爲一時〕"라고 변증하였는데, 이에 의거하여 알기 쉽게 번역하였다. 4刻 10分으로 正을 삼는다는 것은, 1時의 8刻 20分을 둘로 나누어 앞의 4刻 10分을 正前이라 하고 뒤의 4刻 10分을 正後라 하고 둘 사이의 정중앙을 正이라 할 때 正을 설정하는 기준이 4刻 10分이라는 말이다. 보통 正前은 初刻이라 하고 正後는 正刻이라 하며 초각은 다시 初初刻, 初一刻, 初二刻, 初三刻, 初四刻으로 나뉘고 正刻은 다시 正初刻, 正一刻, 正二刻, 正三刻, 正四刻으로 나뉜다.

8) 以午正爲時始 下侵未四刻十分而爲午 : 午時의 正을 時의 시작으로 잡으면 실제로는 午時의 正刻인 시간이 午時의 初刻이 되고 실제로는 未時의 初刻인 시간이 午時의 正刻이 되어버린다. 이에 대해서는 위의 譯註 7)의 마지막 내용 참조.

歐陽文忠公五代史抄 卷17

歸安 鹿門 茅坤 批評

孫男 闇叔 茅著 重訂

01. 司天考論* 〈司天考〉에 대한 論

* 司天은 천문을 맡은 관직의 명칭이다. ≪國語≫ 〈楚語〉와 ≪史記≫ 〈太史公自序〉 등의 문헌에 "南正인 重에게 명하여 천문을 맡게 하였다.〔命南正重司天〕"라고 하였다. 〈사천고론〉은 ≪新五代史≫ 권58과 권59에 실린 〈사천고〉의 내용 중에서도 구양수의 議論 부분만을 발췌하여 실은 것이다. 이 글에서 발췌하지 않은 나머지 내용은 後周 世宗이 端明殿學士 王朴의 건의로 제정한 ≪欽天曆≫의 구체적인 내용과 당대에 있었던 천문 현상의 기록이다. ≪舊五代史≫에도 이에 해당하는 권139 〈天文志〉와 권140 〈曆志〉가 있다. ≪신오대사≫ 〈사천고〉 가운데 권58은 ≪구오대사≫의 〈역지〉, 권59는 ≪구오대사≫의 〈천문지〉의 성격을 띤다.

본 〈사천고론〉에는 실려 있지 않으나 ≪신오대사≫ 권58의 말미에 "이상은 王朴이 편찬한 ≪欽天曆經≫ 4편이다. ≪구오대사≫에는 〈步發斂〉 1편이 망실되었고 남아있는 3편도 간략하여 완전하지 못하여 법으로 삼기에 충분하지 못하다. 세상에 전해지는 왕박의 역법이 이미 드물기에 내가 일찍이 著作佐郎 劉羲叟에서 물으니, 희수가 나를 위해 그 本經을 구해주었다. 그런 뒤에야 왕박의 역법이 크게 갖추어졌다.〔右朴所撰欽天曆經四篇 舊史亡其步發斂一篇 而在者三篇 簡略不完 不足爲法 朴曆世旣罕傳 予嘗問于著作佐郎劉羲叟 羲叟爲予求得其本經 然後朴之曆大備〕"라고 하여, ≪구오대사≫에 누락된 역법을 찾아 수록한 내력을 밝혔다.

구양수는 이 論에서 역법이 있어온 내력과 역대의 역법을 제정한 역사를 설명하고 왕박이 후주의 세종에게 올린 상주문을 실어 ≪흠천력≫이 제작되는 경위를 설명하였다. 마지막에 天人의 관계를 논술하고 사람은 마땅히 사람의 도리에 힘써야 함을 역설하여 구양수만의 천문관을 드러내었다.

嗚呼라 **五代禮樂文章**은 **吾無取焉**이나 **其後世有必欲知之者**리니 **不可以遺也**라 **作司天職方考**하노라

오호라! 五代의 禮樂과 文章은 내가 취하지 않으나, 후세에 이를 반드시 알고자 하는 자가 있을 것이라 빠뜨릴 수 없으므로 〈司天考〉와 〈職方考〉를 짓는다.

司天掌日月星辰之象이라 **周天一歲四時二十四氣七十二候**에 **行十日十二辰**[1)]하야 **以爲曆**하고 **而謹察其變者**하야 **以爲占**이라 **占者**는 **非常之兆也**니 **以驗吉凶**하고 **以求天意**하고 **以覺人事**라 **其術藏於有司**요 **曆者**는 **有常之數也**니 **以推寒暑**하고 **以先天道**하고 **以勉人事**라 **其法信於天下**라 **術有時而用**이어니와 **法不可一日而差**니 **差之毫釐**면 **則亂天人之序**하고 **乖百事之時**라 **蓋有國之所重也**라 **然自堯命羲和見於書**[2)]로 **中星閏餘**[3)]가 **略存其大法**이러니 **而三代中間千有餘歲**에 **遺文曠廢**하야 **六經無所述**이요 **而孔子之徒亦未嘗道也**라 **至於後世**하야 **其學一出於陰陽之家**하니 **其事則重**이나 **其學則末**이라 **夫天人之際**는 **遠哉微矣**어늘 **而使一藝之士**로 **布算積分**[4)]하야 **上求數千萬歲之前**하야 **必得甲子朔旦夜半冬至**하고 **而日月五星皆會于子**하야 **謂之上元**하야 **以爲曆始**[5)]라 **蓋自漢而後**로 **其說始詳見於世**로대 **其源流所自**가 **止於如此**하니 **是果堯舜三代之法歟**아 **皆不可得而考矣**라

司天은 日・月・星辰의 象을 관장한다. 하늘을 한 바퀴 도는 1歲 안의 4時와 24氣와 72候에 十日과 十二辰이 운행하여 曆이 되고 그 변화를 삼가 관찰하여 占을 친다. 占은 일정하지 않은 조짐이니, 이로써 吉凶을 징험하고 天意를 구하고 人事를 깨닫는데, 그 術數는 有司가 간직하고 있다. 曆은 일정함이 있는 數이니, 이로써 추위와 더위를 推算하고 天道를 예측하고 人事를 권면하는데, 그 법은 천하 사람들이 신뢰한다. 占術은 필요한 상황이 생기면 쓰지만 曆法은 하루라도 차이가 나서는 안 되니, 털끝만큼이라도 차이가 나면 하늘과 사람의 질서가 혼란해지고 백 가지 일을

행하는 때가 어그러지므로 나라를 다스리는 자가 중시한다.

그러나 堯임금이 羲氏와 和氏에게 명한 일이 ≪書經≫에 보이는 때로부터 中星과 閏餘의 大法이 대략 남아 있는데, 三代의 중간 천여 년 동안에 남은 문헌이 폐기되어 六經에도 기술되지 않고 孔子의 門徒들도 이를 말한 적이 없었다. 후세에 이르러서는 그 학문이 모두 陰陽家에게서 나오게 되니 중요한 일임에도 말단의 학문이 되었다.

하늘과 사람 사이의 일은 深遠하고 微妙한데, 한 가지 기예를 가진 선비에게 누적된 分差를 推算하여 위로 수천만 년 전으로 거슬러 올라가 甲子일에 朔旦과 夜半과 冬至가 모이고 해와 달과 五星이 子方에 모이는 때를 반드시 찾게 하여 이를 上元이라 부르고 曆의 시작으로 삼았다. 대개 漢나라 이후로 그 학설이 비로소 세상에 상세히 드러났는데 그 源流의 유래는 이와 같을 뿐이니 이것이 과연 堯舜과 三代의 법이겠는가. 모두 考究할 수 없다.

1) 周天一歲四時二十四氣七十二候 行十日十二辰 : 周天은 하늘의 둘레가 얼마나 되는지 태양이 黃道를 따라 한 바퀴 도는 데 걸리는 시간으로 나타낸 값으로 1恒星年의 길이이다. 72候는 24氣의 각 절기를 初候와 中候와 末候의 3가지로 구분하여 1년 안에 72개가 되는 것이다. 예를 들면 立春의 초후는 봄바람에 얼음이 녹는 東風解凍이고 중후는 동면했던 벌레가 움직이기 시작하는 蟄蟲始振이고 말후는 물고기가 강 얼음 바로 밑까지 올라와 돌아다니는 魚上氷이다. 十日은 天干인 甲・乙・丙・丁・戊・己・庚・辛・壬・癸이고, 十二辰은 地支인 子・丑・寅・卯・辰・巳・午・未・申・酉・戌・亥이다.
2) 然自堯命羲和見於書 : ≪書經≫ 〈虞書 堯典〉에 "이에 羲氏와 和氏에게 명하여 昊天을 공경히 따라서 해와 달과 星辰을 冊曆으로 기록하고 觀象하는 기구로 관찰하여 백성의 농사철을 공경히 주게 하셨다.〔乃命羲和 欽若昊天 曆象日月星辰 敬授人時〕"라고 한 것을 가리킨다.
3) 中星閏餘 : 中星은 천체의 28宿가 일정한 궤도로 운행하다가 차례대로 매월 中天의 南方에 도달하는 별을 가리키는데, 이를 관찰하여 때를 구분하였다. 閏餘는 실제의 한 해가 달력의 한 해보다 많은 나머지 부분이다. 이 둘은 모두 曆法을 제정할 때 중요한 요소이다.
4) 布算積分 : 積分은 曆法에서 쌓인 시차를 가리키는 말이다. 閏積, 中積, 通積

등이 모두 이에 해당한다. 이들을 서로 계산하여 역법에 필요한 값을 얻는다.

5) 上求數千萬歲之前……以爲曆始 : 중국 曆法史에서 현재 사용하는 역법의 근간이 된 것은 漢 武帝 太初 元年(B.C. 104)에 만들어진 ≪太初曆≫이다. 다만 이 역법은 현전하지 않고 이 역법을 일부 개정한 ≪三統曆≫은 ≪漢書≫ 〈律曆志〉에 전해진다. 여기에서 역법의 시작점인 曆元 즉 上元을 구하는 기준은 甲子夜半朔旦冬至이다. 夜半은 하루의 시작인 子正이고 朔旦은 한 달의 시작인 초하루이고 冬至는 당시의 기준으로 한 해의 시작인데, 이 세 가지가 모두 갑자일에 들어오는 것이 甲子夜半朔旦冬至이다. 甲子夜半朔旦冬至가 든 元封 6년의 다음해인 기원전 104년 太初 元年이 ≪삼통력≫의 曆元이고, 다시 太初 元年 이전에 甲子夜半朔旦冬至가 이루어진 때를 거슬러 올라가 이를 上元泰初로 잡았다. 그에 따라 4,617년 전의 甲子日이 上元泰初가 되었다. 또한 유흠은 여기에서 더 나아가 이 주기가 31번 반복된 31元의 주기를 만들어내어 이에 해당하는 143,127歲 과거를 太極上元이라 이름하였다. 또한 曆元인 태초 원년에 해와 달과 木火土金水의 五星이 子方에서 모이는 현상이 있었는데 ≪한서≫ 〈율력지〉에 "환관 淳于陵渠가 ≪太初曆≫의 晦, 朔, 弦, 望을 다시 따져 보니 모두가 가장 정밀하여 해와 달이 璧玉이 합쳐진 듯하고, 五星이 진주를 꿰어놓은 듯하였다.〔宦者淳于陵渠復覆太初曆晦朔弦望 皆最密 日月如合璧 五星如連珠〕"라고 하였다.

然自是以來로 曆家之術이 雖世多不同이나 而未始不本於此라 五代之初에 因唐之故하야 用崇玄曆[1)]이러니 至晉高祖時하야 司天監馬重績始更(경)造新曆[2)]하야 不復(부)推古上元甲子冬至七曜[3)]之會하고 而起唐天寶十四載乙未爲上元하고 用正月雨水爲氣首라 初에 唐建中[4)]時에 術者曹士(爲)〔蔿〕[5)]始變古法하야 以顯慶五年爲上元하고 雨水爲歲首하야 號符天曆이라 然世謂之小曆[6)]이라하야 秪(지)行於民間이러니 而重績乃用以爲法하야 遂施于朝廷하야 賜號調元曆이라 然行之五年에 輒差不可用일새 而復(부)用崇玄曆이라 周廣順[7)]中에 國子博士王處訥私撰明玄曆于家하고 民間又有萬分曆하고 而蜀有永昌曆正象曆하고 南唐有齊政曆하니 五代之際에 曆家可考見者는 止於此라 而調元曆法旣非古요 明玄又止藏其家요 萬分止行於民間하니

其法皆不足紀라 **而永昌正象齊政曆**은 **皆止用於其國**이로대 **今亦亡**하야 **不復**(부)**見**이라

그러나 이때 이후로 曆家의 術數가 비록 시대별로 많은 차이는 있었으나 이것을 근본으로 삼지 않은 역법이 없었다. 五代 초기에 唐나라의 옛 曆法을 因襲하여 ≪崇玄曆≫을 쓰다가 晉 高祖 때에 이르러 司天監 馬重績이 비로소 고쳐서 새로운 역법을 만들어 다시 上古 때 上元의 甲子와 冬至에 七曜가 모이는 때를 추산하지 않고서 唐나라 天寶 14년(755)인 乙未年을 上元으로 삼고 正月의 雨水를 氣首로 삼았다.

당초 당나라 建中 연간에 術士 曹士蔿가 처음으로 옛 법을 바꾸어 顯慶 5년(660)을 上元으로 삼고 雨水를 歲首로 삼아 ≪符天曆≫이라 불렀다. 그러나 세상에서는 小曆이라고 부르면서 민간에서만 통용되었다. 그러다가 마중적이 이 역법을 이용해 새 역법을 만들고서 마침내 조정에서 시행하여 황제가 ≪調元曆≫이라는 이름을 내렸다. 그러나 시행 5년 만에 곧 오차가 생겨 사용할 수 없게 되어 다시 ≪숭현력≫을 사용하였다.

周나라 廣順 연간에 國子博士 王處訥이 개인적으로 집에서 ≪明玄曆≫을 찬술하였고, 민간에는 또 ≪萬分曆≫이 있었고, 蜀에는 ≪永昌曆≫과 ≪正象曆≫이 있었고, 南唐에는 ≪齊政曆≫이 있었으니, 오대시대에 고찰해볼 만한 曆家는 여기에 그친다. 그러나 ≪조원력≫의 역법은 이미 옛날의 역법이 아니고, ≪명현력≫은 단지 그 집에서 간직하던 것이고, ≪만분력≫은 단지 민간에서 통용하던 것이니, 그 역법은 모두 기록할 만한 것이 없다. 그리고 ≪영창력≫과 ≪정상력≫과 ≪제정력≫은 모두 그 나라에서만 쓰던 것인데 지금은 또 망실되어 다시 볼 수 없다.

1) 崇玄曆 : 唐 昭宗 景福 2년(893)에 邊岡이 만든 曆法으로 당나라의 마지막 역법이다.
2) 至晉高祖時 司天監馬重績始更(경)造新曆 : 본서 卷16 〈馬重績傳〉에 자세하다.
3) 七曜 : 해와 달과 水火金木土의 五星의 합칭이다. 七政이라고도 한다.
4) 建中 : 唐 德宗의 연호로 780~783년 사이에 사용하였다.
5) (爲)〔蔿〕 : 저본에는 '爲'로 되어 있으나, ≪新五代史≫에 의거하여 '蔿'로 바로잡았다.
6) 小曆 : 국가에서 공식적으로 선포한 大曆의 반대말로, 민간의 사적인 역법이다.
7) 廣順 : 後周 太祖 郭威의 연호로 951~954년 사이에 사용되었다.

世宗卽位하야 外伐僭叛하고 內修法度라 端明殿學士王朴이 通於曆數라 乃詔朴撰定하니 歲餘에 朴奏曰 臣聞聖人之作也는 在乎知天之變者也[1]라하니 人情之動은 則可以言知之요 天道之動은 則當以數知之라 數之爲用也는 聖人以之觀天道焉이니 歲月日時가 由斯而成하고 陰陽寒暑가 由斯而節하고 四方之政이 由斯而行이라 夫爲國家者가 履端立極[2]을 必體其元하고 布政考績을 必因其歲하고 禮動樂擧를 必正其朔하고 三農[3]百工을 必順[4]其時하고 五刑[5]九伐[6]을 必順其氣하고 庶務有爲를 必從其日月[7]이라 是以로 聖人受命에 必治曆數라 故五紀[8]有常度하고 庶徵[9]有常應하야 (五)〔正〕[10]朔[11]行之於天下也라 自唐之季로 凡歷數朝에 亂日失天이 垂將百載[12]하야 天之曆數가 汨陳[13]而已라 陛下順考古道하여 寅畏上天하고 咨詢庶官하야 振擧墜典하시니 臣[14]雖非能者나 敢不奉詔아 乃包萬象以爲法하되 齊七政[15]以立元하고 測圭箭[16]以候氣하고 審朓朒(조뉵)[17]以定朔하고 明九道[18]以步月하고 校遲疾[19]以推星하고 考黃道之斜正[20]하고 辨天勢之昇降[21]하니 而交蝕詳焉이라

世宗이 즉위하여 밖으로는 참람하게 반역하는 자를 정벌하고 안으로는 법도를 정비하였다. 端明殿學士 王朴이 曆數에 능통하였으므로 이에 왕박에게 조서를 내려 역법을 撰定하게 하니 한 해 남짓 지나 왕박이 다음과 같이 上奏하였다.*

“신이 듣건대 聖人의 국가 경영은 하늘의 변화를 아는 데 달려있다고 합니다. 사람의 뜻〔情〕은 말을 통해 그 움직임을 알 수 있듯이, 천체의 운행〔道〕은 마땅히 數를 통해 그 움직임을 알 수 있습니다. 數의 용도는 성인이 이것으로 천체의 운행을 관찰하는 것이니, 年·月·日·時의 시간 규범이 이로 말미암아 성립되고 陰陽과 寒暑를 구분하는 節氣가 이로 말미암아 정해지고 사방의 政令이 이로 말미암아 시행됩니다.

---

* 이하 王朴의 上奏文 전문(332쪽 주 4)까지)은 古天文學 특수 번역에 해당되어 관련 분야 전공자인 한국고전번역원 번역위원 姜珉廷 선생(서울대 지구과학교육과 졸업, 성균관대 한문고전번역협동과정에서 〈≪九章術解≫의 연구와 역주〉로 박사학위 취득)에게 위촉하여 번역하였음을 밝혀둔다.

대저 국가를 다스리는 자가 즉위 초에 元年을 새로 정하여 시간 규범을 세우기는 반드시 上元에 의거하고, 政令을 반포하거나 관원의 근무성적을 考課하기는 반드시 年度별로 하고, 禮樂의 거행은 반드시 적합한 달에 하고, 농부와 工人들에게 반드시 농사철과 작업철을 알려주고, 형벌과 정벌을 반드시 적당한 절기에 시행하고, 그 밖의 각종 政務를 반드시 마땅한 月・日에 행합니다. 이 때문에 성인이 천명을 받으면 반드시 曆法을 정비합니다. 그리하여 五紀에 항상된 度數가 있고 庶徵에 항상된 應驗이 있어서 正朔이 천하에 시행됩니다.

唐나라 말엽부터 여러 王朝를 거치는 동안 혼란한 날짜가 天象을 앞질러, 천체의 운행을 추산해야 할 曆算이 백년 가까이 뒤죽박죽이었습니다. 폐하께서 옛 제왕의 법도를 본받고 살펴 上天을 敬畏하고 관원들에게 자문하여 실추된 典章을 재정비하시니, 신이 비록 역산에 능한 자가 아니기는 하나 감히 조칙을 받들지 않을 수 있겠습니까. 마침내 모든 天象을 포괄하여 曆法을 만들되 七政이 '모두 子方에 모이는〔齊〕' 순간을 찾아 上元을 세우고, 圭表와 漏箭으로 해그림자와 낮의 길이를 측정하여 節氣의 변화를 살피고, 달의 盈縮을 살펴 朔日을 정하고, 九道를 분명히 하여 달의 운행을 推步하고, 행성의 遲疾을 따져 五星의 운행을 추보하고, 黃道의 기울기를 고찰하고 하늘이 뜨고 지는 각도를 변별하니 일식과 월식의 추보가 정밀해졌습니다.

1) 在乎知天之變者也 : ≪歷代名臣奏議≫ 卷280 〈律歷〉에도 이와 같이 되어 있다. ≪舊五代史≫ 卷140 〈曆志〉에는 "在乎識天人之變者也"로 되어 있고, ≪新五代史≫ 卷58 〈司天考 上〉과 ≪全唐文≫ 卷860 〈王樸 奏進欽天歷表〉에는 "在乎知天人之變者也"로 되어, '天'자 뒤에 '人'자가 더 있으나, 이는 이어지는 문장에 '人情'과 '天道'가 나란히 언급됨으로 인해 잘못 덧붙여진 것으로 생각된다. 그 뒤에 이어진 문단에서 "天道를 알게 해주는 數"에 의거하여 제작되는 曆法의 기능을 政權의 정당성에 대한 상징, 통치자의 政務 시행 및 예악 형벌의 안배, 백성의 생산활동에 指針을 제시하는 점 등으로 설명하고 있을 뿐이고, "人情을 알게 해주는 言論"에 대한 언급이 없으므로, '人情'은 '天道'를 부각시키기 위해 부차적으로 끌어들인 소재에 불과하다.

2) 履端立極 : 履端은 사물의 처음을 뜻하는 말로, 曆의 推算을 正月 朔日에서 시작하는 것 또는 帝王이 즉위 초에 새로운 年號를 반포하여 元年으로 삼는 것

을 가리키는데, 여기서는 후자이다. 이는 戰國시대 秦 惠王부터 시작하여 전통시대의 관습이 되었다. 立極은 최고의 준칙을 세운다는 뜻으로 여기서는 시간 규범을 세운다는 말이다.

3) 三農 : 山地, 濕地, 平地에 거주하는 농부로, 여기서는 농부를 총칭하였다.(≪周禮≫ 〈天官冢宰 太宰〉)

4) 順 : ≪新五代史≫, ≪歷代名臣奏議≫ 등에도 '順'으로 되어 있으나, ≪舊五代史≫, ≪全唐文≫ 등에는 '授'로 되어 있고, ≪聖壽萬年曆≫ 卷首의 인용에는 '依'로 되어 있다. '順'은 이어지는 '五刑九伐 必順其氣'의 '順'과 겹치는 문제가 있고, 또 이 구의 의미는 '백성들에게 농사철을 알려준다〔敬授人時〕'는 ≪尙書≫ 〈堯典〉의 언급과 같이 행위의 주체가 국가가 되어야 문맥에 맞으므로 '授'에 맞추어 번역하였다. 만약에 '順'을 그대로 둔다면 '농부와 공인들로 하여금 반드시 농사철과 작업철을 따르게 하고'라고 사역형으로 번역해야 한다.

5) 五刑 : 얼굴에 자자하는 墨刑, 코를 베는 劓刑, 발꿈치를 베는 刖刑, 남녀의 생식기를 훼손하는 宮刑, 사람을 죽이는 大辟 등 고대의 다섯 형벌을 뜻하는데, 여기서는 국가가 臣民에게 시행하는 형벌을 총칭하였다.

6) 九伐 : 諸侯가 威力으로 약소국을 침범한 경우, 어진 이를 해친 경우, 폭정을 행한 경우, 토지가 황폐해져 백성들이 흩어진 경우, 험한 지형을 믿고 복종하지 않은 경우, 무고한 친척을 해친 경우, 임금을 내쫓거나 시해한 경우, 명령을 어기거나 법을 무시한 경우, 남녀의 분수가 짐승과 같은 경우 등 諸侯의 아홉 가지 죄악을 천자가 징벌하던 일을 뜻하는데(≪周禮≫ 〈夏官 大司馬〉), 여기서는 제왕이 주변국에 행하는 정벌을 총칭하였다.

7) 必從其日月 : ≪舊五代史≫에는 이 뒤에 "六籍宗之爲大典 百王執之爲要道"가 더 있다.

8) 五紀 : 자연의 시간을 기록〔紀〕하는 다섯 가지 범주로, 年(동지~이듬해 동지), 月(초하루~그믐날), 日(자정~이튿날 자정), 星辰(星은 二十八宿. 남중하는 宿로 시각을 나타냄. 辰은 子부터 亥까지 황도상의 12방위. 해가 위치한 辰으로 節氣를 나타냄), 曆數(천체의 운행을 관측하여 추산한 연월일시와 절기의 數)이다.(≪尙書正義≫ 〈洪範〉)

9) 庶徵 : 비가 오고〔雨〕 해가 나고〔暘〕 따뜻하고〔燠〕 춥고〔寒〕 바람 불고〔風〕 하는 등의 각종 기후이다. 기후로 때〔時〕를 徵候한다.(≪尙書正義≫ 〈洪範〉)

10) (五)〔正〕: 저본에는 '五'로 되어 있으나, ≪新五代史≫, ≪舊五代史≫ 등과 사고전서본에 의거하여 '正'으로 바로잡았다.

11) (五)〔正〕朔 : 帝王이 새로 반포한 曆法을 말한다. 正은 한 해의 첫달이고 朔은 한 달의 첫 시각이다. 夏나라는 建寅之月(초저녁에 북두칠성 자루가 寅方을 가리키는 달. 지금 음력의 1월)을, 殷나라는 建丑之月(초저녁에 북두칠성 자루가 丑方을 가리키는 달. 지금 음력의 12월)을, 周나라는 建子之月(초저녁에 북두칠성 자루가 子方을 가리키는 달. 지금 음력의 11월)을 한 해의 첫 달로 삼았고, 夏나라는 平旦(동틀 무렵)을, 殷나라는 雞鳴(첫 닭이 우는 丑時, 새벽 1시~3시)을, 周나라는 半夜(자정)를 한 달의 첫 시각으로 삼았다. (≪禮記正義 大傳≫)

12) 自唐之季……垂將百載 : 唐 穆宗 때부터 徐昻의 ≪宣明曆≫(822~892)이 사용되다가 唐末 昭宗 때 邊岡의 ≪崇玄曆≫(893~938)으로 대체되었다. 後梁(907~923)과 後唐(923~936) 및 後晉(936~946) 초년까지는 역법을 새로 정비하지 못한 채 ≪숭현력≫에 ≪선명력≫을 보완하여 사용하다가, 後晉 高祖 때 馬重績의 ≪調元曆≫(939~943)으로 대체하였으나 천상과 어긋나 5년 만에 폐기하고 도로 ≪숭현력≫(944~946)을 사용하다가, 遼(907~1125)가 後晉을 멸망시킨 후 다시 ≪조원력≫(947~994)을 사용하였다. 후진을 계승한 後漢(947~950)부터 後周(951~960) 초기까지는 도로 ≪숭현력≫(947~955)을 사용하다가 후주 世宗 때 왕박의 ≪흠천력≫(955~963)에 자리를 내주었다. 이 기간 중에 민간에서는 ≪萬分曆≫이 사용되었고, 十國의 前蜀(907~925)은 ≪永昌曆≫(909~911)과 ≪正象曆≫(912~925)을, 南唐(937~975)은 ≪中正曆≫(940~950)과 ≪齊政曆≫(951~975)을 만들어 사용하였다.(曲安京, ≪中國數理天文學≫, 科學出版社, 2008, 39면, 629~633면(附錄 中國曆法表) ; 陳美東, ≪中國科學技術史 天文學卷≫, 科學出版社, 2003, 404~420면)

13) 汨陳 : 인간의 조처가 자연계의 원리에 어긋남을 뜻하는 말로, 여기서는 曆算이 天象에 맞지 않다는 뜻이다. 본디 鯀이 둑을 쌓아 홍수를 가두려 한 나머지, 아래로 흐르는 물〔水〕의 본성을 거슬러 五行을 어지럽히게 되었음을 지적한 말〔鯀堙洪水 汨陳其五行〕이다.(≪尙書正義≫ 〈洪範〉)

14) 臣 : ≪舊五代史≫에는 "以臣薄遊曲藝, 嘗涉舊史, 遂降述作之命, 俾究迎推之要"라고 되어 있다.

15) 齊七政 : 曆法 계산에 사용하는 해와 달과 五星(金·木·水·火·土)이 모두 子方에 나란히 위치하는 순간을 찾는 것이다. 이 순간을 역법 계산의 출발점인 上元으로 삼는다.

16) 圭箭 : 圭는 圭表로, 해그림자의 길이를 측량하는 'ㄴ'자 모양의 천문관측기구이다. 〈그림 1〉은 현존하는 가장 오래된 규표인 東漢 太初 4년(B.C. 101)의 銅圭表를 모사한 것이다. 그림과 같이 규표를 남북 방향으로 놓고서 그림자 길이를 측정한다. 정오의 그림자 길이가 가장 긴 때가 冬至時刻이고 가장 짧은 때가 하지시각이다.

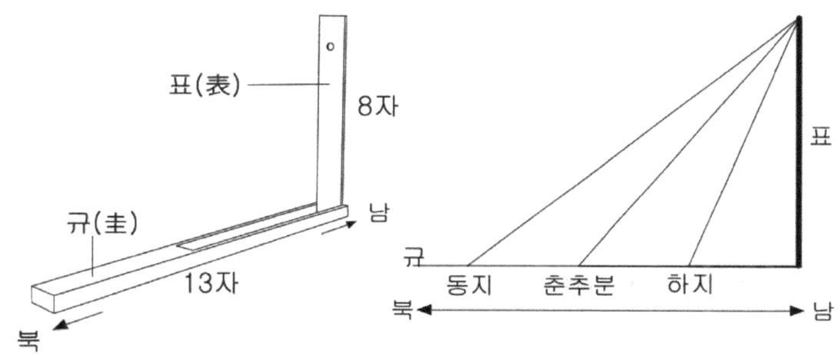

〈그림 1〉 圭表의 해그림자 측정을 통한 절기시각 결정

漏는 漏壺 또는 漏箭이라 불리는 물시계로, 물〔漏〕을 받는 물통〔壺〕과, 시각 눈금을 새기고 水位에 따라 오르내리도록 설치된 살대〔箭〕가 주요 부분이다. 唐나라 呂才(600?~665)가 流量의 항상성 유지를 위해 마지막 受水壺(〈그림 2〉의 水海) 이전에 4단계의 물통을 거치도록 설계한 漏壺를 창안하였다.(≪六經圖≫ 卷3 齊國風挈壺氏圖 唐制呂才定)

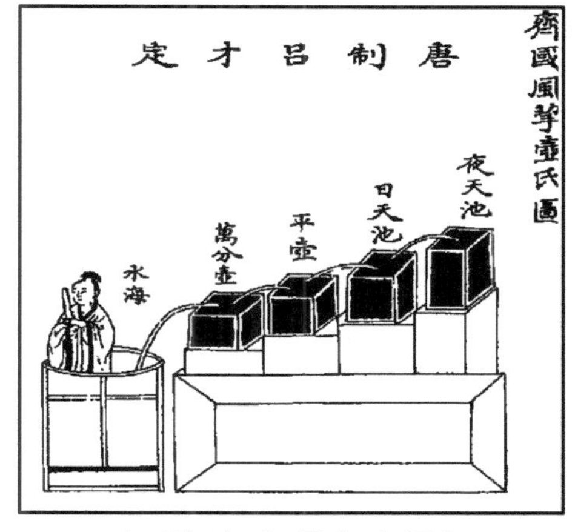

〈그림 2〉 唐 呂才의 漏壺

17) 朓朒(조뉵) : 달의 운행 속도가 평균 속도보다 빠르거나 느린 결과 달의 위치가 평균 위치보다 앞서 있거나 뒤쳐져 있는 盈縮 현상을 말한다. 朒朓, 朒(눌)朓라고도 한다.

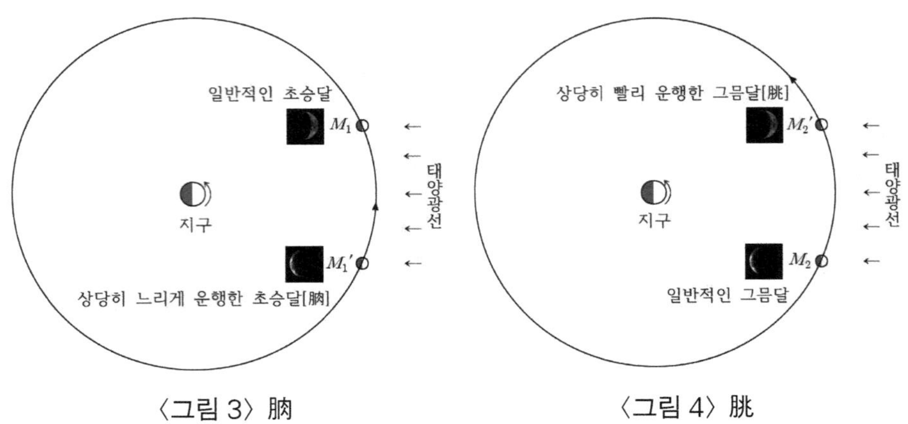

〈그림 3〉 朒　　〈그림 4〉 朓

보통 月初의 초승달〔朏, ☽, 〈그림 3〉의 M_1〕은 일몰 직후 서쪽 하늘에 잠깐 모습을 드러냈다가 이내 해를 따라 지평선 아래로 사라지는데, 달의 영축 운동 결과로 평균 위치보다 상당히 뒤져 있게 되면(M_1') 오히려 일출 직전 동쪽 하늘에서 떠올라 빛나다가 뒤따라 떠오른 태양빛에 가려지게 된다. 이 경우에 월초임에도 불구하고 달의 모양은 '☾'와 같이 되는데, 이를 '朒'이라고 한다. 말하자면 朒(동쪽 하늘에 뜨는 초하룻달 뉵, 움츠릴 뉵)은 시기적으로 초하루에 뜨긴 하지만 모양 및 출몰 시각과 방향은 보통의 그믐달과 같은 비정상적인 달로, '움츠릴'의 訓은 달이 평균 위치보다 뒤져 있음에서 나온 뜻이다.

마찬가지로 보통 月末의 그믐달(☾, 〈그림 4〉의 M_2)은 일출 직전 동쪽 하늘에서 떠올라 빛나다가 뒤따라 떠오른 강렬한 태양빛에 가려지는데, 달의 영축 운동 결과로 평균 위치보다 상당히 앞서 있게 되면(M_2') 오히려 일몰 직후 서쪽 하늘에 잠깐 모습을 드러냈다가 지평선 아래의 해를 따라 이내 사라진다. 이 경우에 월말임에도 불구하고 달의 모양은 '☽'와 같이 되는데, 이를 '朓'라고 한다. 말하자면 朓(서쪽 하늘에서 빛나는 그믐달 조, 빠를 조)는 시기적으로 그믐 즈음에 뜨긴 하지만 모양 및 출몰 시각과 방향은 보통의 초승달과 같은 비정상적인 달로, '빠를'의 訓은 달이 평균 위치보다 앞서 있음에서 나온 뜻이다.

이처럼 비정상적인 달의 位相은 전통시대에 임금의 德에 흠결이 있음을 나타내는 天變으로 인식되어 ≪文選≫ 謝莊의 〈月賦〉의 "朒朓警闕"에 대한 李善의 注에 "달의 운행이 정상적인 度數에 맞지 않아 朒朓가 나타나는 것은 人君

의 德에 흠결이 있음을 警告한 것이다."라고 하기도 하였다. 여기서는 달의 실제 위치를 推算하여 朔日을 정확히 잡기 위해 盈縮 운동을 고려함을 뜻한다.

18) 九道 : 달은 黃道와 약 6도 가량 기울어진 白道를 따라 운행하며, 황도에 대한 백도의 交點 위치는 지속적으로 역행한다. 交點月(27.212220일)이 恒星月(27.321661)보다 짧은 것은 이 때문이다. 이로 인해 지구 상의 관측자에게 달의 궤도는 황도의 안팎을 넘나들면서 황도에 대한 상대적 위치가 지속적으로 변화하는 것처럼 보인다. 이와 같이 지속적으로 변화하는 백도 중에 昇交點의 위치가 황도 상의 8개 節點(입춘, 춘분, 입하, 하지, 입추, 추분, 입동, 동지)과 일치할 때의 궤도를 취하고 황도를 합하여 〈그림 5〉와 같이 하나의 평면에 투사한 것이 九道이다. 〈그림 5〉에서 8개의 절기점이 표시된 중심부의 大圓이 황도이고, 황도에 걸쳐진 8개의 대원이 백도이다. 북반구에 위치한 관찰자의 입장에서 황도의 북쪽으로 올라가는 것은 〈그림 5〉의 황도원 안으로 들어가는 것으로 투영되고, 황도의 남쪽으로 내려가는 것은 황도원 밖으로 나가는 것으로 투영되어 보인다. 짙은 선으로 그린 '青東'원은 승교점이 황도의 동지점과 일치하고 강교점이 황도의 하지점과 일치할 때의 백도인데, 이 백도 상에서 춘분점과 가장 가까운 점 및 그 대척점이 모두 춘분점의 동쪽에 위치하므로 '青道' 또는 '青東道'라고 불렀다. 그림의 '朱南'원은 승교점이 추분점과 일치하고 강교점이 춘분점과 일치할 때의 백도이다. 이 백도 상에서 동지점과 가장 가까운 점 및 그 대척점이 모두 동지점보다 남쪽에 위치하므로 '朱道' 또는 '朱南道'라고 불렀다. '白西', '黑北', '青東南', '朱西南', '白西北', '黑東北'도 모두 같은 원리이다. 그림에서 황도 상에 점선으로 표시한 부분은 백도가 '청동'에서 '주남'으로 변해갈 때 승교점이 역행

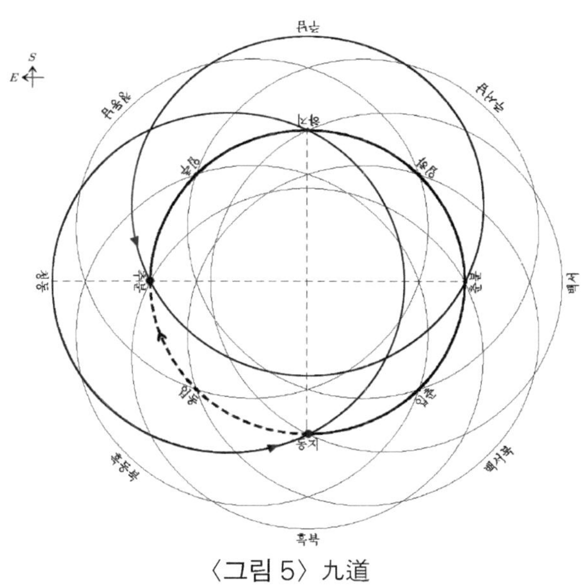

〈그림 5〉 九道

한 경로이다.

이와 같은 九道의 개념은 늦어도 西漢 때 달 궤도의 近地點 변화를 설명하기 위해 定性的으로 도입되었던 것을 당나라 一行이 ≪大衍曆≫(729)에서 승교점 변화를 설명하는 기하학적 모델로 바꾸어 달 운동을 定量的으로 분석하는 기본 틀로 활용한 것이다.(曲安京, ≪中國數理天文學≫, 331~347면 ; 한영호・이은희・강민정 역주, ≪칠정산내편1≫, 한국고전번역원, 2016, 353~355면)

19) 遲疾 : 천체 운행의 不均速을 뜻하는 말로, 여기서는 특히 행성의 불균일한 視運動 변화 양상을 가리킨다. 태양계 행성의 실제 운행은 모두 타원궤도의 遠日點 부근에서는 느리고 近日點 부근에서는 빠른 규칙적 속도 변화를 보이며 일정한 방향으로 이루어지지만, 지구상의 관측자가 바라본 오행성은 지구와의 상대적 위치에 따라 천구상에서 멈춰서 있거나 역행하는 것처럼 보일 때도 있다. 그러나 이러한 불균일 시운동 역시 일정한 週期와 규칙이 있기에 전통 역법에서는 각 행성과 지구의 會合週期 안에서 '晨見(會合 순간부터 처음으로 새벽에 관측되는 순간까지 기간)', '順疾(빨리 순행하는 기간)', '順遲(더디게 순행하는 기간)', '前留(한 곳에 머무르는 기간. 1회합주기 중 앞에 나타나는 것)', '退遲(더디게 역행하는 기간)', '退疾(빨리 역행하는 기간)', '後留(한 곳에 머무르는 기간, 1회합주기 중 뒤에 나타나는 것)', '夕伏(처음으로 저녁에 관측되지 않는 순간부터 會合 순간까지 기간)' 등 여러 가지 시운동 양상을 개념화하고 각 기간을 표로 작성하여 오행성의 위치 계산에 활용하였다.

20) 黃道之斜正 : 黃道는 赤道에 대해 23.5도 기울어져 있고 춘분점과 추분점에서 서로 만나므로, 적도에 대한 황도의 순간 기울기가 황도상의 위치별로 다르다. 〈그림 6〉과 같이 春・秋分點에서 가장 기울어지고(斜, 23.5도) 冬・夏

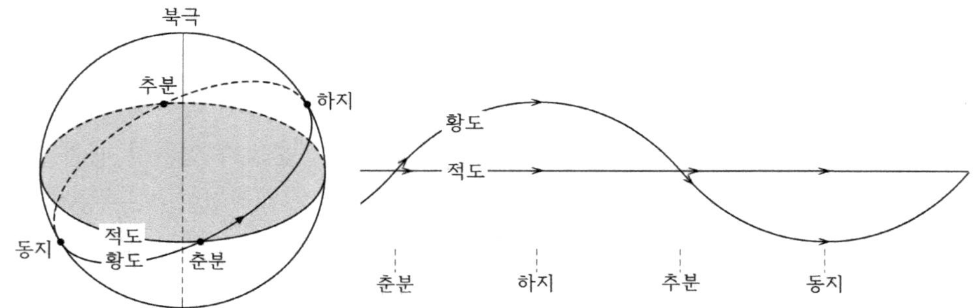

〈그림 6〉 황도 상의 각 위치에서 적도에 대한 황도의 순간 기울기

至點에서는 나란하며(正, 0도), 그 사이의 위치에서는 이 두 기울기 사이에서 연속적인 변화를 보인다.

21) 天勢之昇降 : 지평선에 대해 천구의 적도가 기울어진 정도를 말한다. 전통 천문학에서 하늘의 중앙은 赤道帶로 정의되었다. 중위도 지방의 하늘에는 천구의 적도가 비스듬하게 기울어진 채 지평선에 걸쳐져 있는데, 28수를 비롯한 모든 천체의 日周運動이 이 적도대를 따라 한 번 떠오르고〔昇〕 지는〔降〕 것으로 나타난다. 이 때문에 적도의 기울기를 '하늘이 뜨고 지는 각도'라고 표현하였다.

夫立天之道하야 **曰陰與陽**[1)]이라 **陰陽各有數**하니 **合則化成矣**[2)]라 **陽之策三十六**이오 **陰之策二十四**[3)]니 **奇偶相命**하야 **兩陽三陰**하면 **同得七十二**라 (何)〔同〕[4)]**則陰陽之數合**이니 **七十二者**는 **化成之數也**[5)]라 **化成**은 **則謂之五行之數**니 **五(行)**[6)]**之**하면 **得朞數**라 **過之者**를 **謂之氣盈**[7)]이요 **不及者**를 **謂之朔虛**[8)]니 **至於應變分用**에 **無所不通**이라 **故以七十二爲經法**이니 **經者**는 **常用之法也**라 **百者**는 **數之節也**니 **隨法進退**에 **不失舊位**라 **故謂之通法**이라 **以通法進經法**하면 **得七千二百**이니 **謂之統法**[9)]이라 **自元入經**에 **先用此法**하야 **統曆之諸法也**[10)]라 **以通法進統法**하면 **得七十二萬**이라 **氣朔之下**에 **收分必盡**이니 **謂之全率**이라 **以通法進全率**하면 **得七千二百萬**이니 **謂之大率**이요 **而元紀生焉**[11)]이라 **元者**는 **歲月日時**가 **皆甲子**요 **日月五星**이 **合在子**하야 **當盈縮先後之中**[12)]이니 **所謂七政齊矣**라

대저 천체의 운행 원리를 兩大 범주로 정립하여 陰과 陽이라 하였습니다. 음과 양이 각기 數가 있으니, 음·양의 수가 합일되면 〈五行이〉 생성됩니다. 〈≪周易≫의 蓍草占에서〉 양의 策數가 36이고 음의 책수가 24이니, 여기에 奇數(홀수)와 偶數(짝수)를 곱하여 양의 책수를 2배하고 음의 책수를 3배하면 똑같이 72를 얻습니다. 같아졌으면 음·양의 수가 합일된 것이므로 72는 생성의 수입니다. 생성은 곧 오행의 數가 생성됨을 이르므로 72를 5배하면 朞數(1周期의 日數)를 얻습니다. 이보다 넘치는 수를 氣盈이라 하고 이에 못 미치는 수를 朔虛라고 하는데, 변화하는 상황에 알맞게 구분하여 사용하면 통하지 않는 곳이 없습니다. 그러므로 72를 經法으로 삼았으니, '經'은 常用하는 法(기준 數, 72)을 뜻합니다.

100은 수의 마디(자릿수의 마디)이니 이 法(기준 數. 100)에 따라 자릿수를 전진시키거나 물리면 자릿수만 변할 뿐 본래 숫자의 배열순서는 변하지 않습니다. 따라서 이를 通法이라고 하였습니다. 通法으로 經法을 한 자리 전진시키면 7,200을 얻는데, 이를 統法이라 하였습니다. 〈≪欽天曆≫ 冒頭의 첫머리에〉 上元積年을 제시하고 나서 본문에 들어가기에 앞서 먼저 이 法(기준 數 7,200)을 사용하여 曆算의 모든 法(기준 數)을 조직하였습니다〔統〕. 通法으로 統法을 한 자리 전진시키면 720,000을 얻습니다. 節氣와 朔望의 日數 아래에 있는 分數까지 거두어 반드시 다 드러내었으니, 이를 全率이라고 합니다. 通法으로 全率을 한 자리 전진시키면 72,000,000을 얻는데, 이를 大率이라고 합니다. 元紀가 여기에서 생겨납니다. '元'은 연・월・일・시의 干支가 모두 甲子이고 일・월・오성이 모두 子方에 있어서 盈縮曆과 先後數가 모두 평균인 때에 해당하니, 이른바 七政이 '모두 子方에 모이는〔齊〕' 때입니다.

1) 立天之道 曰陰與陽 : ≪周易≫ 〈說卦傳〉의 "하늘의 도를 세워서 陰과 陽이라 하고, 땅의 도를 세워서 柔와 剛이라 하고, 사람의 도를 세워서 仁과 義라고 하였다. 三才(天・地・人)를 합하되 각기 둘로 했기 때문에 易의 卦가 六畫으로 이루어졌다.〔立天之道 曰陰與陽 立地之道 曰柔與剛 立人之道 曰仁與義 兼三才而兩之 故易六畫而成卦〕"라는 말에서 따왔다.
2) 陰陽各有數 合則化成矣 : ≪周易傳義≫ 〈繫辭傳 上〉에 "하늘의 수가 다섯(1, 3, 5, 7, 9)이고 땅의 수가 다섯(2, 4, 6, 8, 10)이니, 다섯 수의 자리가 상대적으로 정해져서 각기 합일된다.……이것이 변화를 이루고〔天數五 地數五 五位相得而各有合……此所以成變化……〕"라고 하였다. 〈그림 7〉과 같이 1과 6이 북쪽에서 서로 짝을 이루어 水가 생성되고, 2와 7이 남쪽에서 짝을 이루어 火가 생성되고, 3과 8이 동쪽에서 짝을 이루어 木이 생성되고, 4와 9가 서쪽에서 짝을 이루어 金이 생성되고, 5와 10이 중앙에서 짝을 이루어 土가 생성된다는 것이다. 이는 본디 ≪주역≫ 卦形의 來源을 河圖에서 찾기 위해 우선 하도의 구조를 설명한 것인데, 여기서는 ≪흠천력≫이 72를 기본 상수인 經法으로 사용한 데 대한 정당성의 기초를 하도에 둔 것이다.
3) 陽之策三十六 陰之策二十四 : 策은 점칠 때 사용하는 蓍草이다. ≪周易傳義≫

〈계사전 상〉에 "乾의 策數가 216이고 坤의 책수가 144이니, 도합 360으로 期年의 일수에 해당한다.〔乾之策 二百一十有六 坤之策 百四十有四 凡三百有六十 當期之日〕"라고 하였다. 乾(하늘)은 陽에 해당하고, 216을 6(卦의 爻數)으로 나누면 36이다. 坤(땅)은 陰에 해당하고, 144를 6으로 나누면 24이다. 또 36은 4(陰陽의 네 가지인 太陽, 太陰, 少陽, 少陰, 곧 四象의 수)를 老陽의 數(시초점을 뽑을 때 세 번 모두 奇數 3이 남는 경우에 남은 수의 합) 9와 곱한 수이고, 24는 4를 老陰의 수(시초점을 뽑을 때 세 번 모두 偶數 4가 남는 경우에 남은 수의 절반의 합) 6과 곱한 수이기도 하다. 이 때문에 36을 양의 책수, 24를 음의 책수라고 하였다.

4) (何)〔同〕: 저본에는 '何'로 되어 있으나, ≪新五代史≫에 의거하여 '同'으로 바로잡았다.

5) (何)〔同〕則陰陽之數合……化成之數也 : ≪周易傳義≫ 〈繫辭傳 上〉에서 만물의 발생과 변화를 數의 원리로 풀이하기 위한 연결고리로서 '合(합일됨)'을 든 것과 같이, ≪欽天曆≫의 여러 상수들이 經法 72에서 시작되는 까닭 역시 '合'으로 설명한 것이다. 다만 〈계사전 상〉에서는 河圖에서 차지하는 방향이 같음을 '合'의 징표로 든 데 비해, ≪흠천력≫은 음수에 陽數(奇數 3)를 곱하고 양수에 陰數(偶數 2)를 곱한 결과가 같음을 '合'의 징표로 들었다.

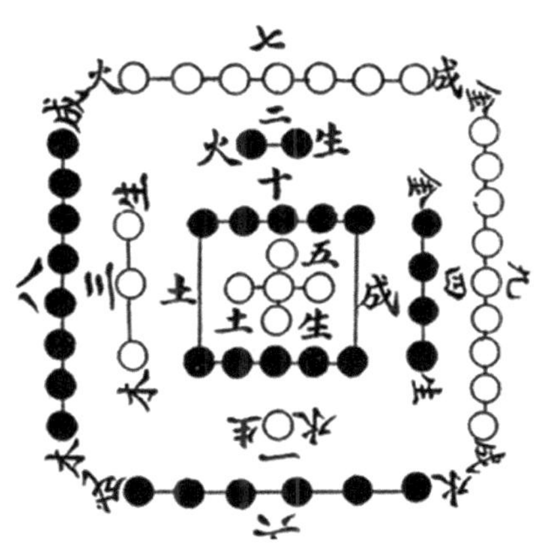

〈그림 7〉 河圖

6) (行) : 저본에는 '行'이 있으나, ≪新五代史≫에 의거하여 衍文으로 처리하였다.

7) 氣盈 : 24절기의 평균 간격은 1回歸年을 24등분한 시간으로 15일보다 조금 길다. 이 시간에서 15일을 뺀 나머지가 氣盈으로, 각 절기가 15일에 걸쳐 있는지 아니면 16일에 걸쳐 있는지를 계산할 때 사용하는 수이다. ≪欽天曆≫의 기영은 '欽天步發斂術(≪흠천력≫에서 72候, 64卦 등의 날짜를 정하는 계산법)' 조에 1,573.35분으로 제시되어 있다. '欽天步日躔術(≪흠천력≫에서 태양의 위치를 추보하는 계산법)' 조에 제시된 歲率(1회귀년의 分數) 2,629,760.40분을 24로 나누면 109,573.35분이고(A), 15일에 統法 7,200을 곱하여 分 단위로

환산하면 (15일×통법 7,200=) 108,000분이므로(B), 두 수를 빼면 (A-B=) 1,573.35분이 된다. 이는 (1,573.35분÷7,200=) 0.2185일에 해당한다.

8) 朔虛 : 1朔望月이 30일에 못 미치는 시간으로, 각 달이 29일에 걸쳐 있는지 아니면 30일에 걸쳐 있는지를 계산할 때 사용하는 수이다. ≪흠천력≫의 삭허는 '欽天步發斂術' 조에 3,399.72분으로 제시되어 있다. '欽天步日躔術' 조에 제시된 朔率(1삭망월의 分數)이 212,620.28분이고(C), 30일에 統法 7,200을 곱하여 分 단위로 환산하면 (30일×통법 7,200=) 216,000분이므로(D), 두 수를 빼면 (D-C=) 3,379.72분이 된다. 이는 (1,573.35분÷7,200=) 0.2185일에 해당한다. '欽天步發斂術' 조에 제시된 삭허값 3,399.72분은 3,379.72분의 誤記일 것이다.

9) 故以七十二爲經法……謂之統法 : ≪欽天曆≫ 전체에 공통으로 사용되는 기본 변환상수 세 가지를 설명한 것으로, '1日=7,200分', '1度=72分', 그리고 100進法을 말한다. ≪흠천력≫ 본문 冒頭에 '欽天統法 7,200', '欽天經法 72', '欽天通法 100'이 제시되어 있다. 100진법은 특히 1分 미만의 微少 수치를 나타낼 때 10진법과의 차이가 드러난다. 이 때문에 ≪흠천력≫ 원문에 分 단위의 수 끝에 작은 글자로 덧붙은 숫자(소수점 이하 자리의 숫자)를 읽을 때 특별히 유념해야 한다. 예컨대 象策(1삭망월의 1/4) '七, 二千七百五十五【七】'을 '7日 2,755.7分'으로 읽어서는 안 되고 '7日 2,755.07分'으로 읽어야 한다.

10) 自元入經……統曆之諸法也 : 曆元과 본문 사이에 統法을 제시하고 이를 이용하여 본문의 모든 法(기준 數)을 체계적으로 조직했음을 말한다. '元'은 曆元으로, ≪흠천력≫의 모두에 맨 처음 제시된 上元積年(上元 甲子年부터 顯德 3년(956, 병진년)까지 積年이 72,698,452년임)을 가리킨다.(上元積年에 대하여는 뒤의 주12) 참조) 여기서 '經'은 역법의 본문이다. 참고로 해당 역법의 이론적 해설 부분은 '議'라 하고 大旨와 범례를 정리한 부분은 '略例'라고 한다. 당나라 一行의 ≪大衍曆≫을 〈曆經〉 7편, 〈略例〉 1편, 〈曆議〉 10편으로 편찬한 것이 그 예이다. ≪흠천력≫의 본문은 '欽天步日躔術', '欽天步月離術(달의 위치를 추보하는 계산법)', '欽天步五星術(다섯 행성의 위치를 추보하는 계산법)', '欽天步發斂術'의 네 부분으로 이루어져 있다.

11) 以通法進統法……元紀生焉 : 通法이 100이므로 '以通法進'은 100진법으로 한 자리 전진시키는 것이다. 따라서 統法 7,200이 720,000이 된다. ≪흠천력≫

의 시간 기록법은 위 주 9)에 든 예(7日 2,755.07分)처럼 1일(=7,200분) 이상은 日數로, 그 미만은 分數로 기록하되, 分數는 100진법의 소수점 아래 한 자리(십진법으로는 두 자리에 해당)까지 나타내었다. '氣朔之下 收分必盡'은 이와 같은 소수점 아래 한 자리의 수까지 빠짐없이 모두 나타낸다는 말로, 1日=7,200=7,200.00의 유효숫자 여섯 자리를 모두 정수로 나타낸 720,000이 全率이다. 전율을 100진법으로 한 자리 다시 전진시킨 72,000,000을 大率이라 하였다. 이 수에서 元紀가 생겨난다는 것은 72,000,000년마다 역법 계산에 사용하는 천문 주기가 上元 때와 같은 상태로 복귀하여 曆元으로 사용할 수 있는 시점이 된다는 말이다. ≪흠천력≫의 상원적년 72,698,452년에서 大數만을 들면 72,000,000년이 된다.

12) 元者……當盈縮先後之中 : 역법 계산의 起點인 曆元의 조건을 말한 것으로, 갑자년의 天正冬至(기준년 직전의 동지 시각)가 갑자일 자정 시각과 일치하고, 이 순간에 白道 상의 일치된 昇交點(혹은 降交點)과 近地點(혹은 遠地點)에서 合朔(지구에서 볼 때 해와 달이 만남)이 이루어지며, 金・木・水・火・土 5행성이 모두 子方의 동지점에 모이는 때를 말한다. 甲子年과 甲子日뿐만 아니라 甲子月과 甲子時까지 거론한 것은 占星術에 60干支 紀年과 紀日뿐만 아니라 紀月과 紀時도 사용되기 때문이다. '盈縮先後之中'은 타원 궤도를 도는 日・月・五星이 주기적 不均速 운동을 하는 중에 평균 속도와 평균 위치를 지니는 때를 가리킨다.

중국의 전통역법은 이러한 순간을 上元(曆算의 근원적 출발점)이라 칭하였다. 回歸年・朔望月・恒星年・近點月・交點月・五星會合周期・60干支주기 등의 천문상수에 대해 上元積年(실질적 曆算 기준 연도부터 상원까지의 누적 햇수)을 未知數로 놓아 세운 11개 연립 同餘式의 공통 解가 1억년 이하로 나오는 경우를 채택하였다. 이 계산에는 分단위의 수를 사용하므로 바람직한 解를 얻기 위해서는 日法(1日의 分數. ≪欽天曆≫에서는 '統法')을 적절히 설정하는 것이 중요하다.(曲安京, ≪中國數理天文學≫, 54~57면) 왕박이 앞에서 統法 7,200의 정당성을 다방면으로 보이려 한 것은 이 때문이다.

古者에 植圭于陽城은 以其近洛也일새라 蓋尙慊其中이니 乃在洛之東偏[1]이라 開元

十二年에 **遣使天下候影**하니 **南距林邑**하고 **北距橫野**하고 **中得浚儀之岳臺**하니 **應南北弦**하야 **居地之中**[2)]이라 **大周建國**하야 **定都於汴**하야 **樹圭置箭**하야 **測岳臺晷漏**하야 **以爲中數**[3)]라 **晷漏正**이면 **則日之所至**와 **氣之所應**이 **得之矣**[4)]라

옛날에 陽城에 圭表를 세운 것은 洛邑에서 가까웠기 때문입니다. 낙읍이 '大地의 중앙(地中)'으로서 충분치 않다고 여긴 것인데, 양성은 낙읍의 동편에 있었습니다. 開元 12년(724)에는 전국 각지에 使者를 보내 해그림자를 관측하게 하였습니다. 남쪽으로는 林邑에 이르고 북쪽으로는 橫野에 이르고 가운데 지점으로 浚儀의 岳臺를 얻었는데, 준의는 최북단(鐵勒)과 최남단(林邑)을 잇는 直路상에서 '大地의 중앙〔地之中〕'에 위치하였습니다. 이 때문에 大周(後周)를 건국하여 汴州에 도읍을 정하고서 圭表를 세우고 漏箭을 설치하여 岳臺의 해그림자 길이〔晷〕와 낮의 길이〔漏〕를 측정하여 평균 수치〔中數〕로 삼았습니다. 24氣의 해그림자 길이와 낮의 길이가 정확히 알려지면 황도 상에서 태양이 도달한 곳과 그에 대응하는 절기를 알 수 있습니다.

1) 古者……乃在洛之東偏 : 周 武王이 商나라를 멸하고 洛邑에 도읍을 정하려 할 때 周公이 圭表를 이용하여 潁川의 陽城에서 하짓날 정오의 해그림자를 측정하였다. '大地의 중앙(地中)'이 낙읍이 아닌 양성이었기 때문이다. 낙읍을 王城으로 건립할 경우 畿內에 양성이 포함되므로 낙읍의 왕성으로서 입지조건을 입증할 수 있었다.(≪周禮注疏≫ 〈大司徒〉)

2) 開元十二年……居地之中 : 唐 玄宗 開元 12년(724)에 一行과 南宮說이 曆法 편찬을 위한 전국 규모의 天文 大地 측량 작업을 수행하였다. 鐵勒(N51.3°), 橫野(N39.4°), 太原의 白馬(N34.8°), 汴州의 浚儀(N34.3°), 陽城(N33.9°), 扶溝(N33.8°), 上蔡(N33.3°), 武陵(N29.1°), 安南(N20.1°), 林邑(N17.1°) 등의 地點간 직선거리, 北極 고도, 동·하지와 춘·추분 때 해그림자 길이 등을 측정하였다. 實測 결과로 전통적인 '천상의 북극고도 1도=지상의 직선거리 1천리'의 고정관념을 깨고 '천상의 북극고도 1도=지상의 직선거리 351리 80보(131.11km)'임을 밝혔고, 북극고도와 해그림자의 길이는 단순한 線形 비례 관계가 아님을 밝혀내었다.(陳美東, ≪中國科學技術史 天文學卷≫, 364~369면)

위의 11개 지점은 대체로 동일 子午線 상의 위치를 선택한 것인데, 각 지점

의 위도를 비교해보면 최북단의 鐵勒(현재는 러시아 지역)과 최남단의 林邑(현재는 베트남 지역)의 중간에 浚儀(현재 河南城 開封府 지역)가 위치함을 알 수 있다. '應南北弦 居地之中'은 최북단과 최남단을 직선으로 연결했을 때 중간 지점에 있다는 말이다. 두 지점을 잇는 直路를 뜻하는 말로 '直路應弦'이라는 표현이 ≪舊唐書≫ 〈天文志 上〉에 보인다.

3) 大周建國……以爲中數 : 汴州의 岳臺는 곧 唐나라 開元 12년의 실측 때 대지의 중앙으로 인정받았던 浚儀이다. 이 때문에 이곳의 해그림자 길이〔晷〕와 낮의 길이〔漏〕를 중국 전역의 평균 수치〔中數〕로 삼은 것이다.

4) 晷漏正……得之矣 : 日之所至는 황도 상의 태양의 위치이고, 氣之所應은 태양의 黃經에 따른 1년 중의 절기이다. 24氣의 해그림자 길이〔晷〕와 낮의 길이〔漏〕가 정확히 알려져 있으면 해그림자와 낮의 길이를 측정하여 절기와 태양의 위치를 잘 알 수 있다.

日月皆有盈縮하니 **日盈月縮**이면 **則後中而朔**하고 **月盈日縮**이면 **則先中而朔**[1)]이라 **自古**朓朒(조뉵)**之法**은 **率皆平行之數**라 **入曆旣有前次**하고 **而又衰**(최)**稍不倫**이라 **皇極舊術**은 **則迂**迴**而難用**이요 **降及諸曆**하야 **則疏遠而多失**이라 **今以月離**朓朒을 **隨曆校定**하고 **日躔**(전)朓朒을 **臨用加減**하야 **所得者**를 **入離定日也**요 **一日之中**을 **分爲九限**하야 **每限損益**이 **衰稍有倫**하니 朓朒**之法**이 **可謂審矣**[2)]라

해와 달이 모두 盈縮 현상이 있으니, 해가 평균 위치보다 앞서 있고〔盈〕 달이 평균 위치보다 뒤처져 있으면〔縮〕 평균보다 늦게 朔이 되고, 달이 평균 위치보다 앞서 있고〔盈〕 해가 평균 위치보다 뒤처져 있으면〔縮〕 평균보다 빨리 朔이 됩니다. 예로부터 달의 朓朒(달의 평균 위치에 대한 실제 위치의 차) 계산법은 대체로 다 평균수를 사용하여, 入曆(近地點 통과 후 경과 시간)을 이미 태양의 영축차 반영 이전의 평균 위치에 따라 산정하고, 달의 조뉵 역시 하루 중의 속도 변화가 반영되도록 細分되지 않았습니다. ≪皇極曆≫의 옛 계산법은 분명하지 못하여 사용하기 어려웠고, 그 후의 여러 역법으로 내려와서는 엉성하여 대부분 실제와 맞지 않았습니다. 지금 이 ≪欽天曆≫은 月離表의 조뉵을 入曆日마다 실제에 맞추어 정하였고, 태양의 盈縮을 필요시마다 加減하여 얻은 값을 실제 入離(入曆) 일수로 정하였으며, 하

루를 9限으로 구분하여 每限의 損益率(평균 속도와 실제 속도의 차)이 각 限별로 세분되도록 하였으니, 달의 조뉵 계산법이 정밀하다고 할 수 있습니다.

1) 日月皆有盈縮……則先中而朔 : 태양은 약 1°/日의 속도로 황도를 따라 서에서 동으로 움직이고 달은 13°/日의 속도로 백도를 따라 서에서 동으로 움직이므로, 해와 달이 같은 방향에 도달하여 이루어지는 朔의 순간은 앞서가는 태양을 달이 따라잡는 때라고 할 수 있다. 이 때문에 태양이 평균 위치보다 앞서 있고〔盈〕 달이 평균 위치보다 뒤처져 있으면〔縮〕 달이 태양을 따라잡는 데에 조금 더 시간이 들므로 평균적인 朔보다 늦게 朔이 일어나고, 태양이 평균 위치보다 뒤처져 있고〔縮〕 달이 평균 위치보다 앞서 있으면 달이 태양을 따라잡는 데에 걸리는 시간이 줄어들므로 평균적인 朔보다 이른 시각에 朔이 일어난다.
2) 自古朓朒(조뉵)之法……可謂審矣 : 朓朒은 달의 평균 위치에 대한 실제 위치의 차를 말한다. '欽天步月離術'의 '月離朓朒' 조에서 그 계산법을 다루고 있다. 전통 역법은 대부분 1일 간격의 '月離表(달이 근지점 또는 원지점 통과 후 경과 日數 별 실제와 평균 간의 위치차와 속도차 등을 기입한 표. 이때 日數는 실제 태양이 아닌 평균 태양의 위치를 기준으로 구분한 것)'를 제시하여 근(원)지점 통과 후 m일n분의 조뉵을 구하도록 하였다. 곧 표에 제시된 m일과 $m+1$일의 조뉵을 線形內插補間하여 n분 동안 조뉵의 증감량을 구한 다음, m일의 조뉵에 더한 것을 m일n분의 조뉵으로 산정하였다. 표의 각 日數에 기입된 위치차는 그날 첫 순간의 수치이고 속도차는 그날의 평균일 뿐이지만 1일 중에는 속도의 변화가 없다는 가정 하에 세워진 근사적 계산법이다. 隋나라 劉焯의 ≪皇極曆≫(604)은 중국 전통 천문학사상 가장 복잡한 달의 조뉵 계산법을 채용한 것으로 일컬어진다. 1일 중의 속도 변화까지 반영되도록 n분에 대한 4차함수를 사용하여 정밀도를 제고한 것인데, 그 복잡함 때문에 唐나라 一行의 ≪大衍曆≫에서도 오직 交食 계산에만 이를 적용하고 일반적인 달의 위치 계산에는 이전의 간단한 방법을 사용하였다. ≪欽天曆≫은 月離表의 시간 간격을 기존의 1일에서 (1일÷9=) 0.1111일로 줄여 1일 중의 속도 변화를 월리표에 미리 반영함으로써 간단한 선형내삽보간법만으로도 계산의 정밀도를 높였으며, 달의 入曆에 태양의 영축을 반영하도록 하였다.(曲安京, ≪中國數理天文學≫, 308~320 ; 陳美東, ≪中國科學技術史 天文學卷≫,

421면) '入離'는 근지점 통과 후의 실제 시간으로, 평균 入曆에 태양의 영축차를 반영한 시간이다. '每限損益'은 각 限(1/9일)의 실제 行度(운행 度數)가 평균 행도보다 크거나 작은 差로, 각 한의 실제 속도와 평균 속도의 차를 뜻한다. 구하려는 入曆日(入曆限)까지 損益率을 누적하면 구하려는 날(限)의 달의 실제 위치와 평균 위치의 차, 곧 조뉵이 된다.

赤道者는 天之紘(굉)帶也라 其勢圜而平하야 紀宿度之常數焉[1)]이라 黃道者는 日軌也라 其半在赤道內하고 半在赤道外요 去〔赤道〕[2)]極〔遠〕[3)]二十四度[4)]라 當與赤道近하얀 則其勢斜요 當與赤道遠하얀 則其勢直이라 當斜則日行宜遲요 當直則日行宜速이라 故二分前後엔 加其度하고 二至前後엔 減其度[5)]라

赤道는 天球의 중간 帶域입니다. 그 모양이 둥글고 판판하여, 〈천체상의 절대 위치를 나타낼 때〉 적도 28宿의 入宿度로 經度를 나타냅니다. 黃道는 태양의 운행 궤도입니다. 그 절반은 적도의 안(북쪽)에 있고 절반은 적도의 밖(남쪽)에 있으며, 적도에서 가장 먼 지점은 24도 거리에 있습니다. 적도와 가까울 때는 그 기울기가 적도에 대해 비스듬하고, 적도에서 멀 때는 그 기울기가 적도와 나란합니다. 적도에 대해 기울어져 있을 때는 〈赤經의 증가 속도에 비해 황도 상의〉 태양의 行度가 당연히 느리고, 적도와 나란할 때는 태양의 행도가 당연히 빠릅니다. 따라서 二分(춘·추분) 전후에서는 黃·赤道差를 赤道度(적도를 따라 잰 度數)에 더하여 黃道度(황도를 따라 잰 도수)를 구하고, 二至(동·하지) 전후에서는 황·적도차를 적도도에서 빼어 황도도를 구합니다.

1) 赤道者……紀宿度之常數焉 : 천체의 절대 위치를 나타낼 때 적도좌표계를 사용하여 28宿의 入宿度로 經度를 표현한다는 말이다. 적도대의 28수에는 각기 기준점으로 삼는 宿距星이 하나씩 정해져 있는데, 수거성에서 동쪽으로 얼마만큼 떨어져 있는지를 나타낸 값을 입수도, 또는 宿度라고 한다. 28수의 수거성은 潘鼐, ≪中國恒星觀測史≫(學林出版社, 2009), 385~413면 참조.
2) 〔赤道〕 : 저본에는 '赤道'가 없으나, ≪舊五代史≫ 〈曆志〉에 의거하여 보충하였다.
3) 〔遠〕 : 저본에는 '遠'이 없으나, ≪구오대사≫ 〈역지〉에 의거하여 보충하였다.

4) 去〔赤道〕極〔遠〕二十四度 : 동·하지점의 赤緯의 절댓값을 말한 것이다. ≪晉書≫ 卷11 〈天文志 上〉에 "黃道……其出赤道外極遠者, 去赤道二十四度……其入赤道內極遠者, 亦二十四度……(황도는……적도 밖으로 나가서 가장 멀어진 곳은 적도로부터 거리가 24도이고……적도 안으로 들어가서 가장 멀어진 곳 역시 적도로부터 거리가 24도이다.……)"라고 한 것이 참고된다. '去極(度)'은 북극으로부터의 거리를 말하므로, 저본의 표현을 그대로 두려면 하지점에 대해서는 90도에서 위 값을 뺀 수치를, 동지점에 대해서는 90도에 위 값을 더한 수치를 말해야 한다.

5) 當與赤道近……減其度 : 적도에 대한 황도의 순간 기울기가 312쪽 주 20)의 〈그림 6〉과 같음에 따라 동일한 적도도 변화에 대한 황도도 변화 폭이 황도 상의 위치 별로 다르다. 〈그림 8〉은 태양이 춘분점을 지나 S까지 움직이는 동안 증가한 적도도 α와 황도도 λ를 비교한 것이고, 〈그림 9〉는 태양이 하지점을 지나 S'까지 움직이는 동안 증가한 적도도 α'와 황도도 λ'를 비교한 것이다. 〈그림 8〉에서는 λ가 α보다 크고 〈그림 9〉에서는 λ'가 α'보다 작다. 천구상에서 적도도의 변화는 곧 경과한 시간을 의미하므로, α와 α'가 같다면 동일한 시간 동안 춘분점 근처에서 황도를 따른 태양의 움직임이 하지점 근처보다 빠르다고 할 수 있다. 그러나 황도 상에서 태양의 실제 속도 변화는 근지점에서 빠르고 원지점에서 느리며, 전통 역법에서는 통상 동지점을 근지점으로 간주하여 日躔表(태양이 동지점 통과 후 경과 시간에 따른 속도와 위치 등을 日별로 제시한 표)를 작성하였다. 여기서 '當斜則日行宜遲' '當直則日行宜速'이라 하여 日行(태양의 1일 行度)을 가지고 말한 것은 편의적인 표현일 뿐이고, 실은 적도도를 황도도로 변환할 때 춘·추분점 근처에서는 황·적도차를

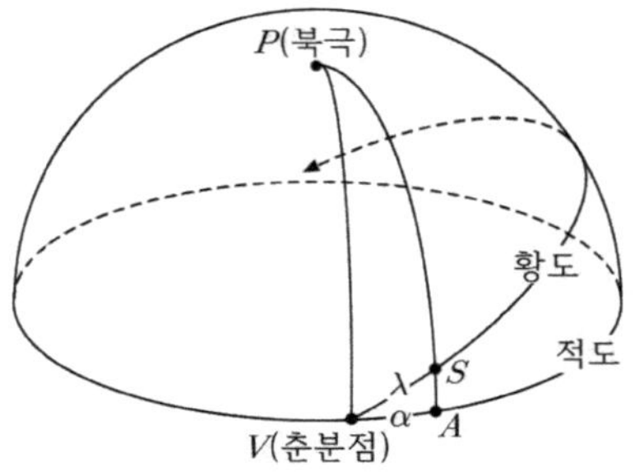

〈그림 8〉 춘분점 근처의 황적도차

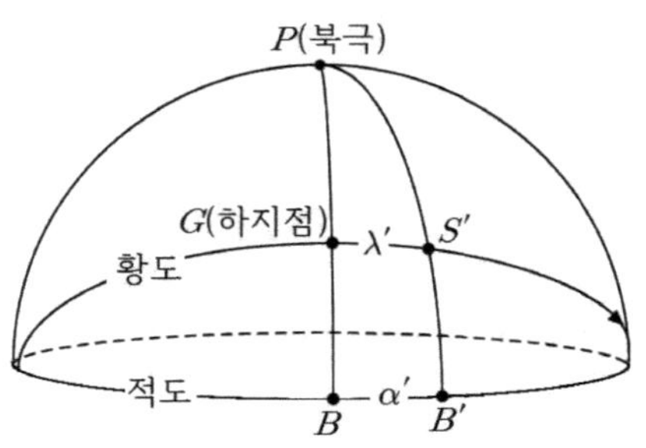

〈그림 9〉 하지점 근처의 황적도차

적도도에 더해주고 동·하지점 근처에서는 빼주어야 함을 말한 것이다.

九道者는 **月軌也**라 **其半在黃道內**하고 **半在黃道外**요 **去〔黃道〕**[1]**極遠六度**[2]라 **出黃道**를 **謂之正交**요 **入黃道**를 **謂之中交**라 **若正交在秋分之宿**(수)하고 **中交在春分之宿**(수)면 **則比黃道益斜**요 **若正交在春分之宿**(수)하고 **中交在秋分之宿**(수)면 **則比黃道反直**이요 **若正交中交在二至之宿**(수)면 **則其勢差斜**[3]라 **故校去二至二分遠近**하야 **以考斜正**하면 **乃得加減之數**[4]라 **自古**로 **雖有九道之說**이나 **蓋亦知而未詳**이니 **徒有祖述之文**이요 **而無推步之用**이라 **今以黃道一周**를 **分爲八節**하고 **一節之中**을 **分爲九道**하야 **盡七十二道**하야 **而使日月無所隱其斜正之勢焉**[5]하니 **九道之法**이 **可謂明矣**라

九道는 달의 운행 궤도입니다. 그 절반은 황도의 안(북쪽)에 있고 절반은 황도의 밖(남쪽)에 있으며, 황도에서 가장 먼 지점은 6도 거리에 있습니다. 황도 밖으로 나가는 곳을 正交(降交點)라 하고, 황도 안으로 들어가는 곳을 中交(昇交點)라고 합니다. 만약 정교가 추분점이 위치한 별자리에 있고 중교가 춘분점이 위치한 별자리에 있으면 九道(白道)는 적도에 대해 황도보다 더 기울어지고, 만약 정교가 춘분점이 위치한 별자리에 있고 중교가 추분점이 위치한 별자리에 있으면 구도(백도)는 적도에 대해 황도보다 도리어 나란하고, 만약 정교와 중교가 二至點(동·하지점)이 위치한 별자리에 있으면 그 기울기가 적도에 대해 다소 비스듬합니다. 따라서 二至點 또는 二分點(춘·추분점)부터 얼마나 떨어져 있는지를 따져 구도(백도)의 기울기를 조사하면 黃道度를 白道度(백도를 따라 잰 度數)로 변환할 대 더하거나 빼야 할 수치를 구할 수 있습니다.

예로부터 九道에 대한 설이 있기는 했으나 그것은 알긴 알아도 상세히 알지는 못한 것이었으니, 옛 설을 계승한 言說이 있을 뿐 推算에 사용하지는 못했습니다. 지금 이 ≪흠천력≫에서는 황도 전체를 8마디로 구분하고 한 마디 안을 9道로 나누었으니 모두 72道입니다. 이로써 황도와 백도가 상호 기울어진 모습이 숨겨지는 곳이 없도록 했으니, 달의 위치 계산법이 명백해졌다고 할 수 있습니다.

1) 〔黃道〕: 저본에는 '黃道'가 없으나, ≪舊五代史≫ 〈曆志〉에 의거하여 보충하였다.

2) 去〔黃道〕極遠六度 : 半交점의 極黃緯의 절댓값을 말한 것이다. 〈그림 10〉과 같이 황도에 대한 백도의 昇交點을 中交, 降交點을 正交, 승교점과 반교점의 중점을 半交라고 한다. 半交는 곧 백도가 '황도에서 가장 멀리 떨어진〔去黃道極遠〕' 점이며, 이때 황도에서 거리는 6도이다.

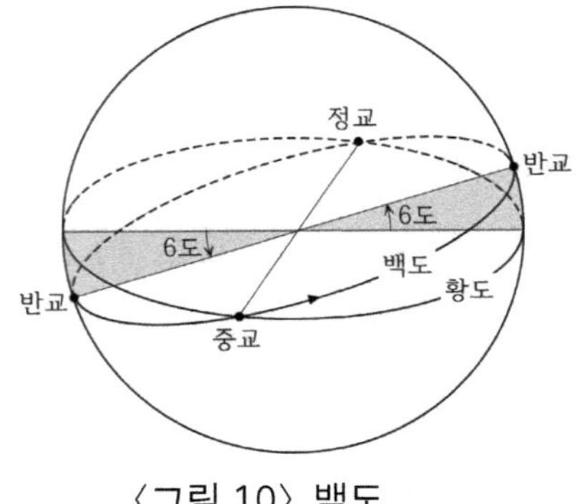

〈그림 10〉 백도

3) 若正交在秋分之宿(수)……則其勢差斜 : 황·백교점에서 적도에 대한 백도의 순간 기울기는 正交(강교점)와 中交(승교점)의 황도 상 위치에 따라 다르다. 정교가 추분점에 있고 중교가 춘분점에 있으면 〈그림 11〉과 같이 적도에 대한 황도의 기울기에다 황도에 대한 백도의 기울기만큼 더 기울어진다. 반대로 정교가 춘분점에 있고 중교가 추분점에 있으면 〈그림 12〉와 같이 적도에 대한 황도의 기울기에서 황도에 대한 백도의 기울기만큼 뺀 기울기가 된다. 동지점과 하지점에서는 적도와 황도가 순간적으로 나란하므로, 중교와 정교가 동·하지점에 있으면 〈그림 13〉과 같이 황도에 대한 백도의 기울기가 곧 황·백교점에서 적도에 대한 백도의 순간 기울기가 된다.

4) 故校去二至二分遠近……乃得加減之數 : 황·백교점에서 적도에 대한 백도의 순간 기울기는 〈그림 11〉~〈그림 13〉에 보인 기울기들 사이에서 동·하지점 또는 춘·추분점부터 황·백교점까지 거리에 따라 연속적인 변화를 보인다. 〈그림 11〉~〈그림 13〉에서 적도에 대한 백도의 기울기가 백도 상의 점 M,

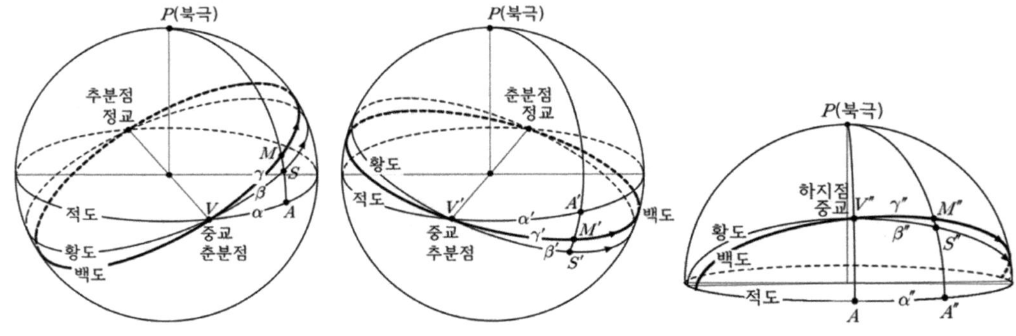

〈그림11〉 중교가 춘분점에 있을 때 〈그림12〉 중교가 추분점에 있을 때 〈그림13〉 중교가 하지점에 있을 때

M', M''에 대한 白道度(γ, γ', γ''), 黃道度(β, β', β''), 赤道度(α, α', α'')의 크기 관계에 영향을 미침을 볼 수 있듯이, 이 기울기는 황도도를 백도도로 변환하는 데에 고려되는 주요 요인이다.

5) 今以黃道一周……而使日月無所隱其斜正之勢焉 : 〈그림 5〉에서 황도에 대한 백도의 승교점이 二至(동지, 하지), 二分(춘분, 추분), 四立(입춘, 입하, 입추, 입동) 등 황도 상의 8개 節點에 있을 때 황도에 대한 백도의 상대적 위치를 보였는데, 각 경우에 적도에 대한 백도의 기울기가 다르다. 이 때문에 一行의 ≪大衍曆≫ 이후로 九道術이 황·백좌표 변환을 위한 기하학적 모델로 사용되었다. ≪欽天曆≫도 이를 계승하여 '欽天步月離術'의 '九道宿次' 조에서 다루되, 적도에 대한 백도의 기울기 변화를 한층 정밀하게 반영하기 위해 〈그림 14〉와 같이 황도 상의 8節點 사이를 각기 9등분하여 정교점 위치의 경우의 수를 72가지로 세분하였다. '九道宿次' 조에는 이와 더불어 각 경우의 백도 역시 중교·정교·반교, 그리고 이들 사이의 중점을 기준으로 8구간으로 나누고 각 구간을 다시 9限씩 세분하였다. 〈그림 8〉과 〈그림 9〉에서 적도도를 황도도로 변환할 때 二至點 또는 二分點부터 태양까지 황도 상의 거리가 주요하게 작용함을 볼 수 있듯이, 위 〈그림 11〉~〈그림 13〉에서는 황도도(β, β', β'')를 백도도(γ, γ', γ'')로 변환할 때 중교·정교·반교부터 달까지 백도 상의 거리를 고려해야 한다. ≪흠천력≫은 백도 상의 72限을 통해 중교·정교·반교 전후의 대칭성을 좌표 변환에 반영하였다.

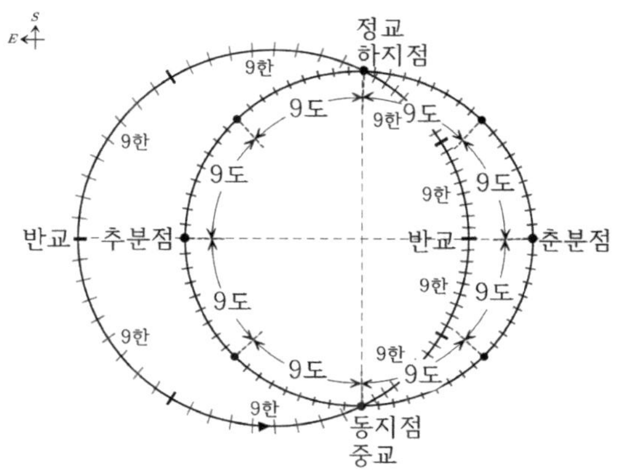

〈그림 14〉 황도상의 72道 정교점과 靑東道의 9限

星之行也는 近日而疾하고 遠日而遲하니 去日極遠이면 勢盡而留[1]라 自古諸曆이 分段失實하고 隆降無准하니 今日行分尙多어늘 次日便留하고 自留而退에 惟用平行[2]이라

仍以入段行度로 **爲入曆之數**하니 **皆非本理**일새 **遂至乖戾**[3]라 **今校逐日行分**하야 **積以爲變段**하니 **然後自疾而漸遲**하고 **勢盡而留**하며 **自留而行**에도 **亦積微而後多**[4]라 **別立諸段變曆**하야 **以推變差**하야 俾**諸段變差**로 **際會相合**[5]하니 **星之遲疾**을 **可得而知之矣**라

行星의 운행은 태양과 가까우면 빠르고 태양에서 멀면 더디니, 태양에서 가장 멀어지면 속도가 다 떨어져서 한 곳에 머물게 됩니다. 예로부터 여러 역법들은 視運動會合周期表의 段目 구분이 실제에 맞지 않고 속도 변화에 準則이 없었습니다. 그리하여 오늘의 行分(운행 分數)이 아직 큰데도 다음날 곧장 한 곳에 머물기도 하고, 한 곳에 머물다가 逆行할 때도 오직 평균 속도를 사용하였습니다. 또 어떤 단목에 들어선 뒤의 行度를 그대로 入曆의 度數(영축력 起點부터 행성까지 度數)로 삼았으니, 모두 행성 운행의 원리에 근본한 계산법이 아니기에 마침내 실제의 천상과 어그러지는 데에 이르렀습니다. 지금 이 ≪欽天曆≫에서는 행성의 매일 실제 행분을 따져 그 누적치에 따라 變段(단목)을 설정하였으니, 그런 뒤에 속도가 빨랐다가 점차 느려지고 속도가 다 떨어지면 한 곳에 머물며, 한 곳에 머물다가 움직일 때도 적은 수치를 누적한 뒤에 행도가 커지게 되었습니다. 또 여러 변단(단목)에 대한 變曆(≒각 단목 전후의 위치 차)을 별도로 정립하여, 변력을 가지고 變差(각 變段을 통과한 후의 행성의 위치 변화)를 추산하여 여러 변단(단목)의 변차가 서로 정확히 맞물리게 하였으니, 행성의 불균속 운행에 따른 위치를 알 수 있게 되었습니다.

1) 星之行也……勢盡而留 : 전통 역법에서 五星의 운행 이론은 정밀한 관측치의 누적에 따라 점차 발전하였다. 초기에는 視運動의 逆行이 비정상적인 異變으로 받아들여졌다가 점차 역행까지 포함하는 시운동 會合周期表를 작성하여 推步에 활용하였으며, 시운동의 주기성이 알려진 초기에는 역행 度數를 실제 운행 도수로 받아들여 계산에 그대로 사용하다가 점차 실제 운행에는 역행 도수가 반영되지 않도록 걸러내는 장치를 마련하였다. 중국의 曆法史에서 ≪欽天曆≫의 행성 시운동 회합주기표에 '變曆(≒각 단목 전후의 위치 차)' 항목을 추가하여 '入曆(영축력 기점부터 행성까지 度數)' 계산에 사용한 것이 그 분수령이었다. 이 문장은 ≪흠천력≫이 새로운 入曆 계산 방식을 채택한 이론적

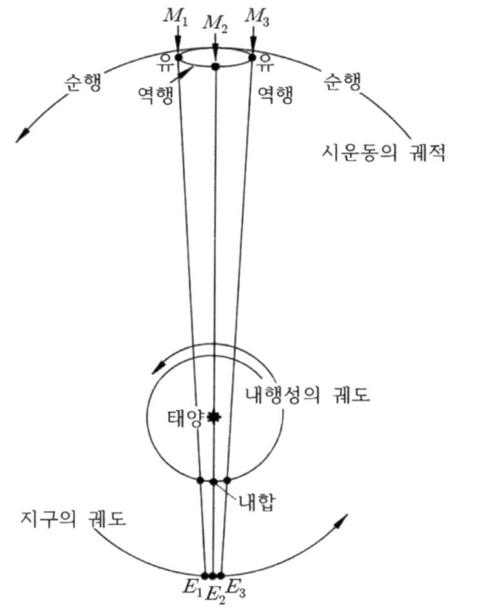

〈그림 15〉 내행성의 시운동의 留

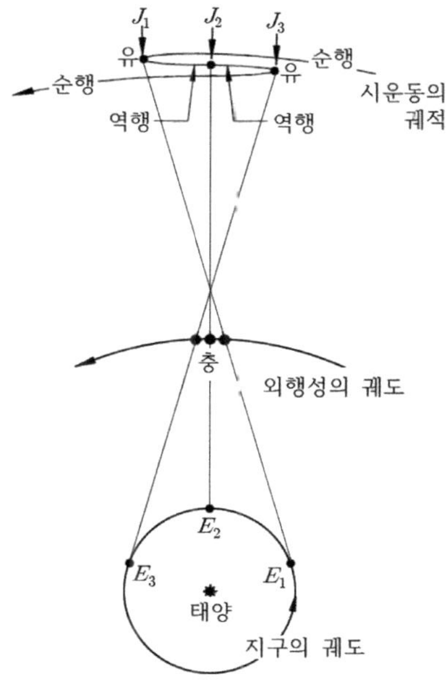

〈그림 16〉 외행성 시운동의 留

근거를 제시한 것이다.

현대 천문학에서 행성 시운동의 留는 지구보다 角速度가 빠른 內行星이 內合 부근에서 지구를 추월할 때(〈그림 15〉), 또는 外行星보다 각속도가 빠른 지구가 沖 부근에서 외행성을 추월할 때(〈그림 16〉) 나타나는 逆行의 시작점(M_1, J_1)과 끝점(M_3, J_3), 곧 시운동의 '순행→역행', '역행→순행'의 전환점에서 나타나는 겉보기 운동이다. 王樸이 留를 행성 궤도의 遠日點에서 일어나는 현상으로 설명한 것은 시대적 한계로 인한 불완전한 설이긴 하나, 행성 이론의 기초를 근일점과 원일점 사이의 불균속 운행의 견지에서 해석하려 했다는 점에서 진전이라 할 수 있다. 그 결과 ≪흠천력≫의 행성 이론은 행성 운행의 추보에 정밀성을 더하고 ≪授時曆≫에 이르기까지 이후의 역법들에 계승 발전되었다.

2) 自古諸曆……惟用平行 : 이전의 행성 시운동 회합주기표들은 段目의 구분이 너무 거칠게 되어 있음을 지적한 말이다. 唐나라 ≪大衍曆≫의 경우, 목성 회합주기표의 단목이 '合後伏(會合 이후에 관측되지 않는 기간)', '前順(회합주기 중 앞부분의 순행 기간)', '前留(회합주기 중 앞부분의 留 기간)', '前退(회

합주기 중 앞부분의 역행 기간)', '後退', '後留', '後順', '合前伏(會合 전에 관측되지 않는 기간)'으로 구성되어 있다. '前順'의 처음에는 속도가 빨랐다가 나중에는 느려져서 자연스럽게 다음 단목인 '前留'로 바뀌고, '前退'의 처음에는 '前留'에서 차츰 움직이기 시작하여 나중에는 빨라지며, '後退'와 '後順'도 마찬가지인데, 속도가 빠른〔隆〕 구간과 느린〔降〕 구간의 구분이 없어 실제 양상을 제대로 반영하지 못했다는 것이다.

3) 仍以入段行度……遂至乖戾 : 행성의 시운동 회합주기표에는 段目 별로 운행 시간(日)과 운행 거리(度)가 기록되어 있다. '入段行度(해당 단목에 들어선 이후의 시운동 도수)'는 이 중의 운행 거리로, ≪대연력≫은 '常度'라 칭하였고 ≪欽天曆≫은 '變度'라고 칭하였다. 이는 시운동 도수를 여과 없이 그대로 기록한 것으로 역행의 구간은 陰數로 읽는다. 위의 주1)에서 언급했듯이 ≪흠천력≫ 이전의 역법은 시운동과 실제 운행을 구분하지 않고 이 수치를 '入曆(영축력 기점부터 행성까지 度數)' 계산에 그대로 사용하였다.

4) 今校逐日行分……亦積微而後多 : ≪欽天曆≫의 행성 시운동 회합주기표를 제작한 과정과 개선점을 말한 것이다. '變段'은 ≪흠천력≫에서 '段目'을 지칭한 용어이다. 목성의 경우 '晨見(會合부터 새벽에 처음으로 보일 때까지 기간)', '順疾(빠르게 순행하는 기간)', '順遲(느리게 순행하는 기간)', '前留', '退遲(느리게 역행하는 기간)', '退疾(빠르게 역행하는 기간)', '退疾', '退遲', '後留', '順遲', '順疾', '夕伏(저녁에 처음으로 관측되지 않을 때부터 會合까지 기간)'의 단목으로 구성되어 있다. 日別 운행 分數를 관측하여 누적하는 방법으로 단목을 설정하고 '變度(각 단목의 시운동 度數)'를 계산하였으며 이전의 역법과 달리 속도의 遲疾을 구분함으로써 실제 운행 양상이 반영되도록 했다는 것이다.

"今校逐日行分, 積以爲變段"이 ≪舊五代史≫에는 "今校定逐日行分, 積逐日行分, 以爲變段"으로 되어 있어 문장 이해에 도움이 된다.

5) 別立諸段變曆……際會相合 : ≪흠천력≫의 행성 시운동 회합주기표의 '變曆'은 전통 역법의 행성 운행 이론과 추보에 획기적 발전을 가져온 항목이다. 이후 송나라의 ≪崇天曆≫(1024)과 원나라의 ≪授時曆≫(1280) 등에서는 '限度'로 칭하였기 때문에, 현대의 古天文學에서는 '한도'가 일반적인 용어로 쓰인다.

전통 역법에서 행성의 실제 위치는 평균 위치에 盈縮差를 가감하여 구한다. 이를 위해 먼저 행성의 평균 위치가 盈縮曆 起點부터 운행 궤도를 따라 얼마나 떨어져 있는지를 알아야 하는데, 이를 入曆(入盈縮曆)이라고 한다. 각 段目의 入曆은 '平合(평균 태양과 평균 행성의 黃道度가 일치할 때)'의 入曆에다 평합부터 해당 단목에 이르기까지 행성의 위치 차를 더하여 구하는데, 이전의 역법들이 회합주기표의 '常度(變度. 각 단목의 시운동 度數)'를 누적하여 入曆을 구한 것과 달리 ≪흠천력≫은 '變曆(限度≒각 단목 전후의 위치 차)'을 누적하도록 하였다. 이로써 시운동의 逆行 기간에도 실제로는 順行하고 있다는 사실과, '留 → 역행 → 留'의 구간이 시운동 회합주기 전체에서 가장 속도가 더딘 기간이라는 현상이 推算에 동시에 반영될 수 있었다. '俾諸段變差, 際會相合'은 '變曆(限度)'을 적절히 취한 까닭에 여러 단목의 처음과 끝 위치가 서로 잘 맞물린다는 말이다. '限度'의 물리적 의미와 수리적 분석에 대해서는 曲安京, ≪中國數理天文學≫, 568~570면 ; 한영호·이은희·강민정 역주, ≪칠정산내편1≫, 167~170면 참조.

自古相傳 皆謂去交十五度以下면 **則日月有蝕**[1)]하니 **殊不知日月之相掩**은 **與闇虛之所射**로 **其理有異**[2)]라 **今以日月徑度之大小**로 **校去交之遠近**하고 **以黃道之斜正**과 **天勢之升降**으로 **度**(탁)**仰視旁視之分數**하니 **則交虧得其實矣**[3)]라

예로부터 여러 역법들은 모두 태양이 황·백교점부터 15도 이내에 있으면 일·월식이 발생한다고 서로 전하였는데, 이는 해와 달이 서로 가리는 일식은 지구의 그림자에 달이 가리는 월식과 그 원리가 다름을 알지 못한 것입니다. 지금 이 ≪欽天曆≫에서는 해와 달의 視直徑 크기를 고려하여 황·백교점부터 거리가 일·월식에 미치는 영향을 따지고 적도에 대한 황도의 기울기와 하늘(적도)이 〈지평선 위로〉 뜨고 지는 각도를 가지고 白道를 올려다보거나 나란히 봄으로 인한 視差의 分數를 헤아렸으니, 交食의 추산이 실제에 맞게 되었습니다.

1) 自古相傳……則日月有蝕 : 달의 視差를 日食 계산에 반영하기 전인 隋나라 이전의 역법은 일식과 월식 모두 태양이 黃·白交點으로부터 황도를 따라 약 15° 이내에 있을 때 일어난다고 하였다. 삼국시대 魏나라의 ≪景初曆≫(237) 등은 (朔望月÷2=29.53÷2=) 14.55°를, 北魏의 ≪正光曆≫(522) 등은 ((삭망월−交點月)÷2=) 15.21°를 일·월식 食限으로 잡았다.(曲安京, ≪中國數

理天文學≫, 483～486면)

2) 日月之相掩……其理有異 : '日月之相掩'은 달이 해를 가리는 日食을 말하고, '暗虛之所射'는 지구 그림자에 달이 가려지는 月食을 말한다. 北齊의 張子信이 일식 계산에 달의 視差를 고려해야 함을 제기한 뒤로 일·월식의 食限(食이 일어날 수 있는 조건)과 食分(전체 月面 또는 日面 중에 가려진 부분의 비율) 계산법이 달라졌다. 월식의 식한과 식분에는 달의 視差가 영향을 끼치지 않기 때문이다.(曲安京, ≪中國數理天文學≫, 493～496면)

3) 今以日月徑度之大小……則交虧得其實矣 : ≪大業曆≫ 등 수나라의 역법에서 일식의 식한과 식분 계산에 초보적으로 달의 視差를 고려하기 시작하여, 당나라의 ≪宣明曆≫(822)에 와서 定型化되었으며, 이후 宋·元까지 차츰 정밀도가 높아졌는데, ≪欽天曆≫도 그 道程에 있었다. 당나라까지 월식의 식한은 이론치와 2° 이상의 오차가 있었는데, ≪흠천력≫ 에 와서 0.36°로 오차가 줄어들어 이후의 역법에 계승되었다.(曲安京, ≪中國數理天文學≫, 486～487, 493～494면). 이 문장은 이 같은 발전의 원인을 크게 두 가지로 개괄한 것이다.

臣考前世無食神首尾之文[1)]이어늘 **近自司天卜祝小術**하야 **不能擧其大體**러니 **遂爲等接之法**이라 **蓋從假用**하야 **以求徑捷**이니 **於是乎交有逆行之數**[2)]라 **後學者不能詳知**하야 **因言曆有九曜**[3)]하야 **以爲注曆之常式**이나 **今竝削而去之**라 **謹以步日, 步月, 步星, 步發斂**으로 **爲四篇**하야 **合爲曆經一卷**하고 **曆十一卷**과 **草三卷**과 **顯德三年七政細行曆一卷**으로 **以爲欽天曆**이라 **昔在帝堯**에 **欽若昊天**[4)]하니 **陛下考曆象日月星辰**은 **唐堯之道也**라 **天道玄遠**하야 **非微臣之所盡知**라 **世宗嘉之**하고 **詔司天監用之**하되 **以明年正月朔旦**으로 **爲始**하다

신이 살펴보건대 고대의 역법에는 食神首(蝕神頭)와 食神尾(蝕神尾)에 대한 글이 없었습니다. 근래에는 司天監이 점이나 치는 잔단 술법을 일삼느라 역법의 大體를 운용하지 못하더니 결국은 等接의 산법이 되고 말았습니다. 이는 그때그때의 용도에 따라 간결하고 빠른 계산법을 추구한 결과인데, 이리하여 交食에 逆行의 度數가 있게 되었습니다. 後學들은 상세히 알지 못하고 曆算의 대상에 九曜가 있다고 말하면서 책력에 기입하는 일반적인 격식으로 삼고 있으나, 지금 이 ≪欽天曆≫에

서는 모두 삭제해 버렸습니다. 삼가 〈步日〉, 〈步月〉, 〈步星〉, 〈步發斂〉으로 4편을 만들고 합하여 ≪曆經≫ 1권을 만들고, ≪曆≫ 11권과 ≪草≫ 3권과 顯德三年 ≪七政細行曆≫ 1권을 아울러 ≪欽天曆≫을 만들었습니다.

옛날 堯임금 때 천체의 운행을 공경히 따르도록 하였으니, 폐하께서 日・月・星辰의 운행을 관측하고 추보하는 일을 살피신 것은 요임금이 행한 훌륭한 일입니다. 천체의 운행 원리는 심오하여 미천한 신이 다 알 수 있는 것이 아닙니다."

世宗이 칭찬하고 사천감에 조칙을 내려 사용하게 하되 이듬해 정월 초하루부터 시작하게 하였다.

1) 無食神首尾之文 : 食神首(蝕神頭)는 羅睺(범어 rahu의 音譯)의 이칭으로, 인도의 전통 천문학에서 황・백승교점에 있다고 한 가상의 천체이다. 食神尾(蝕神尾)는 計都(범어 kedu의 음역)의 이칭으로, 황・백강교점에 있다고 한 가상의 천체이다. 인도 천문학에서는 나후 또는 계도가 해와 달을 가려 일・월식이 일어난다고 하였다. 삼국시대에 중국으로 전해져서, 두 용어가 가리키는 위치가 서로 뒤바뀌기도 하였다. 뒤에 明나라의 ≪大統曆≫에서는 계도(승교점)와 나후(강교점)를 曆算의 정식 대상으로 삼았다.

≪舊五代史≫에는 이 뒤에 "이는 西域 天竺國 승려의 설이다.〔蓋天竺胡僧之祆(현)說也〕"라는 말이 더 있다.

2) 近自司天卜祝小術……於是乎交有逆行之數 : 後唐 昭宗 때 邊岡이 편찬한 ≪崇玄曆≫(892)을 부정적으로 비평한 말이다. 왕박의 ≪欽天曆≫은 ≪숭현력≫을 대체한 역법이다. ≪新唐書≫ 卷30下 〈曆志6〉에 "변강은 계산술이 뛰어나 자유자재로 연산하였다. 이로 말미암아 簡捷, 超徑, 等接 등의 계산술이 생기고 經制, 遠大, 衰(최)序 등의 계산법은 폐기되었다. 비록 산대는 간편하게 운용했지만 모두 本原에 어두웠다."라고 한 것과 같은 맥락이다. 다만 현대 고천문학에서는 일반적으로 邊岡이 2차~4차 함수 계산법을 개발하여 역법 계산의 수준과 정확도를 높였다고 평가하고 있다. 簡捷과 超徑은 간결한 계산법을, 等接은 2차~4차 함수 계산법을 지칭하며, 經制와 遠大는 번다한 계산법을, 衰序는 等差級數 등을 지칭한다는 것이다.(陳美東, ≪中國科學技術史 天文學卷≫, 412~413면≫

3) 九曜 : 日・月・五星에 羅睺와 計都를 더한 9개의 천체로, 九執이라고도 한다.

전통적인 중국 천문학에서는 일・월・오성만 추산하였는데, 삼국시대에 인도 천문학의 영향으로 九曜의 개념이 전래되었고, 당나라 때는 인도 천문학에 기반한 ≪九執曆≫이 編譯되기도 하였다.

4) 昔在帝堯 欽若昊天 : 堯임금이 羲和에게 명하여 "천체의 운행을 공경히 따라 日・月・星辰을 관측하고 추보하여 책력을 만들어서 백성들에게 농사철을 잘 알려주도록〔欽若昊天 曆象日月星辰 敬授人時〕" 했다고 한다.(≪書經≫ 〈堯典〉)

昔에 **孔子作春秋而天人備**러니 **予述本紀**에 **書人而不書天**하니 **予何敢異於聖人哉**아 **其文雖異**나 **其意一也**라 **自堯舜三代以來**로 **莫不稱天以擧事**하니 **孔子刪詩書**에 **不去也**라 **蓋聖人不絶天於人**하고 **亦不以天參人**하니 **絶天於人則天道廢**하고 **以天參人則人事惑**이라 **故常存而不究也**라 **春秋雖書日蝕星變之類**나 **孔子未嘗道其所以然者**라 **故其弟子之徒**가 **莫得有所述於後世也**라

옛날 孔子께서 ≪春秋≫를 지어 하늘과 사람의 일을 갖추어 기술하셨는데, 내가 〈本紀〉를 찬술하면서 사람의 일은 쓰고 하늘의 일은 쓰지 않았으니, 내가 어찌 감히 聖人과 다르게 한 것이겠는가. 그 글은 비록 다르지만 그 뜻은 한가지이다. 堯舜과 三代 이래로 하늘의 뜻이라 일컬으며 일을 거행하지 않은 경우가 없었으니, 孔子가 ≪詩經≫과 ≪書經≫을 刪定하면서 이런 일들을 삭제하지 않았다. 대개 성인은 사람을 하늘과 단절시키지 않았고 또한 하늘의 변화로 사람의 일을 판단하지도 않았으니, 사람을 하늘과 단절시키면 天道가 폐기되고 하늘로 사람을 판단하면 사람의 일이 미혹된다. 그러므로 항상 그 일을 보존하여 기록해 두기는 했어도 그 일을 궁구하지는 않았다. ≪춘추≫에 비록 日蝕과 별의 異變 등을 기록하였으나 공자는 그 까닭을 말한 적이 없다. 그러므로 그 제자들도 이에 대해 후세에 傳述할 수 없었다.

孔子

然則天果與於人乎아 果不與於人乎아 曰 天은 吾不知하니 質諸聖人之言이 可也라 易曰 天道虧盈而益謙하고 地道變盈而流謙하며 鬼神害盈而福謙하고 人道惡(오)盈而好謙[1)]이라하니 此聖人極論天人之際最詳而明者也라 其於天地鬼神에 以不可知爲言하니 其可知者는 人而已라 夫日中則昃(측)하고 盛衰必復하니 天은 吾不知요 吾見其虧益於物者矣라 草木之成者를 變而衰落之하고 物之下者를 進而流行之하니 地는 吾不知요 吾見其變流於物者矣라 人之貪滿者多禍하고 其守約者多福하니 鬼神은 吾不知요 吾見人之禍福者矣라

그렇다면 하늘은 과연 사람의 일에 관여하는가? 과연 사람의 일에 관여하지 않는가? 하늘은 내가 알지 못하니 성인의 말씀에 질정해야 할 것이다. ≪周易≫에 이르기를 "하늘의 道는 가득 찬 것을 이지러뜨리고 겸손한 것에는 보태주며, 땅의 도는 가득 찬 것을 변하게 하고 겸손한 데로 흐르며, 귀신은 가득 찬 것을 해치고 겸손한 것에 복을 주며, 사람의 도는 가득 찬 것을 미워하고 겸손한 것을 좋아한다."라고 하였으니, 이는 성인이 하늘과 사람의 관계를 가장 상세하고 분명하게 論究한 것이다. 天地와 鬼神에 대해 알지 못한다고 말하였으니, 알 수 있는 것은 사람일 뿐이다.

대저 해가 하늘 한가운데 이르면 기울고, 盛衰는 반드시 반복되니, 하늘은 내가 알지 못하고, 하늘이 萬物을 이지러뜨리고 보태는 것을 내가 본다. 다 자란 草木을 변화시켜 시들어 떨어지게 하고 낮은 곳에 있는 萬物을 나아가게 하여 흘러가게 만드니, 땅은 내가 알지 못하고 땅이 만물을 변화시키고 흘러가게 하는 것을 내가 본다. 욕심이 넘치는 사람은 재앙이 많고 검약함을 지키는 자는 福이 많으니, 귀신은 내가 알지 못하고 사람이 재앙과 복을 받는 것을 내가 본다.

1) 天道虧盈而益謙……人道惡(오)盈而好謙 : ≪周易≫ 〈謙卦 彖傳〉의 말이다.

天地鬼神은 不可知其心이니 則因其著於物者以測之라 故據其跡之可見者以爲言하야 曰虧益 曰變流 曰害福이어니와 若人則可知者라 故直言其情하야 曰好惡(오)라하니 其知與不知는 異辭也나 參而會之하면 與人無以異也라 其果與於人乎아 不與於人乎아 則所不知也라 以其不可知라 故常尊而遠之하며 以其與人無所異也라 則修吾人事

而已니 人事者는 天意也라 書曰 天視自我民視하며 天聽自我民聽[1)]이라하니 未有人心悅於下而天意怒於上者며 未有人理逆於下而天道順於上者라

하늘과 땅과 귀신은 그 마음을 알 수 없으니, 사물에 드러난 것을 통해 그것을 헤아린다. 그러므로 그 볼 수 있는 자취에 근거하여 말하기를 "이지러뜨리고 보탠다."라고 하고 "변화시키고 흘러가게 한다."라고 하고 "해를 끼치고 복을 준다."라고 하거니와, 사람의 경우는 알 수가 있다. 그러므로 곧장 그 실정을 말하기를 "좋아한다." "미워한다."라고 하니, 아는 것과 알지 못하는 것은 말은 다르지만 참작하여 종합해보면 사람의 경우와 다를 것이 없다.

과연 사람에게 관여하는지 관여하지 않는지는 알 수 없다. 알 수 없으므로 항상 이들을 존숭하면서 敬遠하며, 사람과 다를 것이 없으므로 사람의 일을 닦을 따름이니, 사람의 일이 바로 하늘의 뜻이다. ≪書經≫에 이르기를 "하늘은 우리 백성들이 보는 것을 통해 보며, 하늘은 우리 백성들이 듣는 것을 통해 듣는다."라고 하였으니, 아래에서 사람의 마음이 기쁜데 위에서 하늘의 뜻이 노하는 경우는 있지 않으며, 아래에서 사람의 이치가 거스르는데 위에서 하늘의 도가 순응하는 경우는 있지 않다.

1) 天視自我民視 天聽自我民聽 : ≪書經≫ 〈周書 泰誓〉의 말이다.

然則王者君天下하고 子生民하야 布德行政하야 以順人心하니 是之謂奉天이라 至於三辰五星[1)]하얀 常動而不息하야 不能無盈縮差忒(특)[2)]之變이라 而占之有中有不中하야 不可以爲常者는 有司之事也[3)]라 本紀所述人君行事가 詳矣라 其興亡治亂을 可以見이요 至於三辰五星이 逆順變見하얀 有司之所占者라 故以其官誌之[4)]하야 以備司天之所考하노라 嗚呼라 聖人旣沒而異端起하야 自秦漢以來로 學者惑於災異矣라 天文五行之說이 不勝其繁也라 予之所述은 不得不異乎春秋也니 考者可以知焉이라

그렇다면 王者는 천하의 군주가 되고 백성을 자식처럼 보살펴 덕을 펴고 政事를 행하여 人心에 순응하니, 이를 일러 하늘을 받든다고 한다. 三辰과 五星에 이르러서는 항상 운행하여 그치지 않아서 盈縮하여 착오가 나는 變異가 없을 수 없다. 그리하여 점이 맞기도 하고 맞지 않기도 하여 일정한 기준으로 삼을 수 없는 것은 有司

의 일이다. 〈本紀〉에 기술한 임금의 行事가 상세하므로 그 興亡과 治亂을 알 수 있고, 三辰과 五星이 逆順과 變異의 현상을 보이는 것에 이르러서는 有司가 점칠 바이다. 그러므로 그 직무를 기록하여 司天官이 고찰할 자료로 남긴다.

오호라! 성인이 이미 세상을 떠난 뒤로 異端이 일어나 秦나라와 漢나라 이래로 학자들이 災異의 설에 미혹되었다. 그리하여 天文과 五行의 학설이 이루 다 할 수 없을 만큼 많다. 나의 기술은 ≪春秋≫와 다르지 않을 수 없었으니, 살펴보는 자는 알 수 있을 것이다.

1) 三辰五星 : 三辰은 해와 달과 별이고, 五星은 金星과 木星과 水星과 火星과 土星이다.
2) 盈縮差忒(특) : 盈縮은 행성이 타원 궤도로 운행하면서 그 속도가 느려지는 것을 盈, 그 속도가 빨라지는 것을 縮이라 하며, 差忒는 이에 따라 평균에 비해 그 度數에 착오가 생기는 것을 가리킨다.
3) 不可以爲常者 有司之事也 : 항상 천체의 度數가 일정한 값을 나타내지는 않으므로 그 차이를 계산해서 曆法을 바르게 제정하는 임무가 司天官에게 있다는 의미이다.
4) 故以其官誌之 : 여기서 "官"은 五代 당시의 司天官이 자신의 직무에 의거하여 기록한 천문 현상을 가리킨다. 실제로 ≪新五代史≫ 〈司天考〉에는 이 論 다음에 五代 당시의 천문 현상들이 기재되어 있다.

02. 職方考論* 〈職方考〉에 대한 論

* 職方은 곧 職方氏로 周代에 地理에 관한 업무를 맡은 관직의 명칭이다. ≪周禮≫ 〈夏官 職方氏〉에 "직방씨는 천하의 지도를 관장하고 천하의 땅을 관장하여 그 邦國, 都鄙, 四夷, 八蠻, 七閩, 九貉, 五戎, 六狄의 인민을 분별한다.〔職方氏掌天下之圖 以掌天下之地 辨其邦國都鄙四夷八蠻七閩九貉五戎六狄之人民〕" 라고 하였다. 〈職方考論〉은 ≪新五代史≫ 권60에 실린 〈職方考〉의 내용 가운데 각 지역의 명칭과 내력을 설명한 내용을 생략하고 歐陽脩의 議論 부분만을 발췌하여 실은 것이다. ≪舊五代史≫에도 지리지인 〈직방고〉에 해당하는 권150 〈郡縣志〉가 있다. 구양수는 이 論에서 나라가 망할 때는 분열되지 않은 적

이 없으니 나라를 다스리는 요체인 도덕에 근본을 두면 온 나라가 잘 다스려지고 그렇지 않으면 천하를 통일해도 용납될 곳이 없음을 말하고 唐나라 이래로 五代의 各國이 땅을 얻고 잃은 내력을 서술하여 대략을 드러내었다.

太史公諸王表序[1)]가 **爲絶佳**나 **而歐公職方論**이 **似勝**하니 **須千百隻眼**[2)]이라야 **始得之**라

太史公의 諸王表의 序文이 더할 나위 없이 아름다우나 歐陽公의 〈職方考論〉이 더 나은 듯하니, 千百개의 隻眼을 갖추어야만 비로소 지을 수 있다.

1) 諸王表序 : ≪史記≫ 卷13에서 卷22까지는 三代부터 당대까지의 왕과 제후와 將相名臣들의 世表와 年表와 月表이다. 이 가운데 將相名臣의 表 외에는 모두 태사공의 서문이 있다.
2) 隻眼 : 뛰어난 안목을 가리킨다. 佛家의 말로 摩醯首羅天의 세 개의 눈 가운데 정수리에 있는 외눈을 頂門隻眼이라 하는데 가장 뛰어난 눈이다.

嗚呼라 **自三代以上**으로 **莫不分土而治也**러니 **後世鑒古矯失**하야 **始郡縣天下**나 **而自秦漢以來**로 **爲國孰與三代長短**이리오 **及其亡也**하얀 **未始不分**하고 **至或無地以自存焉**이라 **蓋得其要則雖萬國而治**요 **失其所守則雖一天下**라도 **不能以容**이니 **豈非一本於道德哉**아

오호라! 三代 이상으로는 제후에게 땅을 分封하여 나라를 다스리지 않음이 없었는데, 후세에는 옛일을 거울삼아 잘못을 시정하느라 비로소 천하에 郡縣制를 시행하였다. 그러나 秦나라와 漢나라 이래로 어느 국가가 三代 시절과 長短을 따져볼 수 있겠는가. 나라가 망할 때에는 분열되지 않은 적이 없었고, 혹 자신의 몸을 둘 땅조차 없기까지 하였다. 대개 나라를 다스리는 요체를 얻으면 비록 萬國이라도 잘 다스려질 것이고 지켜야 할 원칙을 잃으면 비록 천하를 통일하더라도 용납될 곳이 없으리니, 어찌 일체 道德에 근본을 두어야 하지 않겠는가.

唐之盛時에 雖名天下爲十道[1)]나 而其勢未分이러니 旣其衰也엔 置軍節度하야 號爲方鎭하니 鎭之大者는 連州十餘요 小者도 猶兼三四라 故其兵驕則逐帥하고 帥彊則叛上하야 土地爲其世有하고 干戈起而相侵하니 天下之勢가 自玆而分이라 然唐自中世로 多故矣라 其興衰救難을 常倚鎭兵扶持하고 而侵凌亂亡도 亦終以此하니 豈其利害之理然歟아 自僖昭以來로 日益割裂이러니 梁初에 天下別爲十一하야 南有吳浙荊湖閩漢하고 西有岐蜀하고 北有燕晉하고 而朱氏所有七十八州以爲梁이러라

唐나라가 흥성할 때는 비록 천하를 10道로 호칭하였으나 그 형세는 분열되지 않았는데 쇠약해지고 나서는 절도사를 두어서 方鎭이라 불렀으니, 방진 중에서 큰 것은 10여 개 州를 연이었고 작은 것도 서너 개는 아울렀다. 그러므로 그 병사들이 통제를 벗어나면 장수를 쫓아냈고, 장수의 세력이 강성하면 조정을 배반하여 토지가 대대로 그의 소유가 되고 군사를 일으켜 서로 침범하니, 천하의 형세가 이로부터 분열되었다.

그러나 당나라는 中期부터 변고가 많았으므로 쇠잔한 國勢를 中興하고 곤란한 상황을 구제하는 일을 항상 방진 병력의 도움에 의지하였고 침범 당해 능욕을 받고 난리 속에 멸망한 일 또한 마침내 이 때문이었으니, 어쩌면 그 利害의 이치가 그러한 것인가? 僖宗과 昭宗 이래로 날이 갈수록 나라가 더욱 분열되었는데, 梁나라 초에 천하가 11개로 나뉘어 남쪽에는 吳, 浙, 荊, 湖, 閩, 漢이 있고 서쪽에는 岐, 蜀이 있고 북쪽에는 燕, 晉이 있었으며, 朱氏가 차지한 78州가 梁나라가 되었다.

1) 唐之盛時 雖名天下爲十道 : 唐 太宗 貞觀 元年(627)에 전국을 關內, 河南, 河東, 河北, 山南, 淮南, 隴右, 劍南의 10개 道로 나누었다. 이후 玄宗 때는 이러한 道가 15개로 늘어났고 唐나라 말기에는 40개로 늘어났다.

莊宗[1)]初起幷代하야 取幽滄하야 有州三十五하고 其後又取梁魏博等十有六州하야 合五十一州하야 以滅梁이라 岐王[2)]稱臣에 又得其州七하고 同光破蜀이라가 已而오 復(부)失[3)]하야 惟得秦鳳階成四州하고 而營平二州는 陷于契丹하고 其增置之州一이라 合一百二十三州하야 以爲唐하다

莊宗은 처음 幷州와 代州에서 일어나 幽州와 滄州를 차지하여 35개 州를 소유하였고, 그 후에 또 梁나라의 魏州와 博州 등 16州를 차지하여 도합 51州를 소유하여 양나라를 멸망시켰다. 岐王이 稱臣하자 또 그 일곱 州를 얻었고 同光 연간(923~926)에 蜀을 정복했다가 얼마 뒤 다시 잃고서 오직 秦州와 鳳州와 階州와 成州의 4州만을 얻었고 營州와 平州의 2州는 契丹에 빼앗겼고, 增設한 州는 하나였다. 그리하여 도합 123州가 唐나라(後唐)가 되었다.

1) 莊宗 : 晉王으로 있다가 後梁을 멸망시키고 後唐을 건국한 李存勖(885~926)의 廟號이다.
2) 岐王 : 岐王은 唐나라 말기 昭宗 때 병권을 장악하고 梁王 朱溫에게 대항하다가 後梁이 건국되자 岐王으로 자칭하며 할거했던 李茂貞(856~924)이다. 이무정은 後唐 莊宗 同光 2년(924)에 稱臣하고 秦王에 봉해졌다.
3) 同光破蜀……復(부)失 : 後唐 莊宗 同光 3년(925)에 郭崇韜와 魏王 李繼岌이 군사를 이끌고 前蜀을 정복하였다. 그러나 얼마 후 후당 조정 내부에 분열이 생겨 莊宗이 시해당하고 明宗이 즉위하자 蜀을 맡았던 董璋과 孟知祥이 반란을 일으켰고, 맹지상이 다시 동장을 격파하고서 명종에게 겉으로만 稱臣한 채 독립적인 세력을 유지하였다. 그리고 얼마 뒤 명종이 죽자 맹지상은 독립을 선포하고 後蜀을 건국하여 高祖가 되었다.

石氏入立[1)]하야 獻十有六州于契丹而得蜀金州하고 又增置之州一이니 合一百九州하야 以爲晉하다 劉氏[2)]之初에 秦鳳階成이 復入于蜀[3)]하고 隱帝時에 增置之州一이니 合一百六州하야 以爲漢하다 郭氏代漢[4)]에 十州入于劉旻[5)]하고 世宗[6)]取秦鳳階成瀛莫及淮南十四州하고 又增置之州五而廢者三이니 合一百一十八州하야 以爲周하다 宋興因之하니 此中國[7)]之大略也라

石氏가 京師에 들어와 즉위하여 契丹에 16州를 바치고 蜀의 金州를 얻었으며, 또 增設한 州가 하나이니, 도합 109주가 晉나라가 되었다. 劉氏의 초기에 秦州와 鳳州와 階州와 成州가 다시 蜀에 들어가고, 隱帝 때 增設한 州가 하나이니 도합 106州가 漢나라가 되었다. 郭氏가 漢나라를 대신할 때 10州가 劉旻에게 들어갔고, 世宗

은 鳳州와 階州와 成州와 瀛州와 莫州 및 淮南의 14州를 취하고 또 增置한 州가 다섯이고 없앤 주가 셋이니 도합 118주가 周나라가 되었다. 宋나라가 일어나서 이를 그대로 이어받으니, 이것이 中國의 대략이다.

1) 石氏入立 : 後唐의 河東節度使로 있던 石敬瑭(892~942)이 末帝와 반목하여 반란을 일으켜 契丹의 도움을 받아 후당을 멸하고 後晉을 세운 일을 가리킨다. 석경당은 군사적 열세를 거란의 도움으로 역전하였으므로 거란의 황제에게 신하를 자칭하고 燕雲 16주를 할양하였다.

2) 劉氏 : 後晉이 契丹에 멸망당하자 河東節度使로 있다가 汴 땅에 도읍하고 後漢을 세운 劉知遠(895~948)이다.

3) 秦鳳階成 復入于蜀 : 중원이 後晉에서 後漢으로 교체되는 혼란기에 後蜀의 孟昶이 공격하여 이들 주를 빼앗았다.

4) 郭氏代漢 : 後漢의 隱帝가 신하들의 권력이 커지는 것을 경계하여 당시 권력자였던 郭威를 암살하려다가 실패하자 곽위가 반란을 일으켜 951년에 後漢을 멸망시키고 後周를 건국하였다.

5) 劉旻 : 985~954. 五代 北漢의 건국자이다. 後漢 高祖 劉知遠의 동생으로 太原尹으로 있다가 郭威가 후한을 멸하고 後周를 세우자 태원에서 稱帝하고 북한을 세웠다. 묘호는 世祖이다.

6) 世宗 : 後周의 2대 황제인 柴榮(921~959)이다. 어려서 후주 太祖 郭威의 養子가 되었는데 곽위의 일족들이 모두 後漢의 隱帝에게 살해되었으므로 시영이 뒤를 이었다.

7) 中國 : 여기에서 中國은 지금의 전체 국가 개념이 아니라 현재의 陝西省, 河南省, 山西省, 山東省, 河北省 일부 지역에 걸친 黃河의 중상류 남북 兩岸 일대를 가리킨다. 대체적으로 夏・殷・周 三代의 통치 지역에 해당하며 당시 문명의 중심지로 여겼다.

其餘外屬者는 **彊弱相幷**하야 **不常其得失**이라 **至于周末**하야 **閩已先亡**[1]하고 **而在者七國**이라 **自江以下二十一州爲南唐**이며 **自劍以南及山南西道四十六州爲蜀**이며 **自湖南北十州爲楚**며 **自浙東西十(二)〔三〕**[2]**州爲吳越**이며 **自嶺**[3]**南北四十七州爲南漢**이며 **自太原以北十州爲東漢**이며 **而荊歸陝三州爲南平**이니 **合中國所有**하야 **二百**

六十八州요 而軍[4]不在焉이라

그 나머지 중국 밖의 나라들은 강자가 약자를 幷呑하여 그 득실이 일정하지 않았다. 周나라 말기에 이르러 閩이 먼저 망하고 남은 것은 일곱 나라였다. 揚子江 이하 21州가 南唐이고, 劍閣으로부터 남쪽 및 山南의 西道 46州는 蜀이고, 洞庭湖로부터 남북쪽 10州는 楚이고, 浙江으로부터 동서쪽 13州는 吳越이고, 五嶺으로부터 남북쪽 47州는 南漢이고, 太原으로부터 북쪽 10州는 東漢이며, 荊州와 歸州와 陝州 3州는 南平이니, 중국이 소유한 지역을 합하여 268州이고 軍은 여기에 포함되지 않았다.

1) 閩已先亡 : 閩은 唐나라 말기 武威軍節度使 王審知가 이곳에서 세력을 확립한 이후 왕심지의 아들인 王延鈞이 後唐의 明宗이 죽고 후당이 혼란해진 틈을 이용하여 933년에 독립하여 개국하였다. 後周 말기에 王延政이 폭정을 일삼고 조카 王繼勳과 王繼成이 자립하여 나라가 분열되자 945년에 南唐의 군주 李璟의 공격을 받아 멸망하였다.

洞庭君山圖

2) (二)〔三〕: 저본에는 '二'로 되어 있으나, ≪新五代史≫에 의거하여 '三'으로 바로잡았다.

3) 嶺 : 중국 江西와 湖南과 廣東과 廣西省 접경의 다섯 領인 大庾嶺, 越城嶺, 騎田嶺, 萌渚嶺, 都龐嶺이다.

4) 軍 : 唐나라 때 군사를 두어 戍守하던 지역의 군사조직으로 독립적인 행정체계를 갖추어 여타의 행정구역과 유사하였다. ≪新唐書≫ 〈兵志〉에 "당나라 초기에 변경을 지키는 군대 중에 큰 단위는 軍, 작은 단위는 守捉, 城, 鎭이라고 하였는데, 총칭하여 道라고 하였다.〔唐初 兵之戍邊者 大曰軍 小曰守捉曰城曰鎭 而總之者曰道〕"라고 하였다.

唐之封疆은 **遠矣**니 **前史備載**나 **而羈縻寄治虛名之州**[1]가 **在其間**이라 **五代亂世**에 **文字不完**하야 **而時有廢省**하고 **又或陷于夷狄**이로되 **不可考究其詳**하니 **其可見者**는 **具之如譜**[2]라

唐나라의 변경은 먼 지역에 있었으니 전대의 역사에 상세하게 기재되어 있으나 羈縻州와 寄治 등의 有名無實한 州가 그 가운데 들어 있었다. 五代의 亂世에는 기록이 온전하지 못하여 때로 없어진 곳도 기재되어 있고 또 오랑캐에게 함락된 지방도 있었지만 상세한 실정을 상고하여 알 수 없으니, 알 수 있는 것은 圖譜와 같이 기록해둔다.

1) 羈縻寄治虛名之州 : 羈縻는 羈縻州이다. 唐나라 때 먼 邊境의 소수민족들이 거주하는 지역에 설치했던 州로, 그들을 완전히 복속시킬 수 없었으므로 중국의 제도를 그대로 적용하지 않고 그 지역 풍속에 따라 다스려 일반적인 州縣과는 차이가 있었다. 寄治는 적국의 침공이나 여타의 사정 등에 의해 해당 지역을 잃었을 경우 그 지역의 관서를 가까운 다른 지역에 설치한 것을 가리킨다.

2) 具之如譜 : ≪新五代史≫ 〈職方考〉에는 이 다음에 나라별 각 행정구역의 도표가 실려 있다.

歐陽文忠公五代史抄 卷18

歸安 鹿門 茅坤 批評

孫男 闇叔 茅著 重訂

世家

嗚呼라 **自唐失其政**으로 **天下乘時**하야 黥髡(경곤)**盜販**[1]이 **袞冕峩巍**라 **吳暨南唐**은 **姦豪竊攘**이라 **蜀險而富**하고 **漢險而貧**[2]이러니 **貧能自彊**하고 **富者先亡**이라 **閩陋荊蹙**이요 **楚開蠻服**이라 **剝剽弗堪**은 **吳越其尤**요 **牢牲視人**은 **嶺蜑**(단)**遭劉**라 **百年之間**에 **竝起爭雄**하니 **山川亦絶**하야 **風氣不通**이라 **語曰 清風興**에 **群陰伏**하고 **日月出**에 **爝**(작)**火息**이라하니 **故眞人作而天下同**이라 **作十國世家**[3]라

오호라! 唐나라가 그 政柄을 잃어버리고부터 天下 사람들이 이때를 틈타 黥髡과 盜販이 袞龍袍를 입고 冕冠을 쓰고 당당하게 행세하였다. 吳나라와 南唐은 姦雄이 정권을 爭奪하였다. 蜀나라는 지세가 험준하면서 부유하였고 漢나라는 지세가 험준하면서 가난하였는데 가난했던 나라는 自强할 수 있었던 반면 부유했던 나라는 먼저 망하였다. 閩國은 협소하였고 荊國은 좁았으며 楚國은 南蠻의 땅을 개척하였다. 백성들이 착취를 견딜 수 없었던 것은 吳越이 제일 심하였고 사람을 犧牲처럼 보아 〈마음대로 죽인〉 것은 嶺南의 蠻人이 劉氏의 南漢을 만난 경우였다. 백 년 사이에 나란히 일어나 雌雄을 다투니 山河 역시 단절되어 風俗이 통하지 않았다. 俗語에 "맑은 바람이 일어남에 뭇 陰氣가 잠잠해지고 해와 달이 나옴에 횃불이 꺼진다."고 하였으니 그러므로 眞人이 일어나면 天下가 大同하게 된다. 十國의 世家를 짓는다.

1) 黥髡(경곤)盜販 : 黥은 이마에 黑色으로 刺字하는 墨刑이고 髡은 毛髮을 자르는 형벌로 重罪를 지은 犯人을 가리키고, 盜販은 국가에서 禁止하거나 專賣하는 상품을 불법적으로 파는 사람을 가리킨다.

2) 蜀險而富 漢險而貧 : 蜀은 前蜀과 後蜀으로, 각각 王建과 孟知祥이 다스린 나라이고 漢은 劉旻이 세운 北漢으로, ≪新五代史≫에는 〈東漢世家〉라는 제목으로 수록되어 있다.

3) 十國世家 : ≪新五代史≫ 卷61에서 卷70까지 〈吳世家〉, 〈南唐世家〉, 〈前蜀世家〉, 〈後蜀世家〉, 〈南漢世家〉, 〈楚世家〉, 〈吳越世家〉, 〈閩世家〉, 〈南平世家〉, 〈東漢世家〉라는 제목으로 수록되어 있다. 참고로 卷71에는 〈十國世家年譜〉가 수록되어 있다.

01. 楊行密世家* 楊行密의 世家

* 楊行密(852~905)은 廬州 合肥 사람으로, 본명은 行愍이다. 양행밀의 事跡은 ≪舊五代史≫ 卷134 〈僭僞列傳 第1〉과 ≪新五代史≫ 卷61 〈吳世家 第1〉에 실려 있다. ≪구오대사≫와 ≪신오대사≫는 모두 司馬遷이 ≪史記≫를 통해 창시한 紀傳體를 본받았지만 자세히 들여다보면 체제가 서로 다른 것을 알 수 있다.

먼저 ≪구오대사≫는 後梁, 後唐, 後晉, 後漢, 後周 五代의 각 왕조별로 本紀와 列傳을 한 묶음으로 구성하였는데 구체적으로 설명하면, 왕조의 世系를 서술한 '本紀'를 앞에 두고 后妃를 입전한 '后妃列傳', 宗室을 입전한 '宗室列傳', 해당 왕조를 섬긴 신하들을 입전한 '列傳'의 순으로 왕조별로 묶어 구성하였다. 한편 後周 이후부터는 '世襲列傳'과 '僭僞列傳'을 따로 두어 唐나라에서 독립하여 五代의 각 왕조에 복속하지 않은 정치 집단들을 모아 구성하였다. 특히 두 列傳 가운데 十國으로 불린 나라들은 모두 '僭僞列傳'에 소속시켰는바, 淮南 지방을 차지한 양행밀이 바로 이 '僭僞列傳'의 서두를 장식하고 있다.

이에 반해 ≪신오대사≫에서는 本紀, 家人傳, 列傳을 각 왕조보다 상위의 범주로 놓고 五代 각 왕조를 한데 묶어 서술한 점이 다르다. 좀더 자세히 설명하면, 우선 五代의 本紀를 한데 묶어 일단 본기를 마무리하고, 바로 뒤에 각 왕조의 황후와 외척을 입전한 家人傳도 한데 묶어 구성한 뒤 일반 列傳의 형식으로 梁臣傳, 唐臣傳, 晉臣傳, 漢臣傳, 周臣傳을 둔 것이다. 이어지는 부분에서는 왕조에 상관없이 인물의 행적에 대한 褒貶의 뜻을 내포한 列傳을 구성하였는데 이 부분이 五代를 바라보는 구양수의 史觀이 집중적으로 드러나는 부분이다. 구체적으로 들면 〈死節傳〉, 〈死事傳〉, 〈一行傳〉, 〈唐六臣傳〉, 〈義兒傳〉, 〈伶官傳〉, 〈宦者傳〉, 〈雜傳〉이다. 이렇게 本紀와 列傳을 구성한 뒤, 구양수는 ≪구오대사≫에서 〈僭僞列傳〉에 묶여 있는 十國을 世家로 묶어 서술하고 ≪구오대사≫처럼 양행밀을 서두에 배치하고 〈吳世家〉라고 하였는 바, 이는 사마천의 ≪사기≫에 보다 더 가까운 구성이라고 할 수 있겠다.

본 세가는 茅坤의 비평처럼 양행밀이 淮南 지방을 차지해 가는 一進一退의 攻防戰을 핍진하게 묘사하여 글을 읽으면 그의 인생 歷程이 마치 눈으로 보는 듯하다. 양행밀은 미천한 출신이었는데 힘이 세고 걸음이 빨라 刺史의 눈에 들어 군인으로 복무하게 되었다. 그러던 중 불만을 품고 起兵하여 廬州를 점거하고서 刺史가 된 것이 인생의 전환점이었다. 이후 淮南節度使 高駢의 行軍司馬가 되어 畢師鐸과 秦彦을 쳐서 揚州를 접수하였다. 하지만 이내 필사탁과 진언을 죽인 孫儒에게 몰려 宣州로 물러나 휘하의 田頵, 安仁義, 李神福 등과 주변 지역을 장악해 가다가 마침내 다시 손유를 쳐서 죽이고 그 군대를 거두어 세력을 키웠다. 이후 後梁, 吳越의 침입을 물리쳐 국세를 과시하고 吳王에 봉해졌다. 한편 내부적으로는 휘하의 전군, 안인의가 차례로 반란을 일으키자 제거하였고 처남 朱延壽도 모략을 써서 제거하였다.

이처럼 양행밀은 회남 지방에 할거하면서 內憂와 外患에 잘 대처하고 백성들을 휴식하게 하여 吳나라의 기반을 닦았다. 하지만 吳나라는 2代부터 정권이 매우 불안정하여 처음에 맏아들 楊渥(886~908)이 자리를 이었다가 張顥에게 시해되었고 그의 부하 徐溫이 장호를 죽이고 양악의 아우 楊渭를 세운 뒤 국정을 장악하였다. 이후 양위의 아우 楊溥에게 한 차례 정권이 더 이어졌다가 서온의 養子 徐知誥(李昪)에게 찬탈 당하여 4代 47년 동안 이어진 吳나라가 망하고 南唐이 세워졌다. 구양수는 史評을 통해 徐氏 父子가 楊氏 정권을 바로 무너뜨리지 못한 이유를 양행밀이 將卒들을 어루만질 줄 아는 능력과 백성들에게 끼친 은택 때문이라고 보았는데, 나라를 다스리는 그의 재능이 비범하였음을 드러낸 것으로 보인다.

한편 ≪구오대사≫에 양행밀에 대한 史評이 실려 있는데 참고로 들면 다음과 같다.

"史臣은 말한다. '옛날에 唐 왕조가 무너지며 각 지방이 할거하자 양행밀이 뛰어난 재능과 민첩한 행동으로 앞장서고 李昪이 전전긍긍하는 마음으로 뒤를 이어 僞國으로 僞國을 교체한 것이 60년을 훌쩍 넘었다. 그런데 後周가 정벌하는 군대를 일으킴에 이르러 황제가 회유하는 덕을 표방하자 마침내 산 넘고 강 건너 入貢하여 正朔을 받들어 來朝하였다. 이렇게 보면 험하다는 長江이 또 어찌 족히 믿을 만하겠는가!'〔史臣曰 昔唐祚橫流 異方割據 行密以高材捷足啓之于前 李昪以履霜堅冰得之于後 以僞易僞 逾六十年 洎有周興薄伐之師 皇上示懷柔之德 而乃走梯航而入貢 奉正朔以來庭 如是則長江之險 又何足以恃哉〕"

傳行密始末如畫하니 **不減史漢**이라

楊行密의 始末을 그림을 그린 것처럼 立傳하였으니 ≪史記≫, ≪漢書≫보다 못하지 않다.

楊行密은 **字**가 **化源**이니 **廬州合肥**[1] **人也**라 **爲人長大有力**하야 **能手擧百觔**(근)이라 **唐乾符中**[2]에 **江淮群盜起**할새 **行密以爲盜見獲**이어늘 **刺史鄭棨**[3]가 **奇其狀貌**하야 **釋縛縱之**라 **後應募爲州兵**하야 **戍朔方**이라가 **遷隊長**이러니 **歲滿戍還**한대 **而軍吏惡**(오)**之**하야 **復**(부)**使出戍**라 **行密將行**에 **過軍吏舍**하니 **軍吏陽爲好言**하고 **問行密行何所欲**이어늘 **行密奮然曰 惟少公頭爾**라하고 **卽斬其首**하고 **携之而出**하야 **因起兵爲亂**하고 **自號八營都知兵馬使**라 **刺史郞幼復**이 **棄城走**라 **行密遂據廬州**하다

楊行密은 字가 化源이니 廬州 合肥 사람이다. 사람됨이 長大하고 힘이 있어 한 손으로 100斤을 들어 올릴 수 있었다. 唐 乾符 年間에 江淮에서 도적떼가 일어났을 때 양행밀이 도적으로 간주되어 붙잡혔는데 刺史 鄭棨가 그의 용모를 남다르게 여겨 捕繩을 풀고 놓아 주었다. 뒤에 募兵에 응하여 州兵이 되어 朔方을 수비하다가 隊長으로 승진하였는데 복무 기간이 차서 변방에서 돌아오자 軍吏가 그를 미워하여 다시 변방으로 나가 수비하게 하였다.

양행밀이 출발하려 할 때 군리의 집을 지나니 군리가 겉으로 덕담을 해주면서 양행밀에게 원하는 것이 무엇인지 묻자 양행밀이 발끈하며 말하기를 "오직 그대의 머리가 없어지는 것일 뿐이다."라고 하고 곧장 그의 머리를 베고 머리를 가지고 나와 인하여 起兵하여 난을 일으키고 스스로 八營都知兵馬使라고 호칭하니, 刺史 郞幼復

이 성을 버리고 떠났다. 양행밀이 마침내 廬州를 점거하였다.

1) 肥 : ≪新五代史≫에는 '淝'자로 되어 있다.
2) 唐乾符中 : 乾符는 唐나라 僖宗의 첫 번째 연호(874~879)이다.
3) 鄭棨 : ≪廿二史考異≫ 卷66에 "'棨'는 '綮'가 되어야 한다.〔棨當作綮〕"로 되어 있다.

中和[1]三年에 **唐卽拜行密廬州刺史**하다 **淮南節度使高駢[2]爲畢師鐸所攻**하니 **駢表行密行軍司馬**이라 **行密率兵數千赴之**하야 **行至天長[3]**한대 **師鐸已囚駢**하고 **召宣州秦彦**하야 **入揚州**라 **行密不得入**하고 **屯于蜀岡[4]**이라 **師鐸率衆數萬**하여 **出擊行密**하니 **行密陽敗棄營走**어늘 **師鐸兵饑**라 **乘勝爭入營**하야 **收軍實**하니 **行密反兵擊之**라 **師鐸大敗**하야 **單騎走入城**하야 **遂殺高駢**하다 **行密聞駢死**하고 **縞軍向城哭三日**하고 **攻其西門**하니 **彦及師鐸**이 **奔于東塘[5]**이라 **行密遂入揚州**하다

中和 3년(883)에 唐나라가 곧바로 楊行密을 廬州刺史에 임명하였다. 淮南節度使 高駢이 畢師鐸에게 공격을 받으니 고병이 表奏하여 양행밀을 行軍司馬로 삼았다. 양행밀이 수천 명의 병력을 거느리고 가서 天長에 이르렀다. 그런데 필사탁이 이미 고병을 잡아 가두고 宣州의 秦彦을 불러 揚州로 들어갔다. 양행밀이 들어가지 못하고 蜀岡에 주둔하였다. 필사탁이 수만 명의 병력을 거느리고 나가 양행밀을 치니 양행밀이 거짓으로 패한 체하며 軍營을 버리고 달아났다. 필사탁의 군대가 굶주려 있던 터라 勝勢를 타고 앞다퉈 군영으로 들어가 군수 물자를 차지하니 양행밀이 군대를 돌려 필사탁을 쳤다. 필사탁이 크게 패하여 單騎로 달아나 성에 들어가서 마침내 고병을 죽였다. 양행밀이 고병이 죽었다는 소식을 듣고 병사들에게 喪服을 입히고 성을 향해 사흘 동안 곡하고 그 西門을 공격하니 진언과 필사탁이 東塘으로 달아났다. 양행밀이 드디어 揚州에 들어갔다.

1) 中和 : 唐 僖宗의 세 번째 연호(881~884)이다.
2) 高駢 : 821~887. 唐나라 幽州 사람으로 字는 千里이다. 先祖는 山東의 名門인 渤海 高氏로 대대로 禁軍 將領을 지냈다. 黃巢가 난을 일으켰을 때 唐 僖宗이 그를 諸道行營兵馬都統에 임명하였는데 大將 張璘이 패하자 성을 지키며

싸우지 않아 황소에게 兩都를 빼앗기게 된 책임으로 揚州刺史로 좌천되었다. 이후 術士 呂用之, 張守一 등에게 현혹되어 가혹한 정치를 하다가 결국 部將 畢師鐸에게 살해되었다. ≪新唐書≫ 〈叛臣列傳〉에 立傳되어 있다.

3) 天長 : 南京에서 가까운 安徽省의 屬縣으로, 742년에 唐 玄宗이 자신의 생일을 기념하여 특별히 설치한 현이다.

4) 蜀岡 : 揚州城의 서북쪽에 있는 산으로, 長江을 사이에 두고 金陵(南京)과 마주보고 있다. 산 정상에 蜀井이 있는데 전하는 말로는 地脈이 蜀 땅까지 이어진다고 한다. 서쪽으로 廬州, 滁州와 맞닿아 있는데 북쪽에서 군대가 揚州를 南侵하려면 이 산을 따라 남쪽으로 내려와 높은 곳에 보루를 쌓고 대치하게 된다.

5) 東塘 : 揚州城 동쪽에 있는 지명으로, 高駢이 黃巢를 공격할 때 이곳에 주둔한다고 거짓으로 떠벌렸던 곳이다.

是時에 城中倉廩空虛하야 饑民相殺而食이라 其夫婦父子自相牽하야 就屠賣之면 屠者刲剔(규척)如羊豕라 行密不能守하야 欲走어늘 而蔡州秦宗權遣其弟宗衡掠地淮南이라 彦及師鐸還自東塘하야 與宗衡合하니 行密閉城不敢出이라 已而오 宗衡爲偏將孫儒所殺하고 儒攻高郵[1]破之하니 行密益懼어늘 其客袁襲曰 吾以新集之衆으로 守空城이어늘 而諸將多駢舊人[2]이니 非有厚恩素信하야 力制而心服之也라 今儒兵方盛하야 所攻必克하니 此諸將持兩端하야 因彊弱擇嚮背之時也라 海陵[3]鎭使高霸는 駢之舊將이니 必不爲吾用이라하다 行密乃以軍令召霸하니 霸率其兵入廣陵[4]이라 行密欲使霸守天長한대 襲曰 吾以疑霸而召之하니 其可復(부)用乎아 且吾能勝儒면 無所用霸요 不幸不勝이면 天長豈吾有哉리오 不如殺之하야 以幷其衆이라하니 行密因犒(호)軍하야 擒霸族之하고 得其兵數千하다 已而오 孫儒殺秦彦畢師鐸하고 幷其兵以攻行密하니 行密欲走海陵이어늘 襲曰 海陵難守어니와 而廬州는 吾舊治也니 城廩完實하야 可爲後圖라하니 行密乃走廬州라 久之에 未知所向하야 問襲曰 吾欲卷甲倍道하야 西取洪州하니 可乎아하니 襲曰 鍾傳新得江西[5]하니 勢未可圖로되 而秦彦之入廣陵也에 召池州刺史趙鍠(굉)하야 委以宣州러니 今彦且死에 鍠失所恃하니 而守宣州는 非其

本志라 **且其爲人非公敵**이니 **此可取也**라하다 **行密乃引兵攻鍠**하야 **戰于曷山**[6)]하야 **大敗之**하고 **進圍宣州**하니 **鍠棄城走**어늘 **追及殺之**라 **行密遂入宣州**하다

이때에 楊州 城中에 창고가 텅 비어 굶주린 백성들이 서로 죽여 잡아먹는 터라 부부와 부자 간이 서로 잡아끌어 도살장에 가서 팔아버리면 도살하는 자가 양이나 돼지 다루듯이 살을 발랐다. 楊行密이 양주를 지키지 못해 달아나려고 하였는데 蔡州의 秦宗權이 그 아우 秦宗衡을 보내 淮南 땅을 약탈하였다. 秦彦과 畢師鐸이 東塘에서 돌아와서 진종형과 연합하니 양행밀이 성문을 닫고 감히 나오지 못하였다.

이윽고 진종형이 偏將 孫儒에게 살해당하고 손유가 高郵를 공격하여 깨뜨리자 楊行密이 더욱 두려워하였는데, 그 門客 袁襲이 말하기를 "우리가 새로 모은 무리를 가지고 빈 성을 지키고 있는데 장수들은 대부분 高駢이 옛날 거느리던 자들이니 후한 은혜와 평소의 신뢰가 있어 힘으로 누르고 마음으로 굴복시킬 수 있는 자들이 아닙니다. 지금 손유의 군대가 바야흐로 강성하여 공격하기만 하면 반드시 승리하니 이는 장수들이 두 마음을 품고서 양쪽의 强弱에 따라 向背를 정하려는 때입니다. 海陵鎭守使 高霸는 고병의 옛 장수이니 반드시 우리를 위해 싸우지 않을 것입니다." 라고 하였다. 양행밀이 이에 軍令을 내려 고패를 부르니 고패가 휘하 군대를 거느리고 廣陵으로 들어왔다.

양행밀이 고패에게 天長을 지키게 하려고 하자 원습이 말하기를 "우리가 고패를 의심하여 불렀으니 다시 그를 쓸 수 있겠습니까. 게다가 우리가 손유를 이길 수 있으면 고패를 쓸 곳이 없을 것이고 불행히 이기지 못한다면 天長이 어찌 우리 소유가 되겠습니까. 그를 죽여서 그의 군대를 합치는 것만 못합니다."라고 하니 양행밀이 군사들을 犒饋하는 틈을 이용하여 고패를 사로잡아 滅族시키고 그의 수천 명의 병력을 차지했다.

얼마 뒤에 손유가 진언과 필사탁을 죽이고 그들의 군대를 합쳐 양행밀을 공격하자 양행밀이 海陵으로 달아나려고 하였는데, 원습이 말하기를 "해릉은 지키기 어렵거니와 廬州는 우리가 예전에 관할하던 곳이니 성은 튼튼하고 창고는 充實하여 뒷일을 도모할 만합니다."라고 하니 양행밀이 이에 여주로 달아났다.

오래 지나 양행밀이 갈 곳을 알지 못하여 원습에게 묻기를 "내가 무장을 가볍게

하고 밤낮으로 행군하여 서쪽으로 洪州를 점령하려고 하는데 괜찮겠는가?"라고 하니 원숩이 말하기를 "鍾傳이 지금 막 江西를 차지하였으니 그 형세가 아직 도모할 수 없습니다. 하지만 진언이 광릉에 들어갔을 때 池州刺史 趙鍠을 불러 宣州를 맡겼는데 지금 진언마저 죽어 조굉이 의지할 곳을 잃어버렸으니 선주를 지키는 것은 그의 본뜻이 아닙니다. 게다가 그 사람됨이 공의 적수가 못되니 이곳(선주)은 점령할 만합니다."라고 하였다. 양행밀이 이에 군대를 이끌고 조굉을 공격하여 曷山에서 전투하여 크게 패배시키고 진군하여 선주를 포위하니 조굉이 성을 버리고 달아나기에 추격하여 그를 죽였다. 양행밀이 마침내 선주로 들어갔다.

1) 高郵 : 江蘇省에 속한 縣으로, 秦나라 때 高郵亭을 두었던 데서 유래하였다. 前漢 때 처음 설치하였을 때 廣陵國에 속하였다가 後漢 때에는 廣陵郡에 속하였다. 이후 三國時代에 폐하였다가 西晉 太康 元年(280)에 다시 설치하였다.
2) 人 : 사고전서본에는 '將'으로 되어 있다.
3) 海陵 : 江蘇省 泰州의 治所가 있는 곳으로 西漢 때 설치하였는데 後漢 때 廣陵郡에 속하였다. 唐 高祖 武德 3년(620)에 吳陵縣으로 改名하였다가 7년(624)에 海陵縣으로 복원하고 揚州에 소속시켰다.
4) 廣陵 : 江蘇省 揚州 서북쪽 蜀岡 기슭에 있는 지명이다.
5) 鍾傳新得江西 : ≪五代史記纂誤續補≫ 卷6에 "살펴보건대, 〈梁本紀〉에는 楊行密이 宣州로 달아난 일은 龍紀 元年(889)에 있었고, ≪新唐書≫ 〈本紀〉와 ≪資治通鑑≫에는 鍾傳이 洪州를 함락한 일은 中和 2년(882)에 있었고, 양행밀이 宣州를 함락한 것은 龍紀 元年에 있었다. 서로 이미 8년이나 간격이 있으니 어찌 '지금 막 차지하였다'고 할 수 있겠는가. 여기서는 또 宣州에 쳐들어간 일을 龍紀 元年 전에 서술하였으니, 잘못된 것이다. 薛居正의 ≪舊五代史≫ 〈僭僞楊行密傳〉에는 宣州를 점거한 일이 大順 元年(890)에 있었다고 서술하였으니 더욱 잘못되었다.〔按梁本紀 行密走宣州在龍紀元年 新唐書本紀 通鑑傳陷洪州在中和二年 行密陷宣州在龍紀元年 相去已八年 安得曰新得 此又敍入宣州在龍紀元年前 誤矣 薛史僭僞楊行密傳 敍據宣州在大順元年 尤誤〕"라고 하였다.
6) 曷山 : 褐山으로 지금의 安徽省 蕪湖 북쪽 臨江의 四褐山이다.

龍紀[1]元年에 唐拜行密宣州觀察使하다 行密遣田頵(균)安仁義李神福等攻浙西하야 取蘇常潤州하고 二年에 取滁(저)和州[2]하고 景福元年에 取楚州하다 孫儒自逐行密入廣陵이러니 久之에 亦不能守라 乃焚其城하고 殺民老疾以餉軍하고 驅其衆渡江하야 號五十萬以攻行密이라 諸將田頵劉威等이 遇之輒敗라 行密欲走銅官한대 其客戴友規曰 儒來에 氣銳而兵多하니 蓋其鋒不可當而可以挫요 其衆不可敵而可久以敝之라 若避而走면 是就擒也라하고 劉威亦曰 背城堅柵이면 可以不戰疲之라하니 行密以爲然하다 久之에 儒兵饑又大疫하니 行密悉兵擊之한대 儒敗被擒이라 將死에 仰顧見威曰 聞公爲此策以敗我호니 使我有將如公者면 其可敗耶아하다 行密收儒餘兵數千하야 以皂(조)衣蒙甲하고 號黑雲都하야 常以爲親軍하다

龍紀 元年(889)에 唐나라가 楊行密을 宣州觀察使에 임명하였다. 양행밀이 田頵, 安仁義, 李神福 등을 보내 浙西를 공격하여 蘇州, 常州, 潤州를 점령하고 大順 2년(891)에 滁州, 和州를 점령하고 景福 元年(892)에 楚州를 점령하였다. 孫儒가 양행밀을 쫓아내고 廣陵에 들어갔는데 오래 지나자 그 역시 광릉을 지킬 수가 없었다. 이에 그 성을 불지르고 늙고 병든 백성들을 죽여 군대에게 먹이고 그 군대를 몰아 강을 건너 오십만 명이라 불리는 군대로 양행밀을 공격하였다.

전균, 劉威 등의 장수들이 교전할 때마다 패하여 양행밀이 銅官으로 달아나려고 하자 그 門客 戴友規가 말하기를 "손유가 올 때 士氣가 衝天하고 兵卒이 많으니 그 예봉은 당해낼 수는 없으나 꺾을 수는 있으며, 그 무리는 대적할 수는 없으나 오래 끌면서 지치게 할 수는 있습니다. 만약 그를 피하여 달아나면 바로 그에게 사로잡히게 될 것입니다."라고 하고, 유위 역시 말하기를 "성을 등지고 營柵을 견고하게 하면 싸우지 않고도 그를 지치게 할 수 있습니다."라고 하니 양행밀이 옳다고 여겼다.

오래 뒤에 손유의 군대가 굶주린 데다 역병까지 창궐하니 楊行密이 군대를 모두 내보내 치자 손유가 패하여 사로잡혔다. 죽게 되었을 때 고개를 들어 유위를 바라보며 말하기를 "듣자 하니 公이 이 계책을 내어 나를 패배시켰다고 하니 만약 나에게 공과 같은 장수가 있었다면 패배당했겠는가."라고 하였다. 양행밀이 손유의 남은 군대 수천 명을 거두어 皂衣로 갑옷을 입히고는 黑雲都라고 부르면서 항상 親軍으로 삼았다.

1) 龍紀 : 唐 昭宗의 두 번째 연호(889)이다.

2) 二年 取滁(저)和州 : ≪五代史記纂誤補≫ 卷4에 "삼가 살펴보건대, 歸嶼이 말하기를, '앞에 龍紀 元年이 있으니 이곳은 龍紀 2년이 되어야 한다. 그렇지만 龍紀에는 2년이 없으니 ≪唐書≫ 〈昭宗紀〉 및 〈楊行密傳〉에 의거하면 이곳은 의당 大順 2년이 되어야 하는데 「大順」 2자가 빠진 것이다.' 하였다.〔謹案歸氏嶼曰 上有龍紀元年 此當爲其二年 然龍紀無二年 據唐書昭宗紀及楊行密傳 此當是大順二年而脫大順二字〕"라고 하였고, ≪五代史記纂誤續補≫ 卷6에 "살펴보건대, 龍紀는 1년으로 끝나고 이듬해 正月에 大順으로 改元하니 龍紀 연호가 어떻게 2년이 있을 수 있겠는가. ≪新唐書≫ 〈本紀〉와 〈列傳〉, ≪資治通鑑≫, ≪九國志≫ 〈田頵傳〉에는 모두 大順 2년에 실려 있다. 이는 필시 删節할 때 어쩌다 大順 연호를 빠뜨린 것이다. 앞에 蘇州, 常州, 潤州를 점령한 것은 바로 大順 元年의 일이다.〔按龍紀盡一年 明年正月改元大順 是龍紀安得有二年 新唐書紀傳 通鑑 九國志田頵傳 皆在大順二年 此必節刪時 偶漏大順年號 上取蘇常潤州 正大順元年事也〕"라고 하였다.

是歲에 復(부)入揚州하니 唐拜行密淮南節度使하다 乾寧[1]二年에 加檢校太傅 同中書門下平章事하다 行密以田頵守宣州하고 安仁義守潤州라 昇州刺史馮弘鐸來附하니 分遣頵等攻掠하야 自淮以南江以東諸州를 皆下之요 進攻蘇州하야 擒其刺史成及하다 四年에 兗州朱瑾이 奔于行密이라 初에 瑾爲梁所攻하야 求救于晉하니 晉遣李承嗣將勁騎數千助瑾커늘 瑾敗하야 因與俱奔行密이라 行密兵은 皆江淮人이니 淮人輕弱이러니 得瑾勁騎而兵益振하다 是歲에 梁太祖遣葛從周龐師古攻行密壽州하니 行密擊敗梁兵淸口[2]하고 殺師古한대 而從周收兵走어늘 追至淠河하야 又大敗之하다 五年에 錢鏐(류)[3]攻蘇州하야 及周本戰于白方湖어늘 本敗하야 蘇州復入于越하다 天復[4]元年에 遣李神福攻越戰臨安[5]하야 大敗之하고 擒其將顧全武以歸하다 二年에 馮弘鐸叛하야 襲宣州하야 及田頵戰于曷山이어늘 弘鐸敗하야 將入于海하니 行密自至東塘邀之하야 使人謂弘鐸曰 勝敗는 用兵常事也니 一戰之衄(뉵)에 何苦自棄下海島오 吾府雖小나 猶足容君이라하니 弘鐸感泣하다 行密從十餘騎하야 馳入其軍하야 以弘鐸歸하야 爲節

度副使하고 **以李神福代弘鐸爲昇州刺史**하다

이해에 다시 揚州에 들어가니 唐나라가 楊行密을 淮南節度使에 임명하였다. 乾寧 2년(895)에 檢校太傅 同中書門下平章事를 더하였다. 양행밀이 田頵에게 宣州를 지키게 하고 安仁義에게 潤州를 지키게 하였다. 昇州刺史 馮弘鐸이 와서 歸附하니 전군 등을 나누어 보내 攻掠하여 淮水의 남쪽과 長江의 동쪽에 있는 각 州들을 모두 함락하였고 진군하여 蘇州를 공격하여 그 刺史 成及을 사로잡았다.

건녕 4년(897)에 兗州의 朱瑾이 양행밀에게 망명하였다. 처음에 주근이 梁나라에 공격을 받아 晉나라에 구원병을 요청하니 진나라가 李承嗣를 보내 强勇한 騎兵 수천 명을 거느리고 주근을 도왔는데 주근이 패배하자 인하여 둘이 함께 양행밀에게 망명하였다. 양행밀의 병졸들은 모두 江淮 사람으로, 淮 사람들은 柔弱하였는데 주근의 强勇한 기병을 얻고 나서 군대가 더욱 기세를 떨쳤다.

이해에 梁 太祖가 葛從周, 龐師古를 보내 壽州에서 양행밀을 공격하니 양행밀이 梁나라 군대를 淸口에서 쳐서 패배시키고 방사고를 죽였다. 갈종주가 군대를 거두어 달아나자 추격하여 渒河에 이르러 다시 크게 패배시켰다. 건녕 5년(898)에 錢鏐가 蘇州를 공격하여 白方湖에서 周本과 전투하였는데 주본이 패배하여 소주가 다시 越나라에 들어갔다.

錢鏐

天復 元年(901)에 李神福을 보내 越나라를 공격하여 臨安에서 전투하여 크게 패배시키고 그 장수 顧全武를 사로잡아 돌아왔다. 천복 2년(902)에 馮弘鐸이 반란하여 宣州를 습격하여 曷山에서 전군과 전투하였는데 풍홍탁이 패배하고서 장차 바다로 들어가려고 하였다. 양행밀이 직접 東塘에 이르러 그를 부르면서 사람을 보내 풍홍탁에게 이르기를 "勝敗는 用兵할 때 늘상 있는 일이니 한 번 전투에 패배했다고 어찌 이리 심하게 자포자기하고 海島로 내려간단 말인가. 나의 官府가 비록 작으나 그래도 족히 그대를 포용할 수 있다."라고 하니 풍홍탁이 감격하여 흐느꼈다. 양행밀이

기병 10명을 거느리고 달려가 그 군대에 들어가 풍홍탁을 데리고 돌아와 節度副使로 삼고 풍홍탁을 대신하여 이신복을 昇州刺史로 삼았다.

1) 乾寧 : 894~898. 唐 昭宗의 다섯 번째 연호이다.
2) 淸口 : 泗口, 淮泗口, 淸河口라고도 하는데 옛 泗水가 淮水로 들어가는 입구로, 泗水를 淸水라고 하는 데서 비롯한 지명이다. 泗水는 中原으로 물자를 옮기는 水運에 있어 주요한 길로 淸口는 南北 交通의 목구멍에 자리하고 있기에 歷代로 전투가 많이 벌어졌던 전략상의 요충지이기도 하다.
3) 錢鏐(류) : 852~932. 字는 具美, 小字는 婆留로, 杭州 臨安 사람이다. 五代十國 時期 吳越國을 세운 사람이다. 錢鏐는 唐末에 董昌을 따라 鄕里에서 반란군을 막은 이후 여러 차례 승진하여 鎭海軍節度使가 되었다. 뒤에 董昌이 唐나라를 배반하여 稱帝하자 詔命을 받들어 董昌을 토벌하고 鎭東軍節度使를 더하였다. 그는 杭州를 비롯한 兩浙 13州를 점거하여 唐, 後梁, 後唐으로부터 越王, 吳王, 吳越王, 吳越國王에 봉해졌다.
4) 天復 : 901~903. 唐 昭宗의 일곱 번째 연호이다.
5) 臨安 : 西晉 때 臨水縣을 改名한 곳으로 吳興郡에 속하였는데 臨安山에서 縣名을 취한 것이다. 隋나라 때 없앴다가 唐나라 때 다시 縣을 설치하면서 杭州에 소속시켰다. 後梁 開平 2년(908)에 吳越國에서 安國縣으로 개명하였다.

是歲에 唐昭宗在岐하야 遣江淮宣諭使李儼하야 拜行密東面諸道行營都統檢校太師中書令하고 封吳王하다 三年에 以李神福爲鄂岳招討使하야 以攻杜洪한대 荊南成汭救洪이어늘 神福敗之于君山하다 梁兵攻靑州한대 王師範來求救하니 遣王茂章救之하야 大敗梁兵하고 殺朱友寧이라 友寧은 梁太祖子也[1]라 太祖大怒하야 自將以擊茂章하니 兵號二十萬이로되 復(부)爲茂章所敗하다 田頵(균)叛하야 襲昇州하야 執李神福妻子하야 歸于宣州라 行密召神福以討頵한대 頵遣其將王壇逆之하고 又遺神福書하야 以其妻子招之하니 神福曰 吾以一卒로 從吳王起事하야 今爲大將하니 忍背德而顧妻子乎아하고 立斬其使以自絶하니 軍士聞之하고 皆感奮이라 行至吉陽磯[2]에 頵執神福子承鼎以招之하니 神福叱左右射之하고 遂敗壇兵于吉陽이라 行密別遣臺濛(몽)擊頵하니 頵敗死하다

이해에 唐 昭宗이 岐州에 있으면서 江淮宣諭使 李儼을 보내 楊行密을 東面諸道行營都統 檢校太師 中書令에 임명하고 吳王에 봉하였다. 天復 3년(903)에 李神福을 鄂岳招討使로 삼아 杜洪을 공격하자 荊南의 成汭가 두홍을 구원하였는데 이신복이 君山에서 그를 패배시켰다. 梁나라 군대가 靑州를 공격하자 王師範이 와서 구원병을 청하니 王茂章을 보내 그를 구원하여 양나라 군대를 크게 패배시키고 朱友寧을 죽였다. 주우녕은 梁 太祖의 아들이기에 태조가 크게 노하여 직접 군사를 거느리고 왕무장을 치니 군사가 20만 명이라고 불릴 정도였으나 다시 왕무장에게 패배하였다.

田頵이 배반하여 昇州를 습격하여 이신복의 처자식을 붙잡아 宣州로 돌아갔다. 양행밀이 이신복을 불러 전군을 토벌하게 하자 전군이 휘하 장수 王壇을 보내 맞서게 하고 또 이신복에게 서신을 보내 처자식을 볼모로 하여 투항하라고 회유하였다. 이신복이 말하기를 "내가 일개 군졸로 吳王을 따라 起兵하여 지금 大將이 되었으니 어찌 차마 은덕을 저버리고 처자를 돌아보겠느냐."라고 하고 그 자리에서 使者를 베어 단호히 거절하니 군사들이 이 일을 듣고 모두 감동하여 분발하였다.

행군하여 吉陽磯에 이르렀을 때 전군이 이신복의 아들 李承鼎을 잡고서 투항하라고 회유하니 이신복이 左右의 부하들을 질타하여 아들을 쏘게 하고 마침내 왕단의 군대를 吉陽에서 패배시켰다. 양행밀이 따로 臺濛을 보내 전군을 치니 전군이 패배하여 죽었다.

1) 友寧 梁太祖子也 : ≪五代史記纂誤補≫ 卷4에 "삼가 살펴보건대, 友寧은 梁 太祖 형의 아들이다. ≪五代史纂誤≫에 이에 대한 설명이 〈王景仁傳〉 부분에 있다.〔謹案友寧 梁祖兄子 纂誤有說 在王景仁傳〕"라고 하였다.

2) 吉陽磯 : 安徽省 東至縣 서북쪽, 長江의 동쪽 연안에 있는 吉陽縣에 있다. 吉陽은 吉水의 북쪽에 있어 붙여진 이름으로, 三國시대 吳나라에서 廬陵郡에 속한 廬陵縣을 분리하여 길양현을 설치하였다가 隋나라 때는 廬陵縣에 합쳐졌다. 唐나라 때는 安州에 속하였다. 근처에 吉陽山이 있다.

初에 頵及安仁義朱延壽等이 皆從行密起微賤이러니 及江淮甫定에 思漸休息이로되 而三人者皆猛悍難制라 頗欲除之로되 未有以發이라 天復二年에 錢鏐爲其將許再思等叛而圍之[1]하니 再思召頵攻鏐杭州하야 垂克이어늘 而行密納鏐賂하고 命頵解

兵하니 頵恨之라 頵嘗計事廣陵할새 行密諸將이 多就頵求賂요 而獄吏亦有所求어늘 頵怒曰 吏欲我下獄耶아하고 歸而遂謀反하다

당초에 田頵 및 安仁義, 朱延壽 등이 모두 楊行密을 따라 미천한 신분에서 發身하였다. 江淮가 막 평정됨에 미쳐 점차 편안히 쉬며 생활하려고 생각하였으나 세 사람이 모두 사나워 제압하기가 어렵기에 그들을 몹시 제거하고 싶었는데 아직 손을 쓸 기회가 없었다. 天復 2년(902)에 錢鏐가 휘하 장수 許再思 등이 반란을 일으켜 그를 포위하니 허재사가 전군을 불러 杭州에서 전류를 공격하여 곧 승리할 즈음에 양행밀이 전류의 뇌물을 받고 전군에게 군대를 해산하라고 명하니 전군이 이 일을 유감으로 여겼다.

전군이 일찍이 廣陵에서 일을 도모할 때 양행밀의 장수들이 전군에게 와서 뇌물을 달라는 경우가 많았고 獄吏 역시 요구하는 것이 있었는데 전군이 노하여 말하기를 "옥리가 나를 下獄하려고 하는가?"라고 하고 돌아가 마침내 謀反하였다.

1) 天復二年 錢鏐爲其將許再思等叛而圍之 : ≪廿二史考異≫ 卷66에 "上文에서 이미 天復 2년, 3년의 일을 서술하였는데 여기서 田頵이 誅罰된 일로 인하여 전군이 배반하게 된 단서를 뒤미쳐 서술한 것이다. 그래서 다시 천복 2년을 거론한 것인데 또한 史家가 回避하는 데서 잘못되는 병통이다.〔上文已敍天復二年三年事 此因田頵之誅 追述頵釁(흔)端 故再擧天復二年 亦史家失於回避之病也〕"라고 하였다.

仁義聞之亦反하야 焚東塘以襲常州라 常州刺史李遇出戰이라가 望見仁義하고 大罵之하니 仁義止其軍曰 李遇乃敢辱我如此하니 其必有伏兵이라하고 乃引軍却한대 而伏兵果發하야 追至夾岡[1]이라 仁義植幟解甲[2]而食이어늘 遇兵不敢追라 仁義復入潤州라 行密遣王茂章李德誠米志誠等圍之라 吳之軍中推朱瑾善槊(삭)하고 志誠善射하야 皆爲第一이어늘 而仁義常以射自負曰 志誠之弓十이 不當瑾槊之一이요 瑾槊之十이 不當仁義弓之一이라하고 每與茂章等戰에 必命中而後發하니 以此吳兵畏之하야 不敢近이라 行密亦欲招降(항)之어늘 仁義猶豫未決한대 茂章乘其怠하야 穴地道而入하야 執仁義하야 斬于廣陵하다

安仁義가 이 소식을 듣고 역시 모반하여 東塘을 불지르고 常州를 습격하였다. 常州刺史 李遇가 전투하러 나갔다가 안인의를 바라보고 그를 몹시 꾸짖으니 안인의가 군대를 멈추고 말하기를 "이우가 감히 나를 이렇게까지 모욕하니 그가 반드시 伏兵을 두었을 것이다."라고 하고 이어 군대를 이끌고 退却하자 복병이 과연 出動해서 추격하여 夾岡에 이르렀다. 안인의가 깃발을 꽂고 갑옷을 벗고서 밥을 먹고 있었는데 李遇의 군대가 감히 추격하지 못하니 안인의가 다시 潤州에 들어갔다. 楊行密이 王茂章, 李德誠, 米志誠 등을 보내 안인의를 포위하였다.

吳나라 軍中에서는 다들 朱瑾은 창을 잘 쓰고 미지성은 활을 잘 쏜다고 추켜세워 모두 제일이라 하였다. 그런데 안인의는 늘 활쏘기를 自負하여 말하기를 "미지성의 활 열 개가 주근의 창 하나를 당해내지 못하고 주근의 창 열 개가 나의 활 하나를 당해내지 못한다."라고 하였다. 그리고 왕무장 등과 싸울 때마다 반드시 화살을 命中시킨 뒤에야 出兵하니 이 때문에 吳나라 군대가 안인의를 두려워하여 감히 가까이 가지 못하였다.

양행밀 역시 그를 회유하여 투항시키려 하였는데 안인의가 머뭇거리며 결정하지 못하자 왕무장이 그 해이해진 틈을 타서 땅굴을 파고 들어가 안인의를 잡아 廣陵에서 참수하였다.

1) 夾岡 : 江蘇省 丹陽縣 북쪽의 長江 연안에 있다. 지세가 높고 아래로 運河를 굽어보는 형세로 인해 그곳의 운하를 夾岡河라고 부른다.
2) 植幟解甲 : 사고전서본에는 '解甲植幟'로 되어 있다.

延壽者는 行密夫人朱氏之弟也라 頵及仁義之將叛也에 行密疑之하야 乃陽爲目疾하야 每接延壽使者에 必錯亂其所見以示之라 嘗行에 故觸柱而仆하니 朱夫人扶之어늘 良久乃蘇라 泣曰 吾業成而喪其目하니 是天廢我也라 吾兒子皆不足以任事하니 得延壽付之면 吾無恨矣라하다 夫人喜하야 急召延壽어늘 延壽至에 行密迎之寢門하야 刺殺之하고 出朱夫人以嫁之하다

朱延壽는 楊行密의 부인 朱氏의 아우였다. 田頵 및 安仁義가 배반하려 할 때 양행밀이 주연수를 의심하여 이에 거짓으로 눈병을 가장하여 매번 주연수의 使者를 접견할 때마다 반드시 보는 물체를 혼동하는 것처럼 연기하였다. 일찍이 걸을 적에 일부러 기둥에 부딪혀 넘어지니 朱夫人이 그를 부축하였는데 한참 있다가 비로소 정신을 차렸다. 양행밀이 흐느끼면서 말하기를 "내가 功業을 이루고 나서 이 눈을 잃어버렸으니 이는 하늘이 나를 버린 것이다. 내 아들들이 모두 政事를 맡기에는 부족하니 주연수에게 맡길 수 있다면 나는 여한이 없을 것이다."라고 하였다. 주부인이 기뻐하면서 급히 주연수를 불렀는데, 주연수가 이르자 양행밀이 그를 寢門에서 맞이하여 찔러 죽이고 주부인을 내보내 다른 데로 시집보냈다.

天祐[1]**二年**에 **遣劉存攻鄂州**하야 **焚其城**하니 **城中兵突圍而出**이어늘 **諸將請急擊之**한대 **存曰 擊之**라가 **復入則城愈固**니 **聽其去**면 **城可取也**라하다 **是日**에 **城破**하고 **執杜洪**하야 **斬于廣陵**이라 **九月**에 **梁兵攻破襄州**하니 **趙匡凝奔于行密**이라 **十一月**에 **行密卒**하니 **年五十四**라 **謚曰武忠**[2]이라 **子渥立**이라 **溥**(보)**僭號**하야 **追尊行密爲太祖武皇帝**하고 **陵曰 興陵**이라하다

天祐 2년(905)에 劉存을 보내 鄂州를 공격하여 그 성을 불지르니 城中의 병사들이 포위를 뚫고 나왔다. 장수들이 급히 그들을 치자고 청하자 유존이 말하기를 "그들을 쳤다가 다시 성에 들어가게 되면 성이 더욱 견고해질 것이니 그들이 떠나게 놔두면 성을 점령할 수 있다."라고 하였다. 이 날에 성을 격파하고 杜洪을 붙잡아 廣陵에서 참수하였다. 9월에 梁나라 군대가 襄州를 격파하니 趙匡凝이 楊行密에게 망명하였다. 11월에 양행밀이 졸하니 향년 54세였다. 시호는 武忠이다. 아들 楊渥이 즉위하였다. 楊溥가 황제를 僭稱하고서 양행밀을 太祖武皇帝로 追尊하고 陵墓를 興陵이라고 하였다.

1) 天祐 : 唐 昭宗의 마지막 연호(904~907)로, 天祐 元年 8月에 哀帝가 즉위하면서 계속 사용하다가 天祐 4년 3월에 後梁 太祖 朱溫에게 禪位하면서 당나라가 멸망하였다. 하지만 前蜀의 王建, 南漢의 劉隱, 南吳의 楊行密과 楊隆演, 後晉의 李克用, 岐州의 李茂貞, 吳越의 錢鏐 등 割據 政權들은 이 연호를 계속 사용하였는데 후진은 莊宗 李存勖이 同光(923~925)으로 開元할 때까지 가장 오래 사용하였다.

2) 武忠 : 사고전서본에는 '忠武'로 되어 있다.

嗚呼라 盜亦有道라하니 信哉[1)]인저 行密之書에 稱行密爲人호되 寬仁雅信하야 能得士心이라 其將蔡儔(주)叛於廬州에 悉毁行密墳墓러니 及儔敗에 而諸將皆請毁其墓以報之어늘 行密嘆曰 儔以此爲惡이어늘 吾豈復爲耶리오하다 嘗使從者張洪負劍而侍러니 洪拔劍擊行密한대 不中이라 洪死에 復用洪所善陳紹負劍하고 不疑라 又嘗罵其將劉信이어늘 信忿하야 奔孫儒하니 行密戒左右勿追曰 信豈負我者邪리오 其醉而去하니 醒必復來라하야늘 明日果來라 行密起於盜賊하야 其下皆驍武雄暴로되 而樂爲之用者는 以此也라 故二世四主가 垂五十年[2)]이러니 及渥已下하야 政在徐溫이라 於此之時에 天下大亂하야 中國之禍가 篡弑相尋이어늘 而徐氏父子가 區區詐力으로 裵回三主로되 不敢輕取之는 何也오 豈其恩威亦有在人者歟인저

오호라! 盜賊도 道가 있다고 하니 참으로 그러하다. 楊行密에 대한 글에서 양행밀의 사람됨을 稱賞하되 寬厚하고 仁慈하며 高雅하고 誠實하여 병사들의 마음을 잘 얻었다고 하였다. 휘하의 장수 蔡儔가 廬州에서 반란했을 때 양행밀 집안의 墳墓를 죄다 허물었다. 채주가 패배하자 장수들이 모두 그 집안의 분묘를 허물어 보복하자고 청하였는데, 양행밀이 탄식하기를 "채주가 이런 식으로 惡行을 저질렀다고 내가 어찌 다시 이런 악행을 하겠는가."라고 하였다. 일찍이 從者 張洪에게 검을 등에 지고 侍衛하게 한 적이 있었는데 장홍이 검을 뽑아 양행밀을 쳤으나 적중하지 못했다. 장홍이 죽임을 당한 뒤에 다시 장홍과 친하였던 陳紹를 등용하여 검을 등에 지고 시위하게 하면서도 의심하지 않았다. 또 일찍이 휘하의 장수 劉信을 꾸짖었는데 유신이 분개하여 孫儒에게 달아나니 양행밀이 左右의 부하들에게 그를 추격하지 말라고 당부하기를 "유신이 어찌 나를 저버릴 자이겠는가. 그가 취하여 간 것이니 술이 깨면 꼭 다시 올 것이다."라고 하였는데 이튿날 과연 그가 돌아왔다.

양행밀이 도적에서 發身하여 그 부하들이 모두 勇猛하고 强暴하였으나 기꺼이 그의 수하가 되어 쓰인 것은 이러한 이유 때문이었다. 그래서 2대에 걸쳐 네 임금이 거의 50년을 누렸는데 楊渥 이후로는 政權이 徐溫에게 있었다. 이때에 천하가 크게 혼란하여 中國에 재앙이 내려 찬탈하고 시해하는 일이 계속되었는데 徐氏 父子가

보잘것없는 속임수와 武力으로 세 임금 곁을 배회하면서도 감히 경솔히 찬탈하지 못한 것은 어째서인가? 어쩌면 양행밀이 끼친 恩威가 또한 백성들에게 남아 있어서였을 것이다.

1) 嗚呼……信哉 : ≪五代史記注≫ 卷61下에 "≪獨醒雜志≫(曾敏行 撰)에 '江南에서는 密(꿀)을 蜂糖이라고 부르니 楊行密의 이름을 피한 것이다. 양행밀이 在位할 때 능히 恩信으로 사람들을 결속시켜서 그가 죽던 날에 나라 사람들이 모두 그를 위해 눈물을 흘렸다. 내가 사는 고장에 南華라는 절이 있어 楊氏와 李氏 두 사람이 발급한 납세증명서를 보관하고 있는데 지금까지도 탈이 없이 전해져 온다. 내가 양행밀이 재위할 때 징수한 産錢을 살펴보니 이씨 때와 비교하여 몇 배나 가벼웠다. 그래서 노인들이 전하는 말에, 「李煜이 재위할 때에 방종하고 사치함이 한도가 없었다. 그래서 이 정도까지 세금을 올렸다.」라고 하였다. 歐陽脩가 양행밀이 도적질하면서도 道가 있다고 이른 말이 어찌 그가 寬厚하게 백성들을 아껴서가 아니겠는가!' 하였다.〔獨醒雜志 江南呼密爲蜂糖 蓋避楊行密名也 行密在時 能以恩信結入 身死之日 國人皆爲之流涕 予里中有僧寺曰南華 藏楊李二人稅帖 今尙無恙 予觀行密時所徵産錢 較之李氏輕數倍 故老相傳云 煜在位時 縱侈無度 故增賦至是 歐陽謂行密爲盜亦有道 豈非以其寬厚愛人乎〕"라고 하였다.

2) 故二世四主 垂五十年 : ≪新五代史≫ 卷61의 徐無黨의 註釋에 "≪吳錄≫, ≪運歷圖≫, ≪九國志≫에 근거해보면 모두 '楊行密이 唐나라 景福 元年(892)에 재차 揚州에 들어간 때부터 後晉 天福 2년(937)에 李昪에게 簒奪당할 때까지 실로 46년이다.'라고 하였는데, ≪舊唐書≫, ≪舊五代史≫ 두 책 모두 '大順 2년(891)에 揚州에 들어간 때부터 찬탈당할 때까지 47년이다.'라고 하였다. ≪오록≫은 徐鉉 등이 편찬한 것이고 ≪운력도≫는 龔穎이 편찬한 것으로 두 사람은 모두 江南의 옛 신하니 기록한 것이 의당 사실에 맞을 것이다. 그리고 唐나라 말엽의 혼란한 세상에서 中朝의 문헌들이 잘못된 부분이 많다. 그래서 지금 서현과 공영이 기록한 것으로 定說을 삼는다.〔據吳錄運歷圖九國志 皆云行密以唐景福元年 再入揚州 至晉天福二年 爲李昪(변)所簒 實四十六年 而舊唐書舊五代史皆云 大順二年入揚州 至被簒 四十七年 吳錄徐鉉等撰 運歷圖龔(공)穎撰 二人皆江南故臣 所記宜得實 而唐末喪亂 中朝文字多差失 故今以鉉穎所

記爲定〕"라고 하였다.

02. 李煜世家* 李煜의 世家

* 李煜(937~978)은 吳 왕조를 찬탈하여 南唐을 개국한 海州 사람 李昪(徐知誥)의 손자로, 본명은 從嘉이다. 이욱의 事跡은 ≪舊五代史≫ 卷134 〈僭僞列傳 第1〉에는 ≪皇家日曆≫에 수록되어 있다고 하면서 생략한 데 반해, ≪新五代史≫에는 卷62 〈南唐世家 第2〉에 李昪, 李景 父子의 뒤에 덧붙여 수록되어 있다.

이욱은 十國 가운데 一國인 後蜀의 孟昶과 함께 亡國의 군주로 유명한데 둘 다 詞를 좋아하여 學士들과 함께 風流를 즐기며 사를 짓곤 하였다. 그는 晩唐 이래의 溫庭筠, 韋莊 등의 花間派 詞人의 傳統을 계승하고 부친 이경, 馮延巳 등의 영향을 받아 언어는 명쾌하고 형상은 생동하며 감정은 진지하고 풍격은 선명한 특색을 지녔다고 한다. 특히 나라를 잃은 뒤의 작품은 題材가 넓어지고 含蓄이 풍부하여 五代시대 새로운 詞의 경향을 열어 후세 詞壇에 끼친 영향이 컸다. 그의 작품은 본래 ≪李後主詞≫에 수록되었으나 逸失된 지 오래되었고 뒤에 ≪南唐二主詞≫에 中主 이경의 작품과 함께 수록되어 전하고 있는데, 대표작으로 〈虞美人〉, 〈烏夜啼〉, 〈浪淘沙〉 등이 있다. 이밖에도 그는 書藝와 繪畫에 뛰어났고 音律에도 밝아 다재다능한 예술가로 후대에 알려졌다.

이에 반해 이욱의 군주로서의 사적은 茅坤의 비평대로 그리 살펴볼 만한 것이 없다. 이욱은 이경의 여섯 째 아들로, 형들이 모두 일찍 죽은 탓에 임금이 되었다. 즉위 초기 租稅와 徭役을 경감해주고 屯田을 활성화하는 데 힘써 경제가 나아지고 세수가 늘어나기도 하였으나 이후 토지와 화폐의 개혁에 연이어 실패하면서 민생을 제대로 돌보지 못했다. 또 그리 훌륭하지 못한 韓熙載를 재상으로 기용하지 못한 일을 한탄하는 등 인재를 보는 안목도 부족하였다. 이러한 여러 문제들이 누적되어 오다가 당시 後周를 이어 興起하고 있던 宋나라의 압박으로 國勢가 위축되어 가자 시름에 잠겨 유흥에 빠진 채 나라를 잃어버리는 데 이르고 말았다.

이처럼 용렬한 군주였던 이욱의 사적은 ≪구오대사≫에서는 아예 생략하였고 ≪신오대사≫에서는 이변과 이경에 비해 다소 낮은 비중으로 수록하고 있다. 사정이 이러한데도 모곤이 ≪五代史抄≫를 편찬하면서 남당의 3代 군주 가운데 비중이 더 높다고 할 이변과 이경을 빼고 이욱을 抄選한 것은 망국의 顚末을 후인들이 보고 鑑戒로 삼을 수 있게 한 歐陽脩의 의도를 반영한 것으로 보인다.

남당은 金陵에 도읍하였는데 역사상 금릉에 도읍한 망국의 군주들은 후세에 비판받은 경우가 많았다. 三國시대 吳나라의 後主 孫皓는 금릉의 石頭에 성을 쌓고 강에는 쇠사슬을 놓고 철퇴까지 세웠는데도 西晉의 龍驤將軍 王濬에게 멸망당했고 南朝 梁나라의 武帝는 불교를 숭상하다가 끝내 侯景의 亂을 만나 사로잡혀 景陽樓에서 굶어 죽었다. 또 남조 陳나라의 後主 陳叔寶는 金陵城이 함락될 때 총애하던 妃 張麗華와 우물 속에 숨어 있다가 隋나라 장수에게 붙잡혀 죽었다. 특히 陳나라 후주는 〈玉樹後庭花〉라는 가곡을 지었는데 그 내용이 워낙 애처롭고 남녀가 唱和하면 몹시 구슬퍼서 이 곡으로 인해 멸망하였다는 말도 전해질 정도로 문학을 애호한 점에서 이욱과 비슷한 면이 있다. 그래서 이후로 군주가 정사를 멀리하고 예술을 지나치게 애호하는 것을 경계할 때 이들이 단골로 인용되곤 하였다.

향후 이욱의 망국의 원인에 대한 분석은 史實에 입각하여 이루어져야 하겠지만 당시 중국의 형세는 송나라가 통일을 향해가고 있었던 때였으므로 비록 이욱이 훌륭한 정사를 펼쳤다 하더라도 멸망은 피할 수 없는 일이었을 것이라는 분석도 있다. 특히 史書를 살펴보면 이러한 상반된 평가를 볼 수 있는 바, 그 예를 들어보면 다음과 같다. 宋 太宗 趙光義가 일찍이 南唐의 舊臣 潘愼修에게 이욱이 과연 참으로 어둡고 무능한 부류의 사람이었냐고 묻자 반신수는 만약 그가 참으로 무능하고 무식한 부류의 사람이었다면 어찌 10여 년이나 나라를 지킬 수 있었겠느냐고 반문하였다. 徐鉉 역시 ≪吳王隴西公墓志銘≫에서 "이욱은 敦厚하고 善良하여 전쟁이 횡행한 시대에 살면서 전쟁을 싫어하는 마음이 있었다. 비록 諸葛孔明이 당시 있었더라도 역시 社稷을 보전하기는 힘들었을 것이다. 이미 몸소 仁義를 실천하였으니 비록 나라를 잃었지만 또 무슨 부끄러울 게 있겠는가!"라고 하면서 긍정적으로 평가하기도 하였다.

말년에 이욱은 開寶 9년(976) 北宋의 수도 開封으로 끌려와 違命侯에 봉해졌는데 이해 太祖 趙匡胤이 崩御하고 같은 해 太宗이 즉위하자 隴西公에 改封되었다. 그리고 2년 뒤 太平興國 3년(978) 七夕에 향년 42세로 죽었는데 그의 생일 역시 七夕이었다고 한다. 사후에 그는 太師에 추증되고 吳王에 봉해지고 洛陽의 北邙山에 묻혔다.

煜本末不足觀이로되 **而歐公序次其驕侈削弱處**는 **可涕**라

李煜의 一生의 本末은 족히 볼 만한 것이 없지만 歐陽公이 그가 교만하고 사치하여 衰亡하게 된 것을 서술한 부분은 눈물 흘릴 만하다.

煜은 **字**가 **重光**이고 **初名**은 **從嘉**니 **景**[1]**第六子也**라 **煜**은 **爲人仁孝**하고 **善屬文**하고 **工書畫**하며 **而豐額駢齒**에 **一目重瞳子**라 **自太子冀已上**으로 **五子皆早卒**하니 **煜以次封吳王**하다 **建隆二年**에 **景遷南都**하야 **立煜爲太子**하고 **留監國**[2]이러니 **景卒**에 **煜嗣立於金陵**이라 **母鍾氏**는 **父名泰章**이라 **煜尊母曰聖尊后**라하고 **立妃周氏爲國后**하고 **封弟從善韓王**하고 **從益鄭王**[3]하고 **從謙宜春王**하고 **從度昭平郡公**하고 **從信文陽郡公**하다 **大赦境內**하고 **遣中(陽)〔書〕**[4]**侍郎馮延魯修貢于朝廷**[5]이라 **令諸司四品以下無職事者**로 **日二員待制於內殿**하다

李後主(李煜)

李煜은 字가 重光이고 初名은 從嘉니 李景의 여섯 째 아들이다. 이욱은 사람됨이 仁孝하였고 글을 잘 짓고 書畫에 뛰어났으며 이마가 넓고 치아가 고른 데다 눈에 눈동자가 두 개씩 있었다. 太子 李冀를 포함해 위로 이경의 다섯 아들이 모두 일찍 죽으니 이욱이 次序에 따라 吳王에 봉해졌다. 建隆 2년(961)에 이경이 南都로 옮기면서 이욱을 세워 태자로 삼고 남겨두어 監國하게 하였는데 이경이 卒하자 이욱이 金陵에서 이경의 뒤를 이어 즉위하였다. 어미 鍾氏는 부친의 이름이 泰章이다. 이욱이 어미를 높여 聖尊后라 하고 妃 周氏를 세워 國后로 삼고 아우 李從善을 韓王에 봉하고 李從益을 鄭王에 봉하고 李從謙을 宜春王에 봉하고 李從度를 昭平郡公에 봉하고

李從信을 文陽郡公에 봉하였다.

境內에 大赦令을 내리는 한편 中書侍郞 馮延魯를 보내 宋나라 朝廷에 貢物을 바쳤다. 각 司의 4品 이하 관원들 중 職事가 없는 자들로 하여금 날마다 2員씩 內殿에서 待制하게 하였다.

1) 景 : 李景(916~961)으로, 五代十國 시기 南唐(937~975)의 2대 황제이다. 부친 李昪의 뒤를 이어 제위에 올랐다. 원래 이름은 李璟이었으나 後周 世宗에게 복속을 맹세한 후 개명하였다. 묘호는 元宗이다. 南唐은 楊行密이 세운 吳나라의 뒤를 이은 왕조로 李昪, 李景, 李煜 3대에 걸쳐 38년 동안 존속하였는데, 宋代의 馬令이 지은 ≪南唐書≫에서는 ≪三國志≫ 〈蜀志〉의 예를 따라 그들을 각각 先主, 嗣主, 後主라 일컬었고 특히 嗣主인 李景은 中主라고도 일컬었다.
2) 建隆二年……留監國 : 建隆은 宋 太祖의 開國 年號(960~963)이다. 南都는 南昌으로, 南唐 中主 李景 交泰 元年(958) 9月에 洪州를 승격시켜 南昌府로 삼고 南都를 건립하였다. ≪五代史記纂誤續補≫ 卷6에 "〈李景傳〉을 살펴보면, 周 世宗 때 이미 李從嘉를 세워 太子로 삼았다.〔按景傳 周世宗時 已立從嘉爲太子矣〕"라고 하였다.
3) 封弟從善韓王 從益鄭王 : ≪五代史記纂誤補≫ 卷4에 "삼가 살펴보건대, 徐鉉(916~991)의 ≪騎省集≫에 太尉 中書令 鄭王 從善에게 드리는 詩(권4)가 있고 또 鄭王에게 元帥 江寧尹을 더해주는 制詞(권6)가 있다. 또 ≪馬氏南唐書≫(馬令 撰)에는 鄧王 從益으로 되어 있는데 本紀와 列傳에서 모두 같고 後主가 또 스무 번째 아우 鄧王 從益을 전송하는 詩(≪宋詩紀事≫ 卷86)가 있으니, 이는 從善이 鄭王이고 從益이 鄧王인 것이다. ≪陸氏南唐書≫(陸游 撰)에도 鄧王으로 되어 있는데 '益'은 '鎰'로 되어 있다.〔謹案徐鼎臣騎省集 有太尉中書令鄭王從善詩 又有鄭王加元帥江寧尹制詞 又馬氏南唐書作鄧王從益 紀傳幷同 後主又有送鄧王二十弟從益詩 則是從善鄭王而從益鄧王也 陸氏書亦作鄧王而益作鎰〕"라고 하였다.
4) (陽)〔書〕 : 저본에는 '陽'으로 되어 있으나, ≪新五代史≫와 사고전서본에 의거하여 '書'로 바로잡았다.
5) 朝廷 : 李煜은 961년에 즉위하였으므로, 960년 趙匡胤이 개국한 宋나라 조정

을 가리킨다.

三年에 泉州留從効卒하다 景之稱臣於周也에 從効亦奉表貢獻于京師하니 世宗[1]以景故로 不納이라 從効聞景遷洪州하고 懼以爲襲己하야 遣其子紹基納貢于金陵이어늘 而從効病卒하니 泉人因幷送其族于金陵하고 推立副使張漢思어늘 漢思老不任事하니 州人陳洪進逐之하고 自稱留後어늘 煜卽以洪進爲節度使하다 乾德[2]二年에 始用鐵錢하니 民間多藏匿舊錢하야 舊錢益少라 商賈多以十鐵錢易一銅錢出境이로되 官不可禁일새 煜因下令以一當十하다 拜韓熙載[3]中書侍郞勤政殿學士하고 封長子仲遇清源公하고 次子仲儀宣城公하다

建隆 3년(962)에 泉州 留從効가 卒하였다. 李景이 周나라에 稱臣할 때 유종효 역시 表文을 받들고 京師에서 貢物을 바쳤는데 周 世宗이 이경 때문에 받아들이지 않았다. 유종효는 이경이 洪州로 옮겼다는 말을 듣고 자신을 습격할까 두려워하여 아들 留紹基를 金陵에 보내 공물을 바쳤는데 유종효가 병들어 卒하자 천주 사람들이 이에 그의 일족을 금릉으로 모두 압송하고 副使 張漢思를 추대하여 세웠다. 그런데 장한사가 年老하여 직무를 감당하지 못하니 천주 사람 陳洪進이 그를 몰아내고 留後를 자칭하자 李煜이 곧바로 진홍진을 節度使로 삼았다.

乾德 2년(964)에 처음으로 鐵錢을 사용하니 民間에서 舊錢을 감춰두는 경우가 많아 구전이 더욱 稀少해졌다. 상인들이 철전 열 개를 銅錢 한 개와 바꿔 가지고 出境하는 일이 많았는데도 官府에서 금하지 못하였기에 이욱이 이에 영을 내려 동전 한 개가 철전 열 개에 해당하게 하였다. 韓熙載를 中書侍郞 勤政殿學士에 임명하고 맏아들 李仲遇를 清源公에 봉하고 둘째 아들 李仲儀를 宣城公에 봉하였다.

1) 世宗 : 五代 後周의 2대 황제인 柴榮(921~959)이다. 邢州 龍岡 사람으로 후주 太祖 郭威의 외조카였다가 養子로 들어가 성을 곽씨로 바꾸었다. 곽위가 후주를 건국하자 晉王에 봉해졌다. 顯德 元年(954)에 즉위하여 통치에 전력을 쏟아 문물을 정비하고 영토를 확장하여 위세를 떨쳐 천하통일의 기반을 닦았다.

2) 乾德 : 宋 太祖의 두 번째 年號(963~968)이다.

3) 韓熙載 : 902~970. 字는 叔言으로 南陽 사람인데 뒤에 濰州 北海로 옮겼다. 南唐의 名臣으로, 後唐 同光 4년(926)에 進士가 되었는데 뒤에 남쪽의 吳나라로 망명하여 校書郎이 되었고 이어 여러 차례 승진하여 兵部尙書 勤政殿學士承旨가 되었다. 하지만 國勢가 날로 위축되는 것을 보고 밤새도록 女樂을 즐기며 연회를 자주 벌이다가 太子右庶子로 강등되기도 하였는데 마지막에 中書侍郎 光政殿學士承旨로 관직을 마쳤다. 謚號는 文靖이다. 博學하고 音律에 정통하며 書畫에 뛰어났다. 특히 碑碣文을 잘 지었고 그가 지은 制誥는 典雅하여 사람들이 元和 연간의 風貌가 있다고 하였다. 徐鉉과 竝稱하여 韓徐라고 불렀다.

五年에 命兩省侍郎 給事中 中書舍人 集賢勤政殿學士하야 分夕於光政殿宿直하고 煜引與談論이라 煜嘗以熙載盡忠能直言이라하야 欲用爲相이러니 而熙載後房妓妾數十人이 多出外舍하야 私侍賓客이라 煜以此難之하야 左授熙載右庶子分司[1]南都라 熙載盡斥諸妓하고 單車上道하니 煜喜留之하야 復其位라 已而오 諸妓稍稍復還한대 煜曰 吾無如之何矣라하다 是歲에 熙載卒하니 煜嘆曰 吾終不得熙載爲相也라하고 欲以平章事贈之하야 問前世有此比否아한대 群臣對曰 昔劉穆之贈開(封)〔府〕[2]儀同三司[3]라하니 遂贈熙載平章事하다 熙載는 北海將家子也라 初에 與李穀相善이러니 明宗時에 熙載南奔吳할새 穀送至正陽[4]이라 酒酣(감)臨訣에 熙載謂穀曰 江左用吾爲相하면 當長驅以定中原이라하니 穀曰 中國用吾爲相하면 取江南如探囊中物爾라하다 及周師之征淮也하야 命穀爲將하야 以取淮南이로되 而熙載不能有所爲也[5]라

乾德 5년(967)에 兩省의 侍郎, 給事中, 中書舍人, 集賢殿·勤政殿學士에게 명하여 光政殿에서 밤마다 돌아가며 宿直하도록 하고 李煜이 引見하여 그들과 談論하였다. 이욱이 일찍이 韓熙載가 충성을 다하고 直言을 잘 한다고 하여 調用하여 재상으로 삼으려고 하였는데 한희재의 後房의 妓妾 수십 인이 外舍에 나가 사사로이 賓客들을 모시는 경우가 많았기에 이욱이 이 일로 그를 힐난하고 직급을 낮춰 한희재에게 右庶子를 제수하고 南都에서 分司하게 하였다. 한희재가 기첩들을 모두 내치고 單車로 길에 오르니 이욱이 기뻐하며 그를 머무르게 하고서 예전의 직위를 회복시

켜 주었다. 이윽고 기첩들이 점차로 다시 돌아오자 이욱이 말하기를 "나도 어찌할 수 없다."라고 하였다.

이해에 한희재가 卒하니 이욱이 탄식하여 말하기를 "내가 끝내 한희재를 재상으로 삼지 못하였구나."라고 하고 平章事를 그에게 追贈하려고 하여 前代에 이러한 사례가 있는지 諮問하자 신료들이 대답하기를 "옛날 劉穆之를 開府儀同三司에 추증하였습니다."라고 하니 마침내 한희재에게 평장사를 추증하였다. 한희재는 北海의 將帥 가문의 후예였다. 당초에 李穀과 친하게 지냈는데 後唐 明宗 때 한희재가 남쪽 吳나라로 망명할 적에 이곡이 전송하며 正陽에 이르렀다. 술에 취해 이별하는 자리에서 한희재가 이곡에게 말하기를 "江左가 나를 써서 재상으로 삼으면 의당 멀리 말을 몰아 깊이 쳐들어가 中原을 평정할 것이다."라고 하니 이곡이 말하기를 "中國이 나를 써서 재상으로 삼으면 주머니 속의 물건을 찾는 것처럼 江南을 취할 것이다."라고 하였다. 周나라 군사가 淮 땅을 정벌할 때에 이곡을 장수로 임명하여 淮南을 취하였는데도 한희재는 아무 것도 하지 못하였다.

1) 分司 : 唐宋의 官制에서 中央 官員이 陪都에서 任職하는 것을 가리킨다.

2) (封)〔府〕: 저본에는 '封'으로 되어 있으나, ≪新五代史≫에 의거하여 '府'로 바로잡았다.

3) 昔劉穆之贈開(封)〔府〕儀同三司 : 劉穆之(360~417)는 字는 道和로, 南朝 宋의 武帝인 劉裕를 도와 建業을 평정하였으며, 안으로는 조정의 정사를 총괄하고 밖으로는 군대의 작전을 전담하면서 마치 물이 흐르듯이 결단을 내렸다는 평을 받았다. 그가 죽자 유유는 北伐을 중도에서 그만두고 돌아오기까지 하였고 그에게 散騎常侍 衛將軍 開府儀同三司를 추증하였다.(≪宋書≫ 卷42 〈劉穆之列傳〉)

4) 正陽 : 安徽省 壽縣의 서남쪽에 있는 正陽鎭으로, 東正陽이라고도 한다. 天祐 2년(905) 朱全忠이 壽州를 공격할 때 주둔했던 곳이기도 하다. 胡三省은 淮水가 潁州와 壽州 사이를 흐르는데 淮水를 끼고 正陽鎭이 있어 東正陽은 壽州 安豐縣에 속하고 西正陽은 潁州 潁上縣에 속한다고 하였다.

5) 及周師之征淮也……而熙載不能有所爲也 : ≪五代史記纂誤續補≫ 卷6에 "살펴보건대, 李穀이 임금의 知遇를 입고 재상이 되었는데 韓熙載는 南唐에서 아직

도 貶謫된 신세를 벗어나지 못하였으니 두 사람의 행운과 불행은 이로써 優劣을 삼아서는 안 된다. 그런데 ≪資治通鑑≫의 注에서도 文忠公의 이 의론을 따라 한희재가 남당의 재상이 되었다고 똑같이 잘못 말하였다.〔按穀得君且相矣 熙載在南唐 尙不免于貶 兩人有幸有不幸 未可以此爲優劣 通鑑注 亦從文忠公此議 竝誤謂熙載相南唐也〕"라고 하였다.

開寶[1)]**四年**에 **煜遣其弟韓王從善朝京師**어늘 **遂留不遣**이라 **煜手疏求從善還國**이로되 **太祖皇帝不許**라 **煜嘗怏怏以國蹙爲憂**하야 **日與臣下酣**(감)**宴**하야 **愁思悲歌不已**라 **五年**에 **煜下令貶損制度**하야 **下書稱敎**하고 **改中書門下省爲左右內史府 尙書省爲司會府 御史臺爲司憲府 翰林爲文館 樞密院爲光政院 諸王皆爲國公**하야 **以尊朝廷**하다 **煜性驕侈好聲色**하고 **又喜浮圖高談**하야 **不恤政事**라

開寶 4년(971)에 李煜이 아우 韓王 李從善을 보내 京師에 朝會하였는데 마침내 이종선을 억류하고 보내주지 않았다. 이욱이 손수 奏疏를 써서 이종선을 還國하도록 요청하였는데도 太祖皇帝가 허락하지 않았다. 이욱은 일찍이 怏怏不樂하여 國勢가 위축됨을 근심하여 날마다 신하들과 술자리를 벌이면서 시름에 잠겨 悲歌 부르기를 그치지 않았다. 개보 5년(972)에 이욱이 영을 내려 制度를 降等하여 詔書 내리는 것을 '敎'라 칭하고 中書門下省을 左右內史府로, 尙書省을 司會府로, 御史臺를 司憲府로, 翰林을 文館으로, 樞密院을 光政院으로, 諸王을 모두 國公으로 고쳐 宋나라 朝廷을 높였다. 이욱은 성품이 교만하고 사치하며 音樂과 女色을 좋아하는 데다 불교의 高談을 좋아하여 政事를 돌보지 않았다.

1) 開寶 : 968~976. 宋 太祖의 마지막 연호이다.

六年에 **內史舍人潘佑上書極諫**한대 **煜收下獄**하니 **佑自縊死**하다 **七年**에 **太祖皇帝遣使召煜赴闕**한대 **煜稱疾不行**이라 **王師南征**하니 **煜遣徐鉉周惟簡等奉表朝廷**하야 **求緩師**어늘 **不答**하다 **八年十二月**에 **王師克金陵**하다 **九年**에 **煜俘至京師**하니 **太祖赦之**하고 **封煜違命侯 拜左千牛衛將軍**하다 **其後事**는 **具國史**라

開寶 6년(973)에 內史舍人 潘佑가 上書하여 極諫하자 李煜이 잡아다 下獄하니 반우가 스스로 목을 매 죽었다. 개보 7년(974)에 太祖皇帝가 사신을 보내 이욱에게 입궐하라고 부르자 이욱이 稱病하고 가지 않았다. 宋나라 황제의 군대가 남쪽으로 정벌하니 이욱이 徐鉉, 周惟簡 등을 보내 조정에 表文을 받들어 올려 군사를 늦출 것을 요청하였는데 황제가 답하지 않았다. 개보 8년(975) 12월에 송나라 황제의 군대가 金陵을 함락하였다. 개보 9년(976)에 이욱이 사로잡혀 京師에 이르니 太祖가 그를 사면해주고 이욱을 違命侯에 봉하고 左千牛衛將軍에 임명하였다. 이후의 일은 國史에 갖추어져 있다.

予世家江南[1)]하니 **其故老多能言李氏時事**하야 **云太祖皇帝之出師南征也**에 **煜遣其臣徐鉉朝于京師**[2)]라 **鉉居江南**에 **以名臣自負**하야 **其來也**에 **欲以口舌馳說**(세)하야 **存其國**이라 **其日夜計謀思慮言語應對之際**가 **詳矣**라 **及其將見也**하야 **大臣亦先入請**하야 **言鉉博學有材辯**하니 **宜有以待之**라하야늘 **太祖笑曰 第去**하라 **非爾所知也**라하다 **明日**에 **鉉朝于廷**하야 **仰而言曰 李煜無罪**하니 **陛下師出**은 **無名**이라하니 **太祖徐召之升**하야 **使畢其說**이라 **鉉曰 煜以小事大**를 **如子事父**하야 **未有過失**이어늘 **柰何見伐**이라하야 **其說累數百言**이라 **太祖曰 爾謂父子者爲兩家可乎**아하니 **鉉無以對而退**러라 **嗚呼大哉**라 **何其言之簡也**오 **蓋王者之興**에 **天下必歸于一統**하니 **其可來者來之**하고 **不可者伐之**하야 **僭僞假竊**을 **期于掃蕩一平而後已**라 **予讀周世宗征淮詔**라가 **怪其區區攟**(군)(**撫**)〔摭(척)〕[3)]**前事**하야 **務較曲直以爲辭**하니 **何其小也**[4)]오 **然世宗之英武有足喜者**하니 **豈爲其辭者之過歟**인저

우리 가문은 대대로 江南에 살아 왔는데 그곳의 故老들은 李氏의 당시 사정을 말할 수 있는 분들이 많았다. 그 분들이 이르기를 "太祖皇帝가 군대를 출동하여 남쪽으로 정벌할 때 李煜이 그 신하 徐鉉을 보내 京師에 조회하였다. 서현은 江南에 살면서 名臣으로 自負하여 그가 조정에 올 때 口舌을 가지고 잘 설득하여 자기 나라를 보존하려 하였기에 대화하고 응대할 때 어떻게 할지 밤낮으로 계획하고 궁리한 것이 매우 周密하였다. 그가 태조를 알현할 때가 되자 大臣들이 또한 먼저 들어가 청

을 올리면서 서현은 博學하고 재주와 口辯이 있으니 의당 對備하고 만나야 한다고 하였는데 태조가 웃으며 말하기를, '우선 가라. 그대들이 알 바가 아니다.'라고 하였다. 이튿날 서현이 조정에 조회하여 우러러 아뢰기를, '이욱은 죄가 없으니 陛下의 군대가 출동한 것은 명분이 없습니다.'라고 하니 태조가 천천히 그를 불러 올라오게 하여 그 주장을 마저 다 말하게 하였다. 서현이 말하기를, '이욱은 小國으로 大國을 섬기기를 마치 아들이 아비를 섬기듯이 하여 잘못한 일이 없는데 어찌하여 정벌을 당하는 것입니까?'라고 하여 그 주장하는 말이 수백 마디나 되었다. 태조가 말하기를, '너는 父子 간에 두 집안이 되는 것이 옳다고 생각하는가?'라고 하니 서현이 대답하지 못하고 물러났다."라고 하였다.

오호라, 위대하도다! 어쩌면 그리도 말이 簡明하단 말인가! 대개 帝王이 興起할 때엔 天下가 반드시 一統으로 歸着하게 되니 來附하게 할 만한 자는 내부하게 하고 그렇지 못한 자는 정벌하여 제왕을 僭稱하고 도적질한 자를 기어코 소탕하고 평정하고야 만다. 내가 周 世宗의 〈征淮南詔〉를 읽다가 구구하게 옛일을 주워 모아다가 是非曲直을 애써 비교하여 말을 만든 것을 괴이하게 여겼으니 어쩌면 그리도 자질구레하단 말인가! 그렇지만 세종의 英武한 점은 족히 좋아할 만한 부분이 있으니 이는 아마도 그 詔書를 지은 자의 잘못일 것이다.

1) 予世家江南 : 歐陽脩는 吉州 永豐 사람으로, 길주는 지금의 江西省에 속한 지역인데 바로 강남 지방이다. 길주가 원래 廬陵郡에 속했으므로 그는 廬陵 사람으로 자처하였다.

2) 太祖皇帝之出師南征也 煜遣其臣徐鉉朝于京師 : ≪五代史記纂誤續補≫ 卷6에 "살펴보건대, ≪廿二史攷異≫(錢大昕 撰)에 '살펴보건대, 五代시대의 신하 가운데 宋나라 초기에 죽은 자들은 구양수의 ≪新五代史≫에 모두 立傳하지 않았고 여러 列傳에서도 宋나라 초기의 일들을 언급한 것이 없는데 오직 〈南唐世家〉, 〈後蜀世家〉, 〈南漢世家〉, 〈東漢世家〉, 〈吳越世家〉 등의 여러 世家에서는 모두 宋代에 들어온 이후의 일들을 서술하였으니 대개 그 首尾가 完備되게 하려고 해서였다. 그래서 시기를 한정지은 규례에 구애받지 않은 것이다. 그렇지만 宋 太祖가 徐鉉에게 답하는 말은 애초 李氏의 興亡과는 관계가 없으니 본래 마땅히 ≪宋史≫에 수록해야 한다. 게다가 父子가 한 집안이면 이미 그

근심과 즐거움을 함께해야 마땅하거늘 자식을 손상시켜 아비에게 더해준다면 마음에 어찌 편안하겠는가. 이것은 다만 한때의 억지로 한 말일 뿐이니 어찌 족히 李煜의 君臣들의 마음을 복종시킬 수 있겠는가. 침상 곁에 다른 사람이 코를 골며 자는 것을 용납할 수 없다고 한 태조의 말이 簡約하면서 적절한 것만 못하다.'라고 하였는데 錢大昕의 이 의론은 古人의 의도를 파악하지 못했을 뿐만 아니라 이 한 책의 體裁까지도 이해하지 못하고 있는 것이다. 本文은 '其後事具國史' 句에서 그치니, 〈後蜀世家〉, 〈南漢世家〉, 〈楚世家〉, 〈吳越世家〉, 〈閩世家〉, 〈南平世家〉, 〈東漢世家〉 모두 이 句에서 그치는 것으로 증명할 수가 있다. '予世家江南'에서 '豈爲其辭者之過歟'까지는 모두 文忠公이 本朝에 善을 돌려 〈별도로〉 論及한 것이다. 이 책에서는 의론을 제기할 때 반드시 '嗚呼'로 시작하는데 이 의론은 '嗚呼'가 있지 않으니 淺薄한 자가 傳寫하다가 잘못하여 본문으로 삼아 마침내 이어 붙인 것이다. 전대흔은 어찌하여 도리어 이를 살피지 못한 것인가. 그리고 父子 간에 두 집안이 될 수 없다고 한 말은 그 속마음은 참으로 알 수 없지만 辭義는 절로 正大하다. '침상 곁에서 다른 사람이 코를 골며 자는 것을 용납할 수 없다.'고 한 태조의 말이 간약하면서 적절한 것만 못하다고 한다면 范蠡가 吳나라 사신에게 말하기를, '우리가 耳目口鼻를 갖춘 사람의 얼굴은 하고 있으나, 우리는 禽獸와 같으니 우리가 또 어떻게 교묘한 언변을 알 수가 있겠소?'라고 한 것이 더욱 事理가 명백하지 않은가. 立言의 體式을 잃어버린 것은 어찌한단 말인가.〔按廿(입)二史攷異 按五代之臣卒于宋初者 歐史皆不立傳 諸傳亦無及宋初事者 唯南唐後蜀南漢東漢吳越諸世家 皆敍入宋以後事 蓋欲其首尾完備 故不拘限斷之例 然于宋祖答徐鉉之語 初無關于李氏之興廢 自當于宋史見之 且父子一家 旣當同其憂樂 虧子以益父 于心豈安 此特一時强詞 何足服李煜君臣之心 不若臥榻鼾(한)睡之言簡而當也 錢氏此論 不但未得古人意 竝一書體裁未了然 正文止其後事具國史句 後蜀南漢楚吳越閩南平東漢世家 皆止此句 可證也 予世家江南至豈爲其辭者之過歟 皆文忠公歸善本朝論及之者 此書發論 必以嗚呼 此論未有 淺人傳寫 誤爲正文 遂連屬之 錢氏何乃不審 且父子不可兩家之言 心固不可知 辭義自正大 謂不若臥榻鼾睡之言簡當 則范蠡(려)之應吳使曰 余雖靦(전)然而人面哉 吾猶禽獸也 又安知是諓諓(전전)者乎 不尤了事耶 其如失立言之體何〕"라고 하였다.

3) (撫)〔摭(척)〕: 저본에는 '撫'로 되어 있으나, ≪新五代史≫에 의거하여 '摭'으로

바로잡았다.

4) 予讀周世宗征淮詔……何其小也 : ≪五代史記纂誤續補≫ 卷6에 "살펴보건대, ≪廿二史攷異≫에 '살펴보건대, ≪景定建康志≫(周應合 撰)에 宋 太祖의 詔諭와 勅榜文을 실어놓았는데 또한 모두 자잘한 이유를 주워다가 전쟁의 이유로 삼았으니 대개 詞臣이 代言하는 文體는 본래 마땅히 이와 같을 뿐이다. 그런데 歐陽公은 어찌 이 勅文을 보지 못했단 말인가.'라고 하였는데 錢大昕은 대개 立言에 大體가 있음을 알지 못한 것이다. 어찌 송 태조에게 이 칙문이 있다고 하여 후인들에게 논박당하지 않을 수 있겠는가. 善을 돌리고 惡을 숨기는 것이 하물며 신하 된 자의 도리임에랴! 예를 들어 文忠公이 〈送田畫秀才寧親萬州序〉에서 이르기를, '雄武하였던 周 世宗조차 세 번이나 淮水 가에 이르렀으면서도 李氏를 점령하지 못하였다.'라고 하였는데 어찌 실제로 그렇다고 말한 것이겠는가. 대개 江南을 점령할 수 있었던 本朝(宋나라)에 아름다움을 돌리려고 해서였을 뿐이다. 그리고 자잘한 이유를 주워다가 전쟁의 이유를 삼은 것은 모두 大體를 모르는 詞臣이 한 짓이지 立言의 文體가 의당 그러한 것은 아니다.〔按廿二史攷異 按景定建康志載宋太祖詔諭勅榜文 亦皆攟摭(군척)細故以爲兵端 蓋詞臣代言之體 自當爾爾 歐公豈未見此勅耶 錢氏蓋不知立言有大體 豈以宋太祖有此勅 遂不爲後人論正耶 歸善諱惡 況又臣子之道 如文忠公送田畫秀才寧親萬州序曰 以周世宗之雄 三至淮上 不能擧李氏 豈實云然 蓋欲歸美本朝能擧江南耳 且攟摭細故 以爲兵端 皆詞臣之不知大體者爲之 非立言之體當爾也〕"라고 하였다.

03. 王衍世家* 王衍의 世家

* 王衍(853~915)은 前蜀을 개국한 王建의 11번째 아들로, 字는 化源이다. 왕연의 事跡은 ≪舊五代史≫ 卷136 〈僭僞列傳 第3〉과 ≪新五代史≫ 卷63 〈前蜀世家 第3〉에 실려 있다. ≪구오대사≫에는 한 권에 前蜀과 後蜀의 史實을 함께 서술한 반면, ≪신오대사≫에는 권64에 〈後蜀世家〉가 권을 달리하여 실려 있다.

왕연에 대해서 茅坤은 따로 評語를 두지 않았는데 앞의 南唐의 後主 李煜과 마찬가지로 亡國의 顚末을 鑑戒의 자료로 삼게 하려는 취지에서 抄選한 것으로 보인다. 왕연은 이욱과 마찬가지로 막내아들이었는데, 모친 徐賢妃가 王建의 총애를 발판으로 謀略을 써서 왕연의 이복형제들을 내치고 자기 아들을 태자로 삼게 하는데 성공하였다. 하지만 이것이 蜀나라 王氏 정권이 멸망으로 접어드는 시발점이 되었으니, 秦始皇이 長子 扶蘇를 후사로 삼으려 하였으나 환관 趙高와 승상 李斯가 막내아들 胡亥를 황제로 삼음으로써 진나라가 멸망하게 된 前轍과 흡사하다 하겠다. 어린 나이에 즉위한 왕연은 모친과 이모의 권력 농단에 휘말릴 수밖에 없었고 본인 역시 宦官과 佞臣을 총애하며 酒色에 빠져 지내고 神仙에 현혹되었다. 또한 환관 王承休의 아내 嚴氏와 사통하고 사냥에 빠져 충신들의 諫言을 듣지 않았다. 이렇듯 정치가 문란한 상황 아래서 국력이 쇠퇴하지 않는 것이 더 이상한 일이었을 것이다. 왕연의 사적을 읽다 보면 蜀나라가 後唐 莊宗에게 정벌당한 것이 張本이 있음을 알 수가 있다.

한편 歐陽脩는 주로 王建의 사적을 놓고 史評을 가하고 있는데 이는 ≪신오대사≫ 〈전촉세가〉에 왕건과 왕연이 함께 묶여 있는 구성으로 볼 때 자연스러운 흐름이지만 여기서 구양수가 망국의 군주 왕연보다 창업주 왕건에 초점을 맞춘 것에 유의하며 읽을 필요가 있다. 특히 本書에서 모곤은 왕건 부분을 생략하고 왕연 부분만 수록하였으므로 독자들이 이해하기 곤란한 점이 있는바, 왕건의 사적과 관련하여 다소 설명이 필요하다.

구양수는 사평에서 ≪蜀書≫를 읽다가 거북, 龍, 麒麟, 鳳凰, 騶虞 같은 이른바 王者의 祥瑞가 蜀에서 다 출현한 것을 기이하다고 하였다. ≪구오대사≫에는 이러한 상서가 하나도 기록되어 있지 않은 데 반해 ≪신오대사≫에는 왕건의 재위 시절 동안 십여 차례나 되는 상서 기록을 남기고 있는데 이 기록들을 들어보면 다음과 같다. 907년 後梁이 唐나라를 멸망시킨 해 正月에 巨人이 青城山에 나타나고 6월에 봉황이 萬歲縣에, 黃龍이 嘉陽江에 나타났으며 각 州에서 모두 甘露, 白鹿, 白雀, 龜, 용의 상서가 나타났다고 보고하였다. 추우는 908년에 武定에서, 913년에 壁山에서 나타났다. 기린은 910년에 壁州, 912년에 文州, 913년에 永泰, 914년에 昌州에서 나타났다. 910년에는 용 50마리가 洵陽의 강에 나타나고 912년에는 황룡이 富義江에 나타났으며 913년에는 白龍이 邛州의 강에 나타났다. 이 중에 특히 907년을 보면 9월에 왕건이 황제에 즉위하기 앞서 상서가 집중적으로 나타난 것이 의미심장하다.

구양수는 五代의 亂世에 유독 촉에서 상서가 많았던 사실을 살펴보면 상서라는 것이 믿을 것이 못 된다는 주장을 하고 있는데 일정 정도 맞는 말이다. 하지만 이에 더해 당시 왕건이 황제를 참칭하면서 결여된 정통성을 상서를 통해 뒷받침하려 한 것이라는 주장이 가능할 것이다. 이는 왕건이 글자 20여 자가 새겨진 銅牌子를 什仿에서 얻고 이를 符讖이라고 생각하여 이 글자를 가지고 아들들의 이름을 지은 일을 통해서도 엿볼 수 있다.

한편 ≪구오대사≫에서는 촉을 개국한 왕건보다 망국의 군주 왕연에 초점을 맞춘 史評이 실려 있는데 참고로 들면 다음과 같다.

"史臣은 말한다. '옛날 張孟陽이 〈劍閣銘〉을 지어 말하기를, 「오직 蜀 땅의 門은 외적에 견고하고 내부를 안정시키나니 세상이 混濁하면 반역하고 정치가 淸明하면 귀순한다네.」라고 하였으니 이는 예부터 西南 지방은 動亂의 시대를 만나면 문을 닫아 통하지 않으며 興旺의 시운을 만나면 몸을 굽혀 물건을 줍듯이 취함을 알 수 있다. 後唐이 蜀에 들어갔을 때 兵力이 비록 강성하였지만 帝王의 도가 아직 어두웠으므로 여러 해 사이에 얻었다가 다시 잃어버렸다. 그런데 우리 황제께서 蜀을 평정하실 때에는 堯임금의 해로 따뜻하게 하고 舜

蜀都圖

임금의 바람으로 온화하게 하였다. 그래서 집집마다 백성들이 기뻐하면서 교화를 따랐다. 게다가 王衍은 末世를 만나 秦川에서 滅族을 당하였지만 孟昶은 밝은 시대를 만나 楚 땅에 封爵을 받았다. 비록 모두 亡國의 군주이기는 하지만 어쩌면 그리도 행운과 불행이 차이가 난단 말인가.'〔史臣曰 昔張孟陽爲劒閣銘云 惟蜀之門 作固作鎭 世濁則逆 道淸斯順 是知自古坤維之地 遇亂代則閉之而不通 逢興運則取之如俯拾 然唐氏之入蜀也 兵力雖勝 帝道猶昏 故數年間得之復失 及皇上之平蜀也 煦(후)之以堯日 和之以舜風 故比戶之民 悅而從化 且夫王衍之遭季世也 則赤族於秦川 孟昶之遇明代也 則受封於楚甸 雖俱爲亡國之主 何幸與不幸相去之遠也〕"

衍은 **字**가 **化源**이라 **建**[1] **十一子**는 **曰衛王宗仁 簡王元膺 趙王宗紀 豳**(빈)**王宗輅 韓王宗智 莒王宗特 信王宗傑 魯王宗鼎 興王宗澤 薛王宗平**이오 **而鄭王宗衍最幼**어늘 **其母徐賢妃**[2]**也**라 **以母寵**으로 **得立爲皇太子**하야 **開崇賢府**[3]하야 **置官屬**이러니 **後更曰天策府**라 **衍爲人方頤**(이)**大口**요 **垂手過膝**하고 **顧**(自)〔**目**〕[4]**見耳**요 **頗知學問**하야 **能爲浮艶之詞**라 **元膺死**에 **建以豳王宗輅貌類己**하고 **信王宗傑於諸子最材賢**이라하야 **欲於兩人擇立之**로되 **而徐妃專寵**하고 **建老昏耄**(모)라 **妃與宦者唐文扆**(의)로 **敎相士言衍相最貴**하고 **又諷宰相張格贊成之**하니 **衍由是得爲太子**라

王衍은 字가 化源이다. 王建의 아들 열한 명은 衛王 王宗仁, 簡王 王元膺, 趙王 王宗紀, 豳王 王宗輅, 韓王 王宗智, 莒王 王宗特, 信王 王宗傑, 魯王 王宗鼎, 興王 王宗澤, 薛王 王宗平, 鄭王 王宗衍이고, 왕종연이 가장 어렸는데 그 모친은 徐賢妃이다. 모친이 총애를 받음으로 해서 왕연이 皇太子로 冊立되어 崇賢府를 열고서 官屬을 두었는데 뒤에 天策府로 改稱하였다.

왕연은 爲人이 네모난 턱에 입이 컸고 팔을 늘어뜨리면 무릎 아래까지 내려갔고 눈을 돌려 귀를 볼 수 있었으며 자못 學問을 알아 浮華하고 艶麗한 글을 지을 수 있었다. 왕원응이 죽자 왕건은 빈왕 왕종로가 용모가 자신과 닮았고 신왕 왕종걸이 아들들 중에 가장 재주 있고 賢能하다고 하여 두 사람 중에서 뽑아 왕으로 세우려고 하였다. 그렇지만 徐妃가 총애를 독차지하였고 왕건이 늙어서 정신이 흐릿한지라

서비가 환관 唐文扆와 함께 관상쟁이에게 왕연이 가장 貴相이라고 아뢰게 하고 또 宰相 張格에게 찬성하도록 넌지시 말하니 왕연이 이로 인해 太子가 될 수 있었다.

1) 建 : 王建(847~918)으로, 字는 光圖이고 許州 舞陽 사람이다. 前蜀의 高祖이다. 唐나라 말에 忠武軍에 들어가 忠武八都의 都將 가운데 한 명이 되었고 唐 僖宗을 구원하는 데 공을 세워 神策軍의 將領이 되었다. 이후 成都로 갔는데 陳敬瑄이 저지하자 西川을 공격하기 시작하여 3년 뒤 西川을 점령하고 西川節度使가 되었다. 이후 武泰節度使 王建肇, 東川節度使 顧彦暉, 武定節度使 拓跋思敬을 제압하여 兩川, 三峽를 점유하여 山南西道를 장악하니 天復 3년(903)에 唐 昭宗이 蜀王으로 봉하였다. 天祐 4년(907) 唐나라가 멸망하자 後梁에 歸復하지 않고 스스로 제위에 오르고 國號를 大蜀이라고 하였다. 재위 12년 동안 백성과 休息하는 정책을 펴서 蜀 지방이 크게 다스려졌다.

2) 賢妃 : 唐代 後宮의 명칭 가운데 하나이다. 貴妃, 淑妃, 德妃 등 다른 부인과 함께 1인을 두었는데 品階는 正1品이다.

3) 崇賢府 : ≪廿二史考異≫ 卷66에 "≪資治通鑑≫에는 '崇勳府'로 되어 있다."라고 하였다.

4) (自)〔目〕: 저본에는 '自'로 되어 있으나, 사고전서본과 ≪新五代史≫에 의거하여 '目'으로 바로잡았다.

建卒에 **衍立**하야 **諡建曰神武聖文孝德明惠皇帝**라하고 **廟號高祖**하고 **陵曰永陵**[1)]이라하다 **建正室周氏**는 **號昭聖皇后**어늘 **後建數日而卒**이라 **衍因尊其母徐氏爲皇太后**하고 **后妹淑妃爲皇太妃**라 **太后太妃以敎令賣官**일새 **自刺史以下**로 **每一官闕**이면 **必數人竝爭**호되 **而入錢多者得之**하고 **通都大邑**에 **起邸店**하야 **以奪民利**라

王建이 卒하자 王衍이 즉위하여 왕건에게 神武聖文孝德明惠皇帝라고 諡號를 올리고 廟號를 高祖라고 하고 陵墓는 永陵이라고 하였다. 왕건의 正室 周氏는 昭聖皇后로 칭하였는데 왕건이 졸한 며칠 뒤에 졸하였다. 왕연이 이에 자기 母后 徐氏를 높여 皇太后로 삼고 황태후의 여동생 淑妃를 皇太妃로 삼았다. 太后와 太妃가 敎令으로 관직을 팔았기에 刺史 이하로 관직 하나가 비기만 하면 반드시 여러 사람이 함께 다투되 돈을 많이 바치는 자가 관직을 차지하였고, 四通八達의 都會에 旅館을

세워 백성들의 이익을 가로챘다.

1) 永陵 : 成都에 있는데 1940년에 발견되어 1942년에 발굴하였다. 玉器, 銀器를 비롯한 많은 부장품이 나와 1990년에 박물관을 세웠다. 중국 유일의 地上에 드러나 있는 皇陵이다.

衍年少荒淫하야 **委其政於宦者宋光嗣 光葆 景潤澄 王承休 歐陽晃 田魯儔等**하고 **而以韓昭 潘在迎 顧在珣 嚴旭等爲狎客**[1]하고 **起宣華苑**하니 **苑有重光太淸延昌會眞之殿**과 **淸和迎僊之宮**과 **降眞蓬萊丹霞之亭**과 **飛鸞之閣**과 **瑞獸之門**이오 **又作怡神亭**하야 **與諸狎客婦人**으로 **日夜酣(감)飮其中**이라 **嘗以九日宴宣華苑**할새 **嘉王宗壽以社稷爲言**하니 **言發流涕**라 **韓昭等曰 嘉王酒悲爾**라하고 **諸狎客共以慢言謔嘲之**하니 **坐上諠然**이어늘 **衍不能省也**러라

王衍은 年少한 데다 荒淫하여 國政을 환관 宋光嗣, 宋光葆, 景潤澄, 王承休, 歐陽晃, 田魯儔 등에게 맡겨 두고 韓昭, 潘在迎, 顧在珣, 嚴旭 등을 狎客으로 삼았고 宣華苑을 만드니 선화원에는 重光殿, 太淸殿, 延昌殿, 會眞殿과 淸和宮, 迎僊宮과 降眞亭, 蓬萊亭, 丹霞亭과 飛鸞閣과 瑞獸門이 있었고 또 怡神亭을 지어 압객, 婦人 들과 함께 밤낮으로 그 안에서 술에 취해 지냈다.

일찍이 重陽節이 되어 선화원에서 연회할 적에 嘉王 王宗壽가 社稷이 위태롭다고 上言하였는데 말을 하면서 눈물을 줄줄 흘렸다. 한소 등이 말하기를 "가왕께서 술에 취해 감정이 북받치셨을 뿐입니다."라고 하고는 압객들이 함께 不恭한 말로 戲謔하고 조소하니 좌중이 소란하였는데 왕연은 깨닫지 못하였다.

1) 狎客 : 權貴들과 스스럼없이 어울려 다니며 遊樂을 일삼는 자를 말한다.

蜀人富而喜遨러니 **當王氏晩年**하야 **俗競爲小帽**하니 **僅覆其頂**하야 **俛(부)首卽墮**라 **謂之危腦帽**라 **衍以爲不祥**이라하야 **禁之**라 **而衍好戴大帽**하야 **每微服**[1]**出游民間**에 **民間以大帽識之**라 **因令國中皆戴大帽**라 **又好裹(과)尖巾**하니 **其狀如錐**요 **而後宮皆戴金蓮花冠**하고 **衣道士服**한대 **酒酣免冠**에 **其髻(계)鬊(좌)然**하고 **更施朱粉**이라 **號醉粧**하니

國中之人皆效之라 **嘗與太后太妃**로 **游青城山**할새 **宮人衣服**에 **皆畫雲霞**하니 **飄然望之若僊**이라 **衍自作甘州曲**[2)]하야 **述其僊狀**하니 **上下山谷**에 **衍常自歌**하고 **而使宮人皆和之**라 **衍立之明年**에 **改元乾德**[3)]이라

蜀나라 사람들은 부유하고 遨遊하기를 좋아하였는데 王氏 왕조의 말엽이 되자 민간에서 앞다투어 작은 모자를 만드니 정수리만 겨우 덮어 머리를 숙이면 바로 떨어지기에 이를 危腦帽라고 하였다. 王衍이 이를 상서롭지 못하다고 여겨 금지하였다. 왕연은 큰 모자 쓰기를 좋아하여 매번 微服을 입고 민간에 나가 다닐 때면 民間에서 큰 모자를 보고 그를 알아보는지라 이로 인해 國中에 令을 내려 모두 큰 모자를 쓰도록 하였다. 또 裹尖巾을 좋아하니 그 모양이 송곳과 같았다. 그리고 後宮들은 모두 金蓮花冠을 쓰고 道士의 복장을 입었다. 술기운이 올라 冠을 벗으면 그 상투가 머리 양쪽으로 땋아 올린 모양이고 게다가 붉은 분을 바른지라 醉粧이라고 부르니 國中 사람들이 모두 따라하였다. 일찍이 太后, 太妃와 함께 青城山을 노닐 때 宮人의 의복에 모두 雲霞를 그렸는데 바람에 하늘거리는 모양이 바라보면 마치 신선 같았다. 왕연은 직접 〈甘州曲〉을 지어 그 신선 형상을 묘사하였는데 山谷을 오르내릴 때 왕연이 늘 직접 노래 부르면서 궁인들 모두 따라 부르도록 하였다. 왕연이 즉위한 이듬해에 乾德으로 改元하였다.

青城山圖

1) 微服 : 禮服이나 官服이 아니라 신분을 숨기고 사람들의 주목을 피하기 위해

입는 평상복으로, 古代에 帝王이나 將相 혹은 높은 지위에 있는 사람이 신분을 숨기고 다닐 때 입는 옷을 가리키는 말이다.

2) 甘州曲 : 詞牌 명칭으로 甘州子, 口脂香이라고도 한다. 王衍이 처음 지은 曲調로, 왕연이 궁인들에게 부르게 하였을 때 그 노랫말이 슬프고 원망스러워 듣는 자들이 애달파 하였다고 한다. 29字, 6句, 平聲 5韻으로 구성된 것이 正體이고 33字로 이루어진 것이 變體이다.

3) 乾德 : 919~924. 前蜀의 後主 王衍의 연호이다.

乾德元年正月에 **祀天南郊**하고 **大赦**하고 **加尊號爲聖德明孝皇帝**하다 **二年冬**에 **北巡**하야 **至于西縣**하니 **旌旗戈甲**이 **連亘**(긍)**百餘里**라 **其還也**에 **自閬**(랑)**州**로 **浮江而上**할새 **龍舟畫舸**가 **照耀江水**어늘 **所在供億**을 **人不堪命**이라 **三年正月**에 **還成都**하다 **五年**에 **起上淸宮**하고 **塑王子晉**[1]**像**하야 **尊以爲聖祖至道玉宸皇帝**하고 **又塑建及衍像**하야 **侍立於其左右**하고 **又於正殿**에 **塑玄元皇帝及唐諸帝**하고 **備法駕而朝之**하다

乾德 元年(919) 正月에 南郊에서 하늘에 제사 지내고 大赦令을 내리고 聖德明孝皇帝로 尊號를 더하였다. 건덕 2년(920) 겨울에 북쪽으로 巡行하여 西縣에 이르니 旌旗와 戈甲이 백여 리에 이어졌다. 돌아오는 길에 閬州로부터 江을 따라 올라갈 때 龍舟와 彩船이 강물에 비춰 번쩍였는데 가는 곳마다 공물을 바치도록 한 명령을 사람들이 감당할 수가 없었다. 건덕 3년(921) 正月에 成都로 돌아왔다. 건덕 5년(923)에 上淸宮을 짓고 王子晉의 像을 만들고서 높여 聖祖至道玉宸皇帝로 삼고 또 王建 및 王衍의 像을 만들어 그 左右에 侍立하게 하고 또 正殿에 玄元皇帝 및 唐나라 황제들의 상을 만들고는 法駕를 채비하여 가서 朝見하였다.

1) 王子晉 : 周 靈王의 太子 晉으로, 王子喬라고도 하는데, 일찍이 笙을 불어 鳳凰의 울음소리를 내면서 伊洛 사이에 노닐다가, 신선 浮丘公을 따라 崇山으로 가서 仙道를 닦은 뒤, 30년이 지난 칠월 칠석에 緱氏山 정상에 白鶴을 타고 내려와서 산 아래 가족들에게 손을 흔들어 인사하고는 며칠 뒤에 날아갔다고 한다.(≪列仙傳≫ 卷上 〈王子喬〉)

六年에 以王承休爲天雄軍節度使하니 天雄軍은 秦州也[1]라 承休以宦者得幸하야 爲宣徽使러니 承休妻嚴氏有絶色이라 衍通之라 是時에 唐莊宗滅梁하니 蜀人皆懼라 莊宗遣李嚴聘蜀하니 衍與俱朝上清한대 而蜀都士庶와 簾帷珠翠가 夾道不絶이라 嚴見其人物富盛而衍驕淫하고 歸乃獻策伐蜀이라 明年에 唐魏王繼岌 郭崇韜伐蜀이어늘 是歲에 衍改元曰咸康하다 衍自立으로 歲常獵于子來山이러니 是歲에 又幸彭州陽平山[2]漢州三學山[3]이라가 以王承休妻嚴氏故로 十月에 幸秦州하니 群臣切諫이어늘 衍不聽이라 行至梓潼[4]에 大風發屋拔木한대 太史曰 此는 貪狼風也니 當有敗軍殺將者라하야늘 衍不省하다 衍至綿谷에 而唐師入其境하니 衍懼하야 遽還이라 唐師所至에 州縣皆迎降하니 衍留王宗弼守綿谷하고 遣王宗勳宗儼宗昱率兵以拒唐師어늘 宗勳等至三泉하야 望風退走라 衍詔宗弼誅宗勳等한대 宗弼反與宗勳等合謀하야 送款於唐師라 衍自綿谷還至成都하니 百官及後宮迎謁七里亭이어늘 衍雜宮人作回鶻隊[5]以入이라 明日에 御文明殿하야 與其群臣相對涕泣이어늘 而宗弼亦自綿谷馳歸하야 登大玄門하야 收成都尹韓昭 宦者宋光嗣 景潤澄 歐陽晃等殺之하고 函首送于繼岌이라 衍卽上表乞降하니 宗弼遷衍于天啓宮이라 魏王繼岌至成都에 衍君臣面縛輿櫬(츤)[6]하고 出降于七里亭이라

乾德 6년(924)에 王承休를 天雄軍節度使로 삼으니 天雄軍은 秦州이다. 왕승휴는 환관으로 총애를 입어 宣徽使가 되었는데 왕승휴의 아내 嚴氏가 絶色의 미인이라 王衍이 私通하였다. 이때에 唐 莊宗이 梁나라를 멸망시키니 蜀나라 사람들이 모두 두려워하였다. 장종이 李嚴을 보내 촉나라에 聘問하니 왕연이 그와 함께 上淸宮에 朝見하였는데 촉나라 도성의 士人과 백성들, 발과 휘장과 珠玉과 翡翠가 길 양편에 끊어지지 않았다. 이엄이 촉나라의 사람과 물자가 富盛하고 왕연이 驕奢하고 淫亂한 것을 보고 돌아가 이에 촉나라를 정벌할 계책을 올렸다. 이듬해에 唐나라의 魏王 李繼岌과 郭崇韜가 촉나라를 정벌하였는데 이해에 왕연은 연호를 咸康(925)으로 고쳤다.

왕연은 즉위하고부터 해마다 늘 子來山에서 사냥을 하였는데 이해에 다시 彭州 陽平山, 漢州 三學山에 거둥하였다가 왕승휴의 아내 엄씨를 만나려고 10월에 진주

에 거둥하니 신료들이 간절하게 諫言하였는데도 왕연이 듣지 않았다. 梓潼에 이르렀을 때 거센 바람이 집채를 뒤흔들고 나무를 뽑을 정도였는데 太史가 말하기를 "이는 貪狼風이니 응당 군대를 패배시키고 장수를 죽이는 일이 있을 것입니다."라고 하였는데 왕연이 깨닫지 못하였다. 왕연이 綿谷에 이르자 唐나라 군대가 촉나라의 국경에 쳐들어오니 왕연이 두려워서 서둘러 돌아왔다.

당나라 군대가 이르는 곳마다 州縣들이 모두 맞이하여 투항하니 왕연이 王宗弼을 남겨 면곡을 지키고 王宗勳, 王宗儼, 王宗昱을 보내 군대를 거느리고 당나라 군대를 막게 하였는데, 왕종훈 등은 三泉에 이르러 그들의 威勢를 보고는 달아났다. 왕연이 왕종필에게 왕종훈 등을 주벌하라고 詔書를 내렸는데 왕종필은 도리어 왕종훈 등과 함께 모의하여 당나라 군대에 화친을 청하는 국서를 보냈다. 왕연이 면곡에서 돌아와 成都에 이르니 百官 및 後宮 들이 七里亭에서 맞이하여 알현하였는데 왕연이 宮人들 사이에 섞여 回鶻隊를 이루어 들어갔다. 이튿날에 文明殿에 나아와 신료들과 마주하여 눈물을 흘렸는데 왕종필 또한 면곡에서 급히 돌아와 大玄門에 올라 成都尹 韓昭, 환관 宋光嗣, 景潤澄, 歐陽晃 등을 잡아들여 죽이고 이들의 머리를 담아 이계급에게 보냈다. 왕연이 곧바로 表文을 올려 항복하기를 청하니 왕종필이 왕연을 天啓宮으로 옮겼다. 위왕 이계급이 성도에 이르자 왕연 이하 군신들이 손을 뒤로 묶고 관을 싣고 칠리정에 나와 항복하였다.

1) 天雄軍 秦州也 : ≪五代史記纂誤續補≫ 卷6에 "살펴보건대, 〈職方考〉 부분에서 이미 주를 달았으니 이 구절은 삭제해도 된다.〔按已注職方考 此語可去〕"라고 하였다.

2) 陽平山 : 金城山이라고도 하는데 지금의 四川省 彭州市 서북쪽 46리 되는 곳에 있다. 사고전서본과 ≪資治通鑑≫에는 '山'이 '化'로 되어 있다. ≪資治通鑑≫의 胡三省 音註에는 "팽주 몽양현의 북쪽 40리 되는 곳에 葛仙山이 있는데 24 道觀 가운데 다섯 번째 道觀이다.〔彭州濛陽縣北四十里有葛仙山 二十四化之第五化也〕"라고 하였다. 참고로 化는 道教의 神들을 모신 사당인 宮觀, 道觀을 뜻한다.

3) 三學山 : 棲賢山이라고도 하는데 지금의 四川省 金堂縣의 동쪽 12리 되는 곳에 있다. 法海寺, 普賢寺, 廣濟寺가 있다. 蜀 지방의 名山 가운데 하나이다.

4) 梓潼 : 戰國시대에 蜀의 고을이었는데 뒤에 秦나라에 편입되었고 前漢 元鼎元年(B.C. 116)에 梓潼縣이 되었다. 지금의 四川省 梓潼縣이다.

5) 回鶻隊 : 樂舞를 베풀 때 76인이 하나의 隊를 이루어 춤을 추는 방식을 가리키는 것으로 小兒隊 중에 하나이다. 참고로 小兒隊는 柘枝隊, 劍舞隊, 婆羅門隊, 醉胡騰隊, 譚臣萬歲樂隊, 兒童感聖樂隊, 玉兎軍挩隊, 異域朝天隊, 兒童解紅隊, 射鵰回鶻隊 등 모두 10가지 방식이 있다.(≪記纂淵海≫ 卷78 〈樂舞〉)

6) 面縛輿櫬(츤) : ≪春秋左氏傳≫ 僖公 6년에 "허남은 손을 뒤로 묶고 입에 옥벽을 물었으며, 대부는 상복을 입고 사는 관을 싣고 따랐다.〔許男面縛銜璧 大夫衰絰 士輿櫬〕"라고 한 데서 온 말로, 보통 전쟁에 패한 군주의 항복을 뜻한다.

莊宗召衍入洛하야 賜衍詔曰 固當列土而封이니 必不薄人于險이라 三辰在上하니 一言不欺라하다 衍捧詔하고 欣然就道하야 率其宗族及僞宰相王鍇 張格 (廋)〔庾〕[1]傳素 許寂 翰林學士李昊等及諸將佐家族數千人以東하다 同光[2]四年四月에 行至秦川驛에 莊宗用伶人景進計하야 遣宦者向延嗣誅其族이라 衍母徐氏臨刑呼曰 吾兒以一國迎降이어늘 反以爲戮하니 信義俱棄라 吾知其禍不旋踵矣라하다 衍妾劉氏鬒(진)髮如雲[3]而有色이라 行刑者將免之어늘 劉氏曰 家國喪亡에 義不受辱이라하고 遂就死하다

莊宗이 王衍을 불러 洛陽에 들어오게 하여 왕연에게 詔書를 내리기를 "진실로 토지를 나누어 봉해줄 것이니 반드시 험지로 너희들을 몰지 않을 것이다. 日月星辰이 위에 있으니 한 마디도 속이는 것이 아니다."라고 하였다. 왕연이 조서를 받들고 흔쾌히 길에 올라 자신의 宗族 및 僞宰相 王鍇, 張格, 庾傳素, 許寂, 翰林學士 李昊 등 및 각 將領과 僚佐의 가족 수천 인을 거느리고 동쪽으로 갔다.

同光 4년(926) 4월에 秦川驛에 이르자 장종이 伶人 景進의 계책을 따라 환관 向延嗣를 보내 그 가족들을 죽이도록 하였다. 왕연의 모친 徐氏가 형벌에 임하여 부르짖기를 "우리 아들이 一國을 가지고 맞이하여 투항하였는데 도리어 屠戮하니 信義를 모두 팽개쳐 버린 것이다. 나는 그에게 災禍가 머지않아 내릴 것임을 알겠다."라고 하였다. 왕연의 妾 劉氏는 검은 머리숱이 구름처럼 많으면서 美色이 있었다. 형

벌을 집행하는 자가 형벌을 면해주려고 하였는데 유씨가 말하기를 "家國이 멸망한 마당에 의리로 볼 때 치욕을 받을 수 없다."라고 하고 마침내 형장에 나아가 죽었다.

1) (庚)〔庚〕: 저본에는 '庚'로 되어 있으나, 사고전서본과 ≪新五代史≫에 의거하여 '庚'로 바로잡았다.
2) 同光 : 923~926. 後唐 莊宗의 연호이다.
3) 鬒(진)髮如雲 : ≪詩經≫ 〈鄘風 君子偕老〉에 "검은 머리숱이 구름처럼 많으니, 다리를 달갑잖게 여기네.〔鬒髮如雲 不屑髢也〕"라고 한 데서 온 말이다.

宗弼은 **本姓魏**요 **名弘夫**니 **建錄爲養子**라 **建攻顧彦暉**할새 **宗弼常以建語**로 **泄之彦暉者**어늘 **彦暉敗**에 **建待之如初**라 **建病且卒**에 **宗弼守太師兼中書令 判六軍**하야 **輔政**이라 **衍已降**(항)에 **宗弼以蜀珍寶奉魏王及郭崇韜**하고 **求爲西川節度使**하니 **魏王曰 此**는 **我家物也**니 **何用獻爲**[1]리오하더니 **居數日**에 **爲崇韜所殺**이라

王宗弼은 本姓이 魏이고 이름이 弘夫니 王建이 거두어 養子로 삼았다. 왕건이 顧彦暉를 공격할 때 왕종필이 늘 왕건의 말을 고언휘에게 전하였는데 고언휘가 패배하고 나서도 왕건이 처음처럼 그대로 그를 대하였다. 왕건이 병이 들어 졸하려 할 때 왕종필이 太師兼中書令 判六軍事를 맡아 國政을 보좌하였다. 王衍이 투항한 뒤에 왕종필은 蜀의 珍寶를 魏王 및 郭崇韜에게 바치고 西川節度使가 되기를 청하니 위왕이 말하기를 "이는 우리 집안의 물건이니 어찌 바쳤다 하겠는가."라고 하였는데 며칠 뒤에 곽숭도에게 살해되었다.

1) 衍已降……何用獻爲 : ≪五代史記纂誤續補≫ 卷6에 "살펴보건대, 〈唐家人傳〉에서 '蜀의 王宗弼로부터 이하 貴臣과 大將들이 모두 앞다퉈 蜀의 寶貨와 기녀들로 郭崇韜 父子를 모셨는데, 魏王이 얻은 것은 한 마리의 말과 1束의 비단, 唾壺와 麈柄일 뿐이었다.'라고 하였고 〈郭崇韜傳〉에서 '王衍의 아우 王宗弼이 은밀히 곽숭도에게 투항의 뜻을 보내면서 西川兵馬留後가 되기를 구하니 곽숭도가 節度使를 주기로 허락하였다. 唐나라 군대가 成都에 이르니 왕종필이 왕연을 西宮에 옮기고 왕연의 嬪妓와 珍寶를 모두 차지하고서 곽숭도 및 그의 아들 郭廷誨를 받들었다. 또 蜀人들과 함께 연명으로 글을 올려 魏王을

알현하여 곽숭도를 남겨 촉을 鎭守하게 해 달라고 청하였다.'라고 하였으니 이는 珍寶를 가지고 魏王을 받들었던 적이 없고 또 절도사가 되기를 구하였던 것도 아니니 이 부분과는 다르다.〔按唐家人傳 蜀之貴臣大將自宗弼以下 皆爭以蜀寶貨妓樂奉崇韜父子 而魏王所得 匹馬束帛唾壺麈(주)柄而已 崇韜傳 王衍弟宗弼陰送款于崇韜 求爲西川兵馬留後 崇韜以節度使許之 軍至成都 宗弼遷衍于西宮 悉取衍嬪妓珍寶 奉崇韜及其子廷誨 又與蜀人列狀見魏王 請崇韜留鎭蜀 是未嘗以珍寶奉魏王 且非求爲節度使 與此異〕"라고 하였다.

宗壽는 **許州民家子也**니 **建以同姓**이라하야 **錄之爲子**라 **宗壽好學**하고 **工琴奕**하며 **爲人恬退**하야 **喜道家之術**러니 **事建時**에 **爲鎭江軍節度使**라 **衍旣立**에 **宗壽爲太子太保奉朝請**하야 **以煉丹養氣自娛**라 **衍爲淫亂**에 **獨宗壽常切諫之**러니 **後爲武信軍節度使**러라

王宗壽는 許州의 평민의 자식이니 王建이 자신과 同姓이라고 하여 거두어 養子로 삼았다. 왕종수는 공부를 좋아하고 거문고와 바둑에 뛰어났으며 사람됨이 淡泊하고 謙遜하여 道家의 方術을 좋아하였는데 왕건을 섬길 때 鎭江軍節度使가 되었다. 王衍이 즉위하고 나서 왕종수는 太子太保 奉朝請이 되어 스스로 煉丹과 養氣術을 즐기며 살았다. 왕연이 淫亂한 짓을 일삼자 유독 왕종수만 항상 간절하게 諫言하였는데 뒤에 武信軍節度使가 되었다.

唐師伐蜀에 **所在迎降**(항)이라 **魏王常以書招之**어늘 **獨宗壽不降**(항)이라가 **聞衍已銜璧**[1]하고 **大慟**하고 **從衍東遷**하야 **至岐陽**하야 **以賄賂守者**하야 **得入見衍**이라 **衍泣下霑襟曰 早從王言**이면 **豈有今日**이리오하다 **衍死**에 **宗壽至澠**(민)**池**[2]러니 **聞莊宗遇弑**하고 **亡入熊耳山**[3]이라 **天成**[4]**二年**에 **出詣京師**하야 **上書求衍宗族**하야 **葬之**라 **明宗嘉其忠**하야 **以爲保義軍行軍司馬**하고 **封衍順正公**하고 **許以諸侯禮葬**이라 **宗壽得王氏十八喪**하야 **葬之長安南三趙村**하다

唐나라 군대가 蜀을 정벌할 때 가는 곳마다 맞이하여 투항하였기에 魏王이 늘 서신을 보내 투항하라고 하였는데 유독 王宗壽는 항복하지 않다가 王衍이 이미 투항

했다는 소식을 듣고 大聲痛哭하고 동쪽으로 가는 왕연을 뒤따라 岐陽에 이르러 지키는 자에게 뇌물을 주고 들어가 왕연을 알현하였다. 왕연이 눈물을 흘려 옷깃을 적시면서 말하기를 "일찍 그대의 말을 따랐다면 어찌 오늘처럼 되었겠는가."라고 하였다.

왕연이 죽자 왕종수가 澠池에 이르렀는데 莊宗이 시해당했다는 소식을 듣고 달아나 熊耳山에 들어갔다. 天成 2년(927)에 산을 나와 京師에 이르러 上書하여 왕연의 宗族의 遺骸를 청하여 그들을 장사 지냈다. 明宗이 그의 忠義를 가상하게 여겨 保義軍行軍司馬로 삼고 왕연을 順正公에 封하고 諸侯의 禮로 장사 지내는 것을 허락하였다. 왕종수는 王氏 宗族 18具의 유해를 받아 長安 남쪽 三趙村에 장사 지냈다.

1) 銜璧 : 본 〈王衍世家〉의 '面縛輿櫬' 주석 참조.
2) 澠(민)池 : 戰國 초기에는 鄭나라에 속했는데 뒤에 韓나라, 秦나라에 편입되었다. 지금의 河南省 澠池縣 서쪽 13리에 있는 朱城이다.
3) 熊耳山 : 지금의 河南省 盧氏縣 동남쪽에 있는 산으로 伊水가 여기서 발원한다. ≪水經注≫ 〈洛水〉에 "낙수의 북쪽에 웅이산이 있는데 두 봉우리가 다투어 솟아올라 모양이 곰의 귀와 같다.〔洛水之北有熊耳山 雙巒競擧 狀同熊耳〕"라고 하였다.
4) 天成 : 926~929. 後唐 明宗 李嗣源의 연호이다.

嗚呼라 **自秦漢以來**로 **學者多言祥瑞**하니 **雖有善辯之士**라도 **不能袪其惑也**라 **予讀蜀書**[1)]라가 **至於龜龍麟鳳騶虞之類 世所謂王者之嘉瑞**하야는 **莫不畢出於其國**하니 **異哉**라 **然考王氏之所以興亡成敗者**면 **可以知之矣**라 **或以爲一王氏不足以當之**하니 **則視時天下治亂**하면 **可以知之矣**라

오호라! 秦漢 이래로 학자들이 祥瑞를 말하는 일이 많았으니 비록 변론을 잘하는 선비라 하더라도 그 迷惑을 제거하지 못하였다. 내가 ≪蜀書≫를 읽다가 세상에서 이른바 王者의 아름다운 상서라고 하는 거북, 龍, 麒麟, 鳳凰, 騶虞 따위가 그 나라에서 모두 나오지 않은 경우가 없었으니 기이하다. 그러나 王氏의 興亡과 成敗의 원인을 상고하면 알 수가 있다. 어떤 이는 일개 왕씨로는 이 현상을 충분히 설명할

수 없다고 여기는데 그렇다면 당시 天下의 治亂을 살펴보면 알 수 있을 것이다.

1) 蜀書 : 唐나라 말엽에 태어나 前蜀과 後蜀에서 벼슬한 李昊(？~965)가 지은 前蜀의 史書로, ≪宋史≫ 卷204 〈藝文志〉에서는 霸史로 분류하면서 20권이라고 하였는데, ≪宋史≫ 卷479 〈李昊列傳〉에는 이호가 다른 신하들과 함께 40권을 편찬하여 올린 것으로 되어 있다. 한편 ≪通志≫ 卷65 〈藝文略〉에서도 霸史로 분류하면서 ≪前蜀書≫ 40권이라고 하였는데 그 주석에 王氏의 本末을 기록하였다고 하였다.

龍之爲物也는 以不見(현)爲神이요 以升雲行天爲得志어늘 今偃然暴露其形하니 是不神也요 不上於天而下見(현)於水中하니 是失職也라 然其一何多歟아 可以爲妖矣라 鳳凰은 鳥之遠人者也라 昔舜治天下에 政成而民悅한대 命夔(기)作樂하니 樂聲和하야 鳥獸聞之에 皆鼓舞라 當是之時하야 鳳凰適至일새 舜之史因幷記以爲美[1]하니 後世因以鳳來爲有道之應이러니 其後에 鳳凰數(삭)至하야 或出於庸君繆(류)政之時하고 或出於危亡大亂之際하니 是果爲瑞哉아 麟은 獸之遠人者也라 昔魯哀公出獵하야 得之而不識하니 蓋索而獲之요 非其自出也라 故孔子書於春秋曰 西狩獲麟者는 譏之也[2]라 西狩는 非其遠也요 獲麟은 惡(오)其盡取也라 狩必書地어늘 而哀公馳騁所涉地多라 不可徧以名擧라 故書西以包衆地하니 謂其擧國之西皆至也라 麟은 人罕識之獸也니 以見(현)公之窮山竭澤而盡取요 至於不識之獸히 皆搜索而獲之라 故曰譏之也라 聖人已沒에 而異端之說興하야 乃以麟爲王者之瑞하야 而附以符命讖緯[3]詭怪之言이라 鳳嘗出於舜하야 以爲瑞는 猶有說也어니와 及其後出於亂世하야는 則可以知其非瑞矣라 若麟者는 前有治世如堯舜禹湯文武周公之世하야 未嘗一出이라가 其一出而當亂世하니 然則孰知其爲瑞哉리오 龜는 玄物也라 汚泥川澤에 不可勝數로되 其死而貴於卜官者는 用適有宜爾어늘 而戴氏禮에 以其在宮沼爲王者難致之瑞[4]하니 戴禮雜出於諸家[5]라 其失亦以多矣라 騶虞는 吾不知其何物也라 詩曰 吁嗟乎騶虞라하니 賈誼以爲騶者는 文王之囿요 虞는 虞官也라하다 當誼之時하야 其說如此하니 然則以之爲獸者는 其出於近世之說乎[6]인저

龍이라는 동물은 나타나지 않는 것을 神異하게 여기고 구름을 타고 하늘을 다니는 것을 제 뜻을 이루었다고 여기는데 지금 아무렇지 않게 자기 형체를 드러내니 이는 신이하지 않은 것이고 하늘에 오르지 않고 아래로 물속에서 나타나니 이는 본래 자리를 잃은 것이다. 그렇지만 어쩌면 이리도 많이 나타난단 말인가. 妖物이라고 할 만하다.

鳳凰은 새 가운데 사람을 멀리하는 것이다. 옛날 舜임금이 天下를 다스릴 때 政事가 이루어져 백성들이 기뻐하자 夔에게 음악을 연주하라고 명하니 음악 소리가 화락하여 鳥獸들이 이를 듣고 모두 춤을 추었다. 이때에 봉황이 마침 이르렀기에 순임금의 史官이 이에 아울러 기록하여 美談으로 삼으니 후세에 이로 인해 봉황이 찾아오는 것을 천하에 道가 있는 징조로 삼았다. 그런데 그 뒤에 봉황이 자주 이르러 혹은 용렬한 군주가 정치를 망칠 때에 나타나기도 하고 혹은 천하가 위태로워 크게 혼란할 때에 나타나기도 하였으니 이것이 과연 祥瑞라 하겠는가.

麒麟은 짐승 가운데 사람을 멀리하는 것이다. 옛날 魯 哀公이 사냥 나가서 기린을 잡았는데도 알아보지 못하였으니 수색하여 잡은 것이지 기린 스스로 나온 것이 아니다. 그래서 孔子께서 ≪春秋≫에 쓰기를, '서쪽에 사냥 가서 기린을 잡았다'고 한 것은 이를 비판한 것이다. '서쪽에 사냥 갔다.'는 것은 멀리 간 것을 비난한 것이고 '기린을 잡았다'는 것은 모조리 잡은 것을 미워한 것이다. 사냥하면 반드시 그곳의 지명을 쓰는데 애공이 내달리면서 다닌 곳이 많은지라 다 일일이 지목하여 들 수가 없었다. 그래서 '서쪽'이라고 써서 여러 곳을 포괄한 것이니 온나라의 서쪽을 다 다녔음을 이른 것이다. 기린은 사람이 잘 알지 못하는 짐승이니 애공이 산과 못을 샅샅이 다니면서 모조리 잡은 사실을 드러낸 것이고 알아보지 못하는 짐승에 이르기까지 모두 수색하여 잡았으므로 '이를 비판한 것이다.'라고 말한 것이다. 聖人이 돌아가시고 나자 異端의 설이 일어나 이에 기린을 王者의 상서로운 징조로 삼아 符命과 讖緯의 奇怪한 말들을 가져다 부쳤다. 봉황이 일찍이 순임금 때 나타나서 상서로운 징조로 삼은 것은 그래도 근거가 있다고 할 수 있지만 그 뒤로 亂世에 나타난데 이르러서는 봉황이 상서로운 징조가 아님을 알 수가 있다. 기린의 경우에는 앞서 堯, 舜, 禹, 湯, 文武, 周公의 시대 같은 治世에는 한 번도 나타난 적이 없다가 한 번 나타나 난세를 만났으니 그렇다면 기린이 상서로운 징조임을 뉘라서 알 수 있겠는가.

거북은 검은색의 동물이다. 진흙과 川澤에 이루 다 셀 수 없이 많이 있는데도 죽어서 卜官에게 귀하게 여겨지는 것은 마땅한 쓰임이 있어서일 뿐이다. 그런데 ≪戴禮記≫에서는 거북이 宮庭의 연못에 있는 것을 王者에게 있어 불러오기 어려운 상서라고 여겼으니 ≪戴禮記≫가 여러 학자에게서 잡다하게 나온 것인지라 그 잘못된 부분이 또한 많다.

騶虞는 내가 어떤 동물인지 알지 못한다. ≪詩經≫에 이르기를 "아, 추우로다."라고 하였는데 賈誼는 騶는 文王의 동산이고 虞는 동산을 관리하는 虞官이라고 하였다. 가의 당시에는 그 설이 이와 같았으니 그렇다면 추우를 짐승이라고 한 것은 近世에 나온 설일 것이다.

1) 昔舜治天下……舜之史因幷記以爲美 : ≪書經≫ 〈益稷〉에 순임금의 樂官인 夔가 "堂 아래는 관악기와 도고를 진열하고 음악을 합하고 멈추되 축과 오로써 하며 생과 용을 번갈아 연주하니 새와 짐승이 너울너울 춤추고 소소를 아홉 번 연주하니 봉황이 와서 춤을 춥니다.〔下管鼗鼓 合止柷敔 笙鏞以間 鳥獸蹌蹌 簫韶九成 鳳凰來儀〕"라고 한 데서 온 말이다.

2) 故孔子書於春秋曰……譏之也 : 春秋時代 魯 哀公 14년(B.C. 481)에 사냥터에서 기린이 잡히자, 공자가 聖王도 없는 세상에 기린이 나오니 周나라의 도가 일어나지 못하고 아름다운 상서도 응험이 없음을 한탄하여 '西狩獲麟'이라는 구절로 ≪春秋≫의 집필을 마친 일이 있다.

3) 符命讖緯 : 符命은 하늘에서 제왕이 될 만한 사람에게 주는 상서로운 징조를 가리키는 말로, ≪漢書≫ 卷87 〈揚雄傳〉에 "왕망이 이미 부명으로 스스로 제왕이 되고 즉위한 뒤에 그 근원을 없애어 앞의 일을 신격화하려고 하였다.〔莽旣以符命自立 卽位之後 欲絶其原以神前事〕"라고 하였다. 讖緯는 중국 秦나라 때부터 비롯된 일종의 豫言學說로, 陰陽五行說과 日食, 月食 등의 天災之變이나 隱語 등을 뒤섞은 讖錄와 圖緯로 인간의 吉凶禍福을 점치던 학설이다. 대개 河圖, 洛書에서 기원하였으며 前漢 말엽에 크게 성행하였는데, 後漢 光武帝가 이를 좋아하여 이후에 俗儒들이 더욱 부연하여 오류가 날로 심해졌다.

4) 戴氏禮 以其在宮沼爲王者難致之瑞 : 戴聖이 편찬했다고 하는 ≪禮記≫의 〈禮運〉편에 聖王이 세상을 다스리는 효험을 논하여 "하늘은 그 도를 아끼지 않고

땅은 그 보배를 아끼지 않으며 사람은 그 정을 아끼지 않는다. 그러므로 하늘은 기름진 이슬을 내리고 땅은 단술의 샘물을 내보내며, 산에서는 보기와 산거가 나오고 하수에서는 용마와 하도가 나오며, 봉황과 기린이 교외의 숲에 있고 거북과 용이 궁중의 못에 있다.〔天不愛其道 地不愛其寶 人不愛其情 故天降膏露 地出醴泉 山出器車 河出馬圖 鳳凰麒麟皆在郊棷(추) 龜龍在宮沼〕"라고 하였다.

5) 戴禮雜出於諸家 : ≪隋書≫ 〈經籍志〉에 의하면, 오늘날 전하는 ≪禮記≫는 孔子의 제자와 後學들이 만든 1백 31편을 漢나라 초기에 河間獻王이 수정한 데서 비롯되었다고 하였다. 구체적으로 살펴보면, 劉向이 여러 경적을 교감하여 1백 30편으로 만들었는데 여기에 〈明堂位〉 33편과 〈孔子三朝記〉 7편과 王氏와 史氏의 기록인 21편과 〈樂記〉 23편 등을 얻어 5종 2백 14편이었다. 이후 戴德이 그 번잡하고 중복된 것을 깎아버리고 85편으로 만드니 이것을 ≪大戴記≫라 하고, 또 戴聖이 ≪대대기≫를 깎아 46편으로 만드니 이것을 ≪小戴記≫라 하였다. 漢末에 馬融이 小戴의 학문을 전하면서 또 〈月令〉 1편과 〈明堂位〉 1편과 〈樂記〉 1편을 추가하여 도합 49편이 되어 지금의 ≪禮記≫가 되었다 한다.

6) 騶虞吾不知其何物也……其出於近世之說乎 : '吁嗟乎騶虞'는 ≪詩經≫ 〈召南·騶虞〉편에 보이는데 ≪詩經≫에는 '吁'가 '于'로 되어 있다. 賈誼(B.C. 200~B.C. 168)는 前漢 때의 문장가이자 정치가로, 長沙王의 太傅를 지냈고 漢 文帝와 宣室에서 귀신의 이치에 대한 이야기를 나눈 고사가 유명하다. 〈治安策〉, 〈弔屈原賦〉등의 작품이 있다.

≪五代史記纂誤續補≫ 卷6에 "살펴보건대, ≪山海經≫ 〈海內北經〉에 '林氏國에 珍奇한 짐승이 있는데 호랑이만 한 크기에 다섯 가지 빛깔을 다 갖추었고 꼬리는 몸보다 길었으니 이름을 騶吾라고 하며 그것을 타면 하루에 천 리를 간다.'라고 하였고 그 注에 '≪六韜≫에 이르기를, 「紂가 文王을 가두자 閎夭의 무리가 林氏國에 가서 이 짐승을 구해다 바치니 紂가 크게 기뻐하고 이에 문왕을 풀어주었다.」라고 하고, ≪周書≫에 이르기를, 「夾林의 酋耳이다. 酋耳는 범과 같고 꼬리는 몸과 비슷한데 범과 표범을 잡아먹는다.」라고 하고 ≪大傳≫에서는 侄獸라고 하였으니 「吾」는 「虞」가 되어야 한다.'라고 하였다. ≪尙書大傳≫ 〈殷傳〉에는 '散宜生이 於陵氏에게 가서 怪獸를 잡았는데……꼬

리는 몸보다 배나 긴데 이름을 虞라고 한다.'라고 하였는데 그 注에 '虞는 騶虞인 듯하다.'라고 하였다. ≪詩經毛氏傳≫에는 '추우는 의로운 짐승이다.'라고 하였고 ≪淮南子≫ 〈道應訓〉에는 '산의생이 이에 千金을 가지고 天下의 진기하고 괴이한 것을 구하여 추우와 雞斯之乘을 얻었다.'라고 하였다. 司馬相如의 〈封禪文〉에는 '그런 뒤에 추우의 진기한 무리를 가두었다.'라고 하고, 張平子(張衡)의 〈東京賦〉에는 '林氏의 추우를 가두었다.'라고 하였다. ≪說文解字≫에는 '虞는 추우이다. 白虎의 모습에 검은 무늬가 있고 꼬리는 몸보다 긴데 인자한 짐승으로 저절로 죽은 동물의 고기를 먹는다.'라고 하였다. ≪周禮≫ 〈鍾師〉에는 '王은 추우를 연주한다.'라고 하였는데 〈그 注에〉 '鄭司農(鄭衆)이 이르기를, 「추우는 성스러운 짐승이다.」 하였다.'라고 하였다.

장평자 및 許愼과 정사농은 모두 漢代 사람이고 毛公(毛萇)과 淮南子는 모두 가의와 동시대이며 司馬相如는 가의가 살던 때에서 멀지 않고 伏生은 가의보다 더 이른 시기에 살았다. ≪산해경≫과 ≪육도≫가 비록 僞書인 것은 면치 못하지만 실제로 秦漢시대에 나왔으니 近世의 說이 아니다. ≪尙書≫에 이르기를, '우리는 봉황새의 우는 소리를 듣지 못할 것이다.'라고 하였고 孔子께서 이르기를, '봉황새가 이르지 않고 河水에서 圖가 나오지 않으니 나는 그만이로구나.'라고 하였으니 모두 태평한 세상의 단서로 본 것이다. 다만 天道는 알기 어려운지라 거북, 용, 기린, 봉황, 추우 같은 부류들은 만일 합당하지 않은 때 나온다면 祥瑞가 될 수 없는 것이니 어찌 古說에서 나왔느니, 近說에서 나왔느니 따질 것이 있겠는가. 文忠公은 태평성대의 단서가 아니라는 說을 펴고자 하여 반드시 일체 물리치고는 다시 자세히 살펴볼 겨를이 없었던 것이다. 사람들이 내가 속인다고 여긴다면 ≪육도≫, 〈봉선문〉, ≪회남자≫, 〈동경부〉를 ≪野客叢書≫(王楙 撰)에서 이미 引用하여 歐陽公의 ≪詩本義≫ 및 이 책의 착오를 증명한 적이 있다.〔按山海經海內北經 林氏國有珍獸 大若虎 五彩畢具 尾長于身 名曰騶吾 乘之日行千里 注六韜云 紂囚文王 閎夭之徒詣林氏國 求得此獸獻之 紂大悅 乃釋之 周書曰 夾林酋耳 酋耳若虎 尾參於身 食虎豹 大傳謂之侄獸 吾宜作虞也 尙書大傳殷傳 散宜生之於陵氏 取怪獸……尾倍其身 名曰虞 注虞蓋騶虞也 詩毛傳 騶虞 義獸也 淮南子道應訓 散宜生乃以千金求天下之珍怪 得騶虞雞斯之乘 司馬相如封禪文 然後囿騶虞之珍群 張平子東京賦 圉林氏之騶虞 說文 虞 騶虞也 白虎黑文 尾長於身 仁獸也 食自死之肉 周禮

鍾師 王奏騶虞 鄭司農云騶虞聖獸 平子及許鄭 皆漢人 毛公淮南皆賈同時 相如去賈未遠 伏于賈更早生 山海經六韜雖不免于僞 實出秦漢閒 非近世說 書曰 我則鳴鳥不聞 孔子曰鳳鳥不至 河不出圖 吾已矣夫 皆視爲盛世之端也 但天道難知 龜龍麟鳳騶虞之類 苟非其時 不得爲瑞 何問出古說近說 文忠公欲伸非端之說 必一切闢之 又未暇致詳 人將謂我誣矣 六韜封禪文淮南子東京賦 野客叢書已嘗引之 證公詩本義及此書之誤〕"라고 하였다.

夫破人之惑者는 **難與爭於篤信之時**요 **待其有所疑焉**이니 **然後從而攻之可也**니라 **麟鳳龜龍**은 **王者之瑞**어늘 **而出於五代之際**하고 **又皆萃於蜀**하니 **此雖好爲祥瑞之說者**라도 **亦可疑也**라 **因其可疑而攻之**면 **庶幾惑者有以思焉**이라

무릇 남의 疑惑을 깨뜨리려는 사람은 상대방이 독실하게 믿고 있을 때에는 그와 爭論하기 어렵고 그가 의심하는 것이 생기기를 기다린 뒤에 그에 따라 攻駁해야 한다. 기린, 봉황, 거북, 용은 王者의 상서로운 징조인데 五代時代에 나타났고 또 모두 蜀 지방에 모였으니 이는 비록 祥瑞에 관한 설을 말하기 좋아하는 자라 하더라도 또한 의심할 만하다. 그 의심할 만한 점을 통해 공박하면 거의 의혹하는 자가 생각해 이치를 알 수 있을 것이다.

〔附 錄〕

1. 參考圖版 目錄 및 出處

2. ≪唐宋八大家文抄 歐陽脩≫ 總目次

QR코드를 스캔하면 ≪唐宋八大家文抄 歐陽脩≫의 總目次를 볼 수 있습니다.

責任飜譯者

李相夏

啓明大學校 中語中文學科 졸업
高麗大學校 大學院 國語國文學科 文學博士
民族文化推進會 부설 常任研究員 졸업
朝鮮大學校 漢文學科 教授 역임
韓國古典飜譯院 부설 古典飜譯教育院 教授(現)

論著 및 譯書

〈漢文古典 文集飜譯의 특성과 문제점〉〈『朱子書節要』가 조선조에 끼친 영향〉
〈退溪·南明의 시와 대조적인 학문성향〉 등
≪寒洲 李震相의 主理論 研究≫ ≪냉담가계≫ ≪挹翠軒遺稿≫ ≪月沙集≫
≪容齋集≫ ≪鵝溪遺稿≫ ≪石洲集≫ 등

共同飜譯者

邊球鎰

高麗大學校 國語國文學科 졸업
高麗大學校 大學院 國語國文學科 文學碩士
民族文化推進會 부설 研修部 졸업
韓國古典飜譯院 부설 專門課程 졸업
韓國古典飜譯院 研究員(現)

論著 및 譯書
〈谿谷 張維 散文 研究〉
≪東川遺稿≫ ≪滄溪集1≫(이상 共譯) 등

李承炫

嶺南大學敎 國語國文學科 졸업
成均館大學敎 大學院 韓國漢文學 博士 수료
韓國古典飜譯院 부설 古典飜譯敎育院 研修課程 졸업
韓國古典飜譯院 研究員 역임
成均館大學敎 大同文化研究院 圈域別據點研究所 研究員(現)

論著 및 譯書
〈金時習의 張良贊의 裏面〉〈草衣 意恂의 詩文學 研究〉〈紀里叢話 研究〉〈徐瀅修의 明皐全集 詩稿를 通해 본 原텍스트 毁損〉등
≪校勘標點 承政院日記(仁祖41)≫(공저) ≪韓國文集叢刊便覽≫(공저)
≪滄溪集≫, ≪東川遺稿≫, ≪孤山遺稿≫, ≪明皐全集≫ 등 번역

東洋古典譯註叢書 49-2

譯註 唐宋八大家文鈔 歐陽脩6　　정가 36,000원

2019년 08월 30일 초판 발행
2024년 04월 30일 초판 3쇄

著　　者 歐陽脩
責任譯者 李相夏
共同譯者 邊球鎰 李承炫
常任原文校閱 吳圭根
潤文校訂 南賢熙 李承俊 田炳秀 李孝宰
編　　輯 東洋古典飜譯編輯委員會

發 行 人 郭成文
發 行 處 社團法人 傳統文化研究會
등록 : 1989. 7. 3. 제1-936호
서울시 종로구 삼일대로 428 낙원빌딩 411호
전화 : (02)762-8401 전송 : (02)747-0083
전자우편 : juntong@juntong.or.kr
홈페이지 : juntong.or.kr
사이버書堂 : cyberseodang.or.kr
온라인서점 : book.cyberseodang.or.kr
인쇄처 : 한국법령정보주식회사(02-462-3860)
총　판 : 한국출판협동조합(070-7119-1750)

ISBN 979-11-5794-253-4 94820
978-89-85395-71-7(세트)

※ 이 책은 2019년도 교육부 고전문헌 국역지원사업 지원비에 의해 초판(비매품) 간행.

전통문화연구회 도서목록

新編 基礎漢文教材 · 漢文讀解捷徑

新編 四字小學 · 推句 고전교육연구실 編譯 11,000원
新編 啓蒙篇 · 童蒙先習 고전교육연구실 編譯 11,000원
新編 明心寶鑑 李祉坤 · 元周用 譯註 15,000원
新編 擊蒙要訣 咸賢贊 譯註 12,000원
新編 註解千字文 李忠九 譯註 13,000원
新編 原文으로 읽는 故事成語 元周用 編譯 15,000원
新編 唐音註解選 權卿相 譯註 22,000원
漢文독해 기본패턴 고전교육연구실 著 15,000원
四書독해첩경 고전교육연구실 著 25,000원
한문독해첩경 文學篇 朴相水 李和春 李祉坤 元周用 著 17,000원
한문독해첩경 史學篇 朴相水 李和春 李祉坤 元周用 著 17,000원
한문독해첩경 哲學篇 朴相水 李和春 李祉坤 元周用 著 17,000원

東洋古典國譯叢書

大學 · 中庸集註 - 개정증보판 成百曉 譯註 10,000원
論語集註 - 개정증보판 成百曉 譯註 27,000원
孟子集註 - 개정증보판 成百曉 譯註 30,000원
詩經集傳 上·下 成百曉 譯註 各 35,000원
書經集傳 上·下 成百曉 譯註 各 35,000원
周易傳義 上·下 成百曉 譯註 各 40,000원
小學集註 成百曉 譯註 30,000원
古文眞寶 後集 成百曉 譯註 32,000원

五書五經讀本

論語集註 上·下 鄭太鉉 譯註 各 24,000~25,000원
孟子集註 上·下 田炳秀 · 金東柱 譯註 各 30,000원
大學 · 中庸集註 李光虎 · 田炳秀 譯註 15,000원
小學集註 上·下 李忠九 外 譯註 各 25,000원
詩經集傳 上·中·下 朴小東 譯註 各 30,000원
書經集傳 上·中·下 金東柱 譯註 各 30,000원
周易傳義 元·亨·利·貞 崔英辰 外 譯註 各 30,000원
詳說古文眞寶大全後集 上·下 李相夏 外 譯註 各 32,000원
春秋左氏傳 上·中·下 許鎬九 外 譯註 各 36,000원~38,000원
禮記 上·中·下 成百曉 外 譯註 各 30,000원

東洋古典譯註叢書

〈經部〉

十三經注疏
　周易正義 1~4 成百曉 · 申相厚 譯註 各 32,000원~44,000원
　尙書正義 1~7 金東柱 譯註 各 25,000원~46,000원
　毛詩正義 1~8 朴小東 外 譯註 各 32,000원~40,000원
　禮記正義 1~3, 中庸 · 大學 李光虎 外 譯註 各 20,000원~30,000원
　論語注疏 1~3 鄭太鉉 · 李聖敏 譯註 各 35,000원~44,000원
　孟子注疏 1~4 崔彩基 · 梁基正 譯註 各 29,000원~33,000원
　孝經注疏 鄭太鉉 · 姜珉廷 譯註 35,000원
　周禮注疏 1~4 金容天 · 朴禮慶 譯註 各 27,000원~34,000원
　春秋左傳正義 1~2 許鎬九 外 譯註 各 27,000원~32,000원
　春秋公羊傳注疏 1 宋基采 外 譯註 37,000원
春秋左氏傳 1~8 鄭太鉉 譯註 各 25,000원~35,000원
禮記集說大全 1~6 辛承云 外 譯註 各 25,000원~35,000원
東萊博議 1~5 鄭太鉉 · 金炳愛 譯註 各 25,000원~38,000원
韓詩外傳 1~2 許敬震 外 譯註 各 29,000원~36,000원
說文解字注 1~5 李忠九 外 譯註 各 32,000원~38,000원

〈史部〉

思政殿訓義 資治通鑑綱目 1~23 辛承云 外 譯註 各 18,000원~37,000원
通鑑節要 1~9 成百曉 譯註 各 18,000원~44,000원
唐陸宣公奏議 1~2 沈慶昊 · 金愚政 譯註 各 35,000원~45,000원
貞觀政要集論 1~4 李忠九 外 譯註 各 25,000원~32,000원
列女傳補注 1~2 崔秉準 · 孔勤植 譯註 各 30,000원~38,000원
歷代君鑑 1~4 洪起殷 · 全百燦 譯註 各 30,000원~38,000원

〈子部〉

孔子家語 1~2 許敬震 外 譯註 各 39,000원~40,000원
管子 1~4 李錫明 · 金帝蘭 譯註 各 29,000원~33,000원
近思錄集解 1~3 成百曉 譯註 各 35,000원~36,000원
老子道德經注 金是天 譯註 30,000원
大學衍義 1~5 辛承云 外 譯註 各 26,000원~30,000원
墨子閒詁 1~7 李相夏 外 譯註 各 32,000원~53,000원
說苑 1~2 許鎬九 譯註 各 25,000원
世說新語補 1~5 金鏞玉 外 譯註 各 29,000원~42,000원
荀子集解 1~7 宋基采 譯註 各 30,000원~42,000원
心經附註 成百曉 譯註 35,000원
顔氏家訓 1~2 鄭在書 · 盧瞓熙 譯註 各 22,000원/25,000원
揚子法言 1 朴勝珠 譯註 24,000원
列子鬳齋口義 崔秉準 · 孔勤植 · 權憲俊 共譯 34,000원
二程全書 1~6 崔錫起 · 姜導顯 譯註 各 32,000원~44,000원
莊子 1~4 安炳周 · 田好根 共譯 各 31,000원~39,000원
政經 · 牧民心鑑 洪起殷 · 全百燦 譯註 27,000원
韓非子集解 1~5 許鎬九 外 譯註 各 32,000원~40,000원
武經七書直解
　孫武子直解 · 吳子直解 成百曉 · 李蘭洙 譯註 35,000원
　六韜直解 · 三略直解 成百曉 · 李鍾德 譯註 26,000원
　尉繚子直解 · 李衛公問對直解 成百曉 · 李蘭洙 譯註 26,000원
　司馬法直解 成百曉 · 李蘭洙 譯註 26,000원

〈集部〉

古文眞寶 前集 成百曉 譯註 30,000원
唐詩三百首 1~3 宋載卲 外 譯註 各 33,000원~39,000원
唐宋八大家文抄 韓愈 1~3 鄭太鉉 譯註 各 22,000원/28,000원
　〃 歐陽脩 1~7 李相夏 譯註 各 25,000원~35,000원
　〃 王安石 1~2 申用浩 · 許鎬九 共譯 各 20,000원/25,000원
　〃 蘇洵 李章佑 外 譯註 25,000원
　〃 蘇軾 1~5 成百曉 譯註 各 22,000원
　〃 蘇轍 1~3 金東柱 譯註 各 20,000원~22,000원
　〃 曾鞏 宋基采 譯註 25,000원
　〃 柳宗元 1~2 宋基采 譯註 各 22,000원
明淸八大家文鈔 1 歸有光 · 方苞 李相夏 外 譯註 35,000원
　〃 2 劉大櫆 · 姚鼐 李相夏 外 譯註 35,000원
　〃 3 梅曾亮 · 曾國藩 李相夏 外 譯註 38,000원
　〃 4 張裕釗 · 吳汝綸 李相夏 外 譯註 50,000원

東洋古典新譯

당시선 송재소 · 최경렬 · 김영죽 편역 24,000원
손자병법 성백효 역주 14,000원
장자 안병주 · 전호근 · 김형석 역주 13,000원
고문진보 후집 신용호 번역 28,000원
노자도덕경 김시천 역주 15,000원
고문진보 전집 上·下 신용호 번역 각 22,000원
신식 비문척독 박상수 번역 25,000원
안씨가훈 김창진 번역 근간

동양문화총서

동양사상 해설과 원전 정규훈 외 저 22,000원
화합의 길 《중용》 읽기 금장태 저 20,000원
호설과 시장 신용호 저 20,000원
어느 노학자의 젊은 시절 - 《고문진보》 選譯 심재기 저 22,000원

문화문고

경전으로 본 세계종교 그리스도교 이정배 편저 10,000원
　〃 도교 이강수 편역 10,000원
　〃 천도교 윤석산 · 홍성엽 편저 10,000원
　〃 힌두교 길희성 편역 10,000원
　〃 유교 이기동 편저 10,000원
　〃 불교 김용표 편저 10,000원
　〃 이슬람 김영경 편역 10,000원
논어 · 대학 · 중용 / 맹자 조수익 · 박승주 공역 각 10,000원
소학 박승주 · 조수익 공역 10,000원
십구사략 1~2 정광호 저 각 12,000원
무경칠서 손자병법 · 오자병법 성백효 역 10,000원
　〃 육도 · 삼략 성백효 역 10,000원
　〃 사마법 · 울료자 · 이위공문대 성백효 역 10,000원
당시선 송재소 · 최경렬 · 김영죽 편역 10,000원
한문문법 이상진 저 13,000원
한자한문전통교재 조수익 · 이성민 공역 13,000원
士小節 선비 집안의 작은 예절 이동희 편역 13,000원
儒學이란 무엇인가 이동희 저 10,000원
동아시아의 유교와 전통문화 이동희 저 13,000원
현대인, 동양고전에서 길을 찾다 이동희 저 10,000원
100자에 담긴 한자문화 이야기 김경수 저 12,000원
우리 설화 1~2 김동주 편역 각 10,000원
대한민국 국무총리 이재원 저 10,000원
백운거사 이규보의 문학인생 신용호 저 14,000원